明代春秋學研究

A Study of The Spring and Autumn Annals in Ming Dynasty

總結明代春秋學的興衰與得失，
藉由學術事實的呈現以取代人云亦云或不知所云的負面評價，
提出已往對於明代經學似是而非的詮釋解讀觀點，
達到對此一時代學術的實質性理解。

林穎政——著

致謝辭

筆者以「明代春秋學研究」為題，究其原始本末之因緣，實導因於四位恩師所賜，首先是筆者在高雄師範大學國文系修習「訓詁學」課程的蔡根祥老師，他啟發了我對任何既定之觀念，約定俗成之事物，永遠抱持著豐富的懷疑探討之心，使學生的思維不再侷限於一隅。再者是學生於高雄師範大學經學研究所就讀時，將我帶入《春秋》學領域的鄭卜五老師，他啟蒙了我對《春秋》三《傳》的整體認識，帶領我踏入中國經學的堂奧，使我立志以《春秋》學作為個人一生的學術專業。第三位是中央研究院中國文哲研究所的楊晉龍老師，修習其「研究方法」這門課時，用其敏銳、理性，又帶有十分感性的邏輯思維，讓我領受到明代經學在歷朝歷代經學史中所受到的漠視情形與現今學術界的研究困境，使我對於這一時代始終充滿了一窺究竟的研究渴望。第四位是中央大學中國文學系的岑溢成老師，在論文指導之初，就十分贊同且支持我對這個學術沙漠領域的研究鑿空，期間並用他敏銳的思維對本書進行各種假設、建議與批判，使我在龐大繁雜的文獻困境中，得以迅速掌握住論文架構的主體性，切入實際問題的核心所在，將一盤盤散沙逐步煉化成篇。而本書在審查時亦承蒙中央大學中文系楊祖漢老師的提攜建議，使學生此書能更臻完善，在此一併致謝。對於以上諸位影響我至深至遠的恩師，心中之感謝，實無法盡數表達於字裡行間，惟有永銘於肺腑之內。

本書傾注了筆者多年之苦心，乃心血之所聚，期間真可謂是一場精神與體力的長途跋涉，難以為外人道哉的艱辛旅程。而父母林居成先生、吳淑霞女士，在這過程中無怨無悔的全力支持，使我小子能夠心無旁騖的全

心投入研究，其撫育教養之恩情，難以回報萬一，希望這本書的完成，能
稍稍報答他們多年的辛苦栽培。

林穎政

謹識於臺灣中央大學中國文學系

摘　要

　　明代經學自清初以來幾乎已經被學者們定義成「空疏」與「積衰」的一代，進而全面抹煞其學術貢獻的可能性，然而檢討這些負面評價的依據，絕大多數是後人根據前人的口實再予以發揮的偏見，充其量只是新瓶換舊酒，陳陳相因，代代相傳的印象積累，實非經過審慎研究後的學術發言，這似乎已經脫離了學術研究的客觀理性要求，實非論事之宜也。但卻也因此導致今人研究的觸角甚少深入此一階段，或是盡以這些負面評價形塑以及理解明代經學，經由這些大量的曲解進而產生誤解，由人云亦云的成見逐漸變成定見，使得明代經學的真實樣貌從此闇而不明，其內涵生命一直鬱而不發，而流衍發展的脈絡更被形容的支離破碎。故本書以「明代春秋學研究」為題，首要重點即在於回顧經學歷史中的主流批評與檢討歷代學者的評價論斷，從中釐析出一些值得斟酌或反思的議題與問題。其次則以春秋學作為明代經學的觀察研究標的，探究其中官學與私學的流衍與影響，經學研究中的本質與內涵，學術發展中的趨向與轉變，以此總結出明代春秋學的興衰與得失，強調的是藉由當日學術事實的呈現以取代人云亦云或不知所云的負面評價，據此修正前人對於明代經學狹隘不振的錯誤認知，以及彌補以往對於明代經學似是而非的詮釋解讀，達到對此一時代學術的實質性理解。

關鍵字：明代、春秋學、科舉、義理、考據、史學、兵法、評點、古文、小說

章節提要

　　本書以「明代春秋學研究」為題，旨在探討有明一代《春秋》學流衍變化的興衰過程，並且展現明代經學在多元發展下的學術內涵樣貌。全書共分為八章，並搭配《明代春秋著述考》一書，以這兩大架構進行搭配論述，摘要如下。

第一章　緒論：現代學術視野下的明代春秋學研究析論

　　此章在陳述本書的學術理念，並說明本書大綱與章節架構的目的訴求。其二針對歷代學者於明代經學的相關評價進行檢討。第三說明本書以何種學術視角切入主題，以及全書使用何種研究方法進行研究。最後對本書所使用的明代《春秋》文獻進行說明，再回顧臺灣、大陸、日本、歐美等國家對此一時期的相關研究議題進行文獻探討，以釐清本書現有的研究成果與尚待補強的學術空白。

第二章　評價與定位：清初官方的評價分析及定位問題

　　以《四庫全書總目》中的著錄類、存目類書籍進行評價分析，從而釐析出四庫館臣所持的評價標準，如此將可明瞭清初官方對明代經學、《春秋》學所秉持的學術立場為何。次則探究明代《春秋》學在館臣〈經部總敘〉「學凡六變」的經學史論中的歷史定位問題，經由這兩方面的討論，將可瞭解形塑明代經學「積衰」的刻版印象所從何來。

第三章　科舉與經學：胡《傳》的獨尊與《左傳》的復興

　　本章所要探究討論的範圍有五項層面：一是探究胡《傳》門戶的流衍

情形，以及《春秋大全》的頒布對明代《春秋》學所造成的正負面影響；二是探討從宋代以來，一直持續到清初的反對質疑胡《傳》勢力的發展軌跡，並觀察「尊胡」與「反胡」兩個陣營之間的消長對抗情況為何；三則探討明代科舉制度對《春秋》學，甚至是經學的負面限制與正面的推廣之功，檢討明代經學的衰微與科舉的關係，以及五經之中何以《春秋》從明初的鼎盛狀態，漸漸地越來越少人研治的背後原因為何；四則析論明代三百年來《春秋》進士的區域地理分布情形，並以學校教育與書院制度的教育政策進一步觀察文化和地域之間的依存關係；最後則討論《左傳》在胡《傳》的壓制下如何力求解放與轉型，且何以由沉寂以至崛起的原因探討。

第四章　考證與漢學：明代《春秋》考據學的範圍內涵及意義

　　明末考據學的興起成因主要有梁啟超「宋明理學的反動」說，余英時「理學內部的要求」說，以及林慶彰「復古運動的影響」說，本文提出「佛老二氏的抗衡」說，對於前三說進行補充。次則介紹明代《春秋》考證涵蓋《春秋》原典、三《傳》、胡《傳》、歷代《注》、《疏》，學者經說等範圍，而其考證內涵則包含天文、地理、書法、義例、文字、音義、制度、沿革，以及稽考異文、逸文等等。再則分別對明代學者於尊宋、崇漢，或調和漢宋的治經意見進行陳述。最後論述明代正德以後官方屢屢刊刻《十三經註疏》的舉動，實際上對於明末清初漢學考證的影響是具有實質上的推波助瀾之效。

第五章　經書與史書：《左傳》經學至史學的經史位移現象

　　經由觀察，明代學者已經將《春秋》或《左傳》視同史書加以編纂，其體例有四，以事件為主的「紀事本末體」，以人物為主的「紀傳本末體」，以國家為主的「紀國本末體」，以類別區分的「事類本末體」。經學的角色已非絕對唯一，史學的價值在明代獲得了諸多學者的青睞肯定，漸漸使《左傳》逐漸走向史學要典而非經學的聖典，故《左傳》在明末甚

至成為史學領域而非經學的。

第六章 經典與兵典：明代《左傳》兵書化的經世致用思潮

本章在探討明代《左傳》由傳統儒家經典轉變為兵法類著作的時代現象與過程，論述明人為何要將《左傳》列為先秦兵典，晉升為「兵法之祖」，甚至試圖動搖《孫子》十三篇的歷史地位與兵書之祖的位階，從而檢討清人對此類兵書的負面評價緣由，並展現明末危局下士人經世致用的終極關懷。

第七章 評文與至文：經書評點、古文、小說化的典範再造

明代儒家經典從神聖的經傳殿堂進入「評點」的文學欣賞，開展「古文」的章法矩步，創作「小說」的休閒閱讀，由嚴謹的治經範疇轉變為雅俗共賞的文學，在這「典雅」與「通俗」，「經世」與「適世」之際的調適過程，正是明人的革新與貢獻所在，所論大要有三：一是儒家經書評點風潮的流行，藉由孫鑛、鍾惺的評文探討其古文與鑑賞觀。二是古文選本中所透露的《左傳》文統觀，檢討「經不可文論」與「古文之祖」的矛盾衝突。三是探究馮夢龍《新列國志》一書由傳統經傳文本進入小說敘事的奇書典範再造過程。由以上三點，將可見明代經學靠攏文學的實際內涵所在。

第八章 結論：明代春秋學的時代意義與歷史定位

以本書前七章的研究所得，對歷代學者與四庫館臣的評價問題作一回顧與評論。再針對明代《春秋》學的時代意義與特色予以點題，並檢討明代經學「積衰／解放」的兩種學術視角與歷史解讀。

目 次

第一章　緒論：現代學術視野下的明代春秋學研究析論

　　近年來學術界對於明代經學的價值與問題已經有所突破，但對於整個明代來說其比例似乎亦顯得有所不足，尤其是近代以來，在經學史、思想史、哲學史的編撰上，明代經學的發展與樣貌往往被形容的支離破碎，不是一概不談，就是一筆帶過，這個現象亦是其來有自，自從顧炎武首揭「八股行而古學棄，《大全》出而經說亡」[1]，明代經學似乎就註定塵封在學術殿堂的黑暗角落，之後經《四庫全書總目》坐實，江藩、張廷玉、皮錫瑞等人漆牆疊磚，梁啟超、小柳司氣太、本田成之等人撰寫經學史、學術史敷演其說，可以說明代學術的負面評價已經深深地制約了後代學者的看法，從而造成中國經學發展史上某些人為因素的學術斷層。明代春秋學身為經學的一環，所受到的壓抑更是遠遠超過其他諸經，最重要的原因就在於《春秋》「攘夷」的思想為清初帝王所忌諱，故而康熙、雍正、乾隆三帝都對這部經書進行了政治與學術干預，強調其尊王之意，排斥攘夷之旨，摒斥書中不利於清室統治的文字，或妄自刪改竄字，對中國的《春秋》進行改造手術，而明代三百年定為科舉功令的胡《傳》因極度重視夷夏之防，充滿濃厚的復讐思想，也就理所當然被打入冷宮，凡是書中涉及「夷夏」之說的文字均被竄改、刪削，可說經非經貌，傳非傳貌，更進一步在《四庫全書總目》中，摒棄明代三百年的《春秋》學著作，在這「政

1　〔清〕顧炎武撰〔民國〕徐文珊點校：《原抄本日知錄・書傳會選》（臺北：明倫出版社，1970年），卷20，頁526。

治」與「學術」的雙重打壓下，明代春秋學的聲望可說一蹶不振、堙滅不彰了。余英時先生則言：「我們研究《四庫全書》的纂修經過，的確看到清廷毀了不少的書，也改易了不少的書中文字。不過再細究下去，便可見禁毀改易多限於史學方面，經學方面似乎沒有大影響」[2]，此言若以他經來說或許是如此，但《春秋》的狀況卻絕非余先生所說般「似乎沒有大影響」，反倒四庫館臣對於明代《春秋》著作是最為敵視與敏感的，這當然和《春秋》本身的內容與思想有著絕大的關聯性，故而後學雖然可以理解余英時先生所指涉的學術普遍意義，但顯然並不適合套用在《春秋》一經的身上。

　　然而今日應當知道，應當要問的是歷經三百年所積累的學術成果，真的沒有絲毫成績？又盡是負面意見嗎？無人持正面的看法嗎？當然事實並非如此，但也可以看見乾隆下命編纂的《四庫全書總目》一書確確實實地發揮了壟斷學術，左右評價的功能，且影響之廣，入人心之深，其結果是有目共睹，清末陳澧與友人談論乾嘉經學時，即感慨地說「若與論康熙、雍正以前學問，便不曉得」[3]，可見當時清廷圍堵明代學術，輕視明代經學到何種嚴重的程度了，今日的學術研究是否還必須遵循《總目》、顧炎武，以至皮錫瑞等人的立場，認為明代經學普遍衰弊沉淪的意見，今人似乎可以先放下以往的陳說，直接進入明代春秋學著作文獻中觀察，因為作為一代學術，自有它獨立不可取代的特色，研究一代的學術，並非就是要發揚光大它，或覺得它有何祕而不宣的珍寶，而是要以一種嚴謹、客觀的角度對它在歷史上所做出的承繼、流變、影響有一合乎理性且真實的認識，不是碰都不碰，看都不看，卻只是一昧地對它貶抑責備，卻不知所貶何物，所責為何事，如此一來，又豈非我輩中人的深文過當。所以唯有放

2　余英時：〈清代思想史的一個新解釋〉，《中國思想傳統的現代詮釋》（南京：江蘇人民出版社，2003年），頁159。

3　〔清〕陳澧撰〔民國〕鍾旭元、魏達純點校：《陳澧集・東塾讀書論學札記》第2冊（上海：上海古籍出版社，2008年），頁380。

下以往的陳見，實際的進行研究，才有資格與權利在歷史及學術的定位上
給予它適切的評價。

　　以下四節將逐一說明筆者的學術理念，全書大綱的思維訴求，以及
《明代春秋著述考》所負起支撐本文架構的立基點為何。第二節討論歷來
學者對明代經學、春秋學的正負面評價，此節亦是本書研究動機之產生。
第三節說明使用何種視角切入主題和研究方法中的內涵精神。第四節說明
本書依據之文獻，及後人對此領域的研究成果進行說明，以下分別陳述本
書實際研究的基礎概念。

第一節　學術理念與全書架構

　　「理念」、「大綱」、「章節」這三個層次猶如「點、線、面」般可
以由小見大，以簡馭繁，不僅可以幫助自己統理全書的定位，也可以協助
讀者馬上進入全書的核心焦點。所以在全書開始前，筆者有必要先行說明
這三大重點，一是陳述筆者對研究明代春秋學所抱持的「學術理念」為
何。二是「全書大綱」的建構具有何種思維與訴求。三是針對《明代春秋
著述考》與「章節架構」彼此之間的關聯性進行實質的說明。

一、本書學術理念的陳述

　　「明代」，向來就是歷代經學研究中最冷門的朝代，這一個王朝名稱
對於大多數研究經學相關領域的學者來說，直接在腦海中出現的第一個刻
版印象是：「明代有經學嗎？」或是：「明代經學最無可觀。」但再深入
點探討，卻也說不出個所以然來，究其原因不外乎坊間各類經學史書籍均
眾口一辭地為這個說法背書，長期下來已經直接將明代定調成經學最衰微
敗壞的時代，這個刻版印象主要由顧炎武始發之，之後被《四庫全書總
目》渲染，清儒先後附和，最後在皮錫瑞《經學歷史》中正式定位為「經

學積衰時代」，至此五經掃地蒙塵，今人印象大致承襲於此。而這樣的評價系統也直接導致坊間諸多經學史、學術史根據這些既定的觀念，忽略了明代經學這一學術區塊，或略而不談，彷彿不存在這個時代；或三言兩語，而亦語焉不詳，這樣的情況已嚴重阻礙經學史的研究，不得不加以重視。筆者認為清儒與《四庫全書總目》雖然對明代經學抱持否定的態度，這難道就表示只要《四庫全書總目》認為沒有價值，加以貶抑的書籍，是否就不具任何可以討論的學術空間呢？甚至也無須存疑《四庫全書總目》的評價論斷是否具有公平客觀性呢？再者今人如果永遠以四庫館臣的視野去看明代經學或春秋學，以其好惡為好惡，那麼想必也只能看到《總目》政治、學術框架中的限定價值，這個價值必須符合清朝的政治需求與學術標準，政治上強調君臣倫理，淡化夷夏之防，學術上必須務實考據，崇漢抑宋，以經學為本位的思維。但如今清朝已成歷史，現今的研究者應該跳脫這個框架所賦予的限制，重新客觀地審視明代經學的實際內容與發展，跳脫清代學者的立場觀點，拿掉《四庫全書總目》的評價，確實進入明人文本的世界，重新以文獻為論斷依據，解讀明人的學術思維，理解並建構屬於明代經學的特色，甚至可以悲觀地預設這個特色不足以成為任何學術價值，但至少不能再空口白話，以前人說法為藉口，而是要以實際研究為證據。所以本書的學術理念是立足於「一代學術自有一代學術之意義」上，沒有人可以漠視明代的存在，甚至否定明代三百年的學術意義，前人或今人絕對可以有自己的政治觀點或學術立場對其表示意見或批評，但這樣的批評如果是建立在人云亦云，以某某大家怎麼說，那就怎麼相信，直接將其意見納入自己的思維想法，主觀認定前人的論點應該都是有所依據的，卻沒有親自深入研究，那麼這些意見只是一種複製，可以說在證據力上幾乎沒有任何實質上的意義與價值，但目的卻達到了鞏固既有說法的強韌度與影響力，形成一種不可靠的信度（reliability）與效度（validity），長期下來變成是一種學術「定見」，誤導後學，而今人在這種定見影響下，卻沒有存疑這是否是一種學術「成見」呢？

二、全書大綱的目的訴求

　　論文大綱的建構應該要能清楚反映作者撰寫論文的企圖心，章節安排的先後次序也應具有明確的目的性，如此在實際寫作論述時，文章的觀點與實際的內容呈現將更能貼近作者的原意與切合讀者的需求，下圖將清楚呈現本書所建構出的論文架構，以及其中所展現的目的訴求為何，以下分五點簡要敘述之。

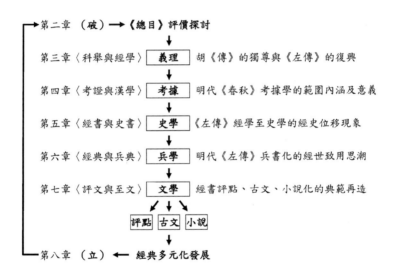

　　本書以第二章為切入點，討論《四庫全書總目》以政治統治與學術崇漢的考量，對明代經學及春秋學的部份施以惡評，並非完全以學術討論的角度出發，破除一般學者認為明代經學衰敗，無須進行研究的謬思。

　　在破除明代經學負面評價後，於第三章進入明代官方系統的胡《傳》，去實際瞭解當時的流衍情形為何，以及當時質疑胡《傳》的訴求是甚麼，並論述《左傳》在科舉功令與經學研究上的發展情況。

　　第四章論述明代春秋經學並非一概皆是義理解經，訓詁考據也是明代治經的一環，證明清初考據經學亦承傳自明代系統，根本不可能憑空產生。

　　第五、六、七章則介紹當時《左傳》由傳統經學領域拓展出「史學」、「兵法」、「評點」、「古文」、「小說」等等多元化面貌的非傳統經學概念下的春秋學，這些經學外部的議題（或視為文化現象）也在印證明代經學並非毫無成就，更非一部胡《傳》所能概括，並且得知清代春秋學和明代具有實質上的學術承傳關係。

　　經由此架構取得的實際成果去反證《總目》的看法，也可以清楚說明四庫館臣對明代經學的敵視原因為何：1.漢宋為正統治經二途，然《總目》治經既有崇漢抑宋的傾向，對於明代義理解經自無好評，但不喜宋明義理是一回事，承不承認它是經學是另一回事，可以肯定的「義理」仍舊為其所認可尊重，只是不欣賞罷了。2.《總目》既自豪清儒在考據學上所取得的豐碩成果，當然以考據自重，故而對明代考據不甚關注留意。3.對《總目》來說，其學術標準是以傳統經學本位的立場出發，所以明代經學以外的史學、兵學、評點、古文、小說等等經學延伸性的發展皆非學術正軌，對館臣來說，只要治經脫離漢宋二途就不是經學領域，所以明代由經學涉足其他領域的成就皆可一概置之不問，毋需納入討論，甚至是不屑談論，如此可知明代經學多元化的學術成果為何在《總目》中無一好評的原因了，因為明代的經書不僅不符合館臣的學術好惡傾向，也幾乎達不到館臣的學術標準。這三個理由可以說是明代經學、春秋學長期遭到冷落的最大因素，也是《總目》否定掉明代春秋學的理論依據，但否定不代表這一時代的學術成績不存在，端視今日學者要用何種立場看待之。

三、「章節架構」與《明代春秋著述考》

　　本書之外，筆者編著的《明代春秋著述考》一書，雖然看似工具書性質，但它其實是進入研究前最重要，也無可避免的首要大事，要清楚瞭解明代春秋學的實際情況，就必須對現今存世與亡佚的著作有一通盤掌握，如此才能正確地建構出明代春秋學的整體面貌，可以說《明代春秋著述

考》的研究成果不僅是本書的核心所在，更是支撐起本論文架構系統的主
要根據，以下將分別細說各章節所要表達的理念與意義，並配合《明代春
秋著述考》中的存世典籍，將各章所依據的文獻資料一併說明之。

（一）科舉與經學

　　本書第三章〈科舉與經學〉所要討論的範圍有三，一是探究胡《傳》
及反胡《傳》勢力兩者之間的消長情況為何。次則探討胡《傳》與明代科
舉制度的依存性關係。三則討論《左傳》在明代的復興情況，以及何以由
沉寂以至崛起的原因，以下分別論述之。

　　1、胡《傳》門戶：

　　明代現今存世的《春秋》學著作中，屬於胡《傳》門戶者約有二十
部，筆者能親自經眼的數量有十五部，佔存世總數百分之七十五，分別為
汪克寬《春秋胡氏傳纂疏》[4]，饒秉鑑《春秋會傳》[5]，姜寶《春秋事義全
考》[6]，錢時俊《春秋胡傳翼》[7]，陳士芳《春秋四傳通辭》[8]，鄧來鸞《春
秋實錄》[9]，孫承澤《春秋程傳補》[10]，虞宗瑤《春秋提要》[11]，張爾岐
《春秋傳議》[12]，應撝謙《春秋集解》[13]，華學泉《春秋疑義》[14]，李集鳳

---

[4]　汪克寬：《春秋胡氏傳纂疏》，《日本宮內廳書陵部藏宋元版漢籍影印叢書》，第2輯（據元至正
　　八年建安劉叔簡日新堂刊本影印）。

[5]　饒秉鑑：《春秋會傳》（臺北國家圖書館藏明刊本）。

[6]　姜寶：《春秋事義全考》，《景印文淵閣四庫全書》經部，第169冊。

[7]　錢時俊：《春秋胡傳翼》（臺北傅斯年圖書館藏明萬曆三十九年刊本）。

[8]　陳士芳：《春秋四傳通辭》，《景印文淵閣四庫全書》經部，第123冊。

[9]　鄧來鸞：《春秋實錄》，《四庫全書存目叢書》經部，第124冊（據北京大學圖書館藏明崇禎刻本
　　影印）。

[10]　孫承澤：《春秋程傳補》，《四庫全書存目叢書》經部，第130冊（據故宮博物院圖書館藏清康熙
　　刻本影印）。

[11]　虞宗瑤：《春秋提要》，《四庫全書存目叢書》經部，第128冊（據清華大學圖書館藏明崇禎十四
　　年君山堂刻本影印）。

[12]　張爾岐：《春秋傳議》，《四庫全書存目叢書》經部，第132冊（據天津圖書館藏稿本影印）。

[13]　應撝謙：《春秋集解》，《四庫全書存目叢書》經部，第135冊（據北京圖書館藏清鈔本影印）。

[14]　華學泉：《春秋疑義》，《四庫全書存目叢書》經部，第133冊（據四川省圖書館藏清嘉慶十九年
　　璜川吳氏真意堂刻本影印）。

《春秋輯傳辨疑》[15]，冉覯祖《春秋詳說》[16]，鄭良弼《春秋續義纂要發微》[17]，吳應辰《麟旨》[18]。其餘未見的五部份別為陳喆《春秋胡氏傳集解》[19]，魏謙吉《春秋便覽集案》[20]《春秋摘要》[21]，馮伯禮《春秋羅纂》[22]，楊時偉《春秋賞析》[23]等五部，這些書籍分別散落在北京、南京、上海等地。可以注意的是這些書籍雖在胡《傳》的羽翼之下，但並非一般所認知的科舉參考用書，而是著重在注疏、補正、發明、詮解、疏通胡《傳》的著作，類型上比較屬於專門性質的學術研究，和特地為了科舉考試而撰著刻印的書籍在目的上是有本質性的根本差異，以上所羅列書籍即為本書的文獻依據所在，第三章〈科舉與經學〉，於第一節討論到胡《傳》在明代的獨尊現象與流衍情形，即依據此而建構。

　　2、科舉用書：

　　　明代《春秋》存世的著作中有一大部份是屬於科舉用書，這類著作等同於現今坊間各式各樣的考試參考本，其中揣摩題型，擬題解題，其目的主要在幫助學子們以最經濟，最有效率的方式掌握應試方向。廣義來說，可以把這類書籍附屬於胡《傳》門戶（一部份隸屬《左傳》），但因這類著作大都缺乏獨立見解，一字一句多為闡明胡《傳》而編著，使學子們熟悉八股制義程式，故而與上述專門研究胡《傳》的著作分開。現今存世的部份大約有六十二部，筆者能親自過目的數量有三十五部，佔存世總數百

15　李集鳳：《春秋輯傳辨疑》，《四庫全書存目叢書》經部，第133-134冊（據北京大學圖書館藏清鈔本影印）。

16　冉覯祖：《春秋詳說》，《四庫全書存目叢書》經部，第137-139冊（據復旦大學圖書館藏清光緒七年大梁書局刻五經詳說本影印）。

17　鄭良弼：《春秋續義纂要發微》，《四庫全書存目叢書》經部，第122冊（據清華大學圖書館藏明鈔本影印）。

18　吳應辰：《麟旨》（臺北國家圖書館藏明末松陵吳氏刊本）。

19　陳喆：《春秋胡氏傳集解》（上海圖書館藏明嘉靖九年安正堂刻本）。

20　魏謙吉：《春秋便覽集案》（北京大學圖書館藏明南郡曹氏刻本）。

21　魏謙吉：《春秋摘要》（北京大學圖書館藏明南郡曹氏刻本）。

22　馮伯禮：《春秋羅纂》（上海圖書館藏明崇禎刻本）。

23　楊時偉：《春秋賞析》（南京大學圖書館藏明天啟元年刻本）。

分之五十六，分別為胡廣《春秋集傳大全》[24]，趙恆《春秋錄疑》[25]，鄒德溥《春秋匡解》[26]，張杞《新刻麟經統一編》[27]，李事道《左概》[28]，陳際泰《春秋讀》[29]，樊王家《左氏春秋內外傳類選》[30]，馮夢龍《別本春秋大全》[31]《春秋衡庫》[32]《麟經指月》[33]《春秋定旨參新》[34]，馮夢龍撰‧余璟參訂《增定春秋衡庫》[35]，耿汝忞《松麟軒新鍥春秋愍渡》[36]，余敷中《麟寶》[37]，施天遇《春秋三傳衷考》[38]，王道焜‧趙如源《左傳杜林合注》[39]，鄧來鸞《春秋實錄》[40]，馮士驊《春秋三發》[41]，陳于鼎

24　胡廣：《春秋集傳大全》（臺北國家圖書館藏明內府刊本）。

25　趙恆：《春秋錄疑》，《四庫全書存目叢書》經部，第119冊（據北京圖書館藏清鈔本影印）。

26　鄒德溥：《春秋匡解》，《四庫全書存目叢書》經部，第120冊（據上海圖書館藏明藍格本影印）。

27　張杞：《新刻麟經統一編》，《四庫全書存目叢書》經部，第121冊（據北京圖書館藏明萬曆三十三年自刻本影印）。

28　李事道：《左概》（南京圖書館藏明萬曆十五年刻本）。

29　陳際泰：《春秋讀》，《四庫全書存目叢書》經部，第151冊（據湖北省圖書館藏明崇禎六年刻本影印）。

30　樊王家：《左氏春秋內外傳類選》，《四庫全書存目叢書》子部，第199冊（據中山大學圖書館藏明萬曆三十六年刻本影印）。

31　馮夢龍：《別本春秋大全》（美國哈佛大學燕京圖書館藏明末刻本）。

32　馮夢龍：《春秋衡庫》，《四庫全書存目叢書》經部，第123冊（據北京大學圖書館藏明天啓五年刻本影印）。

33　馮夢龍：《麟經指月》，《四庫未收書輯刊》，第2輯，第10冊（據明刻本影印）。

34　馮夢龍：《春秋定旨參新》，《馮夢龍全集》（上海古籍出版社據明刻本影印）。

35　馮夢龍撰‧余璟參訂：《增定春秋衡庫》（美國哈佛大學燕京圖書館藏明己任堂刻本）。

36　耿汝忞：《松麟軒新鍥春秋愍渡》（臺北國家圖書館藏明末曼山館刊本）。

37　余敷中：《麟寶》，《四庫全書存目叢書》經部，第121-122冊（據北京大學圖書館藏明萬曆刻本影印）。

38　施天遇：《春秋三傳衷考》，《四庫全書存目叢書》經部，第128冊（據北京大學圖書館藏明萬曆四十五年刻本影印）。

39　王道焜‧趙如源：《左傳杜林合注》，《景印文淵閣四庫全書》經部，第171冊。

40　鄧來鸞：《春秋實錄》，《四庫全書存目叢書》經部，第124冊（據北京大學圖書館藏明崇禎刻本影印）。

41　馮士驊：《春秋三發》，《續修四庫全書》經部，第136冊（據明崇禎八年葉昆池能遠居蘇州刻本影印）。

《麟旨定》[42]，吳希哲《麟旨明微》[43]，戴文光《春秋左傳標釋》[44]，儲欣・蔣景祁《春秋指掌》[45]，顧懋樊《桂林春秋義》[46]，夏元彬《麟傳統宗》[47]，梅之熉《春秋因是》[48]，許順義《春秋三註粹抄》[49]，林挺秀・林挺俊《春秋單合析義》[50]，金兆清《麟指嚴》[51]，金甌《春秋正業經傳刪本》[52]，汪道昆《春秋左傳節文》[53]，汪道昆撰・周光鎬注《春秋左傳節文註略》[54]，另有數部無名氏撰《春秋講章》[55]，《麋題備覽》[56]，《春秋衡庫纂》[57]，《春秋胡傳選鈔》[58]，《春秋大成題意》[59]。其餘未見的二十

42　陳于鼎：《麟旨定》，《四庫全書存目叢書》經部，第124冊（據南京圖書館藏明崇禎刻本影印）。

43　吳希哲：《麟旨明微》，《四庫未收書輯刊》，第1輯，第6冊（據明崇禎本影印）。

44　戴文光：《春秋左傳標釋》（臺北傅斯年圖書館藏明天啓五年刊本）。

45　儲欣・蔣景祁：《春秋指掌》，《四庫全書存目叢書》經部，第136-137冊（據北京大學圖書館藏清康熙天藜閣刻本影印）。

46　顧懋樊：《桂林春秋義》，《四庫全書存目叢書》經部，第125冊（據北京大學圖書館藏明崇禎刻桂林說經本影印）。

47　夏元彬：《麟傳統宗》，《四庫全書存目叢書》經部，第127冊（據故宮博物院圖書館藏明崇禎刻本影印）。

48　梅之熉：《春秋因是》，《四庫全書存目叢書》經部，第128冊（據蘇州市圖書館藏清初金閶孝友堂刻本影印）。

49　許順義：《春秋三註粹抄》，《四庫全書存目叢書》經部，第151冊（據浙江圖書館藏明萬曆十八年萃慶堂余泗泉刻本影印）。

50　林挺秀・林挺俊：《春秋單合析義》（美國哈佛大學燕京圖書館藏清康熙三十四年把奎樓刻本）。

51　金兆清：《麟指嚴》，《四庫未收書輯刊》，第3輯，第9冊（據明刻本影印）。

52　金甌：《春秋正業經傳刪本》，《四庫全書存目叢書》經部，第132冊（據華東師範大學圖書館藏清康熙三十七年受中堂刻本影印）。

53　汪道昆：《春秋左傳節文》，《四庫全書存目叢書》經部，第116冊（據福建師範大學圖書館藏明刻本影印）。

54　汪道昆撰・周光鎬注：《春秋左傳節文註略》，《四庫未收書輯刊》，第2輯，第10冊（據明萬曆十二年刻本影印）。

55　無名氏：《春秋講章》（臺北國家圖書館藏舊鈔本）。

56　無名氏：《麋題備覽》（北京國家圖書館藏明抄本）

57　無名氏：《春秋衡庫纂》（美國國會圖書館藏舊鈔本）。

58　無名氏：《春秋胡傳選鈔》（臺北國家圖書館藏舊鈔本）。

59　無名氏：《春秋大成題意》，《四庫未收書輯刊》，第5輯，第2冊（明鈔本影印）。

七部份別為王世貞《王鳳洲先生課兒左傳文髓》[60]，焦竑・翁正春・朱之蕃《新鐫翰林三狀元會選左胡玉壺冰》[61]，鄒德溥《麟經祕旨梅林臆見》[62]《新鐫鄒翰林麟經真傳》[63]，湯賓尹撰・林世選增補《增補湯會元遴輯百家評林左傳狐白》[64]《新鋟湯會元遴輯百家評林左傳秋型》[65]，馮如京《春秋大成》[66]，魏藻德《新刻魏狀元手著春秋意說》[67]，來集之《新刻麟經寶定》[68]，戴文光《必有齋左概增刪》[69]，翁長庸《春秋寶筏》[70]，馮雲驤《春秋大成講意》[71]，官裳《麟書捷旨》[72]，鄭之鼎・丘兆麟《春秋便蒙》[73]，鄭維岩《新鍥鄭孩如先生精選左傳旁訓便讀》[74]，陳其猷《春秋序題》[75]，陳申父《春秋題輅》[76]，林繼燻《春秋四傳合抄》[77]，江渤《春秋題旨》[78]，龔而安《春秋左氏捷覽》[79]，張鼐《鐫彙附

60　王世貞：《王鳳洲先生課兒左傳文髓》（東北師範大學圖書館藏明刻本）。
61　焦竑・翁正春・朱之蕃：《新鐫翰林三狀元會選左胡玉壺冰》（日本前田育德會尊經閣文庫藏明萬曆刊本）。
62　鄒德溥：《麟經祕旨梅林臆見》（日本名古屋市蓬左文庫藏明末南陽陽氏天台館刊本）。
63　鄒德溥：《新鐫鄒翰林麟經真傳》（南京圖書館藏明沈演沈滑等刻本）。
64　湯賓尹撰・林世選增補：《增補湯會元遴輯百家評林左傳狐白》（華東師範大學圖書館藏萬曆三十八年余泰垣刻本）。
65　湯賓尹撰・林世選增補：《新鋟湯會元遴輯百家評林左傳秋型》（日本內閣文庫藏明萬曆二十四年余良木自新齋刊本）。
66　馮如京：《春秋大成》（北京大學圖書館藏清順治介軒刻本）。
67　魏藻德：《新刻魏狀元手著春秋意說》（日本國立公文書館藏明刊本）。
68　來集之：《新刻麟經寶定》（日本名古屋市蓬左文庫藏明崇禎十三年朱氏菽苑堂本）。
69　戴文光：《必有齋左概增刪》（中國科學院圖書館藏天啓刻本）。
70　翁長庸：《春秋寶筏》（上海圖書館藏清抄本）。
71　馮雲驤：《春秋大成講意》（北京大學圖書館藏清順治介軒刻本）。
72　官裳：《麟書捷旨》（美國哈佛大學燕京圖書館藏明天啓金陵李良臣刻本）。
73　鄭之鼎・丘兆麟：《春秋便蒙》（韓國奎章閣藏明萬曆四十六年序刊本）。
74　鄭維岩：《新鍥鄭孩如先生精選左傳旁訓便讀》（武漢圖書館藏明楊九經刻本）。
75　陳其猷：《春秋序題》（北京圖書館藏傳鈔本）。
76　陳申父：《春秋題輅》（北京大學圖書館藏傳鈔本）。
77　林繼燻：《春秋四傳合抄》（日本國立公文書館藏明崇禎十三年序刊本）。
78　江渤：《春秋題旨》（陝西省寶雞市圖書館藏明抄本）。
79　龔而安：《春秋左氏捷覽》（日本新潟大學佐野文庫藏安永九年田原平兵衛刊本）。

百名公叢譚春秋講義會編》[80]，楊守勤《新刻楊會元精選左傳彙奇》[81]，王衡《新刻名公春秋至義合併全集》[82]，陳繼儒《陳眉公先生選注左傳龍驤》[83]，劉守泰《春秋左史捷徑》[84]，王氏《新刻王翰林精採左聞人玉珩編》[85]等等二十七部，分別散落在中國、日本、韓國、美國等地。這些考試工具類書籍在傳統經學家的眼中，往往搆不上經學的衣腳，甚至認為這類書籍敗壞聖經，使學子們只讀整理、刪節、擬題本，不再從原典入手，從學術研究的立場出發，傳統經學家所說當然是正確的讀書態度，但如果期待閱讀經典者就要成為經學研究專家，這樣的念頭也太過理想化，考試領導教學，在市場供需原則下，這類書籍會蓬勃發展自有其廣大市場的需求原因，從反面來說，這也顯示明代擁有非常可觀的經學閱讀人口，所以這類書籍雖然並非治經正途，但一概抹殺，認為百無一用，亦大可不必如此，若從教育推廣的角度著眼，這類科舉參考書確實也達到了經學普及化的功用，本書第三章論及胡《傳》與科舉的相互依存情況，即據此而建構之。

　　3、義理議論：

　　明代的經學研究向來被傳統經學研究者認為空疏衰敗，並將此風歸罪於明人好發議論，游談無垠，以義理說經的空談無據，學風因此不振，國運因而日漸萎靡，雖說不能忽略學術對國家政治經濟的整體影響層面，但顧炎武與稍後的四庫館臣直接把亡國的罪魁禍首歸結於斯，這樣的因果連結未免也太過牽強，顧氏以學者的角度要求國家社會中的知識份子須負起最大責任，其立場可同情亦可理解，但這樣的說法卻被四庫館臣加以延續發揮，《四庫全書總目》屢屢將明朝亡國的責任歸於明人本身，以此證明

80　張鼐：《鐫彙附百名公叢譚春秋講義會編》（日本前田育德會尊經閣文庫藏明刊本）。

81　楊守勤：《新刻楊會元精選左傳彙奇》（日本國立公文書館藏明刊本）。

82　王衡：《新刻名公春秋至義合併全集》（日本名古屋市蓬左文庫藏明萬曆三十年刊本）。

83　陳繼儒：《陳眉公先生選注左傳龍驤》（吉林大學圖書館藏清初三臺館刻本）。

84　劉守泰：《春秋左史捷徑》（寧波天一閣文物保管所藏明萬曆元年刻本）。

85　王氏：《新刻王翰林精採左聞人玉珩編》（日本國立公文書館藏明刊本）。

清朝取代亡明是順天理、應民心，明人空談性理，學術敗壞，故而是自取滅亡耳，非清亡之。清人將政治統治與學術風氣掛鉤，以此為清初考據學的治經模式背書，但一代學術自有一代學術的特點，明代以義理解經和清人以訓詁治經，兩者所追求的最終目的同樣是聖人在經書中的微言大義，若僅以方法學上的不同就漠視其成就，全盤否定它所代表時代意義，不僅無法正確認識明代經學，甚至在經學史上也無法給予適當的評價，以下所列二十一部書籍，為胡《傳》系統外以義理解經的著作，分別為王恕《石渠春秋意見》[86]，劉基《春秋明經》[87]，高攀龍《春秋孔義》[88]，周洪謨《春秋疑辨錄》[89]，湛若水《春秋正傳》[90]，呂柟《涇野先生春秋說志》[91]，蔡汝楠《說春秋記》[92]，鄧元錫《春秋通》[93]，章潢《春秋竊義》[94]《春秋測義》[95]，周希令‧方尚恂會講‧徐有成裁定《春秋談虎講意》[96]，黃道周《春秋說象凡例》[97]《表記集傳》[98]《坊記集傳》[99]《春秋

86　王恕：《石渠春秋意見》，《四庫全書存目叢書》經部，第147冊（據吉林省圖書館藏明正德刻本影印）。

87　劉基：《春秋明經》，《四部叢刊初編》集部，第80冊（臺灣商務印書館據上海商務印書館縮印烏程許氏藏明刻本影印）。

88　高攀龍：《春秋孔義》，《景印文淵閣四庫全書》經部，第170冊。

89　周洪謨：《春秋疑辨錄》，《四庫全書存目叢書》經部，第147冊（據北京圖書館藏明嘉靖刻本影印）。

90　湛若水：《春秋正傳》，《景印文淵閣四庫全書》經部，第167冊。

91　呂柟：《涇野先生春秋說志》，《續修四庫全書》經部，第133冊（據北京圖書館藏明嘉靖三十二年謝少南刻涇野先生五經說本影印）。

92　蔡汝楠：《說春秋記》，《四庫全書存目叢書》經部，第149冊（據浙江圖書館藏明天啟三年蔡武刻本影印）。

93　鄧元錫：《春秋通》，《四庫全書存目叢書》經部，第149冊（據中國科學院圖書館藏明刻本影印）。

94　章潢：《春秋竊義》，《景印文淵閣四庫全書》子部，第968冊。

95　章潢：《春秋測義》（北京大學圖書館藏明萬曆十八年王佐等刻本）。

96　周希令‧方尚恂會講‧徐有成裁定：《春秋談虎講意》（臺北國家圖書館藏明天啟刊本）。

97　黃道周：《春秋說象凡例》，《景印文淵閣四庫全書》經部，第35冊。

98　黃道周：《表記集傳》，《景印文淵閣四庫全書》經部，第122冊。

99　黃道周：《坊記集傳》，《景印文淵閣四庫全書》經部，第122冊。

揆略》[100]，朱之俊《春秋纂》[101]，來集之《春秋志在》[102]《四傳權衡》[103]，王夫之《春秋世論》[104]，馬馴《春秋探微》[105]等等二十一部，本書將其納入第三章〈科舉與經學〉中討論，可見明代當時義理解經的勃揚。

4、質疑胡《傳》：

胡《傳》的勢力在明代達到巔峰，官方在科舉考試中雖然四《傳》並列，但考試卻是以胡《傳》定去取，但這樣藉由科舉功令所鞏固的學術核心，往往也容易遭致經學研究者的質疑，這股風氣從明初到中葉以前陸陸續續有學者提出胡《傳》的缺失，但還不足以成為任何威脅胡《傳》勢力，一直到明末階段，這股反對的聲浪才稍有制約的效果，而且科舉考試與民間文人中也開始漸漸重視《左傳》的經學地位，這兩者都給了胡《傳》不小的壓力。但胡《傳》在科舉制度的保護傘下，依舊維持它固有的學術地位，清初康熙、雍正、乾隆三朝還是將胡《傳》定於一尊，雖然康熙晚年態度有所轉變，但還不敢貿然廢除，其原因就在於當時胡《傳》仍然是四《傳》中最多學子們研習的重點，但隨著崇實黜虛，考證嚴實的學風漸熾，質疑反對的聲浪凌駕胡《傳》之上，歸屬於宋明義理的胡《傳》終究被乾隆拉下歷史的舞臺，全面於《四庫全書總目》中嚴厲攻擊胡《傳》，視其為洪水猛獸，本書第二章〈評價與定位：清初官方的評價分析及定位問題〉一文即針對清初這樣的現象加以析論。而明代著作中除了《春秋大全》是館臣有不良目的性的特殊保留外，其餘一概擯斥，反之只要屬於質疑反對胡《傳》者，大都能被館臣所收錄，書籍的評價也跟著

100 黃道周：《春秋揆略》，《四庫全書存目叢書》經部，第124冊（據南京圖書館藏清鈔本影印）。

101 朱之俊：《春秋纂》，《四庫全書存目叢書》經部，第124冊（據中國科學院圖書館藏清順治十七年刻本影印）。

102 來集之：《春秋志在》（中國科學院圖書館藏清順治來氏倘湖小築刻本）。

103 來集之：《四傳權衡》（北京清華大學圖書館藏清順治來氏倘湖小築刻本）。

104 王夫之：《春秋世論》（長沙嶽麓書社據清王嘉愷鈔本影印排版）。

105 馬馴：《春秋探微》（臺北國家圖書館藏明朱絲闌鈔本）。

水漲船高，這類著作分別有蔣悌生《春秋蠡測》[106]，袁仁《春秋鍼胡編》[107]，張邦奇《春秋說》[108]，陸粲《春秋胡氏傳辨疑》[109]，熊過《春秋明志錄》[110]，高拱《春秋正旨》[111]，徐浦《春秋四傳私考》[112]，王樵《春秋輯傳》[113]，黃正憲《春秋翼附》[114]，楊于庭《春秋質疑》[115]，賀仲軾《春秋歸義》[116]，嚴啟隆《春秋傳註》[117]，張岐然《春秋四家五傳平文》[118]，王介之《春秋四傳質》[119]，王夫之《春秋家說》[120]，毛奇齡《春秋毛氏傳》[121]等等十六部，這些書籍都間接反映了清初考據勢力企圖壓制宋明義理的真實情況，可以概見明代中葉至明末清初階段士人質疑胡《傳》的情形，同時也是本書第三章論及胡《傳》流衍情形的重要文獻依據。

106　蔣悌生：《春秋蠡測》，《景印文淵閣四庫全書》經部，第184冊。

107　袁仁：《春秋鍼胡編》（臺北傅斯年圖書館藏明萬曆刊本）（案：四庫本為《春秋胡傳考誤》）。

108　張邦奇：《春秋說》，《續修四庫全書》集部，第1337冊（據中國科學院圖書館藏明刻本影印）。

109　陸粲：《春秋胡氏傳辨疑》，《景印文淵閣四庫全書》經部，第167冊。

110　熊過：《春秋明志錄》，《景印文淵閣四庫全書》經部，第168冊。

111　高拱：《春秋正旨》，《北京圖書館古籍珍本叢刊》經部，第2冊（據明萬曆刻本影印）。

112　徐浦：《春秋四傳私考》，《續修四庫全書》經部，第135冊（據上海辭書出版社圖書館藏清嘉慶十六年祝氏留香室刻本影印）。

113　王樵：《春秋輯傳》，《景印文淵閣四庫全書》經部，第168冊。

114　黃正憲：《春秋翼附》，《續修四庫全書》經部，第135冊（據明刻本影印）。

115　楊于庭：《春秋質疑》，《景印文淵閣四庫全書》經部，第169冊。

116　賀仲軾：《春秋歸義》，《續修四庫全書》經部，第136冊（據湖北省圖書館藏清道光八年見山堂刻本影印）。

117　嚴啟隆：《春秋傳註》，《四庫全書存目叢書》經部，第131冊（據北京圖書館藏清康熙四十七年朱彝尊家鈔本影印）。

118　張岐然：《春秋四家五傳平文》，《四庫全書存目叢書》經部，第128-130冊（據清華大學圖書館藏明崇禎十四年君山堂刻本影印）。

119　王介之：《春秋四傳質》，《景印文淵閣四庫全書》經部，第171冊。

120　王夫之：《春秋家說》（長沙嶽麓書社據清王嘉愷鈔本影印排版）。

121　毛奇齡：《春秋毛氏傳》，《景印文淵閣四庫全書》經部，第176冊。

5、《左傳》經學：

明代雖是胡《傳》的天下，但《左傳》並沒有完全被壓制，不僅僅是因為《左傳》也是科舉功令之一，其實胡安國詮解《春秋》，最大的依據還是《左傳》一書，這兩個內在的因素都使《左傳》並沒有像《公》、《穀》二傳般被士人學子漠視。再者，民間文壇持續有一股不追求議論解經、崇實黜虛的學風存在，這些學者多以《左傳》的史實去質疑胡《傳》的義理，所以《左傳》雖然不能在科舉考試上抗衡胡《傳》，但在科舉領域之外，《左傳》絕對比胡《傳》表現了更強的生命力與創造力，根據《明代春秋著述考》所列研究胡《傳》的書籍僅二十部，然同時研究《左傳》的卻多達三十八部，以下所列書籍筆者所見三十一部，佔總數八成以上，分別為趙汸《春秋左氏傳補註》[122]，劉績《春秋左傳類解》[123]，邵寶《春秋簡端錄》[124]《左觿》[125]，童品《春秋經傳辨疑》[126]，魏校《春秋經世》[127]，陸粲《左傳附注》[128]《左氏春秋鐫》[129]，施仁《左粹類纂》[130]，顏鯨《春秋貫玉》[131]，李貴《讀左傳箚記》[132]，凌稚隆《春秋左傳註評測

122 趙汸：《春秋左氏傳補註》，《景印文淵閣四庫全書》經部，第164冊。

123 劉績：《春秋左傳類解》，《續修四庫全書》經部，第119冊（據明嘉靖刊本影印）。

124 邵寶：《春秋簡端錄》，《景印文淵閣四庫全書》經部，第184冊。

125 邵寶：《左觿》，《四庫全書存目叢書》經部，第117冊（據北京大學圖書館藏明崇禎四年曹荃編刻證文莊公經史全書五種本影印）。

126 童品：《春秋經傳辨疑》，《景印文淵閣四庫全書》經部，第167冊。

127 魏校：《春秋經世》，《四庫全書存目叢書》經部，第117冊（據北京大學圖書館藏明嘉靖王道行刻莊渠先生遺書七種本影印）。

128 陸粲：《左傳附注》，《景印文淵閣四庫全書》經部，第167冊。

129 陸粲：《左氏春秋鐫》，《續修四庫全書》經部，第119冊（據明嘉靖四十二年陸延枝刻本影印）。

130 施仁：《左粹類纂》，《四庫全書存目叢書》子部，第178冊（據揚州市圖書館藏明嘉靖錫山安國弘仁堂刻本影印）。

131 顏鯨：《春秋貫玉》，《四庫未收書輯刊》，第6輯，第3冊（據明萬曆三十三年刻本影印）。

132 李貴：《讀左傳箚記》（臺北國家圖書館藏明萬曆十年湖廣刊本）。

義》[133]，黃洪憲《春秋左傳釋附》[134]，馮時可《左氏討》[135]《左氏論》[136]，傅遜《春秋左傳註解辯誤》[137]，閔遠慶《左傳集要》[138]，郝敬《春秋直解》[139]《春秋非左》[140]，王震《春秋左翼》[141]，閔光德《春秋左傳杜林合註》[142]，耿汝悫《松麟軒新鍥春秋憨渡》[143]，王道焜‧趙如源《左傳杜林合注》[144]，傅山《春秋左傳註疏批注》[145]，朱鶴齡《左氏春秋集說》[146]，秦鏌《求古齋訂正春秋左傳》[147]，姜希轍《左傳統箋》[148]，毛奇齡《春秋毛氏傳》[149]，張沐《春秋疏略》[150]，湯啓祚《春秋不傳》[151]，

---

133 凌稚隆：《春秋左傳註評測義》，《四庫全書存目叢書》經部，第126-127冊（據湖北省圖書館藏明萬曆十六年刻本影印）。

134 黃洪憲：《春秋左傳釋附》，《四庫未收書輯刊》，第7輯，第1冊（據明刻本影印）。

135 馮時可：《左氏討》，《四庫全書存目叢書》經部，第120冊（據北京圖書館藏明萬曆刻馮元成雜著九種本影印）。

136 馮時可：《左氏論》，《四庫全書存目叢書》經部，第120冊（據北京圖書館藏明萬曆刻馮元成雜著九種本影印）。

137 傅遜：《春秋左傳註解辯誤》，《續修四庫全書》經部，第119冊（據萬曆十三年日殖齋本影印）。

138 閔遠慶：《左傳集要》，《四庫未收書輯刊》，第6輯，第2冊（據明萬曆刊本影印）。

139 郝敬：《春秋直解》，《續修四庫全書》經部，第136冊（據明郝氏九經本影印）。

140 郝敬：《春秋非左》，《續修四庫全書》經部，第136冊（據明郝氏九經本影印）。

141 王震：《春秋左翼》，《四庫全書存目叢書》經部，第122冊（據山東省圖書館藏明萬曆三十一年刻本影印）。

142 閔光德：《春秋左傳杜林合註》（美國哈佛大學哈佛燕京圖書館藏明代刊本）。

143 耿汝悫：《松麟軒新鍥春秋憨渡》（臺北國家圖書館藏明末曼山館刊本）。

144 王道焜‧趙如源：《左傳杜林合注》，《景印文淵閣四庫全書》經部，第171冊。

145 傅山：《春秋左傳註疏批注》（山西省博物館藏明萬曆刊本）。

146 朱鶴齡：《左氏春秋集說》，《續修四庫全書》經部，第120冊（據中國科學院圖書館藏清道光二十九年強恕堂刻本影印）。

147 秦鏌：《求古齋訂正春秋左傳》（臺北國家圖書館藏明崇禎十三年錫山秦氏刊本）。

148 姜希轍：《左傳統箋》，《四庫全書存目叢書》經部，第131冊（據中國科學院圖書館藏清康熙十五年刻本影印）。

149 毛奇齡：《春秋毛氏傳》，《景印文淵閣四庫全書》經部，第176冊。

150 張沐：《春秋疏略》，《四庫全書存目叢書》經部，第132冊（據中國科學院圖書館藏清康熙刻本影印）。

151 湯啓祚：《春秋不傳》，《四庫全書存目叢書》經部，第145冊（據中國科學院圖書館藏清嘉慶二十四年刻本影印）。

陳許廷《春秋左傳典略》[152]等等。未見者有王良臣《左氏纂》[153]，許孚遠《左氏詳節》[154]，吳一栻《春秋傳注彙約》[155]，顧朱《春秋本義》[156]，郭登《春秋左氏直解》[157]，王升《讀春秋左氏贅言》[158]，楊時秀《春秋集傳》[159]等七部，韓國藏有一部，其餘六部份散於大陸地區。所以現今學界通常認為胡《傳》的勢力在明代達到巔峰，這個說法並非完全精準，應該要有層次分別，因為胡《傳》僅僅限於科舉層面獨強，離開了科舉範圍，《左傳》絲毫不居下風，除了在經學（義理、考據）領域外，舉凡史學、子學（兵法）、文學（評點、古文、小說）等等，《左傳》在明代都發展出重要的學術研究課題，若僅以胡《傳》就代表整個明代春秋學的實際情況，那就完全誤解了春秋學在明代的發展源流。本書第三章論及《左傳》的復興一節，除了討論上述如許情況，也在澄清現今學術界的一些不確說法。

（二）考證與漢學

　　清儒向來以訓詁考據自許，乾隆、嘉慶二朝被視為漢學的巔峰時代，現今學術界主要的共識是認為這個學風主要是奠基於清初大儒顧炎武（1613-1682），之後才分化出吳派惠棟（1697-1758），和皖派戴震（1724-1777）兩個系統出來，林慶彰先生認為清初的考據學其實是延續著明代而來，筆者通過對《明代春秋著述考》的全面檢視後，認為這一結論是確實有據，綜合來說，明代春秋考據學在明中葉以前的經典考據中只是儒學方法論上的單純研究，僅是解經路數的差異，既沒有內部的反動，

152　陳許廷：《春秋左傳典略》，《續修四庫全書》經部，第119冊（據明崇禎刊本影印）。

153　王良臣：《左氏纂》（中共中央黨校圖書館藏明刻本）。

154　許孚遠：《左氏詳節》（廣州中山大學圖書館藏明萬曆刻本）。

155　吳一栻：《春秋傳注彙約》（天津市人民圖書館藏明萬曆三十年吳有志刻本）。

156　顧朱：《春秋本義》（北京清華大學圖書館藏清初刻本）。

157　郭登：《春秋左氏直解》（韓國國立中央圖書館藏明刊本）。

158　王升：《讀春秋左氏贅言》（廣州中山大學圖書館藏明萬曆十六年刻本）。

159　楊時秀：《春秋集傳》（北京國家圖書館藏明嘉靖二十六年汪秋卿刻本）。

也沒有道、釋的威脅，但中期後義理解經本身弊病叢生，一方面是科舉的
關係，一方面則是理學走入了空談心性的虛無，這兩者對經學本身都造成
了傷害，而此時佛老二氏的思想也逐漸侵入孔、孟經典領域，威脅儒家主
導的學術地位，所以當時道問學的重新抬頭與訓詁考據的興起不是沒有緣
由的關聯，而是有著密切的連動性。以明代的考證範圍來說，主要在考證
《春秋》原典，考證胡《傳》、《左傳》，以至諸《傳》，歷代注、疏之
誤。而其具體的考證內涵又可概分為五：一者考證天文地理，二者考證書
法義例，三者考證文字音義，四者考證制度沿革，五者稽考異文逸文，明
代《春秋》研究者通過這些研究，對清初考據學的成熟發展，實有不可忽
視抹滅的前導之功。以《明代春秋著述考》來說，現今存世著作總計達六
十二部之多，分別為陳士元《春秋異文》[160]，周應賓《春秋考異》[161]，閔
光德《春秋左傳異名考》[162]《春秋姓名辨異》[163]，龔而安《春秋姓名辨
異》[164]，趙汸《春秋集傳》[165]《春秋屬辭》[166]《春秋師說》[167]《春秋金鎖
匙》[168]，石光霽《春秋書法鉤玄》[169]，邵弁《春秋通議略》[170]，張溥《春

160　陳士元：《春秋異文》，《四庫全書存目叢書》經部，第149冊（據北京大學圖書館藏明萬曆刻歸
　　　雲別集本影印）。
161　周應賓：《春秋考異》，《四庫全書存目叢書》經部，第150冊（據北京大學圖書館明萬曆刻本影
　　　印）。
162　閔光德：《春秋左傳異名考》（臺灣大學圖書館藏日本延享三年崇文堂刊本）。
163　閔光德：《春秋姓名辨異》（臺灣大學圖書館藏日本延享三年崇文堂刊刊本）。
164　龔而安：《春秋姓名辨異》（臺灣大學圖書館藏日本延享三年崇文堂刊本）。
165　趙汸：《春秋集傳》（北京清華大學圖書館藏嘉靖七年刻本）。
166　趙汸：《春秋屬辭》，《景印文淵閣四庫全書》經部，第164冊。
167　趙汸：《春秋師說》，《景印文淵閣四庫全書》經部，第164冊。
168　趙汸：《春秋金鎖匙》，《景印文淵閣四庫全書》經部，第164冊。
169　石光霽：《春秋書法鉤玄》，《景印文淵閣四庫全書》經部，第165冊。
170　邵弁：《春秋通議略》（臺北傅斯年圖書館藏明萬曆刊本）。

秋書法解》[171]，徐學謨《春秋億》[172]，姚舜牧《春秋疑問》[173]，卓爾康
《春秋辯義》[174]，賀仲軾《春秋歸義》[175]，錢謙益《春秋論》[176]《讀左傳
札記》[177]，張岐然《春秋四家五傳平文》[178]，俞汝言《春秋平義》[179]《春
秋四傳糾正》[180]，毛奇齡《春秋毛氏傳》[181]，張以寧《春秋春王正月
考》[182]《春秋春王正月考辨疑》[183]，史伯璿《三正說》[184]，周洪謨《周正
辨》[185]，邵寶《春秋簡端錄》[186]《左觿》[187]，湛若水《春秋正傳》[188]，季
本《春秋私考》[189]《春秋地考》[190]，楊慎《春秋地名考》[191]《春秋經

[171] 張溥：《春秋書法解》，《四庫全書存目叢書》經部，第125冊（據中國科學院圖書館藏明末刻本影印）。

[172] 徐學謨：《春秋億》，《景印文淵閣四庫全書》經部，第169冊。

[173] 姚舜牧：《春秋疑問》，《續修四庫全書》經部，第135冊（據明萬曆刻本影印）。

[174] 卓爾康：《春秋辯義》（臺北國家圖書館藏明崇禎間仁和吳夢桂校刊本）。

[175] 賀仲軾：《春秋歸義》，《續修四庫全書》經部，第136冊（據清道光見山堂本影印）。

[176] 錢謙益：《春秋論》，《四部叢刊正編》，第78冊（據上海涵芬樓影印崇禎癸未本）。

[177] 錢謙益：《讀左傳札記》（北京故宮博物院圖書館藏稿本）。

[178] 張岐然：《春秋四家五傳平文》，《四庫全書存目叢書》經部，第128-130冊（據清華大學圖書館藏明崇禎十四年君山堂刻本影印）。

[179] 俞汝言：《春秋平義》，《景印文淵閣四庫全書》經部，第174冊。

[180] 俞汝言：《春秋四傳糾正》，《景印文淵閣四庫全書》經部，第174冊。

[181] 毛奇齡：《春秋毛氏傳》，《景印文淵閣四庫全書》經部，第176冊。

[182] 張以寧：《春秋春王正月考》，《景印文淵閣四庫全書》經部，第165冊。

[183] 張以寧：《春秋春王正月考辨疑》，《景印文淵閣四庫全書》經部，第165冊。

[184] 史伯璿：《三正說》，《景印文淵閣四庫全書》子部，第953冊。

[185] 周洪謨：《周正辨》，《景印文淵閣四庫全書》子部，第953冊。

[186] 邵寶：《春秋簡端錄》，《景印文淵閣四庫全書》經部，第184冊。

[187] 邵寶：《左觿》，《四庫全書存目叢書》經部，第117冊（據北京大學圖書館藏明崇禎四年曹荃編刻邵文莊公經史全書五種本影印）。

[188] 湛若水：《春秋正傳》，《景印文淵閣四庫全書》經部，第167冊。

[189] 季本：《春秋私考》，《續修四庫全書》經部，第134冊（據明嘉靖刻本影印）。

[190] 季本：《春秋地考》（臺北國家圖書館藏舊鈔本）。

[191] 楊慎：《春秋地名考》（臺北傅斯年圖書館藏明萬曆間刊本）。

說》[192]，李濂《夏周正辨疑會通》[193]，袁仁《春秋鍼胡編》[194]，陸粲《左傳附注》[195]《春秋胡氏傳辨疑》[196]，楊于庭《春秋質疑》[197]，林懋和《春秋春王正月周正考》[198]，陳耀文《春秋稽疑》[199]，朱睦㮮《春秋諸傳辨疑》[200]，黃正憲《春秋翼附》[201]，馮時可《左氏釋》[202]，邢雲路《春秋考》[203]，傅遜《春秋左傳註解辯誤》[204]《左傳古字奇字音釋》[205]，陳深《春秋三傳解詁》[206]，劉城《春秋左傳地名錄》[207]《左傳人名錄》[208]，朱朝瑛《讀春秋略記》[209]，傅山《春秋人名韻》[210]，朱鶴齡《讀左日

---

192 楊慎：《春秋經說》，《雜著祕笈叢刊》，第3冊（臺灣學生書局據據國立中央圖書館明萬曆四十四年顧起元校刊本影印）。

193 李濂：《夏周正辨疑會通》（臺北故宮博物院圖書文獻處藏明藍格鈔本）。

194 袁仁：《春秋鍼胡編》（臺北傅斯年圖書館藏明萬曆刊本）。

195 陸粲：《左傳附注》，《景印文淵閣四庫全書》經部，第167冊。

196 陸粲：《春秋胡氏傳辨疑》，《景印文淵閣四庫全書》經部，第167冊。

197 楊于庭：《春秋質疑》，《景印文淵閣四庫全書》經部，第169冊。

198 林懋和：《春秋春王正月周正考》（日本東京內閣文庫藏萬曆十七年刊本）。

199 陳耀文：《春秋稽疑》，《景印文淵閣四庫全書》經部，第184冊。

200 朱睦㮮：《春秋諸傳辨疑》，《四庫全書存目叢書》經部，第120冊（據北京大學圖書館藏清鈔本影印）。

201 黃正憲：《春秋翼附》，《續修四庫全書》經部，第135冊（據明刻本影印）。

202 馮時可：《左氏釋》，《景印文淵閣四庫全書》經部，第169冊。

203 邢雲路：《春秋考》，《景印文淵閣四庫全書》子部，第787冊。

204 傅遜：《春秋左傳註解辯誤》，《續修四庫全書》經部，第119冊（據湖北省圖書館藏明萬曆十三年日殖齋刻本影印）。

205 傅遜：《左傳古字奇字音釋》（臺北國家圖書館藏明萬曆十一年傅氏日殖齋刊本）。

206 陳深：《春秋三傳解詁》，《四庫全書存目叢書》經部，第147-148冊（據浙江圖書館藏明萬曆刻本影印）。

207 劉城：《春秋左傳地名錄》，《四庫全書存目叢書》經部，第128冊（據泰州市圖書館藏明崇禎刻本影印）。

208 劉城：《左傳人名錄》，《四庫禁燬書叢刊》集部，第121冊（據北京大學圖書館藏清光緒十九年養雲山莊刻本影印）。

209 朱朝瑛：《讀春秋略記》，《景印文淵閣四庫全書》經部，第171冊。

210 傅山：《春秋人名韻》（山西省博物館藏手稿殘本）。

鈔》[211]，黃宗羲《春秋日食曆》[212]，顧炎武《左傳杜解補正》[213]，王介之《春秋四傳質》[214]《春秋稗疏》[215]，萬斯大《學春秋隨筆》[216]等等，除了曹學佺《春秋例義大略》[217]《春秋傳刪》[218]《春秋義略》[219]，王升《讀春秋左氏贅言》[220]，吳偉業《春秋地理志》[221]等五部尚未得以寓目外，其餘五十七部皆是本書第四章〈考證與漢學：明代《春秋》考據學的範圍內涵及意義〉一文的依據文獻。另外值得注意的一點，明代除了是胡《傳》的天下，是義理學進入狂飆的年代，但質疑和反對胡《傳》的聲音始終沒有停過，其中頗多學者藉由訓詁考據以論證胡《傳》闕誤者，如陸粲《春秋胡氏傳辨疑》、袁仁《春秋鍼胡編》、楊于庭《春秋質疑》、王介之《春秋四傳質》等書，可見當時反對胡《傳》的研究，也間接促進了明代經典考據學的發展。

（三）經書與史書

前文說道《左傳》和胡《傳》除了有競爭、抗衡的情形外，《左傳》自身也走向了史學的領域，雖然傳統經學者都不否認《左傳》所具備的史學特徵與性質，但在孔子微言大義的領域中，《左傳》的歸屬永遠只能是經學的，就算眾人都承認《左傳》是史書，但這個承認僅僅只能是默認，而不能公開宣示，因為這等於要將孔子的「微言大義」抽離出來，如此經書將不再成為經典或聖典，而僅是傳世古籍之一，這樣的悖逆罪名似乎沒

---

211 朱鶴齡：《讀左日鈔》，《景印文淵閣四庫全書》經部，第175冊。

212 黃宗羲：《春秋日食曆》（臺北廣文書局景印康熙五十六年經學五書）。

213 顧炎武：《左傳杜解補正》（廣文書局據清嘉慶十三年張海鵬輯刊本影印）。

214 王介之：《春秋四傳質》，《景印文淵閣四庫全書》經部，第171冊。

215 王夫之：《春秋稗疏》（長沙嶽麓書社據清王孝魚點校金陵本排版）。

216 萬斯大：《學春秋隨筆》（臺北廣文書局景印康熙五十六年經學五書）。

217 曹學佺：《春秋例義大略》（日本國立公文書館藏明刊本）。

218 曹學佺：《春秋傳刪》（日本前田育德會尊經閣文庫藏明崇禎刻本）。

219 曹學佺：《春秋義略》（日本前田育德會尊經閣文庫藏明崇禎刻本）。

220 王升：《讀春秋左氏贅言》（廣州中山大學圖書館藏明萬曆十六年刻本）。

221 吳偉業：《春秋地理志》（廣東省中山圖書館藏清抄本）。

有人敢嘗試，所以翻遍歷代藝文志或藏書目錄，《左傳》類書籍永遠在經部春秋類，不會納入史籍中。四庫館臣在〈史部總敘〉云：「史之為道，撰述欲其簡，考證則欲其詳。莫簡於《春秋》，莫詳於《左傳》。魯史所錄，具載一事之始末，聖人觀其始末，得其是非，而後能定以一字之褒貶，此作史之資考證也。丘明錄以為傳，後人觀其始末，得其是非，而後能知一字之所以褒貶，此讀史之資考證也」[222]，《四庫全書》史部第一位是司馬遷的《史記》，但館臣於史部卷首的題辭，則以《春秋》書法、《左傳》史事訓之，可以想見若撤除經部，回歸學科分類，那《春秋》、《左傳》必然、絕對在群史之首位，所以《左傳》縱使本質上是史學的，但在孔子微言大義的賦予下，它的靈魂只能是經學的。到了明代中葉以後，這樣的默契逐漸被突破了，《左傳》擺脫了胡《傳》的糾纏，也走出了施加在它身上的經學制約，正視本身擁有的史學血肉內涵，開創出《左傳》史學四體的全新面貌。再者，今日學者論史學則不少從宋代直接跳往清代者，忽略了明代的史學內涵，如學術界所認為清代高士奇《左傳紀事本末》為新創之體，殊不知明代已臻入成熟期，傅遜、唐順之、馬驌已先為之作，更遑論《明代春秋著述考》中數十部亡佚之作，可見明代《左傳》史學的發展不僅是一片空白，甚至因此導致清初史學的錯誤論斷，如此可不正視之。以史學來說可析分為四體：一者「紀事本末體」，計有傅遜《春秋左傳屬事》[223]，馬驌《左傳事緯》[224]。二者「紀傳本末體」，計有方孝孺《春秋諸君子贊》[225]，邵寶撰‧姚咨續補《春秋諸名臣傳》[226]，

222　〔清〕紀昀、陸錫熊、孫士毅等編纂：《四庫全書總目》（北京：中華書局，1965年初版，2008年8月重印），卷45，史部，正史類一，頁397a。

223　傅遜：《春秋左傳屬事》，《景印文淵閣四庫全書》經部，第169冊。

224　馬驌：《左傳事緯》，《景印文淵閣四庫全書》經部，第175冊。

225　方孝孺：《春秋諸君子贊》，《景印文淵閣四庫全書》集部，第1235冊。

226　邵寶撰‧姚咨續補：《春秋諸名臣傳》，《四庫全書存目叢書》史部，第98冊（據北京圖書館藏明隆慶五年安紹芳刻本影印）。

劉節《春秋列傳》[227]，薛虞畿撰·薛虞賓補《春秋別典》[228]，張事心《春秋人物譜》[229]，秦瀹《春秋類編》[230]。三者「紀國本末體」，計有劉績《春秋左傳類解》[231]，嚴訥《春秋國華》[232]，穆文熙《左傳鴻裁》[233]，錢應奎《左紀》[234]，何啟《春秋年考》[235]，孫范《左傳分國紀事本末》[236]，張溥《春秋列國論》[237]，魏禧《春秋列國論》[238]，張問達《左傳分國紀事本末正》[239]。四者「事類本末體」，計有唐順之《唐荊川先生編纂左氏始末》[240]，施仁《左粹類纂》[241]，樊王家《左氏春秋內外傳類選》[242]，顧宗瑋《春秋左傳事類年表》[243]，總計有四類二十一部，除了張事心《春秋人

227 劉節：《春秋列傳》，《四庫全書存目叢書》史部，第89冊（據北京大學圖書館藏明刻本影印）。

228 薛虞畿撰·薛虞賓補：《春秋別典》，《景印文淵閣四庫全書》史部，第386冊。

229 張事心：《春秋人物譜》（湖南省圖書館藏清初抄本）。

230 秦瀹：《春秋類編》（北京國家圖書館藏明抄本）。

231 劉績：《春秋左傳類解》，《續修四庫全書》經部，第119冊（據浙江圖書館藏明嘉靖七年刻本影印）。

232 嚴訥：《春秋國華》，《四庫全書存目叢書》經部，第119冊（據中山大學圖書館藏明萬曆三年活字印本影印）。

233 穆文熙：《左傳鴻裁》，《四庫全書存目叢書》史部，第139冊（據清華大學圖書館藏明萬曆十八年朱朝聘刻本影印）。

234 錢應奎：《左紀》（天津市人民圖書館藏明萬曆三年華叔陽刻本）。

235 何啟：《春秋年考》，《四庫全書存目叢書》經部，第130冊（據遼寧省圖書館藏明末鈔本影印）。

236 孫范：《左傳分國紀事本末》（臺北國家圖書館藏明崇禎間原刊本）。

237 張溥：《春秋列國論》，《四庫全書存目叢書》經部，第125冊（據中國科學院圖書館藏明末刻本影印）。

238 魏禧：《春秋列國論》，《續修四庫全書》集部，第1408冊（據復旦大學圖書館藏康熙本影印）。

239 張問達：《左傳分國紀事本末正》（臺北傅斯年圖書館藏烏絲欄舊鈔本）。

240 唐順之：《唐荊川先生編纂左氏始末》（臺北國家圖書館藏嘉靖四十一年刊本）。

241 施仁：《左粹類纂》，《四庫全書存目叢書》子部，第178冊（據揚州市圖書館藏明嘉靖錫山安國弘仁堂刻本影印）。

242 樊王家：《左氏春秋內外傳類選》，《四庫全書存目叢書》子部，第199冊（據中山大學圖書館藏明萬曆三十六年刻本影印）。

243 顧宗瑋：《春秋左傳事類年表》，《四庫全書存目叢書》經部，第141冊（據上海圖書館藏稿本影印）。

物譜》，秦瀹《春秋類編》，錢應奎《左紀》三書尚未寓目外，其餘十七部為本書第五章〈經書與史書：《左傳》經學至史學的經史位移現象〉一文的依據。

（四）經典與兵典

　　明代《左傳》學的另一個特殊發展是轉變為兵書，這其實和明代中後期階段所遭受的內憂外患有極大的關連（北方滿清與西北隱憂，東南沿海的倭寇侵擾，陝北流寇的日漸壯大），而且這也並非是一種孤立的學術現象，它其實是當時兵書研究熱潮下的一個支流，是知識份子對時局自發性的自然反映，是經世理念的直接發揮，但清初卻嚴禁這類兵書流傳，因為滿清以異族入主中原，這類兵法著作通常會在字裡行間，或序文，或跋文，透露出外患侵略的言語，這對於清朝來說是一種負面的訊息，對於統治上也會造成極大的阻礙，所以這類著作在清初都是具有高度政治敏感性的書籍，在當時可以說是一種禁書，故四庫館臣採取全面否定的批評式語言，以經學至高無上的理由，視此類書籍為離經叛道，其根本原因即在此。然而《左傳》由經書變成兵書，從史書變成戰爭史，從戰爭史昇華為兵學理論，最後演變為《左傳》兵書化風潮，甚至一直蔓衍到清代不見止息，總計明清兩朝的數量多達二十九部，明代存世者計有李材《武春秋必讀》[244]，陳禹謨《左氏兵略》[245]，茅元儀《春秋戰略考》[246]，龔奭《左兵》[247]，宋徵璧《左氏兵法測要》[248]，魏禧《左氏兵謀》[249]《左氏兵

---

[244]　李材：《武春秋必讀》（日本前田育德會尊經閣文庫藏明刊本）。

[245]　陳禹謨：《左氏兵略》，《四庫全書存目叢書》子部，第32-33冊（據中國科學院圖書館藏明萬曆吳用先彭端吾等四川刻本影印）。

[246]　茅元儀：《春秋戰略考》，《四庫禁燬書叢刊》子部，第23冊（據北京大學圖書館藏明天啓刻本影印）。

[247]　龔奭：《左兵》（中國科學院圖書館藏明崇禎兩麥堂刻本）。

[248]　宋徵璧：《左氏兵法測要》，《四庫全書存目叢書》子部，第34冊（據北京大學圖書館藏明崇禎十年劍閣齋刻本影印）。

[249]　魏禧：《左氏兵謀》，《叢書集成續編》，第59冊（臺北新文豐公司據昭代叢書世楷堂藏版本影印）。

法》[250]《春秋戰論》[251]，曾益《左略》[252]，來斯行《左氏兵法》[253]等十部，可見明中葉以後的這股學術風潮並非僅僅是曇花一現的偶然，亦非經學研究中的特殊事件，而是持續百年以上，橫跨明清二朝的重要學術課題，也是明末《左傳》經學在經世致用理念下最明顯有據的實際表現，本書第六章〈經典與兵典：明代《左傳》兵書化的經世致用思潮〉即在討論這一現象之所以發生的成因，以及書中所呈現的實際內容與經世內涵。

（五）評文與至文

本章〈評文與至文：經書評點、古文、小說化的典範再造〉所要討論的範圍有三，一是明代《春秋》評點學的形式與內涵，二是《左傳》古文選本的新經典古文觀，三是經傳文本進入小說敘事的典範再造，以下分別詳述之。

1、評點著作：

「評點」這種形式至遲在南宋已經發展出來，到了明代階段已經是一種文人儒士普遍的讀書、閱讀方式，但這類評點式著作在明清兩代遭受到極大批評，其原因就在於古人評點皆是一種個人私密性的行為，並沒有出版牟利的動機，但明代卻將這種形式付諸印刷版刻，造就了許多評點名家，如鍾惺、孫鑛、譚元春、金聖嘆、李廷機等人，而這背後也代表著龐大的經濟利益，但最重要的原因是對傳統儒學研究者而言，時代的學術風潮被這些評點者所牽動左右，這恐怕將導致時俗風尚的沉淪，所評點如果是史籍、古文、小說、戲曲到也就罷了，但評點者卻侵入神聖的經典領

250　魏禧：《左氏兵法》，《叢書集成續編》，第59冊（臺北新文豐公司據昭代叢書世楷堂藏版本影印）。

251　魏禧：《春秋戰論》，《續修四庫全書》集部，第1408冊（據復旦大學圖書館藏康熙易堂本影印）。

252　曾益：《左略》，《四庫全書存目叢書》子部，第34冊（據中山大學圖書館藏明天啟元年刻本影印）。

253　來斯行：《左氏兵法》，收錄《槎庵小乘》，《四庫禁燬書叢刊》子部，第10冊（據明崇禎四年刻本影印）。

域，率意對經書施以評點，這在衛道人士眼中簡直是大不敬的行為，試問何人能評點孔子的五《經》呢？傳統經學者對經書的主要態度是闡發書中的微言大義，今評點者卻自居高明，把自身位階放的比孔子高，這無疑是對孔子的一種蔑視，故而這些著作往往遭受非議。然筆者透過大量的評點書籍來觀察明代的經書評點者，其實在態度上並非對孔子輕忽蔑視，只是他們不追求衛道者眼中形式上的崇敬，經書對他們而言和其他書籍並沒有甚麼不同，皆可以當作文章看待，況且如果將評點的實質內涵作一深入認識，可以發現許多評點者不僅僅只是單純作文學性的欣賞，亦有論文析理，注疏訓釋，甚至闡發大義，絕不可一概而論，以明代重要的評點著作來說，計有穆文熙《春秋左傳評苑》[254]《左傳鈔評》[255]，王錫爵《春秋左傳釋義評苑》[256]，歐陽東鳳《名公注釋左傳評林》[257]，郝敬《批點左氏新語》[258]，陳懿典《讀左漫筆》[259]，張以誠《新刻大魁堂詳注春秋左傳選玉狐白評林精要錄》[260]，湯賓尹撰・林世選增補《增補湯會元遴輯百家評林左傳狐白》[261]《新鍥湯會元遴輯百家評林左傳秪型》[262]，汪道昆《春秋左傳節文》[263]，汪道昆撰・周光鎬注《春秋左傳節文註略》[264]，鍾惺《鍾評

---

[254] 穆文熙：《春秋左傳評苑》，《四庫全書存目叢書》子部，第163-164冊（據復旦大學圖書館、東北師範大學圖書館藏明萬曆二十年鄭以厚光裕堂刊本影印）。

[255] 穆文熙：《左傳鈔評》（臺北國家圖書館藏清雍正二年朝鮮錦城刊本）。

[256] 王錫爵：《春秋左傳釋義評苑》（陝西省圖書館藏明萬曆十八年嘉賓堂刻本）。

[257] 歐陽東鳳：《名公注釋左傳評林》（日本前田育德會尊經閣文庫藏明刊本）。

[258] 郝敬：《批點左氏新語》（日本東京內閣文庫藏明崇禎三年跋刊本）。

[259] 陳懿典：《讀左漫筆》，《四庫全書存目叢書》經部，第121冊（據北京圖書館藏清道光十一年六安晁氏木活字學海類編本影印）。

[260] 張以誠：《新刻大魁堂詳注春秋左傳選玉狐白評林精要錄》（日本龍谷大學大宮圖書館藏明萬曆刊本）。

[261] 湯賓尹撰・林世選增補：《增補湯會元遴輯百家評林左傳狐白》（華東師範大學圖書館藏萬曆三十八年余泰垣刻本）。

[262] 湯賓尹撰・林世選增補：《新鍥湯會元遴輯百家評林左傳秪型》（日本內閣文庫藏明萬曆二十四年余良木自新齋刊本）。

[263] 汪道昆：《春秋左傳節文》，《四庫全書存目叢書》經部，第116冊（據福建師範大學圖書館藏明刻本影印）。

[264] 汪道昆撰・周光鎬注：《春秋左傳節文註略》，《四庫未收書輯刊》，第2輯，第10冊（據明萬曆

左傳》[265]《鍾伯敬評公羊穀梁二傳》[266]《春秋繁露》[267]，鍾惺·孫鑛·韓范《春秋左傳杜林合註》[268]，鍾惺評·鄧名揚評·鍾天埉·鍾越註《春秋四傳》[269]，張榜《春秋公羊穀梁傳合纂》[270]，張榜刪補·錢謙益評注《新刻張賓王刪補左傳神駒》[271]，周希令·方尚恂會講·徐有成裁定《春秋談虎講意》[272]，龔而安《春秋左傳分類旁注評選》[273]，鄭元勳·王光魯《左國類函》[274]，金聖嘆《唱經堂左傳釋》[275]，魏禧《左傳經世鈔》[276]，李廷機《新鋟李閣老評注左胡纂要》[277]《春秋左傳評林選要》[278]《春秋左傳綱目定註》[279]《評釋東萊呂先生左氏博議》[280]，李廷機輯·焦竑批點《左國評苑》[281]，葉向高評·李廷機注《左傳三注旁訓評林》[282]，孫鑛《閔氏分

十二年刻本影印）。

[265] 鍾惺：《鍾評左傳》，《四庫全書存目叢書》經部，第126冊（據浙江圖書館藏明崇禎毛氏汲古閣刻四經六書讀本影印）。

[266] 鍾惺：《鍾伯敬評公羊穀梁二傳》（臺北傅斯年圖書館藏明崇禎間刊本）。

[267] 鍾惺：《春秋繁露》（日本九州大學碩水文庫藏金閶擁萬堂刊本）。

[268] 鍾惺·孫鑛·韓范：《春秋左傳杜林合註》（臺灣學海出版社據學源堂註本影印）。

[269] 鍾惺評·鄧名揚評·鍾天埉·鍾越註：《春秋四傳》（臺北國家圖書館藏明末刊本）。

[270] 張榜：《春秋公羊穀梁傳合纂》，《故宮珍本叢刊》，第15冊（海南出版社據明刻本影印）。

[271] 張榜刪補·錢謙益評注：《新刻張賓王刪補左傳神駒》（日本前田育德會尊經閣文庫藏明刻本）。

[272] 周希令·方尚恂會講·徐有成裁定：《春秋談虎講意》（臺北國家圖書館藏明天啓間刊本）。

[273] 龔而安：《春秋左傳分類旁注評選》（日本國立公文書館藏萬曆三十六年刊本）。

[274] 鄭元勳·王光魯：《左國類函》（臺北國家圖書館藏明崇禎十五年刊本）。

[275] 金聖嘆：《唱經堂左傳釋》（南京鳳凰出版社據康熙初年貫華堂才子書彙稿、宣統二年順德鄧氏風雨樓叢書等輯校排版）。

[276] 魏禧：《左傳經世鈔》，《續修四庫全書》經部，第120冊（據清乾隆刊本影印）。

[277] 李廷機：《新鋟李閣老評注左胡纂要》（浙江圖書館藏明書林劉蓮臺刻本）。

[278] 李廷機：《春秋左傳評林選要》（南京圖書館藏明萬曆書林鄭以厚刻本）。

[279] 李廷機：《春秋左傳綱目定註》（江蘇常州市圖書館藏明崇禎五年楊素卿刻本）。

[280] 李廷機：《評釋東萊呂先生左氏博議》（日本九州大學圖書館藏明萬曆十一年刊本）。

[281] 李廷機輯·焦竑批點：《左國評苑》（陝西西北大學圖書館藏明萬曆刻本）。

[282] 葉向高評·李廷機注：《左傳三注旁訓評林》（吉林社科院圖書館藏明萬曆刻本）。

次春秋左傳》[283]《重訂批點春秋左傳狐白句解》[284]《合諸名家評注左傳文定》[285]《春秋繁露》[286]，孫鑛評‧鍾惺註《左傳評苑》[287]，孫鑛‧張榜《公羊傳》[288]，惺知主人《左藻》[289]，唐順之撰‧徐鑒評《左氏始末》[290]，周拱辰著‧陸時雍‧張履祥評點《公羊墨史》[291]等等三十八部，故本書第七章第一節〈儒家經書評點文學化風潮的流行〉一文就是在透過評點這種當時新興的形式，觀察經書評點中所具有的實際內涵為何，也可以看到明代《春秋》三傳在評點領域的發展。

2、古文選本：

經書自孔子以後即具有崇高不可移易的神聖地位，傳統儒者文士在「宗經尊聖」的規條下，是不允許把經典和一般書籍放在同樣地位品頭論足，加以討論的，當然更不能以文章之流看待之。南宋時真德秀（1178-1235）《文章正宗》一書是最早選錄《左傳》的古文選本，在當時也遭受了不小的非議，這樣的情況一直持續到明代中葉以前大致沒有甚麼變化，但明中葉到末期階段，經學相對其他學科的獨尊地位慢慢弱化，對士人的掌控力也不如以往，大量的通俗文學滲入到經書之中，《左傳》中的古文也再度被文學家抬出來，明中葉歸有光（1507-1571）《文章指南》就選錄了許多篇章，之後方以智（1611-1671）在〈文章薪火〉一文中將《左傳》置於古文源頭，其後林雲銘（1628-1697）《古文析義》首兩卷所選皆是《左傳》古文，然而這樣一條視《左傳》為古文源頭的系統卻被

283　孫鑛：《閔氏分次春秋左傳》（臺北國家圖書館藏明萬曆四十四年吳興閔氏刊本）。

284　孫鑛：《重訂批點春秋左傳狐白句解》（河南省圖書館藏明末刻本）。

285　孫鑛：《合諸名家評注左傳文定》（安徽省圖書館藏明刻本）。

286　孫鑛：《春秋繁露》（臺北國家圖書館藏天啓五年沈氏刊本）。

287　孫鑛評‧鍾惺註：《左傳評苑》（北京清華大學圖書館藏明刻套印本）。

288　孫鑛‧張榜：《公羊傳》（北京故宮博物院圖書館藏明刻本）。

289　惺知主人：《左藻》（海豐吳氏藏傳鈔本）。

290　唐順之撰‧徐鑒評：《左氏始末》（臺北國家圖書館藏明萬曆四十二年徐氏刊本）。

291　周拱辰著‧陸時雍‧張履祥評點：《公羊墨史》，《叢書集成三編》，第93冊（據清光緒元年刊本影印）。

忽略了，文學界從茅坤（1512-1601）《唐宋八大家文抄》到姚鼐（1731-1815）《古文辭類纂》的前後接續中遺忘了這一區塊所代表的意義。總的來說，這些古文選本可以明確的傳達一項訊息，就是《左傳》雖是經典，但在明中葉以後的古文學家眼中，它的地位甚至比司馬遷《史記》更加重要，更遑論唐宋古文八大家了，因為這可以讓古文系統由傳統唐、宋系統，或《史》、《漢》系統向上溯源至春秋時代，取代唐宋八大家與司馬遷、班固，成為新「古文之祖」，然除了古文選本以外，這樣的新古文觀或新經典觀也可從當時的《左傳》專著中看見，如王鏊《春秋詞命》[292]，凌迪知《左國腴詞》[293]，汪道昆《春秋左傳節文》[294]，張鼐《鐫侗初張先生評選左傳雋》[295]，張鼐評選・陳繼儒註釋・鍾惺參閱《左傳文苑》[296]，梅之煥《梅太史訂選左傳神駒》[297]，章大吉纂・章為之註《左記》[298]，龔而安《春秋左傳分類旁注評選》[299]，鄭元勳・王光魯纂評《左國類函》[300]，傅山《左錦》[301]，惺知主人《左藻》[302]，吳默《旁注左傳芳潤》[303]，以上十二部著作雖非古文選本，但卻是把《左傳》看作古文，當作文章一般看待，甚至可以說它們純粹是侷限在《左傳》範圍的古文選本，這些訊息也表示了明代中葉以後的文人已經逐漸擺脫「經本不可以文

---

292 王鏊：《春秋詞命》，《四庫全書存目叢書》集部，第292冊（據天津圖書館藏明正德刻本影印）。

293 凌迪知：《左國腴詞》，《四庫全書存目叢書》史部，第138冊（據首都圖書館藏明萬曆四年至五年吳興凌氏桂芝館刻文林綺繡本影印）。

294 汪道昆：《春秋左傳節文》，《四庫全書存目叢書》經部，第116冊（據福建師範大學圖書館藏明刻本影印）。

295 張鼐：《鐫侗初張先生評選左傳雋》（上海圖書館藏明書林蕭少衢師儉堂刻本）。

296 張鼐評選・陳繼儒註釋・鍾惺參閱：《左傳文苑》（美國國會圖書館藏明慶雲館三色套印本）。

297 梅之煥：《梅太史訂選左傳神駒》（日本龍谷大學大宮圖書館藏明萬曆三十五年刊本）。

298 章大吉纂・章為之註：《左記》（臺北國家圖書館藏明末刊本）。

299 龔而安：《春秋左傳分類旁注評選》（日本國立公文書館藏明萬曆三十六年刊本）。

300 鄭元勳・王光魯纂評：《左國類函》（臺北國家圖書館藏明崇禎十五年刊本）。

301 傅山：《左錦》（山西人民出版社據山西省博物館藏手稿殘本排版）。

302 惺知主人：《左藻》（海豐吳氏藏傳鈔本）。

303 吳默：《旁注左傳芳潤》（河南師範大學圖書館藏明萬曆三十六年刻本）。

論」[304]的傳統經學觀念，培養出一種全新的《左傳》經典古文觀。

3、歷史小說：

　　現今坊間有兩部《列國志》歷來傳頌不衰，一部是清代蔡元放《東周列國志》，另一部是明代馮夢龍（1574-1646）《新列國志》，蔡元放的版本主要是依據馮本所改，施加了一些評點，刪除了文本中的詩詞，更動幾回章目，簡單來說，蔡元放做了一些修修剪剪的工夫，但內容上幾乎都是挪移馮夢龍，但為甚麼明代春秋學要將馮夢龍的《新列國志》納入討論呢？原因在於此書論述春秋列國的部份佔了全書八成以上，而這段春秋歷史馮夢龍基本上是按照史實去編寫，所依據的底本主要是《左傳》、《公羊傳》、《穀梁傳》三部經典。然現今文學界幾乎都公認馮氏是明代的通俗文學大家，但可能不清楚馮夢龍實際上是一位不折不扣，徹頭徹尾的《春秋》學專家，他中年時就編寫《別本春秋大全》三十卷、《春秋衡庫》三十卷、《麟經指月》十二卷、《春秋定旨參新》三十卷，這四部《春秋》學專著才是馮夢龍的學術本質所在，也是他一生不放棄的經學事業，但仕途的困頓迫使他轉而編纂一些小說、戲曲、笑話以糊口，其中一部小說就是《新列國志》，這也是他唯一一部憑藉著本身的《春秋》專業，煞費苦心所撰寫的一部通俗《春秋》歷史。《新列國志》本質上雖屬小說，但它的內容完全根源於《左傳》，在明代末期，經典不只是侷限在經學的領域發展，它更大的變動是跨越了鴻溝，進入到通俗的領域，本書所列歷史事件，五分之四的篇幅都是《左傳》中之史事，當時這類歷史小說雖不被衛道者所認可，但它所發揮的普世價值卻是不容忽視的，就算本身不是《春秋》經學家，也能從《新列國志》的故事瞭解《左傳》所述敘的史事，並且藉由馮夢龍所理解的《春秋》微言大義，以現今「置入性行銷」的技巧傳達給讀者。平心而論，《新列國志》不管從嚴格或寬鬆的學

---

304 〔清〕紀昀等編纂：《四庫全書總目》，卷34，經部，五經總義類存目，「孫月峰評經」條，頁283a。

術標準來衡量，它當然都不能算是經學著作，但無法否認的，它卻是從《左傳》、《公羊傳》、《穀梁傳》轉化而來的歷史通俗小說，它所發揚的《春秋》夷夏大防、忠孝節義與倫理道德觀念，對於一般平民來說，絕對比《春秋》三《傳》更來得深刻，這也就是本文為何將馮夢龍《新列國志》納入明代春秋學討論的根本原因，因為馮夢龍創造了一個不屬於傳統經學概念下的通俗《春秋》學的新奇書，新典範。[305]

明代春秋學的時代意義在於透過對文本的再詮釋，擴展出多元化的經學面貌，不再執著拘守於以傳統「經學本位」為主的學術立場，擺脫以宋明義理為代表的胡《傳》官方系統，從考據、史學、兵法、評點、古文、小說等多元層面理解《春秋》，並推廣至一般非傳統經學研究者，進入文人學士以至普羅大眾的生活中，使《春秋》不再以漢學、宋學為正統的治經模式當成理解《春秋》的唯二途徑。這樣的治經模式以傳統經學家的角度來看，（或許）沒有培養出他們概念理解中的《春秋》學大家，但如果跳脫既有「大家」與「小道」的界線，這些敢於不同，致力於自身學術理念，發揮時代特色的非傳統《春秋》經學家，其成就皆足以成為各自領域的代表與經典。以考據來說，當時的代表人物有楊慎、陳耀文、陳第、季本、陸粲、朱睦㮮、馮時可等人；史學則有傅遜、唐順之、邵寶、劉節、穆文熙、孫范、張問達；兵法則有李材、陳禹謨、茅元儀、曾益、龔奭、宋徵璧、魏禧；評點有孫鑛、鍾惺、韓范、穆文熙、金聖嘆、張鼐、孫應

---

305 關於明代列國志系列小說，計有余邵魚撰・余象斗評：《春秋五霸七雄列國志傳》，《古本小說叢刊》，第6輯，第1-3冊（北京中華書局據日本蓬左文庫本藏明萬曆三十四年三台館余象斗重刊本影印。一名列國志傳評林。上海：古籍出版社，1994年）；陳繼儒評點：《新鐫陳眉公先生評點春秋列國志傳》，《明清善本小說叢刊初編》，第12輯，第1-8冊（臺灣政治大學古典小說研究中心據萬曆姑蘇龔紹山刊本影印）；馮夢龍：《新列國志》（臺灣聯經出版事業有限公司據明金閣葉敬池刊本排版）；李卓吾評點：《片璧列國志》，《古本小說集成》，第260冊（據日本京都大學圖書館藏本影印。上海：上海古籍出版社，1994年）。清代列國志系列小說則有楊庸：《列國志輯要》，《古本小說集成》，第291冊（據日本京都大學文學部圖書館鈴木文庫所藏乾隆五十年四知堂本影印。上海：上海古籍出版社，1994年）；不知撰者：《繡像春秋列國新增西周演義》（Bibliothèque nationale de France, Département des manuscrits, Chinois 4159–4161法國巴黎國家圖書館藏清嘉慶元年刻本）；蔡元放：《東周列國志》（臺北：文政出版社，1972年）。

鼇、郝敬、周希令；古文有歸有光、林雲銘、徐乾學；小說有余邵魚、陳繼儒、馮夢龍；科舉著作方面，《左傳》、《公羊》、《穀梁》三傳雖然也被欽定為科舉範本，但考試幾乎是以胡《傳》定優劣、決去取，故當時胡《傳》成為《春秋》第四《傳》，甚至在學子間直接把胡《傳》等同孔子《春秋》，民間書坊也刊印了大量這類應舉之書，這些書籍歷來都被定位為考試參考書，四庫館臣認定這些著作皆是胡《傳》門戶之流，但卻忽略了這類著作其實也達到了經學普及性的目的，以致單方面指責卻也不知指責為何物，《總目》的標準之一即為反對胡《傳》者皆讚揚收錄，反之則貶斥刊落，四庫春秋類宛如反對胡《傳》的大本營，而這一反胡《傳》現象其實在明代已經悄悄進行，逐漸形成兩大壁壘，但胡《傳》雖面臨挑戰，卻因科舉功令的緣故，始終不曾動搖過執牛耳的地位，其科舉勢力一直到乾隆時期才下詔廢止，正式走入歷史。

　　反觀三《傳》命運，此時期《公》、《穀》二傳雙雙在科舉與民間完全消失無聞，唯一的剩餘價值就是在刊刻三《傳》或四《傳》時，被當成附屬品刻印在其中，可以說此二《傳》在明代學界基本上是「門前冷落車馬稀」的研究狀況，比較屬於研究性質的著作計有朱泰禎《公羊穀梁春秋合編附註疏纂》十二卷（南京圖書館藏明末刊本），閔齊伋《春秋公羊傳》、《春秋穀梁傳》各十二卷（臺北國家圖書館藏明天啓元年烏程閔氏刊三色套印本），孫鑛・張榜評《公羊傳》十二卷（北京故宮博物院圖書館藏明刻本），張獻翼《公穀傳》三十二卷（臺北國家圖書館藏明隆慶元年刊本）等等了了五部，這樣的沉寂一直要到清代常州公羊學派才起而振興之。《左傳》的處境雖然也被胡《傳》所壓制，在科舉中形同配角，但它卻另起學術爐灶，在各種學術領域中得到掌聲，在文人學士間形成一股抗衡胡《傳》的力量，本書架構的後大半部份即在陳述當時這樣一種學術實況。

　　總的來說，本書的目錄架構總結起來有三個層次，一則探討歷代評價明代春秋學的本末原由。二則探討代表官方系統的胡《傳》流衍情形，以

及義理、考據的兩大解經走向，三則將當時文人學士透過《左傳》經典文本轉化成各種多元化（史書、兵書、評點、古文、小說）的學術現象與成果如實地展現出來。

第二節　歷代評價的反思與回顧

學術研究的生成，必有內在或外在因素影響下而產生進一步探討的動機，而明代經學向來被形容的支離破碎，相關的負面評價也罄竹難書，但歷代還是有學者正面肯定它，且隨著閱書漸多，這些不同時俗的聲音多了起來，也形成本書研究動機的根源。以下就歷代學者對此議題所提出之意見或評價加以說明。

一、負面評價的反思

明代經學自《四庫全書總目》一書問世以來，已被認定為極衰、極弊，無須進行研究的時代學術，此觀念從清中葉以來至於今日數百年，仍屬於當前的學界主流意見，從現今學術研究中作觀察，先秦至清代的經學研究多有專著，唯獨明代經學甚少專門研究者，可見此時期的經學無法獲得學者青睞[306]，而這樣的情況和歷代學者的負面論斷，實際上有著直接的因果關係，以下不厭其煩列舉一些重要且有學術影響力的學者，觀察他們對於明代經學的態度與評價的言論，以見負面印象的承傳關聯，對今日學者的印象塑造起了何種作用。

錢謙益（1582-1664）批評明代經學有三謬，其「一曰解經之繆，以

306　林慶彰《明代考據學研究》與《明代經學研究論集》二書，與楊晉龍《明代詩經學研究》博士論文，此三書可以說是目前為止對於明代經學用力較深，針對性較強的學術專著，為明代經學研究開了風氣之先，但也因為此學術領域遭到學界長期的漠視，故而雖有起色之狀，但整體成績尚屬於開拓階段。

臆見考《詩》、《書》」，以杜撰竄三《傳》，鑿空瞽說，則會稽季氏本
為之魁；二曰亂經之繆，石經託之賈逵，《詩傳》擬諸子貢，矯誣亂真，
則四明豐氏坊為之魁；三曰侮經之繆，訶《虞書》為排偶，摘《雅》、
《頌》為重複，非聖無法，則餘姚孫氏鑛為之魁」，強烈譴責季本、豐
坊、孫鑛等三人的荒謬經學讓明代經學學風病入膏肓，已到「河決魚爛，
敗壞而不可救」的境地。[307]

　　黃宗羲（1610-1695）認為「明人講學，襲語錄之糟粕，不以《六
經》為根柢，束書而從事於遊談」，甚惡明代士人廢棄經傳，空疏講學之
風，以為此是「迂儒之學」，是無用之「俗學」，因為不「窮經」，則何
談「經世」；不「讀史」，又何以「證斯理之變化」，故欲以經史之實學
救明末講學之空疏無文，而此意見也成為後人論斷明儒束書不觀的口
實。[308]

　　顧炎武（1613-1682）在其《日知錄》中對明代經學嚴厲抨擊，認為
「有明一代之人，其所著書無非竊盜而已。」又說：「吾讀有明弘治以後
經解之書，皆隱沒古人名字，將為己說者也」，認為明代讀書人經解之
書，皆隱匿前人之見，據為己說，且更有甚者，「改竄古書」，泯滅聖人
經旨，而這一切敗壞人心的風氣皆是從明成祖所頒之《四書五經大全》開
始，因為此書是胡廣等人「取已成之書，抄謄一過」，馬上將這抄襲之書
頒之學宮，做為天下士人科舉考試的圭臬，從此八股制義橫行，「一時人
士盡棄宋元以來所傳之實學。上下相蒙以饕祿利，而莫之問也」，其實顧
氏之所以強烈批評明代經學，其中一個最重要的因素就是對明代科舉制度
導致讀書人只讀八股制義，不讀三《傳》或前人注、疏的風氣有所不滿，
其言：「秦以焚書而《五經》亡，本朝以取士而《五經》亡。今之為科舉

---

307 〔清〕錢謙益：〈賴古堂文選序〉，《牧齋有學集》，收錄《錢牧齋全集》（上海：上海古籍出版
　　社，2003年），卷17，頁768。
308 〔清〕全祖望：〈梨洲先生神道碑文〉，《鮚埼亭集》（臺北：華世出版社，1977年），卷11，頁
　　136。

之學者，大率皆帖括熟爛之言，不能通知大義者也。而《易》、《春秋》尤為繆盭」，至而「取胡氏《傳》一句兩句為旨，而以經事之相類者，合以為題，傳為主、經為客，有以彼經證此經之題，有用彼經而隱此經之題。於是此一經者為射覆之書，而《春秋》亡矣！」並認為明人春秋學「皆郢書燕說」、「新說愈多，而是非靡定」，可以說士人已經不再對書中孔子的微言大義有所探求，腦袋徒留書中自有黃金屋的科舉夢想，經學的生命已經成為一種升官發財的途徑，故痛言「經學之廢，實自此始」，可見永樂以後已無顧炎武所謂經學之真精神，徒存科舉中的祿利之學而已。自此以後，「八股行而古學棄，《大全》出而經說亡」一語，成為清代至今，學者討論明代經學弊病，最強而有力的依據與後盾。[309]

朱彝尊（1629-1709）在《經義考》中批評《春秋大全》乃「攘竊一家之書以為書，廢注疏而不采，先與取士程式不協，何得謂之『大全』乎？」又云：「所謂《大全》乃至不全之書也。夫既竊其廩賜，並未效纖毫搜采之勤，攘私書為官書以罔其上，豈不顧博聞之士見而齒冷乎」，對於明代科舉的用書，直以上欺朝廷，下愚士子之作視之。[310]

陸隴其（1630-1692）以為「陽明王氏倡為良知之說，以禪之實而託儒之名」，將儒學導向了不可救藥的處境，此後「王氏之學偏天下」，末流甚而詆毀程朱，欲分庭而抗體，「至於啟、禎之際，風俗愈壞，禮義掃地，以至於不可收拾」，因此論定「明之天下不亡於寇盜，不亡於朋黨，而亡於學術」，而有明一代運會之升降，「其盛也，學術一而風俗淳，則尊程朱之明效也；其衰也，學術岐而風俗壞，則詆程朱之明效也」，將明代學術之空疏敗壞、亡國之重責大任，盡數推諉於陽明心學的放肆無極，此說亦是日後學者談論明末講學弊端，以作為評價明代學術時的理據之

---

309 〔清〕顧炎武撰〔民國〕徐文珊點校：《原抄本日知錄》，卷1，〈朱子周易本義〉，頁4；卷4，〈春秋闕疑之書〉，頁84；卷20，〈竊書〉，頁542；卷20，〈改書〉，頁544；卷20，〈四書五經大全〉，頁525-526；卷20，〈書傳會選〉，頁526。

310 〔清〕朱彝尊撰〔民國〕侯美珍、黃智明、陳恆嵩點校：《點校補正經義考》第8冊，卷297，頁862；又《經義考》，《景印文淵閣四庫全書》經部，第677-680冊，卷49，頁19-20。

一。[311]

　　徐乾學（1631-1694）則云：「明興敕天下學校皆宗程、朱之學，永樂時詔輯《四書》、《五經》、《性理大全》」，當其時而「胡廣諸大臣，虛糜廩餼，叨冒遷賚」，以既存之書，上欺朝廷，「《春秋》則襲汪克寬《纂疏》，剽竊抄撮，苟以塞責而已」，亦是顧炎武、朱彝尊意見之翻版矣。[312]

　　閻若璩（1636-1704）自云嘗「發憤歎息」，論及「前明三百年，文章學問，不能遠追漢唐及宋元者」，其緣故有三：一者壞於「洪武十七年甲子定制，以八股時文取士，其失也陋」；二壞於「李夢陽倡復古學，而不原本六藝，其失也俗」；三壞於「王守仁講致良知之學，而至以讀書為禁，其失也虛」，將科舉八股、模擬秦漢、陽明良知定位為明代學術的三大弊病，制度失之「鄙陋」、文章失之「庸俗」、思想失之「空虛」，此三項意見可說是集前人評斷明代負面之大成也。[313]

　　邵廷采（1648-1711）云：「沿及於明，用經義取士，浸以性理，開利祿之門，人心苟趨科目，不以修身體道為事，庠序之設雖賒，先賢餘澤衰矣。」又說：「入明以來，科舉之學盛，守一先生箋傳，但有講章而無經術，荒蔽聖人本旨。」對於明代科舉以八股經義取士，學子們惟知講章，不求聖人經義，且高談性理，好發議論，殊守門戶之風甚為反感。[314]

　　戴名世（1653-1713）云：「自明室開太平，文物治安之盛遠過前代，而當時儒者之於道，類不及曩時君子，吾嘗慨焉惜之」，認為明代政教興盛，而學術卻反不及前代，此皆當時士人盡「呫呫諷誦，習為科舉之

311　〔清〕陸隴其：《三魚堂集》（清康熙刻本），卷2，〈學術辨上〉，頁2；卷8，〈周雲虬先生四書集義序〉，頁7-8。

312　〔清〕徐乾學：〈新刊經解序〉，《憺園文集》（臺北：漢華文化事業股份有限公司，1971年8月，清名家集彙刊），卷21，頁29（總1131）。

313　〔清〕閻若璩：《潛邱劄記》，《景印文淵閣四庫全書》子部，第859冊，卷1，頁50。

314　〔清〕邵廷采：《思復堂文集》（杭州：浙江古籍出版社，2010年），卷1，〈姚江書院傳〉，頁51；卷3，〈寧波萬氏世傳〉，頁161。

業」，此學術之所以衰廢也，且步步趨趨「想像聖人之意，代為立言」，以八股為經義，以時文為古文，「至明而窮極變態」，文風不振，文妖叠起，學風大壞。[315]

方苞（1668-1749）為古文大家，開桐城一派，他認為「明之世一於《五經》、《四子》之書，其號則正矣，而人占一經，自少而壯，英華果銳之氣，皆敝於時文，而後用其餘以涉於古，則其不能自樹立也」，以為古文文風衰微反映在有明一代，而究其原因，蓋當時經學因科舉八股之弊，士子沉淪於時文講章無法自拔，導致文風萎靡不振，進而阻礙了古文的發展，因此將明代古文定位為「尤衰」之世，此論點可作為戴名世的註腳，其意見多為後世文學研究者所繼承，而明代經學壞於科舉時文的罪名，至此又因古文而添上一筆。[316]

張廷玉（1672-1755）論歷代經學源流，以為明代學者「專門經訓授受源流，則二百七十餘年間，未聞以此名家者。經學非漢唐之精專，性理襲宋元之糟粕，論者謂科舉盛而儒術微，殆其然乎」，以為有明一代無經學大家矣，義理、考據概無所成，其因皆導於科舉之故，亦未免循顧炎武之論而妄言推闡論斷之。[317]

全祖望（1705-1755）以為「有明以來，《大全》降而為講章蒙存，淺達之書，變秀才而為學究，實運會一大升降」，當時士子終身究心科舉八股之業，迂濶而乏才，導致「遺經長束高閣，官羊市餅，總不識為何物」，因此認為明代「經術稍衰」，「經師寥寂」，學者專已而守陋，蕪雜而不精，「談性命者，迂疏無當；窮數學者，詭誕不精；言淹雅者，貽譏雜醜；攻文詞者，不諳古今」，士風不純，名士放浪，學術因此大

---

315 〔清〕戴名世：《戴名世集》（北京：中華書局，1986年），卷3，〈困學集自序〉，頁78；卷4，〈有明歷朝小題文選序〉，頁98；卷4，〈九科大題文序〉，頁101。

316 〔清〕方苞：〈贈淳安方文輅序〉，《望溪集》，《景印文淵閣四庫全書》集部，第1326冊，卷7，頁8。又〈溧陽會業初編序〉，《望溪集》（清咸豐元年戴鈞衡刻本），外文，卷4，頁25。

317 〔清〕張廷玉：《明史·儒林傳》（北京：中華書局，2003年），卷282，頁7222。

壞。[318]

王鳴盛（1722-1797）云：「自唐衰下迄明季，經學廢墜，千餘年無人通經，總為小學壞亂，無小學自然無經學。」王氏對於唐中葉以後的經學研究可說言語峻切，否定宋明以來義理解經的合理性，但其立場亦是用小學家之詁訓繩縛前人罷了，千餘年之經學研究，何以離開小學就無經學呢。又說：「自此以降，諸如駕空鑿虛，各據己私，以窺測聖人之旨，夫書法當從事實，廢左氏而空言書法可乎？」並嚴厲批評胡《傳》是「支離迂腐，臆斷胸馳，傳亡而經亦亡矣」，而「自明以胡《傳》試士，試官取事之因傳連及者并出之，號為合題，于是此經之義若射覆然。」對於明代科舉用胡《傳》，行八股之法以取士，直言將使《春秋》之大義湮滅無存。[319]

戴震（1724-1777）談論到經學研究，認為有三難，所謂「淹博難、識斷難、精審難」，而「前人之博聞強識，如鄭漁仲、楊用修諸君子，著書滿家，淹博有之，精審未也。別有略是而謂大道可以徑至者，如宋之陸，明之陳、王，廢講習討論之學，假所謂尊德行以美其名，然舍夫道問學，則惡可命之尊德性乎？未得為中正可知。」楊慎（用修）是明代的經學考據大家，但戴震認為其學雖廣博但未能精審，而明代的陽明學則舍道問學而尊德性，亦使經學更荒矣，可見戴氏完全是用純粹漢學家的立場批評明代經學，以致連楊慎這類治學偏重考據的學者，亦遭微言。[320]

紀昀（1724-1805）論明代文風，以為「自明以來，翰林以雕華相

---

318 〔清〕全祖望：《鮚埼亭集外編》，《續修四庫全書》集部，第1429冊（據上海圖書館藏清嘉慶十六年刻本影印），卷17，〈二老閣藏書記〉，頁3；卷23，〈禮記輯注序〉，頁8；卷23，〈春秋輯傳序〉，頁9；卷25，〈陸大行環堵集序〉，頁9；卷27，〈題郝仲與諸經解後〉，頁19；卷41，〈與謝石林御史論古本大學帖子〉，頁22-23；卷41，〈答鄭筠谷宮贊論朱氏經義考帖子〉，頁28；卷49，〈記石齋先生批錢蟄菴詩〉，頁9。

319 〔清〕王鳴盛：《蛾術編》（京都：中文出版社，1979年12月），卷1，〈說錄〉，頁6；卷7，〈廢傳說經〉，頁123。

320 〔清〕戴震：〈與是仲明論學書〉，《戴震文集》（北京：中華書局，1980年，2006年重印），卷9，頁141。又〔清〕戴震：〈惠先生棟傳〉，《潛研堂文集》，《續修四庫全書》集部，第1439冊（據清嘉慶十一年刻本影印），卷39，頁9。

尚，幾忘儒者之本業」，甚而舉業以佛語、六朝詞藻入制義，士人文風至「至明末而變態極矣」，而民間社論沸騰，人人有集，「以龐雜詭僻之文，轉相標榜」，後學依附干名，士風大壞。又認為明人傳刻古書，「連篇累牘刪竄之，明以前未之聞也，故士莫妄于明，而明季所刊之古書，類不足據」，對於明人狂妄之舉，書肆坊間竟以刊刻行世，以為棄之可也。而在其總裁的《四庫全書總目》中，對明代經學的負面評價更是俯拾皆是（詳見第二章），單論其中對明代整體概括之言即有「明季偽體橫行」；「前代矯誣之行」；「明人喜作偽本」；「明季妄人託名偽撰，殆無疑義」；「明季良知之徒鑿空撰出」；「明人凡刻古書，多以私意竄亂之，萬歷以後尤甚」；「明人妄行改竄，顛倒錯落」；「猶明季諸人輕改古經之餘習也」；「猶明季坊刻竄亂古書之陋習」等等眾多否定的評價，故而認定「明代諸儒，註疏皆庋閣不觀，三《傳》、三《禮》，尤幾成絕學」，更遑論個別批評之語，清中葉以後至民國學者的負面評價依據大多導源於此書。[321]

　　錢大昕（1728-1804）以為「自宋元以經義取士，守一先生之說，敷衍傅會，并為一談，而空疏不學者，皆得自名經師」，而「其弊至明季而極矣」，錢氏認為宋元經學早有敷衍空疏之弊病，此風至明代更是變本加厲，言經者「非勦襲稗販，則師心妄作，即幸而廁名甲部，亦徒供後人覆瓿而已，奚足尚哉」，且「持論甚高，而實便於束書不觀」，此論蓋推闡黃宗羲之言，且認為明代自命經師者，「說經之書盈屋充棟，高者蔑棄古訓，自誇心得；下者剿襲人言，以為己有。儒林之名，徒為空疏藏拙之

---

[321] 〔清〕紀昀：《紀曉嵐文集》第1冊（河北：河北教育出版社，1991年），卷7，〈端本導源論〉，頁137；卷8，〈甲辰會試錄序〉，頁147-148；卷9，〈愛鼎堂遺集序〉，頁189；卷8，〈刪正帝京景物略後序〉，頁165。又見〔清〕紀昀等編纂：《四庫全書總目》，卷3，「楊氏易傳」條，頁13；卷4，「易原奧義」條，頁23；卷9，「讀易蒐」條，頁70；頁194；卷34，「三傳三禮字疑」條，頁286；卷40，「方言」條，頁340；卷46，「訂正史記真本凡例」條，頁416；卷60，「考訂朱子世家」條，頁546；卷78，「別本坤輿外紀」條，頁680；卷88，「御製評鑑闡要」條，頁756；卷90，「讀史書後」條，頁765。

地」，而對於清初經學則稱言「我國家崇尚實學，儒教振興，一洗明季空疏之陋」，亦可見其貶抑宋元明三代義理之學，而特尊崇清朝訓詁考據之用意。[322]

翁方綱（1733-1818）於乾嘉諸儒中，特好論考訂，他在《考訂論》中以為「明人之不知考訂，則八比時文之弊也。學者童而習焉，則由八比時文入也」，將明代不知訓詁考證的弊病全歸於八股制義的殘害，又言「國朝雖沿有明之制義，而實承宋儒之傳義，粹漢、唐之注疏，固未有過於今日者也」，更進一步否定清代學術和明代有何關聯，將漢學考據依托於漢、唐、宋三朝，而其功則盡歸於有清一代，故言「上下千古言考訂之學者，未有盛於國朝者也」，其以漢學為導向的專業可以尊敬，而其盡棄明儒先導之功則亦太過矣。[323]

章學誠（1738-1801）云：「有明中葉以來，一種不情不理，自命為古文者，起不知所自來，收不知所自往，專以此等出人思議，誇為奇特，於是坦蕩之塗生荊棘矣。」又說：「矯誣迂怪，頗染明中葉人不讀書而好奇習氣，文理至此，竟不復可言矣。」對於明代中葉以後的科舉時文、古文選文之類，認為皆毫無實際內涵，對明人追求新奇風氣的文風大表不滿，並批評這些人是「好奇而寡識者」。[324]

崔述（1740-1816）云：「自明季以來，學者大抵多為時文」，朝夕揣摩講章、墨卷，「此外不復寓目」，認為當時之人，「其真殫精經義，留心治術，為有用之學者，罕所殊遇」，故有「學者多束書不讀，自舉業外茫無所知」之言，又認為縱使有讀書之人，無非「立言必出入於禪

322　〔清〕錢大昕：〈廿二史劄記序〉，收錄〔清〕趙翼撰〔民國〕王樹民校證：《廿二史劄記校證》（北京：中華書局，1984年1月），頁886。又〔清〕錢大昕：《潛研堂文集》（臺北：臺灣商務印書館，1968年12月），卷24，〈臧玉林經義雜識序〉，頁347；卷24，〈經籍纂詁序〉，頁349-350；卷33，〈與晦之論爾雅書〉，頁526。

323　參見徐世昌：《翁方綱傳》，收錄沈津：《翁方綱年譜》（臺北：中央研究院中國文哲研究所，2002年），附錄，頁518。

324　〔清〕章學誠：《文史通義》（臺北：漢聲出版社，1973年，重印3版），內篇2，〈古文十弊〉，頁72；方志略例，卷3，〈書濼志後〉，頁574。

門」，或「搜覽新異」，好為奇言怪論，以此炫亂惑世，對於明代文風以「益雜」評之，此「雜」之內容，就是學術不純不粹，大義是非無著，說理博而寡要，論斷廣泛而不詳考，無奈之餘，也只能揶揄說：「嗟乎！嗟乎！彼古人者，誠不料後人之學之博，之至於如是也！」以此反諷明人之空疏無文，不學無術。[325]

邵晉涵（1743-1796）長於史學，在編寫《通鑑綱目前編》提要時，認為明人對於春秋時期的史料掌握不全，「目未曾見全經」，且「不明提綱、分目之法」，「任意增減」前人之書，不據正經正史，而「雜采類書」，導致使用《左傳》資料時，錯誤引用文獻，「以訛傳訛」」，錯誤多有，「謬舛不可勝指」，實為「迂腐可笑」之著作，而將其過失盡歸於「明人專用心於八股」所致，可見明代科舉對經學戕害的惡評，已使得後世學者懷有「天下之惡皆歸焉」（《論語‧子張》）的刻版印象與制約作用。[326]

江藩（1761-1831）撰《漢學師承記》，於書前序言數落歷代經學之弊時，認為「元明之際，以制義取士，古學幾絕。而有明三百年，四方秀艾困於帖括，以講章為經學，以類書為博聞，長夜悠悠，視天夢夢，可悲也夫！」將明代經學之衰弊，導源於科舉制義的殘害，以致學者「皆滯於所習，以求富貴，此所以儒罕通人，學多鄙俗也」，又在卷末立顧炎武為國朝經師時，引錄客問之言（無論是否真有此人，或是江藩自問自答，皆顯示當時已有這個概念），說：「有明一代，囿於性理，汨於制義，無一人知讀古經、注疏者」，等到黃宗羲特起，而顧炎武繼之，「於是承學之士，知習古經義矣」，有明一代三百年，又豈人人如此，此話真可謂言過其實，所持之立場觀書名「漢學」二字已昭然若揭矣，所重無非「象數制

---

325 〔清〕崔述：〈考信錄提要〉，《崔東壁遺書》，收錄《夏學叢書》（據民國25年刊本影印。臺北：河洛圖書出版社，1975年9月），卷上，頁14；頁32；頁34，卷下，頁3。

326 〔清〕邵晉涵：〈通鑑綱目前編提要〉，《南江詩文鈔》，《續修四庫全書》集部，第1463冊（據南京圖書館藏清道光十二年胡敬刻本影印），文鈔，卷12，頁66。

度之源，聲音訓詁之學」，以此而論明代學術，難得持平之論矣。[327]

　　焦循（1763-1820）云：「有明二百七十年，拾宋人之餘，以《大全》、講章取士，歸熙甫（歸有光）試文，用鳥獸魚鼈，無不咸若，房官遂以為怪。間有不安空陋如楊慎、季本者，已屬景星慶雲，而於漢魏經學，猶隔霄壤。來知德以反卦說《易》，當時駭為創獲，則一代之經學可知矣」，焦循對楊慎、季本、來知德等人予以肯定，已屬不易，但以明代一朝來說，究屬少數有識之士，而大部份士人卻仍究心科舉，奉《大全》為聖經，以講章為經學，以時文為古文，幻化光離，不勝枚舉，以此作為明代經學的所有成績，又云：「有明三百年來，率以八股為業，漢儒舊說，束諸高閣，國初經學萌芽，以漸而大備」，焦循是以乾嘉漢學的角度審視前代，故有此結論也可說理所當然，但輕率以八股文作為明代經學之實際，是乎也太過天真，過度地鄙視一代之學，況且實際情況也絕非如此，但其以明代經學之空疏來反證清朝漢學奮發的用意，也可說再明顯不過了。[328]

　　阮元（1764-1849）認為「刻書者最患以臆見改古書」，於重刻宋版《十三經注疏》卷首言道：「其經文注文有與明本不同，恐後人習讀明本，而反臆疑宋本之誤」，對於明代妄改經傳，竄亂注疏的風氣甚為不許。又認為「終明之世，學案百出，而經訓家法，寂然無聞」，對於明代經師，直以「空疏」目之。[329]

　　胡培翬（1782-1849）云：「逮至元明，講章、時文之習勝，率多高心空腹，束書不觀，而經術日衰矣」，亦是以科舉日興，導致士人不讀

327　〔清〕江藩：《漢學師承記（外二種）》（香港：三聯書店，1998年7月），卷1，頁6-8；卷8，頁158。

328　〔清〕焦循：《雕菰集》，《續修四庫全書》集部，第1489冊（據中國科學院圖書館藏清道光四年阮福嶺南節署刻本影印），卷12，〈國史儒林文苑傳議〉，頁1-3；卷13，〈與劉端臨教諭書〉，頁25。

329　〔清〕阮元校勘：《十三經注疏》（臺北：藝文印書館，2001年12月），書前序文，頁4。又〔清〕阮元：〈擬國史儒林傳序〉，《揅經室集》，《四部叢刊正編》，第90冊（據上海涵芬樓景印原刊初印本重印。臺北：臺灣商務印書館，1979年），一集，卷2，頁2。

書，作為經學衰微的依據，其觀點亦可謂前有所承了。[330]

龔自珍（1792-1841）以為「三代先秦之書，悉恃明人刻本而存，設明人無刻本，其書必亡」，故不認同時人以明代經學僅為「兔園」、「鼠壞」之廢物，反而對明人「好古、好事」，廣刻經傳典籍的傳世之功有所肯定，但這也僅限於典籍保存的範圍，對於明代經學的態度，他的觀念依舊認為「明人學術蕪陋，荊楛珠玉，雜然並陳。至於議論之際，罕所發明」，而盛讚「近儒學術精嚴，十倍明儒」，此論點仍然承襲前人以明儒拾宋儒餘唾，無所創發，而尊崇清儒考據之功。[331]

陳澧（1810-1882）認為「前明之經學最陋」，而「本朝國初儒者救明儒之病」，即是以清初漢學匡正明儒荒陋之病，故言「考據訓詁之學斷不可輕議」，惟恐後來之人廢棄之，將步入「明儒之荒陋」，又說「明儒之學宋儒，多學得宋儒不好處」，「明時科舉至今，更不必讀書」，這些論調其實也就是張廷玉所說「性理襲宋元之糟粕」與「科舉盛而儒術微」一樣，其想法可說前有所承了。[332]

曾國藩（1811-1872）云：「前明以《四書》經藝取士」，而科場有「勾股、點句」之例，明人不察其由，率仿其法以塗抹古書，使古人以章句治經之業，轉而「施之時文」，此皆導因於明代科場時文之陋習也。[333]

李慈銘（1830-1894）在論述唐宋諸儒廢傳解經之劣風時，以為「流及明代，其怪詭百出，幾以解經為笑柄，真讀書之厄也」，對於明代千奇

330　〔清〕胡培翬撰〔民國〕黃智明點校、蔣秋華校訂：《胡培翬集・國朝詁經文鈔序》（臺北：中央研究院中國文哲研究所，2005年），頁169。

331　〔清〕龔自珍：〈慈雲樓藏書志序〉，收錄〔民國〕羅振常：《善本書所見錄》，《書目類編》，第79冊（臺北：成文出版社，1978年），附錄，頁200（總35774）。又〔清〕龔自珍：〈家塾策問一道〉，《龔定盦全集》，《續修四庫全書》集部，第1520冊（據上海圖書館藏清光緒二十三年萬本書堂刻本影印），文集補編，卷3，頁16。

332　〔清〕陳澧撰〔民國〕鍾旭元、魏達純點校：《陳澧集・東塾讀書論學札記》第2冊（上海：上海古籍出版社，2008年），頁357；頁360；頁364；頁381。

333　〔清〕曾國藩：〈經史百家簡編序〉，《曾文正公詩文集》，《四部叢刊正編》，第91冊（據上海涵芬樓原刊本景印。臺北：臺灣商務印書館，1979年），文集卷1，頁18。

百怪的經解無甚好感。[334]

　　張之洞（1837-1909）認為「讀書宜讀有用之書」，或可用以「考古」、「經世」、「治身心」，而明人「好作應酬文字」，又「好藍本陳編，改換敷衍，便成著作，以故累車連屋，眩人耳目，耗人精神，不能專意要籍」，故明人所著之書多屬無用之作，如「鄙陋不根之方志，書帕餽贈之小品，變名射利之評本，程試湊集之類書」，甚者明代所刻叢書，又「極為荒率，脫誤固然，其專輒刪改，最為大害」，皆屬此無用之類，宜屏絕廓清，勿使流傳，遺害後世。又批評明人評點經史之惡習，「即《周禮》、三《傳》、《孟子》，亦以評點時文之法批之，鄙陋侮經，莫此於甚，切宜痛戒」，因而對明代陳繼儒、金聖嘆等評點名家，直以「俗陋人」視之。[335]

　　王先謙（1842-1917）云：「明人之為學也，已去古益遠，往籍日湮」而「當時求名之輩，靡不奔走，顛倒於聲華意氣之中，此有明中葉以降，士習之敝致然」，又大加批評「前明空疏淺陋之風」，以為明人惟「空腹高談」，空疏無文，因此論斷「明代亡於學術」，以為有明三百年之學，「瑣瑣無足道」哉。[336]

　　皮錫瑞（1850-1908）以為「明時所謂經學，不過蒙存淺達之流」，編而成書，「其見於《四庫存目》者，新奇謬戾，不可究詰。《五經》掃地，至此而極。」又說：「明所因者，元人遺書，顧謭陋為尤甚」，固論斷「經學至明為極衰時期」。而對於明儒春秋學則認為「胡安國《春秋傳》，後世頒之學官，用以取士者，猶不免與時文答策相似；皆由科舉之

334　〔清〕李慈銘：《越縵堂讀書記》上冊（北京：中華書局，1963年，2006年重印），「春秋公羊通義」條，頁133。

335　〔清〕張之洞：《輶軒語》，收錄嚴靈峰《書目類編》，第93冊（據清光緒元年刊本影印。臺北：成文出版社，1978年），〈讀書宜讀有用之書〉，頁41655；〈讀子宜買叢書〉，頁41645；〈讀史忌批評文章〉，頁41644；〈戒自居才子名士〉，頁41628。

336　〔清〕王先謙：《虛受堂文集》，《續修四庫全書》集部，第1570冊（據上海圖書館藏清光緒二十六年刻本影印），卷4，〈宗子相先生詩集序〉，頁16；卷5，〈南菁書院叢書序〉，頁12；卷5，〈重刊世說新語序〉，頁25；卷14，〈與王實丞書〉，頁9-10。

習深入人心，不可滌除。故論經學，宋以後為積衰時代」，皮氏不僅定義元明為積衰時代，更認為明不如元，將明代推向經學的「極衰時期」，而其所著《經學歷史》一書，則透過坊間書肆的大量傳播，高等院校中文系所幾乎都以此書作為講授經學史的基本書目，故而其意見往往為初次接觸中國經學史的學生所認同與接受，可以說此「積衰、極衰」的觀點，是影響近代學子對明代經學鄙陋無可觀的印象塑造最重要的一把推手了。[337]

小柳司氣太（1870-1940）在〈元明的經學史〉一文中認為明朝是「經學積弱不振的時代」，當時的經學研究「乏善可陳」，迹無可述，「可以敍述的材料極為貧乏」，其學風更是「博洽浮誇」，龐雜而不實，且學術「缺少真摯」的風氣，就連胡應麟、楊慎、陳耀文等大學者，亦「道聽塗說」，焦竑有「耳食之譏」，豐坊「作偽書以欺瞞世人」，李王古文為「裝神弄鬼」的異端，而科舉以《大全》取士，「天下學者就不看其他的書」，因此造成「固陋無聞」之弊，以此論斷「元明是中國經學史上最無可觀的時代」，而元代科舉因為沒有「全然地捨棄古注，也採用三《傳》之說」，所以經學的衰微，「以明為甚」。[338]

梁啟超（1873-1929）云：「明朝以八股取士，一般士子，除了永樂皇帝欽定的《性理大全》外，幾乎一書不讀。學術界本身，本來就像貧血症的人，衰弱的可憐」，雖然此段話可以作寬鬆的解讀，認為梁氏所言應該是指涉明代一種普遍的現象，但這樣「筆鋒常帶感情」的一面倒批判，亦讓人覺得不免有言過其實，甚至危言聳聽之感，明代士人又怎麼可能一生僅讀《大全》呢？[339]

本田成之（1882-1945）云：「《大全》以外，明儒多少對經學還有

337 〔清〕皮錫瑞〔民國〕周予同註：《增註經學歷史‧經學積衰時代》（臺北：藝文印書館，2000年），頁299-318。

338 〔日〕小柳司氣太：《元明的經學史》，收錄〔日〕安井小太郎等著‧連清吉、林慶彰合譯：《經學史》（臺北：萬卷樓圖書有限公司，1996年10月），頁173-189。

339 梁啟超：〈反動與先驅〉，《中國近三百年學術史》（臺北：里仁書局，1995年初版，2005年4刷），頁4。

研究的，但多不足觀」，雖不再全面否定，但其「多不足觀」之語，亦顯示其基本立場傾向負面評斷。[340]

錢基博（1887-1957）批評「胡《傳》行而三《傳》悉廢。儒者馴乃棄經不讀，惟以安國之《傳》為主；明儒所謂經義者，實安國之傳義而已！故有明一代春秋之學為最陋」，對於明代春秋學的批評亦可謂不留情面矣，但所說亦僅是以前人之說為據，實非作者深入研究之後所得到的結論。[341]

馬宗霍（1897-1976）雖不完全認定明代讀書人的春秋著作皆是為科舉而作，但也不推崇有何成績，他認為明代的春秋學，「益持苛說、彌用推求、巧詆深文，尤失筆削之微旨」，所以明人根本就無法領略孔子書中的大義微言。[342]。

錢穆（1895-1990）則以為「明代人在學術方面，比漢、唐、宋各代都要差一點」，故而「論到學術，惟明最差。這雖沒有人詳細講，但顯然是事實」，此段話亦可見前人的負面刻版印象是如何地根深蒂固且源遠流長，足以使後人未經驗證而直覺地認定並相信明代學術的差勁惡劣。[343]

陳登原（1900-1974）云：「章謂明人經學，開清人之先路，核實言之，章說殊為矜奇」，章太炎表彰明人陳第、黃生考據之功，實導清儒先聲，陳氏予以反駁，以為此說前所未聞，然其所謂「核實」之論，觀其平生著作對明代經學亦無專門研究，故無法理解其所「核」之「實」的內容為何，又觀其在《國史舊聞》中歷引多位清儒對明代經學的批評，則或是以前人說法作為「核實」的理據，並在書中總結云：「明人經學，大體較

340　〔日〕本田成之：〈唐宋元明底經學〉，《中國經學史》，收錄《經學叢書初編》，第3冊（臺北：學海出版社，2001年），頁254。
341　錢基博：〈春秋志第六〉，《經學通志》，《經學叢書初編》，第6冊（臺北：學海出版社，2001年），頁204。
342　馬宗霍：〈元明之經學〉，《中國經學史》（臺北：臺灣商務印書館，1967年），頁136。
343　錢穆：〈全謝山的宋元學案〉，《中國史學名著》（臺北：三民書局，1973年初版，2011年1月3版），頁262。

前世為衰落，一由於八股科舉；二由於道學講習；三由於心性禪悅」，其說蓋為焦循與閻若璩之張目餘緒。[344]

余英時（1930-2021）認為「明代經學最為衰落」，又說：「明代史學尤其顯得衰落」，認為經史之學在明代階段皆衰微不振，故從「學術與思想」兩方面來說，則「明代學術空疏是一個無可爭辯的事實」，以此毫無妥協空間的言論來對比錢穆之說，也就無須感到奇怪了。故余先生在論經學研究於各時代提供的意識形態時，列舉漢代、北宋、南宋以及清代，獨缺明代經學，筆者也就可以適度理解其原因了，甚至認為明代學者的「思想規模終嫌狹隘，內容亦呈單薄」，除了「王陽明的光輝之外」，這恐怕也過於偏重陽明學說在明代的學術地位，而不見他者之功。[345]

《續修四庫全書總目提要》一書從民國二十年（1931）開始撰寫，是民國以來最大型的提要之作，而書中內容也和清代《四庫全書總目》一般，充滿了貶抑明代學術的言論，筆者隨意翻檢春秋與羣經總義類的部份，就可見「有明一代，學者多喜作偽書」；「批點尤不脫評選時文之習」；「明季經學之弊，至此極矣」；「不脫明人鈔撮之學」；「殊乖著述之體，其文格亦沿明季之習，纖穠龐雜，難以言雅潔」；「不出明人臆斷之學」；「俗學荒經，共趨簡易……此類講章，皆經學之蟊賊……皆可置之而不論矣」；「明季經藝講章之弊，至此極矣」；「有明一代，說經之書無甚可觀」等等的言論，其觀點亦可說承襲清代學者與《總目》的學術標準與思維理路而來。[346]

民國以後的學者其實有更多人的想法已經走不出上述這個討論「明

344 陳登原：《國史舊聞》第3分冊（北京：中華書局，1980年），卷47，第548小節，〈明人經學〉，頁172-173。

345 余英時：〈意識形態與學術思想〉，《中國思想傳統的現代詮釋》（臺北：聯經出版事業有限公司1987年初版，2004年4月初版第九刷），頁57-58；頁91。

346 中國科學院圖書館整理：《續修四庫全書總目提要·經部》（北京：中華書局，1993年），「左逸」條，頁680；「左藻」條，頁681；「唱經堂左傳釋」條，頁681；「公羊穀梁春秋合編附註疏纂」條，頁746；「春秋志在」條，頁747；「四傳權衡」條，頁747；「麟旨明微」條，頁747；「春秋序題」條，頁748；「九經考異」條，頁1327。

代」既有的學術舊框架之外，這個框架雖然已歷三百年之久，但經過學者
們層層架屋，批判言論的包裹下，已變得堅固異常，而今日的學者在有這
麼多前人言論引證依據的支持下，甚至無須經過研究而可逕下論斷，視其
論調為理所當然的定見，可見這個舊框架的內容幾乎已成為討論明代經學
的唯一標準答案，但這樣的學術態度是乎是值得警惕的，發言的真實性是
值得懷疑的，楊晉龍師（1951—）在《明代詩經學研究》一書中討論民
國以後學者對此時期學術態度與評價的不可靠性，言之鑿鑿，甚為詳細有
據，今不厭其多，茲舉如下：

　　羅振玉（1866-1940）說：「清代學術，一洗明代空疏之弊」；王國
維（1877-1927）則是認為明人有「標榜之習」，以及「考證之疏」的通
病，且謂順、康（1645-1722）學者「一掃明代苟且破碎之習而實學以
興」；梁啟超（1873-1929）是影響現代學界最深遠的權威學者之一，也
是近代集「因襲清儒的庸言舊說」大成的大家，在其《中國近三百年學術
史》中謂明代一般士子，除「《性理大全》外，幾乎一書不讀。學界本
身，本來就像貧血症的人衰弱的可憐」；又說「明朝人不喜讀書已成習
慣」，並引費密（1623-1699）所謂「《十三經注疏》除福建版外，沒有
第二部」的誤說（詳後）為證；又以為方以智（1611-1671）的學風「確
與明季空疏武斷相反」，似乎方以智非明季之人；「乾嘉學派為中堅之清
代學者，一反明人空疏之習」；「《永樂大典》，古今最拙劣之類書也」
等等，這些因襲清人的言論並不足怪，令人吃驚的是他又認為「晚明理學
之弊，恰如歐洲中世黑暗時代之景教，其極也，能使人之心思耳目皆閉塞
不用，獨立創造之精神，消蝕達於零度」，這些未經論證而充滿偏頗不實
的論點，卻成為民國以後學者必讀之參考書，則其入人之深，影響之大，
亦可概見了。其他如魯迅（1881-1980）、顧頡剛（1893-1980）、鄭振
鐸（1898-1958）、謝國楨等人，對於明人刊書有竄改之事實及偽造古書
等等，大加抨擊，惟觀其所言亦不出顧炎武或《四庫全書總目》所論之範

圍。一九三一到一九四五年編的《續修四庫全書總目提要》及呂思勉
（1884-1957）、周予同（1898-1981）、蕭一山（1902-1978）、張舜徽
（1911-1992）、嚴耕望（1915-1996）、錢仲聯（1908-）等等學者，均
在其著作中強調明人或明末學風的「空疏」、「束書不觀」，這自然也是
引陳言以論說而已，實非經過嚴謹論證的結果。又如皮錫瑞、馬宗霍
（1897-1976）、蔣伯潛（…1911-1944…）、及沈玉成（1932-1966）等
人，則特別強調經學之發展「元不及宋，明又不及元」等每況愈下的倒退
情形。換言之，就要證明「明代經學巨衰已成為歷史之必然」的定論，既
然經學到了清代纔復興，則明代經學焉能不成其為「巨衰」之時代。[347]

　　歷代學者對明代經學的負面評價不出以上諸人、諸書評論範疇，此一
時期的經學研究幾乎全被上述學者與書籍的評斷所代替與佔據[348]，其結論
也幾成定論，觀看坊間經學史、春秋學史、甚而思想史的專書就可明瞭此
一情況，有些一筆帶過，甚而不談，或以《五經大全》作為唯一的切入
點，比較好的則以《四庫全書》所收錄的明代春秋著作進行討論，前二者
所論其實在經學史的要求中已失偏頗公允，甚至後者，完全是以清朝認可
的觀點作為研究的依據，然其選錄標準已有其主觀的立場與特殊的學術意
識[349]，以此作為評價明代春秋學的實際，其結論也只能符合《總目》的框

347 楊晉龍：《明代詩經學研究》（臺北：臺灣大學中國文學研究所博士論文，1997年6月），第1
　　章，〈研究的緣起：前賢評價的反思〉，頁6-7。
348 楊晉龍：《明代詩經學研究》第一章就直接針對前賢何以會對明代經學有那麼多的負面印象提出了
　　5大原因：（1）遺民的歸獄（2）政治的因素——清帝的刻意貶抑、清儒對國學的推崇、清儒對官
　　學的反感（3）學術的差異——漢宋立場不同（4）反傳統者的歸罪（5）過信權威的影響——《日
　　知錄》、《四庫全書總目》。（臺北：臺灣大學中國文學研究所博士論文，1997年6月），頁1-9。
349 《四庫全書》收錄明人春秋學著作其實是有嚴格的限制條件，也只有符合清朝政治與學術立場的
　　明儒著作才得以入選，約略來說，有以下幾種傾向：第一，偏向漢學考證，反對議論說經，如陸
　　粲《左傳附注》、傅遜《春秋左傳屬事》、馮時可《左氏釋》、高攀龍《春秋孔義》。第二，
　　訂正、駁誤胡《傳》，如陸粲《春秋胡氏傳辨疑》、袁仁《春秋胡傳考誤》、楊于庭《春秋質
　　疑》、王介之《春秋四傳質》。第三，倡導「尊王」大義：如高拱《春秋正旨》。第四，表現明代
　　學術之陋，如胡廣《春秋大全》。這幾個方向都是有目的的區分明儒和清儒的優劣，差異以及鞏固
　　政權的考量，如偏向漢學考證其實就是在貶抑宋明學者議論說經的傳統，訂正胡《傳》除反對議論

架，失卻了客觀、普遍性的要求。但也可以看見《總目》在這中間所發揮的影響力是如何地巨大。另一方面，《總目》所言是否可以代表學術事實？還是僅能呈現部份事實？其立場是否就是學術真理一方？亦或有其評價立場的選擇？即便作者預設和《總目》相同之貶抑立場，認為明代經學無甚可觀，可置之不論，但其中的原因何在呢？是否所有著作皆如其所言？甚至完全同意皮錫瑞《經學歷史》的看法，認為此階段是「積衰時代」，但這些都不代表此時代就喪失了研究的必要性，林慶彰先生言：「要研究經學，並非所謂積衰的時代，就完全沒有研究的價值。更何況明代的經學是否積衰，也要看從那個角度來判斷」[350]，當然《總目》可以有自己的學術立場與批評標準，但這也不妨礙學術研究可以從另一角度進行解讀，何況是否真如《總目》所言，亦存在著極大的不確定性。而後世學者討論到明代經學時，多引證前人言論坐實明代經學之極弊，卻甚少看見直接進入文獻後再予以批評之著作，這類評斷語言的價值其實缺乏效力與參考性，當然不是說相信權威有錯，而是引用權威的語言，只是鞏固權威言論的可靠性，以權威的論斷作為自己論斷的依據來源，這樣不經過事實的驗證，可能只是進一步證明、強化《總目》所言不假，顧炎武等明遺民的歸罪有據，《明史》、《經義考》的深化有理，江藩、阮元、皮錫瑞敷演前說的正確無誤，但對於明代經學的實際面貌與情況卻沒有多少說明與釐清作用，所以錢穆先生雖然存在著「論到學術，惟明最差。這雖沒有人詳細講，但顯然是事實」的觀念外，但他也強烈提醒後學注意「為何明代又要比較差？這些處，都是我們自己讀書應該注意的大問題。固然我們立刻不會能有答案，也不容易下此一答案，但此問題總不應該不留心注意

說經外，亦貶斥「復讎」、「攘夷」思想，而提倡「尊王」大義則有助清廷統治漢人，最後為了表現清儒之學遠遠優於明儒，將為人垢病的《春秋大全》收錄其中，「使學者互相參證，益以見前代學術之陋，而聖朝經訓之明也」。

350　林慶彰、蔣秋華主編：《明代經學國際研討會論文集》（臺北：中央研究院中國文哲研究所，2002年），頁2。

到」[351]，不論其言「沒有人詳細講，但顯然是事實」的想法是否正確，但至少透露出衰敗之朝並非不要去研究，更不是不需要研究，學者應該留心衰敗的前因與後果，其想法已經具有考鏡興衰源流的動機存在。楊晉龍在討論歷代學者對於明代經學評價問題時云：「無論是推崇或是貶抑，學者在論斷的內容上，大多停留在抽象的概念語言陳述，泛論多而缺乏實證，少有以實際的例證，證明其論斷的可驗證性，有時甚至是過甚其辭的歸罪」[352]，可見這樣全盤接受他人意見，而沒有反思的結果，只能使自身成為《總目》在現代的思維觀念代言人，沒有絲毫經過自身研究過後的憑證依據，卻仍大張旗鼓繼續宣揚其對明代經學的深文評價，不亦荒謬可怪乎？

若從經學史的觀點來看，學術的歷史演進軌跡絕對無法像王朝更替般斷然二分，學術必定前有所承而後有所續，在這個轉變的階段不可能有所謂的完美切割面，學術風氣的展開只能是連續而漸進的模式，不可能橫空出世，驟起而生，余英時先生言：「前一時代的思想不可能在後一時代突然消失無蹤，而且後一時代的新思潮也必然可以在前一時代中找到它的萌芽。事實上，清儒的博雅考訂之學也在其宋明淵源可尋」[353]，所以歷來將清儒考證之學歸於清代所創發的看法也是大有問題的，如果不實實在在進入明代經學的實際文獻中研究探討，那這一階段的經學解釋權將變成只有《總目》影響下的壟斷局面，如同兩造雙方，就算告訴人指證歷歷，證人附和連連，公眾群起撻伐，但也沒有剝奪被告辯解陳述的權利，而憑一方說詞就予以定罪，更何況明清雙方在政治層面上還是屬於敵視狀態，私情上存在著「九大恨」的世仇關係，所以本書特別強調明代的經學樣貌應該讓明代人自己說話，而盡量不以清代以後的意見加諸其中，也就是這個道

351　錢穆：〈全謝山的宋元學案〉，《中國史學名著》，頁262。

352　楊晉龍：《明代詩經學研究》，第1章，頁38。

353　余英時：〈從宋明儒學的發展論清代思想史──宋明儒學中智識主義的傳統〉，《中國思想傳統的現代詮釋》（南京：江蘇人民出版社，2003年），頁135。

理。

二、正面評價的回顧

　　明朝被清朝取而代之，其政治、學術（不只經學）在清初都被刻意的貶抑，以政治來說，明朝是中國歷史上最昏庸的朝代，以經學來說，是歷史上最述無可述的時期，以此論證清朝取代明朝是歷史的必然而非偶然，在在昭示明人其正統性是無可疑義，所以明代經學被如此對待似乎也就不足為奇，明人《春秋》著作幾乎被全面否定更是理所當然。但相對於上述對明代經學及春秋學的負面批評，還是有學者持正面、肯定的意見存在，但往往為人所忽略，如顧炎武對於明代經學、春秋學抱持著非常反感且強烈批評的態度，但這也不是說顧氏就不看明人寫的春秋書籍，他於其所著《左傳杜解補正》就十分肯定並且採錄了明代初期至中葉的邵寶《左觿》、陸粲《左傳附註》、傅遜《左傳屬事》等人的春秋學著作，可見他之前全面否定的話是摻進了語意和語境的因素，不能單純地一概依照字面作望文生義的解釋。其實顧氏的話是在指涉明代一種社會風氣，一種文化現象，一種普遍的學術態度與趨勢，所以就算他說出「《大全》出而經說亡」、「制義興而《六經》亡」，這種無商榷性、論斷性的否定用語，但他也說過「有明之初年，經術人才，於斯為盛」[354]，並不全然持否定立場，但到目前為止，卻鮮少有人注意到他對明初經學的正面意見，而盡是取其負面說法為證，這勿乃太偏頗了，而且也對顧炎武失之公允。時代稍前的孫承澤（1592-1676）也持同樣意見說：「明初，人猶多經學」[355]，其實顧氏所謂的「有明之初年」，正是以朱棣大殺建文帝朱允炆舊臣為分界，所以他在批評永樂帝頒定的《四書五經大全》時說：「豈非骨鯁之

354　〔清〕顧炎武著〔民國〕徐文珊點校：《原抄本日知錄》，卷20，頁526。

355　〔清〕王士禎著〔民國〕靳斯仁點校：《池北偶談‧退谷論經學》（臺北：漢京文化事業有限公司，1984年），頁365。

臣，已空於建文之代」[356]，正是為此而發。所以公平一點來說，孫、顧二氏對於明初永樂之前的明儒經學還是持相當肯定的態度。清初大儒黃宗羲於《明儒學案》中更說：「有明文章事功，皆不及前代，獨於理學，前代之所不及也。牛毛繭絲，無不辨晰，真能發先儒之所未發」[357]，很大方地承認明代的不足處，但也對其優點不吝表彰。對於後人批評最激烈的時文之弊，清代焦循則不予苟同曰：「時文之理法盡於明人，明人之於時文，猶唐之詩、宋之詞、元之曲也」，將時文納入一代之學術之列，於詩詞曲外，別具一格，且認為「學者所輕賤之技，而實為造微之學」[358]，亦可見當時學者矯枉過正，動則謾罵時文之舉。但之後類似上述學者般正面積極的肯定不復存在，沉寂無聲。至清末陳澧獨發孤音，認為「（明）中葉以後……刻注疏，稱漢儒，本朝漢學風氣已萌芽矣」[359]，將清代漢學的根本源流歸於明中葉階段，在這類學術問題上，清代學者基本上是鄙夷明朝，羞稱前代的，至清末時期，也就無須忌諱，模糊其辭了。劉師培（1884-1919）更積極的以為「明儒經學亦多可觀」，又說「近儒之學，多賴明儒植其基」[360]，不只肯定明儒經學，而且也進一步認為清儒之學是奠基在明儒的成績上，陳、劉二人，可以說是當時代另一個完全不同的聲音。而胡適（1981-1962）也贊同其說，以「人皆知漢學盛于清代，而很少人知道這個尊崇漢儒的運動在明朝中葉已很興盛」[361]，可以知道歷來清儒最自信、最驕傲的就是其考據學功力，也就是所謂的「漢學」系統，胡適揭露

356　〔清〕顧炎武著〔民國〕徐文珊點校：《原抄本日知錄》，卷20，頁525。

357　〔清〕黃宗羲：《明儒學案·發凡》（杭州：浙江古籍出版社，2005年1月。沈善洪主編：《黃宗羲全集》第7冊，頁5。

358　〔清〕焦循：〈時文說〉，收錄劉瑾輝：《焦循評傳》（揚州：廣陵書社，2005年5月），頁255-256。

359　〔清〕陳澧撰〔民國〕鍾旭元、魏達純點校：《陳澧集·東塾雜俎》第2冊（上海：上海古籍出版社，2008年），頁637。

360　劉師培：《劉申叔先生遺書》，第1冊（臺北：華世出版社，1975年4月），頁596-597。

361　胡適：〈費經虞與費密〉，《胡適文存二集》，收錄《民國叢書》第1編，第94冊（上海：上海書店，1989年），卷1，頁108。

這其實並非清儒憑空得來，在明朝中葉就已經有這樣的趨勢所向。葉國良也認為「明人對清代經學有誘導之功」[362]。李威熊以為歷代「朝廷對經學的重視來說，明代經學超過任何朝代，《四書》、《五經》也成為士子必讀的書，無形中為經學教育做了推廣工作」[363]，其著眼點放在官方對經學的態度上來說，故而明代官方對讀書人的經學素養往往非要其專精，而是一種普遍的常識，經學不再只是少數人的專利，更藉由上至下的推廣，達到帝國整體知識力的提升。饒宗頤說：「明人治經，最重要還是實踐工夫」，認為明末士人殉國的精神，乃是「從經學孕育出來」[364]，將道德與知識連結起來。清末陳澧雖認為明代經學「荒陋」，但亦認為「一朝有一朝學術：漢經學、南北朝唐人義疏、宋道學、明忠義、本朝經學」[365]，也正是將明末士人的忠義之行視為學術躬行實踐的內涵，當時殉國人數之多，赴死之壯烈，千百年之歷史未見，經學正是孕育當時綱常倫理與民族意識最重要的關鍵，若從純學術上來說，陳氏也以為「明人之言，其發明義理有過於宋儒者」[366]，並沒有完全否定其成就，近代周予同（1898-1981）雖然也批評明代學術，但他在經學史的問題上就認為「明清之間學問有繼承性，這是很值得注意的研究專題」[367]，並指出清儒閻若璩與惠棟的《尚書》研究，實導源於明代梅鷟，而顧炎武的《音學五書》也源於明代陳第，對於江藩一概抹殺的論點並不苟同。余英時先生言：「明代尚有不少理學門戶以外的儒者，雖不高談窮理致知，而實際上卻在博文方面

---

[362] 葉國良、夏長樸、李隆獻合撰：《經學通論・明代的經學》（臺北：大安出版社，2005年8月），頁589。

[363] 李威熊：〈明代經學發展的主流與旁支〉，《明代經學國際研討會論文集》，頁92。

[364] 饒宗頤：〈明代經學的發展路向及其淵源〉，《明代經學國際研討會論文集》，頁22。

[365] 〔清〕陳澧撰〔民國〕鍾旭元、魏達純點校：《陳澧集・學思錄存目》第2冊（上海：上海古籍出版社，2008年），頁772。

[366] 同前註，〈東塾讀書論學札記〉，頁364。

[367] 周予同撰、朱維錚編校：《周予同經學史論・中國經學史講義》（上海：上海人民出版社，2010年2月），頁601。

有具體的貢獻。這些人的業績對後來清學的發展也有重要的影響」[368]，余氏所說之人即明代楊慎、焦竑、方以智、王鏊、鄭曉、歸有光等人於經典中之考證。由上可知，對明代經學抱持肯定者，古往今來，大有人在。楊晉龍更加以批評以往對明代學術的誇大論斷，認為這些「長期遺留下的『刻版印象』，至今還左右某些學者的判斷」，這種現象的呈現，「尤其在經學的評價上，此類『負面評價』至今猶居主流，這種態度嚴重影響明代經學的研究」[369]，可見這類負面的評價，直到現在還是位居於主流的地位，時時左右著學者們對明代經學的第一印象。

而《春秋》學在經學與政治的領域中具有較特殊的身分，以致清帝刻意壓制其中的「夷夏之防」思想，所以在清代幾乎無人正面肯定它，近代龔鵬程研究明末馮夢龍的春秋著作，認為其編著目的其實是使「讀書人勿只知有胡氏而不知其他。再進一步，則發揮胡氏尊王攘夷之思想，以寓經世之意，把讀經跟正人心、禦夷狄關聯起來」[370]，並談及明代那些因為科舉之途而編印的春秋學著作時說：「士人治經學，早在漢代就已與祿利之途結合起來了。當時之章句訓詁、家法、師法，跟明代這些舉業用書有何差別？何以談起經學，就尊崇漢儒著述而輕蔑明人為科舉所編的書到此等地步」[371]，況且明代春秋學也並非全部是為科舉所寫，而且以絕對性的漢學優於宋學的假設立場（清朝立場）來說，明人春秋著作中亦是有漢學的成分，林慶彰在〈明代的漢宋問題〉中就指出明代學者「他們的經學著作中也表現了相當程度的漢學傾向」，以春秋學來說，陸粲、袁仁、王介之已有「匡胡之風」，而且可窺知「明人揚漢抑宋的努力，已由涓滴匯為細

---

[368] 余英時：〈從宋明儒學的發展論清代學術史——宋明儒學中智識主義的傳統〉，《中國思想傳統的現代詮釋》（南京：江蘇人民出版社，2003年），頁147-148。

[369] 楊晉龍：《明代詩經學研究》，第1章，頁2。

[370] 龔鵬程：〈馮夢龍的春秋學〉，《六經皆文——經學史／文學史》（臺北：臺灣學生書局，2008年），頁152。

[371] 同前註，頁114。

流，至乾、嘉時，遂為巨川大海，成就了前所未有的漢學時代」[372]。葉國良則認為明代春秋學乃胡安國之學，但當時已有「起而攻之」的傾向，並列舉張以寧等七人，論說有部份的明人，「說經不受前人牢籠」，更進一步認為明代的春秋學，「對清代三《傳》之學的重振，當有直接的影響」[373]。葉、林二氏將胡適的觀點加以驗證，破除了「漢學」是清儒特有專利的迷思，藉由對明代春秋學的考察，直接將漢學源頭推演到明儒身上。所以說，明朝三百年的學術積累，如果真的完全一點成績都沒有，絲毫不值得放點心力去接觸去研究，那或許要捫心自問，這是否經過驗證？還是自己太過相信權威呢？張高評說：「明代春秋學之虛實得失，有待實事求是之考索探究，然後精粗是非乃定」，正是要學者們反求諸己，確實研究過後再來給予評價，那麼這個評價才有它實質上的意義。[374]以上可知許多歷來正面的評價都被忽略了，所以明代經學並非是不值得研究的學術議題，也正因為至今為止仍屬於學術模糊地帶，故更須有人投入相關領域，以求還其本真。本書的實際目的就在於擴充明代經學、春秋學的研究面向，延伸前賢討論不足的部份，釐清前人的負面刻版印象，展現實際的明代春秋學樣貌，這些經由實際研究的價值呈現，也可以說是本書研究的內涵所在，以下分五點說明之。

　　第一：經由本書的分析，可得知明代春秋學的負面評價產生乃是經由《總目》的坐實深化有關，其評價標準已有先期的預設立場，故結論實不足以承擔客觀評價之名。

　　第二：清代學術必定前有所承，何由憑空而起，以往《總目》將清代與與明代學術截然畫上鴻溝的判定方式，藉由本書的呈現，將具有事實的

372　林慶彰：〈明代的漢宋學問題〉，收錄《明代經學研究論集》，頁18-24。

373　葉國良、夏長樸、李隆獻合著：《經學通論‧明代的經學》，頁589。

374　近年臺灣學者林慶彰與蔣秋華先生於1995年12月22、23兩日，策畫召開「明代經學國際研討會」，邀請兩岸三地、美國、日本的學者專家及研究生近百人參加，發表論文19篇，演講2篇，會後並編定《明代經學國際研討會論文集》，可以說是近幾十年來以「明代經學」為主題訴求，召開的一場國際大型研討會，其目的就是希望能喚醒學者對明代經學的長期漢視。

澄清作用。

第三：根據本書的設計，將可明瞭春秋經學於明代的流衍過程為何，透過官辦的學校教育與民間書院講學的情形，對於胡《傳》勢力的消長，漢宋之學的轉折，春秋學的學術性質轉變，應可獲得一個比較實際有據的輪廓。

第四：春秋學在明代不再純粹僅有「經」（漢學、宋學）之理念，而是具有多元化的發展，諸如史學、兵法、評點、古文、小說，等等開放性的嘗試，此亦是明代春秋學的時代意義與風貌。

第五：本書對於明代春秋學的內涵發掘，所展現之成果將有助於經學史、春秋學史，甚至哲學史、文學史對於明代一朝的學術有更深入的理解，而非僅僅依據前人所言，遽以判定優劣。

以上五點雖是本書的先期預設價值與目的所在，但是透過本書的架構設計，應可達成若干實際目標，且經由這些研究成果的展現，對於以往負面的明代學術刻版印象應具有釐清矯正的功用。然而筆者對於本書其實並無意作翻案之準備，而是希望透過實際的文獻研究來進一步理解明代春秋經學的面貌，不再如以往透過《總目》或顧炎武等人的說法來為自己背書，甚而將其作為正確答案的唯一選擇看待，此為筆者期待本書能達成的價值目的之所在。

第三節　視角切入與研究方法

本節將「視角切入」與「研究方法」納入同一節說明，主要在於兩者具有「點」與「線」的關係，前者揭示本書立論之基的「破」，後者說明本書架構中所「立」的內涵精神，說明如下。

一、視角切入

　　所謂的「視角切入」，指的是應該以何種角度或問題意識進入全書討論，這在他人看來或許不是甚麼大問題，但對本書來說卻是首要，無法避免而且是必須回答的問題。筆者在數年間，閱覽過坊間諸多關於本課題的書籍後，發現對明代經學的評價幾乎都抱持著一定程度的負面觀感，這些負面訊息的形成之因，最早從明末錢謙益、黃宗羲與顧炎武《日知錄》即啟其端，之後經陸隴其、徐乾學、朱彝尊《經義考》、張廷玉等編《明史》、紀昀等纂《四庫全書總目》加以深化坐實，再經閻若璩、邵廷采、戴名世、方苞、全祖望、王鳴盛、戴震、錢大昕、翁方綱、章學誠、崔述、邵晉涵、江藩、焦循、阮元、胡培翬、龔自珍、陳澧、曾國藩、李慈銘、張之洞、王先謙、皮錫瑞等人敷演其說，導致明代惡評更加甚囂塵上，到了民國以後，羅振玉、梁啟超、王國維、魯迅、呂思勉、錢基博、顧頡剛、馬宗霍、錢穆、鄭振鐸、周予同、謝國楨、蕭一山、錢仲聯、張舜徽、蔣伯潛、嚴耕望、陳登原、余英時、沈玉成等著名學者，遠紹清儒論斷，加上《續修四庫全書總目提要》對《四庫全書總目》的克紹箕裘，以及日本學者本田成之、小柳司氣太所撰《經學史》也持同樣負面看法，這些評價論斷的塑造，實已足夠讓今日學子對明代經學極衰、極弊的印象與觀點深信不疑，甚至起而模仿，再加以宣傳。然而上述學者的觀點，本人無意進行否定，而是要指出這些論點不管是有意或無意，願意或不願意，或多或少都可能受到前面所列《日知錄》、《經義考》、《明史》、《四庫全書總目》等四書的潛在影響，其中又以廣集當代碩儒專家編纂的《四庫全書總目》影響層面最為深遠廣大，故清中葉方東樹（1772-1851）撰《漢學商兌》時時引錄之，且屢屢言及「伏讀《四庫提要》」[375]之語，而清末張之洞為諸生推薦書籍時，即言「將《四庫全書總

375　〔清〕方東樹：《漢學商兌》，收編入《漢學師承記外二種》（香港：三聯書店，1998年7月），卷上，頁258；頁261。

目提要》讀一過，即略知學問門徑矣」[376]，可見此書在當時已具有相當的學術指導地位，而今日對於甫進入中國學術領域研究的學人，鮮少不購置一部，作為辨章學術，考鏡源流的工具書使用，故而對明代的負面見解其根本源頭最終都可上溯到館臣於《總目》中的評價問題上，所以本書在進入明代春秋學的實際討論前，於緒論後的首章，認為必須先對《總目》的評價問題，評價標準，以及明代在歷代春秋學史的定位進行分析討論，並對後續的影響層面作進一步的理解，也就是以這個「破、立」之間的視角切入主題，尋求構「立」明代春秋學的真實面貌以前，先行「破」除《總目》兩百年來以漢學考據論斷一切學術的禁錮，其實也唯有解除這個時時籠罩在明代經學頭上的千斤重擔，才能有一個公平的立基之點進行學術的談論與建構。

二、研究方法

　　論文架構的方式往往取決於為文者所選用的研究方法，而通常一個較好的研究方法的形成，當然必須先對所欲研究的文獻有了通盤的理解後才有可能誕生，本書雖尚未完全做到此點，但於明代春秋學諸書亦大略觀覽一遍，深知如欲瞭解明代春秋學的實際情形，就勢必將論文放置明代三百年中看待，如此才能減少以偏概全的可能性，如以「某人」或「某學派」之著作否定或肯定當代學術，或以「某時間」的著作來看待三百年的學風轉變，甚而以「某地域」之著作輕言流衍，以上都恐有以特殊個案觀照全體之錯誤認知，進而使結論失準的可能性存在，故而欲使得最後的結論能趨於正確理解的途徑，其研究方法就應該要顧及四大層面，即歷時三百年的「時間與地域」、「官學與私學」、「群眾與菁英」、「本質與質變」等四項要素，如此方才有可能討論出一個比較合乎真實時代性格的學術樣

376　〔清〕張之洞：〈讀書宜有門徑〉，《輶軒語》，收錄嚴靈峰《書目類編》，第93冊（據清光緒元年刊本影印。臺北：成文出版社，1978年），頁41651。

貌來，否則往往討論會有見樹不見林之感，以下分別說明之。

（一）時間與地域

　　以政治的分期來說，明代從朱元璋（1368-1398在位）取代元蒙（1279-1368）而有天下算起共歷經了十六位帝王，時間長達二百七十七年之久（1368-1644），如再加上清朝官方於《總目》、《明史》中所亟欲抹除的南明歷史（1644-1662）[377]，則時間更可推遲至二百九十四年，然政治統治權和學術的界定則有所不同，學術分期往往具有連續性、延續性，與不可分割性，故而《總目》才會道及「元儒篤實之風，明初猶有存焉」[378]，顯示四庫館臣瞭解這樣的情況，且學術本就不可能橫空出世，憑空生出，必定前有所承，而後有所續，但納悶的是，從四庫館臣在《總目》中的諸多言論看來[379]，往往讓人產生一種幻覺，就是清初學術好像和明代學術沒有傳承關係，這就讓人對其有企圖用政治取代學術分期之嫌，所以要理解明代經學史，就不能不顧及元末和清初的學術承續，故本文第三章「科舉與經學」即是為此而設計。在地域方面，明朝疆土遼闊，但南北地理條件有所差異，北方是政治核心，南方是經濟學術中心，以南方來說，文人學士創立加盟詩社文社，講學之風盛行，這樣的興盛的學術風氣，也容易造就地域性、區域性的獨特學術，各個學校、書院、社群雖是開放性的機構，但文人學子們通常會選擇跟自己理念興趣相近的社團加入，所以其思想與學術傾向往往成為一股不可忽視的學術勢力，本書第三章第四節「麟經淵藪的區域分布與實際情況」，即是以此為討論重點。經由「時間」和「地域」兩者的結合討論，可以說掌握了明代春秋經學史的基礎概念與方向。

377　南明王朝，本書以永曆帝被俘遇害為時限中止。

378　〔清〕紀昀等編纂：《四庫全書總目》，卷16，經部，詩類二，「詩解頤」條，頁128b。

379　詳見本書第二章〈評價與定位：清初官方的評價分析及定位問題〉。

（二）官學與私學

　　永樂十二年（1414）十一月明成祖下令纂修《春秋大全》，十三年
（1415）九月修成頒布天下，成為明代八股制藝取士的標準範本，《春
秋》雖四《傳》並行，但實以胡《傳》當功令，學子欲進仕途，必先熟讀
胡《傳》，明瞭八股文規範才有可能位列堂廟。當時的政治社會相對穩
定，經濟生產條件蓬勃，讀書人口也快速成長[380]，當時的概念是「萬般皆
下品，惟有讀書高」，龐大的應考人口能在四十歲以前取得功名就已是
「祖上積德」，儘管「十年寒窗無人問」，一旦進取功名，則「一舉成名
天下知」，成為秀才、舉人、進士是光宗耀祖、光耀門楣的大事，故而學
子如欲參加科舉，勢必不得不研讀《春秋大全》，坊間書肆在市場供需關
係下，也鼓勵文人編撰科舉用書，雖然《總目》特別瞧不起這些書籍，認
為無關經義而貶斥再三，但若以學術普及化的功能觀點看待，這些書籍顯
然是有它的時代意義存在，況且以館臣「置之不問可矣」[381]的輕蔑態度，
又怎能一筆抹煞編撰者於書中探詢經義的可能性，所以也不能在未經驗證
下就全面否定其對學術或教育的正面功能，盡取其消極面看待。再者，也
因為政治相對穩定的力量與市場經濟有利可圖的條件下，進一步促使印刷
術改良日進，書籍不再像以前那麼昂貴不可獲得，文人學者著書傳世或推
廣理念，也變得更加容易可行，官學的設置已無法滿足學子需求，故而私
人興學、結社，使書院講學更加活絡，思想言論更加開放，在這股民間開
放性學風產生下的知識份子，進入仕途後，也間接對經學、胡《傳》與科
舉八股文產生一些改變，不尊胡《傳》之說而取功名者，亦不乏其人，可

---

[380] 〔美〕費正清（John K. Fairbank，1907-1991）說：「明代的二百七十六年間（一三六八～
一六四四），中國的人口增加了一倍，從原來的大約八千萬人增至大約一億六千萬。有破壞力的
內戰多能予以避免，教育、哲學、文學、藝術各方面的偉大成就，反映了士大夫社會的高文化水
平。」費氏從人口倍增的經濟學觀點，肯定明代的文化成就。參見《費正清論中國》（臺北：正
中書局股份有限公司，1994年，2003年3刷），第6章，〈明代的政府〉，頁132。（此書是薛絢翻
譯）

[381] 〔清〕紀昀等編纂：《四庫全書總目》，卷37，經部，四書類存目，館臣案語，頁320b。

見官方學術和民間學術常常是互相影響，進而產生質變，所以不可輕易忽視兩者之間的連帶關係性，本書第三章「胡《傳》門戶與《春秋大全》」，「鄉試、會試解額的擴大」，「科舉參考書的大量刊行」，「國學、府學、州學、縣學、社學」以及「書院的區域密度與科舉的關係」即討論上述的現象。

（三）群眾與菁英

　　「群眾」一詞，廣義來說可以推衍到社會上的每一份子，本書所指則偏向於一般文人層級，而「菁英」則是文人中的佼佼者，皆為當代一時之選，於思想學術上有著牽動當代學潮，左右時代學風的特點。一般說來，菁英份子往往在政治學術上擔任重要地位，甚而創新學說，創立學派，革新思想，形成門戶，不管本人有意或無意，皆會帶動一批信仰群眾，透過有形或無形的方式，對時代造成或多或少的影響力，群眾認同的多寡，也構成其菁英勢力的消長關係，楊晉龍云：「若考察菁英產生影響力的原因，會發現這種力量還是來自廣大的普通群眾，如果沒有群眾的擁護，根本就不可能有所謂的影響力。所以就單獨的個人來說，菁英影響群眾，但就社會群眾的作用來看，誰也無法否認菁英一樣受到群眾的影響」[382]，這個所謂的「群眾」當然遍及所有個體，但本書還是將其界定在士人階層進行討論，就學術來講，進行菁英研究當然有其方便性，但這樣針對性強烈的研究卻可能失之學術普遍性的要求，所以在注重菁英份子的學術影響力同時，於一般文人著作中所表達之意見也必須加以重視，故本書除了濃縮出當時《春秋》經學的學術傾向外，亦透過《明代春秋著述考》的研究，作為「菁英」與「群眾」之間關係的延伸性探討。

---

[382] 楊晉龍：《明代詩經學研究》，第2章，頁81。

（四）本質與質變

　　根據東漢許慎《說文解字》云：「經，織從絲也」[383]，其本義指織布時所用的縱直之絲，在織布時處於固定不動的位置，後引申為恆常不變之義，而先秦道家、墨家中也有「經」之名，並非只有儒家使用，至漢武帝獨尊儒術後，經書成為儒家《五經》的專稱，具有「載道」的功用，而「經學」一詞，對於傳統知識分子以及儒家正統觀念而言，其本質在探究聖人於經典中之微言大義，尋求經世致用之效，只要不在這個目的內的經解諸說，《總目》甚至不將其視為經學著作，以「非所貴焉」[384]卑視之，故而明代經學、春秋學，在突破經學的範疇而另闢新局的種種風氣遂不為清初官方所喜，明中葉以後的經學史學化、兵書化、評文化、古文化、小說化，等等改變經書本質目的之行為也理所當然蒙上「非經」之議，若以《總目》的觀點來說，其標準自有其政治、學術上的立場，但這些「質變」下的「非經」之書，卻也因此飽受非議，以致乏人問津，書中的內涵，或於經書外的所有成績也一併塵封於故紙堆中。

　　若以經解方式來看，宋代至明代，經過長期的義理解經期，至明中葉以後，考證解經之風逐漸興起，無論這個轉變是王學末流的外在刺激或經學內在理路的孕育，其解經方法上也發生了變異，至明末甚至有豐坊、季本等人提出有別於漢宋兩家的異說產生，宋明理學家的解經方式可以說面臨了新的挑戰。到了清初，顧炎武提出「經學代理學」，專業的漢學經生如惠棟等人衍生出了乾嘉之學；黃宗羲則以「文史代馳驅」，發展出了文史一脈，如萬斯同、全祖望、章學誠等人的文獻之學，至此，浙西和浙東已脫離明代「理學」的本質與內容，發展出新的清代學術路徑。以上這些「本質」與「質變」的關係，是梳理出明代經學脈絡的關鍵問題，其中本質是如何改變？改變的方式為何？質變後的內涵為何？對本質有何衝擊？

383　〔漢〕許慎撰〔清〕段玉裁注：《說文解字注》（高雄：復文圖書出版社，2000年），十三篇上糸部，頁644上。

384　〔清〕紀昀等編纂：《四庫全書總目》，卷29，經部，春秋類四，館臣案語，頁244b。

衍生出何種後續效應？等等問題層面，也就是本書第四、五、六、七章所欲探討的重心所在。所以本書的研究方法認為必須結合以上的「時間與地域」、「官學與私學」、「群眾與菁英」、「本質與質變」等四項要素，才能建構明代春秋學的真實面貌，方才有探討出一代學術的可能性存在。

第四節　文本依據與文獻探討

本節的文獻回顧分為兩部份，一為明代春秋學的文獻存佚數量問題，此部份早於《明史》、《經義考》、《總目》等書中已有所標示，但幾百年後的今天，其著述的消亡存續已非當日情況，書中標明存世者，實際上亡佚不在少數，標明亡佚者，今日亦藏有善本，完全不見諸書著錄者，孤本手抄亦有流傳，甚有流亡至域外日本、韓國、美國者。故而需要對此進行地毯式的研究。另一部份的文獻回顧著重在民國（1912）以後，大陸、臺灣、香港，甚至是美國、日本學者對於此時期經學或春秋學的研究成果進行探討說明。如此經由這兩方面的文獻回顧，避免產生「老調重彈」或「略人之美」的情況，達到文獻探討的實際作用，說明如下。

一、文本依據

明代春秋學著作的真正數量到底是多少，《明史‧藝文志》存錄有一百三十一部，朱彝尊《經義考》標明存世者一百五十七部，亡佚者四十四部，有書而未見者七十部，《總目》有六十八部，但多是只存其目，真正收錄的也才二十一部，近代臺灣已故學者周何先生編有《春秋總義著述考》、《春秋穀梁傳著述考》、《春秋公羊傳著述考》，輔以李啟原《左傳著述考》，季旭昇《群經總義著述考》[385]，將歷代春秋學著作做了總整

385　以上五書見於臺灣編譯館主編：《十三經著述考》（臺北：臺灣編譯館，2003年）。

理，可以說是目前為止收錄明代春秋學書目最齊全的書籍，有功於學林甚多，但其中亦有些缺失，如書中混雜了宋元人的春秋學著述，其原因據筆者的經驗推測，應是各種地方志有時並未註明朝代，而一群明朝人中有時混雜進去宋元人著作，以致失察。二者是困於當時許多書籍並未被影印出版，所以無法列入統計，如《續修四庫全書》、《四庫全書存目叢書》、《四庫全書存目叢書補編》、《四庫禁燬書叢刊》、《四庫禁燬書叢刊補編》、《四庫未收書輯刊》等書。三者也有許多關於明代春秋學的書籍，雖遠在海外，但被重新點校出版，因時過境遷所以有不得寓目之憾，如今人江日新於西德華裔學志社附設圖書館中發現明人吳繼仕《六經始末原流》一書，之後回臺灣後又與日本內閣文庫所收刊本進行對校出版，其中就收錄有〈麟經原流〉、〈春秋多闕誤辨〉、〈春王正月辨〉、〈左氏非丘明辨〉[386]等四篇和春秋學直接有關的文章，所以在上述四種春秋著述考中檢索到的明人著作，有時雖標明亡佚，但其實是存在的，書中雖有所缺漏，但可說是「非戰之罪」，不宜藉以今日學術網路、資料庫便利之捷，過分要求前人。[387]

本書對於明代春秋學的研究最早於研究所時期即開始著手規劃，既以「明代」為題，則對於當代所有的春秋學著作必須作出完整統計，分出存世與亡佚著作各為若干，而自己所能寓目之著述又為多少，無法閱覽的書籍藏於何國、何地、哪家圖書館，此為研究時代學術的最基本要求。目前據筆者六年多來於臺灣各地圖書館及大陸圖書館，並經由友人協助取得的文獻，初步的文本蒐集與資料統整工作如下：明代春秋學著作據本人目前為止的統計約有一千一百五十七部（實際數量應該不只這個數目），亡佚七百八十二部，存世三百七十五部，經作者寓目之著作兩百五十多部，佔

---

386 〔明〕吳繼仕著‧江日新編校：《六經始末原流》（臺北：中央研究院中國文哲研究所，2007年重新編校明崇禎元年刊本），頁55-69。

387 近年，南開大學古籍與文化研究所趙伯雄教授主持「高校古籍整理研究計畫」，其中之一即《歷代春秋學著作敘錄》，從2002年1月到今年2008年1月，費時六年，雖還未看到成果出版，但有臺灣學者在這方面的固有基礎上，想必能夠更巨細靡遺地將明代春秋學著作這一部份加以補齊。

存世著作比例約七成。至於尚未見過的著作計一百一十部，大陸藏有七十八部，日本二十九部，韓國兩部，美國一部，另外明人文集中亦收錄有大量關於春秋的論著、文章、序、跋等，目前統計約有兩百五十餘部明人文集中有春秋學的相關資料，可以從中得悉當時的經學或春秋學的概況，藉由上述著作輔以文集資料，即為本書實際進行研究的文獻依據概況，所得之研究成果或許藉此能稍稍具有一定普遍性[388]，填補目前明代經學及春秋學研究的空白之處，修正學界對於明代經學史的定位問題，不要再輕易用一部官修的《春秋大全》就一筆否定掉明代三百年的學術成績，因為這似乎對明人不見得公平，而且也無法再滿足現代人的學術認知。

二、文獻探討

　　第二部份的文獻探討屬於民國以後學者對於明代春秋學的研究概況，近年來討論明代春秋學的範圍與成績雖有起色，但和存世的三百七十五部著作相比，成果還是不多，張高評先生就直言「明代春秋學之研究，一直未得學界青睞，茫茫昧昧，曖而不明，鬱而不發，篳路藍縷，正待學界之墾拓」[389]，龔鵬程先生也說「明人之春秋學，在經學史上夗少研究者，是個冷門的學問」[390]，兩位學者真可謂一語道破從古至今的學術現實與研究概況，以下就先說明現今學術界對此議題的討論現況與範圍，以便「詳人之所略，異人之所同，重人之所輕，而忽人之所謹」[391]，在實際進行研究前做些先期工作，以下分為兩部份說明，一為「明代春秋學著作研究」，強調專人、專書的研究討論。一為「明代春秋經學史問題」，著重於明代

388　筆者也並非主張文獻依據的多寡足以決定成果的可靠性，因為未經寓目的一百餘部著作可能存在著未知的變數，足以修正本書最終的研究結果亦未可知，但也只能承認這些侷限性，待日後有機會寓目這些海外文獻，再予以填補修正觀點。

389　張高評：〈高攀龍春秋孔義之取義研究〉，《春秋書法與左傳學史》（臺北：五南圖書出版有限公司，2001年），頁224。

390　龔鵬程：〈馮夢龍的春秋學〉，《六經皆文——經學史／文學史》，頁148。

391　〔清〕章學誠：〈答客問上〉，《文史通義》上冊（臺北：廣文書局，1967年），卷5，頁4。

經學、春秋學史的專門討論範疇。³⁹²

（一）明代春秋學著作研究

　　林慶彰《明代經學研究論集》一書中，其中關於明人春秋學相關的文章有〈楊慎之經學〉³⁹³，認為楊慎春秋學，具有「實事求是，不主一家」的學術精神，勇於糾正杜《解》之誤，對於《公》、《穀》穿鑿附會之論，亦能駁正。另外一書《明代考據學研究》中則有論述明儒陳耀文《春秋》學的成績³⁹⁴與〈萬斯大的春秋學〉³⁹⁵，等等三篇明人春秋學的研究，認為這些明中葉以後的學者，其實已開清初漢學考據之先。另外大陸學者

---

392 本文獻回顧除筆者蒐集專書資料外，多使用以下電子資料庫與紙本論著目錄，僅此致謝。
　　一、電子資料庫計有：
　　　1. 臺灣博碩士論文知識加值系統http://ndltd.ncl.edu.tw/cgi-bin/gs32/gsweb.cgi/ccd=hKz6X2/webmge
　　　2. 國家圖書館期刊文獻資訊網http://readopac.ncl.edu.tw/nclJournal/index.htm
　　　3. 華藝線上圖書館http://www.airitilibrary.com/index.aspx
　　　4. 思博網CEPS中文電子期刊服務http://www.ceps.com.tw/ec/echome.aspx
　　　5. 臺灣科學期刊數據庫http://www.teps.com.cn/ec/Default.aspx
　　　6. 臺灣全文資料庫http://www.hyread.com.tw/hypage.cgi?HYPAGE=search/index.hpg&s_id=76261284924946
　　　7. 故宮文獻資料庫http://www.npmtext.com/ct/index.aspx
　　　8. 漢學中心典藏大陸期刊篇目索引資料庫http://readopac1.ncl.edu.tw/ccs/index.jsp
　　　9. CNKI系列資料庫http://cnki50.csis.com.tw/kns50/single_index.aspx
　　　10. 萬方數據資料庫http://g.wanfangdata.com.hk/Default.aspx
　　二、紙本論著目錄計有：
　　　1. 林慶彰主編：《日本研究經學論著目錄（1900-1992）》（臺北：中央研究院文哲所，1993年）。
　　　2. 林慶彰主編：《經學研究論著目錄（1912-1987）》（臺北：漢學研究中心，1994年）。
　　　3. 林慶彰主編：《經學研究論著目錄（1988-1992）》（臺北：漢學研究中心，1995年）。
　　　4. 林慶彰、陳恆嵩主編：《經學研究論著目錄（1993-1997）》（臺北：漢學研究中心，2002年）。
393 林慶彰：〈楊慎之經學〉，《明代經學研究論集》（臺北：文史哲出版社，1994年），頁147-180。
394 林慶彰：〈陳耀文〉，《明代考據學研究》第5章（臺北：臺灣學生書局，1986年10月再版），頁171-192。
395 林慶彰：〈萬斯大的春秋學〉，《清代經學研究論集》（臺北：中央研究院中國文哲研究所，2002年），頁37-64。

方祖猷亦撰有〈萬斯大的春秋學〉[396]一文，可相互參看。筆者碩士論文
《萬斯大及其經學研究》[397]第五章討論〈萬斯大春秋學研究〉分析萬氏治
經的過程與解經的方法，以及經世致用的重點。

　　龔鵬程〈馮夢龍的春秋學〉一文，說明馮夢龍根本「不反禮教」，糾
正歷來之說，而且馮氏最重視「春秋大義」，並從其著作《春秋衡庫》、
《麟經指月》、《春秋定旨參新》三書討論其文學、經學、思想等方面的
成績。[398]

　　張高評〈高攀龍《春秋孔義》之解經方式〉[399]、〈高攀龍《春秋孔
義》之取義研究〉[400]、〈高攀龍《春秋孔義》初探──以「取義」為
例〉[401]，三文皆以高攀龍《春秋孔義》為研究重心，或「解經」或「取
義」，強調高氏春秋學有回歸原典的傾向。

　　鍾彩鈞〈高拱的經學思想〉，論述高拱〈春秋正旨〉有兩項重點，一
為「孔子尊周」，一為「反對祥瑞」，前者顯示高拱有濃厚的君臣倫理，
後者則強調務實反神秘的精神，已有回歸聖人本旨的取向，是明末復古風
氣的中堅。[402]

　　曾昭旭〈船山之春秋學〉[403]，為最早研究明末學者王夫之春秋學的論
文，另外專門討論者尚有李匡郎〈船山先生春秋學初探〉[404]、王立新〈胡

---

[396]　方祖猷：〈萬斯大的春秋學〉，《清初浙東學派論叢》（臺北：萬卷樓圖書公司，1996年），頁209-230。

[397]　林穎政：〈萬斯大春秋學研究〉，《萬斯大及其經學研究》第5章（高雄：國立高雄師範大學經學研究所碩士論文，2007年），頁107-129。

[398]　龔鵬程：〈馮夢龍的春秋學〉，《六經皆文──經學史／文學史》，頁113-154。

[399]　張高評：〈高攀龍《春秋孔義》之解經方式〉，《春秋書法與左傳學史》（臺北：五南圖書出版有限公司，2001年），頁191-216

[400]　張高評：〈高攀龍《春秋孔義》之取義研究〉，《春秋書法與左傳學史》，頁217-251。

[401]　張高評：〈高攀龍《春秋孔義》初探──以「取義」為例〉，收錄林慶彰、蔣秋華編：《明代經學國際研討會論文集》，頁431-461。

[402]　鍾彩鈞：〈高拱的經學思想〉，收錄《明代經學國際研討會論文集》，頁463-483。

[403]　曾昭旭：〈船山之春秋學〉，收錄中國文化月刊社編：《中國文化月刊》，第14期（1980年12月），頁23-44。

[404]　李匡郎：〈船山先生春秋學初探〉，收錄王船山學術研討會編：《王船山學術研討會論文集》

文定與王船山的春秋學說〉[405]、蔡妙真〈王夫之《續春秋左氏傳博議》探析〉[406]、蕭敏如〈清初遺民《春秋》學中的民族意識──以王夫之、顧炎武為主的考察〉[407]、許松源《經義與史論──王夫之《春秋》學研究》[408]乃作者博士論文，另外一篇為大陸學者張學智〈王夫之《春秋》學中的華夷之辨〉[409]，關於王夫之春秋學共有六篇期刊論文，一部博士論文，其成果可謂不少矣。

孫劍秋〈亭林之春秋學〉[410]、古偉瀛〈顧炎武對《春秋》及《左傳》的詮釋〉[411]、蔡妙真〈顧炎武《日知錄》中之《左傳》學〉[412]，大陸學者金永健〈論顧炎武的《春秋》經傳研究〉[413]，等四篇論述顧炎武的春秋學成績，若再加上蕭敏如〈清初遺民《春秋》學中的民族意識──以王夫之、顧炎武為主的考察〉一文，則有五篇之數。

陳逢源《毛西河及其《春秋》學之研究》[414]、程紅《毛奇齡《春秋》

（臺北：輔仁大學出版社，1993年），頁37-50。

[405] 王立新：〈胡文定與王船山的春秋學說〉，收錄鵝湖月刊社編：《鵝湖》，第29卷，第10期（2004年4月），頁29-36。

[406] 蔡妙真：〈王夫之《續春秋左氏傳博議》探析〉，收錄林慶彰：《經學研究論叢》，第8輯（臺北：臺灣學生書局，2000年），頁249-261。

[407] 蕭敏如：〈清初遺民《春秋》學中的民族意識──以王夫之、顧炎武為主的考察〉，收錄臺北大學中文學報編輯委員編輯：《臺北大學中文學報》，第5期（2008年9月），頁193-231。

[408] 許松源：《經義與史論──王夫之《春秋》學研究》（新竹：臺灣國立清華大學歷史研究所博士論文，2008年）。

[409] 張學智：〈王夫之《春秋》學中的華夷之辨〉，收錄中國文化研究雜誌編輯部編輯：《中國文化研究》（2005年，夏之卷），頁14-22。

[410] 孫劍秋：〈亭林之春秋學〉，《顧炎武經學之研究》（臺北：東吳大學中國學術著作獎助委員會，1992年），頁169-190。

[411] 古偉瀛：〈顧炎武對《春秋》及《左傳》的詮釋〉，收錄國立臺灣大學歷史學系臺大歷史學報編輯委員會編輯：《臺大歷史學報》，第28期（2001年12月），頁69-91。

[412] 蔡妙真：〈顧炎武《日知錄》中之《左傳》學〉，收錄國立中興大學中國文學系編：《興大中文學報》，第17期（2005年6月），頁157-193。

[413] 金永健：〈論顧炎武的《春秋》經傳研究〉，收錄黑龍江省社會科學院學習與探索雜誌社編輯：《學習與探索》，第2期，總第181期（2009年），頁229-232。

[414] 陳逢源：《毛西河及其春秋學之研究》（臺北：政治大學中國文學研究所碩士論文，1990年）。

學研究》[415]，雖無期刊論文，但這兩部皆是研究毛奇齡春秋學的碩士論文，成果亦可觀矣。

劉德明〈以事解經方法的實踐與反省——論湛若水《春秋正傳》對《左傳》「以事解經」方法的承續與其反省〉[416]、〈湛若水《春秋》學初探——論湛若水對《春秋》定位及解經方法〉[417]、〈湛若水對程頤、胡安國《春秋》學的批評與觀點〉[418]三篇文章，以及張曉生〈湛若水經學初探〉[419]一文，以上四篇皆為論述明代大儒湛若水春秋學的學術論文。

日本學者濱久雄〈趙汸の春秋學〉[420]、中村俊也〈趙汸の春秋金鎖匙について〉[421]、而臺灣學者馮曉庭〈趙汸《春秋金鎖匙》初探〉[422]、涂茂奇《趙汸及其春秋學研究》[423]、王敏芳〈趙汸《春秋屬辭》「屬辭比事」法探析〉[424]、胡凱閔〈趙汸《春秋》學研究——看「屬辭比事」對黃澤探究《春秋》的影響〉[425]。趙汸是元末明初的春秋學大家，其研究最早由日本學者啟其端，之後臺灣學者陸續發表三篇論文，和一部碩士論文，另外

415　程紅：《毛奇齡《春秋》學研究》（烟台：魯東大學專門史碩士論文，2006年）。

416　劉德明：〈以事解經方法的實踐與反省——論湛若水《春秋正傳》對《左傳》「以事解經」方法的承續與其反省〉，收錄葉純芳、張曉生主編：《儒學研究論叢》，第2輯（臺北：北市教育大學儒學中心，2008年），頁133-159。

417　劉德明：〈湛若水《春秋》學初探——論湛若水對《春秋》定位及解經方法〉，收錄國立中興大學中國文學系編：《興大中文學報》，第25期（2009年6月），頁165-190。

418　劉德明：〈湛若水對程頤、胡安國《春秋》學的批評與觀點〉，收錄國立中央大學儒學研究中心編：《當代儒學研究》，第6期（2009年7月），頁91-129。

419　張曉生：〈湛若水經學初探〉，收錄東吳大學中國文學研究所學會編：《東吳中文研究集刊》，第3期（1996年5月），頁1-20。

420　〔日〕濱久雄：〈趙汸の春秋學〉，收錄《都立五日市高校研究紀要》，第13號（1981年3月）。

421　〔日〕中村俊也〈趙汸の春秋金鎖匙について〉，收錄日本茨城縣筑波大學編：《言語文化論集》，第13號（1982年），頁304。

422　馮曉庭：〈趙汸《春秋金鎖匙》初探〉，收錄楊晉龍主編：《元代經學國際研討會論文集》下冊（臺北：中央研究院中國文哲研究所，2000年10月），頁625-657。

423　涂茂奇：《趙汸及其春秋學研究》（臺北：東吳大學中國文學研究所碩士論文，2001年）。

424　王敏芳：〈趙汸《春秋屬辭》「屬辭比事」法探析〉，收錄孔孟月刊社編：《孔孟月刊》，第45卷，第9/10期（2007年6月），頁30-38。

425　胡凱閔：〈趙汸《春秋》學研究——看「屬辭比事」對黃澤探究《春秋》的影響〉，收錄輔仁大學中國文學研究所編：《輔大中研所學刊》，第23期（2010年4月），頁57-76。

大陸學者黃開國亦有〈趙汸的《春秋》學〉[426]一文，其成果可謂豐碩矣。

　　陽平南《魏禧《左傳經世鈔》研究》[427]，為作者博士論文、論述魏禧輯選《左傳》歷史事蹟，發為史論，彰明經世觀點與情懷，已開清初注重實學之徵。另外單篇論文有〈魏禧《左傳》論兵研究〉[428]一文，說明魏禧春秋學結合《兵謀》、《兵法》的戰爭觀，亦顯示其經世之用。

　　張曉生〈郝敬《春秋直解》中「《春秋》直其事而是非自見」說探析〉一文，以明中葉學者郝敬的《春秋直解》、《春秋非左》、《批點左氏新語》三書探析其春秋觀，分析出「《春秋》直其事而是非自見」、「春秋是非在人心」、「《春秋》無例」、「議論解經」等解經特色。[429]

　　陳恆嵩〈《春秋集傳大全》研究〉，為作者博士論文之一章，此文在林慶彰先生的基礎上，對於歷來前人認定抄襲元儒汪克寬《春秋胡氏傳纂疏》的說法直接進行微觀分析，糾正前人輕斷之論。[430]

　　大陸學者周群〈劉基「春秋學」析論〉[431]、吳海蘭〈黃宗羲的春秋學〉[432]，前者以明初學者與政治家劉基《春秋明經》進行研究。後者探討明末學者黃宗羲的春秋觀，論述黃氏反對歷來一字褒貶說，以及胡安國的義例論褒貶，將《春秋》回復到史書的層面。另外嚴世霞、甄洪永合著

---

[426] 黃開國：〈趙汸的《春秋》學〉，收錄中國哲學史編輯部編輯：《中國哲學史》，第2期（2004年），頁85-91。

[427] 陽平南：《魏禧《左傳經世鈔》研究》（臺北：輔仁大學中國文學系博士論文，2007年）。

[428] 陽平南：〈魏禧左傳論兵研究〉，《2007人文與社會科學學術研討會論文集》（2007年5月）。

[429] 張曉生：〈郝敬《春秋直解》中「《春秋》直其事而是非自見」說探析〉，收錄銘傳大學應用中國文學系：《中華文化的傳承與拓新——經學的流衍與應用國際學術研討會》（2009年3月），頁1-25。

[430] 陳恆嵩：《五經大全纂修研究》第八章（臺北：東吳大學中國文學研究所博士論文，1998年），頁218-257。

[431] 周群：〈劉基「春秋學」析論〉，收錄南京社會科學編輯部主編：《南京社會科學》第2期（1993年12月），頁91-94。

[432] 吳海蘭：〈黃宗羲的春秋學〉，收錄贛南師範學院學報編輯部編輯：《贛南師範學院學報》第2期（2004年），頁67-70。

〈閩人張以寧經學思想考略〉[433]，論述張以寧《春秋春王正月考》有以史
證經、以心解經，與宋學的懷疑精神和重視漢唐舊注等特色，惟因篇幅不
多，所論亦有限。

（二）明代春秋經學史議題

　　林慶彰〈明代的漢宋學問題〉[434]一文，對於清代以前漢宋之學的演變
問題加以詳述，在經解方法論方面具有溯源本末之功；〈晚明經學的復興
運動〉[435]一文，對於明末考據經學的興起詳加論述，糾正以往將考證之學
斷然歸於清儒的不確說法。〈明末清初經學研究的回歸原典運動〉[436]一
文，指出此政權更替階段，學者考辨經書的動機目的，實際上是一種學術
研究欲回歸原典、經典的內在化運動。〈《五經大全》之纂修及其相關問
題之探究〉[437]一文，修正顧炎武《日知錄》所述《大全》來源的錯誤說
法，指出《春秋集傳大全》採入的「宋元人說法甚多，並不像顧氏所說
一、二條而已」。

　　楊晉龍《明代詩經學研究》[438]，為作者博士論文，其領域雖限定在詩
經學，但其中許多章節涉及明代經學的討論，如第一章討論歷來明代經學
評價的問題，第三章論及當時經學的文教、經濟、社會、學術層面，故而
在文獻探討中，其重要性是遠高於一般論文。另外〈從《四庫全書總目》
對明代經學的評價——析論其評價內涵的意義〉[439]一文，探討《總目》對
明代經學評價的內涵意義問題，指出館臣的依據為「時間之先後」、「考

433　嚴世霞、甄洪永：〈閩人張以寧經學思想考略〉，收錄黑龍江省地方志辦公室主編：《黑龍江史
　　志》，第16期（2008年8月），頁68-69。
434　林慶彰：〈明代的漢宋學問題〉，《明代經學研究論集》，頁1-31。
435　同前註，頁79-145。
436　林慶彰：〈明末清初經學研究的回歸原典運動〉，《明代經學研究論集》，頁333-360。
437　同前註，頁33-59。
438　楊晉龍：《明代詩經學研究》（臺北：臺灣大學中國文學研究所博士論文，1997年6月）。
439　楊晉龍：〈從《四庫全書總目》對明代經學的評價——析論其評價內涵的意義〉，收錄臺灣中央研
　　究院中國文哲研究所主編：《中國文哲研究集刊》，第16期（2000年3月），頁523-586。

證之良窳」、「國運之盛衰」、「科舉之內容」、「帝王之態度」等五大層面。

龔鵬程〈六經皆文：晚明對《春秋》三傳、《禮記》等書的文章典範化〉一文，論述晚明學者，如竟陵派鍾惺、譚元春等人將《六經》視為文章，將《左傳》視為古文選文典範。[440]

陽平南〈明代《左傳》學兵家類著述初探〉一文，對於明代《左傳兵略》、《左氏兵法測要》、《兵法》、《兵謀》等等著作進行解析說明，對於明末左傳兵書化的形成所助益。[441]

饒宗頤〈明代經學的發展路向及其淵源〉一文，認為明代學者治經不拘於文句，看是蹈虛無根，其實是以理解書中經義為主，而在解經方式上亦有「重旨意」、「尚稽疑」、「《春秋》為刑書」、「《樂經》論著特出」等若干特點。[442]

李威熊〈明代經學發展的主流與旁支〉一文，將明代經學區分為三期，並詳細區分三期中之主流與旁支的學風，中期以前大致是以義理釋經，中期以後漢學考據有逐漸抬頭的走向，開啟了清初考證學風，並認為明代義理比不上宋元，漢學亦無清代之盛，故站在經學研究的立場，明代確實是積衰時代，但若從另一角度看，明代官方對經學的重視超過歷史上任一政權，對於經學教育的普及化具有積極推動，且文人文集中多可見釋經之作，從此角度而論，明代經學反而不衰微。[443]

陳恆嵩《明人疑經改經考》為作者碩士論文，認為明代經學承宋儒疑古之風，後人未加查核，即隨意貶抑空疏浮淺，殊為過失之論，而其中

---

440 龔鵬程：〈六經皆文：晚明對《春秋》三傳、《禮記》等書的文章典範化〉，《六經皆文──經學史／文學史》，頁155-177。

441 陽平南：〈明代《左傳》學兵家類著述初探〉，收錄國立臺灣師範大學國文學系等主編：《經學論叢》，第2輯（臺北：洪葉文化事業公司，2006年3月），頁401-452。

442 饒宗頤：〈明代經學的發展路向及其淵源〉，收錄林慶彰、蔣秋華編：《明代經學國際研討會論文集》，頁15-22。

443 李威熊：〈明代經學發展的主流與旁支〉，收錄林慶彰、蔣秋華編：《明代經學國際研討會論文集》，頁77-92。

〈辨左傳非左丘明作〉一文，則討論明人王恕、陸粲、趙時春、郝敬對於《左傳》的作者問題。[444]

汪嘉玲〈胡《傳》在元、明的發展〉一文，列舉胡廣、張以寧、楊于庭、陸粲、袁仁的春秋著作對胡《傳》的追隨與檢討。[445]

陳亦伶《晚明學者的經學輯佚活動》，為作者碩士論文，考證清代輯佚之學，實乃奠基於明代學者之上，並非清儒憑空創發，以實際的文獻探討，對於前人之說具有正本清源之效。[446]

日本學者山本正一〈明代中葉以降の經學について〉一文，對於明代中葉以後學者研究經學的成績加以介紹，並指出王學末流與楊慎等人對於後期經學的影響。[447]

美國學者艾爾曼（Benjamin A. Elman）〈明代經學與政治：周公輔成王〉[448]一文分析明成祖對於篡位的行為，如何透過古代典範為自己脫罪，並且為了宣揚其政權的合法性，對經典中之「經、權」問題進行政治干預，透過三部《大全》的編纂工作，企圖掩蓋建文帝存在的事實，並藉由科舉維護其意識形態的合法統治，此文以明代經學、科舉與政治的錯綜關係進行梳理，對於永樂朝的政教背景具有廓清之用。而另外一篇文章〈南宋至明初科舉科目之變遷及元朝在經學歷史的角色〉[449]，論述明代官

444　陳恆嵩：《明人疑經改經考》（臺北：東吳大學中國文學研究所碩士論文，1988年），頁289-296。

445　汪嘉玲：〈胡《傳》在元、明的發展〉，《胡安國春秋傳研究》（臺北：東吳大學中國文學研究所碩士論文，1998年），頁119-156。

446　陳亦伶：《晚明學者的經學輯佚活動》（臺北：臺北大學古典文獻學研究所碩士論文，2009年）。

447　〔日〕山本正一：〈明代中葉以降の經學について〉，收錄東洋文化學會編：《東洋文化》，第194號（1941年3月），頁15-28。

448　〔美〕艾爾曼（Benjamin A. Elman）：〈明代經學與政治：周公輔成王〉，收錄林慶彰、蔣秋華編：《明代經學國際研討會論文集》，頁145-171。（此文為張琰翻譯）

449　〔美〕艾爾曼（Benjamin A. Elman）：〈南宋至明初科舉科目之變遷及元朝在經學歷史的角色〉，收錄楊晉龍主編：《元代經學國際研討會論文集》（臺北：中央研究院中國文哲研究所籌備處，2000年），頁71-118。（此文為呂妙芬翻譯）

方藉由科舉考試，形成大量的文化再生產，已完全離開文學取士的科舉內容，取而代之者為程朱道學系統。

　　大陸學者近年來開始重視明代經學，已先後有兩部討論經學史層面的博士論文，另有兩篇期刊論文。如郭素紅《明代經學的發展》[450]，認為明初經學沿襲宋元學風，主流上屬於朱子經學的系統，而《大全》頒布後，士人不讀前人注疏，經學研究停滯不前。明中葉以後，程朱之學式微，陽明心學興起，對經學影響深遠，且有些學者已具有反宋學的意識，詮解經書出現了漢學傾向。明末時期，王學末流空談心性，使得求實風氣興起，進而影響清初經學發展。另一部為甄洪永《明初經學研究》[451]，認為明初經學亦有篤實之風，但在政治的干預下，呈現通俗化的現象。而以地域來論，南方的浙江、江蘇、徽州為學術的主流，北方地區則呈現衰微之狀，但在靖難之役後，學術風氣由南方移轉到北方，經學也得到官方重視，其中尤以春秋學為重。期刊論文方面，有張德建〈春秋學與明代學術的歷史變遷〉[452]，與張學智〈明代春秋學述要〉[453]二文，前者認為明代春秋學受到理學影響而呈現衰微，當時學者遂往史學方向進行理解，並且在陽明心學的誘發下，史學又過渡到了文學。後者對於明代一些春秋著作進行簡要說明，但所論亦有限。

　　以上所作之文獻探討主要著重於民國以後學者研究明代春秋經學的成績，以及針對明代經學較相關的期刊論文為主，由以上專書或期刊論文來看，明人春秋學的研究區塊還是相當地集中，而且今人研究亦有幾點偏向：第一，元末明初學者，如劉基、趙汸。第二，明代中葉學者，如湛若水、楊慎、郝敬、高攀龍。第三，明末清初學者，如馮夢龍、黃宗羲、顧

---

[450] 郭素紅：《明代經學的發展》（濟南：山東大學文史哲研究院博士論文，2008年4月）。

[451] 甄洪永：《明初經學研究》（濟南：山東大學文史哲研究院博士論文，2009年4月）。

[452] 張德建：〈春秋學與明代學術的歷史變遷〉，收錄武漢大學期刊社編：《武漢大學學報》〔人文科學版〕，第61卷，第3期（2008年5月），頁306-309。

[453] 張學智：〈明代春秋學述要〉，收錄北京大學哲學系哲學門編輯部編：《哲學門》，總第16期（2008年1月）。

炎武、王夫之、毛奇齡、魏禧、萬斯大。第四，關於明初官頒《春秋大全》的來源及相關問題。第五，探討胡《傳》的影響。整體來看，前人討論還是較為集中於特定時期的某人或某書，比較無法全面統攝到整個明代經學或春秋學的歷史發展軌跡與明人春秋研究的歧異處，單從這兩點來說，就值得未來研究春秋的學者繼續努力不懈，進行探討。

明代三百年雖然已經被學界普遍認定是中國經學史上最「極衰」的時期，但往往如斯的意見卻伴隨著許多的政治干預，如清初康、雍、乾三帝在學術上提倡漢學、考據學，以政治力壓制宋學傳統（也可以說是順應當時學術潮流），於自身則以「欽定」、「御纂」的《四書》、《五經》對中國的經書進行手術，摒斥書中不利於清室統治的文字[454]，而春秋學因「攘夷」大義的思想，首當其衝成為被竄改的對象。

再者，負面評價的建立亦有個人學術立場的影響，如皮錫瑞《經學歷史》就說：「康熙三十八年，欽定春秋傳說彙纂三十八卷，乾隆二十三年，御纂春秋直解十六卷」，「今鴻篇鉅製，照耀寰區；頒行學官，開示蒙昧；發周孔之蘊，持漢宋之平。承晚明經學極衰之後，推崇實學，以矯空疏，宜乎漢學重興，唐宋莫逮」[455]，就可明顯看出皮氏所持漢學（清代經學）優於宋學（明代經學）的立場鮮明。如此種種，都使得後人無法得到較正面，或是較客觀的論述。另外皮氏又認為清代經學之所以能優於明代經學，其近因皆導源於王夫之、顧炎武、黃宗羲等人「負絕人之姿，為舉世不為之學」[456]，但學術傳承非憑空而起，清初三大儒又何一不是接受

454　吳哲夫：〈四庫全書經部春秋類圖書著錄之評議〉說：「四庫全書薈萃古代典籍於一堂……但其修書動機的不夠純正，也留下許多缺失……其中經部春秋類，最為學林詬病。這不純正的動機來由，導因於清人以異族入統中原，以少數人統治龐大的漢人，而我國《春秋》類圖書中，多『嚴夷夏之防』的教訓，故而對《春秋》一經，忌諱頗深，其中遭到『刪削』、『改易』的程度，在《五經》之中是最嚴重的，所以清室藉用修纂圖書的大好機會，遂行清洗古代文獻內容的政治目的。」參見臺灣故宮博物院編：《故宮學術季刊》第9卷，第3期（1992年6月），頁1-18。

455　〔清〕皮錫瑞著〔民國〕周予同註：《增註經學歷史‧經學復盛時代》（臺北：藝文印書館，2000年），頁323。

456　同前註，頁328。

明代教育的，況且他們從來也不承認自己是清人，而是自許為明朝遺民，
雖然清人於《總目》中列此三人於「國朝」之班，亦無法改變其學問根基
導源於明代的事實。朱一新（1846-1894）就說：「元明國初諸儒，見聞
該洽，踐履篤實，非後人所及。近人習為大言，未知其生平讀書若何？而
開口便斥明人不讀書」[457]，可以說對於清代以來一直存在刻意貶抑明代學
術的定論做出了反動，又說「國朝惟小學、駢文優於明代，其他理學、經
濟、朝章、國故及詩古文之學皆遜之」[458]，雖然他也認定「說經之書，明
人可取者甚少」[459]，但至少並非支持一無可取的論調，又說「康熙時儒術
最盛，半皆前明遺老」[460]，可說是比較站在學術事實上來說。故而研究明
代經學或春秋學，前人負面的說法大可不必急著加以否定，但正面的關注
卻是一個學者不可缺少的，因為所謂的「極衰」時期，必有其主客觀原
因，也有其學術立場的發言，但若以「極衰」作為理由，以一部官修《大
全》作為評判三百年的藉口，認為其時代學術不值一哂，那又如何客觀地
評價這一個時代呢？又如何正確說明由宋元以來的宋學傳統，如胡安國以
義理解春秋，是怎樣過渡到清代的考據學，如毛奇齡、萬斯大、姚際恆等
人的春秋學，所以研究一代學術並非就要認為它具有輝煌的成就，或者有
甚麼舉世驚人的學術在那兒，而是說，因為自明代以來，學者們幾乎眾口
一詞地認定明代經學了無可觀，這樣過激的言論已經造成相關研究停滯不
前，這似乎有點因噎廢食，而且太過度相信權威了，但並不是說相信權威
有錯，作為一名學者，在「相信」的同時，更應該親自去「檢視」一番，
古人「讀萬卷書、行萬里路」似乎也就是這個道理不是嗎？所以一直抱持
成見而不加以驗證，那對明代的經學、春秋學概念就永遠只能停留在「科
舉盛而儒術微」、「《大全》出而經說亡」的階段，停滯不前了。況且也

457　〔清〕朱一新：《無邪堂答問》（臺北：世界書局，1963年），卷4，頁25。
458　同前註。
459　同前註。
460　同前註。

不必認為這是推翻歷史公案、前人口實，作為一代學術，探究它的來龍去脈，觀照它的興衰浮沉，最後評判它的是非功過，還它一個在經學歷史中的本來面貌，這是乎也是作為一名學者應該要有的學術認知與理念。

第二章　評價與定位：清初官方的評價分析及定位問題

　　清代《四庫全書》乃紀昀（1724-1805）、陸錫熊（1734-1792）、孫士毅（1720-1796）等人秉清高宗乾隆（1736-1795在位）之意，費了近二十五年（1772-1795）的時間徵集、繕寫、編纂而成，同時也編成了一部《四庫全書總目》[1]（以下簡稱《總目》），此書可說是中國古代叢書目錄的翹首，自上呈乾隆帝御覽後，黃袍加身，久為士林所重，其原因當然和四庫開館後，網羅了當代許多一流學者參與其事有關，更重要的是其體例嚴謹、善本廣蒐、去取有據，系統地分類古代各種典籍，且為每一部書撰寫內容提要，足可資辨章學術，考鏡源流之效，故而是書在當時甚至現代，都成為學子們快速進入各類領域的敲門磚，故張之洞（1837-1909）云：「今為諸生指一良師，將《四庫全書總目提要》讀一過，即略知學問門徑矣。析而言之，《四庫提要》為讀羣書之門徑」[2]。然而此書雖獲得歷代眾多學者們的正面肯定[3]，但相關研究已經點出館臣們所持

1　〔清〕紀昀、陸錫熊、孫士毅等編纂：《四庫全書總目》（北京：中華書局，1965年初版，2008年8月重印）本書內文分上中下三欄，今分別以a、b、c標明。而引文注解部份為避免贅冗，皆採隨文附注方式，不再標出卷數及版本資料，如：（210a），即《總目》第210頁上欄。

2　〔清〕張之洞：〈讀書宜有門徑〉，《輶軒語》，收錄嚴靈峰《書目類編》，第93冊（據清光緒元年刊本影印。臺北：成文出版社，1978年），頁41651。

3　參見周積明：《文化視野下的四庫全書總目》（廣西：廣西人民出版社，1991年），頁4-6；黃愛平〈《四庫全書總目》的經學觀與清中葉的學術思想走向〉一文更積極地說：《總目》「總結了中國學術的淵源流變，當之無愧地成為中國傳統目錄學上的偉碑」，收錄《中國文化研究》，（1999年春之卷），頁91。

的評價標準其實是存在著若干問題，干擾學術的客觀性⁴，但也因為具有
的權威地位使然，其論斷評價之言，往往根深蒂固地影響並左右後代閱讀
者的學術觀點⁵，這就猶如兩面刃般，易於斷物，也易於傷明，既便於初
學者藉由《總目》的介紹與評價，直接判斷該書的性質與價值，作為閱讀
與使用與否的導引，但反面來說，這樣指導性過於強烈的摘要，也造成了
使用者消極性的被動接受，缺乏懷疑的精神，這當然不是要讀者接受「盡
信書不如無書」的矯枉過正，但近年來學界對是書進行了相關多的研究討
論⁶，依舊難以撼動其學術指導地位，卻也昭示所謂的學術客觀標準，也

4　吳哲夫：〈四庫全書經部春秋類圖書著錄之評議〉一文列舉出館臣處理春秋類書籍的方式為「銷
　　燬」、「改詞易字」、「全段改易」、「刪削」，等等帶有政治目的的去取行為，《故宮學術季
　　刊》第9卷，第3期，頁1-18；莊清輝於《四庫全書總目・經部》研究第七章「批評與價值」部
　　份列舉「襃揚漢學」、「評定各家說經之得失」、「對宋儒之批評」、「力斥諸儒竄亂經傳」、
　　「力斥宋明理學」、「貶抑明代學術」等等方面（臺北縣：花木蘭文化工作坊，2005年），頁95-
　　132；楊晉龍師：〈論《四庫全書總目》對明代詩經學的評價〉，《第四屆詩經國際學術研討會論
　　文集》（北京：學苑出版社，2000年7月），頁441-477；〈從《四庫全書總目》對明代經學的評價
　　析論其評價內涵的意義〉，《中國文哲研究集刊》第16期（2000年），頁523-586，此二文中許多
　　概念可以納入明清整體經學中看待，對本書亦深有啟發，僅此說明；蔡妙真：〈由《日知錄》談編
　　纂《四庫全書》的政治目的〉，《故宮學術季刊》第17卷，第4期，頁145-178；夏長樸：〈《四庫
　　全書總目》與漢宋之學的關係〉，《故宮學術季刊》第23卷，第2期，頁83-128；許崇德：〈論政
　　治與經學流向對《四庫全書總目》評騭標準的影響〉，《故宮學術季刊》第24卷，第3期（2007年
　　春季號），頁98-139；童正倫：〈《四庫全書》對春秋類的刪改〉，《四庫全書研究文集：2005年
　　四庫全書研討會文選》（蘭州：敦煌文藝出版社，2006年），頁311-320。

5　皮錫瑞：《經學歷史》即言「明時所謂經學，不過蒙存淺達之流……其見於《四庫存目》者，新奇
　　謬庚，不可究詰。《五經》掃地，至此而極。」又說：「經學至明為極衰時期」，參見《增註經學
　　歷史・經學積衰時代》（臺北：藝文印書館，2000年），頁299-318；梁啟超：《中國近三百年學
　　術史・反動與先驅》：「明朝以八股取士，一般士子，除了永樂皇帝欽定的《性理大全》外，幾
　　乎一書不讀。學術界本身，本來就像貧血症的人，衰弱的可憐」（臺北：里仁書局，1995年初版，
　　2005年四刷），頁4；〔日〕小柳司氣太：〈元明的經學史〉一文中認為明代經學可說是「乏善可
　　陳」，其學風更是「博洽浮誇」、而「缺少真摯」，收錄〔日〕安井小太郎等著・連清吉、林慶彰
　　合譯：《經學史》（臺北：萬卷樓圖書有限公司，1996年10月），頁189；〔日〕本田成之：《中
　　國經學史・唐宋元明底經學》：「《大全》以外，明儒多少對經學還有研究的，但多不足觀」，雖
　　不再全面否定，但其「多不足觀」之語，亦顯示其基本立場傾向負面。（臺北：學海出版社，2001
　　年，經學叢書初編），頁254。

6　相關研究可參見余嘉錫：《四庫提要辨證》（昆明：雲南人民出版社，2004年）；吳哲夫：《清
　　代禁燬書目研究》（臺北：嘉欣水泥公司文化基金會，1969年）；司馬朝軍：《四庫全書總目纂
　　修考》（武漢：武漢大學出版社，2005年）；曾聖益：《四庫總目經部類敍疏證及相關問題之研
　　究》（臺北：國立政治大學中國文學系碩士論文，1995年）；曾紀剛：《四庫全書之纂修與清初
　　崇實思潮之關係研究——以經史二部為主的觀察》（臺北：輔仁大學中國文學系碩士論文，2001

只是另一立場的舉手發言，「權威」性的不易之論雖然值得初學者予以信任，但也同樣值得學者們審慎理解，合理懷疑啊。本書的研究目的即是在探究代表當時清朝官方立場的《總目》，對於明代學者的春秋學著作所總結出的評價問題，並進一步分析歸納其評價所持的標準原則為何？揭示評價所隱含的內涵意義是否具有學術的客觀公正性存在其中。

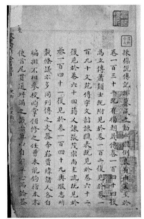

臺北國家圖書館藏清乾隆四庫館批改底稿本

第一節　《四庫全書總目》對明代春秋學的評價

　　本章主要在對於歷來明代春秋學的相關負面評價形成，作出追根溯源的探討，以明四庫館臣所持的學術立場為何，次則進一步探究明代春秋學在歷代春秋經學史中的定位問題，簡要陳述本書的進行步驟如下：一、本書將以《總目》內「著錄」與「存目」所列舉之明代春秋學著作進行正負面評語的統計、歸納，而春秋類以外的其他諸經，並擴及「史、子、集」類，其中如有對明代經學或春秋學有所論斷評價之語，也將在正負面評語

年）。另外可參見註3書籍、期刊。

的搜羅討論之列。二、探討館臣於《總目》中之所以作如此評價觀，其所持的評斷標準為何？本節將以《總目》書前的編纂〈凡例〉，來探討其中對於編纂者產生何種指導性作用。接著以《總目》所列清代春秋學著作中的評價論斷來和明代進行對照比較，觀察其評價明代之言論是否具有普遍性或特殊性。最後一步，深入清初三帝「解義、彙纂、直解」的春秋學著作，看看帝王的學術傾向對於《總目》編纂者起了何種作用，如此將可對《總目》的論斷標準作出一客觀、合理、審慎的理解。

一、《總目》的評價分析

《總目》收錄明代《春秋》學著作部份，著錄類共計二十一部，三百二十卷。存目類共計四十六部，七百六十八卷[7]。依筆者目前尚未完全的統計，明代《春秋》學著作總計約一千一百五十七部，其中亡佚部份七百八十二部，存世部份三百七十五部。以著錄類來說，其收錄比例只有百分之一點八一五，如加上存目類著作也僅達百分之五點七九。如此看來，四庫館臣所能見到的明代《春秋》學著述，其實連明代實際數目的一成都遠遠達不到，但卻以如此比例失衡的情況，欲統攝評價明代近三百年的學術成績，其結果必然無法關照整個時代，或有論斷失之偏頗的情形存在。再看《總目》收錄歷代春秋學著作共計兩百三十二部[8]，三千一百一十四卷，著錄類為一百一十四部，存目類一百一十八部，而明代全部著作佔總數百分之二十八點八七，著錄類部份佔百分之十八點四二，存目類佔百分之三十八點九八，多出著錄類近兩倍多。清代春秋學雖只收錄順治（1644-1661在位）、康熙（1662-1722在位）、雍正（1723-1735在位）、乾隆四朝一百多年間的著作，著錄類就達二十九部，時間不到明代的一半，書籍卻比全部明代多出八部，佔歷代全部著錄類的百分之二十五

---

[7] 《總目》春秋類標明無卷數或不分卷者共計10部，今以現存版本補之，亡佚者以1卷統計。
[8] 《總目》將〔漢〕董仲舒：《春秋繁露》列於附錄部份，故不列於上述統計中。

點四三；而存目類則有六十部，占歷代存目類百分之五十點八四，多出著錄類兩倍，相較於明代兩倍多的數據看來，雖不能直接加以判斷《總目》對明代春秋學必定抱持著貶抑的態度，但在比例上已有失衡的情形，這一現象是值得關切的。如此看來，如欲明確瞭解《總目》對於明代春秋學的整體評價情形與實際，就必須深入《總目》的文本世界中，分析歸納館臣的論點，找出評價的標準，如此才有可能達到一個接近實際的評價認識。在進入《總目》的評價分析與標準探討前，有必要先行瞭解《總目》對於撰寫原則與收錄標準所抱持的基本立場取向為何，其卷首〈凡例〉透露出一些訊息可供參考，其云：

> 每書先列作者之爵里，以論世知人。次考本書之得失，權眾說之異同。以及文字增刪，篇帙分合，皆詳為訂辨，巨細不遺。而人品學術之醇疵，國紀朝章之法戒，亦未嘗不各昭彰癉，用著勸懲。（17c-18a）
>
> 論人而不論其書……論書而不論其人。凡茲之類，略示變通，一則表章之公，一則節取之義也。……繩以名義，非止微瑕，凡茲之流，並著其見斥之由，附存其目，用見聖朝彰善癉惡，悉準千秋之公論焉。（18c）

《總目》說明撰寫該書提要首重於「論世知人」，也就是人品和著作必須要有所對應，但亦有所變通，故而有純粹「論人」或「論書」的變通法則，若是名節仁義上有重大瑕疵，則棄入存目類書籍。再者則「次考本書之得失」，所謂「得」即《總目》正面肯定的學術貢獻，亦是本書所要探知的正面評價標準，而「失」則可知負面的捨棄評價標準何在。進一步「權眾說之異同」，對於歷代的眾多解釋判定優劣，而「權」的實際內涵亦即本書所欲探知館臣所持的學術態度與評價標準。再者，因為《春秋》一書「具列事實，亦人人可解。一知半見，議論易生」（210a），故而歷來學者著錄繁多，所以對於此書的收錄標準往往比其它經典更為審慎，在〈春秋類總敘〉即確實規範了著錄、存目類的判定方式，其云：

雖舊說流傳，不能盡廢，要以切實有徵，平易近理者為本。其瑕瑜互
見者，則別白而存之，游談臆說，以私意亂聖經者，則僅存其目。
（210a）

認為收錄的標準，即「本」的內涵在於必須「切實有徵，平易近
理」，反之論斷無據，深文背理之書即違反了「本」的內涵，必落入貶斥
之列。而「瑕瑜互見」之作雖可入選，但還是在瑕不掩瑜的程度內，且須
在提要中「考本書之得失」，以明褒貶之由。至於「游談臆說，以私意亂
聖經」，其實也基本違背了「切實有徵」的要件，所以僅存其目，以示法
戒。經由上述「得、失、異、同」與取捨內涵的掌握，應該就能確定是否
具有館臣所宣稱「準千秋之公論」的客觀性因素存在其中。

（一）明代著錄類的評價分析

《總目》著錄二十二部[9]明代春秋學著作的評價及原因如下表所示[10]。
（以下引文均見於《總目》229b-234b）從表中可見《總目》收錄的明代
著錄類書籍如依館臣評語認為其書之所以收錄的「原因」類別來看，二十
二部中，崇實類佔了四部，約百分之十八點一八；黜虛類佔了十一部，達
百分之五十，可以看出其收書類別有所偏好或有所依循的原則。這十一部
黜虛類著述中有七部直接針對胡《傳》穿鑿附會而發，其餘四部亦對歷來
拘牽附會之論加以論辨。由此可以得知《總目》以破除穿鑿附會的書籍為
主要收錄對象，而其中又以摘抉明代春秋科舉定本胡《傳》之缺失者為大
宗。

9　朱睦㮮（1520-1587）《春秋諸傳辨疑》本有單行本行世，後合編入《五經稽疑》中，而此二書一
　　被《總目》「五經總義類著錄」（274b-c）收入，一被「春秋類存目」（247c）收錄，但存目以
　　《五經稽疑》已有收錄為由，故只存其名，而無相關評價，又因「五經稽疑提要」館臣多論《春秋
　　諸傳辨疑》一書之正面評價，故而將此書由存目類放入春秋類著錄看待。

10　本書關於《四庫全書總目》的檢索係採用陳郁夫先生於臺北故宮博物院建構之「寒泉」網站，特此
　　致謝，網址：http://libnt.npm.gov.tw/s25/index.htm

作者	書名	《四庫全書總目》的評語	原因
張以寧	春王正月考	決數百載之疑案，可謂卓識	崇實
石光霽	春秋鉤元	以寧長於《春秋》……今《辨疑》已佚，賴光霽能傳其說	黜虛
胡廣	春秋大全	俾學者互相參證，益以見前代學術之陋，而聖朝經訓之明	黜虛
童品	春秋經傳辨疑	主《左氏》而駁《公》、《穀》……亦非堅持門戶、偏黨一家	黜虛
湛若水	春秋正傳	舉向來穿鑿破碎之列，一掃空之，而核諸實事，以求其旨	黜虛
陸粲	左傳附註	多旁采諸家之論，亦間斷以己意，於訓詁家頗為有裨	崇實
	春秋胡氏傳辨疑	列胡傳於前，而以己說糾正於後……足以破繁文曲說之弊	黜虛
熊過	春秋明志錄	平允者亦極其平允	通經
高拱	春秋正旨	說經以《左氏》為長，《胡氏》為有激而作……其言皆明白正大，足破說《春秋》者之痼疾	通經黜虛
王樵	春秋輯傳	以朱子為宗，博采諸家，附以論斷……大旨猶為醇正	通經
徐學謨	春秋億	言簡理明，多得經意，實勝宋元諸儒之穿鑿	通經
姜寶	春秋事義全考	為啖、趙以來所未及，可謂闡筆削之微意，立名教之大防	通經
袁仁	春秋胡傳考誤	抉摘安國之失……皆深有理解	黜虛
傅遜	左傳屬事	傳文之有乖於世教者，時亦糾正焉	致用
馮時可	左氏釋	此書皆發明《左傳》訓詁……雖間有臆斷，而精核者多	崇實
楊于庭	春秋質疑	議論多為精確，固非妄攻先儒（胡安國）	黜虛
高攀龍	春秋孔義	較之破碎繳繞、橫生異議，猶說經之謹嚴者矣	通經
卓爾康	春秋辨義	持論皆為醇正……明白正大，足破諸說之拘牽，在明季說春秋家，猶為有所闡發	通經黜虛

作者	書名	《四庫全書總目》的評語	原因
朱朝瑛	讀春秋略記	冥搜別解，不主故常……未嘗不考證分明	崇實
王介之	春秋四傳質	俱頗有所見，不同勦說……援據古義，糾胡安國之失	黜虛
王道焜	左傳杜林合注	淺顯易明，於讀者亦不無所益……故仍錄存之，以備一解	備考
朱睦㮮	春秋諸傳辨疑	旁引曲證，足破穿鑿附會之論	黜虛

　　另外《總目》收錄的明代春秋著作雖然列入「著錄」類，但在館臣的標準中還是有所學術瑕疵，只不過瑕不掩瑜，如：童品（約1466-1518）《春秋經傳辨疑》：「有疑於《左氏》」；湛若水（1466-1560）《春秋正傳》：「謂聖人必無特筆於其間，亦不免矯枉過正」；熊過（約1507-1529）《春秋明志錄》：「不免鑿空立說……多出於臆斷……乃至意造事蹟」；王樵（1521-1599）《春秋輯傳》：「未免或失之冗」；徐學謨（1522-1593）《春秋億》：「矯枉過直」；姜寶（約1514-1593）《春秋事義全考》：「雖頗近科舉之學，不以害其宏旨」；袁仁（1479-1546）《春秋胡傳考誤》：「以意為之，別無顯證」；傅遜（1583前後）《左傳屬事》：「尤無佐證，未免務為高論，仍蹈明人臆揣之習」；馮時可（1547-1617）《左氏釋》：「間有臆斷」；高攀龍（1562-1626）《春秋孔義》：「意主於以經解經……持論稍拘……無所考證，亦無所穿鑿」；卓爾康（1570-1644）《春秋辨義》：「有意翻新，反於理有礙」；朱朝瑛（1605-1670）《讀春秋略記》：「頗不拘墟於俗見，而持論不必皆醇……大抵多自出新義，不肯傍三《傳》以說經」，等等正面肯定中又帶有負面的評價。統整以上《總目》對明代春秋典籍著錄的正面評語與原因分析，歸納如下：

1. 核諸實事，發明訓詁，不涉穿鑿附會，足破繁文曲說之弊者。

2. 破除門戶之見，能於書中抉摘胡安國《春秋傳》之缺失者。

3. 謹守師說，或於歷代訓解不偏黨一家，不立門戶之見者。

4. 糾正有違人心世道，乖於世教，足可立名教之大防者。

5. 於春秋大旨，多得經意，持論醇正，明白正大者。

以上五條當以第二條破除胡氏門戶為最重要標準。另外著錄類書籍對四庫館臣來說應當是要具備有某種學術價值才得以入選，但有些著錄的標準卻是別有用心，難以令人用學術客觀標準衡量之，如《春秋大全》一條云：

廣等舊本，原可覆瓿置之，然一朝取士之制，既不可不存以備考，且必睹荒途之蒙翳，而後見芟薙除穢之功，必徑歧徑之迷惑，而後知置郵樹表之力。存此一編，俾學者互相參證，益以見前代學術之陋，而聖朝經訓之明也。（230a，《春秋大全》）

明代胡廣（1370-1418）等撰《春秋大全》，大體上因為是剽竊汪克寬（1304-1372）《春秋胡傳附錄纂疏》一書而成，本應在《總目》刪落之列，但著錄之因在於它是明代官方訂定的科舉定本，是「一朝取士之制」，故不得不重複收錄。另一個重要原因即在讓清初士人得以相互參證，以令其心服口服，藉此印證明代「學術之陋，而聖朝經訓之明」的事實，並昭示天下有明二百餘年士習文風百弊叢生的罪魁禍首即根源於此，可以說四庫館臣既然認為兩書在內容相同的情況下，卻違反原則，一書兩收，其用心也著實充滿政治性的考量，這樣的動機似乎就不可用學術客觀性視之。

（二）明代存目類的評價分析

《總目》於存目類收錄四十五部著作，其中以胡《傳》為宗者三種、

舉業時文十二種、穿鑿臆揣十三種、無所發明四種、竄亂經傳三種、穿鑿災異二種、漫無體例三種，另外尚有一些負面因素而棄入存目類者六種[11]。以下是館臣之所以棄入存目的原因及其負面評價。（參見246a-251c）

以胡《傳》為宗者：〔三種，佔6.66％〕

饒秉鑑（1413-1486）《春秋提要》：「大旨以胡傳為宗」；鄭良弼（萬曆時期）《春秋續義發微》：「一步一趨，皆由安國之義而推之，故其得失亦與安國相等」；陳士芳（1574-1620後）《春秋四傳通辭》：「依附胡氏，無所異同」。

時文評點，舉業文字：〔十二種，佔26.66％〕

陳懿典（1592前後）《讀左漫筆》：「大抵如時文評語」；鄒德溥（1583前後）《春秋匡解》：「是書專擬《春秋》合題，每題擬一破題，下引胡《傳》作注，又講究作文之法，蓋鄉塾揣摩科舉之本」；張杞（1597前後）《麟經統一篇》：「以一破題括其意，即注胡《傳》於下。後列合題數條，亦各擬一破題，并詮注作文之要，其體又在講章下矣」；馮夢龍（1574-1646）《春秋衡庫》：「為科舉而作，故惟以胡《傳》為主」、《別本春秋大全》：「以備時文掆摭之用」；鄧來鸞（1622前後）《春秋實錄》：「專為科舉而作」；陳于鼎（1601-1662）《麟旨定》：「以一破題為式，而略為詮釋於下，即在舉業之中亦為下乘矣」；顧懋樊（天啓-崇禎）《春秋義》：「敷衍胡《傳》為舉業計耳」；鍾惺（1574-1624）《鍾評左傳》：「殊為蛇足」；凌稚隆（嘉靖-萬曆）《春秋左傳評注測義》：「冗碎不足觀」；梅之熉（萬曆-崇禎）《春秋因是》：「專為《春秋》制義比題傳題而作」；施天遇（1617前

---

[11] 如唐樞（1497-1574）《春秋讀意》：「讀者知其矯枉之意可矣」；張岐然（1600-1664）《春秋五傳平文》：「五傳皆具有成編，人所習誦，不待此刻而傳。故取其衛經之意，而不複錄其書焉」；邵寶（1460-1527）《左觿》：「其中精確者數條，顧炎武（1613-1682）《左傳補注》已採之，所遺者其糟粕矣」；黃道周（1585-1646）《春秋揆》：「此則真無用之數學」。另外王震（1591前後）《春秋左翼》無正負面評語；而朱睦㮮《春秋諸傳辨疑》納入著錄類。

後）《春秋三傳衷考》：「備時文之捃摭而已」；趙恆（1538前後）
《春秋錄疑》：「專為科舉而設」。

　　穿鑿臆揣，偏駁迂曲：〔十三種，佔28.88％〕

　　魏校（1483-1543）《春秋經世》：「杜撰之談」；呂柟（1479-
1542）《春秋說志》：「大抵褒貶迂刻，不近情理……其失不止於穿鑿
也」；馮時可（1547-1617）《左氏討》、《左氏論》：「皆以意為之，
往往失於迂曲」；瞿九思（1573前後）《春秋以俟錄》：「多穿鑿附會
之談」；鄭銶（1573-1620後）《春秋心印》：「語多凡陋，率以私意窺
測聖人」；陳許廷（萬曆時期）《春秋左傳典略》：「失之穿鑿」；張溥
（1602-1641）《春秋三書》：「考證已為少遜」；王寖大（天啓-崇禎）
《春秋說》：「說經亦多臆斷……議論多而考證少」；傅遜（1583前
後）《左傳注解辯誤》：「以意推求者多」；姚舜牧（約1543-1628）
《春秋疑問》：「不免於以意推求，自生義例」；陸粲（1494-1551）
《左氏春秋鑴》：「奇言怪說，駭於末流」（230c，《左傳附註》兼評此
書）；郝敬（1558-1639）《春秋直解》：「曲筆深文，務求瑕釁……不
免好為議論矣」。

　　不加論斷，無所發明：〔四種，佔8.88％〕

　　嚴訥（1511-1584）《春秋國華》：「無所發明考證」；曹學佺
（1574-1646）《春秋闡義》：「無所闡發」；余敷中（1615前後）《春
秋麟寶》：「無所訓釋，亦無所論斷」；劉城（1598-1650）《春秋左傳
地名錄》：「無所考正」。

　　竄亂經傳，變造偽書：〔三種，佔6.66％〕

　　季本（1485-1563）《春秋私考》：「杜撰事蹟，以改易舊文」；豐
坊（約1492-1570）《春秋世學》：「其偽蓋無足辨也」；徐浦（1553前
後）《春秋四傳私考》：「刪節聖經，亦非體制」。

　　迷信漢儒，穿鑿災異：〔二種，佔4.44％〕

　　鍾芳（嘉靖）《春秋集要》：「多採董仲舒、劉向、劉歆災異之說，

穿鑿事應」；朱之俊（1596-1671）《春秋纂》：「隨文生義，罕所根據⋯⋯至於災異⋯⋯尤多穿鑿」。

漫無體例，排纂有誤：〔三種，佔6.66％〕

黃正憲（萬曆時期）《春秋翼附》：「核其大體則未能悉精確也」；夏元彬（萬曆-崇禎）《麟傳統宗》：「漫無體例」；何啟[12]（1565-1641）《春秋年考》：「體例頗為叢雜⋯⋯排纂有譌⋯⋯均不足以為據」。

從上可以得知棄入存目類的書籍以胡《傳》類的「科舉時文」為大宗，共計十五本，占存目類比例百分之三十三點三三[13]，已達三成三以上，究其原因在於明代以胡《傳》為科舉用書，兩者之間是具有相當的關聯，但因乾隆帝既欲降低胡《傳》對讀書人的影響，勢必連帶對這些以胡《傳》說法為主的科舉用書加以排斥，四庫館臣就直言：

聖祖仁皇帝《欽定春秋傳說彙纂》於胡《傳》谿刻不情、迂闊鮮當之論，始一一駁正，頒布學宮。我皇上又刊除場屋合題之例，以杜穿鑿，筆削微旨，乃灼然復著於天下。（230a）

康熙對胡《傳》的「一一駁正，頒布學宮」，乾隆又「刊除場屋合題之例」，將胡《傳》的影響力藉由應制科舉之途降到最低，以杜絕其穿鑿附會的言論與不利統治的思想，所以館臣棄入存目類之書，以此為首要禁絕對象，故《四庫》中無一本這類書籍，除了讓世人「見前代學術之陋，而聖朝經訓之明」的《春秋大全》外，《總目》此舉已完全認定這類書籍完全不具有闡發經義的可能性與其他面向的學術成績。雖然乾隆與《四庫》館有其政治與學術立場當然是可以理解與接受，但抱持著「存不足

---

[12]　《總目》云「不著撰人名氏」，「自署曰天畸人」。案：臺北傅斯年圖書館藏有何啟《春秋隅問》手稿孤本，序跋文稱「天畸子」，亦言著有《春秋年考》一書，故是何啟本人無疑。

[13]　此統計數字加入「以胡傳為宗者」三本納入計算，並撇除朱睦㮮《春秋諸傳辨疑》一書。

取，其亡不足惜……但據所見，姑存其目。所未見者，置之不問可矣」
（320b）的評價標準，已近乎不觀其書而評價早定，無論是非皆可一概
抹殺的意氣，是乎無法承擔起學術客觀的大蠹。

（三）相關性的評價分析

　　《總目》對於明代雖諸多責難，但對明初學風尚有所正面肯定之評
價，認為「元儒篤實之風，明初猶有存焉，非後來空談高論者比也」
（128b），但依然將其依附在元儒的羽翼之下，至於明初以後則偏離
「篤實之風」，學術敗壞，高談闊論者俯拾即是，滿街都是聖人，已淪落
到毋庸道哉的局面，而館臣也經常在「經史子集」四部〈提要〉中，隨文
抒發對明代學風不齒的評價觀：

　　竄改書籍，偽作橫行。

　　「明季偽體橫行」（765a）；「前代矯誣之行」（756a）；「明人
喜作偽本」（23b）；「明季妄人託名偽撰，殆無疑義」（416c）；「明
季良知之徒鑿空撰出」（546b）；「明人凡刻古書，多以私意竄亂之，
萬歷以後尤甚」（13a）；「明人妄行改竄，顛倒錯落」（340b）；「猶
明季諸人輕改古經之餘習也」（70b）；「猶明季坊刻竄亂古書之陋習」
（680c）。

　　科舉時文，經傳幾絕。

　　「視明代《大全》，抱殘守匱，執一鄉塾課冊以錮天下之耳目者，盛
衰之相去，蓋不可以道里計矣」（170b）；「明代諸儒，註疏皆庋閣不
觀，三《傳》、三《禮》尤幾成絕學」（286b）；「猶夫明人科舉之學
也」（300b）；「明代崇尚時文」（302a）；「明代儒生，以時文為
重」（310b）「所錄皆講學之文故也，是可以觀明儒之所尚矣」
（1580c）。

　　空言議論，虛辨譎誕。

　　「明人經解，冗濫居多」（99c）；「得以考見其實據，尤非前代經

師輾轉耳食者比矣」（104c）；「明代說經，喜騁虛辨」（132a）；「明人經解，真可謂無所不有矣」（142a）；「雜以明人議論」（275a）；「沿及明人，說經者遂憑臆空談，或蕩軼於規距之外」（280a-b）；「非明人空疎者所及」（364b）；「蓋明人不尚確據而好作新論，其流弊往往如此也」（370c）；「好為大言，冀以駭俗，則明季山人譎誕取名之慣技，置之不問可矣」（740b）；「議論亦多未醇正，不出明末積習」（489a）；「明末積習，好以譁訐取名」（501a）。

剽竊勦說，標榜成風。

「不同明人之勦說」（342b）；「迨乎明季，彌衍餘風。趨簡易，利剽竊」（577c）；「明末標榜之風」（661c）；「明中葉以後，山人墨客，標榜成風」（1626b）。

狂禪蔓衍，心學橫流。

「明季狂禪一派耳」（311a）；「明末心學橫流」（66c）；「皆明末狂禪，提唱心學，無當於聖賢之本旨」（283c）。

以上所言遍及經史子集四部，觀《總目》歷代負面評價之言論，無多過於明代者，無嚴酷過於明人者，而予人為善，充分肯定明季諸儒成就之論述則鳳毛麟角，屈指可數。反觀對於清代學術，宣稱「於學術持其至平，於經義乃協其至當」（130c）如此褒譽有加，溢美之詞，此起彼落，如此而言「昭去取之至公」，「平心而論是非」，「準千秋之公論」，無異缺乏說服力，況且動輒以「明代、明季、明人」，將館臣眼中的缺點放諸明代所有學者身上一體適用，最嚴酷的連坐法亦無甚於此，此種以少概多，以偏概全，以一隅否定全局，缺乏認知學術中尚有獨立性研究的可能，如此充滿情緒性語言與惡意評價，其論斷明代的學術是否具有客觀性的實際參考價值存在，確實值得審思再三。

二、《總目》的評價標準

　　清代《春秋》學著作既是同樣身為清人的四庫館臣作為去取主體，其正負面的評價當不至於有如亟欲貶低明代或明人般的政治或學術動機大量出現，作為審視評價標準來說，或許較能平心靜氣地看待本朝學術之得失。而《總目・凡例》詳列二十則書籍取捨，著錄原則及存目標準的規範條例，也具有普遍性的指導意義，可視為檢視標準之一。最後以帝王欽定的《春秋》三書序文及館臣撰寫的〈提要〉作為《總目》所認可的最高評價，如此應可對《總目》所抱持的《春秋》學標準有一個全面的認識，並能進一步回去檢驗館臣看待明代《春秋》學的標準是否具有相對的客觀性，其政治與學術立場是是否有揚己抑人，清算前朝的傾向。

（一）清代著錄類的正面標準

　　《總目》著錄清代春秋學著作共計二十六部（除三部欽定書籍外），其著錄原因及評價如下表（參見235b-244b）。從表中可見《總目》收錄的清代著錄類書籍，如依館臣評語認為其書之所以收錄的「原因」類別來看，二十六部中，崇實類就佔了十九部之多，約佔全部書籍的百分之七十三點零七；而黜虛類僅佔了五部，約百分之十九點二三，兩者合計達百分之九十二點三，可知清初百年間瀰漫著一股追求崇實黜虛的學術風氣。

作者	書名	《四庫全書總目》的評語	原因
顧炎武	左傳杜解補正	精於考證……學有根柢……推求文義，研究訓詁，亦多得《左氏》之意……可謂掃除門戶，能持是非之平	通經崇實
王夫之	春秋稗疏	足以糾杜《注》之失……足以補杜《注》之闕……頗有根柢	崇實
俞汝言	春秋平義	簡汰精審，多得經意，正不以多生新解為長	通經
	春秋四傳糾正	摘列《春秋》三《傳》及胡安國《傳》之失，隨事辨正……大抵皆立義正大，持論簡明……可謂深得經意者	通經黜虛

作者	書名	《四庫全書總目》的評語	原因
朱鶴齡	讀左日鈔	補正杜預《春秋經傳集解》之闕誤……具有考證	崇實
馬驌	左傳事緯	所論具有條理，其《圖表》亦皆考證精詳	崇實
毛奇齡	春秋毛氏傳	其說以《左傳》為主，間及他家，而最攻擊者，莫若胡安國《傳》……其義例皆有徵據，而典禮尤所該洽	崇實 黜虛
	春秋簡書刊誤	大旨以《左傳》為主，而附載《公》、《穀》之異文，辨證其謬，因胡安國《傳》多從《穀梁》，併安國亦排斥之	崇實 黜虛
	春秋屬辭比事記	條理頗為明晰，考據亦多精核……就經說經，不相繳繞	崇實
高士奇	春秋地名考略	博引諸書，考究其異同，砭正其疏舛，頗為精核	崇實
徐庭垣	春秋管窺	大旨醇正，多得經意……其識皆在啖、趙諸儒之上	通經
張尚瑗	三傳折諸	引據典核，可資考證……蒐羅薈粹，猶為撬實之言	崇實
焦袁熹	春秋闕如編	獨酌情理之平，立褒貶之準，謹持大義而刊削煩苛……一洗曲說……足破穿鑿之說。近代說《春秋》者，當以此書為最	崇實 黜虛
張自超	春秋宗朱辨義	本朱子據事直書之旨……參求經傳，務求心得	通經
方苞	春秋通論	息心靜氣，以經求經，多有協於情理之平	通經
陳厚耀	春秋長歷	補杜預《長歷》而作……於考證之學，極為有裨	崇實
	春秋世族譜	搜採頗為該洽……臚採無遺，實為顧（棟高）本所未及	崇實
惠士奇	半農春秋說	全書言必據典，論必持平	崇實
顧棟高	春秋大事表	考證典核……引據博洽，議論精確，多發前人所未發	崇實

作者	書名	《四庫全書總目》的評語	原因
程廷祚	春秋識小錄	為之辨證，頗為精核	崇實
惠棟	左傳補注	根據昭然，不同臆揣	崇實
沈彤	春秋左氏傳小疏	補正顧氏之失……於讀《左傳》者亦有所裨也	崇實
江永	春秋地理考實	訂譌補闕，多有可取	崇實
吳鼐	三正考	辨證極有根據……足以破疑似之見	崇實
葉酉	春秋究遺	大致準情度理，得經意者為多	通經
顧奎光	春秋隨筆	深中《春秋》家苛刻迂謬之弊，故其所論多能得筆削之旨	通經黜虛

　　這些被選入《四庫》的清人著述，雖具有諸多《總目》視野下的優點，但清承繼明朝而有天下，其中泰半是從明末過渡到清初的儒者，其實就算是清乾嘉中葉以後，其文化以致學風的流衍傳播，幾乎不可能以政治手段完全根除解決，以致許多學者依舊或多或少地沿襲著前代學風而來，故而《總目》在稱揚其學術優點時，亦不忘針對其中的弊病一一加以辨正，如王夫之（1619-1692）、俞汝言（1614-1679）、葉酉（1739前後）等人的缺失即有「失之臆斷……亦為穿鑿」，「自蹈臆測……橫生曲說」，「未免鑿空……已屬臆度」等等關於空談穿鑿學風的弊語。而高士奇（1645-1704）與張尚瑗（1656-1731）則多有貪多炫博，細大不捐，支離曼衍，以致瑣屑之病，故言其有「過求詳備」、「殊為蕪雜」之失，無怪就連顧棟高（1679-1759）《春秋大事表》亦有「事事表之，亦未免繁碎」之語。而毛奇齡（1623-1716）的《春秋毛氏傳》亦有所「乖謬，殆更甚於安國……亦為武斷……至於喧呼叫哮，則其結習所成，千篇一律，置之不議不論可矣」。惠士奇（1671-1741）《半農春秋說》：「其中災異之類，反復辨詰，務申董仲舒《春秋》陰陽，劉向、劉歆《洪範》五行之說，未免過信漢儒，物而不化」，等等負面之語存在。藉由以上資

料可以統整出《總目》對清代春秋著作收入著錄類的正面標準為何：

    1. 訂譌補闕，考究異同，砭正疎舛，訓詁考證詳明，皆有引據者。

    2. 掃除門戶，滌孫復、胡安國之刻薄，立褒貶之準，持是非之平者。

    3. 斟酌情理，持論正大，立義明坦光明，大旨醇正，多得經意者。

    4. 信任《左傳》記載事蹟，能掃除《公》、《穀》穿鑿附會之談者。

    5. 根本朱子據事直書，褒貶自見之宗旨，參求經傳，務求心得者。

    明代主要選入《四庫》的書籍多為「黜虛」類著述，到了清代，「崇實」類的書籍比例大增，雖然「黜虛崇實」有時候是方法學上的一體兩面，是積極面和消極面的互補，但還是有一些根本上的差異，因為選入明代的黜虛類典籍主要還是針對胡安國（1074-1138）《春秋傳》的空談臆揣，穿鑿附會，夷夏之防，復仇思想等等刻深嚴酷之論而發，但對於宋儒程、朱等人提倡的三綱五常、君臣倫理則擁護萬分，反觀清代崇實類書籍則多為地理、曆法、制度、文字考據訓詁等方面為主，以致後代學者甚至認為清代初期沒有義理學的產生[14]，這就讓人對於其在〈凡例〉中宣示要藉由「訓詁方法」以達「義理目的」，直探聖人之心，並且研究有用之實

---

[14] 梁啟超於〈清代學術變遷與政治的影響〔中〕〉一文認為：「露骨的說，四庫館就是漢學家大本營；《四庫提要》就是漢學思想的結晶體」，《中國近三百年學術史》（臺北：里仁出版社，1995年），頁30。而認為清儒雖專門訓詁，但亦有其義理觀者如岑溢成師：〈高郵王氏父子的訓詁與義理〉一文認為「他們相信通過訓詁的手段，是可以掌握到經書中客觀而平實的道的」（政院國家科學委員會專題研究計畫，編號NSC 97-2410-H-008-046），頁8；而〈戴震孟子塾的訓詁實例〉一文：「語文問題的解決，往往能夠導致思想問題的解決……『義理存乎訓詁』的運用和效能，都能充分地展現」，收錄《臺灣學術新視野：經學之部》（臺北：五南出版社，2007年），頁387。另外清初義理學的相關研究可參見林慶彰、張壽安主編：《乾嘉學者的義理學》（臺北：中央研究院中國文哲研究所，2003年）；張麗珠：《清代新義理學新貌》（臺北：里仁出版社，1999年）；《清代新義理學——傳統與現代的交會》（臺北：里仁出版社，2003年）；《清代的新義理學轉型》（臺北：里仁出版社，2006年）等新義理學三書；楊菁：《清初理學思想研究》（臺北：里仁出版社，2008年）。

學，以達經世致用之效的最高理念，透露出懷疑。

（二）清代存目類的負面標準

　　《總目》於存目類收錄六十部清代春秋學著作，其中胡氏門戶五種、穿鑿臆揣十六種、舉業時文七種、棄傳從經二種、隱沒前人一種、無所發明三種、排斥左傳三種、竄亂經傳二種、漫無體例三種、斷以己意三種。當然清代春秋著作棄入存目類的原因不僅僅只有這些，如不標所出，因襲前論，或未能成書等等亦是列入存目之因[15]。以下統整館臣棄入存目類的原因及其負面評價如下（參見252a-262c）：

　　胡氏門戶，持論嚴酷：〔十五種，佔25％〕

　　孫承澤（1592-1676）《春秋程傳補》：「堅守胡安國《傳》，則仍胡氏之門戶而已」；張爾岐（1612-1677）《春秋傳議》：「發明胡《傳》之處居多，猶未敢破除門戶」；華學泉（崇禎-康熙）《春秋類考》：「多主胡《傳》」；李集鳳（崇禎-康熙）《春秋輯傳辨疑》：「義多主胡」；姜兆錫（1666-1745）《春秋參義》：「以胡安國《傳》為宗」、《春秋事義慎考》：「羽翼《胡傳》」；湯秀琦（1625-1699）《春秋志》：「《書法精義》皆依違胡安國之文」；蔣家駒（1690前後）《春秋義疏》：「不出胡《傳》苛刻之習」；朱軾（1665-1736）《春秋鈔》：「仍在胡《傳》門徑之中」；孫嘉淦（1683-1753）《春秋義》：「盡去各傳，反覆經文」（春秋義補註條云：孫嘉淦作《春秋義》，大旨祖胡安國之說）；李文炤（1672-1735）《春秋集傳》：「宗胡《傳》而稍採諸說，變其面貌，往往蔓延於經義之外」；魏樞（1730前後）《春秋管見》：「用意苛深，不出胡氏之門徑」；孫從添（1692-

---

15　如以下六種，姜希轍（前1642-1698）《左傳統箋》：「其所引證，又皆不標所出，猶沿明季著書之習」；方苞（1668-1749）《春秋比事目錄》：「宋沈棐、元趙汸皆已先有此著……此屋下之屋」；顧宗瑋（崇禎-康熙）《春秋左傳事類年表》：「非完書也」；應麟（1717前後）《春秋剩義》：「其論「春王正月」……大端已失。其他亦皆陳因之論」；閻循觀（1724-1771）《春秋一得》：「是編則於筆削大義，多所發明……未能成書也」；吳守一（康熙-乾隆）《春秋日食質疑》：「守一、棟高說亦多同，而皆不及厚耀之密……姑存其說焉可矣」。

1767）《春秋經傳類求》：「取《春秋》三《傳》及胡安國《傳》分為一百二十門……然割裂繁碎，彌難尋檢」；湯啓祚（康熙-乾隆）《春秋不傳》：「於《公羊》、《穀梁》、《胡氏》皆掇其餘論……乃專取三家嚴刻鍛鍊之說，合為一書，如其所論，是聖人之立法，更酷於商鞅、韓非也」；嚴毅（崇禎-順治）《春秋論》：「持論嚴酷，又頗傷輕薄」。

穿鑿臆揣，偏駁迂曲：〔十六種，佔26.66％〕

王夫之（1619-1692）《春秋家說》：「好為高論，不顧其安」；萬斯大（1633-1683）《學春秋隨筆》：「不根之論，全憑意揣」；嚴啟隆（前1625-1661）《春秋傳註》：「矯枉過直，自流於偏駁」；張沐（1630-1712）《春秋疏略》：「以《左傳》為孔子所作……自有經籍以來未之聞也」；邱鍾仁（崇禎-康熙）《春秋遵經集說》：「多不足據」；張希良（1685前後）《春秋大義》：「橫生議論」；冉覲祖（1636-1718）《春秋詳說》：「略於考證，而詳於議論……失之穿鑿者多矣」；朱元英（1709前後）《左傳拾遺》：「好出新意，亦往往失之過苛」；蘇本潔（1713前後）《左傳杜註補義》：「罕所引據考證」；姜兆錫《公穀彙義》：「不出宋人臆斷之學」；劉紹攽《春秋筆削微旨》：「是編採《公》、《穀》二傳附會之說，與孫、胡諸家臆斷之論，彙為一書，而更以己意穿鑿之」；郜坦（1751前後）《春秋集古傳註》：「好出新意，而不盡允協」；陸奎勳（1663-1738）《春秋義存錄》：「是皆務高求勝之過也」；劉夢鵬（1751前後）《春秋義解》：「深文過當，憑臆率斷」；盧軒（1709前後）《春秋三傳纂凡表》：「於其同異是非不加考證」；徐世沐（1635-1717）《春秋惜陰錄》：「於經義刻意推求，而往往失之迂曲」。

時文評點，舉業文字：〔七種，佔11.66％〕

儲欣（1630-1690後）《春秋指掌》：「科舉之學也」；王源（1648-1710）《或庵評春秋三傳》：「以文章之法點論而去取之」；馮李驊、陸浩（康熙時期）《左繡》：「以時文之法商推經傳」；李文淵

（1742-1767）《左傳評》：「以己意評點之」；姜炳璋（1709-1786）《讀左補義》：「簡端又冠以評，或論事，或論文，如坊選古文之例，殊非註經之體也」；翁漢麐（崇禎-順治）《春秋備要》：「書之上闌標破題，下闌標合題，則全非詁經之體矣」；田嘉穀（1712前後）《春秋說》：「兼論作文之法，蓋其書專為舉業而設」。

　　棄傳從經，劉孫之流：〔二種，佔3.33％〕

　　牛運震（1706-1758）《空山堂春秋傳》：「不信三《傳》，動相駁難，蓋宋劉敞、孫復之流」；王心敬（1656-1738）《春秋原經》：「盡廢諸傳，惟以經解經。不思經文簡質，非傳難明」。

　　不加論斷，無所發明：〔三種，佔5％〕

　　黃叔琳（1672-1756）《宋元春秋解提要》：「雜採宋元諸家之說，而不加論斷」；劉紹攽（1733前後）《春秋通論》：「循文敷衍，罕所發明」；吳應申（康熙-乾隆）《春秋集解讀本》：「非有意於闡發經義者也」。

　　排斥左傳，相信公穀：〔三種，佔5％〕

　　楊方達（1724前後）《春秋義補註》：「多從《公》、《穀》，其《左傳》事蹟，往往在所擯斥」；劉蔭樞（1637-1724）《春秋蓄疑》：「併《左傳》事實疑之，則師心太過矣」；朱奇齡（康熙時期）《春秋測微》：「不信《左氏》之事實，故往往不考典制，不近情理」。

　　刪節經傳，竄亂文字：〔二種，佔3.33％〕

　　金甌（崇禎-1696）《春秋正業經傳刪本》：「凡經文之不可命題者，皆刪去之，極為誕妄」；許伯政（1700-1784）《春秋深》：「有傳無經者，則全刪不錄」。

　　漫無體例，龐雜棼亂：〔三種，佔3.33％〕

　　毛奇齡《春秋條貫篇》：「欲理之而反棼之，殆無取焉」；高士奇《左傳姓名考》：「顛倒雜亂，自相矛盾者，幾於展卷皆然，不能備數」；不著撰人《春秋三傳事實廣證》：「兼採諸子雜說寓言，欲以考校

其是非，亦徒成其龐雜而已」。

斷以己意，無所依據：〔三種，佔3.33％〕

應撝謙（1619-1687）《春秋集解》：「節錄三《傳》及胡安國《傳》，參證諸家之說，而以己意折衷之」；王芝藻（1654前後）《春秋類義折衷》：「以《左氏》、《公羊》、《穀梁》、胡《傳》為主……自序稱『《公羊》襲取《穀梁》之書而續為之』，其說不知所據」；吳陳琰（康熙時期）《春秋三傳同異考》：「辨別三《傳》義例得失，而斷以己意」。

《總目》棄入存目類中以「胡氏門戶」十五種，占百分之二十五、「穿鑿臆揣」十六種，占百分之二十六點六六，這兩類性質的書籍合計已超過五成以上，為《總目》主要貶斥對象。在乾隆和館臣的觀念中，穿鑿臆揣的陋習主要來自於唐宋儒啖助（724-770）、趙匡（766前後）、陸淳（大曆前後）、胡安國等人的廢傳解經，以字例明褒貶，用義例解《春秋》的不良學風，其中又因胡安國之書從元代到明代均被列為科舉定本，影響層面所及最廣也最深，故這兩類書籍皆在擯斥之首。這個現象也反過來印證了胡《傳》的影響力一直深入到乾隆時期尚未止歇，在清初依然存在著為數不少的追隨者。然而隨著康熙、乾隆二帝於應制科舉漸次不用胡《傳》的舉措[16]，也進一步使得此時期的「舉業時文」從明代的十二種降為七種，但或許這種減少現象表明了士人看待官方對胡《傳》態度的尚未明確而無所適從的一種心理表徵，因為康熙到乾隆二帝雖然已有反對胡《傳》穿鑿附會的言論，但依舊將其選為科舉定本，使得民間的作者群與坊間出版商因為這類書籍在市場需求不穩定及不確定的因素底下，因此不敢貿然耗費心力時間撰寫編纂與進行投資有關。

---

16 康凱淋：〈論清初官方對胡安國《春秋胡氏傳》的批評〉一文說明清初官方對「胡《傳》是由『以胡氏為宗』至『非全主胡氏』，進而『不主胡氏』」，是有其階段性變化，並非一開始就於科舉中廢棄胡《傳》，《漢學研究》第28卷，第1期（2010年3月），頁318。

（三）〈凡例〉理想性的指導標準

　　《四庫全書總目》在卷首訂定有〈凡例〉二十則，可以說對於書籍的取捨、著錄的原則、存目的標準，以致於內容的評價上都具有指導性的規範意義，其影響含括經、史、子、集四部，其作用類似全書的精神綱領。故而在檢討所謂的「評價標準」時，不容忽視其具有的官方意義，甚至是乾隆本人的宣示意味，以及四庫館臣心理層面所受到的「制約」影響。其開篇卷首云：「每進一編，必經親覽」（16c），雖不必盡信，但可以相信乾隆對於《總目》的編纂工作是十分重視的，且「隨時訓示」（16c）工作的內容與進度，館臣於是將「歷次恭奉聖諭為一卷，載諸簡端」（16c），成了《總目》全書前的〈凡例〉，所以這二十則〈凡例〉的重要條文理所當然是經過乾隆帝口授、寓目，甚至直接進行指導、修正，更狹隘一點說，它的第一作者就是乾隆本人[17]，它代表著乾隆「理想性」對於《總目》希望達成的目標，提出了至高無上，貫穿全書精神的指導性宣示。由此本書就可在一個原則性的至高點上俯瞰《總目》對於明代《春秋》著作「著錄」與「存目」的取捨大原則，瞭解是書評價標準的依據在哪，並知悉其學術立場的傾向。首先可以看到〈凡例〉第三則云：

　　今詔求古籍，特創新規，一一辨厥妍媸，嚴為去取。其上者，悉登編錄，罔致遺珠；其次者，亦長短兼臚，見瑕瑜之不掩。其有言非立訓，義或違經，則附載其名，兼匡厥繆。至於尋常著述，未越羣流，雖咎譽之咸無，要流傳之已久，準諸家著錄之例，亦併存其目，以備考核。（17a）

---

[17] 楊晉龍在〈從《四庫全書總目》對明代經學的評價析論其評價內涵的意義〉一文中說：《四庫全書總目》的思想，「無論表現的是『館臣的集體意識』或『當代的學術共識』，均需在乾隆的同意下纔有可能表現，所以表現的依然是乾隆的思想，至少是他不反對的思想。」參見《中國文哲研究集刊》第16期（2000年3月），頁524。筆者以為各書提要撰寫完後，館臣已說過必經乾隆親覽，對於此言雖不必盡信也無須盡疑，然而對於《總目》思想的歸屬問題歷來各有主張，但相較於全書最重要的「凡例」，如此具有指導性意義，甚至關乎《四庫全書》未來全局大方向的宣示，我想比《總目》實際內容更能具體表現乾隆個人的學術態度與思想，因為此「凡例」是經過他「隨時訓示」，館臣統整再由乾隆寓目後，授意下的重要宣示，故不可小覷。

　　可以注意到的是「其上者，悉登編錄」，雖然廣義來說是指包含在《總目》著錄中的書籍而言，但大部份的書籍還是在「次者」的範圍，也就是功大於過、瑕難掩其瑜的著述，至於「言非立訓，義或違經」的書籍則貶入存目之中，並且要「兼匡厥謬」，以示取捨客觀有據，非私意為之。另外有部份書籍屬於一般性著述，並無功過咎譽可言，因其「流傳之已久」，所以也僅存其名而歸入存目之中。由此可看出《總目》分類圖書的兩大方向為何：一是著錄類書籍都是屬於所謂的「上者、次者」等合乎完美或偶有小疵的著作，二是存目類的書籍如果不是尋常著述，就是內容有「言非立訓，義或違經」的事實存在。

　　而〈凡例〉第十二條對於《春秋》一書來說，更可以說具有重要的指導性宣示，因為《春秋》的性質兼跨「經、史」，也可以說此則專為研究《春秋》學立制亦不為過，其中進一步揭示《總目》對於學者研究「經、史」應該要具備的正確學術態度、方法與步驟的指導說明：

　　劉勰有言：「意翻空而易奇，詞徵實而難巧。」儒者說經論史，其理亦然。故說經主於明義理，然不得其文字之訓詁，則義理何自而推。論史主於示褒貶，然不得其事蹟之本末，則褒貶何據而定……今所錄者，率以考證精核，論辨明確為主，庶幾可謝彼虛談，敦茲實學。（18a-b）

　　這一段話透露出三項重要的訊息：一、「說經主於明義理，然不得其文字之訓詁，則義理何自而推」，認為就「目的論」而言，追求義理乃是儒者的最終目的，絕對是高於訓詁的方法[18]，但就「程序論」來說，考證

18　此段話須注意一點，〈凡例〉所言「義理」是指最終的目的，也就是經書之「義」，聖人之「理」立論，而非方法論中的義理學，僅僅表明唯有透過訓詁的方法，才是通往聖人義理的唯一途徑，故不宜輕易拿來宣示「漢學」和「宋學」的高下兩判，但隱藏在其中的訊息卻是可以注意的，因為〈凡例〉雖無表示「漢宋」方法學之優劣，但透過其正面宣示，將藉由具有「考證精核，論辨明確」特點的「訓詁」實學，標示成唯一的方法論這點而言，其揚襃「漢學」，貶抑「宋學」的立意昭然，故最後其言「謝彼虛談」，雖不可片面單指宋明義理學，但就程序論來

訓詁則是追求聖人義理的必要條件，也是唯一途徑。二、「論史」之目的在於給後人揭示其中的褒善貶惡，但如果無法得知事件的本末，又何得據以論斷褒貶得失，顯示〈凡例〉在「褒貶」的問題上是傾向歷史實證主義的[19]。三、「今所錄者」是指《總目》著錄類書籍來說，而收錄的主要標準則是以其書具備「考證精核，論辨明確」的特點，反對那些空言「虛談」，毫無證據的「說經論史」。故此條首引劉勰之語，認為經史之學和詩詞文學的著重點本不相同，文學因創發性、感發性而無法規範以文字訓詁之要求，但「經學」有追求聖人義理之責，「史學」有為人們提供借鑑之任，故不允許空言臆測聖人之心或無所事蹟而褒貶人事，故有「凡不可見諸實事者，皆屬卮言」（18b）之論，因為這些缺失往往造成儒生好為高論，「累牘連篇，斯已不切人事」（18b），因此《總目》的任務之一即為「闢其異說，黜彼空言，庶讀者知致遠經方，務求為有用之學」（18b），這有用之學即為「訓詁考據」，並對於那些無用之學，空言「爭是非，實則爭勝負」（18c），有害於「人心世道」（18c）者的言論，與「離經畔道，顛倒是非者」，「懷詐挾私，熒惑視聽者」（19a）的著述，加以掊擊擯斥。其實《總目》將無用之學、有害之學有一大部份歸於「前朝之敝俗」（18c）所導致，四庫開館的目的就是怕學者們「往往各明一義」，「無所別裁，則多岐而太雜。有所專主，又膠執而過偏」（18c），剛好藉著清朝聖世之際，國家經學昌明之時，「一洗前明之固陋」（120b），對於歷代學術「眾說互殊者權其去取，幽光未耀者加以表章」（19a），並針對那些無用有害之學事先防微杜漸，「劃除畛域，以預消芽蘖之萌……詳為考訂，務核其真」（18c），使論學者知所勸

說，〈凡例〉已經把通往聖人理的合法路權給予了訓詁考據之學，故不重視考證的義理學也就被排除在外。

19　以《春秋》三《傳》來說，《公羊》、《穀梁》詳於解經，《左傳》詳於事蹟本末，故而三《傳》在《總目》中都具有崇高地位，是無庸置疑的《總目》著錄類「上者」之列，但就之前〈提要〉中之評語來看，同是解經之書，《總目》還是比較相信藉由《左傳》的事蹟以見褒貶，而不相信《公》、《穀》的一字定褒貶，故〈凡例〉此言可當作館臣以為的信任程度高低。

戒，達到國家「崇真黜譌」（18c）的目的。所謂「真、譌」是相對的概念，這個「真」的內容即〈凡例〉所肯定的正面價值之一，也就是上文提到的「考證精核，論辨明確」之語。再者還可以從〈凡例〉第十五則得知其對於歷來學術各立門戶的基本態度，其言：

> 漢唐儒者，謹守師說而已，自南宋至明，凡說經、講學、論文皆各立門戶……朋黨一分，千秋吳越，漸流漸遠，并其本師之宗旨亦失其傳。而讐隙相尋，操戈不已（18b-c）

〈凡例〉對於歷來門戶之分甚為厭惡，《總目》更直言「說經家之有門戶，自《春秋》三《傳》始」（210a），認為啟其端者即三《傳》，但《總目》也知道這是無可奈何的現實，聖人弟子亦是聖徒，承聖人之學，弟子雖人人各解其義，至少親承聖教，無可置議，故有「三《傳》去古未遠，學有所受」（224a）之語。於是對於漢唐儒者「謹守師說」的學術態度表示了讚許，但對於南宋至明末的「門戶」、「朋黨」之分，不以為然。學術有門戶，則操戈雛隙；朋黨相聚，則黨同伐異，使得聖人經書之義理，往往因弟子們各立新解，各求別義，不僅失卻了本師的學問宗旨，也進一步稀釋了聖人的義理，甚至曲解了經書的原義。從這一點來看，或許也表明〈凡例〉對於誰才能夠理解聖人義理的立場，基本上取決於解經者的時代先後序列[20]。而〈凡例〉最後一則對於《四庫》書籍的去取著存與異同得失，也提供了一些指導標準，如下：

> 是書主於考訂異同，別白得失，故辨駁之文為多……不可不辨者，不

---

[20] 楊晉龍在〈從《四庫全書總目》對明代經學的評價析論其評價內涵的意義〉一文中認為依此而推，則《總目》認為漢唐勝於北宋，北宋勝於南宋，南宋勝於元，元勝於明，而清代之所以能突破這個時間序列，《總目》解決這個矛盾的方式有二：「一則強調清儒之重視漢學」，二則結合「國運以盛代衰，學術亦然」的循環論，並且「正確的選擇歷代經說之優點、排除其缺點，而為歷代經學之盛」，參見《中國文哲研究集刊》第16期，頁533。

敢因襲舊文。無可復議者，亦不敢橫生別解。凡以求歸至當，以昭去取之
至公。（19a-b）

　　《總目》全書的基本基調就是「考訂異同，別白得失」，也可以說就
是它最大的任務，而中國經書歷來異解眾多，〈凡例〉也抱持著「言豈一
端，各有當也」（18c）的開放態度，但還是有其學術立場堅持，認為其
中「不可不辨者，不敢因襲舊文」，這個「舊文」的內涵也就是空言無據
之論，故不可不辨其「失」。二者以「無可復議者，亦不敢橫生別解」，
顯示如有證據確鑿，考證詳明者，不能曲說以生異解、異議。〈凡例〉又
挑明這種不良風氣的流行，蔓延至明代而大盛，以致「譌妄彌增，魚目混
珠，猝難究詰」（19a），唯有「一一詳核，並斥而存目，兼辨證其非」
（19a），以求歸至當，並昭去取之至公，否則無以一洗前明之陋習。經
由上述資料顯示，〈凡例〉理想性的指導標準內涵，亦即其抱持正面肯定
與負面否定的書籍條件，約可以歸納為以下幾點：

　　1. 崇真黜譌，考證精核，論辨明確之實學，而非以空言臆測，虛談
義理者。
　　2. 致遠經方，切乎人事的有用之學，而非累牘連篇，不切人事的無
用之論。
　　3. 關乎世教，有益人心世道，而非懷詐挾私，熒惑視聽，亂人心性
之論者。
　　4. 不立學術門戶，謹守師說，而非橫生別解，離經畔道，顛倒是非
黑白者。

　　〈凡例〉所言之規範與標準，當然是貫穿四部，不特定針對某部、某
經、某書立言立制，因此可以看作是《總目》的總體綱領旨要，但《春
秋》著作既在「經部」為首的這個體系底下，故館臣在收書、分類與撰寫

〈提要〉時，心理層面上不能不受這二十則〈凡例〉的制約與牽制，至少也要有所依循，所以其重要性，不亞於〈提要〉之語。

（四）「解義、彙纂、直解」的典範標準

《四庫全書》中欽定的《春秋》書籍共有三部，分別為康熙御定、雍正考論的《日講春秋解義》、康熙《欽定春秋傳說彙纂》、乾隆《御纂春秋直解》（以下簡稱為《解義》、《彙纂》、《直解》），此三書清帝皆撰有〈序〉文，說明撰著原委，學術態度與傾向，由此可見帝王所持之標準何在。而這三部書既是清帝主預其事所作，合理推斷《四庫》館臣們在撰寫〈提要〉時，當然也必須兢兢業業，畢竟乾隆「每進一編，必經親覽」，故而其「別白得失」之評語，必然只有積極正面之肯定用語，而其評價標準正可以作為清代官方所認可的《春秋》學著作之最高理想標準視之。如此藉由〈提要〉與〈序〉文兩相比對補充之下，將更能準確瞭解清朝帝王對《春秋》學的典範標準層面的具體內容。以下第一部乃康熙《解義》之作，《總目》開篇云：

> 是編因宋儒進御舊體，以闡發微言，先列《左氏》之事蹟，而不取其浮夸；次明《公》、《穀》之義例，而不取其穿鑿。反覆演繹大旨，歸本於王道，允足明聖經之書法，而探帝學之本原。（234c）

此書乃康熙早期經筵講章的舊稿，經雍正考論，乾隆時刊布。於《左傳》取事蹟，棄浮夸；《公》、《穀》明義例，棄穿鑿，各取其優而棄其缺。甚可注意者，其宗旨在明「王道」、探「帝學」，故康熙〈日講春秋解義序〉開頭即云：「《春秋》者，帝王經世之大法」[21]，可見研究《春秋》，有其治世之用途。〈序〉又云：「後之說經者，或穿鑿深文，或附

---

[21]　〔清〕愛新覺羅・玄燁：〈日講春秋解義序〉，《景印文淵閣四庫全書》第172冊（臺北：商務印書館，1983年），頁1。

會失實，固難悉當聖人之心……如漢唐以下董仲舒、趙匡、啖助諸家」，對於董、趙、啖諸家之穿鑿附會之說，皆深為不取，而對於宋儒胡安國之說，雖指其缺失，認為其書「持論過激，抉隱太嚴」，但肯定的評價為多，認為其「本三綱、奉九法、明王道、正人心，於《春秋》大旨，十常得其六七」[22]，所以相比之下，優於漢唐以後諸家之說，可知康熙早期亦是以胡《傳》為宗，只不過不取其過激嚴酷之論罷了。但康熙晚年作《彙纂》時，對於胡《傳》的態度有了很大的改變，認為明代用此書貢舉取士，導致胡《傳》直與三《傳》並行，使得後世儒者「宗其說者率多穿鑿附會，去經義逾遠」[23]，與早期認為其「《春秋》大旨，十常得其六七」之語，已有立場上的根本變化。取而代之者則為朱熹（1130-1200）之論，其言：

　　朕於《春秋》獨服膺朱子之論，朱子曰：「《春秋》明道正誼，據實書事，使人觀之以為鑒戒。書名、書爵亦無意義。」此言真有得者。[24]

　　但因為朱熹獨於《春秋》未有成書，康熙又恐「世之學者牽於支離之說，而莫能悟」[25]，於是晚年命令詞臣纂輯此書，雖然亦將胡《傳》並列其中，但主要目的就像《總目》所言「俯念士子久誦胡《傳》，難以驟更，仍綴於三《傳》之末，而指授儒臣，詳為考證」（235a），針對其中「有舛于經者刪之」，「有畔於傳者勿錄」[26]，並且一一采錄不符合胡《傳》旨意之「先儒舊說，表章闡明古學」（235a），欲使今後學者有所依循遵守。另外康熙在〈序〉文中還有一些看法值得注意，如：

22　以上引文皆同前註。

23　〔清〕愛新覺羅·玄燁：〈春秋傳說彙纂序〉，《景印摛藻堂四庫全書薈要》第44冊（臺北：世界書局，1988年），頁1-2。

24　同前註。

25　同前註。

26　同前註。

末流益紛，以一字為褒貶，以變例為賞罰。微言既絕，大義弗彰，至於災祥讖緯之學興，而更趨於怪僻。[27]

後之諸儒，欲於千百年後懸斷聖人筆削之旨，不亦難乎。是書之輯，亦唯擇其言之當於理者，雖不敢謂深於《春秋》，而辨之詳，取之慎，於屬辭比事之教，或有資焉。[28]

第一條表明康熙對於歷來春秋學研究已偏於孔子大義之旨，唐宋儒（趙匡、啖助、陸淳、胡安國等人）的《春秋》研究主於「一字為褒貶，以變例為賞罰」，將使得孔子於《春秋》一書中的微言大義闇而弗彰。而由漢儒（董仲舒、何休等人）啟其端的「災祥讖緯之學」，則更使《春秋》一經，趨於怪異邪僻之途。第二條，康熙認為理解《春秋》必須於「屬辭比事」中去取謹慎並加以論證，由此才能得出合理趨實的孔子大義，並且表達了反對後儒（指胡安國）以穿鑿深文，附會臆斷，一字褒貶來理解孔子大義的作法。由此可見康熙對於漢宋儒者之間的闕失深有所見，所以《總目》對於《彙纂》的評價即為：「蕩滌門戶，辯別是非，挽數百年積重之勢，而反之於正也。自時厥後，能不為胡《傳》所錮者……響然竝作，不可殫數」（235a），館臣對於康熙《彙纂》之作，認為其書能破除門戶之見，以是非為是非，挽救了數百年來被胡安國壟斷的局面，開啟了不同於胡《傳》的治學途徑，《總目》此言當然是過分褒譽之詞，而且明代不從胡《傳》路數的著作亦所在多有[29]，但從話中可以想見康熙

27　〔清〕愛新覺羅·玄燁：〈春秋傳說彙纂序〉，《景印摛藻堂四庫全書薈要》第44冊，頁1-2。

28　同前註。

29　如陸粲云：「胡氏說經庶幾得之，惜其或失於過求，辭不厭繁，而聖人之意愈晦矣」，認為胡氏說經有深文過求之弊，《春秋胡氏傳辨疑》（《景印文淵閣四庫全書》第167冊。臺北：臺灣商務印書館，1986年），頁754。姜寶云：「求聖人所謂知我罪我者，在因筆削以寓褒貶，嫌於天子之賞善而罰惡為聖人所不敢當，故自於其義為竊取，而非如胡氏所謂託二百四十二年南面之權，聖人自以其褒貶敢於代天子賞善而罰惡也，如是以求，庶可以得聖人之心」，認為胡氏所說孔子代天子行褒貶善惡之權為錯誤概念，《春秋事義全考》（《景印文淵閣四庫全書》第169冊），頁86。袁仁：「宋胡安國……承君命而作傳，志在匡時，多借經以申其說，其意思則至矣，於經未必盡合也」，認為胡氏借經匡時，非合於經意，《春秋胡傳考誤》（《景印文淵閣四庫全書》第169

亟欲破除胡《傳》門戶的用意昭然。

　　康熙帝對胡《傳》的態度日趨嚴厲，也進一步影響了乾隆在《四庫全書》中的全面反對胡《傳》。乾隆二十三年（1758）敕撰《御纂春秋直解》，雖說與康熙《彙纂》宗旨同符，但攻擊胡《傳》的基本立場比他的祖父更加確定，〈序〉文中云：「《胡氏》直與三《傳》並行，其間傅會臆斷，往往不免，承學之士宜何考衷也哉」[30]，館臣更補充說：「大旨在發明尼山本義，而鐮除種種迂曲之說……揭胡安國《傳》之傅會臆斷，以明誥天下」（235a-b），欲始天下學者明瞭胡《傳》之解並非孔子《春秋》大義，充其量亦只是歷代詮解《春秋》之一家一言，也因其具有「迂曲之說」、「傅會臆斷」之弊，更是不足以相信。對於唐宋儒啖助、趙匡、孫復也多所貶刺，認為其學使《春秋》亦荒[31]。唯一能相信的只有宋儒朱熹所說：「聖人作《春秋》，不過直書其事，而善惡自見」與「《春秋》傳例多不可信，聖人紀事安有許多義例」（235b），因朱子沒有成書故欲以三代帝王之力，「斟酌情理之平，以求聖經之微意」，館臣甚至誇言「學者恭讀《御纂春秋傳說彙纂》以辨訂其是非，復恭讀是編（《御纂春秋直解》）以融會其精要，《春秋》之學已更無餘蘊矣」（235b），但其實清初三帝花費如此的時間精力於《春秋》，與其說是「學術」的撥亂反正，不如說更符合其「統治」需求，因為最後面貌，則將不符合清朝統治立場與利益的歷代解說一一勘除，經文、傳文、註解多所篡改刪削[32]，以達其治理之效，所謂「意在息諸說之紛岐以翼傳，融諸

冊），頁938。

30　〔清〕愛新覺羅・弘曆：《御纂春秋直解》，《景印摛藻堂四庫全書薈要》第45冊（臺北：世界書局，1988年），頁1-2。

31　《總目》云：「啖助、趙匡倡為廢傳解經之說，使人人各以臆見私相揣度，務為新奇以相勝，而《春秋》以荒。自孫復倡為有貶無褒之說，說《春秋》者必事事求其所以貶，求其所以貶而不得，則鍛鍊周內以成其罪，而《春秋》益荒」（235b）。

32　針於《四庫全書》對胡《傳》刪改的相關研究可參見吳哲夫：〈四庫全書經部春秋類圖書著錄之評議〉，《故宮學術季刊》第9卷，第3期（1992年春季號），頁1-18；童正倫：〈《四庫全書》對春秋類的刪改〉，《四庫全書研究文集：2005年四庫全書研討會文選》（蘭州：敦煌文藝出版社，

傳之同異以尊經」³³之說，也只是在中多紛歧同異中尋求一個符合其帝王立場的微言大義，也就是康熙直言是書乃「歸本於王道」、「帝學之本原」的用意。總和以上〈提要〉和〈序〉文的看法，可以獲得以下幾點關於清代帝王的學術典範標準：

1. 尊崇三《傳》，重視《左傳》事蹟，認為以屬辭比事之法即可見微言大義。

2. 尊崇宋儒朱熹之說，認為《春秋》不過據事直書，而褒貶自見，別無深意。

3. 反對唐儒啖助、趙匡、陸淳等人置傳求經，廢傳解經，以私臆揣度的解經。

4. 反對宋儒胡安國穿鑿附會，以一字定褒貶，推求《春秋》微言大義的解法。

5. 反對漢儒董仲舒、何休等人將《春秋》之學帶入了災祥讖緯的怪僻之途徑。

6. 反對門戶，主要破除對胡《傳》的依附，對不守胡《傳》的著作加以褒揚。

以上標準綜合了乾隆、康熙與四庫館臣的意見，其中康、乾二帝對於《春秋》學的看法大致不異，正確來說，乾隆的見解多是延續其祖康熙而來，但乾隆的學術態度與好惡則比康熙表達的更加強烈，在反對胡《傳》的問題上頭更加明確果斷。經由以上分析可以知道清初官方對明代《春秋》一經的不友善態度是如何地強烈了，所以余英時（1930—）先生所

2006年），頁311-320；汪嘉玲：《胡安國《春秋傳》研究》（臺北：東吳大學中國文學研究所碩士論文，1998年5月），附錄，頁1-18。

33 〔清〕愛新覺羅・弘曆：《御纂春秋直解》，《景印摛藻堂四庫全書薈要》第45冊（臺北：世界書局，1988年），頁1-2。

說：「我們研究《四庫全書》的纂修經過，的確看到清廷毀了不少的書，也改易了不少的書中文字。不過再細究下去，便可見禁毀改易多限於史學方面，經學方面似乎沒有大影響」[34]，余先生所言是值得商榷的，因為若從其他經典著眼，此論或許可以成立，但如果從《春秋》經的實際情況來說，就完全不是如此。但是平心而論，余英時先生所言當然是以《四庫全書》的大分部立論，檢討的是一種普遍性的概況，而非個別特殊的情況，所以從大方向來說，余先生的說法當然是可以成立的，但值得今日學者反省的是，若真以學術權威的話語當成是絕對沒有差誤的結論，反倒誤解了作者原初的本意，因為這些立論往往代表的是一種普遍性的結論，而非絕對性，如同顧炎武以來論述明代經學衰微的觀點皆是如此，所以今日學術界若把明代經學研究的不興盛緣由，盡數歸罪於顧氏諸人，那反而是本末倒置的作法，因為研究的主動權是在自己本身，顧炎武諸人純粹只是提供或表達了一種普遍性的看法，一種對當日學術大要的意見，後世學者如過份地解讀前人話語，自行引申證成，認為明代經學既然衰微，那就毋須研究，無須討論，這只能說是今人的一種誤解、誤讀，而至於造成今日明代經學研究的學術斷層，在這一點上僅能反求諸己，勿過責前人矣。

第二節　《總目》經學史視野下的明代春秋學觀

經由以上關於《總目》評價的歸納分析與評價標準的探討，可以再進一步藉由這些正負面的評價，來探求明代春秋學在《總目》歷代春秋學視野下到底具備何種內涵與意義，而對於明代的評價又是承襲了何種學風的影響，以及明代個別學者的學術研究所遭受的論斷是否有所依據，經由這些問題的釐清，將可確切瞭解《總目》將明代春秋學的歷史地位放置於何

34　余英時：〈清代思想史的一個新解釋〉，《中國思想傳統的現代詮釋》（南京：江蘇人民出版社，2003年），頁159。

種層面底下進行評述,可以說前面的探討分析限制在明朝一代約三百年的時空中,恐有見樹不見林之感,而此節則將明代放進《總目》春秋學史的其中一環,由先秦到清初兩千年的時間長河中看待,使《總目》一書的春秋經學史觀透析出來,如此即可明瞭《總目》所評價的內涵中所具備的先驗價值為何。在經部開篇有一則館臣撰寫的〈經部總敘〉,歷數漢代到清初兩千年間的經學變化,敘中分為六個階段,即所謂「學凡六變」之說,對於釐清館臣的春秋經學史觀甚為重要,在進入「六變」前,先瞭解《總目》對於先秦《春秋》三《傳》的看法。

北京故宮博物院圖書館藏清乾隆五十四年武英殿刻本四庫全書總目

《總目》認為《春秋》三《傳》「去古未遠,學有所受」(224a),而「《左氏》身為國史,記錄最真」(226c),左丘明依魯史「據事而言,即其識有不逮者,亦不至大有所出入」(244b),而《公》、《穀》「去聖人未遠,見聞較近」(226c),但「經師遞相附益,推尋於字句之間,故憑心而斷,各徇其意見之所偏」(244b),而《左傳》「褒貶則多參俗議」,《公》、《穀》「義例則多有師承」(237b),認為三家皆源出孔聖之門,但說經互有短長,對於三《傳》雖然是抱持著崇敬的態度,但其學術立場還是比較信《左》而抑《公》、《穀》,因為

《左氏》說經雖往往「不甚得經意，然其失也不過膚淺」（244b），但
《公》、《穀》「鉤棘月日以為例，辨別名字以為褒貶，乃或至穿鑿而難
通」（244b），這對於《總目》的崇實理念來說，三《傳》其實已判高
下，而《穀梁》也在這點上，稍勝《公羊》一籌，雖然兩者在館臣眼中皆
多曲說，但相對來說，「《公羊》尤甚」（213c），由此可知《總目》對
三《傳》的基本信任程度以《左傳》最高，《穀梁傳》次之，《公羊傳》
最低劣。

　　但說經主要在明義理，研究《春秋》的目的也就在尋求經書中的褒貶
是非和微言大義，《總目》也認為《左傳》義理不如《公》、《穀》之
精，但確信「有事蹟而後有是非，有是非而後有褒貶」（259b），故而
於〈史部總敘〉言：「苟無事蹟，雖聖人不能作《春秋》。苟不知其事
蹟，雖以聖人讀《春秋》，不知所以褒貶。」（397a），認為唯有知道經
文中的真實歷史事蹟，才能準確得知孔子寓於《春秋》中的褒貶微言，故
而《左傳》詳實於史事比《公》、《穀》虛談於義例，更為至關重要，因
為比較起來，「徵實迹者其失小，騁虛論者其失大」（244b），甚至言
「漢晉以來藉《左氏》以知經義，宋元以後更藉《左氏》以杜臆說」
（210a），並以此標準審視歷代春秋著作，而有「後來諸家之是非，均持
此斷之可也」（244b）的豪語。所以在明清春秋學著作中，相信《左
傳》，不信《公》、《穀》的著作，往往受到褒揚，如明代童品（約
1466-1518）《春秋經傳辨疑》、清毛奇齡（1623-1716）《春秋簡書刊
誤》、方苞（1668-1749）《春秋通論》等等；反之如楊方達（1724前
後）《春秋義補註》、劉蔭樞（1637-1724）《春秋蓄疑》、朱奇齡（康
熙時期）《春秋測微》則因學術錯誤被棄入存目類中，因為它們已經違反
《總目》的先驗知識與學術立場。

一、東漢：篤實謹嚴，其弊也「拘」

　　中國經學發生變化的第一個階段，《總目》認為在東漢時期，此時期之前的西漢大體還是今文經學的天下，其學風亦偏於義理，學者們恪守師法，「專門授受，自師承以外，罕肯旁徵，故治此經者，不通諸別經，即一經之中，此師之訓故，亦不通諸別師之訓故，專而不雜，故得精通」（278a），期間古文經抬頭，與今文派進行過激烈的今古文之爭，到了東漢，古文經學派已足以和今文經學派分庭抗體，其中專研《春秋》學的就有賈徽（建武前後）、賈逵（30-101），鄭興（建武前後）、鄭眾（?-83）父子與服虔（中平前後）、鄭玄（127-200）等人，這些古文經家的解經特色大多以章句訓詁為主，亦嚴守師法，「師所不言，則一字不敢更」（266c），罕所立異，故《總目》言此時期的經說乃「專門授受，遞稟師承，非惟詁訓相傳，莫敢同異，即篇章字句，亦恪守所聞」（1a），但已經有不少人兼通數經，不再終身墨守一經，《總目》其中最推崇「五經無雙」的許慎（約58-147）與遍注群經，集漢代今古文經學大成的鄭玄，而有「兩漢經學號為極盛，若許若鄭，尤皆一代通儒，大敵相當，輸攻墨守，非後來一知半解所可望其津涯」（269b）的美譽，且認為鄭玄之學即此一時期的變化癥結，而有「考證之學者自是始」（278a）之言，把訓詁考證的源頭直接指向他，可以說《總目》所謂之「漢學」，其中一大部份指向「鄭學」，但因為訓詁名物著重考證，學風偏於嚴謹篤實，故而《總目》以「其弊也拘」（1a）來總結作為這個時代學風的侷限性表徵，而清代所標榜「切實有徵」的考據之學——「漢學」，正是遙契東漢訓詁學風立論，由此可知《總目》崇實的主要依據來源為何，其評斷的價值取向即是以「考據」為治經基礎，於書中屢屢道及的「根柢」觀念。然而東漢古文經學雖大放異彩，但今文經學也並未消沉，公羊學大師何休（129-182）《春秋公羊解詁》之作遠紹西漢董仲舒（179-104B.C）《春秋繁露》，在當時亦是極具勢力，且對清代影響深遠，但因漢代公羊學派

闡揚天人之奧，語多穿鑿事應，附會災祥，故《總目》對後世這類著作亦不甚喜心，如明代鍾芳（弘治-嘉靖）《春秋集要》、瞿九思（1573前後）《春秋以俟錄》、朱之俊（1596-1671）《春秋纂》、清代劉紹攽（1733前後）《春秋筆削微旨》皆被棄入存目類。甚而收入著錄類者，如顧奎光（1719-1764）《春秋隨筆》亦受「附會」之責；惠士奇（1671-1741）《半農春秋說》因反復辯詰災異而被批評「未免過信漢儒，物而不化」。於此可見《總目》崇實的實證立場悍然不可搖動。

二、魏晉－唐宋：不相統攝，其弊也「雜」

　　第二次的轉變，《總目》將時間界定在魏晉至唐宋時期，這個階段的治經風氣，好立新解，不信漢儒，各逞己見。以《春秋》學來說，王肅（195-256）注《左傳》，時與鄭玄立異，以致「流風所扇，或信或疑」（1a），開啟了這一階段的序幕。至唐孔穎達（574-648）等撰《左傳正義》亦有不遵杜預（222-285）、劉炫（開皇589前後）之說，而自出己意之舉，但基本上還是以杜說為準，以致《總目》有「杜《注》多強經以就傳，孔《疏》亦多左杜而右劉，是皆篤信專門之過，不能不謂之一失」（210c）之責，但原則上《總目》因為尊崇《左傳》，故而對於是書的古《注》、古《疏》還是抱持著崇敬的態度，認為「有《注》、《疏》而後《左氏》之義明，《左氏》之義明，而後二百四十二年內善惡之跡一一有徵」（210c），而有「《傳》與《注》、《疏》，均謂有大功於《春秋》」（210c）之言，所以顧炎武（1613-1682）《左傳杜解補正》、王夫之（1619-1692）《春秋稗疏》、朱鶴齡（1606-1683）《讀左日鈔》、陳厚耀（1648-1722）《春秋長歷》、沈彤（1688-1752）《春秋左氏傳小疏》等等，皆能以考據之力補正杜預之說而收入著錄類，或許館臣著重的是他們的考據之學，但對於館臣特別重視的古《注》來說[35]，不

35　另外《總目》對杜預《春秋釋例》一書，亦抱持肯定，認為「《春秋》以《左傳》為根本，《左

無發揮潛在影響之力。

　　到了中唐時期，啖助（724-770）撰《春秋集傳集注》與《春秋統例》，其弟子趙匡（大曆766前後），衍師之說，撰著《春秋闡微纂類義統》，其學風認為《春秋》研究應以「經」為主，主張置傳求經，以攻擊三《傳》，直探經意為目的，但《總目》認為三《傳》學有所承，其間雖不免「經師衍說，漸失本意」，但如「一舉而刊除，則《春秋》所書之人，無以核其事，所書之事，無以核其人」（224a-b），此乃因小疵而棄大利，況且「舍傳言經，談何容易」，認為啖、趙師徒攻駁三《傳》之舉，「已開異說之萌」（224b），實不可取，故而對於其學派支流陸淳（大曆前後），有「舍傳求經，實導宋人之先路，生臆斷之弊」（213a）的苛責，其實更是對這股新經學運動的批評，其言：「儒者好為大言，動曰舍傳以求經，此其說必不通。其或通者，則必私求者諸傳，詐稱舍傳云爾」（397a）。但這股風氣並未停止，反而影響了北宋孫復（992-1057）對於《春秋》研究採取更加極端的作法，《總目》就強烈批評他解經不信三《傳》，「全棄舊文」（224b），其主張「《春秋》有貶無褒，大抵以深刻為主」之說，也使得日後學者「務以攻擊三《傳》相高，求駕乎先儒之上」（236b），並且「轉相摹仿，務以刻酷為經義」（239a），將孔子筆削之旨變為「羅織之經」（214c），並使得「宋代諸儒喜為苛議，顧相與推之」（214c），進而下開胡安國（1074-1138）《春秋傳》「深文」之風，穿鑿煩碎，以臆見說經之病，遂「貽春秋家無窮之弊」（224b），並把後世學者說經如偏於「深文鍛鍊之學」者，皆歸罪於孫復之流啟之，故而清代嚴啟（崇禎-順治）《春秋論》、郜坦（1751前後）《春秋集古傳註》、湯啓祚（康熙-乾隆）《春秋不傳》皆以其說刻酷嚴峻而被棄入存目類，牛運震（1706-1758）《空山堂春秋傳》因「不信三《傳》，動相駁難」則被歸入孫復之流，王心敬（1656-

---

傳》以杜《解》為門徑，《集解》又以是書為羽翼。緣是以求筆削之旨，亦可云考古之津梁，窮經之淵藪矣」（212c）。

1738）《春秋原經》「盡廢諸傳，惟以經解經」（260b），亦被打入存目。也正因為這股流風所扇，《總目》痛言：

> 自宋以來，說《春秋》者尊聖人而不知所以尊，遂以貶黜天王，敗易正朔，舉天下干名犯義之事，皆誣稱為孔子之特筆，而不知已亂名教之大防。（238b-c）

可以說《總目》深惡從啖助、趙匡、陸淳、孫復一直到胡安國空談臆斷的《春秋》學風，把「亂名教之大防」的禍首歸結於斯，亦是有其傳統的綱常名教立場。至此，《總目》判定這一階段的學者說經「其弊也雜」（1a），因為不僅不信漢儒之說，更盡廢歷來古《注》、古《疏》，連三《傳》也欲去之而後快，隨意逞其私見臆說，穿鑿立異，導致人人「各自論說，不相統攝」（1a），遂以「雜」而論之。

三、宋代－元代：獨研義理，其弊也「悍」

其間程朱理學繼起，道學大興，「擺落漢、唐，獨研義理，凡經師舊說，俱排斥以為不足信，其學務別是非」（1a），這一階段的宋儒理學家們不再死守著漢唐經師詁訓舊注，而以闡發義理，說精微之學，探聖人本心，尋經書之真為學風，對於訓詁考證之學，罕所究心。但宋儒這樣無所依據，毫無顧忌的以義理解經，容易流於穿鑿空疏，憑心臆斷，「其弊至於誣經，其究乃至於非聖」（122b）的弊病，甚至認為「理有可據，則《六經》亦可改」（266c），對於此風，館臣認為相較於東漢「守師傳者，其弊不過失之拘，憑理斷者，其弊或至於橫決而不可制」（266c），可見《總目》是寧可失之「拘」的，對於謹守師法之人亦給予讚揚，如石光霽（1368前後）《春秋鉤元》能傳其師張以寧之說，亦列著錄。

而這股以理說經的風氣發展到最後，甚至產生了疑經、改經，割裂經

傳，移易經文的風尚，如王柏（1197-1274）《書疑》、《詩疑》「攻駁經文，動輒刪改」（1a），以意自為，竄改古經，被《總目》怒斥：「柏何人斯，敢奮筆而進退孔子哉」（138b），又如吳澄（1249-1333）《春秋纂言》於「經文行款，多所割裂，而經之闕文，亦皆補以方空」（225c），《總目》對此種類似行為批以「妄改古經」（30a），「改易經文，頗傷於輕信」（76b），認為實不可以為訓，對這股「悍然欲出孔子上」（266c）的非聖風氣深表不滿，而以「其弊也悍」（1a）論之，對於後代類似竄亂刪改的行為，也都予以嚴厲苛責，如明代季本（1485-1563）《春秋私考》、徐浦（1553前後）《春秋四傳私考》；清代金甌（崇禎-1696）《春秋正業經傳刪本》、許伯政（1700-1784）《春秋深》等等，皆因竄亂刪改經傳，而被棄入存目類，因為《總目》認為這將使「古經於是乎蕩盡矣。非聖人而刪定六籍，不亦異乎」（202a），進一步將矛頭指向明代，嚴厲指責「明人妄行改竄」（340b）；「明季諸人輕改古經」（70b）；「明季坊刻竄亂古書」（680c），其評價依據亦來自於此。

至於朱熹（1130-1200）在這股流風中亦不能免，棄《小序》以解《詩》，移易改動《大學》章句，故《總目》頗有微詞云：

朱子改《大學》、刊《孝經》，後儒且有異同，王柏、吳澄竄亂古經，則至今為世詬厲矣。（174a）

但《總目》似乎也欲維護程朱理學的權威，故而有「宋代諸儒，惟朱子窮究典籍，其餘研求經義者，大抵斷之以理，不甚觀書」（278a）之語，對於改易經傳之失，以「篇章分合，未為大害於宏旨」曲加維護，或許康熙帝於宋儒中獨尊朱子，這也使得《總目》的學術立場不能不有所調整。而朱熹於《春秋》並無專著，但在《語錄》中發表了許多關於《春秋》的見解，康熙（1662-1722在位）本人就說過「朕於《春秋》獨服膺

朱子之論」[36]，故《總目》對《語錄》中之意見十分重視，在〈左傳事緯
提要〉引「《朱子語錄》謂：『《左氏》史學事詳而理差，《公》、
《穀》經學理精而事謬。』蓋篤論也」（237b），又於〈御纂春秋直解
提要〉引朱熹之論曰：「聖人作《春秋》，不過直書其事，而善惡自見」
與「《春秋》傳例多不可信，聖人紀事安有許多義例」（235b），可以
說朱子的《春秋》學觀對於《總目》的評價形成有著十分重要的指導地
位，如就「義例」觀來說，因為清帝與館臣相信朱子所說「聖人紀事安有
許多義例」的論點，故而對於盲信三《傳》義例者都予以糾彈，如清吳陳
琰（康熙時期）《春秋三傳同異考》、湯啓祚《春秋不傳》等等，反之如
陸奎勳（1663-1738）《春秋義存錄》雖因其他理由而被棄入存目類，亦
得「頗能掃《公》、《穀》拘例之失」的稱譽。

四、宋末－明初：見異不遷，其弊也「黨」

從宋代到明初，好發議論，以「理」說經一直蔚為主流，但也衍生了
堅守門戶的「非理」性用事風氣，館臣認為「宋末元初講學者，門戶最
嚴」（22a-b），此時期「學脈旁分，攀緣日眾」（1a），學者說經務求
勝人，唇槍舌戰，筆墨交鋒，惟求「驅除異己，務定一尊」（1a），形成
非常不友善的學術氛圍，《總目》對於南宋以後這類標榜門戶的學閥，甚
為不悅，云：「宋儒標榜門戶，以劫制天下之異端」（316a），又說：
「乾（乾道1165）、淳（淳熙1174）以後，講學家門戶日堅，羽翼日
眾，劖除異己，惟恐有一字之遺」（290b），《總目》分析這種情況造
成學者說經乃至「見異不遷」（1a），以致師心自用，故以「其弊也黨」
（1a）論之。所謂「黨」者，結門戶之黨，行偏黨之見，黨同而乏異也，
學術上人人有一「理」，不服心於他人之理。而此時期的《春秋》學以胡

36　〔清〕愛新覺羅・玄燁：〈春秋傳說彙纂序〉，《景印摛藻堂四庫全書薈要》第44冊（臺北：世界
　　書局，1988年），頁1-2。

安國（1074-1138）《春秋傳》影響最大，關於胡《傳》的師承，據《總目》說法，乃是孫復上祖陸淳之學，「而下開胡安國」（214b），可見胡《傳》有受啖、趙、陸、孫一系的影響，但安國曾自言其學出於二程的影響，《總目》也說「安國之學出程氏（程頤）」（219c），可見是比較偏於程頤一系的。

而朱子雖然肯定胡《傳》，認為其「議論有開合精神」[37]（219c），但朱熹本人對於《春秋》有自己的一番理解，如他把《春秋》看作是「史」書，且不在「一字上定褒貶」，對於「義例」之說也不表認同，這些看法朱子雖沒有直接指向胡《傳》，似乎也可以理解他說胡《傳》「有牽強處」（219c）的隱微之意了，但胡《傳》的勢力終究沒有停歇，從宋末一直蔓延到清初，「定於一尊」達六百餘年之久，《總目》云：「自元延祐以後，說《春秋》者務以尊崇胡《傳》為主」（236b），但也因為胡《傳》之作，語多穿鑿臆斷，強調夷夏大防，深文刻酷，且多有借《春秋》以寓意時政之用，這些對於清初統治者而言，都是不樂見的，故乾隆帝（1736-1795在位）在《四庫全書》完成後，終究把胡《傳》從科舉中剔除，並且抽換刪改胡《傳》中的違礙字句，以杜絕其中思想橫流，在明清著作中，凡是批評、糾正或不守胡《傳》路數的著作，往往得以編入著錄類，並獲得《總目》大加讚揚，以明代來說，十一部黜虛類著述中就有七部直接針對胡《傳》而得以入選[38]，而清代則有五部。反之明代屬於胡《傳》門戶而被棄入存目類者有三部[39]，而清代則有十五部流於胡《傳》

---

37 趙伯雄：《春秋學史》對「開合精神」解釋為「敢於並且善於指陳時政，借古論今，有一股縱橫家的氣魄。」（山東：山東教育出版社，2004年），頁521。

38 石光霽（1368前後）《春秋鈎元》：「以寧長於《春秋》，著有《春秋胡傳辨疑》……今《辨疑》已佚，賴光霽能傳其說」；胡廣（1370-1418）《春秋大全》：「俾學者互相參證，益以見前代學術之陋，而聖朝經訓之明」；陸粲（1494-1551）《春秋胡氏傳辨疑》：「皆先列《胡傳》於前，而以己說糾正於後……足以破繁文曲說之弊」；高拱（1512-1578）《春秋正旨》：「說經以《左氏》為長，《胡氏》為有激而作……其言皆明白正大，足破說《春秋》者之痼疾」；袁仁（1479-1546）《春秋胡傳考誤》：「抉摘安國之失……皆深有理解」；楊于庭（1580前後）《春秋質疑》：「議論多為精確，固非妄攻先儒（胡安國）」；王介（1606-1686）《春秋四傳質》：「能援據古義，糾胡安國之失，亦可謂拔俗千尋矣」。

39 饒秉鑑（1413-1486）《春秋提要》：「大旨以胡傳為宗」；鄭良弼（萬曆時期）《春秋續義發

門戶[40]，慘遭撻伐，遭到棄入存目的下場，可見當時胡《傳》勢力之大，影響之深，門戶之廣，非同一般。

也因為這股門戶風氣，學者專守一家，非胡《傳》者摒書不觀，好惡不由是非，同異取決於門戶，故《總目》認為元至明代[41]，胡《傳》藉由科舉定於一尊，學者「求利於科舉之途，而牽就附合之弊亦遂日甚」（236b），故馮夢龍說「諸儒議論，儘有勝胡《傳》者，然業以胡《傳》為宗，自難竝收以亂耳目」（235a），《總目》批評「豈非限於科律，明知其誤而從之歟？」（235a），到了明永樂時期，胡廣（1370-1418）等人剽竊汪克寬（1304-1372）《春秋胡傳附錄纂疏》之作而為《春秋集傳大全》，三《傳》的地位僅成附錄之用，士子惟胡《傳》定去取，應制亦以胡《傳》為程式，之後「漸乃棄經不讀，惟以安國之《傳》

微》：「一步一趨，皆由安國之義而推之，故其得失亦與安國相等」；陳士芳（1574-1620後）《春秋四傳通辭》：「依附胡氏，無所異同」。

40　孫承澤（1592-1676）《春秋程傳補》：「堅守胡安國《傳》，則仍胡氏之門戶而已」；張爾岐（1612-1677）《春秋傳議》：「發明胡《傳》之處居多，猶未敢破除門戶」；華學泉（崇禎-康熙）《春秋類考》：「多主胡《傳》」；李集鳳（崇禎-康熙）《春秋輯傳辨疑》：「義多主胡」；姜兆錫（1666-1745）《春秋參義》：「以胡安國《傳》為宗」、《春秋事義慎考》：「羽翼《胡傳》」；湯秀琦（1625-1699）《春秋志》：「《書法精義》皆依違胡安國之文」；蔣家駒（1690前後）《春秋義疏》：「不出胡《傳》苛刻之習」；朱軾（1665-1736）《春秋鈔》：「仍在胡《傳》門徑之中」；孫嘉淦（1683-1753）《春秋義》：「盡去各傳，反覆經文」（春秋義補註條云：孫嘉淦作《春秋義》，大旨祖胡安國之說）；李文炤（1672-1735）《春秋集傳》：「宗胡《傳》而稍採諸說，變其面貌，往往蔓延於經義之外」；魏樞（1730前後）《春秋管見》：「用意苛深，不出胡氏之門徑」；孫從添（1692-1767）《春秋經傳類求》：「取《春秋》三《傳》及胡安國《傳》分為一百二十門……然割裂繁碎，彌難尋檢」；湯啓祚（康熙-乾隆）《春秋不傳》：「於《公羊》、《穀梁》、《胡氏》皆摭其餘論……乃專取三家嚴刻鍛鍊之說，合為一書，如其所論，是聖人之立法，更酷於商鞅、韓非也」；嚴轂（崇禎-順治）《春秋論》：「持論嚴酷，又頗傷輕薄」。

41　〔明〕宋濂、王禕等奉敕撰：《新校本元史·選舉志一》載皇慶二年頒科舉程式云：「考試程式：蒙古、色目人，第一場經問五條，《大學》、《論語》、《孟子》、《中庸》內設問，用朱氏《章句集註》。其義理精明，文辭典雅者為中選。第二場策一道，以時務出題，限五百字以上。漢人、南人，第一場明經經疑二問，《大學》、《論語》、《孟子》、《中庸》內出題，並用朱氏《章句集註》，復以己意結之，限三百字以上；經義一道，各治一經，《詩》以朱氏為主，《尚書》以蔡氏為主，《周易》以程氏、朱氏為主，已上三經，兼用古註疏，《春秋》許用三《傳》及胡氏《傳》，《禮記》用古註疏，限五百字以上，不拘格律。第二場古賦、詔誥、章表、內科一道，古賦、詔誥用古體，章表四六，參用古體。第三場策一道，經史時務內出題，不矜浮藻，惟務直述，限一千字以上成。」（臺北：鼎文書局，1981年），卷81，頁2019。

為主」（219c），《總目》嚴厲指責「當時所謂經義者，實安國之《傳》義而已，故有明一代，《春秋》之學為最弊」（219c），又云：「《大全》之謬在於偏主一家之說，荒棄古來之經義」（108b）如此即可理解《總目》收書、棄書的標準，為何其中之一即是判定是否為「胡氏門戶」一條。

而《總目》如此憤恨於門戶風氣（並不只限於胡《傳》），其實亦是有鑒於歷代門戶之爭所產生的黨同伐異之弊[42]，故而屢屢在提要中貶斥「門戶」這種現象[43]，試圖遏止蔓延，甚至非胡氏門戶，但只要屬於偏袒

---

[42] 《總目》認為古今門戶之分始於先秦三《傳》，其言「說經家之有門戶，自《春秋》三《傳》始，然迄能竝立於世」（210a），至西漢今古文經之爭，故主張「不復以今文、古文區分門戶，徒釀水火之爭」、到了宋代「說《五經》者，《易》、《詩》、《春秋》各有門戶」（101a）、「宋儒標榜門戶，斷以劫制天下之異端」（316a）、「乾、淳以後，講學家門戶日堅，羽翼日眾，劚除異己，惟恐有一字之遺」（290b），並認為宋代門戶之烈始於朱子，故言「併錄朱子之《辨說》，著門戶所由分。蓋數百年朋黨之爭，茲其發端矣」，到了明代中葉「朱、陸之徒互相詬厲。名則託於衛道，實則主於尋釁……蓋門戶之爭，非一朝一夕之故矣」，最後則為明末「有感於明末門戶分爭之禍」（67b）。

[43] 以下所列僅經部範圍，諸多事例可見《總目》亟欲破除門戶之弊，如：「消融門戶之見，而各取所長，則私心袪而公理出，公理出而經義明矣」（1a）；「諸儒偏好偏惡，皆門戶之見，不足據也」（3a）；「守門戶之見者，必堅護師說，尺寸不容踰越，亦異乎先儒之本旨矣」（6c）；「固不必守一先生之言，徒為門戶之見」（18a）；「先儒諸說亦復見智見仁，各明一義，斷斷為門戶之爭」（26c）；「所由與爭門戶者異歟」（28c）；「平心論義，不立門戶之見者也」（31c）；「門戶交爭，務求相勝，遂至各倚於一偏」（35a）；「膠執門戶之見」（39c）；「超然不預於門戶，是難能也」（95a）；「不必以門戶之見論是書之醇疵矣」（99c）；「總括群言，不拘門戶」（104b）；「必鋤盡異同而後已，門戶之見尤為深固」（108b）；「消融數百年之門戶」（119a）；「未免門戶之見」（126c）；「是是非非，絕不堅持門戶」（127b）；「不專主一家者，故其議論平和，絕無區分門戶之見」（129a）；「持論和平，能消融門戶之見」（130a）；「豈前代官書任儒臣拘守門戶者所可比擬萬一乎」（130c）；「絕不回護其師說，可謂破除講學家門戶之見」（134a）；「擇長棄短，非惟不存門戶之心，亦併不涉調停之見」（134b）；「是門戶之見，非天下之公義也」（138b）；「異乎株守門戶者」（141c）；「依違兩可於其間，尤不免門戶之見矣」（145b）；「不立異同，以消門戶之爭。蓋言各有當，義各有取，不拘守於一端，而後見衡鑒之至精也」（172b）；「其論可謂持是非之公心，掃門戶之私見」（173b）；「自抒所見，絕無門戶之私」（178a）；「不依阿牽就，務存門戶之私」（220a）；「門戶之見殊不足據」（223a）；「殆以門戶不同，未觀其書」（225c）；「亦非堅持門戶、偏黨一家者也」（230b）；「蕩滌門戶，辯別是非，挽數百年積重之勢，而反之於正」（235a）；「可謂掃除門戶，能持是非之平矣」（235c）；「仍胡氏之門戶而已，未必盡當程子意也」（252a）；「發明胡《傳》之處居多，猶未敢破除門戶」（253a）；「五六百年門戶相持」（264c）；「見諸儒淵源之所自，與門戶之所以分焉」（265a）；「息今文古文門戶之爭」（266a）；「蓋當時老師宿儒。相傳如是，門戶所限，弗敢尺寸踰也」（273b）；「門戶之見既深，是不可以口舌爭矣」（285b）；「紛紛門戶

一家一言者，皆屬學術不正，館臣以為「說《春秋》者三《傳》並存，說
《詩》者四家互異，古來訓詁，原不專主一人，各尊所聞，各行所知」
（299b），並不需一定要堅守某傳某說，只要是論證有據，合情合理，
即可為一家之言，既為真理窮經，又何須苟苟拘守門戶，對此問題，《總
目》的立場很是明確，如毛奇齡《春秋簡書刊誤》被批以「特以偏主一
家，曲加排斥，均為未得其平」（238a）之咎，而童品《春秋經傳辨疑》
則被許以「非堅持門戶，偏黨一家者」（230b）之譽。《總目》並言此
風之增長，罪責實在宋明儒者身上，其云：

> 宋明人皆好議論，議論異則門戶分，門戶分則朋黨立，朋黨立則恩怨
> 結。恩怨既結，得志則排擠於朝廷，不得志則以筆墨相報復。其中是非顛
> 倒，頗亦熒聽。（397b）

　　《總目》如此運用理所當然式的因果推論法則，或許並不十分恰當與
合適，但可見館臣對於門戶的流毒是有所警惕的，其言「區分門戶，徒釀
水火之爭。蓋註經者明道之事，非分明角勝之事」（263a），認為如此假
借學術以干政治，驅逐異己，逞志朝廷，非學者通經用世之道也。而乾隆
言「意在息諸說之紛岐以翼傳，融諸傳之同異以尊經」[44]，對於清代帝王
欽定御纂諸書，館臣言「豈前代官書，任儒臣拘守門戶者，所可比擬萬一
乎？」（130c），又言皇上能「蕩滌門戶，辯別是非」（234a），似乎
也道出了康、乾二帝的學術態度有意「破除門戶」。

之愛憎，皆逐其末也」（291a）；「明以來攻朱子者務摭其名物度數之疎，尊朱子者又併此末節
而回護之。是均門戶之見」（294a）；「宋、元間門戶之見，非篤論也」（298b）；「多平心剖
析，各明一義，非苟為門戶之爭」（299b）；「雖堅持門戶，未免偏主一家」（299c）；「講學以
明道，非以求勝。但為朱、陸而爭，已不免門戶之見」（314c）；「有意巧詆，純乎門戶之見」
（318a）；「欲盡掃經師，獨標道學，未免門戶之私」（318b）；「是又門戶之見未能盡化矣」
（319a）。

44　〔清〕愛新覺羅・弘曆：《御纂春秋直解》，《景印摛藻堂四庫全書薈要》第45冊（臺北：世界書
　　局，1988年），頁1–2。

五、明中－明末：各抒心得，其弊也「肆」

　　《總目》認為自明代定胡《傳》為一尊後，從永樂至正德時期的一百年間，說經者皆迷於此途，思維被禁錮，學術充滿僵化毫無生氣可言，然而「主持太過，勢有所偏，材辨聰明，激而橫決」（1a），朝廷過度的壓抑造成了學術不正常的激烈反動，聰辯之士（有一部份指向陽明心學）開始不理會官方賦予的學術獨尊現象，於是從正德（1506）、嘉靖以後，學者說經漸漸脫離一家一言，但又並非破除門戶，而是以己意說經，自造新解，毫無顧忌，放肆已極，以致流於好發議論，各抒心得，穿鑿無據，空疏臆斷之弊，故《總目》將第五個階段鎖定在明中葉至明末時期，論斷以「其弊也肆」（1a）之語。

　　但比較起來，《總目》雖不喜唐儒新經學啖、趙一派的解經方式，但更是厭惡明中葉以後的離經離傳，穿鑿附會式的說解。啖、趙等人雖舍傳求經，攻擊三《傳》權威，但仍在三《傳》範圍。而明末說經卻遠離三《傳》文本，說解往往溢出經義之外，從胡《傳》中本已深文過當的論點愈加衍說，「牽合穿鑿」（251b），憑臆率斷，《總目》即說：「明人之說《春秋》，大抵範圍於《胡傳》。其為科舉之計者，庸濫固不足言，其好持議論者，又因仍苟說，彌用推求，巧詆深文，爭為刻酷，尤失筆削之微旨」（231c-232a），而觀《總目》棄入明代春秋存目類中就有十三部之多[45]，清代也不遑多讓，亦有十六種[46]，可見這股風氣從明中葉一直

---

[45] 魏校（1483-1543）《春秋經世》：「杜撰之談」；呂柟（1479-1542）《春秋說志》：「大抵褒貶迂刻，不近情理……其失不止於穿鑿也」；馮時可（1547-1617）《左氏討》、《左氏論》：「皆以意為之，往往失於迂曲」；瞿九思（1573前後）《春秋以俟錄》：「多穿鑿附會之談」；鄭錄（1573-1620後）《春秋心印》：「語多凡陋，率以私意窺測聖人」；陳許廷（萬曆時期）《春秋左傳典略》：「失之穿鑿」；張溥（1602-1641）《春秋三書》：「考證已為少遜」；王宸大（天啟-崇禎）《春秋說》：「說經亦多臆斷……議論多而考證少」；傅遜（1583前後）《左傳注解辯誤》：「以意推求者多」；姚舜牧（約1543-1628）《春秋疑問》：「不免於以意推求，自生義例」；陸粲（1494-1551）《左氏春秋鑷》：「奇言怪說，驚於末流」（230c，《左傳附註》兼評此書）；郝敬（1558-1639）《春秋直解》：「曲筆深文，務求瑕纇……不免好為議論矣」。

[46] 王夫之（1619-1692）《春秋家說》：「好為高論，不顧其安」；萬斯大（1633-1683）《學春秋

到清初，有愈演愈烈的傾向。而在此同時，王學末流高舉心學，以狂禪解
經，放逸恣肆，更加速經義流於虛渺之境，愈加不可解，《總目》就痛言：

　　馬、鄭、孔、賈之學，至明殆絕，研思古義者，二百七十年內，稀若
晨星，迫其中葉，狂禪瀾倒，異說飆騰，乃併宋儒義理之學亦失其本旨。
（274b）

　　明中葉前已喪失漢唐儒者篤實之風，後期王學狂禪飆騰，「心學盛而
經學衰」（275a），其說竟至「持禪偈以詁經」（40c），其義則全「無
當於聖賢之本旨」（283c），《總目》批評這種學術方式，根本就是「蠹
蝕經術，實弊不勝窮」（40c），這兩股風氣的相互增長，使得經學的本
質愈加隱晦了。
　　而永樂時頒佈《五經大全》，漸漸使得「應舉、窮經，久分兩事」
（129b），士子醉心於科舉之途，八股文橫行天下，顧炎武即痛言：
「八股行而古學棄，《大全》出而經說亡。」（《日知錄》，頁526），
讀書人從此只知有胡《傳》，而不知有《春秋》，「棄置經文，而惟於胡
《傳》之中推求語氣以行文」（251a），演變到最後甚至「於胡《傳》之
中摘其一字、兩字，牽合搭配，以聯絡成篇」（251a），連胡《傳》本身
也喪失了主導權。《總目》即痛言：「明季時文之弊，名為發揮經義，實

隨筆》：「不根之論，全憑意揣」；嚴啟隆（前1625-1661）《春秋傳註》：「矯枉過直，自流
於偏駁」；張沐（1630-1712）《春秋疏略》：「以《左傳》為孔子所作……自有經籍以來未之
聞也」；邱鍾仁（崇禎-康熙）《春秋遵經集說》：「多不足據」；張希良（1685前後）《春秋
大義》：「橫生議論」；冉覲祖（1636-1718）《春秋詳說》：「略於考證，而詳於議論……失
之穿鑿者多矣」；朱元英（1709前後）《左傳拾遺》：「好出新意，亦往往失之過苛」；蘇本潔
（1713前後）《左傳杜註補義》：「罕所引據考證」；姜兆錫《公穀彙義》：「不出宋人臆斷之
學」；劉紹攽《春秋筆削微旨》：「是編採《公》、《穀》二傳附會之說，與孫、胡諸家臆斷之
論，彙為一書，而更以己意穿鑿之」；部坦（1751前後）《春秋集古傳註》：「好出新意，而不盡
允協」；陸奎勳（1663-1738）《春秋義存錄》：「是皆務高求勝之過也」；劉夢鵬（1751前後）
《春秋義解》：「深文過當，憑臆率斷」；盧軒（1709前後）《春秋三傳纂凡表》：「於其同是
非不加考證」；徐世沐（1635-1717）《春秋惜陰錄》：「於經義刻意推求，而往往失之迂曲」。

則割裂傳文，於聖人筆削之旨，南轅北轍」（251a），對於這些「時文」、「講章」皆直指為「經學之蟊賊」（251a），以為不只掩沒了聖人微言大義，甚至曲解了筆削之旨，故而有「時文盛而經義荒」（195c），亦有「蓋講章之作，沽名者十不及一，射利者十恆逾九」（320b）之罵名，不僅箝制士子思想，更成為了商人書坊追求利祿之途徑。更有甚者，借此而立門戶，「以評選時文相軋，詬厲喧呶」（314a），四庫館臣們當時就對孫鑛（1542-1613）等人極為不滿，認為他們「竟用評閱時文之式，一一標舉其字句之法」（283a），把評閱、點評八股的方法施用於聖人之經典[47]，並進一步開啟了鍾惺（1574-1624）、譚元春（1586-1637）之流的放肆評經[48]，因此在《總目》中認為這類著作根本不為闡發聖人之義而作，亦非註經之體式，故而幾乎都棄入存目類不加收錄，如明代就有十二種[49]，清代亦有七種[50]。從明末到清初的這段時間，這股評點經傳的

---

[47] 孫鑛評點：《春秋左傳杜林合註》五十卷（臺北學海出版社據學源堂春秋左傳杜林合註本影印）、《閔氏分次春秋左傳》十五卷（臺北國家圖書館藏明萬曆四十四年吳興閔氏朱墨刊本）、《重訂批點春秋左傳狐白句解》三十五卷（河南省圖書館藏明末刻本）、《合諸名家評注左傳文定》十二卷（安徽省圖書館藏明刻本）、《左傳評苑》八卷（北京清華大學圖書館藏明刻套印本）、《諸大名家同訂春秋繁露註釋大全》十七卷（臺北國家圖書館藏明天啓五年西湖沈氏花齋刊本）、《公羊傳》十二卷（北京故宮博物院圖書館藏明刻本）。

[48] 鍾惺評點：《左傳文苑》八卷（美國國會圖書館藏明慶雲館藏板朱墨套印本）、《鍾評左傳》三十卷（四庫全書存目叢書經部126）、《鍾伯敬評公羊穀梁二傳》二十四卷（臺北傅斯年圖書館藏明崇禎間刊本）、《春秋繁露》十七卷（日本九州大學碩水文庫藏金閣擁萬堂刊本）、《春秋左傳杜林合註》五十卷（臺北學海出版社據學源堂春秋左傳杜林合註本影印）、《春秋旁訓》四卷（美國哈佛大學漢和圖書館藏明金閣魯邸岳刊本）、《左傳評苑》八卷（北京清華大學圖書館藏明刻套印本）、《春秋四傳》三十八卷（臺北國家圖書館藏明末刊本）。

[49] 陳懿典（1592前後）《讀左漫筆》：「大抵如時文評語」；鄒德溥（1583前後）《春秋匡解》：「是書專擬《春秋》合題，每題擬一破題，下引胡《傳》作注，又講究作文之法，蓋鄉塾揣摩科舉之本」；張杞（1597前後）《麟經統一篇》：「以一破題括其意，即注胡《傳》於下。後列合題數條，亦各擬一破題，并詮注作文之要，其體又在講章下矣」；馮夢龍（1574-1646）《春秋衡庫》：「為科舉而作，故惟以胡《傳》為主」、《別本春秋大全》：「以備時文掇撮之用」；鄧來鸞（1622前後）《春秋實錄》：「專為科舉而作」；陳于鼎（1601-1662）《麟旨定》：「以一破題為式，而略為詮釋於下，即在舉業之中亦為下乘矣」；顧懋樊（天啓-崇禎）《春秋義》：「數行胡《傳》為舉業計耳」；鍾惺（1574-1624）《鍾評左傳》：「殊為蛇足」；凌稚隆（嘉靖-萬曆）《春秋左傳評注測義》：「冗碎不足觀」；梅之熉（萬曆-崇禎）《春秋因是》：「專為《春秋》制義比題傳題而作」；施天遇（1617前後）《春秋三傳衷考》：「備時文之掇撮而已」；趙恆（1538前後）《春秋錄疑》：「專為科舉而設」。

[50] 儲欣（1630-1690後）《春秋指掌》：「科舉之學也」；王源（1648-1710）《或庵評春秋三

風氣發展到最後，甚至直接將《春秋》三《傳》視同「文章」，而非「經典」，館臣云：

經義文章，雖非兩事，三《傳》要以經義傳，不僅以文章傳也。置經義而論文章，末矣；以文章之法點論而去取之，抑又末矣。（256c）

館臣雖也知這些經典之文「號為富豔，殘膏賸馥，沾溉無窮」，但實在不願承認這種新文體具有何種闡發經義，探聖人本心的可能，而以「無預於經義，則又非所貴焉」（244b）對其評價。

至明末還有一種風氣是《總目》最加厭惡的——「剽竊」，明代胡廣「剽竊舊文以應詔」（128c），襲用汪克寬《春秋胡傳附錄纂疏》而為《春秋大全》，永樂以後將胡《傳》尊為圭臬，雖限制了經義的發展空間，但至少還是「依經立義」（251b），但之後卻產生了剽竊惡習，雖無法說證明此事和胡廣剽竊有關，但至少「上梁不正下梁歪」，官方的作為往往會產生意想不到的「風行草偃」之效，此後「剽竊相仍，棄經誦傳」（251b），學術歪風盛行，當時人卻也司空見慣，亦不甚在意，而且那些大量的講章時文，其目的之一也就是讓那些應考士子便於模仿而作，嚴格來講，時文講章或許才是元兇，故《總目》云：「剽竊庸膚，為時文弋獲之術」（29b），而這樣的模仿以應考其實也就是一種合法的剽竊行為，也無人會予以追究，但《總目》卻深感不安，認為：

自有制藝以來，坊本五經講章如此者，不一而足。時文家利於剽竊，較先儒傳注轉易於風行。苟置不之論不議，勢且蔓延不止，貽患於學術者

_____

傳》：「以文章之法點論而去取之」；馮李驊、陸浩（康熙時期）《左繡》：「以時文之法商推經傳」；李文淵（1742-1767）《左傳評》：「以己意評點之」；姜炳璋（1709-1786）《讀左補義》：「簡端又冠以評，或論事，或論文，如坊選古文之例，殊非註經之體也」；翁漢慶（崇禎-順治）《春秋備要》：「書之上闌標破題，下闌標合題，則全非詁經之體矣」；田嘉穀（1712前後）《春秋說》：「兼論作文之法，蓋其書專為舉業而設」。

彌深。故存而闢之，俾知凡類於此者，皆在所當斥焉。（252c-253a）

　　對於這一股使國家科舉取士的大典流為剽竊用武的不良風氣，《總目》是存在著使命感，故把這類用書皆列於摒棄之列，如清代姜希轍（前1642-1698）《左傳統箋》就被館臣批評說：「其所引證，又皆不標所出，猶沿明季著書之習」（252b），而棄入存目。但需要澄清的一點，剽竊此風實起於元代科舉，《總目》亦言：「元代以經義取士，遂有擬題之書，以便剽竊」（108b），於元代陳悅道〈書義斷法提要〉亦云：「後來學者揣摩擬題，不讀全經，實自此濫觴。錄而存之，知科舉之學流為剽竊，已非一朝一夕之故」（98a），可見從元朝即有此風流行，明代效之而不改，清初亦餘波盪漾。

　　最後《總目》把放「肆」之極，指向竄亂經傳，偽作橫行等現象，認為「明人凡刻古書，多以私意竄亂之，萬曆以後尤甚」（13a）；又說：「明人喜作偽本」（23b），如季本（1485-1563）撰《春秋私考》，《總目》言此書乃「杜撰事蹟，以改易舊文。蓋講學家之恣橫，至明代而極矣」（247a）。又如豐坊（約1492-1570）偽撰《春秋世學》，眩惑當世，《總目》以「向來說《春秋》者亦所未聞，其偽蓋無足辨也」（247a），但當時之人往往深信不疑，甚至盛行一時，學者亦多採信，故館臣形容當時情況，「以其言往往近理，多採用之，遂盛傳於時」（132c）類況。這類書籍在《總目》的評價標準中最是低劣，所謂「偽書之貽害於經術者甚矣」（139b），但也因明中葉後此風漸萌，館臣屢屢使用「明季偽體橫行」（765a）；「明季妄人託名偽撰」（416c）；「明季良知之徒鑿空撰出」（546b）；「明人妄行改竄，顛倒錯落」（340b）；「猶明季諸人輕改古經之餘習也」（70b）；「猶明季坊刻竄亂古書之陋習」（680c）等等舉一廢百，以偏概全的話語，似乎也可以抱持著同情式的進行理解，館臣所言亦概乎指向當時放肆已極，肆無忌憚的劣質文風，所謂「其弊也肆」的實際內涵亦在於此。

六、清初：徵實不誣，其弊也「瑣」

　　明末的學術亂象在館臣眼中不外乎是——不研經究傳卻好發議論，無真才實學卻著書立說，窮心科舉以講章為圭臬，竄亂作偽以惑世而炫奇，剽竊字句以為終南之捷徑，可以說追求聖人之心的理想在明末已經喪亡殆盡。到了清初，「博雅之儒引古義以抵其隙」（1a），以徵實不誣的考據學，力矯明末「空談臆斷，考證必疎」（1a）的弊病，力追東漢訓詁名物之學，恢復樸實謹嚴的解經模式，一切學問均要「切實有徵，平易近理」（210a），「考證精核，論辨明確」（18b），不可再如宋明學者般空言虛談，穿鑿附會，臆斷聖心。於是《總目》將清初這段「崇實黜虛」的時間定為經學轉變的最後階段，但館臣似乎也意識到一點，雖然以「義理」說經會產生不少弊病，但絕不可廢棄，只是必須要先經過訓詁考證的程序，才能從中談義理，如此才能得義理之真，因為「名物訓詁之不明，事蹟時地之不考，遂有憑臆空談，乖聖人之本旨」（278a）的不良毛病產生，故而於〈凡例〉中清楚表明，「說經主於明義理，然不得其文字之訓詁，則義理何自而推」（18a），在探求聖人之心，尋求經典之義的先後順序上，一定只能以訓詁考據為基礎，使「一字一句具有淵源」（45a），以達論斷有據，真實而不誣。

　　但這樣樸實謹嚴的學風從清初一直發展到乾隆時期，也相對衍生出了一些弊病，其原因在於學者們專注於訓詁考據的同時，為使考證結果縝密無誤，引用了許多文獻以證己說，遂有「一字音訓動辨數百言」（1a）的情形產生，原本是要展現自己的博學，卻因不知別擇去取，反而遭到「其短亦在於嗜博」（242a）譏之，當時因這股訓詁風氣而引發的弊病現象，《總目》以「其弊也瑣」（1a）加以論之，「瑣」即瑣碎蕪雜之義，當時如朱鶴齡（1606-1683）、姚炳（順治-康熙）、陸奎勳、惠棟（1697-1758）均被《總目》指出有如此之缺失。

　　但相較於東漢經學謹守師傳，一字不敢更改的「拘」，與明末空談臆

斷，好發議論的「肆」相比，《總目》是寧願「拘、瑣」些，也不肯放「肆」的，前兩者所失不過拘執瑣碎之小疵，於聖人微言大義並無衝突之處，而明末之「肆」無忌憚的空談議論，則大大有背離聖人經典原意的可能性，甚至是必然性。而宋儒理學的「悍」，儘管不守漢唐傳注，移易經文，有欲出孔子之上的強悍作風，但所談義理，依舊在經典文本範圍，所闡明之理道，仍然是探尋聖人之心，對於探究經傳義理上，還是有其必要性的。可以說《總目》認為漢學與宋學都有其經典原意探究方法上的優點，故而一再宣稱要破除門戶，也就是要在漢宋之間取得一個平衡，採漢學的訓詁，取宋學的義理，如此漢宋兼採而去其拘瑣之弊，在館臣從春秋學解經歷史的理性思維中，分析出這是一個最理想的解經方式，故在〈經部總敘〉說：

> 漢學具有根柢，講學者以淺陋輕之，不足服漢儒也。宋學具有精微，讀書者以空疏薄之，亦不足服宋儒也。消融門戶之見，而各取所長，則私心祛而公理出，公理出而經義明矣。（1a）

又說：

> 考證之學，宋儒不及漢儒；義理之學，漢儒亦不及宋儒。言豈一端，要各有當。（294a）

可見《總目》欲在「破」除門戶後，達到漢宋兼採的目的，「立」一個新的經解典範，所謂「詮釋義理而不廢考訂訓詁，斟酌於漢學、宋學之間」（103a-b）的學術方向，在這「破、立」下所產生的「新漢宋之學」模式將會是完美無缺的「經解」。但《總目》遭受人非議的地方亦在於此，雖信誓旦旦的宣稱要「消融門戶之見」，漢宋兼採，但在《總目》的「考本書之得失，權眾說之異同」（18c）的評價文字中，還是讓人感受

到有「揚漢抑宋」的傾向。以程序來說，館臣於〈凡例〉中表示「說經主於明義理，然不得其文字之訓詁，則義理何自而推」（18a），又有言「先有漢儒之訓詁，乃能有宋儒之義理」（318b），在這些說詞中《總目》很明確的把說經程序的第一順位給了訓詁，而後才是義理，甚而可以說，若沒有了漢儒的訓詁就不可能有宋儒的義理學產生，所以《總目》於〈經稗〉提要中論及漢儒考證與宋儒義理學時，很感慨地說：

　　夫窮經之要，在於講明大義，得立教之精意，原不以搜求奇祕為長。然有時名物訓詁之不明，事蹟時地之不考，遂有憑臆空談，乖聖人之本旨者。（278a）

更加顯明訓詁考證的重要性與程序性都不能比義理說經的位階來的低，否則容易衍生出「憑臆空談，乖聖人之本旨者」的流弊來。

　　若以《春秋》來看，館臣認為「論史主於示褒貶，然不得其事蹟之本末，則褒貶何據而定」（18a），從話語中顯示，關乎聖人本旨的「褒貶」，如果不能確定「事蹟之本末」的具體情形，則孔子褒貶的大義又從何論定，而探求「事蹟之本末」，正是訓詁考證之學的長處，憑藉著義理空談只會使褒貶對象混淆不清，失卻了聖人本旨，亦顯示訓詁高於義理一層。

　　最後來看《總目》所收諸書的標準是否能擔得起「漢宋兼採」呢？以最接近館臣生存年代的明清兩代春秋學著作來說，明代收著錄類二十二部[51]，崇實類佔了四部[52]，約百分之十八點一八；黜虛類佔了十一部[53]，達

---

[51] 朱睦㮮《春秋諸傳辨疑》本有單行本行世，後合編入《五經稽疑》中，而此二書一被《總目》「五經總義類著錄」（274b-c）收入，一被「春秋類存目」（247c）收錄，但存目以《五經稽疑》已有收錄為由，故只存其名，而無相關評價，又因「五經稽疑提要」館臣多論《春秋諸傳辨疑》一書之正面評價，故而將此書由存目類放入春秋類著錄看待。

[52] 張以寧《春王正月考》、陸粲《左傳附註》、馮時可《左氏釋》、朱朝瑛《讀春秋略記》等四種。

[53] 石光霽《春秋鉤元》、胡廣《春秋大全》、童品《春秋經傳辨疑》、湛若水《春秋正傳》、陸粲

百分之五十，以「黜虛崇實」這類傾向於漢學方式的著作共佔百分之八十一點八一，而以廣義的範圍來看義理說經類，僅佔六種[54]，約為百分之二十七點二七，而廣義的「漢宋兼採」類三種[55]，約佔百分之九點零九，顯示收書比例還是「漢學」為重。若以清代來看，著錄類二十六部中，崇實類就佔了十九部[56]，約佔總數百分之七十三點零七，黜虛類佔了五部[57]，約百分之十九點二三，兩者合計約為百分之九十三點三（多為地理、曆法、制度、文字考據訓詁等方面為主）。而義理說經類共六部[58]，約佔百分之二十三點零七，漢宋兼採類共三部[59]，約佔百分之十一點五三，以《總目》宣稱要「漢宋兼採」的理想來說，本身為清人的館臣，對於本朝漢學考證的書籍收錄竟達九成三以上，這似乎就無法杜悠悠眾口指其「揚漢抑宋」了，也讓人對於其在〈凡例〉中宣示要藉由「訓詁：方法」以達「義理：目的」，透露出懷疑。甚至以專為乾隆御覽而編寫的《摛藻堂四庫全書》來說，明代部份僅僅錄有張以寧《春秋春王正月考》一書，為元末明初考據學的力作，但嚴格來說張以寧應列入元代學者，以此來看，明

《春秋胡氏傳辨疑》、高拱《春秋正旨》、袁仁《春秋胡傳考誤》、楊于庭《春秋質疑》、卓爾康《春秋辨義》、王介之《春秋四傳質》、朱睦㮮《春秋諸傳辨疑》等十一種。

54　熊過《春秋明志錄》、王樵《春秋輯傳》、徐學謨《春秋億》、姜寶《春秋事義全考》、高攀龍《春秋孔義》、卓爾康《春秋辨義》等六種。

55　高拱《春秋正旨》、王樵《春秋輯傳》、卓爾康《春秋辨義》等三種。

56　顧炎武《左傳杜解補正》、王夫之《春秋稗疏》、朱鶴齡（1606-1683）《讀左日鈔》、馬驌（1621-1673）《左傳事緯》、毛奇齡《春秋毛氏傳》、《春秋簡書刊誤》、《春秋屬辭比事記》、高士奇（1645-1704）《春秋地名考略》、張尚瑗（1656-1731）《三傳折諸》、焦袁熹（1660-1725）《春秋闕如編》、陳厚耀（1648-1722）《春秋長歷》、《春秋世族譜》、惠士奇（1671-1741）《半農春秋說》、顧棟高（1679-1759）《春秋大事表》、程廷祚（1691-1767）《春秋識小錄》、惠棟（1697-1758）《左傳補注》、沈彤（1688-1752）《春秋左氏傳小疏》、江永（1681-1762）《春秋地理考實》、吳鼐（1736前後）《三正考》等十九種。

57　俞汝言《春秋四傳糾正》、毛奇齡《春秋毛氏傳》、《春秋簡書刊誤》、焦袁熹《春秋闕如編》、顧奎光《春秋隨筆》等五種。

58　俞汝言《春秋平義》、徐庭垣（雍正-乾隆）《春秋管窺》、張尚瑗《三傳折諸》、方苞（1668-1749）《春秋通論》、葉酉（1739前後）《春秋究遺》、顧奎光（1719-1764）《春秋隨筆》等六種。

59　顧炎武《左傳杜解補正》、俞汝言《春秋四傳糾正》、焦袁熹《春秋闕如編》等三種。

代一千多部《春秋》著作可以說沒有一本合乎四庫館臣的標準，沒有一部能經過乾隆眼皮底下，如此真可謂除惡務盡，斬草除根了。若要以同理心為四庫館臣說項，或許理想永遠是等待實現的，而現實中的選擇還是以〈凡例〉所列出的收書準則為主，所謂「今所錄者，率以考證精核，論辨明確為主，庶幾可謝彼虛談，敦茲實學」（18b），這對於館臣而言，也許還是比較接近務實而且保險的作法吧。

　　本文透過以上對《總目》中相關評價與標準的分析，可進一步認識《總目》對明代春秋學的觀點以及歷代春秋學的態度，其評價明代之言論除了有政治上貶抑前朝，揚頌清朝盛世文教的需要外（可以理解），在學術上亦有崇漢抑宋的立場偏向，與壓制明末好發議論式的解經行為（矯枉過正），遂無法認同明人於經解中或經書外之多元式的發展，認為一切價值如果脫離文本或經義，則毫無成績可言。而清代透過《總目》的流行，對明代經學和春秋學的過甚言論，亦深入人心，形成理所當然式的負面刻版印象，而透過本文的分析，或許未來對於《總目》中的明代經學評價部份有必要重新審思一番，其實《總目》對於歷代學術源流的評價上確實具有權威性的地位，這不容否認，也無需推翻，但現在是否還必須完全通盤接受《總目》給予的答案，和《總目》站在相同立場（無論是政治的，或是學術的），喜其所喜，惡其所惡，以崇漢抑宋的學術標準檢驗每個朝代、每部著作，合則揚之，不合則棄之，我想今人在這個時代的經學研究應該要走出這個古人給予的既定框架，同情、理解並且承認每個朝代都有其不可取代的時代特色與承傳學術的功能，《總目》所能代表的僅僅是一個時序階段的權威性意見，而相信權威在現今教育理論看來也是有其必要性與不可拋棄性，並且也是合乎理性且健康的學習心態，但對於剛取代朱明王朝而有天下的清人來說，其官方評價敵國明人或明代學術的話語，在相信的同時似乎也應該要去聽聽明人自己怎麼說，如此才是公平合理之道。

第三章　科舉與經學：胡《傳》的獨尊與《左傳》的復興

　　明代春秋學是歷代經學史中無可迴避的學術一環，不論清代以後學者對其是如何地惡評劣價，甚至認為本時期的經學是中國歷史上最觀無可觀的朝代，筆者都希望能從實質面，從文獻面，甚至是數據統計層面去進一步探討，而不是完全不接觸，不研究，只要談到明代經學，就徒然以前輩學人的論斷評價為說口，以此當成自身行文思維的評價依據，這對經學與經學史研究實質上並沒有達到任何有效且實質的幫助。再者，若明代經學真的如四庫館臣以及歷代學者批評般敗壞至極，觀無可觀，到了置之不論亦無不可的地步，不管這些言論的真實性如何，都不足以成為學者不研究的理由，因為衰敗也有衰敗的因素，沉淪亦有沉淪的背景，所以就算明代經學的敗壞已經被視為前提假設，那麼現今學者們至少也要瞭解明代經學衰敗的原因為何？不是因其衰敗就完全漠視它，更何況明代經學是否衰敗的論點，也要端看從何種視野角度與學術立場出發，故不能一概論之。反觀現今的學術研究已經進入一個比較沒有外力干預的時代，對這一時期的經學研究也不應該再抱持著全面否定的心態，所以現今學者們有必要，也有責任去填補，甚至是導正此時期經學研究的空白與長期造成的刻板偏誤觀念，這項工作最實在也最可靠的方式就是透過明代經學、春秋學的相關文獻研究，直接進入問題的核心，如此才能以一個比較嚴實客觀的角度與立場，去平心看待這個時期的經學成就與成果，甚至是經學轉折所蘊含的時代意義，無論這個結論是否如前人所說般，但這都應該是一個比較正確，比較合乎理性與實證精神的學術態度。

　　本書第三章〈科舉與經學：胡《傳》的獨尊與《左傳》的復興〉一文就是希望從明代官方科舉考試的層面與角度，切入歷代學者最嚴厲批評明代經學的問題核心，以此作為觀察一代學術的基礎與重心，深入去瞭解明代《春秋》一經在科舉制度下的實際發展情況，與時代流變中的興衰浮沉，如此一來將可對此時期的《春秋》學研究有一個時代性的整體概念。

　　本章所要討論探究的範圍與層面析分之下共有五項重點：一是探究胡《傳》以及胡《傳》門戶的流衍發展情形，以及永樂時期《春秋大全》的頒布對明代春秋學所造成的正負面影響，甚至是後續各個階段所產生的褒貶、利弊、得失。第二部份是探討從宋代以來，一直持續到清初的反對質疑胡《傳》勢力的發展軌跡，並觀察其中「尊胡」與「反胡」兩個陣營之間的消長對抗情況為何。三則探討明代科舉制度對春秋學，甚至是經學的負面限制與正面的推廣之功，並從中檢討明代經學的衰微原因與科舉制度的實際關聯性，以及五經之中何以《春秋》從明初的鼎盛狀態，漸漸地越來越少人研治的背後原因為何。四則析論明代三百年來《春秋》進士的區域地理分布狀況，並以官方的學校教育政策與民間書院講學制度的發展，來進一步觀察文化和地域之間的依存關係。第五則討論《左傳》在胡《傳》科舉勢力的壓制下，如何力求解放與轉型，以及何以由沉寂以至崛起的原因探討，以下分別五節論述之。

第一節　胡《傳》門戶與《春秋大全》

　　明代科舉中的《春秋》相對於其他經是較為特殊的，因為它的範圍涵蓋《春秋》原典與《左傳》、《公羊傳》、《穀梁傳》，以及胡《傳》、張洽《傳》，後張洽《傳》逐漸廢棄不用，也就是形成一《經》四《傳》的基本模式，但自從永樂帝頒布《春秋大全》後，表面上是四《傳》並行，實則是獨尊胡《傳》，這使得明代三百年的官方科舉全部都籠罩在胡

《傳》的影響之下，許多學者的著作圍繞著胡《傳》立說，形成一種門戶，影響所及綿延至清初。本節就胡《傳》門戶在明代的流衍情形與《春秋大全》的頒布兩點分別進行探究，進一步明白兩者之間的因果淵源與交互影響層面為何。

一、胡《傳》門戶的流衍

　　胡安國（1074-1138）在南渡後奉旨纂編《春秋傳》，書中強調尊王、攘夷、討賊、復讎等大義，這些學術概念都符合當時南宋的國家政治需要，故此書進獻後，宋高宗趙構（1127-1162在位）大加獎賞，很快就在朝廷內外流傳開來。而朱熹（1130-1200）在其一生中遍注經典，然《春秋》一經卻付之闕如，故他指示弟子們於《春秋》可觀覽胡《傳》，雖然他對胡安國的解經方式稍有微詞，認為不免於臆度、牽強、穿鑿的缺失，但在義理詮釋上卻是十分肯定，例如他說胡《傳》「議論有開合精神」；「胡文定義理正當」；「胡《春秋》大義正」[1]等等，都對其義理內容表示認可。透過官方的公開尊崇與朱熹的點頭首肯，都進一步促使胡《傳》的勢力得到更加明確的學術鞏固，對士人的影響力也就更加廣泛深遠，張九成（1092-1159）即云：「近世《春秋》之學，伊川開其端，劉質夫廣其意，至胡文定而其說大明」[2]，陳振孫（1181-1262）云胡《傳》，「近世學《春秋》者皆宗之」[3]，可以說南宋朝是胡《傳》之學的萌芽與強勢發展階段。到了元代，仁宗皇慶二年（1313）下詔頒行科舉程式，其中一條規定即是「《春秋》許用三《傳》及胡氏《傳》」[4]，

1　〔清〕程川編：《朱子五經語類》，《景印文淵閣四庫全書》史部，第193冊（臺北：臺北商務印書館，1983年），卷57，頁9；卷58，頁4。

2　〔清〕朱彝尊撰〔民國〕張廣慶等點校：《點校補正經義考》（臺北：中央研究院中國文哲研究所籌備處，1997-1999年），第6冊，卷185，頁3。

3　〔宋〕陳振孫：《直齋書錄解題》，《景印文淵閣四庫全書》史部，第674冊，卷3，頁17。

4　〔明〕宋濂、王禕等奉敕撰：《新校本元史‧選舉志一》（臺北：鼎文書局，1981年），卷81，頁2019。

至此胡《傳》正式成為科舉定本之一，和三《傳》並列，也可見從南宋至元初階段，胡《傳》在文人學士間已經取得類同三《傳》的位階，具有龐大的閱讀人口，元代當時尊崇胡《傳》的學者主要有俞皋《春秋集傳釋義大成》[5]、李廉《春秋諸傳會通》[6]，以及元末明初汪克寬（1304-1372）的《春秋胡氏傳纂疏》[7]，此書對胡《傳》在明代的影響具有舉足輕重的地位，因為它是第一部全面疏解胡《傳》的著作，稱其為胡《傳》功臣亦不為過。元代階段胡《傳》甚至在「三傳」之外出現所謂「四傳」之名，元儒吳澄（1249-1333）為俞皋《春秋集傳釋義大成》撰寫序文時說道：

> 新安俞皋其學博，其才優，其質美，從其鄉之經師趙君學《春秋》，恪守所傳，通之於諸家，述《集傳釋義》，經文之下，融會眾說，擇之精，語之審，粹然無疵。經後備載三《傳》、胡氏《傳》，以今日所尚也。玩經下所釋，則四《傳》之是非，不待辨而自明，可謂專門而通者矣。[8]

三《傳》解經的評價雖有紛爭，但專門解經的經學地位歷經了千餘年而不曾改動過，南宋雖崇尚胡《傳》，但也從未出現「四傳」之名，元儒首次將胡《傳》與三《傳》通稱為「四傳」，不論這「四」字吳澄是以數字囊括三《傳》與胡《傳》為總數，亦或抬高胡《傳》成為《春秋》經解的第四《傳》，這一特殊名稱都可以顯見胡《傳》勢力的如日中天。

5　〔元〕俞皋：《春秋集傳釋義大成》，《景印文淵閣四庫全書》經部，第159冊。

6　〔元〕李廉：《春秋會通》，《景印文淵閣四庫全書》經部，第162冊。

7　〔元〕汪克寬：《春秋胡氏傳纂疏》，《日本宮內廳書陵部藏宋元版漢籍影印叢書》第2輯（據元至正八年建安劉叔簡日新堂刊本影印）。

8　〔元〕吳澄：〈春秋集傳釋義序〉，《吳文正集》，《景印文淵閣四庫全書》集部，第1197冊，卷20，頁6-7。

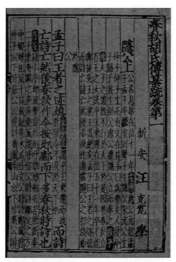

臺北國家圖書館藏至正八年春秋胡氏傳纂疏

　　到了明代，「四傳」之名甚至已經變成是一種學術「慣稱」，明萬曆間朱荃宰就說：「宋胡安國《傳》為世所尊，稱四《傳》」[9]。又如楊毓奇〈春秋傳衡序〉云：「衡者，讀四《傳》而衡之也，四《傳》尚矣，曷衡？雖然《傳》且四，曷弗衡？」[10]。高世泰〈春秋孔義序〉則云：「故權衡四《傳》，悉稟尼山，凡經無傳有者，不敢信也；經有傳無者，不敢疑也」[11]。熊明遇〈五經說約敍〉云：「取四《傳》互相證嚮，間發以管見」[12]，甚至連許多著作也都光明正大以「四傳」或「春秋四傳」作為書名，據《明代春秋著述考》一編來看，現今存世的著作就有徐浦《春秋四傳私考》、無名氏《春秋四傳》、鍾惺評《春秋四傳》、陳士芳《春秋四

9　〔明〕朱荃宰：〈經學興廢〉，《文通》，《四庫全書存目叢書》集部，第418冊（據清華大學圖書館藏明天啓六年刻本影印），卷1，頁18。

10　〔清〕孫詒讓：《溫州經籍志》，《續修四庫全書》史部，第918冊（據上海辭書出版社圖書館藏民國十年浙江公立圖書館刻本影印。上海：上海古籍出版社，2002年），卷5，頁23。

11　〔清〕朱彝尊撰〔民國〕張廣慶等點校：《點校補正經義考》第6冊，卷205，頁441。

12　〔明〕熊明遇：〈五經說約叙〉，《文直行書》文選，《四庫禁燬書叢刊》集部，第106冊（清順治十七年熊人霖刻本影印。北京：北京出版社，2000年），卷3，頁3。

傳通辭》、張溥《春秋四傳斷》、陳肇曾《春秋四傳辨疑》、王介之《春秋四傳質》、林繼燻《春秋四傳合抄》、來集之《四傳權衡》、俞汝言《春秋四傳糾正》等等十部。亡佚者如阮嗣《春秋四傳要講》、李維楨《春秋四傳童習》、夏允彝《春秋四傳合論》、王泰徵《春秋四傳輯言》、趙士驥《春秋四傳合解》、唐達《春秋四傳合纂》、顏三秀《春秋四傳合鈔》、尹衡《春秋四傳緯》、華時亨《四傳異同》、吳主一《四傳通經節刪》、魏邦泰《四傳折衷》等等十一部，可見在明代階段，「四傳」之名儼然已經取代傳統「三傳」之定稱，成為《春秋》第四《傳》，胡《傳》的流衍可謂漫乎天下，研讀《春秋》者無人可概其外，故在當時文人間也盛行以胡《傳》為著書主體，如張宣《春秋胡氏傳標注》、劉憲《春秋胡傳集》、呂坤《胡傳是正》、龔持憲《春秋胡傳童子教》、陸基仁《春秋刪補胡傳》、單允昌《胡傳發明》、鄭鄤《胡傳鈔》、王圖鴻《胡傳鈔》、胡依光《胡傳講義》、錢時俊《春秋胡傳翼》、陳喆《春秋胡氏傳集解》、袁仁《春秋鍼胡編》、陸粲《春秋胡氏傳辨疑》、無名氏《春秋胡傳選鈔》等等，可以想見當時胡《傳》的閱讀人口十分可觀，但無論最終目的是經學研究或科舉功令，胡《傳》都取得學術界的執牛耳地位，這應該是無庸置疑的。甚至可以說在明代有許多《春秋》學的研究其實說破了就是胡《傳》的研究，與其說是探尋孔子微言大義，倒不如說是揣摩胡安國的心思，如錢時俊（1565-1634）《春秋胡傳翼》一書即為羽翼胡《傳》的著作，其自云：「胡氏作《傳》雖出創獲，而發明源委多本之先儒，非文定不能集諸家大成」，又云：「是編以胡《傳》為主，凡三《傳》、諸子、百家與胡《傳》相發明者，悉為採錄」[13]，所有的經傳古籍皆是為闡發胡《傳》才予以採錄，故所取都不能夠違背胡《傳》的義理。又如陳士芳（1574-1620後）《春秋四傳通辭》則以「胡氏《春秋》以為要領，然天理、人欲、三綱、九法之說，篇中疊出，務一力掃之。然

13　〔明〕錢時俊：《春秋胡傳翼・凡例》（臺北傅斯年圖書館藏明萬曆三十九年刊本），頁1。

採衷眾論，大義嚴直，攬其大要，寧詳勿略。李延年所謂『玩味久而有得』也」[14]，凡是《左傳》不附經文者，全刪除無遺，「合胡氏者留，不合胡氏者去」[15]，一切以胡《傳》為著書宗旨。鄧來鸑（1622前後）《春秋實錄》一書以「《春秋》褒貶從《胡》，而《左》與《胡》齮者必削，定是非也」[16]，雖採《左傳》史事，但如果和胡《傳》相牴觸，則最終仍以胡《傳》作為最後的仲裁者。姜寶（1514-1593後）《春秋事義全考》云：「胡氏所云，是又有待於後之人，因文以求事，因文與事以求義，要之至當，求其精蘊之所在，而兼亦有以考其全也……以胡氏《傳》為主，事詳且核矣，求其連絡而通貫，義昔未妥今求妥，傳昔闕今求不闕」[17]，饒秉鑑（1413-1486）《春秋會傳》則云：「得其筆削之旨，莫若《胡氏》」也[18]，這些意見都可視為胡《傳》的追隨者與擁護者。

　　現今存世的著作屬於胡傳門戶者尚有明代陳喆《春秋胡氏傳集解》[19]，魏謙吉《春秋便覽集案》、《春秋摘要》[20]，馮伯禮《春秋羅纂》[21]，楊時偉《春秋賞析》[22]，孫承澤《春秋程傳補》[23]，虞宗瑤《春秋

14　〔明〕陳士芳：《春秋四傳通辭・發凡》，《景印文淵閣四庫全書》經部，第123冊，頁487。

15　〔清〕紀昀、陸錫熊、孫士毅等編纂：《四庫全書總目》（北京：中華書局，1965年初版，2008年8月重印），卷30，經部，春秋類存目一，「春秋四傳通辭」條，頁249b。

16　〔明〕鄧來鸑：《春秋實錄・凡例》，《四庫全書存目叢書》經部，第124冊（據北京大學圖書館藏明崇禎刻本影印。臺南：莊嚴文化出版社，1997年），頁93。

17　〔明〕姜寶：〈春秋事義全考序〉，《春秋事義全考》，《景印文淵閣四庫全書》經部，第169冊，頁85。

18　〔明〕饒秉鑑：〈春秋會傳序〉，《點校補正經義考》第6冊，卷200，頁331。

19　〔明〕陳喆：《春秋胡氏傳集解》，上海圖書館藏明嘉靖九年安正堂刻本。

20　〔明〕魏謙吉：《春秋便覽集案》、《春秋摘要》，北京大學圖書館藏明南郡曹氏刻本。

21　〔明〕馮伯禮：《春秋羅纂》，上海圖書館藏明崇禎刻本。

22　〔明〕楊時偉：《春秋賞析》，南京大學圖書館藏明天啓元年刻本。

23　〔明〕孫承澤：《春秋程傳補》，《四庫全書存目叢書》經部，第130冊（據故宮博物院圖書館藏清康熙刻本影印）。

提要》[24]，鄭良弼《春秋續義纂要發微》[25]，吳應辰《麟旨》[26]；明末清初階段的胡《傳》追隨者有：張爾岐《春秋傳議》[27]，應撝謙《春秋集解》[28]，華學泉《春秋疑義》[29]，李集鳳《春秋輯傳辨疑》[30]，冉覲祖《春秋詳說》[31]等等。但是這些書籍雖然歸屬於胡《傳》門戶羽翼之下，但比較不是傾向於科舉用書，而是透過注疏補正，發揮詮解的研究以疏通胡《傳》，類型上比較屬於研究性質的專書，和書坊為了科舉功令而刻印的書籍，在性質與目的上都有很大的根本上的差異性。

　　胡《傳》歷經宋、元、明三朝的萌芽、發展、茁壯，已經成為自漢代三《傳》出現以來，歷經杜預、何休、范寧三家《注》之後最重要，也是影響最為廣泛的解經之作，其地位在明代達到了巔峰，三家《注》形同虛文，三《傳》亦退居幕後，成為胡《傳》獨領風騷的局面，何良俊（1506-1573）當時就痛心地說：「今之學者易於叛《經》，難於違《傳》，寧得罪於孔、孟，毋得罪於宋儒，此亦可為深痼之病，已不可救療矣，然莫有能非之者」[32]，張溥（1602-1641）云：「制科之設，唯尚

24　〔明〕虞宗瑤：《春秋提要》，《四庫全書存目叢書》經部，第128冊（據清華大學圖書館藏明崇禎十四年君山堂刻本影印）。

25　〔明〕鄭良弼：《春秋續義纂要發微》，《四庫全書存目叢書》經部，第122冊（據清華大學圖書館藏明鈔本影印）。

26　〔明〕吳應辰：《麟旨》，臺北國家圖書館藏明末松陵吳氏刊本。

27　〔明〕張爾岐：《春秋傳議》，《四庫全書存目叢書》經部，第132冊（據天津圖書館藏稿本影印）。

28　〔明〕應撝謙：《春秋集解》，《四庫全書存目叢書》經部，第135冊（據北京圖書館藏清鈔本影印）。

29　〔明〕華學泉：《春秋疑義》，《四庫全書存目叢書》經部，第133冊（據四川省圖書館藏清嘉慶十九年璜川吳氏真意堂刻本影印）。

30　〔明〕李集鳳：《春秋輯傳辨疑》，《四庫全書存目叢書》經部，第133-134冊（據北京大學圖書館藏清鈔本影印）。

31　〔明〕冉覲祖：《春秋詳說》，《四庫全書存目叢書》經部，第137-139冊（據復旦大學圖書館藏清光緒七年大梁書局刻五經詳說本影印）。

32　〔明〕何良俊：《四友齋叢說》，《續修四庫全書》子部，第1125冊（據明萬曆七年張仲頤刻本影印），卷2，〈經二〉，頁15。

專經，諸父兄子弟，屈手揣摹，不敢復論繩墨之外」[33]，這些話雖非完全針對胡《傳》而發，但也可以想見當時宋儒義理學的鋪天蓋地，唯我獨尊的氣焰，而這個局勢的確立除了胡《傳》門戶之流的擁護跟隨外，明朝於科舉定本頒佈了《四書大全》、《五經大全》，也造就了程朱學派與胡《傳》的鼎盛之勢。

二、《春秋大全》的頒布

明代取元朝而立，其最初的科舉考試是以「經義」與「四書義」為主要篩選標準，但並沒有規定書籍範圍，大體上《春秋》仍用三《傳》與胡《傳》，以及漢唐注疏，到了頒布正式的科舉程式後，四書、五經皆有定本，幾乎清一色都是以程朱學派作為標準，而《春秋》因朱熹並無著書，故沿元式，仍以三《傳》與胡《傳》作為考試定本，並加入張洽《傳》，形成當時五《傳》並行的情況，在明代科舉程式中是範圍最龐大的一經，據《明實錄》記載云：

臺北國家圖書館藏明內府刊本春秋集傳大全

33　〔明〕張溥：〈十三經類語序〉，收錄羅萬藻《十三經類語》，《景印岫盧現藏罕傳善本叢刊》（據明刊本影印。臺北：臺灣商務印書館，1973年），卷首序文，頁4-5。

初設科舉時，初場試經義二道，四書義一道；二場，論一道；三場，策一道。中式後十日，復以騎、射、書、算、律五事試之。後頒科舉定式，初場試《四書》義三道，經義四道。《四書》主朱子《集註》，《易》主程《傳》、朱子《本義》，《書》主蔡氏《傳》及古註疏，《詩》主朱子《集傳》，《春秋》主《左氏》、《公羊》、《穀梁》三《傳》，及胡安國、張洽《傳》，《禮記》主古註疏。永樂間，頒《四書》、《五經大全》，廢註疏不用。其後，《春秋》亦不用張洽《傳》，《禮記》止用陳澔《集說》。二場試論一道，判五道，詔、誥、表、內科一道。三場試經史時務策五道。[34]

南宋胡《傳》雖然興起，但科舉仍以三《傳》為範圍，元代雖納胡《傳》為科舉定本之一，但仍不廢三《傳》，而明代《春秋》科舉定式的頒布雖是廣納群說，基本上也還維持著四《傳》並列的局面，並沒有硬性規定非用胡《傳》不可，但稍後幾年，張洽《傳》也漸棄不用，而三《傳》雖仍然在科舉程式範圍內，但最後卻還是以胡《傳》為功令，三《傳》等同虛設，故林希元（1482-1557）云：「國朝明經取士，《春秋》初主《左氏》、《公》、《穀》、《胡氏》、張洽《傳》，今則惟《胡氏》，業是經者，固不敢越《胡》而自為說」[35]；徐獻忠（1483-1559）亦云：「夫傳《春秋》其大者三家，至胡氏始折其衷，故胡氏《傳》獨立于學官，博士弟子無不諷誦焉」[36]。再從《春秋集傳大全》一書的凡例來看，第二條云：「經文以胡氏為據，而詳註各傳異同增損於下」；第三條云：「諸傳以胡氏為主，大字錄於經後，而《左氏》、《公

34 〔清〕張廷玉：《明史·選舉二》（北京：中華書局，2003年），卷70，頁1694。
35 〔明〕林希元：〈春秋文會錄序〉，《同安林次崖先生文集》，《四庫全書存目叢書》集部，第75冊（據遼寧省圖書館藏清乾隆十八年陳朧聲詒燕堂刻本影印），卷7，頁14。
36 〔明〕徐獻忠：〈春秋稽傳錄序〉，《吳興藝文補》，《續修四庫全書》集部，第1679冊（據明崇禎六年刻本影印。上海：上海古籍出版社，2002年），卷34，頁48。

羊》、《穀梁》三傳，雖有異同，難輒去取，今載其全文」；「諸儒之說與胡《傳》合而有相補益者，附註胡《傳》下」[37]，由此三條可以明確知道永樂時頒佈的《春秋大全》一書，其標準雖是四《傳》並列，實則以胡《傳》為主，可見明代「尊胡」的過程和明代纂修《春秋大全》，頒布科舉程式有極大關聯，因為排除了諸《傳》的干擾，對胡《傳》的經學地位提升，躍升三《傳》之上可說是具有決定性的影響。胡《傳》藉由《春秋大全》的支持，在明代達到了無以復加的尊崇，天下士子欲藉由科舉之途擠進廟堂之上，就必須研讀《春秋大全》，就不能踰越書中胡《傳》的解釋，而三《傳》既如同虛設擺飾，那漢唐古注疏自然也就等而下之，葉向高（1559-1627）即云：「濂、洛、關、閩羣儒之集傳，若令甲而獨尊，遂令漢晉魏唐諸人之發明，同稗官而幾廢」[38]，錢謙益（1582-1664）亦云：「我太祖高皇帝設科取士，專用程朱，成祖文皇帝詔諸儒作《五經大全》，于是程朱之學益大明。然而再變之後，漢唐章句之學或幾乎滅熄矣」[39]，可見永樂帝以宋儒程朱、胡安國系統作為全國統一的最高政令指導，把胡《傳》的學術地位推向了經學史上影響的高峰。

　　這一部《春秋大全》的編纂乃是燕王朱棣（1402-1424在位）奪得帝位後，於永樂十二年十一月（1414）下令胡廣、楊榮、金幼孜等人纂修《五經大全》、《四書大全》、《性理大全》，永樂十三年九月（1415），這三部《大全》不到一年時間就全部竣工，陳廷敬（1639-1710）〈經學家法論〉就云：「《大全》之書，明永樂朝急就之書也，七年開館於祕閣。十三年，帝問纂修如何？館中人聞之懼，倉卒錄舊書，略加刪飾以進」[40]，可見朱棣十分關切此事，又於永樂十五年（1417）三

37　〔明〕胡廣：《春秋集傳大全·凡例》，臺北國家圖書館藏明內府刊本，頁1。

38　〔明〕葉向高：〈進十三經註疏疏〉，《蒼霞草》，《四庫禁燬書叢刊》集部，第124冊（據北京大學圖書館藏明萬曆刻本影印），卷12，頁291-292。

39　〔清〕錢謙益：〈新刻十三經注疏序〉，《錢牧齋全集·牧齋初學集》，卷28，頁850。

40　〔清〕陳廷敬：〈經學家法論〉，《午亭文編》，《景印文淵閣四庫全書》集部，第1316冊，卷32，頁16-17。

月頒行全國。明成祖之所以要纂修這些大部頭的書籍，據御撰序文中自陳云：

> 頒布天下，使天下之人獲睹經書之全，探見聖賢之蘊，由是窮理以明道，立誠以達本，修之於身，行之於家，用之於國，而達之天下。使國不異政，家不殊俗，大回淳古之風，以紹先王之統，以成熙皞之治，將必有賴於斯焉。[41]

成祖的用意在整理學術，統合群言，「使天下之人獲睹經書之全」，藉由學術的窮理、明道、立誠以達「修身、齊家、治國、平天下」之舉，上繼先王之正統，下開萬世之偉業，這樣的纂修動機也不能憑空質疑、推翻他，但藉此穩定朝野國情，攏絡知識份子，統一學術思想，昭示天下大統的用意也是顯而易見的。其中的統一思想當然就是以程朱理學為主，故成祖所謂「命儒臣編修《五經》、《四書》，集諸家傳注而為《大全》，凡有發明經義者取之，悖於經旨者去之」[42]，其實背後真正要表達的意思就是發明程、朱思想者取之，違背程、朱思想者去之，而屬於程門的胡《傳》也藉由程、朱理學的揚升，順勢進入學術權力的核心。

但明朝尊崇胡《傳》，以《春秋大全》取士，也引來了後世不少批評的聲音，主要的攻擊重點都圍繞在編纂過程的粗糙與抄襲前人之書這兩大問題上頭，王士禎（1634-1711）就說：「明永樂間，胡廣等奉詔撰《五經大全》，皆鈔錄前人成書，竊易其名……《春秋》則汪克寬，李太宰默《續孤樹裒談》曾及之」[43]，嘉靖士人李默（1499-1556）當日首先觀察

41　〔明〕董倫等修、解縉等重修、胡廣等復奉敕修、黃彰健校勘：《明實錄·明太宗實錄》（臺北：中央研究院歷史語研究所，1964-1966年），卷168，頁1441。

42　同前註。

43　〔清〕王士禎：〈跋五經大全〉，《帶經堂集》（據清康熙五十年程哲七略書堂刻本影印），卷72，蠶尾文卷八，頁19。

到《五經大全》皆鈔錄自前人之書，明末吳任臣亦云：

永樂中勅修《春秋大全》……其發凡云：紀年依汪氏《纂疏》，地名依李氏《會通》，經文以胡氏為據，例依林氏。其實全襲《纂疏》成書，雖奉勅纂修，而實未纂修也，朝廷可罔，月給可糜，賜予可要，天下後世詎可欺乎？[44]

朱彝尊（1629-1709）《經義考》則云：「永樂諸臣纂修《大全》類攘竊一家之書以為書，廢注疏而不采，先與取士程式不協，何得謂之『大全』乎？」[45]，又云：

永樂中，詔修《五經》、《四書大全》，開館則給月饌，書成則賜鈔、賜幣、賜燕，又御製序文頒行，稱為廣大悉備，不知胡廣諸人止就前儒之成編一加抄錄而去其名，如：……《春秋》則取諸汪氏……於諸書外全未寓目，所謂《大全》乃至不全之書也。夫既竊其廩賜，並未效纖毫搜采之勤，攘私書為官書以罔其上，豈不顧博聞之士見而齒冷乎！即此可見胡廣心術之不純，而同事諸臣亦苟且游戲甚矣。[46]

李默、吳任臣、朱彝尊三人都認為《春秋大全》內容都是抄襲汪克寬《春秋胡氏傳纂疏》一書，胡廣等人雖奉敕編纂，但只是就汪氏之書全盤抄錄並隱去其名，根本就沒有纖毫寓目搜采之功，反有抄襲匿名之惡，以此上欺朝廷，下愚士子，尸位素餐，坐領國家俸祿，充其量只是一個空頭纂修官，而時代稍前的顧炎武（1613-1682）在《日知錄·四書五經大全》一文中也批評說：「《春秋大全》則全襲元人汪克寬《胡傳纂疏》，

44　〔清〕朱彝尊撰〔民國〕張廣慶等點校：《點校補正經義考》第6冊，卷200，頁325-326。

45　〔清〕朱彝尊撰〔民國〕侯美珍等點校：《點校補正經義考》第8冊，卷297，頁862。

46　〔清〕朱彝尊：《經義考》，《景印文淵閣四庫全書》經部，第677-680冊，卷49，頁19-20。

但改其中『愚按』二字為『汪氏曰』，及添廬陵李氏等一、二條而已」[47]，顧氏不愧以治學嚴謹著稱，批評的話語更加細膩，證據掌握的更加確實，之後四庫館臣承襲上述諸儒說法，在《四庫全書總目》中對《春秋大全》進行全面批判，言語甚激，措詞甚烈，其云：

> 《春秋大全》七十卷，明永樂中，胡廣等奉敕撰。考宋胡安國《春秋傳》，高宗時雖經奏進，而當時命題取士，實惟用三《傳》。《禮部韻略》之後所附條例可考也。《元史‧選舉志》載：「延祐科舉新制，始以《春秋》用胡安國《傳》，定為功令。」汪克寬作《春秋纂疏》，一以安國為主，蓋遵當代之法耳。廣等之作是編，即因克寬之書，稍為點竄。朱彝尊《經義考》引吳任臣之言曰：「永樂中敕修《春秋大全》，纂修官四十二人，其發凡云：『紀年依汪氏《纂疏》，地名依李氏《會通》，經文以胡氏為據，例依林氏。』實則全襲《纂疏》成書。雖奉敕纂修，實未纂修也。朝廷可罔，月給可靡，賜予可邀，天下後世詎可欺乎」云云。於廣等之敗闕，可為發其覆矣。其書所採諸說，惟憑胡氏定去取，而不復考論是非。有明二百餘年雖以經文命題，實以傳文立義。至於元代合題之制，尚考經文之異同。明代則割傳中一字一句，牽連比附，亦謂之合題，使《春秋》大義日就榛蕪，皆廣等導其波也。[48]

觀四庫館臣之言，似乎更直接且大膽地將明代春秋學的衰敗歸咎於胡廣等人，也無怪孫星衍（1753-1818）會直接認定說：「明永樂間胡廣等《四書》、《五經大全》出，而經學遂微。自後掇科之士，率皆勦說雷同，習為應舉之業，漢唐傳注，從是束之高閣」[49]，遂將明代「經學遂

47　〔清〕顧炎武撰〔民國〕徐文珊點校：《原抄本日知錄》，（臺北：明倫出版社，1970年），卷20，頁525。

48　〔清〕紀昀等編纂：《四庫全書總目》，卷28，經部，春秋類三，「春秋大全」條，頁230a。

49　〔清〕孫星衍：〈詁經精舍題名碑記〉，《孫淵如先生全集‧平津館文稿》，《續修四庫全書》集

微」之重責，「漢唐傳注」之淪亡歸咎於斯，然而據今人林慶彰〈《五經
大全》之纂修及其相關問題之探究〉一文就加以辯正諸儒不實之論，其
云：

> 顧炎武所說：「但改其中『愚按』二字為『汪氏曰』，及添盧陵李氏
> 等一、二條而已。」此種說法，與事實略有出入。因為，《大全》所加入
> 的宋、元人說法甚多，並不像顧氏所說一、二條而已。[50]

雖然林慶彰願意為顧炎武緩頰說情，認為「顧氏等人，僅將《大全》
和元人的經書匆匆過目，並未詳加核對，所以才有此疏誤」[51]，但顧炎武
所提出的錯誤資訊卻被後人尊信了近四百年之久，這不知該怪罪顧炎武當
初的粗心大意，還是該究責後世與今之學人太一昧相信學術權威而不親自
加以驗證的過失。甚至陳恆嵩〈春秋集傳大全研究〉一文對其書進行全盤
比對研究，發現「書中仍然進行為數不少的增補刪改的工作」[52]，並且
「書中所增添的宋、元人經說有一千五百多條」[53]，這些實際的研究成果
都足以導正前人誤解之失，至於朱彝尊論到張洽《傳》的棄置不用，其
云：「今《春秋大全》專襲環谷汪氏《纂疏》，汪氏既主胡《傳》，故張
氏之注不復見錄，若纂修《大全》諸公，張氏《集注》並未寓目，非以其
與胡氏刺戾去之也」[54]，朱氏認為張洽《傳》之所以不存於《春秋大全》
中的原因，並非和胡《傳》相違背，實乃纂修官員根本就沒有見過這本書
所導致，但根據陳恆嵩所統計，《春秋大全》「在書中共徵引張洽的疏文

部，第1477冊（據民國八年商務印書館四部叢刊影印清嘉慶刻本影印），卷下，頁20。

50　林慶彰：《明代經學研究論集》（臺北：文史哲出版社，1994年），頁49-50。

51　同前註，頁50。

52　陳恆嵩：《五經大全纂修研究》第八章（臺北：東吳大學中國文學研究所博士論文，1998年），頁237。

53　同前註。

54　〔清〕朱彝尊撰〔民國〕張廣慶等點校：《點校補正經義考》第6冊，卷189，頁90-91。

有四六二條，其中三十五條完整疏文是編者自行從張氏《春秋集注》書上增補的，另外有六條增補部份疏文文字的，也是直接從張氏書上引錄的」[55]，若《春秋大全》只引用張洽《集注》一二條，那還能替朱彝尊找個偶誤失察的藉口，但全書徵引數量多達四六二條，無疑是以切切實實的證據對朱彝尊的輕率言論徹底反駁。再者，孫星衍直接認定《大全》一出，「漢唐傳注，從是束之高閣」，但陳恆嵩也指出《春秋大全》所「徵引漢唐經說有二○○五條」，以「《五經大全》各經所引用的漢唐儒者經說疏文共有三四○八條」[56]來計算，《春秋大全》引用的漢唐經說就獨占近六成之多（雖然多數的條文皆承襲自汪克寬《春秋胡氏傳纂疏》一書而來），所以孫星衍所說如果放在他經尚且適用，但以《春秋大全》來說，則完全違背事實，而顧炎武的經典名言之一，所謂「八股行而古學棄，《大全》出而經說亡」[57]一語，其實也可以作如是觀，不能以偏概全，一竿子打翻一條船。

由此可見前人諸說大多因襲相承，此起彼落，錯誤所在多有，論斷也往往與事實有所出入，今日應該以正視聽，還給《春秋大全》一個合乎學術性的真實認識，對其內容的誤解之處也應該予以修正，不要再如顧炎武或四庫館臣般直接將明代經學衰微的這頂大帽子逕行扣在《五經大全》頭上，將明代經學積衰的責任盡數歸罪於斯，實際上《四書大全》或《五經大全》的性質和唐代孔穎達《五經正義》一樣，前者匯集宋元經說，後者薈萃漢唐經解，都可以說是對之前數百年經學研究的集大成之作，而後世評價褒貶卻差別如此，以傳統經學家如顧炎武等人自然有其學術立場的好惡情緒，然而明代經學在這些學者眼中的衰微原因其實並不能完全用一部《大全》就說明殆盡，實際上的衰微之因是複雜且多變的，本章第三、四節將進一步深入探討這一問題。

55　陳恆嵩：〈春秋集傳大全研究〉，《五經大全纂修研究》第八章，頁237-238。

56　陳恆嵩：〈五經大全之評價問題及其對後世之影響〉，《五經大全纂修研究》第九章，頁261。

57　〔清〕顧炎武：《書傳會選》，《原抄本日知錄》，卷20，頁526。

第二節　宋元明清質疑胡《傳》的聲音

　　前人批評《春秋大全》多圍繞在纂修過程，竄改易名，以及因科舉使明代春秋學步入衰微這些外部問題上討論，但有另一群人卻直接深入《春秋大全》的核心，直接質疑挑戰胡《傳》的權威，這個聲音始於南宋，歷經元代，再滲入明代，終結於清乾隆中葉，可以看見這股質疑胡《傳》的學術勢力綿延了六百年之久，從未間斷，以下分別敘述之。

一、宋代的質疑始發

　　胡《傳》在南宋因時空背景的需要而廣被士子學人所接受，它所發揮《春秋》的尊王大義、復讎之舉、夷夏之別，凝聚了南渡後的宋朝人心，雖然胡《傳》取得了朝野內外，民間士人的擁護支持，但當時還是有些微不一樣的聲音，雖不至於大張旗鼓，公然反對，但略有微詞亦所在多有，南宋的代表可以以朱熹為首，朱子雖然沒有註解《春秋》，且言「《春秋》難看，此生不敢問」[58]，但他很肯定胡《傳》的義理，認為「胡文定公所解，乃是以義理穿鑿，故可觀」，且「議論有開合精神」，所發揮的《春秋》微言「義理正當」，故自言「某盡信不及如胡文定《春秋》」，坦言對《春秋》經學的理解不如胡安國深入，但朱熹其實對於胡《傳》的批評不少，因為他認為《春秋》的性質是史書，只是直接了當的記載當時治亂興衰之事，並非從「一字上定褒貶」，孔子行光明正大之道，後人卻如此「屑屑求之，恐非聖人之本意」，況且孔子已死，「如何知得聖人肚裏事？某所以都不敢信諸家《解》，除非是得孔子還魂親說出」，故朱熹認為「《春秋》傳例多不可信，聖人記事安有許多義例」，所以他對胡《傳》中的義例褒貶甚有微詞，認為「胡《春秋傳》有牽強處」，議論

58　以下朱熹對胡《傳》的引文不一一引錄，俱見〔清〕程川編：《朱子五經語類》，《景印文淵閣四庫全書》經部，第193冊，卷57，頁1-15。

「多是臆度說」，出於揣測聖意，如弟子問朱熹說：「胡文定說元字，某不能無疑，元者始也，正所謂辭之所謂大也，今胡乃訓元為仁，訓仁為心，得無太支離乎？」朱子回答說：「楊龜山亦嘗以此議之，胡氏說經大抵有此病」，楊龜山即楊時（1053-1135），為當時福建的洛學大家，下開朱熹之學。胡安國著《春秋》，示龜山以《春秋》第一義「元年春王正月」之「元」字為「仁」義，楊時〈答胡康侯書〉質疑說：「其說似太支離矣，恐改元初無此意」[59]，顯示龜山與朱子對胡《傳》無所依據，恣意議論，妄自臆解的詮釋並不認同。又弟子欲習《春秋》，問胡《傳》如何？朱熹答曰：

> 便是他亦有太過處。蘇子由教人只讀《左傳》，只是他《春秋》亦自分曉，且如「公與夫人如齊」，必竟是理會甚事自可見。又如「季氏逐昭公」，畢竟因甚如此，今理會得一箇義理，後將他事來處置，合于義理者為是，不合于義理者為非，亦有喚做是而未盡善者，亦有謂之不是而彼善于此者。且如讀《史記》，便見得秦之所以亡，漢之所以興，及至後來劉、項事，又知劉之所以得，項之所以失，不難判斷，只是《春秋》却精細也都不說破，教後人自將義理去折衷。

朱子要表達的其實就是胡《傳》議論有時太過刻深嚴酷，過於深求反而失於義理，「這件事，聖人意是如何下字，那件事，聖人意又如何下字，要之聖人只是直筆據見」罷了，很明顯的，朱子雖不反對胡《傳》的義理，但議論如果太過深求，淪於臆測，這是他所不能接受的，所以朱熹本人始終都是以歷史文獻的角度看待《春秋》，而非經學的。另外朱熹也批評胡《傳》「以夏時冠周月」之說，認為《春秋》是魯史，當必為時王之月，且夫子身為周之臣子，改周正朔何為？所以黃仲炎云：「胡安國氏

59　〔清〕顧炎武：〈謂一為元〉，《原抄本日知錄》，卷4，頁88。

謂《春秋》以夏時冠月，而朱熹氏非之，當矣」[60]，黃震（1213-1281）亦同意朱熹說法，質疑胡安國論點[61]，黃淵（1231-1312）亦云：「胡文定潛心三十年而《傳》始成，夏時冠周月之論，至今可疑」[62]，南宋朱熹以下眾多學者皆對胡安國「夏時冠周月」之說不表認同。此時期的批評內容可以明顯看出胡《傳》尊王、攘夷、復讎、討賊的義理發揮並沒有遭受質疑，甚至連朱熹亦語帶保留，其原因在於胡《傳》之論對當時的朝野政局確實起了一定的正面作用，對於維繫南宋朝廷統治的正統性也達到了穩定的效果，這對於文人著書以經世的理念來說，胡《傳》的義理詮釋甚至已經超越了追求事實的「道問學」境地。

二、元代的風氣延續

胡《傳》夏時冠周月之論，到了元代依然飽受批評，如熊朋來（1246-1323）就說：「魯史作《春秋》，乃當時諸侯奉時王正朔以為國史，所書之月為周正，所書之時亦周正，經傳日月自可互證，而儒者猶欲執夏時之說以紊之」[63]，熊氏觀點恪守朱熹之說，雖沒有指名道姓，然實為針對胡《傳》而發，陳櫟（1252-1334）亦曰：「胡氏《春秋傳》不敢謂王正月為非子月，而於『春王正月』之春字，謂以夏時冠周月，皆攷之不審，安有隔兩月而以夏時冠周月之理？」[64]，黃澤（1260-1346）更強烈批評云：「諸儒說《春秋》，於經不合，則屈傳以伸經；於傳不合，亦屈經以伸傳。屈經伸傳者，杜預輩是也；屈傳伸經者，若胡文定諸公是

60　〔宋〕黃仲炎：《春秋通說》，《景印文淵閣四庫全書》經部，第156冊，卷1，頁2。

61　〔宋〕黃震云：「文定以春為夏正之春，建寅而非建子可也；以月為周之月，則時與月異，又存疑而未決也。故晦菴先生以為：若如胡氏學，則月與時事常差兩月，恐聖人作經，又不若是之紛更也。」《黃氏日抄》，《景印文淵閣四庫全書》子部，第707冊，卷7，頁6-7。

62　〔宋〕黃淵：〈講春秋序〉，《四如集》，《景印文淵閣四庫全書》集部，1188冊，卷3，頁8。

63　〔元〕熊朋來：〈春秋時月皆周正〉，《五經說》，《景印文淵閣四庫全書》經部，184冊，卷3，頁1。

64　〔元〕陳櫟：《書集傳纂疏》，《景印文淵閣四庫全書》經部，第61冊，卷四上，頁3。

也」，又說：「不改月之說，開端於文定，而遂成於蔡氏。案胡氏云：
『以夏時冠月，垂法後世，以周正紀事，示無其位，不敢自專。』據此，
所謂以夏時冠周月最害大義，於聖經之累不小」[65]，可以說宋元儒者對胡
《傳》夏時冠周月的過度引伸不敢苟同，這一系列的批評都可以說是朱熹
的餘論的發揮。

到了元代階段，胡《傳》已經正式被規範為科舉定本，與三《傳》同
列館閣，雖然有了官方的加持，但依舊還是有不少學者批評，除了上述
「夏時冠周月」的批評外，元代學者也把眼光放到了胡《傳》矯枉過正的
義理發揮上頭，如吳萊（1297-1340）〈春秋胡傳補說序〉一文就說：

> 《春秋》之學，自近世本河南程氏，程氏曾有〈春秋傳序〉，而
> 《傳》未完，武夷胡公安國蓋又特出於程門之後，而私淑艾之，故今胡
> 《傳》多與程說相為出入。吾固知胡氏之傳《春秋》，本程氏學也，然而
> 隱、桓之際，訓釋頗詳，襄、昭以降，遺漏甚眾，又況光堯南渡，而胡氏
> 以經筵進講，至於王業偏安，父讎未報，則猶或未免乎矯枉而過正也。[66]

吳萊的用詞可謂小心謹慎，雖批評胡《傳》因時空環境的關係而有
「矯枉而過正」之弊，但還是將他和程頤的傳承關係緊緊依附，歸屬儒學
正統之列，不敢踰矩太過。而元末梁寅（1303-1384），則批評胡《傳》
說：「信《公》、《穀》之過，求褒貶之詳，未免蹈先儒之謬，此胡康侯
之失也」[67]，李廉（1342前後）《春秋諸傳會通》[68]一書，雖以胡《傳》

65　收錄〔元〕趙汸：《春秋師說》，《景印文淵閣四庫全書》經部，第164冊，卷中，頁6；頁9。

66　〔元〕吳萊：〈春秋胡傳補說序〉，《淵穎集》（四部叢刊景元至正本），卷10，頁9。

67　〔明〕劉永之：〈答梁孟敬書〉，《荊川稗編‧春秋二》，《景印文淵閣四庫全書》集部，第953
　　冊，卷12，頁3。

68　〔元〕李廉：《春秋諸傳會通》，《通志堂經解》第26冊（據清康熙十九年刻本影印。臺北：大通
　　出版社，1972年）。

為主，但駁正之處亦不少，程端學（1278-1334）《春秋本義》[69]，則頗能糾正胡《傳》之失，且於「宋代諸儒一切深刻瑣碎之談、附會牽合之論，轉能一舉而摧陷之」[70]，另外據《經義考》記載，元儒楊維禎（1296-1370）撰有《春秋胡傳補正》[71]一書，其書雖佚，但其「補正」二字亦可見在補正胡《傳》之失。而張以寧（1301-1370）也撰有《春秋胡傳辨疑》，據《明史》記載，張以寧「以《春秋》致高第，故所學尤專《春秋》，多所自得，譔《胡傳辨疑》最辨博」[72]，惜是書已佚，然「辨疑」二字，亦是對胡《傳》的辨正釋疑。總的來說，宋元時期對於胡《傳》的質疑力道尚屬溫和，並沒有太過激烈的言論舉動，貶中帶褒，抑中帶揚。

三、明代的批判熾烈

明代階段因《春秋大全》的緣故，使胡《傳》的勢力達到頂峰，但相對批評的意見也倍數成長，言詞也不再遮遮掩掩，直接針對胡《傳》的缺失展開嚴厲批判，如明代大儒湛若水（1466-1560）〈春秋正傳序〉就云：

> 自三氏、百家，以及胡氏之《傳》，多相沿襲，于義例之蔽，而不知義例非聖人立也。《公》、《穀》穿鑿之屬階也。是故治《春秋》者，不必泥之於經而考之於事，不必鑿之於文而求之於心。大其心以觀之，事得而後聖人之心、《春秋》之義可得矣。[73]

69　〔元〕程端學：《春秋本義》，《景印文淵閣四庫全書》經部，第160冊。

70　〔清〕紀昀等編纂：《四庫全書總目》，卷28，經部，春秋類三，「春秋或問」條，頁226c。

71　〔清〕朱彝尊撰〔民國〕張廣慶等點校：《點校補正經義考》第6冊，卷197，頁272。

72　〔清〕張廷玉：〈張以寧列傳〉，《明史・文苑一》，卷285，頁7136。

73　〔明〕湛若水：〈春秋正傳序〉，《春秋正傳》，《景印文淵閣四庫全書》經部，第167冊，頁40。

　　湛若水對於《春秋》義例之說向來反對激烈，故而《公》、《穀》、胡《傳》這些專言義例之說的解經之書都在他批判之列，所以《四庫全書總目》說他：「能舉向來穿鑿破碎之列，一掃空之，而核諸實事，以求其旨，猶說經家之謹嚴不支者矣」[74]。朱荃宰則說：「宋胡安國《傳》，為世所尊，稱四《傳》，然未免以義理穿鑿，昔人謂：『《傳》愈多，而《經》愈晦』，豈欺我哉」[75]，黃綰（1477-1551）〈春秋原古序〉則云：「今家傳人誦，莫先於《胡氏》，而《胡氏》已不能無沿襲之弊。自漢、唐、宋迄今，凡學《春秋》者，皆不出三《傳》與《胡氏》之範圍」[76]，胡居仁（1434-1484）云：「胡文定既學於謝顯道，不應不取程子《傳》而自作《傳》，雖有祖程子者，不當不表程子而以為己說也」，又說：「胡氏《春秋傳》多穿鑿，只得他議論發越，然緊要道理亦不發到」[77]，除了穿鑿以外，甚至質疑胡《傳》納程《傳》以為己說，有隱匿前人之嫌疑，李蓘（1531-1609）亦云：「宋儒病漢儒好言災異，而胡康侯傳《春秋》，往往引用其說……康侯之《傳》，何嘗不全用董仲舒、劉向之說耶？然又不明言也」[78]，對於胡《傳》引用漢儒災異之說，而不標舉其由，亦甚有微詞。楊伯珂（1586前後）〈左傳摘議序〉云：「即胡氏一代成書有未確者，亦多為辨之」[79]，這些言論皆針對胡《傳》義理穿鑿，沿襲義例之說立論。更有甚者，袁仁（1479-1546）所撰的書名就直接叫做《春秋鍼胡編》，可以說是明目張膽了，其序中云：

　　予謂世業《春秋》者，所尊惟《胡》，而《胡》多臆說，不可不闢

74　〔清〕紀昀等編纂：《四庫全書總目》，卷28，經部，春秋類三，「春秋正傳」條，頁230c。

75　〔明〕朱荃宰：〈經學興廢〉，《文通》，《四庫全書存目叢書》集部，第418冊，卷1，頁18。

76　〔明〕黃綰：〈春秋原古序〉，《明儒學案》，收錄《黃宗羲全集》第7冊（杭州：浙江古籍出版社，2005年），卷13，頁326。

77　〔明〕胡居仁：《居業錄》，《景印文淵閣四庫全書》子部，第714冊，卷8，頁68。

78　〔清〕朱彝尊撰〔民國〕張廣慶等點校：《點校補正經義考》第6冊，卷185，頁11。

79　〔明〕楊伯珂：〈左傳摘議序〉，《點校補正經義考》第6冊，卷205，頁440。

發，以正學者之趨。夫《春秋》大一統，吳楚僭王，孽庶奪嫡，皆其所深
誅也。主《傳》而奴《經》，信《傳》而疑《經》，是僭王也，是奪嫡
也，烏乎可？作《鍼胡編》。[80]

　　袁仁批評胡《傳》的權威已超過孔子的聖典《春秋》，這和春秋時期
「吳楚僭王，孽庶奪嫡」，等等藐視君臣倫理的踰矩行為有何差別，學者
但「主《傳》而奴《經》，信《傳》而疑《經》」，這簡直就是一種對
《春秋》聖經的無禮僭越行為，也是對孔子本人的傷害。林尊賓（生年不
詳-1648）則云：

　　《傳》自左氏有之，公羊氏、穀梁氏有之，迄今惟胡氏獨尊獨信，一
氏興而諸氏廢。雖然，孔子尚未能徧天下萬世而口授之，則孔子之心又豈
一氏所能代為之傳也哉？[81]

　　林尊賓認為孔子微言大義豈是胡安國一家所能盡傳，對於胡《傳》獨
興，三《傳》漸廢的現象深表不滿。到了楊于庭（1580前後）《春秋質
疑》一書則更加大肆批評，言詞已明顯不留餘地，其云：

　　自《公羊》氏、《穀梁》氏出，而《左氏》絀，自《胡氏》列之學
官，而《公》、《穀》亦絀，然其徵事不于盲史乎？其參訂不于二氏乎？
而若之何華袞也，斧鉞也，一切尸祝《胡氏》而亡敢置一吻也？[82]
　　胡氏矻矻摘三《傳》之纇，而擷其華，語多創獲，其于筆削之義邁

80　〔明〕袁仁：〈鍼胡編序〉，《春秋鍼胡編》，收錄《袁氏叢書》（臺北傅斯年圖書館藏明萬曆刊
　　本），頁2。

81　〔明〕林尊賓：〈春秋林氏傳序〉，《點校補正經義考》第6冊，卷207，頁486。

82　〔明〕楊于庭：〈春秋質疑序〉，《春秋質疑》，《景印文淵閣四庫全書》經部，第169冊，頁
　　980-981。

矣！然其議論務異，而其責人近苛，間有勦《公》、《穀》而失之者……
亦有自為之說而失之者。[83]

　　夫既列《胡氏》于學官，而噤《左》、《公》、《穀》之口，是懸之
市也，既懸之市，而余猶置一吻于其間，是吾家子雲老不曉事，而恨不手
不韋之金以歸也。[84]

　　夫不以精意求聖人，而執《胡氏》詆《左》、《公》、《穀》，是祀
天而或以牛或以馬也，茲余所繇疑也。[85]

　　楊于庭認為胡《傳》藉由科舉取得獨尊地位，結果一切的《春秋》標
準，華袞斧鉞，善惡褒貶盡以胡氏之說作為衡量權輿，三《傳》被打入冷
宮，形同虛設，甚至以胡《傳》之說取代《春秋》大義，攻擊責求三
《傳》相異之論，這簡直太過分了，是可忍，孰不可忍也？另外明末學者
張岐然（1600-1664）對胡《傳》的批判也很直接，絲毫不讓楊氏，其
云：

　　予嘗與虞子仲鎬泛覽《春秋》七十二家之旨，蓋鮮有不亂者，及觀近
日經生家之說，尤可訕笑，殆不復可謂之《春秋》，又不止於亂矣！究其
弊，率起不平心以參諸家，而過尊《胡氏》，久之，習讀者惟知有胡氏
《傳》，更不知有他氏矣。又久之，習讀者惟從胡《傳》中牽合穿鑿，并
不知有經矣……今習讀者惟知有《胡氏》，不知其有《春秋》，此所謂亂
之極也。[86]

83　〔明〕楊于庭：〈春秋質疑序〉，《春秋質疑》，《景印文淵閣四庫全書》經部，第169冊，頁
　　980-981。
84　同前註。
85　同前註。
86　〔明〕張岐然：〈春秋四家五傳平文序〉，《春秋四家五傳平文》，《四庫全書存目叢書》經
　　部，第128冊（據清華大學圖書館藏明崇禎十四年君山堂刻本影印），頁588-589。

　　張岐然對當時士人過尊胡《傳》，不復參見三《傳》，斟酌前人之說，盡以胡《傳》作為穿鑿牽合的根據，無視《春秋》原典的現象大加批評，直言這是「亂之極也」，這些亂象使《春秋》不再是當年孔子賦予微言大義的《春秋》了，故尤侗（1618-1704）云：「胡《傳》專以復仇為義，割經義以從己說。此宋之《春秋》，非魯之《春秋》也」[87]，俞汝言（1614-1679）曰：「胡氏之《傳》，借經以抒己志，非仲尼之本旨」[88]，何喬新（1427-1502）論胡《傳》云：「所失者，信《公》、《穀》太過，求褒貶太詳，多非本旨」[89]，關於明代這類批評的言論所在多有，可以看見確實有一股不滿胡《傳》的勢力存在，故張自烈（1597-1673）云：「兩闈以《春秋》取士，宜依文定準式，即文定不盡合聖經，學者苟由此推求二帝、三王百世不易之法，沿文以揆義，稟義以制事，出而撥亂，反治無難，若之何苛繩文定，日呶呶排詆為哉！」[90]，而當時這類反對、質疑胡《傳》的典籍，今可見者尚有蔣悌生《春秋蠡測》[91]，張邦奇《春秋說》[92]，陸粲《春秋胡氏傳辨疑》[93]，熊過《春秋明志錄》[94]，高拱《春秋正旨》[95]，徐浦《春秋四傳私考》[96]，王樵《春秋輯

87　〔清〕尤侗：《艮齋雜說》，《續修四庫全書》子部，第1136冊，（據復旦大學圖書館藏清康熙刻西堂全集本影印），卷1，頁25。

88　〔清〕朱彝尊撰〔民國〕張廣慶等點校：《點校補正經義考》第6冊，卷185，頁10。

89　同前註，卷185，頁12

90　〔明〕張自烈：〈春秋大成序〉，《芑山文集》，《四庫禁燬書叢刊》集部，第166冊（據清初刻本影印），卷12，〈序二〉，頁6。

91　〔明〕蔣悌生：《春秋蠡測》，《景印文淵閣四庫全書》經部，第184冊。

92　〔明〕張邦奇：《春秋說》，《續修四庫全書》集部，第1337冊（據中國科學院圖書館藏明刻本影印）。

93　〔明〕陸粲：《春秋胡氏傳辨疑》，《景印文淵閣四庫全書》經部，第167冊。

94　〔明〕熊過：《春秋明志錄》，《景印文淵閣四庫全書》經部，第168冊。

95　〔明〕高拱：《春秋正旨》，《北京圖書館古籍珍本叢刊》經部，第2冊（據明萬曆刻本影印）。

96　〔明〕徐浦：《春秋四傳私考》，《續修四庫全書》經部，第135冊（據清嘉慶十六年祝氏留香室刻本影印）。

傳》[97]，黃正憲《春秋翼附》[98]，賀仲軾《春秋歸義》[99]，嚴啟隆《春秋傳註》[100]等書，足見在明代攻擊胡《傳》的聲音始終沒有止歇。

胡《傳》雖然有穿鑿附會之失，但胡安國為時局而作《春秋》的動機與意圖卻還是讓明代一些士人對其有所肯定，如卓爾康（1570-1644）云：「胡文定當南渡時，發憤著書，志固有在。中間詞旨激揚，或有所過，而昭大義，明大法，炳如日星，不可磨滅也」[101]。又如張溥批評歸批評，但依舊認同胡《傳》對時局朝政的作用，其云：「制義盛而絕學微，五經之義，終世不能明也；其尤病者，莫甚於《春秋》。《春秋》之書，《左氏》、《公》、《穀》三傳竝立，文定晚出，其學反貴，非南宋之文高於前人也，其用法也嚴，其持說也峻，意主於復讐，以儆和議之非；論歸於自強，以發忘親之痛。主構相檜怫然惡之，而抗辭無避，天理人欲，反覆深切，雖其間少褒多貶，文近深刻；然遏邪防亂，與其過而縱之，無寧過而閑之也」[102]，這樣的有褒有貶，讚揚其對當時「遏邪防亂」的功用，但「文近深刻」卻並非是可以正確認識孔子《春秋》的方法，這樣的批評還是代表許多士人學子的共同看法。然而這些批評終歸沒有影響明朝的教育政策，胡《傳》在科舉制度的保護傘下，依舊在士人心中維持相對尊貴的地位，並沒有因為這些批評而削弱了影響力，這樣的情況一直維持到清初乾隆時期才劃下休止符。

97　〔明〕王樵：《春秋輯傳》，《景印文淵閣四庫全書》經部，第168冊。

98　〔明〕黃正憲：《春秋翼附》，《續修四庫全書》經部，第135冊（據明刻本影印）。

99　〔明〕賀仲軾：《春秋歸義》，《續修四庫全書》經部，第136冊（據湖北省圖書館藏清道光八年見山堂刻本影印）。

100　〔明〕嚴啟隆：《春秋傳註》，《四庫全書存目叢書》經部，第131冊（據北京圖書館藏清康熙四十七年朱彝尊家鈔本影印）。

101　〔清〕朱彝尊撰〔民國〕張廣慶等點校：《點校補正經義考》第6冊，卷185，頁12

102　〔明〕張溥：〈春秋林氏傳序〉，《點校補正經義考》第6冊，卷207，頁485-486。

四、清初的權威破除

　　胡《傳》在清初階段依舊維持和明朝相同的待遇，科舉定本仍舊以胡《傳》為首，並沒有任何的改動，順治二年（1645）頒布的科舉程式仍然是「《春秋》主胡安國《傳》」[103]，但清初批判胡《傳》的聲音亦延續著明代而來，並沒有因此停止，王介之（1606-1686）《春秋四傳質》一書就批評胡《傳》是「以理談經」[104]，議論多而無實際，盡是「曲為之辭」[105]，論述看似理嚴辭正，實則「巧而誣」[106]，且傳文前後「參差而不類」[107]，相互矛盾，自相背戾也。王夫之（1619-1692）《春秋稗疏》也認為胡《傳》有「前後自相刺謬」[108]的缺點，且批評「胡氏之傳《春秋》，宋人之私，非聖人之旨也」[109]，揭其南渡後欲以《傳》中尊王復讎之義以干政治之動機，非純學術的追求。錢謙益甚至還論數胡《傳》有三失，其云：

　　經學之不明，未有甚於《春秋》者也。他經以經為經，而《春秋》以傳為經，他經之傳，傳經為傳，而《春秋》則人自為傳，自漢洎元，未有底也。明興乃始布侯於文定，海內靡然從之，無敢操戈者，於《左氏》則核者誣之，於二氏則誣者核之，此則胡之失也。仲尼之所削者不可見矣，其所筆者具在，據事直書，內不敢易史書，外不敢革赴告，而一字褒貶，口銜天憲，亦可以令吳楚之僭王者乎，此又胡之失也。元年之元也，鼎銘

103　〔清〕趙爾巽：《清史稿・選舉三》（北京：中華書局，1977年），卷108，頁3148。

104　〔清〕王介之：《春秋四傳質》，《景印文淵閣四庫全書》經部，第171冊，卷上，頁3。

105　同前註，卷下，頁1。

106　同前註，卷上，頁21。

107　同前註，卷上，頁84。

108　〔清〕王夫之：《春秋稗疏》（長沙：嶽麓書社據清王嘉愷鈔本影印排版，1989年），卷下，頁68。

109　〔清〕王夫之：《讀通鑑論》，《續修四庫全書》史部，第449冊（據上海辭書出版社圖書館藏清同治四年湘鄉曾氏金陵節署刻船山遺書本影印），卷18，頁47。

先之矣，五等諸侯之稱公也，《儀禮》先之矣，由此推之，凡所謂一字一句，傳義比例者，非棄灰之刑，則畫蛇之足也，此又胡之失也。昔之《春秋》以三《傳》為《經》，今之《春秋》以《胡氏》一家言為《經》，雖然胡氏之書大義備焉，況功令在是，童而習之，用以郭眾說、斷國論，不猶賢於說鈴書肆乎哉？[110]

錢謙益認為胡《傳》有三失，其一為取《公》、《穀》之義，而略《左傳》之實；其二則不信據事直書之事，徒以一字褒貶定賞罰；其三為詮解失真，訓「元」、稱「公」，鼎銘古籍具在，強為之訓，殊為蛇足。

毛奇齡（1623-1716）撰《春秋毛氏傳》，此書可以說是清初全面檢討胡《傳》的著作，書中批評胡《傳》甚烈，他認為胡《傳》「誣妄聖經，一意刻薄」[111]，且批評胡安國「不讀《經》，又不讀《傳》」[112]，「不識例」[113]又「不曉事」[114]，「臆而武斷」[115]，「而又好為無理之言」[116]，且明代以胡《傳》當功令，「致三百年來不知夫子有《春秋》，而祗知胡《傳》，乃其叛經悖聖至于如此，豈不可嘆」[117]，認為胡《傳》實為孔子之罪人，《春秋》之亂經，故語重而心長地說：

宋元諸經解，則所見凡數十家，亦又何一可置辨者，而胡安國《傳》則解經之中畔經尤甚，然反兢兢乎辨之？以為胡氏《傳》出，而孔子道熄，甚至有明三百年設科立學，但知有胡氏一《傳》，而不知孔子之有

110　〔清〕錢謙益：〈春秋胡傳翼序〉，收錄錢時俊《春秋胡傳翼》（臺北傅斯年圖書館藏明萬曆三十九年刊本），頁1-6。

111　〔清〕毛奇齡：《春秋毛氏傳》，《景印文淵閣四庫全書》經部，第176冊，卷3，頁20。

112　同前註，卷29，頁17。

113　同前註，卷28，頁7。

114　同前註，卷33，頁10。

115　同前註，卷29，頁17。

116　同前註，卷28，頁7。

117　同前註，卷24，頁18。

《經》，則辨胡氏，抑所以救孔子也，嗟乎！言至此亦可畏矣。[118]

　　毛奇齡撰《毛氏傳》的動機並非是為了成一家之言，而是在辨乎胡《傳》之失，揭發胡《傳》貽害後學甚烈，不僅背離孔子微言大義甚遠，實為「叛經悖聖」之作，故欲使孔子之道復行於世，就必須論辨胡《傳》之非，而李塨（1659-1733）在為毛氏撰寫序文時也說：「唐後諸儒則雖備觀其說，而百無一合，大率棄置不屑道，而胡氏一書反三致意焉，以為是書者，固亂經之階，而亡經之本也」[119]，可見毛奇齡對於唐、宋、元代的《春秋》著作都不甚滿意，但他只是棄而不論，並沒有大肆批評，因為這些著作所造成的負面影響並非太大，而胡《傳》獨尊《春秋》學界五百餘年，士人惟知有胡《傳》，不知有《春秋》，故而專取胡《傳》批評，欲導正視聽，復《春秋》原貌。

　　如就官方態度來看，順治（1644-1661在位）一仍明朝舊制，尊奉胡《傳》，而康熙（1662-1722在位）在初期也仍然是相當崇敬胡《傳》，認為其「本三綱、奉九法、明王道、正人心，於《春秋》大旨，十常得其六七」[120]，儼然奉胡《傳》為宗，但康熙晚年對於胡《傳》的基本態度起了很大的變化，認為習是經，「宗其說者率多穿鑿附會，去經義逾遠」[121]，故晚年撰《欽定春秋傳說彙纂》時，指授儒臣，詳加考證，其中「有舛于經者刪之」，「有畔於傳者勿錄」[122]，並且采錄先儒舊說，用以「表章闡明古學」[123]，故《總目》對此書為「蕩滌門戶，辯別是非，挽數

118　〔清〕毛奇齡：《春秋毛氏傳》，《景印文淵閣四庫全書》經部，第176冊，卷1，頁12。

119　〔清〕李塨：〈春秋毛氏傳序〉，《點校補正經義考》第6冊，卷208，頁522。

120　〔清〕愛新覺羅・玄燁：〈日講春秋解義序〉，《景印文淵閣四庫全書》第172冊（臺北：商務印書館，1983年），頁1。

121　〔清〕愛新覺羅・玄燁：〈春秋傳說彙纂序〉，《景印摛藻堂四庫全書薈要》第44冊（臺北：世界書局，1988年），頁1-2。

122　同前註。

123　〔清〕紀昀等編纂：《四庫全書總目》，卷29，經部，春秋類四，「欽定春秋傳說彙纂」條，頁235a。

百年積重之勢，而反之於正也。自時厥後，能不為胡《傳》所錮者……響然竝作，不可殫數」[124]，可見康熙晚期想要破除胡《傳》的權威，而這一態度也影響了乾隆（1736-1795在位），他在二十三年（1758）撰《御纂春秋直解》時，可以說攻擊胡《傳》不遺餘力，直云：「《胡氏》直與三《傳》並行，其間傅會臆斷，往往不免，承學之士宜何考衷也哉」[125]，四庫館臣於《總目》提其要為：「揭胡安國《傳》之傅會臆斷，以明詔天下」[126]，故而《四庫全書總目》經部春秋類為何要全面反對胡《傳》，其中的理由再清楚不過了。但科舉功令並沒有馬上廢除掉胡《傳》，而是一直等到《四庫全書》完工後，紀昀（1724-1805）始上疏請求廢止，據《清史稿》記載：

　　紀昀，字曉嵐……三十八年（1773），開《四庫全書》館，大學士劉統勳舉昀及郎中陸錫熊為總纂……盡讀諸行省所進書，論次為〈提要〉上之……《四庫全書》成，〈表〉上。上曰：「〈表〉必出昀手！」……疏請鄉、會試，《春秋》罷胡安國《傳》，以《左傳》本事為文，參用《公》、《穀》。從之。[127]

　　紀昀在《四庫》完成後上表建議乾隆於科舉中廢除胡《傳》，改以《左傳》為功令，並輔以《公》、《穀》二傳，這一建議當然符合乾隆遵奉漢學的學術態度，當然政治上的考量也是其中緣故，因為胡《傳》的復讎觀、華夷別的色彩太過強烈，不符合清朝的統治利益，所以胡《傳》的《春

124　〔清〕紀昀等編纂：《四庫全書總目》，卷29，經部，春秋類四，「欽定春秋傳說彙纂」條，頁235a。

125　〔清〕愛新覺羅‧弘曆：《御纂春秋直解》，《景印摛藻堂四庫全書薈要》第45冊（臺北：世界書局，1988年），頁1-2。

126　〔清〕紀昀等編纂：《四庫全書總目》，卷29，經部，春秋類四，「御纂春秋直解」條，頁235a-b。

127　〔清〕趙爾巽：《清史稿‧紀昀列傳》（北京：中華書局，1977年），卷320，頁10770-10771。

秋》冠冕，終於被紀昀與乾隆摘下，結束了長達六百多年的獨盛狀態。

　　胡《傳》的勢力從南宋一直綿延至元代，在明代階段達到巔峰狀態，官方在科舉考試中雖然四《傳》並列，但考試卻是以胡《傳》定去取，但這樣藉由科舉功令所鞏固的學術核心，往往也容易遭致經學研究者的懷疑，這股質疑胡《傳》的風氣從由南宋朱熹開始，到了元代吳萊、梁寅、李廉、程端學、楊維禎、張以寧先後發之。進入明代後，言論轉趨激烈，湛若水、朱荃宰、黃縉、楊伯珂、袁仁、林尊賓、楊于庭、蔣悌生、張邦奇、陸粲、熊過、高拱、徐浦、王樵、黃正憲、賀仲軾、嚴啟隆、張岐然相繼起而攻之，雖然陸陸續續都有學者提出胡《傳》的缺失，但還不足以形成任何威脅胡《傳》的勢力，一直到明末階段，這股反對的聲浪才稍有制約的效果，而且科舉考試與民間文人中也開始漸漸重視《左傳》的經學地位，這兩者都帶給了胡《傳》不小的壓力，但胡《傳》在科舉制度的保護傘下，依舊維持它固有的學術地位。

　　清代初期，康熙、雍正、乾隆三朝還是在科舉中將胡《傳》定於一尊，雖然康熙晚年態度有所轉變，但因為當時胡《傳》仍然是四《傳》裡面最多學子們研習的重典，故而不敢貿然廢除，但文人學者批評的力道依舊有增無減，王介之、王夫之、錢謙益、毛奇齡、李塨等學者延續著明代批判胡《傳》的風氣，嚴厲譴責胡《傳》穿鑿，褻瀆聖經，凌駕孔子之上。之後隨著崇實黜虛，考證嚴實的學風漸熾，質疑反對的聲浪有凌駕胡《傳》之上的趨勢，而乾隆早因學術態度與統治需要的因素，對胡《傳》根本厭惡，適逢紀昀所請，遂將胡《傳》拉下科舉的舞臺，終於使這股質疑胡《傳》的聲音劃下句點。

第三節　科舉制度對經學的制約與普及

　　科舉制度最重要的目的就是為國掄才，而經由這個過程產生出的官

員，皆是代替統治者管理朝政，治理人民，可以說是皇帝政權與治權的化身，故而這些科舉出身的人才，其思維模式必須符合國家的認可，切合國家的需要，唐代亦然，宋代亦然，明、清兩朝也概不例外。若論明代的科舉內容，簡單來說就是以程、朱理學作為政府認可的主流思想，《明史》選舉志有概略的說明，其云：

「科目」者，沿唐、宋之舊，而稍變其試士之法，專取《四子書》及《易》、《書》、《詩》、《春秋》、《禮記》五經命題試士。蓋太祖與劉基所定。其文略仿宋經義，然代古人語氣為之，體用排偶，謂之「八股」，通謂之「制義」。三年大比，以諸生試之直省，曰鄉試，中式者為舉人。次年，以舉人試之京師，曰會試。中式者，天子親策於廷，曰廷試，亦曰殿試。分一、二、三甲以為名第之次。一甲止三人，曰狀元、榜眼、探花，賜進士及第。二甲若干人，賜進士出身。三甲若干人，賜同進士出身。狀元、榜眼、探花之名，制所定也，而士大夫又通以鄉試第一為解元，會試第一為會元，二、三甲第一為傳臚云。子、午、卯、酉年鄉試，辰、戌、丑、未年會試。鄉試以八月，會試以二月，皆初九日為第一場，又三日為第二場，又三日為第三場。[128]

明代科舉制度層面大體延續唐、宋制度而來，但在考試內容方面基本上承襲元代科舉程式，故而唐、宋科舉有試以詩賦者，而元、明兩代則完全以經義為主，以《四書》、《五經》作為考試範圍，以程、朱學派的註解作為理解聖人經典的唯一途徑，明代更以限制性的八股文體代替聖人立言，但這樣的舉才模式對於許多學者來說，不僅限制了經學的正常發展，對於聖人「修、齊、治、平」的理念也不見得有所實質助益，故明、清以來批評不少，但亦有學者從普及性與教育性的層面肯定科舉制度對經學的

---

[128] 〔清〕張廷玉：《明史·選舉二》（北京：中華書局，2003年），卷70，頁1693。

正面幫助，並不全然以負面的立場否定這一制度，以下就當時文人的正反面意見析論之。

一、限制經學的自由發展

明代科舉最為人批評的莫過於限制經學的正常發展，而《春秋》學作為經學的一支一脈，自然在科舉制度中也被侷限在官方所認可的價值範圍中，王錫爵（1534-1610）就批評當日「學子經生率宗胡氏，即胡《傳》外，縱窺闊邃，得聖門之肯綮者，悉置之若棄，亦惑矣」[129]，陳懿典（1592前後）亦云：「我國家取士以《四子》、《五經》，諸不在六藝之科者，悉報罷其說，俎豆宋儒，而於宋儒中尤尊崇朱子，《易》參程《傳》、《書》主蔡元定（案：應為蔡沈）、《春秋》則胡安國、《禮記》則陳澔，餘皆朱子所刊定，學者童習而白守，如奉三尺，不敢失尺寸」[130]，考生士子一惟程、朱、胡《傳》是宗，縱然有所見地，亦棄若蔽席，不甚留意，故王錫爵、陳懿典對此科舉之風竟然影響讀書人尊奉程朱、胡《傳》至此，而貶棄孔孟之道如此，感到十分疑惑與心痛，楊慎（1488-1559）也批評明代舉業造成士子知識的淺陋，其云：

本朝以經學取人，士子自一經之外，罕所通貫。近日稍知務博，以謏名苟進，而不究本原，徒事末節，五經、諸子則割取其碎語而誦之，謂之蠡測；歷代諸史則抄節其碎事而綴之，謂之策套。其割取、抄節之人，已不通經涉史，而章句血脉皆失其真，有以漢人為唐人，唐事為宋事者，有以一人折為二人，二事合為一事者。……噫！士習至此，卑下極矣。[131]

129　〔明〕王錫爵：〈春秋續義序〉，《點校補正經義考》第6冊，卷204，頁420-421。

130　〔明〕陳懿典：〈十三經註疏〉，《陳學士先生初集》，《四庫禁燬書叢刊》集部，第79冊（據北京大學圖書館藏明萬曆四十八年曹憲來刻本影印），卷25，頁465-466。

131　〔明〕楊慎：〈舉業之陋〉，《升庵外集》，收錄《雜著祕笈叢刊》（據明萬曆四十四年顧起元校刊本影印。臺北：學生書局，1971年），卷61，頁3-4。

　　明代科舉考生皆須閱讀《四書》，但卻無須精通《五經》，士子只要選擇一經研治即可[132]，這樣的制度對於一些通經博學之士來說只是造成經學的狹隘化，無法養成真正的儒者，更有甚者，割裂經傳以就科令，抄節史事以赴舉業，造成士風不振，士人氣節日漸卑下惡劣，如此皆導因於科舉制度的不善不全所致。明末費密（1623-1699）亦云：「永樂得位，專用朱熹之說，始不遵祖訓，仍宋舊本作《四書》、《五經大全》，命科舉以為程式，古注疏亦未嘗有詔禁止，生徒恐畏趨時，專習宋傳，性理浮說盛行，遞相祖受，古義盡廢，七十子所遺，漢唐相傳共守之實學殆絕」[133]，顧炎武則批評經學的衰廢在於明廷以《大全》之書限制科舉制義，其云：「當日儒臣奉旨修《四書》、《五經大全》，頒餐錢，給筆箚，書成之日，賜金遷秩，所費於國家者不知凡幾，將謂此書既成，可以章一代教學之功，啟百世儒林之緒，而僅取已成之書，抄謄一過，上欺朝廷，下誑士子。唐宋之時有是事乎？豈非骨鯁之臣，已空于建文之代。而制義初行，一時人士盡棄宋元以來所傳之實學，上下相蒙以饕祿利而莫之問也。嗚呼！經學之廢實自此始」[134]，費密與顧炎武皆認為國家所頒《大全》根本就是一部抄襲本，科舉以此為限，導致士人為追逐祿利而棄漢唐傳注，摒棄宋元實學，一切惟程、朱是問，將明代經學的衰微歸結於斯，清末劉師培（1884-1919）也持相同見解，認為「明人經學之弊，在于輯《五經》、《四書大全》，頒為功令，所奉者宋儒一家之學，故古誼淪亡」[135]。

　　總的來說，明代經學的衰微原因對大部份的實學之士來說，其癥結點

---

[132] 〔清〕張廷玉：《明史》云：「生員專治一經，以禮、樂、射、御、書、數設科分教。務求實才，頑不率者黜之。」又說：「凡經，以《易》、《詩》、《書》、《春秋》、《禮記》，人專一經，《大學》、《中庸》、《論語》、《孟子》兼習之。」（北京：中華書局，2003年），卷69，〈選舉一〉，頁1686；卷73，〈職官二〉，頁1789。

[133] 〔清〕費密：〈道脈譜論〉，《弘道書》，《續修四庫全書》子部，第946冊（據復旦大學圖書館藏民國九年大關唐氏怡蘭堂刻本影印），卷上，頁20。

[134] 〔清〕顧炎武：〈四書五經大全〉，《原抄本日知錄》，卷20，頁525。

[135] 〔民國〕劉師培：《國學發微》，寧武南氏校印本，頁49。

集中於科舉制度，而科舉制度中又可分為四大部份，一是「內容」層面，明代以胡《傳》做為錄取衡量唯一的標準，本身就是一件錯誤的教育政策。二是「形式」層面，對於應考士人來說，只能使用僵化的八股文形式答題，無疑限制了思想的創發與自由度。三是「用書」方面，當時坊間出版了許多「節文」、「時文」、「講章」、「擬題」等等為應付科舉考試的參考用書，造成學子不讀經傳，鑽營捷徑的學術扭曲現象。四是「題目」層面，《春秋》一經考官出題方式的詭譎多變，有時使考生連題目都看不懂，造成士人鑽牛角尖，徒勞心力。這四項因素都造成明代經學出現許多弊端，妨礙了經學的正常發展，以下分別析論之。

（一）以胡《傳》為錄取標準

　　明代頒佈《春秋大全》後，幾乎全以胡《傳》當功令，明初科舉尚有五《傳》並行，後張洽《傳》被撤除在科舉外，成為四《傳》的局面，雖然熊明遇（1579-1649）云：「今時列於學官為士子制舉，先資獨宗胡《傳》，《左氏》、《公羊》、《穀梁》亦參觀焉」[136]，但當時應試的考生都再清楚不過，其答題範圍絕不能踰越胡《傳》的解釋，故而《左傳》、《公羊》、《穀梁》表面上是與胡《傳》分庭抗體，實際上是名存而實亡也，「胡《傳》尊而三《傳》幾於處閣書」[137]，所遺功能除了「存古」外，也止於「參觀」罷了，而這一點也是明代《春秋》一經歷來為人所深為詬病者，如黃洪憲（1541-1600）云：「今國家功令業《春秋》者，率主宋儒胡安國《傳》，至欲屈《經》以就之」[138]，何其偉（1609前後）云：「至於胡氏之說行，而明興專用為功令，及觀制義發題，則居然

---

[136] 〔明〕熊明遇：〈五經說約叙〉，《文直行書詩文》，《四庫禁燬書叢刊》集部，第106冊（據清順治十七年熊人霖刻本影印），卷3，文選，頁3。

[137] 〔明〕馬世奇：〈擬奉旨恭進十三經註疏表〉，《澹寧居文集》，《四庫禁燬書叢刊》集部，第113冊（據北京大學圖書館藏清乾隆二十一年刻本影印），卷2，頁52。

[138] 〔明〕黃洪憲：〈春秋左傳釋附序〉，《碧山學士集》，《四庫禁燬書叢刊》集部，第30冊（據明萬曆刻本影印），卷1，頁41。

孔氏無《經》，而《經》在胡氏焉。世之尊胡氏者，方過於孔氏，是固胡氏之《春秋》矣，乃以為孔氏之《春秋》」[139]，范印心（1609-1668）云：「文定公《傳》，功令所尊，制舉家人自為書，穿穴支離傅會，膠固若法吏，深文巧詆，其病皆以為孔子之書」[140]，這些意見都顯示出胡《傳》在士子的心目中已經儼然取代孔子的地位，孔子的《春秋》被胡安國的《春秋傳》所凌駕，追求孔子的微言大義已經不敵胡安國的傳文詮釋，雖然科舉長期被胡《傳》所壟斷，但孔子卻淪落到要去依附胡《傳》才得以生存，這對於明清士人來說，在心理上是無法接受的，陳廷敬就其中的弊病說：

> 《春秋》則概刪聖人之經不讀，讀胡氏《傳》，《傳》亦不盡讀，擇其可為題目者，以其意鋪敘為文，不敢稍渝分寸，以求合於有司。又最甚者，擇取《傳》中字句文義，以意牽合，妄託聖經，移彼就此，名為合題，豈惟不合經意，揆之傳者之意，亦初不自知其何以位置安排顛錯之如此也，慢棄聖言，割裂傳注。[141]

陳廷敬認為當時孔子《春秋》經文已如同虛文，取而代之者為胡《傳》傳文，且傳文也不全讀，而是只揀選其中能夠出題的題目閱讀，倘若遇有胡《傳》傳文和《春秋》經文相違背之處，則牽連比附，乾坤挪移，託胡《傳》之文以就孔子之口，慢棄聖言，不敬已極。再進一步透過《明代登科錄彙編》與《天一閣藏明代科舉錄選刊・會試錄》中所刊印五經各場中的試卷，從其中房官的批語亦可瞭解官方所持的態度轉變為何，

139　〔明〕陳錫：〈春秋胡評序〉，《點校補正經義考》第6冊，卷208，頁509。

140　〔明〕范印心：〈春秋歸義序〉，收錄賀仲軾《春秋歸義》，《續修四庫全書》經部，第136冊（據清道光八年見山堂刻本影印），頁182。

141　〔清〕陳廷敬：〈經學家法論〉，《午亭文編》，《景印文淵閣四庫全書》集部，第1316冊，卷32，頁16-17。

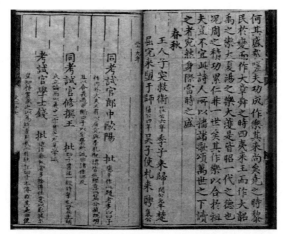

寧波天一閣博物館藏明天順七年會試錄春秋考題及批語

如建文二年（1400）狀元吳溥以《公羊傳》論述，初考官徐知州批云：

　　此卷七篇，議論筆力非它卷所及，蓋諸卷之傑作也。本房《春秋》無慮百餘卷，而立意行文大率以陳腐之言，文其淺近之意，讀之使人悶悶，忽得此卷，如獲至寶，拔之以魁本經，孰曰不宜？[142]

　　後二場論〈大一統〉，同名考官批云：「此一論滔滔不竭，始言當時之一統，繼言聖人一統之法，終歸於公羊子，不失命題之意，非作者不能，實與前場相稱，可敬！可敬！」[143]；又宣德五年（1430）《春秋》第一名吳節的卷子，同考試官蔣侍講批示云：

　　治《春秋》者當參考諸《傳》，以《左氏》為案，而斷以《胡氏》，不可偏廢也。學者往往欲速就簡，或置《左氏》不講，殊不思豈有舍案而

142　臺灣學生書局編輯部輯：《明代登科錄彙編》第1冊（據國立中央圖書館藏本影印。臺北：臺灣學生書局，1969年），頁162。

143　同前註，頁175。

能斷者哉！此題實本《左氏》，場中知者甚少，獨此卷能發揮其旨，言簡而當，理合而明，特表而出之。[144]

　　建文二年時，《春秋大全》尚未纂輯，故三《傳》、胡《傳》、漢唐注疏併用無慮，故吳溥以《公羊》義主論《春秋》，仍能成為當年麟經魁斗。到了宣德五年會試時，《春秋大全》雖已頒布數年，但胡《傳》的勢力還沒有到隻手撐天的地步，故考官批語仍然傾向于「參考諸《傳》，以《左氏》為案，而斷以《胡氏》，不可偏廢也」，表現出四《傳》並重，《左》、《胡》並行的態勢，但至此以後，三《傳》幾乎不再出現在批語中，成為獲選的惟一標準僅剩胡《傳》一經，如成化八年（1472）會試時，吳郁的卷子被評為第一，批語云：「此篇本胡《傳》立說，且詞氣簡健，作手也」[145]，另一名考官批「得胡《傳》意」[146]；成化二十三年（1487）會試，彭敷的卷子評語為：「禮義華夷，世之大關。鄗之會，陳鄭向背，得失正在此。胡氏兩《傳》甚明，學者忽之。是篇融會《傳》意而發之於詞，逢於《春秋》者也」[147]；弘治十二年（1499）會試，林庭昂的卷子批：「融會胡《傳》，義責齊魯私憤用兵，詞鋒森然，可謂健筆」[148]；正德九年（1514）會試，席象的卷子批：「題本胡《傳》立說，作者不難於文而難於理，理明詞瞻，無踰此篇，錄之見有得於性命之文也」[149]，另名考官批云：「胡《傳》著《春秋》託始微意，有先儒所未逮者，此作亦足以發之，可錄也」[150]，同年會試唐皋的卷子批語為：「得胡

144　寧波市天一閣博物館整理：《宣德五年會試錄》，收錄《天一閣藏明代科舉錄選刊・會試錄》第1函，第2冊（據天一閣藏版影印。寧波：寧波出版社，2006年），頁26。

145　寧波市天一閣博物館整理：《成化八年會試錄》，《天一閣藏明代科舉錄選刊・會試錄》，第2函，第5冊，頁19。

146　同前註。

147　寧波市天一閣博物館整理：《成化二十三年會試錄》，第3函，第1冊，頁23。

148　寧波市天一閣博物館整理：《弘治十二年會試錄》，第3函，第2冊，頁24。

149　寧波市天一閣博物館整理：《正德九年會試錄》，第3函，第5冊，頁26。

150　同前註。

《傳》意，而文字有筆力，蓋他卷所無」[151]；正德十二年（1517）會試，葉應驄的卷子批語為：「胡《傳》意本明白，人多失之。此作體認清切，而詞足以發之，是用錄出」[152]，由這些科舉卷子的實例，可以明確有據地見到《春秋大全》頒行後，造成三《傳》的式微與胡《傳》的獨尊，甚至到了中後期階段，不以《春秋》經文出題，而是直接採用胡《傳》傳文，可說是凌駕孔子本人了。

　　而胡《傳》當時上繼程門餘緒，為程朱的一脈，且當時並沒有任何一部《春秋》著作的影響力可堪比擬，所以理所當然成為科舉定本，至永樂十五年（1417）以後，「胡氏之《傳》遂用以取士，舉世莫敢不遵焉」[153]。劉繪（1505-1578）形容當時科舉「尊胡」的情況云：「自胡氏之說行，天下皆宗之，不求經而求傳，故攻經文之意略，攻傳文之意詳，於經文則不能舉其辭，於傳文則日夜苦誦之，猶慮其不能堅，是孔氏之《經》以簡，而人故略之；胡氏之《傳》以煩，而人故詳之。詳者愈熾而盛，略者愈微而衰。信《傳》之弊，乃至於此，蓋科目以之取士，士不得不奔之也」[154]，這段話語把當日胡《傳》藉由科舉定於一尊，甚至凌駕孔子《春秋》原典的情況說的十分明白透徹，甚至馮夢龍告誡治《春秋》的考生，「大率必以宗胡《傳》為主，那管理他閑說」[155]，可見明代士子已經直接將文定配孔子，胡《傳》當《春秋》了。

（二）八股文程式的牢籠僵化

　　明代科舉另一個為人詬病的地方就是在答題時必須使用規定的八股文制度，又稱為「八比文」、「時藝」、「時文」、「經義」、「制藝」，

151　寧波市天一閣博物館整理：《正德九年會試錄》，第3函，第5冊，頁28。

152　寧波市天一閣博物館整理：《正德十二年會試錄》，第4函，第1冊，頁34。

153　〔明〕陳錫：〈春秋辨疑序〉，《點校補正經義考》第6冊，卷203，頁397。

154　〔明〕劉繪：〈春秋輔傳序〉，《明文海》（據清涵芬樓鈔本影印。北京：中華書局，1987年），卷212，序3，頁32。

155　〔明〕馮夢龍：〈看經要訣〉，《春秋定旨參新》，收錄《馮夢龍全集》，第22冊（據明刻本影印。上海：江蘇古籍出版社，1993年），頁16。

官方統稱為「制義」，又因其出題範圍侷限在《四書》、敷衍五經義理，故而亦稱為「四書文」。這種文體初無定制，但後來逐漸演變成必須講究格律對仗、行文步驟，並逐漸形成比較嚴格的程式，羅汝芳（1515-1588）云：「維我明科試取士率先經義，而經義率宗程式，故一時士習之所趨，文風之所動，實自管閣倡之」[156]，而最初的規範是從明朝洪武三年（1370）起，「第一場經義限五百字，四書義一篇限三百字，第二場禮樂論限三百字，第三場時務策一道一千字」[157]，實行所謂的「限字」制度，之後又進行改革，變成「四書義一道，二百字以上。經義一道，三百字以上」[158]，顧炎武在〈試文格式〉一文中對這個文體的演變說的非常詳細，其云：

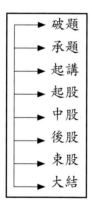

經義之文，流俗謂之八股，蓋始于成化以後。股者，對偶之名也。天順以前，經義之文不過敷演傳注，或對或散，初無定式，其單句題亦甚少。成化二十三年會試，〈樂天者保天下〉文，起講先提三句，即講樂天四股，中間過接四句，復講保天下四股，復收四句，再作大結。弘治九年會試，〈責難於君謂之恭〉文，起講先提三句，即講責難於君四股，中間過接二句，復講謂之恭四股，復收二句，再作大結。每四股之中，一反一正，一虛一實，一淺一深，其兩扇立格，則每扇之中各有四股，其次第文法亦復如之，故今人相傳謂之八股。[159]

---

156 〔明〕羅汝芳：〈楊復所經義序〉，《羅明德公文集》（臺北傅斯年圖書館據日本內閣文庫藏明崇禎五年序刊本影印。東京都：高橋情報，1994年），卷1，頁9。

157 〔清〕俞樾：《茶香室續鈔・八股文限字》，清光緒二十五年刻春在堂全書本，卷14，頁15。

158 〔清〕張廷玉：〈張以寧列傳〉，《明史・文苑一》，卷285，頁7136

159 〔清〕顧炎武：〈試文格式〉，《原抄本日知錄》，卷19，頁479-480。

　　從顧氏的說明中可以得知明代初期八股文的形式並沒有得到確定，雖有格律、對偶、限字的規定，但並不是很嚴格執行，當時有所謂的〈作文舊套歌〉云：「一破二承三原題，發問起語入事依。反意斷制并咏嘆，十收束兮及結之」[160]，此歌訣可以體現早期八股文的形式，一直到成化以後才比較固定形成一種行文模式，其標準格式約如左上圖所示，故〈作文新格歌〉云：「一破二承三起講，八事及意斷制當。七陳八收異九結，此是作文新格樣」[161]，定制以後的一篇標準八股文在行文前必須要先破題，以簡潔的對句將題意直接道破，說明清楚，再承破題之義進一步論述題義，之後起講，發其凡而敷衍題旨，進入後文，隨起四股，兩兩對偶，主要在敷演聖人口氣，代聖立言，這也是一篇文章的重心所在，最後再作大結。這樣的八股文體如同現今的作文的「起、承、轉、合」，是一種行文的鋪排技巧，但這樣的模式如果變成一種定式，不能隨意改動，則難免會轉化成一種行文的限制，制約考生自由發揮的空間，而八股文這種文體因為科舉制度的關係，成為了主宰明代文風最重要的體例，上與唐宋古文相對壘，變成一種新興的文體──「時文」。方苞（1668-1749）甚至將明代八股文分為四個時期，其云：

　　明人制義，體凡屢變。自洪、永至化、治，百餘年中，皆恪遵傳註，體會語氣，謹守繩墨，尺寸不踰。至正、嘉，作者始能以古文為時文，融液經史，使題之義蘊，隱顯曲暢，為明文之極盛。隆、萬間，兼講機法，務為靈變，雖巧密有加，而氣體苶然矣。至啟、禎，諸家則窮思畢精，務為奇特，包絡載籍，刻雕物情，凡胸中所欲言者，皆借題以發之，就其善者，可興可觀，光氣自不可泯。[162]

160　〔明〕馮夢龍：〈作文舊套歌〉，《春秋定旨參新》，收錄《馮夢龍全集》，第22冊（據明刻本影印。上海：江蘇古籍出版社，1993年），頁29。

161　〔明〕馮夢龍：〈作文新格歌〉，《春秋定旨參新》，頁29。

162　〔明〕方苞：〈進四書文選表〉，《望溪集》（清咸豐元年戴鈞衡刻本），外文，卷2，〈奏

　　方苞認為明代八股文從洪武至弘治時期，恪遵程朱傳註，體會先儒語氣，不敢稍有踰越之舉。正德、嘉靖時期，儼然以唐宋古文為今之時文，博涉經史，文章義韻，隱顯曲暢，為明代八股文的極盛時期。到了隆慶、萬曆階段，為文講機法，強調靈活變化，雖然巧妙縝密有餘，但文氣疲弱矣。天啓、崇禎時期，摒棄規矩，以為新奇，剽剝經子，雕琢字句，借題抒發己見，亦可興可觀。這樣的意見與《明史》所說國初舉業，「取書旨明晰而已，不尚華采也」[163]，「弘治、正德、嘉靖初年，中式文字純正典雅」[164]，隆慶、萬曆間「時方崇尚新奇，厭薄先民矩矱，以士子所好為趨，不遵上指也」[165]，「啟、禎之間，文體益變，以出入經史百氏為高，而恣軼者亦多矣，雖數申詭異險僻之禁，勢重難返，卒不能從」[166]的意見是十分雷同的，可見當時以時文為古文的風氣不僅是一種制度，更是一種文風所向，但方苞同時也認為八股文有長處，亦有短處，其云：

　　凡此數種，各有所長，亦各有其蔽，故化、治以前，擇其簡要親切，稍有精彩者，其直寫傳註，寥寥數語，及對比改換字面，而義意無別者不與焉。正、嘉則專取氣息醇古，實有發揮者，其規模雖具，精義無存，及剽襲先儒語錄，膚殼平衍者不與焉。隆、萬為明文之衰，必氣質端重，閒架渾成，巧不傷雅，乃無流弊，其專事凌駕，輕剽促隘，雖有機趣，而按之無實理真氣者不與焉。至啟、禎名家之傑特者，其思力所造，塗徑所開，或為前輩所不能到，其餘雜家則併棄規矩以為新奇，剽剝經子以為古奧，雕琢字句以為工雅，書卷雖富，辭氣雖豐，而聖經賢傳本義轉為所蔽蝕，故別而去之，不使與卓然名家者相混也。[167]

箚〉，頁27-28。

163　〔清〕張廷玉：《明史‧選舉一》，卷69，頁1689。
164　同前註。
165　同前註。
166　同前註。
167　〔明〕方苞：〈進四書文選表〉，《望溪集》，外文，卷2，〈奏箚〉，頁27-28。

　　方苞論八股文文風，認為在嘉靖以前尚為明文盛世，但隆慶、萬曆以後，文風衰敗，「專事凌駕，輕剽促隘」，剽襲語錄，膚淺平衍，其實四庫館臣，明清諸儒批評八股文的敗壞，幾乎也都是以這一時期作為分界，這個意見和明人楊慎論當時八股文的看法可相互呼應之，楊氏認為：

　　近時舉子之文，冗贅至千有餘言，不根程朱，妄自穿鑿，破題謂之「馬籠頭」，處處可用也，又謂「舞單鎗鬼」，一跳而上也。起語百餘言，謂之「壽星頭」，長而虛空也，其中例用，存乎、存乎，謂之、謂之，此之謂、此之謂，有見乎、無見乎，名曰「救命索」，不論與題合否，篇篇相襲，師以此授徒，上以此取士，不知何所抵止也。[168]

　　這一時期的八股文已經逐漸被士人考生「看破手腳」，演化出一個固定的格式，篇篇相襲，缺乏自身的風格，所謂「馬籠頭」、「舞單鎗鬼」、「救命索」都是一種對八股段落的揶揄，「存乎」、「謂之」、「此之謂」、「有見乎」、「無見乎」，冗贅穿鑿，不知所謂，「師以此授徒，上以此取士」，造成人才取用的缺失與盲點，這都是八股文最為人所批評的，何良俊就說：「自程、朱之說出，將聖人之言死死說定，學者但據此略加敷演，湊成八股，便取科第，而不知孔、孟之書為何物矣，以此取士而欲得天下之真才，其可得乎？」[169]，何氏反對科舉全用程、朱傳注，也認為八股成為定式，考生湊字湊句，敷演成篇，這樣侷限的知識與狹隘的制度，難以替國家選拔出真正的人才。詹景鳳（1532-1602）也批評說：「嘉靖中年而後，士人專以誦習時文為逕捷，不但古經傳生平目未睹見，即國朝經書中傳注義訓一切抹去，止留總語讀之，以求經書速完，如業《易》則不復辨《詩》、《書》、《春秋》、《禮記》為何物，或教

168　〔明〕楊慎：〈舉業之陋〉，《升庵外集》，收錄《雜著祕笈叢刊》（據明萬曆四十四年顧起元校刊本影印），卷61，頁4。
169　〔明〕何良俊：《四友齋叢說》，《續修四庫全書》子部，第1125冊，卷3，〈經三〉，頁1-2。

以誦五經諸名，言曰：『經語可用者，時文中自有之。』乃不讀」[170]，詹氏認為嘉靖以後士人只讀科舉中式的八股時文，反而原典《四書》、《五經》，傳注義訓一概不知，而且明代實行三場制度，第二場就是考《五經》專業，考生只要選一經應試即可，無須旁及他經，這也造成士子的因循苟且心態，只要考試不考的範圍，就不去閱讀，這也就是何良俊為何要批評當日士子「不知孔、孟之書為何物」的原因。到了明末，顧炎武甚至認為：「八股行而古學棄」[171]，又說：「八股之害等於焚書，而敗壞人才有甚於咸陽之郊」[172]，將把八股文視同秦始皇的焚書、坑儒之舉，認為此惡劣文風造成了聖賢前儒的學問精神蕩然無存。

　　總的來說，科舉使用八股文制度確實限制了經學的正常發展，在考試領導教學，考試引導閱讀的風氣下，考生多數不盡全通五經，就連傳注也罕所究心，以《春秋》經來說，一切惟胡《傳》是依，八股以時文為重，而且在一定行文程式下，沒有真才實學的士子更容易透過一些鑽營取巧的方式，冀望僥倖得中，而通經博覽的學者反而被限制在這個八股框架中，必須小心格律，講究對偶、注意限字，既無法自由地表達己見，又容易喪失了自身的文氣，故八股文制度在歷代天資英敏的學者眼中如同洪水猛獸，評價惡劣。

（三）節文、時文、講章、擬題

　　明代士子有感於八股制義的複雜以及冀望錄取機率的提高，所以對書本中許多不能當作考題者，士子們乾脆就不要讀，於是就出現了所謂的「節文本」，如汪道昆《春秋左傳節文》、周光鎬注《春秋左傳節文註略》，吳炯《春秋左傳節文》，《春秋胡傳選鈔》，馮夢龍《春秋衡庫》皆是這類書籍，但其實從《明代春秋著述考》中的書籍來看，科舉類用書

170　〔明〕詹景鳳：〈科舉之學〉，《詹氏性理小辨》，《四庫全書存目叢書》子部，第112冊（據南京圖書館藏明萬曆刻本影印），卷30，頁410。

171　〔清〕顧炎武：〈書傳會選〉，《原抄本日知錄》，卷20，頁526。

172　〔清〕顧炎武：〈擬題〉，《原抄本日知錄》，卷19，頁477。

幾乎都有節文的現象，馮夢龍（1574-1646）云：「茲編一以功令為主，故胡氏全錄，即偶節一二，亦多崩弒等傳，或複詞贅語，舉業所必不用者」[173]，當時這類書籍多節省字句、文句，凡是無關科舉，無關乎胡《傳》者，多所刪節，導致士子不讀原典，不閱經傳，而僅讀節本，張溥（1602-1641）以為此類節本「既滋割裂，更貽掛漏，將使聖經不獲自全於天下，而予後生晚進以諭便不學之途也」[174]，導致學子治經輕忽隨便，故張采（1596-1648）批評云：「我國家經術設科，獨取（胡傳）立學官，置博士弟子，惜乎制舉家襞績章句，等於射覆，經學頗殘矣」[175]，將經學生命日漸凋零之因，歸咎於這類亂象所致。

　　當時還有「時文」之風，清代趙翼（1727-1814）〈刻時文〉說：「按《明史》萬曆十五年，禮部言舉業流弊太甚，請選宏治、正德、嘉靖初年中式文字，選其尤者，刊布學宮，俾知趨向，此又官刻時文之始。」[176]，而民間書坊卻早已流行刊刻時文以為利途，雖然這些時文甚少流傳下來，但透過《明代登科錄彙編》與《天一閣藏明代科舉錄選刊‧會試錄》中所刊印五經各場中的試卷，這些其實就是時文的濫觴，官房藉由刊刻當年制舉各科翹楚的試卷，使士子有所借鏡仿效，即何良俊所謂：「讀舊文字千篇，則取青紫如俯拾地芥矣」[177]，這舊文字即是歷來中式者的試卷，田雯（1635-1704）即批評此風云：「自揣摩之術興，而士無實學，於是循有司之尺度，貿貿然句摹而字擬之，一科之房書甫出，而前科之文已束高閣；一學使之試卷初頒，而前使者之文等諸涕唾。卷舌同聲，

173　〔明〕馮夢龍：《春秋衡庫‧發凡》第二則，《四庫全書存目叢書》經部，第123冊（據北京大學圖書館藏明天啟五年刻本影印），頁9。

174　〔明〕張溥：〈十三經類語序〉，收錄羅萬藻《十三經類語》，《景印岫盧現藏罕傳善本叢刊》（據明刊本影印。臺北：臺灣商務印書館，1973年），卷首序文，頁6-7。

175　〔明〕張采：〈春秋三書序〉，收錄張溥《春秋三書》，《四庫全書存目叢書》經部，第125冊（據中國科學院圖書館藏明末刻本影印），卷首序文，頁6。

176　〔清〕趙翼：〈刻時文〉，《陔餘叢考》，《續修四庫全書》子部，第1152冊（據清乾隆五十五年湛貽堂刻本影印），卷33，頁2-3。

177　〔明〕何良俊：《四友齋叢說》，《續修四庫全書》子部，第1125冊，卷3，〈經三〉，頁4。

擬足並跡，蘇子瞻所謂彌望皆黃茅白葦，真堪發一慨也」[178]，然而考生為何要揣摩當科中式的範本呢？其實依照明代科舉慣例，當科中式的前三名往往會擔任三年後，也就是下屆會試的主考、監考官，而其餘進士則有些會被派任閱卷官之職，所以考生揣摩今年進士的時文，字模句擬，以期符應下屆會試考官的心思。

另一種是「講章類」書籍，明清文人俗稱「高頭講章」[179]，其作用在便於考生舉業，如同坊間的作文指導，說明作文之要，題目的主旨意涵，解釋應如何下筆，將其中的作法、解法，或可能出現的諸多別解說明清楚，並「為之汰其繁，而標舉其大略，期利於場屋而已」[180]，以便考生能快速進入狀況，如謝琚《春秋講章》，楊道賓《春秋通鑑講章》，李廷機《春秋左傳綱目定註》，張杞《新刻麟經統一編》，梅之熉《春秋因是》，林挺秀《春秋單合析義》，金甌《春秋正業經傳刪本》等書，戴名世（1653-1713）就嚴厲批評這類講章之書，認為「場屋命題之所不及者，士或終身而未嘗舉其辭，而苟且之見，謬悠之說，穿鑿破碎之論，深入於肺腑而不可救藥」[181]，四庫館臣也批評明代《春秋》學衰敗原因之一即是這類講章橫流，認為這類書籍是「經學之蟊賊」[182]，美其名是「發揮經義，實則割裂傳文」[183]，於聖人筆削之旨概無所見。

---

178 〔清〕田雯：〈學政條約序〉第七則，收錄《古歡堂集》，《景印文淵閣四庫全書》集部，第1324
       冊，卷27，頁15。

179 啟功：〈八股文的基本技巧和苛刻的條件〉一文論「高頭講章」云：「它們的形式是在木版刻的
       每頁書面上橫分幾層，無論甚麼書的正文（連注）佔最下一層，甚至有些被壓到板面的三分之一
       的，上邊無論三層四層，每層各自排列著某方面的資料，從詞句的解釋、典故的原委、故事的背
       景、哪句話的精神、哪條道理的講法、哪一章的綜何宗旨、哪一節的部份論點等等，各自納入某些
       個橫欄中。因此這種書的板面必然是頭重腳輕，頭長身短，俗稱叫做『高頭講章』。這種書的用處
       是預先把書中的某字句以至某章節都設想周密，分析細膩。擺在那裡，供作文章的人去吸取，甚至
       去抄襲。」（北京：中華書局，2000年），頁25-26。

180 〔清〕戴名世：〈春秋正業序〉，《戴名世集》（北京：中華書局，1986年），頁85。

181 同前註，頁85-86。

182 〔清〕紀昀等編纂：《四庫全書總目》，卷30，經部，春秋類存目一，「春秋因是」條，頁251a。

183 同前註。

林挺秀《春秋單合析義》　　金甌《春秋正業經傳刪本》

　　甚至還有出現所謂的「擬題本」，如同現在的作文範例，考古題詳
解，有些考生們乾脆只讀這些試題範本就進考場碰運氣，形同抓鬮博奕，
以求中式，顧炎武就批評說：「今日科場之病莫甚乎擬題。且以經文言
之，初場試所習本經義四道，而本經之中場屋可出之題不過數十。富家巨
族延請名士，館于家塾，將此數十題各撰一篇。計篇酬價，令其子弟及僮
奴之俊慧者記誦熟習。入場命題，十符八九。即以所記之文抄謄上卷。較
之風簷結搆，難易迥殊」[184]，又云：「今則務於捷得，不過於四書一經之
中擬題一二百道，竊取他人之文記之，入場之日，抄謄一過，便可僥倖中
式，而本經之全文有不讀者矣。率天下而為欲速成之童子，學問由此而
衰，心術由此而壞」[185]，將學問心術的衰壞歸咎於擬題之風的盛行，因為
這些考生只要預先熟記背誦擬題範文，一進考場如題目相同、相似，便依
樣畫葫蘆，照本宣科地把擬題範例模仿進試卷中。

　　這類「節文」、「時文」、「講章」、「擬題」本的現象在《春秋》
一經中甚為普遍，雖然這些書籍並非專業的《春秋》學研究著作，但也不

---

[184]　〔清〕顧炎武：〈擬題〉，《原抄本日知錄》，卷19，頁476。
[185]　〔清〕顧炎武：〈三場〉，《原抄本日知錄》，卷19，頁475。

用像四庫館臣及顧炎武般全面加以否定，因為這類書籍的實際作用是在提供給學子們自修、自學使用，性質如同現今的參考書，不必一定要以專業經學家的角度予以詬責，況且這類書籍也可使窮鄉僻壤的學生，或貧乏無法購書的家庭，能夠以少量金錢，無須延師而教，達到教育的普及性與可能性，張溥即說道：「（經書）卷帙浩繁，觀覽輒倦，且或限於資力，富兒藏書不解讀，貧士彊記弗能購，而連床架屋，負笈難携。今則賈廉帙省，不必大力負之以趨，利於市購囊挈者」[186]，所以不用全然以負面觀點視之。

（四）出題形式的詭譎多變

　　然而上述各種形式不同的書籍在明代大量出現，其原因也是因為《春秋》出題形式的詭譎多變所導致，因為在科舉制業中，《春秋》經的考試是最為刁鑽，出題形式是最為複雜多變，這對於攻治《春秋》者無疑形成了一種阻礙，考生往往窮於應付考官變化莫測的考題，甚至出現考生記題應試的離譜現象，雖然朝廷也在鄉試條約中諭命曰：「題目務要依經按傳，不許偏生小說，意外鑿空，摘裂牽綴，有失本旨」[187]，萬曆三年（1575）張居正又再次申明「所出試題，亦要明白正大，不得割裂文義，以傷雅道」[188]，但這樣的現象依舊存在，似乎在《春秋》一經中並沒有得到太多的改善，其原因當然也是一《經》四《傳》並用，故題型可以任意搭配各《傳》所致，而且考官如果將題目出的太過簡單，其實不只增加了自己閱卷的困難度，而且也喪失了測試考生學養的鑑別度，故而這種題型複雜多變的現象在《春秋》中難以根除，故梅之熉（崇禎時期）撰

186　〔明〕張溥：〈十三經類語序〉，收錄羅萬藻《十三經類語》，《景印岫盧現藏罕傳善本叢刊》（據明刊本影印。臺北：臺灣商務印書館，1973年），卷首序文，頁10-11。

187　〔明〕俞汝楫編．林堯俞等纂修：〈題行鄉試條約〉，《禮部志稿》，《景印文淵閣四庫全書》，第598冊，卷71，頁23。

188　〔明〕張居正：〈請申舊章飭學政以振興人才疏〉，《張太岳先生文集》，《續修四庫全書》集部，第1346冊（據明萬曆四十年唐國達刻本影印）卷39，頁11。

《春秋因是》一書以便利士子時就說道：「國朝《春秋》一遵胡氏，而崩、薨、卒、葬不以命題，其有傳可以試士者，纔七百有奇耳。國初連二比或三比、四比，而義多不可強通，于是傳題、比題之例起，凡義可以強通者，人人皆得以臆撰，至不可窮極」[189]，《春秋》一經範圍廣闊，義雖主胡《傳》，但三《傳》有時亦兼取互通，導致考官出題遂發展出所謂的二比、三比、四比、傳題、比題、合題等等複雜形式，這些都常常使士子卻步，學者望嘆，限制了《春秋》研究的正常軌道，使士子如處五里雲霧之中，鄒德溥（1583前後）在《春秋匡解》一書卷首就對當日科舉中《春秋》一經的出題型式有很詳盡的介紹，分析了入闈考官出題的形式共為三大類，一為「經題」，一為「傳題」，一為「合比題」，其云：

　　本經題目只有三樣，一曰「經題」、一曰「傳題」、一曰「合比題」。經題如「元年春王正月」，如「衛侯朔出奔」直至內「衛俘」一事，相為本末者，但可謂之經，比于四書之全題，而不得謂之傳與合。其或事之不相為本末而作傳者引入，各傳者引入各傳內以發明褒貶之義，或以照辨書法，後人因之以出題，謂之傳題。或從傳而無意義，主二傳合然後冠冕者，或會傳意合作，或傳中本無，但人以己意合而成題，或以屬詞比事之法，比而成題，要之必有大義理、大字眼，謂之合比題。合比題於經無病，自有傳題，以不免信傳棄經之失，況搜尋牽合，如「元年」搭「歸賵」、「葵丘」；「春王正月」搭「己卯蒸」；「如京師」搭「入郕」、為「王事」、「民事」之類，與夫藏頭掩尾，使人難知，而義理淺晦，反足為聖經之病。[190]

189　〔明〕梅之熉：〈春秋因是自敘〉，《春秋因是》，《四庫全書存目叢書》經部，第128冊（據蘇州市圖書館藏清初金閶孝友堂刻本影印），頁10-11。

190　〔明〕鄒德溥：《春秋匡解》，《四庫全書存目叢書》經部，第120冊（據上海圖書館藏明藍格本影印），頁638。

在明代科舉中，《春秋》一經的題型是最為詭譎多變的，一般來說分為三類，一為「經題」，主以《春秋》經文為題，重視事件的本末關聯，士子必須統整全事，關照首尾，馮夢龍云：「經題：《春秋》，魯史筆削於聖人謂之經，發明於文定謂之傳。是經雖直書時事，而所謂褒貶予奪者已寓乎其中。于是據其志事之文，而箸以聖人之旨，則褒貶予奪雖出文定之辭，而其所筆削則故在也，是謂經題，如元年之類」[191]。一曰「傳題」，四《傳》皆可出題，考生必須辨明作者的褒貶意圖或其中的義例書法，馮夢龍云：「傳題：文定發明夫子之經，或因始著終，或即此論彼，以明聖人褒貶予奪的意旨，即其傳之發明者出之，謂之傳題」[192]。最後一類叫做「合比題」，此題型最為複雜，形式多變，如傳文本身看不出有甚麼意義，學子們必須配合他傳傳文始能看出端倪，成理論述。馮夢龍《麟經指月》一書云：「單題、傳題之外，有比題、合題，從來尚矣。舊說謂非傳而兩扇者為比，原係傳而從對者為合。若然，而邇來倒傳者多，從合者少，合題之名不虛設乎？維泗山先生（鄒德溥）亦不謂然，其作《匡解》云：『凡傳而從合者須像傳，不可疑於合。凡合者須像合，不可疑於傳。』夫曰不可疑於合，則非合也。雖然，其於比合之義猶未剖也」[193]，鄒德溥對於經題、傳題雖有說明，但對於合比題實未剖析陳述，故馮夢龍深入分析這一形式云：

余謂比者，彼此相形而成題，或以文比，或以意比，或以相偶而比，或以相反而比，或以書法比，或以傳語比。如「初獻羽」、「初稅畝」、「作丘甲」、「作三軍」之類，此以文之相偶而比也。如「克段」、「納捷菑」，以弗克比克；「遇清」、「桃丘弗遇」，以弗遇比遇，此以文之

---

191 〔明〕馮夢龍：〈看經要訣〉，《春秋定旨參新》，頁10。

192 同前註，頁10-11。

193 〔明〕馮夢龍：〈麟經新語發凡〉，《麟經指月》，《四庫未收書輯刊》第2輯，第10冊（據明刻本影印），頁411。

相反而比也。[194]

如「侵鄭」、「滅蕭」，俱是驕暴；「取長葛」、「言汶陽」，各有四意，此以意之相偶而比也。如「告糴」、「六月雨」，以僖之務農重穀，比辰之不能務農重穀。「會扈伐」、「盾免侵」，以待而後伐比，遽以兵加，此以意之相反而比也。

如「盟唐」、「瓦屋」，俱書日；「楚救衛」、「貞救鄭」俱書救，此以書法之相偶而比也。如「鄭人伐衛」、「伐衛及戰」，以書戰比不書戰；「楚救衛」、「楚子伐鄭」（宣十），以削救比書救，此以書法之相反而比也。

至如「祭伯來」、「盟唐」，傳各引三段，「盟宿」、「鄭人伐衛」，傳各有況字一轉；「獻戎捷」、「用田賦」，傳各有後世云云，凡此類皆以傳語比者也。

合者，兩邊合來，如忠、孝、兵、刑、爵、祿、君、后，禮樂、征伐、土地、甲兵、夷夏、君臣、井田、封建之類，皆先立意而後配題，此合之異於比者也。

如此可知「比題」蓋借文句、意義、書法、傳語等，以相同或相反的角度加以比較，可連二比、三比，甚至到四比、五比、六比之譜，其實說穿了就是以所謂的「屬辭比事」之法出題，學子們必須屬合各傳傳詞，對比各傳傳意，析離出其中所呈現的義理精華，或用字、用詞差異下具有何種褒貶意涵或微言義理。而「合題」者，題不點明，摘錄數段傳文或參雜他傳傳文，使考生論述此「立意」所在，再據此意而生出一題，進行論述，所謂「事相類，意相同，合出則為兩者相合乃合題，『正如』、『此類』是也」[195]，而這些所謂的經題、傳題、合題、比題，其實還可以說是

194　〔明〕馮夢龍：〈麟經新語發凡〉，《麟經指月》，頁411-412。（以下引文皆出此，不重複注釋之）

195　〔明〕馮夢龍：〈看經要訣〉，《春秋定旨參新》，頁11。

比較傳統、正統的出題法，之後更衍生出許多刁難考生，僻澀難識的題型出來，當時發展出所謂「意題」、「借題」、「正題」、「附題」、「襯題」等等題式，〈看經要訣〉云：

> 意題：傳未明說何事，指出何人，乃以己意迎合，即事相近者寘之，曰意題，如「歸父還晉」、「舍至自晉」、「術歸衛」、「會蕭魚」類。[196]
>
> 借題：傳雖明說何事，而不列於經；指出何人，而無事可見。于是或以其人之見經，而不必其事之枝；或以其事之相涉，而不必其人之同。借此論彼，謂之「借題」，如「公孫夏伐陳于虢」之類。
>
> 正題、附題：本傳明指何經為正題，蓋雖夫子之初，要亦文定屬辭比事之意。附題，傳未明說出，如以「己卯蒸」當「周正」紀事者是也。
>
> 襯題：文定之意，無容□（缺字）矣。意題、借題，雖即其意，中間或有意趣，□目備觀，有司往往出之，則亦不可不備，此謂「襯題」，如前父故世，故當晉楚類，若非文定明言，出自意見揣度，殊無意味，又不可不備。

所謂「意題」者，即考官出題參以己意，所取傳文意義隱晦，但出題者本身對傳文有一套自我的理解解釋，考生必須要作出自我的詮釋，而能夠迎合考官心意者為最佳，這種題型，「名雖搭題，實則射覆，遂使素抱實學者，一時認題與考官相左，即被出斥」[197]，可見意題的主觀性太過強烈，爭議頗大。「借題」者，有傳文而不列於經，有其人而無其事，蓋借用此人、此事，而議論他人、他事也。「正題」者，一《經》四《傳》皆可為正，但議論須取自胡《傳》本意。「附題」者，題目不點明出自何

---

196 〔明〕馮夢龍：〈看經要訣〉，《春秋定旨參新》，頁11-15。（以下引文皆出此，不重複注釋之）

197 〔明〕余繼登：《典故紀聞》，《百部叢書集成》，第94冊（清畿輔叢書本），卷13，頁7。

經，考生須先能認題，才能作答。「褩題」者，亦是胡《傳》之義，但並非具有何種大義理，大關節，士子須從中理出意趣，據以論述。

可見明代科舉《春秋》一經中除了經題、傳題、合題、比題外，還有意題、借題、正題、附題、褩題等等複雜的形式，無怪乎梅之煥（1575-1641）要批評當日這類刁鑽的題型說：「以傳題從而駢拇之，以比、合株連膚割，填腔射覆，主司者以意命，而舉者以意揣，則又非安國意中所及也，明經之敝，莫甚乎是」[198]，萬曆時劉孔當則云：「凡題自單、比外，有傳題，已又有比題，是皆裂經附傳，於義亡謂也」[199]，馮雲驤（1655前後）則批評說：「今之制萩者，沿為比、合、傳題之法，或取之胡氏之字句，或取之《左氏》、《公》、《穀》之事詞，以經解傳，非以傳解經，聖學乖離，莫此為甚」[200]，可見歷代學者視科舉制義為明代經學之阻礙，其真正的原因有絕大部份是針對這些詭譎難識的題型而發。

然而這樣極度刁鑽的題式發展到最後，甚至有所謂的「脫母題」[201]產生，這種形式乃「題在此《經》，而題義則在他經之傳中，即他經與此經俱無關也」[202]，且「若兩邊脫母，則有比無合，『救江』、『入陳』之類是也，故脫母非傳有明文，不可作題也」[203]，簡而言之，題目乍看之下或出於《左傳》，而題義則在胡《傳》、《公羊》、《穀梁》中，所以就算考生就夠知道出處，但不能直接就《左傳》傳文論述，而是必須牽引他《傳》闡述題義，所謂「脫母」即為脫離母題之文字，尋找他《傳》題義

198　〔明〕梅之煥：〈麟經古亭世業序〉，《雍正湖廣通志》，《景印文淵閣四庫全書》史部，第534冊，卷102，頁44。

199　〔明〕劉孔當：〈鄒先生麟經傳心錄敘〉，《劉喜聞先生集》（臺北漢學研究中心據日本內閣文庫藏明萬曆三十九年陳邦瞻校刊本影印），卷2，頁53

200　〔明〕馮雲驤：〈春秋大成序〉，《約齋文集》，《四庫未收書輯刊》第7輯，第23冊（據清順治刻本影印），卷2，頁2-3。

201　「脫母題」沿至清順治九年始下詔禁用，但康熙九年順天學政蔣超又再次呼籲停用脫母題，顯見此風在康熙初期亦未完全根除。

202　〔清〕吳振棫：《養吉齋叢錄》，《續修四庫全書》子部，第1158冊（據上海辭書出版社圖書館藏清光緒刻本影印），卷9，頁11。

203　〔明〕馮夢龍：〈麟經新語發凡〉，《麟經指月》，頁412。

的義理，這樣的形式如同賭博抓鬮，徐汧（1597-1645）曾痛言曰：「今《春秋》較士，綴經從傳，等諸射覆，是使管、郭參乘，程、朱債轅，經學之壞，至此而極」[204]，也難怪顧炎武會聽聞當時考生應試時，「《春秋》只記題目」[205]的荒唐情事，明末陳夢蓮就批評說：「夫脫母射覆，引傳捏經，卒至附經解傳，割裂捏合，離經旨而畔傳注，上以取士，下以專攻，致使等《大全》於高閣，並胡《傳》為藏鬮，康侯而在，當目擊而痛絕之」[206]，脫母題的怪誕習鑽甚至導致官定的《春秋大全》與胡《傳》被考生漠視，束之高閣，因為這些定本已非登科的關鍵，取而代之的便是上述那類專為科舉編寫的節文、時文、講章、擬題本的出現，所以自古「上有政策，下有對策」，今日學者可以適度理解為何清代以來的學者嚴厲批評明代經學或《春秋》學因科舉制度所導致的衰微不振，其實有部份的原因間接導因於這一類習難考生，窮極變態之能事的題型所致，而不能完全將因果關係的負面結果歸咎於《大全》或胡《傳》本身。

從上述這些題型模式與時人的批評中，可以很清楚地知道《春秋》一經的出題形式並非一般的作文題目那麼簡單，他經可以摘錄一二句經文供考生論述，但《春秋》除了有經文、四《傳》傳文，還必須熟悉各《傳》作者的書法、義理與褒貶意向，還要貫穿四《傳》，以屬詞比事來作答，甚至使考生牽引諸《傳》，自為穿鑿，故《春秋》一經在明代科舉中，號稱難讀、難治，馮夢龍即云：「《春秋》向稱難治，止為題無定額，亦無憑據，任有司意見探出，任意見去取，題甚亂襍，亦甚難記。故有傳熟而題不知者，亦有記題而傳不能成誦者。此皆無主張者，如何不曰難」[207]，故史夔（1661-1713）以為「治經者，《易》、《書》、《詩》、《禮》

204　〔明〕徐汧：〈春秋三書序〉，收錄張溥《春秋三書》，《四庫全書存目叢書》經部，第125冊（據中國科學院圖書館藏明末刻本影印），頁5。

205　〔清〕顧炎武：〈擬題〉，《原抄本日知錄》，卷19，頁476。

206　〔明〕陳夢蓮：〈春秋定論序〉，《光緒鎮海縣志》，《續修四庫全書》史部，第707冊（據清光緒五年刻本影印），卷31。

207　〔明〕馮夢龍：〈看經要訣〉，《春秋定旨參新》，收錄《馮夢龍全集》，第22冊，頁15。

皆可為帖括之體，惟《春秋》則用斷例成文，一字一句，不可添設，故治《春秋》者視他經為較難」[208]，天啓時文士李長庚甚至就對當日學子研治《春秋》的困境提出「三難」之說，其云：

> 《易》、《詩》、《書》、《禮》同出聖經，義理顯著，有《爾雅》及漢《詁》諸書，宋儒循而注之，雖微義不存，而詞旨曉然，惟《春秋》褒貶刑賞在一字中，或在言外，而變例雜出，異同不嫌，令學者以臆相推測，其「難一」。國初功令，《春秋左氏》、《公羊》、《穀梁》、《程氏》、《胡氏》并用，而後專用《胡氏》，有明知其過刻者，有意於宋南渡後事故相形，斷者未必一一盡合，而功令所在，不得不抑心意以從之，其「難二」。國初經題仍宋經義，或出數題之大意中相近者或相反者，聽各為條答，而後乃以某《傳》、某句搭題，或《傳》意影搭，或脫母搭，或取《左氏》搭，或取各注疏搭，若射覆臆鈎，他經入闈止慮文之不佳，《春秋》入闈，先慮題之不習，其「難三」。[209]

可見《春秋》在明代科舉五經中最為特殊，因為歷代學子們都崇信書中字句有孔子本人的微言大義在其中，是孔子寄寓褒貶賞罰，貶天子、退諸侯、討大夫的刑書，故明代科舉他經只須論述詞旨，闡發義理，但《春秋》則十分強調代聖人立言，尋找其中所呈現的大義微言，故而必須精熟三《傳》解經，而胡《傳》獨尊以後，士子的詮釋又被侷限在胡安國的範圍中，縱然有更合理，他《傳》有更為妥切的說法，但只要試卷違背胡《傳》的義理，則登科無望，使得士子必須屈就胡《傳》的解釋，不能任意發揮己見。再者，出題形式上的經搭經、經搭傳、傳搭傳、經搭四傳、

208　〔清〕史夢：〈春秋集說序〉，《光緒鎮海縣志》，《續修四庫全書》史部，第707冊（據清光緒五年刻本影印），卷31。

209　〔明〕李長庚：〈春秋衡庫序〉，《春秋衡庫》，《四庫全書存目叢書》經部，第123冊（據北京大學圖書館藏明天啓五年刻本影印），頁3-6。

經搭注疏、傳搭注疏等等複雜的出題形式，而且還必須配合固定僵化的八股條陳，這些都疲勞轟炸士子的身心氣力，使《春秋》一經在科舉制義中最為難讀，亦最為人所詬病。

二、達到經學的大量普及

明代《春秋》一經在科舉制度中雖然有許多弊端，以及阻礙正常學術發展的現象，但並非所有人都否定科舉的作用，從「制度面」來說，明代王鏊（1450-1524）就十分肯定科舉制度達到了為國取才的目的，其云：

> 國家設科取士之法，其可謂正矣、密矣。先之經義，以觀其窮理之學；次之論表，以觀其博古之學；終之策問，以觀其時務之學。士誠窮理也、博古也、識時務也，尚何求哉？其可謂良法矣。[210]

洪武三年（1370）頒布科舉定式後實施三場制度，第一場試「經義」，範圍為《四書》、《五經》。第二場試「論、判、詔、誥、表、內科」。第三場試「經史時務策」，王鏊認為國家以科舉取士不僅是正確的方式，更是縝密有效的制度，初場可觀士子通經明理之學，二場可察考生博古辭瞻之識，末場可知學子當世時務之見，明朱荃宰（萬曆-天啟）亦云：「經義取士，其學正矣，其義精矣」[211]，可見明代科舉之學亦並非盡如歷代學者批評般不堪。

以「內容」來說，歷代學者批評初場八股箝制學子思想，其實八股只是一種制式化的文體，不必然不能反映個人的思維見識，更何況作者已死，所謂的代聖立言又何以真是聖賢之言，故學子皆是「以意逆志」，以

---

[210] 〔明〕王鏊：《震澤集》，《景印文淵閣四庫全書》集部，第1256冊，卷33，頁13。

[211] 〔明〕朱荃宰：〈舉業之陋〉，《文通》，《四庫全書存目叢書》集部，第418冊，卷29，頁13-15。

己意揣摩探求聖賢之心，這些又何嘗不是個人觀書後的心得之見呢？故李
栻（萬曆時期）就云：「《四書》、《五經》之言，皆聖賢心學所在。我
之心，即千古聖賢之心，我於聖賢之言，一一體會於心，想其光景，翫其
趣味，務得其所以然之故。久之而義理通融，充然有自得之學」[212]，江國
霖（1811-1859）亦言：「制義雖代聖賢立言，實各言其心之所得者
也」[213]，僵化的文體形式可能會帶來一些弊病，但若認為僵化的形式中就
完全無法呈現士子的心得，這似乎亦不盡然如此。

　　再以國家「得才」與否來看，何倬（1661-1722）就云：「至於閱三
百有餘歲，英雄豪傑樹功名、釣祿位，舉出其中，而謂是為卑卑不足道，
果通論乎？自元以八比取士，明踵其事，以至於今，推而褒之者十九，薄
而貶之者十一，至國初毛子大可（毛奇齡）貶之尤深，然如明之王文成
（王守仁）、于忠肅（于謙）功業赫赫照人，雖三代大臣何以遠過，而其
進身皆不出八比，又可薄而貶之乎！」[214]，何氏認為儘管科舉八股制度不
盡完善，但若否定它不能舉才的作用，其實也未必符合事實，王守仁、于
謙等治國之才，哪一個不是經過科舉之路過來的呢？

　　其實明清以來的學者肆意批評科舉制度，散發大量的負面訊息，但又
有哪人能提出一套取代方案，或提供具體建議，只求破除不求建設，這樣
的言論可以說是負責任的話嗎？俞樾（1821-1907）就說：「自明以來，
以八股時文取士，至今幾五百年矣……夫時文誠敝，然聖賢精義，亦或藉
此以存一綫，若廢去之而別謀所以取士，用詩賦乎？空言而已矣。用策論
乎？陳言而已矣」[215]，雖對八股時文不甚喜心，但依舊認為科舉制度不能

212　〔明〕李栻：《困學纂言・舉業》，《四庫全書存目叢書》子部，第127冊（據中國科學院圖書館
　　　藏明萬曆二年馬文煒刻本影印）卷6，頁3。

213　〔清〕江國霖：〈制義叢話序〉，《制義叢話》，《續修四庫全書》集部，第1718冊（據浙江圖書
　　　館藏清咸豐九年刻本影印），頁1。

214　〔清〕梁章鉅：《制義叢話》，《續修四庫全書》集部，第1718冊（據浙江圖書館藏清咸豐九年刻
　　　本影印）卷1，頁12。

215　〔清〕俞樾：〈心齋丁公家傳〉，《春在堂雜文》（清光緒二十五年刻春在堂全書本），六編，卷
　　　2，頁14-15。

輕易廢除，若改絃易轍以詩賦策論取士，所得皆空言陳論，其弊病反而比用經義取士更糟，方鵬（1508前後）云：「五經、四書一也，漢人讀之為訓詁之學，唐人讀之為辭章之學，今人讀之為科舉之學，蓋讀之者同，而用之者異也」[216]，故聖人經典藉此科舉制度而綿延不斷，達到傳承聖心的作用，亦是科舉之助益也。再者，四庫館臣雖大肆批評科舉八股對明代經學的戕害，但這一制度到了清代亦繼續使用，並且較之明代有過之而無不及，若明代科舉制度真是一無可取，八股取士完全是壞人心術的罪首，清人又何以承襲而不改，可見館臣批評的言論是有針對性的，並不全然從客觀角度出發。其實明代以科舉取士，這個制度本身並不必然是造成經學衰微的主要原因，夏咸淳先生（1938—）就云：「明代以科舉取士。但清代也以科舉、八股取士，為什麼經學復振，成就超過任何一個朝代呢？顯然時文取士還不是有明一代經學極衰的根本原因」[217]，所以若一昧將明代經學的衰微全部推責於科舉制度的影響，這也太把問題簡單化了，雖然無法否認制度層面的缺失會造成經學教育的非正常化發展，但並不是說一有缺陷，就可以以偏概全，全盤否定掉這個制度的諸多優點，楊晉龍就說：

　　科舉制度固影響「純教育」或德性教育的正常發展，也扭曲學子讀書的動機；但在培養人才、統一語言文字、普及教育、培養以天下為己任的士人、促進印刷業的發展、促使士人讀儒家經典、使得優良的人種得到最佳的發展、制度本身符合民本的思想、拔擢人才、促進文化發展、競爭的公平性而使社會減少動亂等等各方面，均有其積極有效的作用，固不必只見其流弊而全盤抹殺其優點。[218]

216　〔清〕朱彝尊撰〔民國〕侯美珍等點校：《點校補正經義考》第8冊，卷297，頁842。

217　夏咸淳：《晚明士風與文學》（北京：中國社會科學出版社，1994年），頁166-164。

218　楊晉龍：〈明代詩經學的背景〉，《明代詩經學研究》第三章（臺北：國立臺灣大學中國文學研究所博士論文，1997年），頁139。

　　所以任何制度都有其優劣之處，完美的制度恐怕是不存在這個世界的，對國家而言，任何制度的優點只要大大地超過缺失時，那麼這一政策只能被檢討，若無更佳的取代方案前，是不宜斷然終止的。所以明代的科舉制度是有其侷限性，它在人才的培養上或許並不是最理想，最完美的方式，但它卻是最公平的機制，萬曆時禮部主事高桂就說：「設立制科，蓋謂選舉易私為，科目一切糊名、易書之法，凡以昭大公而羅英儁也。夫憑紙上之言，以盡天下之才，已為艱難矣，然猶以風清弊絕，可望舉十得五。我朝二百餘年公道，賴有科場一事」[219]，故而千年來它只是進化、改良，其本質並沒有動搖，甚至民國以後一試定終身的大學聯考制度，轉變為現今的「繁星計畫」、「學測申請」與「指考入學」，國家層級的「高普考試」，科舉的影子始終都存在其中，顯見這一制度並非一無可取。

（一）鄉試、會試解額的擴大

　　明代任官雖有科舉、薦舉、選吏等途徑，但最為士人所重視者唯有科舉一途，因為明代科舉制度最重要的功能就是選拔治國的良才能吏，且朱元璋於洪武三年（1370）開科舉時即詔告天下云：「中外文臣皆由科舉而進，非科舉者毋得與官」[220]，英宗以後，「非進士不入翰林，非翰林不入內閣」[221]，進士科儼然成為尚書、侍郎、宰輔的儲備機構，到了崇禎時期，甚至連「京官非進士不得考選」[222]，科舉制度可說是明朝取士最重要的管道。本節即欲透過明代鄉試、會試的錄取率，觀察歷年解額數的擴大與經學教育之間的關係，並藉由《明代登科錄彙編》與天一閣館藏明代科舉《會試錄》、《登科錄》、《序齒錄》、《履歷便覽》的文獻資料，統整出明代歷屆會試中的五經進士的錄取情況，本節據上述資料製作了《明

219　〔明〕高桂：〈科場大壞欺罔成風乞清積弊以快人心疏〉，《萬曆疏鈔》，《續修四庫全書》史部，第469冊（據上海圖書館藏明萬曆三十七年刻本影印），卷34，頁13。

220　〔清〕張廷玉：《明史・選舉二》（北京：中華書局，2003年），卷70，頁1696。

221　同前註，頁1702。

222　〔清〕張廷玉：《明史・選舉三》，卷71，頁1718。

代鄉、會試錄取率總表》以及《明代進士五經錄取總表》，由這些客觀的數據資料，將可對明代各經之間的錄取率變化有進一步的概念，對於明代經學以及《春秋》學也將有一較為客觀的認識與理解。

下表析分為兩欄，左欄為明代全國鄉試七十一場的統計數據，資料完整，右欄為明代全國會試的統計數據，資料完整的有五十三場，另十八場資料殘缺不全。兩欄中皆列舉當年的應試人數與錄取數量，藉此計算出歷屆科舉的錄取率，參閱如下。

《明代鄉、會試錄取率總表》

鄉試	應試數	錄取數	錄取率	會試	應試數	錄取數	錄取率
洪武三年	15300	510	3.33%	洪武四年	189	120	63.49%
宣德元年	16200	540	3.33%	宣德二年		100	
宣德四年	16350	545	3.33%	宣德五年	2000	100	5.00%
宣德七年	17250	575	3.33%	宣德八年	1400	100	7.14%
宣德十年	17250	575	3.33%	正統元年	1000	100	10.00%
正統六年	22800	760	3.33%	正統七年	1000	150	15.00%
正統九年	22800	760	3.33%	正統十年	1200	150	12.50%
正統十二年	22950	765	3.33%	正統十三年		150	
景泰七年	34350	1145	3.33%	天順元年	3000	300	10.00%
天順三年	34350	1145	3.33%	天順四年	3000	150	5.00%
天順六年	34350	1145	3.33%	天順八年	3000	250	8.33%
成化元年	34350	1145	3.33%	成化二年	3100	350	11.29%
成化四年	34650	1155	3.33%	成化五年	3300	250	7.58%
成化七年	34650	1155	3.33%	成化八年	3400	250	7.35%
成化十年	34800	1160	3.33%	成化十一年	4000	300	7.50%
成化十三年	34800	1160	3.33%	成化十四年	4000	350	8.75%
成化十六年	34800	1160	3.33%	成化十七年	4000	300	7.50%
成化十九年	34800	1160	3.33%	成化廿年	4000	300	7.50%
成化廿二年	34800	1160	3.33%	成化廿三年	4000	350	8.75%
弘治二年	34800	1160	3.33%	弘治三年	4000	300	7.50%

鄉試	應試數	錄取數	錄取率	會試	應試數	錄取數	錄取率
弘治五年	34950	1165	3.33％	弘治六年	4000	300	7.50％
弘治八年	34950	1165	3.33％	弘治九年	3500	300	8.57％
弘治十一年	34950	1165	3.33％	弘治十二年	3500	300	8.57％
弘治十四年	34950	1165	3.33％	弘治十五年	3700	300	8.11％
弘治十七年	34950	1165	3.33％	弘治十八年	3800	300	7.89％
正德二年	34950	1165	3.33％	正德三年	3880	350	9.02％
正德五年	37800	1260	3.33％	正德六年	3500	350	10.00％
正德八年	35100	1170	3.33％	正德九年	3800	400	10.53％
正德十一年	35100	1170	3.33％	正德十二年	3900	350	8.97％
正德十四年	35100	1170	3.33％	正德十六年	3600	350	9.72％
嘉靖元年	35100	1170	3.33％	嘉靖二年	3600	400	11.11％
嘉靖四年	35100	1170	3.33％	嘉靖五年	3800	300	7.89％
嘉靖七年	35100	1170	3.33％	嘉靖八年	3700	320	8.65％
嘉靖十年	35100	1170	3.33％	嘉靖十一年	3800	320	8.42％
嘉靖十三年	35100	1170	3.33％	嘉靖十四年	4000	320	8.00％
嘉靖十六年	35400	1180	3.33％	嘉靖十七年	4000	320	8.00％
嘉靖十九年	35550	1185	3.33％	嘉靖廿年	4000	300	7.50％
嘉靖廿二年	35550	1185	3.33％	嘉靖廿三年	4000	320	8.00％
嘉靖廿五年	35700	1190	3.33％	嘉靖廿六年	4300	300	6.98％
嘉靖廿八年	35700	1190	3.33％	嘉靖廿九年	4500	320	7.11％
嘉靖卅一年	35700	1190	3.33％	嘉靖卅二年	4400	400	9.09％
嘉靖卅四年	35700	1190	3.33％	嘉靖卅五年	4400	300	6.82％
嘉靖卅七年	35700	1190	3.33％	嘉靖卅八年	4600	300	6.52％
嘉靖四十年	35700	1190	3.33％	嘉靖四一年	4500	300	6.67％
嘉靖四三年	35700	1190	3.33％	嘉靖四四年	4600	400	8.70％
隆慶元年	35700	1190	3.33％	隆慶二年	4500	400	8.89％
隆慶四年	36600	1220	3.33％	隆慶五年	4300	400	9.30％
萬曆元年	35850	1195	3.33％	萬曆二年	4500	300	6.67％
萬曆四年	35850	1195	3.33％	萬曆五年	4500	300	6.67％
萬曆七年	35850	1195	3.33％	萬曆八年	4600	300	6.52％
萬曆十年	35850	1195	3.33％	萬曆十一年	4600	350	7.61％

鄉試	應試數	錄取數	錄取率	會試	應試數	錄取數	錄取率
萬曆十三年	35850	1195	3.33%	萬曆十四年	4600	350	7.61%
萬曆十六年	35850	1195	3.33%	萬曆十七年	4400	350	7.95%
萬曆十九年	35850	1195	3.33%	萬曆廿年		300	
萬曆廿二年	36600	1220	3.33%	萬曆廿三年		300	
萬曆廿五年	36750	1225	3.33%	萬曆廿六年	4600	300	6.52%
萬曆廿八年	36000	1200	3.33%	萬曆廿九年		300	
萬曆卅一年	36000	1200	3.33%	萬曆卅二年	4700	300	6.38%
萬曆卅四年	36000	1200	3.33%	萬曆卅五年		300	
萬曆卅七年	36150	1205	3.33%	萬曆卅八年		300	
萬曆四十年	36300	1210	3.33%	萬曆四一年		350	
萬曆四三年	38760	1292	3.33%	萬曆四四年		350	
萬曆四六年	38760	1292	3.33%	萬曆四七年		350	
天啓元年	40470	1349	3.33%	天啓二年		400	
天啓四年	38640	1288	3.33%	天啓五年		300	
天啓七年	38850	1295	3.33%	崇禎元年		350	
崇禎三年	38970	1299	3.33%	崇禎四年		350	
崇禎六年	38850	1295	3.33%	崇禎七年		300	
崇禎九年	38880	1296	3.33%	崇禎十年		300	
崇禎十二年	38940	1298	3.33%	崇禎十三年		300	
崇禎十五年	41670	1389	3.33%	崇禎十六年		400	

　　經由上表《明代鄉、會試錄取率總表》可知全國鄉試應試人數從明初的一萬五千三百人到景泰七年（1456）的三萬四千三百五十人，數量增加了一倍有餘，以後逐年遞增，到了崇禎十五年（1642）全國鄉試人數最多增加到四萬一千六百七十人，但是從洪武三年（1370）第一屆鄉試起，一直到崇禎十五年（1642）為止，鄉試錄取率始終維持在百分之三點三三的比率，並沒有隨著應舉人數的增加或減少就隨意調整錄取率，可見明代鄉試是從錄取率這一環節加以控制舉人的素質，基本保障了國家吏員的新陳代謝與屬員知識水平的均衡性。

　　但明代會試的錄取率則並非如此均一，洪武四年（1371）應試人數一百八十九人，錄取了一百二十人，進士的錄取率高達百分之六十三點四九，這當然是緣於明初國家百廢待舉，而應試人數又稀少，故而亟需要一批能立即協助國家運作的治國人才，所以造成錄取率的極度擴大，故《明史》云：「時以天下初定，令各行省連試三年，且以官多缺員，舉人俱免會試，赴京聽選」[223]，但從宣德五年（1430）起，縱然應試舉人暴增為兩千人，但錄取人數卻反而減少，只有一百人，錄取率只有百分之五。而從天順元年（1457）起至成化八年（1472）止，全國舉人應試的人數每年都維持在三千人以上，之後一直為持穩定成長，從嘉靖十四年（1535）起至萬曆十七年（1589），歷屆舉人都保持在四千人以上，雖然從萬曆卅五年（1607）開始，至崇禎十六年（1643）為止，全國舉人的數量無法正確統計出來，但其進士錄取數從三百人增加到四百人之多，可以推估其舉人數量可能突破五千人以上，隨著舉人數量的增多，進士的錄取率始終維持在百分之六至百分之八上下的範圍，每年大約產生三百至三百五十名的進士，其數額上「增損不一，皆臨期奏請定奪。至成化乙未（1475）而後，率取三百名，有因題請及恩詔而廣五十名或百名者，非恒制也」[224]，明代的高級文官階層基本上就是從這批知識分子中選任，總計明代三百年全國鄉試舉人錄取總數共有八萬零六百九十八人，會試進士錄取總數有二萬四千八百六十二人[225]，這個龐大的知識人口數量在明代以前皆未有過，而明代撤除詩賦，專用經義取士，也直接造就了經書閱讀人口的快數成長，彭華（1432-1496）形容天順至弘治時期的經學研治之盛云：

---

[223] 〔清〕張廷玉：《明史‧選舉二》（北京：中華書局，2003年），卷70，頁1696。

[224] 同前註，頁1697。

[225] 此數據參考吳宣德：《明代進士的地理分布》第二章（香港：香港中文大學，2009年），頁50；頁96。

　　昔三代以前，諸侯、世國、卿大夫、世家各仕于朝，其起而為王朝卿佐者幾希。兩漢而下，是乃有自微而陟顯者，然不專以經術取。逮唐至宋，始於科目加重焉，而其輔理承化，赫然名一時者，猶未必盡由斯出。今天下一家，士以有司勸駕續食而來，無問疎遠，寒畯遐陬，僻壤萬里外一取之以經術，而上之廟堂，下之郡邑，凡可以行志者率於進，士乎用之。夫求之廣，選之專，而用之重且周，有士之盛，未有踰于今日者。[226]

　　明代以《四書》、《五經》取士，奠定了經學成為學科之首的地位，而在數量上也使得經學的普及性擴大至一般的平民百姓，這也和明代以來廣設學校有著直接的關係，所謂「無地而不設之學，無人而不納之教。庠聲序音，重規疊矩，無間於下邑荒徼，山陬海涯。此明代學校之盛，唐、宋以來所不及也」[227]，《明史》又云：「通計明一代宰輔一百七十餘人，由翰林者十九。蓋科舉視前代為盛，翰林之盛則前代所絕無也」[228]，由於朝廷重視科舉，廣興學校，推廣經學教育，凡政府重要官職幾乎都由進士出身者擔任，非科舉出身者往往不得美官，這也使得一般人皆以舉業登科為榮，暫且不論明代有沒有培養出大經師、大學者，至少在經學知識水平上，明代藉由科舉制度的關係，可以說達到了前所未有的興盛，這一點是無法否認的。

　　接下來再從下表《明代進士五經錄取總表》來觀察《詩經》、《易經》、《書經》、《禮記》、《春秋》等五經會試的個別錄取比率為何，如此可明確知道經學內部的競爭情形，並從而探討何以產生這些升降變化的原因，所依據文獻為天一閣館藏明代科舉《會試錄》、《登科錄》、《序齒錄》、《履歷便覽》等書，下表為明代尚可考據的六十六次會試資

226　〔明〕彭華：〈會試錄序〉，《彭文思公文集》，《四庫全書存目叢書》集部，第36冊（據北京大學圖書館藏清康熙五年彭志楨刻本影印），卷3，頁687。

227　〔清〕張廷玉：《明史・選舉一》（北京：中華書局，2003年），卷69，頁1686。

228　〔清〕張廷玉：《明史・選舉二》，卷70，頁1702。

料，試舉一例說明，如以洪武四年（1371）來看，當年度會試全國共有
一百八十九名舉人與試，共錄取一百二十人，其中《詩經》錄取二十八
人，佔當年度的百分之二十三點三三；《易經》錄取二十一人，佔百分之
十七點五；《書經》錄取二十四人，佔百分之二十；《禮記》錄取七人，
佔百分之五點八三；《春秋》錄取四十人，佔百分之三十三點三三，以下
六十五次會試皆可類推之。

《明代進士五經錄取總表》

	詩經	易經	書經	禮記	春秋		詩經	易經	書經	禮記	春秋
洪武四年	23.33	17.50	20.00	5.83	33.33	嘉靖二年	37.75	27.25	21.25	6.25	7.50
189/120	28	21	24	7	40	3600/400	151	109	85	25	30
建文二年	30.91	17.27	31.82	4.55	15.45	嘉靖八年	36.25	27.19	21.88	6.56	8.13
1000/110	34	19	35	5	17	3700/320	116	87	70	21	26
永樂十年	27.36	19.81	34.90	4.72	13.21	嘉靖十一年	34.38	28.13	23.44	5.94	8.13
?/106	29	21	37	5	14	3800/320	110	90	75	19	26
宣德五年	24.00	21.00	32.00	12.00	11.00	嘉靖十四年	31.72	28.63	25.99	5.73	7.93
2000/100	24	21	32	12	11	4000/227	72	65	59	13	18
宣德八年	26.00	22.00	30.00	12.00	10.00	嘉靖十七年	35.00	28.75	22.19	5.94	8.13
1400/100	26	22	30	12	10	4000/320	112	92	71	19	26
正統元年	26.00	18.00	30.00	15.00	11.00	嘉靖廿年	36.00	28.00	21.33	6.33	8.33
1000/100	26	18	30	15	11	4000/300	108	84	64	19	25
正統四年	27.00	19.00	28.00	14.00	12.00	嘉靖廿三年	35.63	28.13	21.88	6.25	8.13
1000/100	27	19	28	14	12	4000/320	114	90	70	20	26
正統七年	27.33	18.00	29.33	13.33	12.00	嘉靖廿六年	35.00	29.33	20.00	7.00	8.67
1000/150	41	27	44	20	18	4300/300	105	88	60	21	26
正統十年	27.33	17.33	28.67	13.33	13.33	嘉靖廿九年	34.69	29.38	20.31	6.88	8.75
1200/150	41	26	43	20	20	4500/320	111	94	65	22	28
正統十三年	29.10	14.93	29.85	12.69	13.43	嘉靖卅二年	33.75	28.75	20.50	6.50	8.00
?/134	39	20	40	17	18	4400/400	135	115	82	26	32
景泰二年	29.50	17.00	29.50	12.00	12.00	嘉靖卅五年	34.98	30.36	20.46	6.27	7.92

	詩經	易經	書經	禮記	春秋		詩經	易經	書經	禮記	春秋
2200/200	59	34	59	24	24	4400/303	106	92	62	19	24
景泰五年	28.57	18.57	30.57	11.14	11.14	嘉靖卅八年	35.33	29.67	20.67	6.33	8.00
3000/350	100	65	107	39	39	4600/300	106	89	62	19	24
天順元年	29.25	18.03	29.60	11.56	11.56	嘉靖四一年	35.67	29.67	20.33	6.33	8.00
3000/294	86	53	87	34	34	4500/300	107	89	61	19	24
天順四年	31.33	18.00	28.00	12.00	10.67	嘉靖四四年	35.75	30.50	19.25	6.50	8.00
3000/150	47	27	42	18	16	4600/400	143	122	77	26	32
天順八年	32.00	18.40	28.80	10.00	10.80	隆慶二年	36.00	30.75	19.50	6.50	7.25
3000/250	80	46	72	25	27	4500/400	144	123	78	26	29
成化二年	33.43	18.86	26.57	10.00	11.14	隆慶五年	35.75	31.00	19.25	6.50	7.50
3100/350	117	66	93	35	39	4300/400	143	124	77	26	30
成化五年	33.20	19.03	27.13	9.31	11.34	萬曆二年	35.33	30.00	20.33	6.33	8.00
3300/247	82	47	67	23	28	4500/300	106	90	61	19	24
成化八年	33.60	18.40	28.00	9.60	10.40	萬曆五年	34.67	31.00	20.33	6.67	7.33
3400/250	84	46	70	24	26	4500/300	104	93	61	20	22
成化十一年	35.67	20.00	26.00	9.00	9.33	萬曆八年	35.43	31.13	19.87	5.96	7.62
4000/300	107	60	78	27	28	4600/302	107	94	60	18	23
成化十四年	35.78	18.77	26.39	9.09	9.97	萬曆十一年	34.60	31.38	20.23	6.45	7.33
4000/341	122	64	90	31	34	4600/341	118	107	69	22	25
成化十七年	35.67	21.00	26.00	8.33	9.00	萬曆十四年	34.86	30.86	20.29	6.29	7.71
4000/300	107	63	78	25	27	4600/350	122	108	71	22	27
成化廿年	36.33	20.33	26.00	8.33	9.00	萬曆十七年	34.87	34.29	16.71	6.63	7.49
4000/300	109	61	78	25	27	4400/347	121	119	58	23	26
成化廿三年	38.29	21.14	25.43	7.14	8.00	萬曆廿年	35.83	31.27	18.89	6.51	7.49
4000/350	134	74	89	25	28	?/307	110	96	58	20	23
弘治三年	35.90	22.48	25.84	8.05	7.72	萬曆廿三年	34.11	30.10	21.07	7.02	7.69
4000/298	107	67	77	24	23	?/299	102	90	63	21	23
弘治六年	37.92	22.15	25.50	7.05	7.38	萬曆廿六年	34.00	30.33	21.00	7.00	7.67
4000/298	113	66	76	21	22	4600/300	102	91	63	21	23
弘治九年	37.92	23.49	24.83	7.38	6.38	萬曆廿九年	34.33	30.33	21.00	6.67	7.67
3500/298	113	70	74	22	19	?/300	103	91	63	20	23

	詩經	易經	書經	禮記	春秋		詩經	易經	書經	禮記	春秋
弘治十二年	34.68	23.91	27.61	7.07	6.73	萬曆卅二年	34.00	30.33	21.00	7.00	7.67
3500/297	103	71	82	21	20	4700/300	102	91	63	21	23
弘治十五年	37.33	25.33	23.33	7.00	7.00	萬曆卅八年	35.50	27.71	20.78	7.36	8.66
3700/300	112	76	70	21	21	?/231	82	64	48	17	20
弘治十八年	36.63	26.73	24.44	7.26	6.93	萬曆四七年	34.00	30.29	20.86	6.86	8.00
3800/303	111	81	68	22	21	?/350	119	106	73	24	28
正德六年	38.29	26.29	22.86	6.57	6.00	崇禎四年	33.71	30.29	21.71	6.86	7.43
3500/350	134	92	80	23	21	?/350	118	106	76	24	26
正德九年	37.75	26.50	22.50	6.75	6.50	崇禎七年	33.89	30.56	20.93	6.98	7.64
3800/400	151	106	90	27	26	?/301	102	92	63	21	23
正德十二年	36.86	26.86	22.86	6.28	7.14	崇禎十年	34.00	30.33	21.00	7.00	7.67
3900/350	129	94	80	22	25	?/300	102	91	63	21	23
正德十六年	36.06	29.70	21.52	5.76	6.97	崇禎十三年	34.22	30.56	20.93	6.98	7.31
3600/330	119	98	71	19	23	?/301	103	92	63	21	22

說明：

1、嘉靖十四年進士人數應為325人，《登科錄》缺一二甲，僅存三甲227人，故以三甲人數為準。

2、嘉靖三十二年進士人數應為406人，《便覽錄》扣除無法辨識者，以384人為準。

3、萬曆三十八年進士人數應為302人，《序齒錄》扣除無法辨識者，以231人為準。

　　由上表可知洪武四年（1371）大明首屆會試時，《春秋》錄取率在同年進士一百二十人中佔了四十人，錄取率達百分之三十三點三三，每三人就有一名研治《春秋》者中式，位居五經之首，而《詩經》、《易經》、《書經》各只佔百分之二十三點三三、百分之十七點五、百分之二十，《禮記》最少，僅有七人，佔百分之五點八三，但《春秋》這樣的研治盛況到了建文二年（1400）會試時風光不再，一百一十名進士中只佔了十七人，錄取率約百分之十五點四五，而《書經》錄取率則大幅提升，

達到了三十五人，佔百分之三十一點八二，成為群經之首，《詩經》同樣也成長快速，錄取了三十四人，佔百分之三十點九一，《禮記》僅錄取五人，敬陪末座。如果分析《春秋》在這兩次會試中為何會產生如此的變化，筆者認為和當時元末動亂息息相關，元代科舉時開時閉，更有嚴重的種族歧視，而各地梟雄起義割據一方，反抗元廷，知識份子既少出路，但亦希望能在亂世之中展現經世致用的理念，故而此時研治經書的動機，降低了科舉利祿的干擾，士子也就不會趨易避難，大經小經也就沒有甚麼分別，這時反而更能體現本身的學術性向。再者，處在亂世之中，《春秋》可以說是為亂世而生的刑書，五經之中惟有《春秋》記載了大量的列國史實，政治、經濟、外交、心術、兵法、戰法、陣法等等富國強兵之道，這些外在的時空環境其實也促進了《春秋》閱讀人口的增加，故而開國首場會試，《春秋》能獨占鰲頭似乎也就可以理解了，但是到了建文二年，天下大定已然歷經三十三年，時空背景的有利因素消失了，而知識份子又可從科舉中尋得躋身廟堂的管道，然明初規定《春秋》一經配五《傳》，這無疑增加了考生的負擔，所以錄取率從百分之三十三點三三跌至百分之十五點四五，直接腰斬一半有餘也就不足為奇了。到了景泰二年（1451），《四書》、《五經大全》已然頒布一段時日，科舉定式的內容要求也逐漸形成考官和考生之間的默契，當年度二百名進士中，《詩經》已然趕上《書經》，各錄取五十九人，錄取率達百分之二十九點五，同列科舉應試大宗，顯見朱子一派的系統已然在科舉制度中穩固了領導地位，而《春秋》與《禮記》二科因非朱子一派註解，自然也逐漸自成一系統，雖然這一系統也可以歸屬於宋儒的大體系，但其實已經有「朱學」和「非朱學」的差別，觀察六十六次的會試結果，程朱一派註解《詩》、《易》、《書》的錄取率永遠較非程朱一派註解的《春秋》、《禮記》來的高，而且是遙遙領先，《春秋》除了洪武四年的那次例外，就再也沒有領先過程朱派的任何一經，反觀歷代學者在談論明代科舉時，盡將《四書》、《五經》歸於程朱一派，殊不知在現實的科舉考試中，還是有很明

顯的「程朱」與「非程朱」的經學競爭，在明代經學程朱獨盛的局勢中，其實並非可以用「程朱理學」一言以蔽之，現實中還是有所差異的，這一點筆者尚未見過有學者加以討論，未來應該是一個值得關注的經學內部問題。

　　到了天順八年（1464），二百五十名進士中《詩經》佔了八十人，《書經》七十二人，《易經》四十六人，總計程朱派的錄取率已高達近百分之八十，剩下的百分之二十則由非程朱派的《春秋》與《禮記》均分，從這一年以後一直到崇禎十三年（1640）為止，程朱派中的《詩經》錄取率都保持在最高的比例，錄取率均維持在三成以上，接下來才是《書經》，其次為《易經》，而非程朱派的《春秋》錄取率則穩穩略高於《禮記》，明代五經在科舉中的勢力消長與解額瓜分大致維持這一局面長達一百五十年之久，從此沒有再產生任何巨大的變動。

　　上述是從考生的數量做分析，另外還可以從經房閱卷官的數量增減，來看明代五經在科舉中的變化，據《禮部志稿》記載成化十七年（1481）禮部言：「舊《易》、《春秋》，《禮記》三經各二員，《書》、《詩》二經各三員，緣今《書》、《詩》二經試卷加多，乞每經各增一員」[229]，到了正德六年（1511）：「令增會試用同考官共十七員，翰林官十一員，科部各三員。內分《易經》四房、《書經》四房、《詩經》五房、《春秋》二房、《禮記》二房」[230]，顧炎武：「嘉靖未年（1562、1565），《詩》五房，《易》、《書》各四房，《春秋》、《禮記》各二房，止十七房。萬曆庚辰（1580）、癸未（1583）二科，以《易》卷多添一房，減《書》一房，仍止十七房。至丙戌（1586），《書》、《易》卷並多，仍復《書》為四房，始為十八房。至丙辰（1616），又添《易》、《詩》各一房，為二十房。天啓乙丑

229　〔明〕俞汝楫編・林堯俞等纂修：《禮部志稿》，《景印文淵閣四庫全書》，第598冊，卷71，〈增經房員數〉，頁9-10。

230　同前註，第597冊，卷23，〈凡考試官〉，頁33。

（1625），《易》、《詩》仍各五房，《書》三房，《春秋》、《禮記》各一房，為十五房。崇禎戊辰（1628），復為二十房。辛未（1631），《易》、《詩》仍各五房，為十八房。癸未（1643），復為二十房」[231]，由上所述，作下表進一步說明之。

《明代會試經房考官增減表》

	詩經	易經	書經	禮記	春秋	經房總數
成化十四年前（～1478）	3	2	3	2	2	12
成化十七年（辛丑1481）	4	2	4	2	2	14
嘉靖末年（壬戌、乙丑）	5	4	4	2	2	17
正德六年（辛未1511）	5	4	4	2	2	17
萬曆八年（庚辰1580）	5	5	3	2	2	17
萬曆十一年（癸未1583）	5	5	3	2	2	17
萬曆十四年（丙戌1586）	5	5	4	2	2	18
萬曆四四年（丙辰1616）	6	6	4	2	2	20
天啟五年（乙丑1625）	5	5	3	1	1	15
崇禎元年（戊辰1628）	6	6	4	2	2	20
崇禎四年（辛未1631）	5	5	4	2	2	18
崇禎十六年（癸未1643）	6	6	4	2	2	20

由上表的經房總數可以得知明代科舉由成化十四年（含）以前的十二房增加到崇禎十六年的二十房，這表示舉人的數量有越來越多的趨勢，科舉的解額數也有擴大的現象，以萬曆卅二年尚可考據的資料來看，當年應試舉人有四千七百人，錄取進士三百人，和成化十七年作對比，當年舉人四千人，增加了七百名之多，顯見舉人的數量確實有增加擴大的傾向。再

231　〔清〕顧炎武：〈十八房〉，《原抄本日知錄》，卷19，頁471-472。

細微一點來看，《詩經》由原先的三房到崇禎十六年為止，經房數增加了一倍，這和會試《詩經》錄取率的增加相符應，而非程朱註解的《禮記》、《春秋》經房數大致維持二房，也從未超過《詩》、《易》、《書》三經，這也和上文所說考生錄取數相同，顯然這個五經內部的競爭趨勢是存在的。甚至由鄉試來看也是有這種現象，天順三年（1459）順天府尹王福云：「今年八月本府鄉試，看得應試生員，《春秋》、《禮記》二經數少，《詩》、《書》、《易》三經各有四五百卷，若各以同考官一人校閱，慮恐涉獵不詳，而有玉石不分之弊。乞令禮部將《詩》、《書》、《易》三經每經添同考官一員。上從之，仍命南京亦照此例」[232]，南北兩京可以分別代表南方和北方政治與經濟的重要核心，而天順三年時鄉試試卷《詩》、《書》、《易》三經已超過《春秋》、《禮記》甚多，故順天府尹請增閱卷官一名，禮部發文南京應天府比照辦理，可見不只會試有這種現象，鄉試同樣也有這趨勢。總的來說，明代科舉中《春秋》選考率之所以一直降低的原因概如來集之（1604-1682）所說：

> 唐制以《禮記》、《春秋左氏傳》為大經，《詩》、《周禮》、《儀禮》為中經，《易》、《尚書》、《公》、《穀》傳為小經，此或以簡帙繁簡為次第也。近人以《禮記》、《春秋》為「孤經」，蓋以誦習之者較少耳。[233]

《春秋》自古即為大經，卷帙浩繁，不易研治，且明代兼用三《傳》與胡《傳》，這更加使得士子卻步。再者，《春秋》出題的形式遠比其他經典複雜許多，詭譎多變的「經題」、「傳題」、「單題」、「合題」、

232　〔明〕俞汝楫編・林堯俞等纂修：《禮部志稿》，《景印文淵閣四庫全書》，第598冊，卷71，〈增兩京經房〉，頁9。

233　〔清〕來集之：《倘湖樵書》，《四庫全書存目叢書》子部，第146冊（據浙江圖書館藏清乾隆來廷楷倘湖小築重刻本影印）卷11，〈孤經〉，頁1。

「比題」、「意題」、「借題」、「裸題」、「正題」、「附題」、「脫母題」，又須兼通「書法義例」與「屬辭比事」之學，故考生在趨易避難的選擇下，往往不會選擇《春秋》應試，故馮夢龍以為是經「向稱難治，率謂孤經，讀者往往中廢。不獨習之者畏其難，而聞之者舉皆震慄，是謂《春秋》之獨異也，亦曰習之者少，而攻之者百無一二耳」[234]。而中後期以後，《詩經》、《易經》、《尚書》成為最多考生選擇的專業，其原因乃明代科舉《詩經》主朱熹《詩集傳》，《易經》主程頤《易傳》及朱子《易本義》，《書經》則以朱熹弟子蔡沈的《書集傳》為主，此三經皆為程、朱理學範圍，然而明代科舉首場《四書》為所有考生必考的一科，以朱子《四書集註》為主，由此來看，《四書》、《詩經》、《易經》、《書經》具有同一宋學思想系統，而應試考生既無可選擇，也無可避免必須要研讀《四書》以就首場，則同為朱子註解的《詩經》、《易經》當然會更容易理解，自然也就成為士子應試的首要選擇，而蔡沈（1167-1230）為朱熹弟子，晚年奉師命纂《書集傳》，亦是朱子系統，成為次要選擇也就順理成章了，而非程朱註解的《禮記》使用陳澔《禮記集說》，《春秋》則主《左傳》、《公羊》、《穀梁》及胡《傳》等四傳，這兩經都不屬於朱子系統，對於考生來說，如果選考此二經等於是要適應兩種邏輯思維，甚至朱熹本人比較肯定《左傳》，而對於胡《傳》的批評卻頗多，可以說胡《傳》和朱熹的「道問學」功夫存在著矛盾衝突，故而考生在應考策略的選擇上，往往容易捨棄《禮記》與《春秋》來應試，如非本身真正有濃厚志趣於《春秋》之學，那麼很難在只有百分之六至百分之八的低錄取率中選擇此經應試，這也就是明代永樂以後為何《詩經》、《易經》、《尚書》三經的應考人數與進士錄取率與會遠遠高於《禮記》與《春秋》的主要原因了，因為明代科舉中其實暗藏著「程朱」與「非程朱」系統的抗衡與較競。

---

234 〔明〕馮夢龍：〈治春秋要領〉，《春秋定旨參新》，收錄《馮夢龍全集》，第22冊，頁30。

（二）科舉參考書的大量刊行

　　明代《春秋》學存世著作中有一大部份是屬於科舉用書，這類著作其實都是以《春秋集傳大全》[235]作為底本，其性質等同於現今坊間各式各樣的考試參考本，張自烈云：「應舉獨《愍渡》、《指月》、《匡解》、《發微》、《因是》諸書，而《衡庫》為尤備」[236]，張氏所舉諸書都是當時極度盛行的《春秋》科舉參考書，其中揣摩題型，擬題解題，主要目的是在幫助學子們以最經濟，最有效率的方式掌握應試方向。廣義來說，當然可以把這類書籍附屬於胡《傳》門戶（一部份隸屬《左傳》），但因這類著作大都缺乏獨立見解，一字一句多為闡明胡《傳》而編著，使學子們進一步熟悉八股制義程式，故而類型上與專門研究胡《傳》的著作是有區別的。現今存世的部份大約有六十多部，這些考試工具類書籍在傳統經學家的眼中，往往搆不上經學的衣腳，甚至認為這類書籍敗壞聖經，使學子們只讀整理本、刪節本、擬題本，不再從原典入手，從學術研究的立場出發，傳統經學家所說當然是正確的讀書態度，但如果期待閱讀經典者就要成為經學研究專家，這樣的念頭也太過理想化，也太強人所難，自古考試領導教學，在供需法則下，這類書籍會蓬勃發展自有其廣大市場的經濟人口支撐，從反面來說，這也顯示了明代擁有非常可觀的經學閱讀人口，所以才有這類書籍的出現。

　　平心而論，這類書籍雖然並非治經正途，但一概抹殺，認為百無一用，亦大可不必如此，因為它對於那些天賦資質平凡的考生來說，使其不至於「茫然不知考試重點為何，因此其影響亦較一般經學著作要大」[237]，所以若從經學教育推廣的角度著眼，這類科舉參考書確實也達到了經學催

235　〔明〕胡廣：《春秋集傳大全》，臺北國家圖書館藏明內府刊本。

236　〔明〕張自烈：〈春秋大成序〉，《芑山文集》，《四庫禁燬書叢刊》集部，第166冊（據清初刻本影印），卷12，〈序二〉，頁6。

237　廖鴻裕：《明代科舉研究》第四章（臺北：私立中國文化大學中國文學研究所博士論文，2008年12月），〈科舉與經學〉，頁164。

化與普及化的功用，以筆者所纂《明代春秋著述考》來看，這類書籍計有：趙恆《春秋錄疑》[238]，王世貞《王鳳洲先生課兒左傳文髓》[239]，焦竑·翁正春·朱之蕃《新鐫翰林三狀元會選左胡玉壺冰》[240]，鄒德溥《春秋匡解》[241]、《麟經祕旨梅林臆見》[242]、《新鐫鄒翰林麟經真傳》[243]，張杞《新刻麟經統一編》[244]，李事道《左概》[245]，陳際泰《春秋讀》[246]，湯賓尹撰·林世選增補《增補湯會元遴輯百家評林左傳狐白》[247]、《新鋟湯會元遴輯百家評林左傳秇型》[248]，樊王家《左氏春秋內外傳類選》[249]，馮夢龍《春秋衡庫》[250]、《麟經指月》[251]、《春秋定旨參新》[252]，耿汝忞《松麟軒新鍥春秋愍渡》[253]，余敷中《麟寶》[254]，施天遇《春秋三傳衷

238 〔明〕趙恆：《春秋錄疑》，《四庫全書存目叢書》經部，第119冊（據北京圖書館藏清鈔本影印）。

239 〔明〕王世貞：《王鳳洲先生課兒左傳文髓》，東北師範大學圖書館藏明刻本。

240 〔明〕焦竑·翁正春·朱之蕃：《新鐫翰林三狀元會選左胡玉壺冰》，日本前田育德會尊經閣文庫藏明萬曆刊本。

241 〔明〕鄒德溥：《春秋匡解》，《四庫全書存目叢書》經部，第120冊（據上海圖書館藏明藍格本影印）。

242 〔明〕鄒德溥：《麟經祕旨梅林臆見》，日本名古屋市蓬左文庫藏明末南陽陽氏天台館刊本。

243 〔明〕鄒德溥：《新鐫鄒翰林麟經真傳》，南京圖書館藏明沈演沈渭等刻本。

244 〔明〕張杞：《新刻麟經統一編》，《四庫全書存目叢書》經部，第121冊（據北京圖書館藏明萬曆三十三年自刻本影印）。

245 〔明〕李事道：《左概》，南京圖書館藏明萬曆十五年刻本。

246 〔明〕陳際泰：《春秋讀》，《四庫全書存目叢書》經部，第151冊（據湖北省圖書館藏明崇禎六年刻本影印）。

247 〔明〕湯賓尹撰·林世選增補：《增補湯會元遴輯百家評林左傳狐白》，華東師範大學圖書館藏萬曆三十八年余泰垣刻本。

248 〔明〕湯賓尹撰·林世選增補：《新鋟湯會元遴輯百家評林左傳秇型》，日本內閣文庫藏明萬曆二十四年余良木自新齋刊本。

249 〔明〕樊王家：《左氏春秋內外傳類選》，《四庫全書存目叢書》子部，第199冊（據中山大學圖書館藏明萬曆三十六年刻本影印）。

250 〔明〕馮夢龍：《春秋衡庫》，《四庫全書存目叢書》經部，第123冊（據北京大學圖書館藏明天啓五年刻本影印）。

251 〔明〕馮夢龍：《麟經指月》，《四庫未收書輯刊》第2輯，第10冊（據明刻本影印）。

252 〔明〕馮夢龍：《春秋定旨參新》，江蘇古籍出版社據明刻本影印。

253 〔明〕耿汝忞：《松麟軒新鍥春秋愍渡》，臺北國家圖書館藏明末曡山館刊本。

254 〔明〕余敷中：《麟寶》，《四庫全書存目叢書》經部，第121-122冊（據北京大學圖書館藏明萬

考》[255]，王道焜・趙如源《左傳杜林合注》[256]，鄧來鸞《春秋實錄》[257]，馮士驊《春秋三發》[258]，陳于鼎《麟旨定》[259]，馮如京《春秋大成》[260]，吳希哲《麟旨明微》[261]，魏藻德《新刻魏狀元手著春秋意說》[262]，來集之《新刻麟經寶定》[263]，戴文光《春秋左傳標釋》[264]、《必有齋左概增刪》[265]，翁長庸《春秋寶筏》[266]，馮雲驤《春秋大成講意》[267]，儲欣・蔣景祁《春秋指掌》[268]，官裳《麟書捷旨》[269]，鄭之鼎・丘兆麟《春秋便蒙》[270]，鄭維岩《新鍥鄭孩如先生精選左傳旁訓便讀》[271]，陳其猷《春秋序題》[272]，陳申父《春秋題輅》[273]，顧懋樊《桂林春秋義》[274]，夏元彬

曆刻本影印）。

[255]〔明〕施天遇：《春秋三傳衷考》，《四庫全書存目叢書》經部，第128冊（據北京大學圖書館藏明萬曆四十五年刻本影印）。

[256]〔明〕王道焜・趙如源：《左傳杜林合注》，《景印文淵閣四庫全書》經部，第171冊。

[257]〔明〕鄧來鸞：《春秋實錄》，《四庫全書存目叢書》經部，第124冊（據北京大學圖書館藏明崇禎刻本影印）。

[258]〔明〕馮士驊：《春秋三發》，《續修四庫全書》經部，第136冊（據明崇禎八年葉昆池能遠居蘇州刻本影印）。

[259]〔明〕陳于鼎：《麟旨定》，《四庫全書存目叢書》經部，第124冊（據南京圖書館藏明崇禎刻本影印）。

[260]〔明〕馮如京：《春秋大成》，北京大學圖書館藏清順治介軒刻本。

[261]〔明〕吳希哲：《麟旨明微》，《四庫未收書輯刊》第1輯，第6冊（據崇禎刻本影印）。

[262]〔明〕魏藻德：《新刻魏狀元手著春秋意說》，日本國立公文書館藏明刊本。

[263]〔明〕來集之：《新刻麟經寶定》，日本名古屋市蓬左文庫藏明崇禎十三年朱氏菽苑堂本。

[264]〔明〕戴文光：《春秋左傳標釋》，臺北傅斯年圖書館藏明天啓五年刊本。

[265]〔明〕戴文光：《必有齋左概增刪》，中國科學院圖書館藏天啓刻本。

[266]〔明〕翁長庸：《春秋寶筏》，上海圖書館藏清抄本。

[267]〔明〕馮雲驤：《春秋大成講意》，北京大學圖書館藏清順治介軒刻本。

[268]〔明〕儲欣・蔣景祁：《春秋指掌》，《四庫全書存目叢書》經部，第136-137冊（據北京大學圖書館藏清康熙天藜閣刻本影印）。

[269]〔明〕官裳：《麟書捷旨》，美國哈佛大學燕京圖書館藏明天啓金陵李良臣刻本。

[270]〔明〕鄭之鼎・丘兆麟：《春秋便蒙》，韓國奎章閣藏明萬曆四十六年序刊本。

[271]〔明〕鄭維岩：《新鍥鄭孩如先生精選左傳旁訓便讀》，武漢圖書館藏明楊九經刻本。

[272]〔明〕陳其猷：《春秋序題》，北京圖書館藏傳鈔本。

[273]〔明〕陳申父：《春秋題輅》，北京大學圖書館藏傳鈔本。

[274]〔明〕顧懋樊：《桂林春秋義》，《四庫全書存目叢書》經部，第125冊（據北京大學圖書館藏明崇禎刻桂林說經本影印）。

《麟傳統宗》[275]，梅之熉《春秋因是》[276]，許順義《春秋三註粹抄》[277]，金兆清《麟指嚴》[278]，金甌《春秋正業經傳刪本》[279]，林挺秀‧林挺俊《春秋單合析義》[280]，林繼燻《春秋四傳合抄》[281]，江渤《春秋題旨》[282]，龔而安《春秋左氏捷覽》[283]，張鼐《鐫彙附百名公叢譚春秋講義會編》[284]，楊守勤《新刻楊會元精選左傳彙奇》[285]，王衡《新刻名公春秋至義合併全集》[286]，陳繼儒《陳眉公先生選注左傳龍驤》[287]，劉守泰《春秋左史捷徑》[288]，汪道昆《春秋左傳節文》[289]，汪道昆撰‧周光鎬注《春秋左傳節文註略》[290]，王氏《新刻王翰林精採左闈人玉珩編》[291]，無名氏

275　〔明〕夏元彬：《麟傳統宗》，《四庫全書存目叢書》經部，第127冊（據故宮博物院圖書館藏明崇禎刻本影印）。

276　〔明〕梅之熉：《春秋因是》，《四庫全書存目叢書》經部，第128冊（據蘇州市圖書館藏清初金閶孝友堂刻本影印）。

277　〔明〕許順義：《春秋三註粹抄》，《四庫全書存目叢書》經部，第151冊（據浙江圖書館藏明萬曆十八年萃慶堂余泗泉刻本影印）。

278　〔明〕金兆清：《麟指嚴》，《四庫未收書輯刊》第3輯，第9冊（據明刻本影印）。

279　〔明〕金甌：《春秋正業經傳刪本》，《四庫全書存目叢書》經部，第132冊（據華東師範大學圖書館藏清康熙三十七年受中堂刻本影印）。

280　〔明〕林挺秀‧林挺俊：《春秋單合析義》，東北師範大學圖書館藏康熙三十四年本。

281　〔明〕林繼燻：《春秋四傳合抄》，日本國立公文書館藏明崇禎十三年序刊本。

282　〔明〕江渤：《春秋題旨》，陝西省寶鷄市圖書館藏明抄本。

283　〔明〕龔而安：《春秋左氏捷覽》，日本新潟大學佐野文庫藏安永九年田原平兵衛刊本。

284　〔明〕張鼐：《鐫彙附百名公叢譚春秋講義會編》，日本前田育德會尊經閣文庫藏明刊本。

285　〔明〕楊守勤：《新刻楊會元精選左傳彙奇》，日本國立公文書館藏明刊本。

286　〔明〕王衡：《新刻名公春秋至義合併全集》，日本名古屋市蓬左文庫藏明萬曆三十年刊本。

287　〔明〕陳繼儒：《陳眉公先生選注左傳龍驤》，吉林大學圖書館藏清初三臺館刻本。

288　〔明〕劉守泰：《春秋左史捷徑》，天一閣文物保管所藏明萬曆元年刻本。

289　〔明〕汪道昆：《春秋左傳節文》，《四庫全書存目叢書》經部，第116冊（據福建師範大學圖書館藏明刻本影印）。

290　〔明〕汪道昆撰‧周光鎬注：《春秋左傳節文註略》，《四庫未收書輯刊》第2輯，第10冊（據明萬曆十二年刻本影印）。

291　〔明〕王氏：《新刻王翰林精採左闈人玉珩編》，日本國立公文書館藏明刊本。

《春秋講章》[292]，《鼟題備覽》[293]，《春秋衡庫纂》[294]，《春秋胡傳選鈔》[295]，《春秋大成題意》[296]，等等十分可觀的數量，這種形式的科舉參考書長期下來或許有妨礙正常學術發展的負面作用，但若僅著眼於缺點，忘卻了它其實對一般平民或文士也發揮了不小的幫助，甚至對於整體國家人民的經學素養也間接達到了促進與推廣之功，這些其實都是不能當作視而不見的事實。

三、顧炎武批評的檢討

　　今日學者討論科舉制度對明代經學的殘害幾乎都會引用顧氏《日知錄》中的批評論斷，可以說顧氏批評明代科舉制度不遺餘力，所以最後確實有必要對其意見加以檢討。他在書中花了極大的篇幅討論科舉取士對明代經學產生的危害，他以為「讀書不通五經者，必不能通一經」，所以根本就「不當分經試士」，而科舉卻要求考生分科應試，這只會使士人偏於一隅，況且「今不過五經，益以三《禮》、三《傳》，亦不過九經而已，此而不習，何名為士」[297]，在顧氏的眼中，通貫九經始可稱為「士」，以顧氏的博學多聞、縱貫古今，這個要求在他看來或許沒有甚麼了不起，但並非人人皆是通才、天才，況且古今學問能匹敵顧炎武之流的人物大概也不多了，以如此高的學術標準嚴以律己，自己要求，那自然是理所當然，無可置喙，但是持此標準要求他人也同樣必須做到，這或許就有點強人所難，過度理想，失之厚道了。但必須說明的是，顧炎武的主張與呼籲當然是正確的治經、治學之道，但也應該斟酌體諒人世間各種不盡理想的層

292　〔明〕無名氏：《春秋講章》，臺北國家圖書館藏舊鈔本。

293　〔明〕無名氏：《鼟題備覽》，北京國家圖書館藏明抄本。

294　〔明〕無名氏：《春秋衡庫纂》，美國國會圖書館藏舊鈔本。

295　〔明〕無名氏：《春秋胡傳選鈔》，臺北國家圖書館藏舊鈔本。

296　〔明〕無名氏：《春秋大成題意》，《四庫未收書輯刊》第5輯，第2冊（據明鈔本影印）。

297　〔清〕顧炎武：〈擬題〉，《原抄本日知錄》，卷19，頁477-478。

面，不能一體要求適用之。再者，他認為正確的科舉之法應該是「欲其難
不欲其易，使更其法而予之以難，則覬幸之人少，少一覬幸之人，則少一
營求患得之人，而士類可漸以清，抑士子之知其難也，而攻苦之日多，多
一攻苦之人，則少一群居終日言不及義之人，而士習可漸以正矣」[298]，顧
氏所謂之「難」，即五經或九經同考，不要限定一經，如此覬幸取巧之人
畏其難而知退，少了一個鑽營之人，則士風可漸漸澄清，而那些有真才實
學的士人如知道科舉登科之難，勢必更加埋首書堆，攻苦日深，如此一
來，則將少一言不及義的文人，而士習可以漸次導回正軌矣，顧氏所認為
的科舉取士之法就是與其易也寧難，這才是國家科舉取士的王道、常道，
這一番義正嚴辭的建議只能說是一種過度理想化的教育制度，國家取士當
然需要考生有一定的知識水準，但科舉取士的最終目的並不是要培養學術
型的大學者或大經師，它所需要的人才是能夠協助政府治理人民的官吏，
而且若以教化的角度著眼，顧氏此舉將使知識的層級驅向兩極化，一類是
知識菁英，一類是知識文盲，反而使得社會的中堅知識分子大量流失，閻
鎮珩（1846-1909）就批評顧炎武「咸陽坑儒，止於八百；八股坑人，幾
徧天下始」之說，以為此論太偏頗過激，「明有天下三百年，其取士專出
於科舉一途，八股之文之盛，實前代所未有，然而顧氏猶為斯言者，豈非
以士舍聖經賢傳不讀，而專讀房行之程墨，任其空疏之見，而恣為無實之
論。學校之衰，人材之陋，孰有甚於此乎！」[299]，所以顧氏所說的建議並
不是合情合理，可付諸實現的教育模式，反倒讓人覺得這些話語似乎是帶
有情緒性的語言，又如他甚至建議朝廷「欲革科舉之弊，必先示以讀書學
問之法，暫停考試數年，而後行之，然後可以得人」[300]，顧氏認為拔除了
科舉利祿的誘因，則讀書人必回歸正軌，學術必得以澄清，殊不知這種

298　〔清〕顧炎武：〈擬題〉，《原抄本日知錄》，卷19，頁478。

299　〔清〕閻鎮珩：〈賓興考〉，《六典通考》，《續修四庫全書》史部，第759冊（據湖北省圖書館
　　　藏清光緒二十九北嶽山房刻本影印），卷78，頁9-10。

300　〔清〕顧炎武：〈擬題〉《原抄本日知錄》，卷19，頁478。

「暫停考試」的情況在清末終於實現，楊鍾羲（1865-1939）就說：「科舉既廢，士多荒經。誠不如貢舉盛行，雖鄉曲之士，於肄習舉業之時，猶得聞《春秋》大義」[301]，可見顧炎武的理想終歸只是理想而已，或許他這些激烈的言辭是有目的性的，即針對當日不振惡劣的文風士習所立論，他所欲剷除的是那些文化流氓，故論點帶有「矯妄」必須「過正」的心態，但無論如何，顧氏以其學術領袖的身份，任意地將科舉制度批評的如此無用不堪，將經學的衰微原因全部歸罪於斯，而使後世學者循其言論加以苛深責備，彷彿廢除或停止科舉考試，就有一個完美無瑕的取士制度可以替代，這樣虛無且極度理想化的教育制度與學術理念，實非筆者所能接受與認同。勞思光（1927-2012）就認為科舉制度「使人民能依一定軌道參加政府」，並且「能使政府人員有客觀的資格，不完全由統治者的喜怒決定」[302]，可見科舉制度的公平性確實保障了國家人才進用的品質與穩定性，以此達到階級之間相互的流動性。許倬雲（1930—）則認為科舉制度「網羅全國人才，使野無遺才」，並且同時「培養了一大群以天下為己任的士大夫」[303]，所以顧炎武主張停止科舉，使學術回歸正途，筆者認為那充其量也只是文人對時局不安，對學術不滿，所表達的書生意氣之見，倘若問題的提出如果能配合問題後續的解決，這才是負責任的態度，如果國家社會的知識份子喪失了進身出路，那所引起的社會問題又該如何解決呢？所以世界各國的文官銓選制度有誰敢完全放棄考試制度的，一昧要求學術凌駕一切價值，認為崇高完美的教育理想可以付諸現實社會實現，但又有那個國家的人民願意當這隻白老鼠呢？況且今日世界各國的文官銓選制度說穿了依舊是科舉掄才的型態轉變，這一整套的制度雖和明清有所差

301　楊鍾羲：〈春秋應舉輯要〉，《續修四庫全書總目提要》經部，春秋類（北京：中華書局出版社，1993年），上冊，頁762。

302　勞思光：〈政治思想與制度之原則〉，《中國文化要義新編》第三章（香港：中文大學出版社，1998年），頁129-130。

303　許倬雲：〈中國古代文化的特質〉，《中國文化與世界文化》（貴州：人民出版社，1991年），頁42-43。

異，但原則與理念其實並沒有因此改變多少，因為國家舉才考試所要錄取的是為國家服務的公務員，不一定需要具有經世偉才不可，所以這批通過科舉制度的士人並不需要成為顧炎武所說的學術領導者或經學專家，對一般的知識份子來說，公平性才是他們所關心的，也是科舉考試最重要的指導原則，國家的文官詮選制度如果不經過考試，而以薦舉或面試代替，這看似最理想的狀態，也或許能得到真正的大才，但之後相關的人情關說，威脅利誘勢必接踵而來，所造成的弊病絕對大過於公平的科舉考試，這也就是科舉或考試不能輕易廢除的原因，而諸多明清儒者或民國學人一直依循顧炎武以來的責全求備，眼中只看到科舉制度對文人學子的思想箝制，阻礙了明代經學的進步，卻沒有看到這一套制度背後的真正需求與用意，亦沒有從科舉制度層面來加以檢討改進，這樣一昧地藉由科舉制度來攻擊明代經學，只是徒增一些文人囈語罷了，對於真正實際問題的解決，似乎並沒有達到任何的助益效果。

第四節　麟經淵藪的區域分布與實際情況

「麟經淵藪」意謂著《春秋》經研治盛行之區域，本節擬將空間與時間作一縱橫的交叉研究，以明代三百年的時間流，配合各行省的地理位置，統整明代存留下來可供考證的六十六次會試資料，藉由天一閣館藏明代科舉《會試錄》、《登科錄》、《序齒錄》、《履歷便覽》所登載一千五百七十八名《春秋》登科進士的個人資料[304]，以此作為統計數據的基礎，先製作《明代春秋進士登科錄總表》（參閱本章卷末附錄），再以此表為依據，進一步完成《明代春秋進士區域分布表》，藉由這兩者的實際數據，可以藉此觀察明代三百年科舉制度下《春秋》進士的地域分布，如此將有利於從空間與時間上加以分析與比較，另外亦可從明代各省府學、

---

[304] 此1758人的統計數據，剔除洪武四年韓國高麗金濤，天順四年越南交趾阮文英等二人。

州學、縣學與書院的建置情況，對比明代春秋進士的區域分布，透過彼此之間的交互比對，不僅可以真實反映明朝《春秋》經學的人才分布狀況，也可以對各區域間經學與知識文化的高低起伏有一概略性的認識與瞭解。

國家圖書館藏嘉靖二十三年登科錄

　　下表的時間範圍始於洪武四年（1371）起，至崇禎十三年（1640）為止，統計明代江蘇、浙江、福建、湖北、湖南、江西、河南、河北、山東、山西、廣東、廣西、陝西、安徽、四川、雲南、貴州等十七個行政區域的《春秋》進士分佈數量與密度，如下所示。

《明代春秋進士區域分布表》

	浙江	福建	江蘇	湖北	湖南	江西	河南	河北	山東	山西	廣東	廣西	陝西	安徽	四川	雲南	貴州
洪武四年	10	10				7	1	1	1	6	2		1				
建文二年	3	3	3			5	1	1						1			
永樂十年	1	4	1	1		3								3	1		
宣德五年	3	1	1			2	1							1	2		
宣德八年	3			1		2	1	1		1					1		
正統元年	2		2			2	1		1					2	1		
正統四年		2	2	1		1	2	1		1	1			1			
正統七年	3		1	2		3	2		1	1	1	1	1	1	1		
正統十年	2	1	1	2		1		1	2	1	2			5	1		1
正統十三年	1	1	3			4	1		1	1			1	3	1		1
景泰二年	5	1		1		5	1	4		1				2	3	1	
景泰五年	5	2	3			11	2	6	1	1			1	2	3		1
天順元年	6	3	1		1	5	3	8	1		1	1		1	1	1	1
天順四年	4		1	1		1		1	1	2	1			1	2		
天順八年	11	1		1			3	3		1	2			3	2		
成化二年	6	7	2	2		10	1		2	2			3	1	3		
成化五年	6		1	2	1	2	4	1	1		2			1	5	2	
成化八年	2	2	4	1		4	2	1	3		1	1		3	2		
成化十一年	5	4	3			3	4	2	2		1			1	1	2	
成化十四年	4	2		4		5	2	4		3	1	1		6	2		
成化十七年	3	4	3	1		3	4	1			1		3	2	2		
成化廿年		2	1	3		2	3		2	1	3		2	5	3		
成化廿三年	3	1	1	1		5	3		1	1	3		1	5	3		
弘治三年	2	2	1	2		5	2		2	1	1		1	2	1		
弘治六年	2	3	2		1	3		3	3	1	1			2	1		
弘治九年	2			1		5	1	4					1	3	2		
弘治十二年	1	1	1	2		4	1		2	1	2			2	1		
弘治十五年	2		1			5	1	1		2	5	1	1	1	1		
弘治十八年	4	4		1		2	1	1	3	1	1			2	1		

	浙江	福建	江蘇	湖北	湖南	江西	河南	河北	山東	山西	廣東	廣西	陝西	安徽	四川	雲南	貴州
正德六年	1		1	1		9		1					2	2	3	1	
正德九年	4	1		4		3	1		4	1	1	1	2	2	2		
正德十二年	3	1		1		5	2	2		2	1	1		2	3	2	
正德十六年	4	1	1	3		3	3	1		1				3	2	1	
嘉靖二年	5	2	1	3		4	4		3	1				2	2	3	
嘉靖八年	4	2		2	1	2	2	2	2		1			3	3	2	
嘉靖十一年	3	5	2	3	1		2		2	2	1		1	1	3		
嘉靖十四年	2	4	1			1		1	2	2	1			2	1	1	1
嘉靖十七年	5	3	3	2		1	4	2	1		1			2	1		
嘉靖廿年	3	4	4	1	1		3	1	3				2		2		
嘉靖廿三年	5	1	1	1		5	2	1	2	1			2	2	3		
嘉靖廿六年	3	4	2	2	2	1	2	2		4		1		2	1		
嘉靖廿九年	8	5		1		1	1	4	1				3	3	1		
嘉靖卅二年	4	3	3	5		2	3	3		2	1	1	2	1	2		
嘉靖卅五年	4	1	4	1		2	2	4		3		1		2			
嘉靖卅八年	3	2	3	4		1	3	3		1			1	1	2		
嘉靖四一年	6	2	4	1		1	3	1	1				1		1		
嘉靖四四年	5	2	3	2	1	2	4	3	1	3	2	1	1		1	1	
隆慶二年	1	4	4	3		4	4	1	3	1				2	1		
隆慶五年	2	5	1	4	1	2	3	1	2	2			3	1	1	1	
萬曆二年	5	2	2	1		2	2		1	1			2	2	2		1
萬曆五年	3	1	2	1		3	2		4	2	1	1			2		
萬曆八年	3	2	4	1		2	2								2		
萬曆十一年	5	1		4		2	1	3	1	1	1		3	3			
萬曆十四年	2	3	2	3		4	4	1	1		3				2		
萬曆十七年	8			1		2	5	1	2	1				2	2		
萬曆廿年	3	3	3		1	2			2	2				1	2		
萬曆廿三年	4	2	3	3		1	3		3	1					2		
萬曆廿六年	4	2				3	3					2	1	2	3		
萬曆廿九年	3	1	2	2	1	1	1	2	2	2	2	2	1		1	2	

	浙江	福建	江蘇	湖北	湖南	江西	河南	河北	山東	山西	廣東	廣西	陝西	安徽	四川	雲南	貴州
萬曆卅二年	3	1	3	3			6			1			1	4			1
萬曆卅八年		1	3	1		4	1	1	1		1		4	1	1	1	
萬曆四七年	5		4	3		3		3	3	1			3		1		2
崇禎四年	5	1	5	3			2	2	1	1			3		3		
崇禎七年	2	2	3	1		2	3		2	1	1		2	2	1	1	
崇禎十年	5		4	3		4		2	1	3					1		
崇禎十三年	2	1	3	2		2	3	2	2	1	1			1	2		
總　　計	234	136	120	106	11	196	134	106	84	66	54	12	75	119	107	10	8

一、進士區域地理分布的核心與邊緣

　　藉由上列《明代春秋進士區域分布表》約略可將明代春秋學的研治地區概分為三類，第一級為春秋學昌盛地區，計有浙江、福建、江蘇、湖北、江西、河南、河北、安徽、四川等九個區域；第二級為發展地區，有山東、山西、廣東、陝西等四個區域；第三級為落後地區，有湖南、廣西、雲南、貴州等四區。這些人才在各省的分布情形雖不盡然代表具有何種地域性的春秋學研究，但若拉長至三百年的時間觀察，還是可以從中概略性地瞭解經學文化在各區域地理的發展狀況。

　　明代《春秋》進士的密度雖以浙江、福建、江蘇、湖北、江西、河南、河北、安徽、四川等地為最密集，但這些區域其實約可分為三類，一類是東南方為主的浙江、福建、江蘇、江西、安徽；一類是北方的河北；另一類為四川。可以很明顯的看到東南地區的進士數量總計有八百零五名，佔全國一千五百七十八人總數的百分之五十一，可見東南地區確實在科舉的競爭力上是比較強勢的。而河北地區隨著永樂帝定都北京的緣故，政治重心轉移到了北方，連帶促使這區域得到進一步的發展，故進士數量也還有一百零六名。至於四川地區雖深處內陸，亦有一百零七名之多，這

是因為中央為了平衡國家南北與東西地區的人口與經濟差距，故而長期以來一直實施南、北、中卷的分閱制度，基本保障了北方河北的解額數與中卷地區的四川解額數，但整體來說，南方勝於北方，東南強過西北，其科舉勢力的版圖大致維持如此。

　　然而在《春秋》學昌盛地區中，還是有數量過度集中的現象存在，如江西一百九十六名《春秋》進士中，安福就佔了一百零一人，而婺源僅有八人，新喻六人、南城五人、泰和四人、永豐三人、進賢二人；又如湖北一百零六名，麻城就佔了六十四人，黃岡僅有五人，京山三人；而安徽一百一十九名，歙縣就佔了四十五人，祁門二十五人，休寧僅有九人，桐城四人；福建一百三十六名，閩縣佔了四十二人，晉江佔了二十人，福清僅佔九人，莆田七人。這些現象有兩種成因，一是當地本為人口集中，人文經濟活動熱絡的區域，故而以數量而言，科令居冠亦理所當然。再者，另一重要因素牽扯到區域性的《春秋》學研究，以明代《春秋》經學的兩大重鎮麻城與安福來說，湖北麻城地區從明代以來便有麟經淵藪之稱，梅之煥就云：「敝邑麻萬山中，手掌地耳，而明興獨為麟經藪，未暇遐溯即數十年內，如周、如劉、如耿、如田、如李，如吾宗科第相望途皆由此，故四方治《春秋》者，往往問渡於敝邑」[305]，姜寶（1514-1593）亦云：「今舉子業《春秋》者，往往難其傳專門名家之淵藪，舉海內悉數之不多有也，而湖廣之麻城居一焉」[306]，黃輝（1555-1612）也云：「海內治《春秋》，麻城最著，士業以此階通顯，則珍秘其說，雖善購不出也，以詑其獨」[307]，由此可見，湖北麻城地區已是明代學者眼中的《春秋》聖地，相繼出了許多《春秋》名家，如耿定向、耿定力、耿汝忞、梅之煥、

305　〔明〕梅之煥：〈麟經指月序〉，《麟經指月》，《四庫未收書輯刊》第2輯，第10冊（據明刻本影印），頁406。

306　〔明〕姜寶：〈刻春秋心問小序〉，《姜鳳阿文集》，《四庫全書存目叢書》集部，第127冊（據北京大學圖書館藏明萬曆刻本影印），卷17，頁4。

307　〔明〕黃輝：〈刻春秋講義序〉，《黃太史怡春堂藏稿》（臺北漢學研究中心據日本尊經閣文庫藏明天啟年刊本影印），卷1，頁17。

梅之熉等人，故能夠在這個地區形成一股學術力量。又如江西安福地區，鄒氏《春秋》學盛行不衰，錢謙益云：「余為兒時受《春秋》於先夫子，先夫子授以《匡解》一編，曰：『此安成鄒汝光先生所刪定也。』因為言鄒氏家學淵源，與先生之文章行履，冠冕詞垣，期它日得出其門墻」[308]，當時鄒氏一門以《春秋》中進士者有陽明學者鄒守益（1511進士），之後其子鄒善（1556進士）、與孫三人鄒德涵（1571進士）、鄒德溥（1583進士）、鄒德泳（1586進士）皆以麟經魁天下，一門三代連續高中五位《春秋》進士，這在明代十分罕見，故而鄒德溥《春秋匡解》一書成而天下景從。萬曆時人劉孔當即云：「當時宇內言治《春秋》者，在越曰會稽，在楚曰麻城，而江以西稱安福」[309]，且「錮於師授，家自為宗，治會稽者不知有安福，治安福者不知有麻城，其義不足以相通，而皆不能相下」[310]，由此可見，區域性的《春秋》學甚至可以由一家之學擴及周邊地區，甚至影響學子的治經傾向，造就一個《春秋》學的大核心區域，所以湖北麻城與江西安福在明代《春秋》學區域分布中具有特殊的地理位置。

而數量相對平均的地區如浙江、河南、江蘇三地，浙江二百三十四名，雖然是明代進士人數最高，但密度較為分散，其中淳安佔了三十四人、臨海佔了二十三人、會稽佔了二十人、烏程佔了十七人、仁和佔了十六人；河南地區一百三十四名中，羅山二十人、光山十人、固始九人、汝陽七人；江蘇地區一百二十名中，華亭十五人、長洲十二人、吳縣十一人、常熟九人、上海六人、崑山五人、蘇州五人，這四個區域雖然在數量上分居明代《春秋》科舉進士的第一、四、五名，但相對麻城與安福來說，並沒有過度集中在某些區域的現象，而是分部在數十個小核心區域中，顯見這四地的文化發展與經濟社會規模已經進入高度的區域平衡。而

308　〔清〕錢謙益：〈春秋匡解序〉，《錢牧齋全集·牧齋初學集》，卷29，頁876。

309　〔明〕劉孔當：〈刻春秋躍淵會草敘〉，《劉喜聞先生集》（臺北漢學研究中心據日本內閣文庫藏明萬曆三十九年陳邦瞻校刊本影印），卷1，頁11。

310　〔明〕劉孔當：〈鄒先生麟經傳心錄敘〉，《劉喜聞先生集》，卷2，頁53。

福建地區的閩縣與晉江，安徽地區的歙縣與祁門，還依舊有集中化的現象，表現出雙核心的區域特性。

　　第二級的發展地區有四，山東的進士有八十四名，其中堂邑七人、歷城五人、益都五人、黃縣四人、萊陽三人、寧陽二人；山西六十六名，其中高平九人、遼州九人、榆社四人、壺關三人、猗氏三人、太原二人、大同二人；陝西七十五名，其中涇陽七人、渭南四人、綏德四人、三原三人、長安二人、靈臺二人、榆林二人；廣東五十四名，其中東莞十九人、海陽十六人、饒平三人、番禺二人、新會二人。這些區域分處明代南北疆域的邊陲地帶，因政策性的閱卷保護，故解額數相對維持在一定的數量，除了廣東東莞與海陽兩地具有高度的經濟文化發展，而在數量上有較為集中的現象外，其他區域的分布情形相對鬆散，以江南地區的核心位置來看，這四個地區雖說是邊緣，但邊緣中的區域數量與核心中的一般地區數量，其實比較起來相差無幾，可見政策性的名額分配有其政治上的合理性與區域平衡的必要性，而且確實達到了一定成效。

　　第三級的落後地區有四，湖南的進士有十一名，其中長沙、常德、衡山各二人；廣西十二名，其中臨桂、全州各三人、橫州、桂林各二人；雲南十名，其中太和四人，嵩明、前衛、中屯、姚安、寧州、浪穹皆僅一人；貴州八名，貴陽、永寧、平越、興隆、宣慰、銅仁、石阡、思南各一人。這些區域集中在明代版圖上的西南方，初期因為這些區域還未設置行省，甚至明代中葉以前，還無法有效達到中央控制，苗傜騷亂，土司作亂，屢靖不平，所以從上表中可以觀察到廣西與貴州地區一直到正統七年（1442）才出現第一位《春秋》進士，而雲南地區則是景泰二年（1451），湖南地區甚至到天順元年（1457）才有進士，這些都表明了政府對這些區域的控制較其他地區為晚，也無法進行有效的教育紮根，況且西南地區自古民風強悍，就算明代中後期控制了這些地區，但還是必須依賴土司制度，由當地的大頭目進行代管，這都使得教育政策無法直接落實，所以這些區域的經學研究堪稱明代的落後地區亦不為過。

　　雖然用區域的中式數量來衡量各省的科舉競爭力不見得完全客觀，因為干擾的因素還是所在多有，如政治中心的轉移，南中北卷的閱卷制度，偏遠地區的解額保障，重複參加會試的數量，甚至師資與學生的素質等都是變動干擾客觀性的因子，但大體上還是能夠從中看出三百年區域分布上的一個大致趨勢，而非憑空想像。筆者下一節將進一步檢討明代學校制度對經學的作用，因為經學或文化程度的高低，往往取決於地區性的儒學傳播發達與否，這對於進士數量的多寡其實也是一項補充的間接證據。

二、國學、府學、州學、縣學、社學

　　元末戰亂頻仍，明朝建國後的官吏組成大約分成三類，以中央級官員來說，大都是有功的文臣武將，而地方上的官吏有一部份仍然是任用前元時的舊官僚，另外還有一類就是透過所謂的薦舉而來，但這樣的官吏任用辦法對整體國家長期而言並不能保證有足夠穩定的人才來源，而科舉制度在當時因百廢待舉，也沒有馬上付諸實行，直到洪武元年（1368）時，周宗上疏建議說：「國本既固，又必廣求人才而用之。今之所用人材，其學業才能，皆由積習而後成，非一朝一夕所能得也。今不培之於將來，臣恐數年之後，壯者已老，少者未學，陛下欲求人材，何從而得焉？方今莫若於府、州、縣開設學校，置立學官，自公卿大夫至於庶人之子弟，皆教養之，庶不失他日之用」311，這一建議獲得了朱元璋的認可，於是在隔年洪武二年（1369）便下詔全國郡縣廣設學校，《明史》記載云：

　　洪武二年，太祖初建國學，諭中書省臣曰：「學校之教，至元其弊極矣。上下之間，波頹風靡，學校雖設，名存實亡。兵變以來，人習戰爭，惟知干戈，莫識俎豆。朕惟治國，以教化為先，教化以學校為本。京師雖

311　〔明〕董倫等修、解縉等重修、胡廣等復奉敕修、黃彰健校勘：《明實錄·明太祖實錄》（臺北：中央研究院歷史語研究所，1964-1966年），卷32，頁171。

有太學，而天下學校未興。宜令郡縣皆立學校，延師儒，授生徒，講論聖道，使人日漸月化，以復先王之舊。」於是大建學校，府設教授，州設學正，縣設教諭，各一。俱設訓導，府四，州三，縣二。生員之數，府學四十人，州、縣以次減十。[312]

　　朱元璋起兵取得南京（即應天府）以後，早於至正二十五年（1365）就設置了「國學」（國子監）於應天，負責培養人才與國家官吏的補充，但取得天下後，國子監的功能明顯不足以支撐整個王朝需求，他認為「治國以教化為先，教化以學校為本」，欲透過學校的教化功能安定天下民心，使學校「授生徒，講論聖道，使人日漸月化，以復先王之舊」，所以令天下郡縣皆設學教授，由中央統一制定推廣，使家家禮樂，戶戶詩書，這點或許和他在前元時幼年失學的經歷有關，無論是否為心理層面的補償作用（Compensation），但深知教育如果經由政府統籌，則人民獲得學習的機會將會大大提高，而且以統治者的角度來看，在開國之初，設學推廣教育不僅有利於政令的推行，亦能有效達到思想的管控與人心的安撫作用，所以明代的儒學校三分之二的規模幾乎都是奠定在洪武年間，根據下表《明代歷朝儒學校統計表》的計算，明朝所設置的學校共有一千四百四十八所，單單洪武時期全國府學就有八十八所、州學一百三十所、縣學七百九十七所，短短三十年間，全國總數達一千零三十三所之多，比之後二百五十年間設立的四百一十五所足足多了一倍有餘，可見朱元璋大力推動教育的魄力，甚至為將教育推行至年齡更小，地方更偏遠的鄉下，而有所謂的「社學」產生，類似今日的國民小學教育，「延師以教民間子弟，兼讀御製大誥及本朝律令。正統時，許補儒學生員。弘治十七年令各府、州、縣建立社學，選擇明師，民間幼童十五以下者送入讀書，

312　〔清〕張廷玉：《明史‧選舉二》（北京：中華書局，2003年），卷69，頁1686。

講習冠、婚、喪、祭之禮」[313]，將教育制度的層面與年齡向下延伸，教化鄉里童蒙，根據吳宣德的統計，明朝總共設置了一萬二千六百一十二所社學，其中洪武一朝就建立了三千一百九十三所[314]，佔了四分之一，可以說達到了「無地而不設之學，無人而不納之教。庠聲序音，重規疊矩，無間於下邑荒徼，山陬海涯。此明代學校之盛，唐、宋以來所不及也」[315]，其辦學的規模之大之廣，歷代未之見也，這一教育政策既促進了教育的普及化，也使國家建立了制度性的人才培育機構，強化了國家統治的基礎性。

《明代歷朝儒學校統計表》[316]

	府學	州學	縣學	其他	總計
洪武	88	130	797	18	1033
建文	1	1	6	1	9
永樂	19	10	55	2	86
洪熙		1	2	1	4
宣德	5		14	8	27
正統	8	8	38	29	83
景泰	1	4	18	3	26
成化	3		18		21
弘治		1	10		11
正德			14		14
嘉靖	3	5	16	3	27
隆慶	1	2	7		10

---

313 〔清〕張廷玉：《明史·選舉一》（北京：中華書局，2003年），卷69，頁1690。

314 吳宣德：《中國教育制度通史·明代的小學》（第四卷）（濟南：山東教育出版社，2000年），頁272。

315 〔清〕張廷玉：《明史·選舉二》（北京：中華書局，2003年），卷69，頁1686。

316 本表格為《明代歷朝儒學校統計表》，分府學、州學、縣學，即其他學校四類。本表所列儒學校包含官辦、民辦、新建、重建、重修等，概不分別。另外沒有設置的朝代不予羅列，其中主要的數據資料參考吳宣德：《中國教育制度通史·明代的地方儒學》（第四卷）（濟南：山東教育出版社，2000年），頁173-174。

	府學	州學	縣學	其他	總計
萬曆			9		9
合計	135	173	1075	65	1448

　　而朱元璋在意的是學校所提供的「教化」功能，故士子入學皆要學習朝廷頒布的律令誥命，但除此之外，學校實際的教學內容還是以《四書》、《五經》等經史之學為主，張采云：「學校庠序之設，非六經無以教，天下之大且眾，舍六經無以學，見諸事物，則民生日用之不可離，措諸天下國家，則亘千萬世而不可易」[317]，而這些儒學「生員」畢業後，還是要參加科舉考試才能進入仕途，可以說這些儒學校是士子參加科舉考試的重要學習場所之一，「學校」儼然成為政令教化的推動機構，又擔負了培養科舉人才的重責大任，這對於明代初期的一百年間，使經學教育承元之弊而得到了推廣與普及，扮演了相當重要的助力，且不論這樣的助力在某些人眼中是否會成為限制經學自由與正常發展的阻力，但至少明朝閱讀與知曉經典的人口，藉由此一學校政策而得以快速擴大，不再成為某些特殊階層或少數知識分子的文化特權與所有權，所以以往學者論一個朝代的經學成就，皆以精深高明或足以帶動時代風潮為依據，難道神聖的經典透過學校政令的統一推動，成為普羅大眾小老百姓的基礎知識，這樣的經學推廣之功與經典普及性的成就又何嘗不是明代對經典的重大貢獻呢？

三、書院的區域密度與科舉的關係

　　明代書院的大量創建，對於科舉與教育來說都是一個重要的機構，然而書院的性質並不像府學、州學、縣學般單純都是國家設立的教育單位，除了有官辦書院外，亦有私人建立的書院，它的教化與教學功能其實和官

317　〔清〕朱彝尊撰〔民國〕侯美珍等點校：《點校補正經義考》第8冊，卷296，頁822。

學相差無幾，皆是以儒家經典與歷代史書作為教本，如李齡（1406-
1469）訂定白鹿洞書院規程，規定「先讀小學，次讀《四書》、《五
經》，及御製書，《史》、《鑑》各隨資質高下」[318]，胡居仁（1434-
1484）制定麗澤堂學約則云：「務以小學為先，次《四書》以及《六
經》，與周、程、張、朱、司馬、邵之書，非理之書不得妄讀」[319]，其教
學內容和州學、縣學相當一致。另外再從考課來看，白鹿洞規就言：「習
舉業者，除三、六、九日作文字或學答策一篇，月終通九篇，就於作文，
日隨作詔、誥、表一道」[320]，瀛山書院學規第六條則規定「每月三會，每
會書一、經一、詩論表判策各一，務要篇數俱完，先呈會長批閱，次與同
會互正」[321]，這些抽查學業進展的程式，也可以看出書院和科舉的關係密
切。甚至類似現今坊間補習班的模擬考也已經出現，如甘雨（1551-
1613）就提到：「每會，使君咸式臨之，探莢命題，糊名列座，一仿棘
闈制例」[322]，耿橘（1601前後）在虞山書院則規定，每月第三日「諸生會
文于精舍、經房，儒學監會。會卷該房多備，聽來者領用。卷面粘一浮
簽，聽本生自書其名。文完，該學吏收齊，揭去浮簽，于卷後角上實填本
名，彌封用印」[323]，這些考課考察士子學業的考試，完完全全比照科場程
式進行，而且還由縣官、學吏進行主持，可見書院的本質和學校是相同
的，甚至比傳統學校更有競爭力，因為書院在師資聘任與素質的管控上比

---

318 〔明〕李齡：〈白鹿洞規〉，《宮詹遺稿》，《四庫未收書輯刊》第5輯，第17冊（明萬曆二十七
　　年李一軒刻本），卷3，頁29。

319 〔明〕胡居仁：〈麗澤堂學約并序〉，《胡文敬集》，《景印文淵閣四庫全書》集部，第1260
　　冊，卷2，頁57。

320 〔明〕李齡：〈白鹿洞規〉，《宮詹遺稿》，《四庫未收書輯刊》第5輯，第17冊，卷3，頁29-
　　30。

321 〔明〕方世敏：〈學規十則〉，《瀛山書院志》，收錄趙所生、薛正興主編《中國歷代書院志》第
　　八冊（據清乾隆三十九年刻本影印。南京：江蘇教育出版社，1995年），卷2，頁402。

322 〔明〕甘雨：〈白鷺洲書院課士錄序〉，《白鷺洲書院志》，《中國歷代書院志》第二冊（據清同
　　治十年白鷺書院刻本影印），卷7，頁676。

323 〔明〕耿橘：〈虞山書院會約〉，《虞山書院志》，《中國歷代書院志》第八冊（據萬曆年間刻本
　　影印），卷4，頁70。

較能夠有決策權與主導權，當時許多書院既非政府機構，在缺乏資助的情形下如果要維持書院的存續與正常運作，那麼它就必須提供比官辦學校更好的服務，如聘請名師大儒定期講授，或每日、每月、每季的課業督促，以便吸引學子納束脩入學，這一點或許也是書院能夠歷久不衰且逐漸發展壯大的原因之一。

　　再透過下列《明代歷朝各省書院統計表》來看，明代全國各省的書院總數就高達二千三百二十三所，居歷朝歷代之冠，進一步對比《明代春秋進士區域分布表》，浙江、江西兩省的《春秋》進士同樣與書院的密度一致，兩者的數量都居於領先地位，可歸入知識文化的一級地區。而福建、江蘇、湖北、湖南、河南、河北、山東、安徽的書院數量也和進士數量相符應，這些地方屬於次級的文化區域。至於山西、廣西、陝西、雲南、貴州的書院數量皆少於一百所，在文化上屬於第三級。如此雖可藉由書院與進士的數量作為各省知識文化的一個概略印象，但並非所有的數據都可完全適用於解釋地區文化的高低差異，因為這其中參雜了許多政治因素與政策考量，如廣東的書院高達二百四十四座，但他的進士數量卻只有五十四位，這中間就必須考量中央政府欲藉由文化政策加強對這區域的控制，所以書院文化能在這地區獲得發展。又如四川地區就出了一百零七位《春秋》進士，高居十七省中的第七位，比河北、湖北的一百零六位還高，但書院數量卻僅有七十九所，這個現象應該和明代在科舉政策上實施南、北、中卷的政策有關（中卷即四川地區），使四川所獲得的解額數受到基本保障，這就是為了平衡區域間的文化差異所制定的教育政策。所以在一般狀態下，當然是可以藉由各省進士數量與書院的密度，來衡量區域間的文化發展與差異性，但政治因素與教育政策的諸多面向也是在解釋區域發展時不能忽略的干擾因子，這在對比分析的討論上是要多加注意審慎的。

《明代歷朝各省書院統計表》[324]

	浙江	福建	江蘇	湖北	湖南	江西	河南	河北	山東	山西	廣東	廣西	陝西	安徽	四川	雲南	貴州	總計
洪武	2	14	1	1	2	22			1	1	1	4	1		2			52
建文		3																3
永樂		1		1	2	15		1	1		6		2		1			30
洪熙					1													1
宣德	2	2	3			3	1		1	1				1				14
正統	3	8	1		2	7			4		3	1	1		2			32
景泰	2	2	1	1		10			1			1		1			1	20
天順	2	2	1			5	2		1	1	5							20
成化	7	7	2	3	8	16	14	1	10		3	4	2	6	10			93
弘治	4	3	6	8	8	10	5	2	2	6	7	1	13	3	4	7	3	92
正德	7	29	9	13	8	39	7	7	9	8	10	4	3	8	7	7	2	177
嘉靖	58	51	40	23	47	97	33	37	36	18	89	31	9	52	23	25	10	679
隆慶	7	7	10		2	14	3	4	4		4		2	3	2	12	5	79
萬曆	33	15	24	15	17	69	30	20	15	14	56	14	11	24	6	20	9	392
天啓	1	1	2	2	1	4	1	2	2	4	2	2		2	1	1		28
崇禎	5	8	4	4	2	20	4	2	1		22		3	2	6	3	3	91
不詳	85	38	23	39	30	47	36	25	28	22	32	18	8	53	21	10	2	517
合計	218	190	129	112	129	379	136	103	115	76	244	83	51	162	79	85	32	2323

　　然而根據現存的文獻以及《明代歷朝各省書院統計表》來看，明太祖朱元璋似乎一開始的態度是反對透過書院進行教學的，他於洪武元年

---

[324] 本表格為《明代歷朝各省書院統計表》，為與上述《明代春秋進士區域分布表》作對應，亦分為十七個行政區，北京順天府納入河北省，南京應天府納入江蘇省，海南納入廣東省計算。本表剔除寧夏、青海、甘肅、遼寧四省不計。表中所列書院數目，包含新建、重建、重修，不予分別，其中主要數據參考吳宣德：《中國教育制度通史‧明代的書院》（第四卷）（濟南：山東教育出版社，2000年），頁359-360。

（1368）就宣佈「改天下山長為訓導，書院田皆令入官」[325]，五年
（1372）時又詔命「革罷訓導，弟子員歸於邑學」[326]，朱元璋這個舉措的
涵義其實再明顯不過了，他在洪武二年（1369）下令全國郡縣設立學
校，從國子監、府學、州學、縣學、一直到社學，整個國家的教育制度由
上至下形成一個嚴密體系，全由中央負責統籌，教育學子的任務也由各地
官派的學官與訓導負責辦理，這無疑是要將教育權收歸國有，禁止私人講
學的風氣，如果是官辦書院那還隸屬政府統轄，但如果是私人書院，在講
學內容上就無法達到管控，這對政策、政令的執行勢必造成不便，所以在
禁絕書院的同時，又大興學校，以此取而代之。從上列《明代歷朝各省書
院統計表》來看，明初階段從洪武一直到天順時期（1368-1464）的一百
年間，全國各省的書院總數僅有一百七十二所，而且這其中絕大部份還是
宋元時期就遺留下來的書院，新建的書院數量是很少的，可見明初百年
間，書院的發展其實一直都是委靡不振的狀態，這與當初明太祖的禁止態
度是息息相關的。

　　到了成化與弘治時期（1465-1505），書院的發展獲得了新的契機，
因為前此學校教育產生了許多弊端，朱元璋所謂「科舉必由學校」的規劃
逐漸變質，學校教育已無法提供傳道、授經、解惑的工作，洪熙時戴同吉
即批評云：「近年以來，為師者多記誦之學，經不能明，身不能正，生徒
仿曠而不敢責，有所問辯而不能對，故成材者少，無良者多，皆由師不得
人」[327]，鄧洪波（1961—）分析當時的學校弊端有三，一是師資不足，洪
熙時期就缺1800餘員，且素質低下，竟以歲貢生充任。二是學生質量下
降，生員納粟即可免試入國子監就學。三是學校成為利欲之地，許多人進

---

[325]　〔清〕曹秉仁纂：《寧波府志》，《中國方志叢書》華中地方，第198號（據清雍正十一年修，清
　　　乾隆六年補刊本影印），卷9，頁539。
[326]　同前註。
[327]　〔明〕楊士奇等奉敕修：《明宣宗實錄》（臺北：中央研究院歷史語研究所，1964-1966年），
　　　卷10，頁1763。

學是為了食廩免役等優待[328]。可見當時學校教育確實出現了一些制度性的問題，朝廷其實也知悉這樣的情況，但亦無能為力，後來書院有逐漸取代學校教育的功能，王守仁（1472-1529）就說：「名區勝地往往復有書院之設，何哉？所以匡翼夫學校之不逮也」[329]，彌補學校某些重要功能的喪失，這就是書院為何能在成化、弘治時期擴充了一百八十五所，發展快速而沒有遭遇甚麼阻力的原因，甚至到了正德、嘉靖以至萬曆時期，新建書院高達一千二百七十七所，儼然有全面取代學校教育的態勢，到了後期階段，有些學校的功能甚至只存有祭祀孔孟先儒，辦理科舉考試，以及讓士子考生掛名鄉試的形式上，教學功能完全喪失。

若要下個結語，應可作這樣的理解，明初百年的經學傳播主要力量是集中在社學、縣學、州學、府學、國子監等官方辦理的「學校」手中，到了成化時期以後，因為官辦學校的教學功能喪失，腐化情況日漸嚴重，經學的傳播管道逐漸轉移到了師資更加優良，科舉競爭力更強的傳統地方「書院」上。

第五節　《左傳》勢力的重新崛起與轉變

明代雖是胡《傳》的天下，但《左傳》並沒有完全被壓制，不僅僅是因為《左傳》也是科舉功令之一，其實胡安國詮解《春秋》，最重要的史事依據還是《左傳》一書，所以《左傳》之「案」成為輔助對胡《傳》「斷」事「斷」義的依據。這兩個內在的因素都使《左傳》並沒有像《公》、《穀》二傳般被士人學子漠視。再者，民間文壇持續有一股不追求議論解經、崇實黜虛的學風存在，這些學者多以《左傳》的史實去質疑

---

[328] 鄧洪波：《中國書院史·書院的繁榮與輝煌》（臺北：國立臺灣大學出版中心，2005年），頁368-369。

[329] 〔明〕王守仁：〈萬松書院記〉，《王文成公全書》，《四部叢刊正編》，第75冊（據上海涵芬樓景印明隆慶刊本景印。臺北：臺灣商務印書館，1979年），卷7，文錄4，頁41。

胡《傳》的義理，所以《左傳》雖然不能在科舉考試上抗衡胡《傳》，但在科舉領域之外，《左傳》絕對比胡《傳》表現了更強的生命力與創造力，根據《明代春秋著述考》所列研究胡《傳》的書籍僅二十部，而同時研究《左傳》的卻多達三十八部，所以現今學界認為胡《傳》的勢力在明代達到巔峰，這個說法並非完全正確，因為這僅僅是科舉因素所支撐，離開了科舉範圍，《左傳》絲毫不居下風，除了在經學（義理、考據）領域外，舉凡史學、子學（兵法）、文學（評點、古文、小說）等等，《左傳》在明代都發展出了重要的學術研究課題，若僅以胡《傳》就代表整個明代春秋學的實際情況，甚至全部，那就完全誤解了春秋學在明代的發展源流，故而本章在胡《傳》的最後一節將說明《左傳》的發展軌跡與面向，並由此節的論述進一步對之後的第四、五、六、七章作一個提綱挈領的概括說明，以下將由「科舉制度的正負面影響」、「務實考據學風的漸萌」，以及「脫離經學領域的創發」，這三點進行說明之。

一、科舉制度的正負面影響

明代的科舉制度雖然一昧尊崇胡《傳》的解經地位，但國初程式的制定並沒有完全撤除三《傳》，這當然和三《傳》的經解詮釋傳統與漢代以來所形成的固有權勢有極大關聯，甚至就連胡安國解《春秋》也概莫能外，張岐然就說：「胡氏之說經，亦未嘗不按《左氏》，參《公羊》，據《穀梁》」[330]，錢謙益云：「本朝以《春秋》取士，雖專以胡《傳》為宗，然文定之書取于《左氏》者十八，取于《公》、《穀》者十二」[331]，故胡《傳》中所根據的歷史事實仍是以《左傳》為主，而解經亦參考《公羊》、《穀梁》二傳，這在某一個程度上還是維持四《傳》並行的局面，

330　〔明〕張岐然：〈春秋四家五傳平文序〉，《春秋四家五傳平文》，《四庫全書存目叢書》經部，第128冊，頁589。
331　〔明〕錢謙益：〈左匯序〉，《錢牧齋全集·牧齋初學集》（上海：上海古籍出版社，2003年），卷29，頁878。

就算胡《傳》仍舊掌握科舉解釋權，但三《傳》的影響在明代還是存在的，並非完全消失無聞，饒秉鑑在〈春秋會傳序〉就說明這樣的情況：

《春秋》說者不一，然得其事實之詳，莫若《左氏》；得其筆削之旨，莫若《胡氏》。《左氏》，「事之案」也，所紀多出舊史，雖序事或泛，然本末詳略，夫豈無所據哉！《胡氏》，「經之斷」也，所論多主《公》、《穀》，雖立例不一，然論據於理，亦豈無所見哉！是以我太宗文皇帝，命集儒臣纂修《春秋大全》，必以《胡氏》為主，而引用諸儒傳注，必以《左氏》為先，蓋有由矣。[332]

由饒秉鑑所說可以得知四《傳》地位雖有高低輕重，主從之分，但各《傳》都有存在不可抹滅的地位，而胡《傳》既然參考《左》、《公》、《穀》三傳，那為何《左傳》並沒有像《公》、《穀》般形同虛設，以致被人漠視呢？以胡《傳》的解經模式來說，《公》、《穀》二傳的義理是他所需要的，胡安國擷取其中的夷夏之防、復讎大義，藉此穿鑿義理，建構成國政朝野與自己所需要的《春秋》微言大義，故《公》、《穀》二傳對胡《傳》的意義如同藥石，一經胡《傳》提煉出精華，便已不存在任何義理上的價值，因為明代科舉惟尊胡安國的《春秋》大義，所以從《明代春秋著述考》中觀察，《公》、《穀》二傳在明代可以說是銷聲匿跡，幾乎沒有學者進行研究，這也就是為何此二《傳》會衰敗的主要原因。但《左傳》的境遇卻和《公》、《穀》不同，以性質來說，《公》、《穀》是「經學」，而《左傳》則是「史學」，以史事為主，這一點就使得《左傳》和二傳，甚至是胡《傳》的性質區別開來，因而沒有被胡《傳》完全壓制，所以明代學者對《春秋》一經大都有一個體認，就是以《左傳》為「事之案」，胡《傳》為「經之斷」，魏謙吉（1509-1560）云：「《春

332　〔明〕饒秉鑑：〈春秋會傳序〉，《點校補正經義考》第6冊，卷200，頁331。

秋》以《左傳》為案，經為斷，而諸家注疏大全斯備焉」[333]，姚舜牧（約
1543-1628）亦云：「《春秋》一經，斷也，其案在《傳》，《傳》莫尚
《左氏》矣，去聖未遠，聽睹紀載甚詳，足備後代參考，是大有功于《春
秋》者，然時或有闇于大義處，《公羊》、《穀梁》知求大義矣，而附會
穿鑿時亦有之，宋諸儒輩出，胡氏而下互有發明，豈不燦然悉備哉」[334]，
皆是案以《左傳》史事，而斷以胡《傳》義理，以現代經濟學的角度來
說，《左傳》之所以能在科舉制度中一息尚存，甚至保存一定的地位，完
全歸功它在史學性質上的特殊性，在學術市場中展現了自身獨特的存在價
值，這也使得明代研究《左傳》的專著多達三十八部，這數量還不包括專
為《左傳》刊印的科舉用書，所以談論明代科舉，於《春秋》一經中除了
胡《傳》以外，《左傳》尚不能完全忽視。

二、務實考據學風的漸萌

　　明代初期，學者依舊重視三《傳》與古注疏，此時胡《傳》雖已流
行，但還未完全獨尊，所以洪武時期的春秋學還維持訓詁與義理並行的局
勢，但到了永樂帝頒布《春秋大全》後，科舉獨尊胡《傳》，三《傳》逐
漸式微，但其中質疑胡《傳》的學者往往藉由《左傳》詳於史事的特點攻
擊之，楊時秀（1535前後）就說：「今世之業《春秋》者，皆宗胡氏，
蓋遵明制也。窮鄉下邑之士，讀胡《傳》矣，而鮮能復讀《左傳》，一或
詰之，則茫然不知事之本末，謂之通經可乎哉？」[335]，黃鍾云：「國家於
《春秋》雖專以胡《傳》取士，而考論往蹟，非《左氏》則何所於
稽？」[336]。除了從史事上考究外，亦有從訓詁考證的角度進行研究，范鳳

333　〔明〕魏謙吉：〈春秋備覽序〉，《點校補正經義考》第6冊，卷202，頁379。
334　〔明〕姚舜牧：〈自敘春秋疑問〉，《春秋疑問》，《續修四庫全書》經部，第135冊（據明萬曆
　　刻本影印），頁394。
335　〔明〕楊時秀：〈春秋集傳序〉，《點校補正經義考》第6冊，卷202，頁376。
336　〔明〕黃鍾：〈春秋左傳序〉，收錄劉績《春秋左傳類解》，《續修四庫全書》經部，第119冊

翼（1596前後）云：「後之君子，無論能為創，不能為創，未有不讀《左氏》者也。《左氏》為千古必讀之書，而千古讀《左氏》之法，則人或異矣。杜氏有《釋例》，孔氏有《正義》，蘇氏有《集解》，其餘注疏訓詁，自漢迄明，指不勝屈」[337]，所以若認為明代經學不注重考證，那是沒有親自研究的謬思，本書下一章就是在探討明代《春秋》考據學的相關文獻，可以看見明代《春秋》學者考據原典、諸《傳》、歷代注疏，往往在稽考異文、書法義例、崇實黜虛、訓詁考據等等面向研究經學，內容涵蓋天文、地理、名物、史事、書法、文字、音義、沿革、制度、異文、逸文，所以雖然《左傳》無法在義理與胡《傳》抗衡，但它反而在漢學考據上力求出頭，這樣的轉變也才造就了後來清初考據學的成熟，確實有不可忽視抹滅的前導之功。

三、脫離經學領域的創發

《公》、《穀》二傳著重解經，但明代科舉以胡《傳》為解經標準，故而《公》、《穀》在經義上幾乎沒有辦法和胡《傳》抗衡，喪失解經地位的二《傳》其實已經沒有多少剩餘價值，而《左傳》雖然也解經，但他的傳文內容與性質賦予了他更多的空間與可能性，它對科舉來說，還是胡《傳》的依據所在，而它的內容包羅萬象，探鉤奇賾，閱攬菁華，也就能產生許多邊際效應（marginal effect），有能力走出胡《傳》的陰影籠罩，雖不能在科舉功令上爭雄，但卻轉而拓展了屬於明代《左傳》學的相關研究，鑿空一個前所未有的領域，故而明末文人陳繼儒（1558-1639）對於當時「廢《左》而尊《胡》」之風不甚滿意，以為《左傳》「文章典豔，又有特出于秦漢諸儒之上者，豈惟文章，種、蠡之『卜筮』；薰、直

（據明嘉靖戊子刊本影印），頁1。

[337] 〔明〕范鳳翼：〈左抄序〉，《范勛卿詩集》，《四庫禁燬書叢刊》集部，第112冊（據明崇禎刻本影印），文集卷2，頁2。

之『斷獄』；平子、洛下之『星曆』；班固、范曄之『輿地』；淳于、東
方之『俳諫』；關壽亭、岳武穆之『兵法』，蓋《左氏》咸具焉。嘻！可
廢耶？」[338]，可以說將《左傳》多元豐富的學術內容勾勒出來，而對於當
時朝廷以胡《傳》當《春秋》，而漠視《左傳》的習氣有所微詞不滿。夏
咸淳先生在《晚明士風與文學》一書中說道：「明代經學衰弱與學術重心
的轉移有關。嘉靖以來，一些出類拔萃的學者把研究的重點放到經學之外
的學科，對與『百姓日用』有關的學問用力尤勤，於是出現了一批大科學
家，而不是大經師」[339]，夏氏所說「出現了一批大科學家」的現象，或許
也無法真正說明這就是明代經學衰弱的緣故，但明代經學和「學術重心的
轉移」，確實是具有重要的關連，因為以本書所觀察到的現象來看，明代
的春秋學除了有經學上「義理」與「考據」的正統治經路線外，它更重要
的變化是不再執著於經學的神聖性，而是以《左傳》為起點，朝著史學、
兵學、評點、古文、小說等等多面向的道路前進，這些其實也是明代春秋
學的實際貢獻與成就，只不過以四庫館臣為代表的傳統經學者們無法認同
欣賞這類《春秋》經傳衍生下的副產品，而明代義理又為其所惡，考據則
視己為高，故明代經學在館臣眼中被批評的一無是處也可以說十分正常，
但如果現代學者願意放下《總目》所持「考據經學」作為衡量學術的唯一
標準，以不同的角度與視野去看待明代春秋學，那麼或許才能真正理解明
代經學的實際情況，也才不致於以偏概全，從而排斥，進一步全面否定。
再者，筆者在上文中提到明代經學於科舉制度中有「程朱」與「非程朱」
的競爭，其實在《春秋》學的微觀中還有《左傳》與胡《傳》的競爭，這
裡面所隱藏的訊息，可以解讀為崇尚徵實史事的《左傳》學者與漫談義理
微言的胡《傳》系統，兩者之間也產生了矛盾，進而發展出競爭的態勢，
所以平心而論，明代科舉制度雖然成就了胡《傳》的經學地位，但《左

---

338 〔明〕陳繼儒：〈左氏春秋序〉，《晚香堂集》，《四庫禁燬書叢刊》集部，第66冊，（據北京大
學圖書館藏明崇禎刻本影印）卷1，頁534。

339 夏咸淳：《晚明士風與文學》（北京：中國社會科學出版社，1994年），頁166-164。

傳》並沒有因此失去所有的舞臺，反而在胡《傳》的壓制下，尋求了義理
以外的發展，所以談論明代春秋學的整體樣貌，不能隨意地將胡《傳》直
接視為是這個時代的全部生命，如果撇除了《左傳》的軌跡，那就無法真
正看見明代春秋學的真實樣貌，這一點是現今研究者必須注意的。

《明代春秋進士登科錄總表》

洪武四年（1371）選考《春秋》專經進士登科錄							
1.	楊自立（江西泰和）	11.	馮本（河北南樂）	21.	馮麒（浙江仁和）	31.	楊文（浙江山陰）
2.	林器之（福建侯官）	12.	余集（浙江臨海）	22.	陳玄（廣東東莞）	32.	林德亨（福建福安）
3.	嚴值（江西南城）	13.	郭狪（山西壺關）	23.	童尹（浙江臨海）	33.	蔡士實（福建福清）
4.	熊誼（江西豐城）	14.	周潼（浙江淳安）	24.	李升（福建福清）	34.	晉罡（山西潞州）
5.	黃綬（福建閩清）	15.	張必泰（福建福清）	25.	趙友能（浙江會稽）	35.	聶鉉（江西清江）
6.	趙松（陝西渭南）	16.	郭鄰（山西長子）	26.	賈敏（山西壺關）	36.	金濤（韓國高麗）
7.	陳拱（浙江永嘉）	17.	伍洪（江西安福）	27.	俞文龍（浙江山陰）	37.	王砥（山西靈川）
8.	王諫（浙江黃巖）	18.	王玄範（福建福清）	28.	林嘉（福建福清）	38.	林文壽（福建長樂）
9.	王中（山西沁水）	19.	董時亮（浙江嵊縣）	29.	趙斗南（河南鞏縣）	39.	劉光先（江西永豐）
10.	何子海（廣東番禺）	20.	何文信（福建閩縣）	30.	傅晧（山東陽穀）	40.	姚宗敬（江西德興）

建文二年（1400）選考《春秋》專經進士登科錄							
1.	吳溥（江西崇仁）	6.	陳義生（福建永福）	11.	楊渤（江西清江）	16.	余瀬（福建閩縣）

建文二年（1400）選考《春秋》專經進士登科錄							
2.	金幼孜 （江西新淦）	7.	劉壽愻 （浙江餘姚）	12.	陳善 （江蘇崑山）	17.	馬彝 （河北永清）
3.	曾苣 （福建懷安）	8.	齊政 （江蘇山陽）	13.	蔣驥 （浙江錢塘）		
4.	鄧時俊 （江西永豐）	9.	劉綱 （河南鈞州）	14.	童銓 （浙江淳安）		
5.	張禮聞 （安徽廣德）	10.	劉虬 （江西永豐）	15.	蕭潭 （江蘇吳江）		

永樂十年（1412）選考《春秋》專經進士登科錄							
1.	檀凱 （安徽建德）	5.	羅興 （四川崇慶）	9.	周常 （安徽定遠）	13.	葉宜 （福建南平）
2.	江殷 （江西貴溪）	6.	胡敬 （浙江仁和）	10.	林碩 （福建閩縣）	14.	方復 （安徽潛山）
3.	陳琦 （福建福安）	7.	陽清 （江蘇上元）	11.	陳正倫 （江西吉水）		
4.	林文澧 （福建懷安）	8.	王觀 （湖北襄陽）	12.	徐行 （江西進賢）		

宣德五年（1430）選考《春秋》專經進士登科錄							
1.	吳節 （江西安福）	4.	萬霽 （江西安福）	7.	張柷 （江蘇蘇州）	10.	張清 （四川巴縣）
2.	楊寧 （浙江錢塘）	5.	葉遄 （浙江青田）	8.	宋瑮 （浙江嘉興）	11.	江淵 （四川江津）
3.	吳寧 （安徽歙縣）	6.	陸奇 （河南光州）	9.	龔錡 （福建建安）		

宣德八年（1433）選考《春秋》專經進士登科錄							
1.	李紹 （江西安福）	4.	楊鐸 （河南原武）	7.	彭彰 （山西和順）	10.	孟鑑 （河北博野）
2.	何瑄 （浙江餘姚）	5.	張固 （江西新喻）	8.	鄒來學 （湖北麻城）		

宣德八年（1433）選考《春秋》專經進士登科錄						
3.	封祥 （四川珙縣）	6.	俞倜 （浙江諸暨）	9.	項文曜 （浙江淳安）	

正統元年（1436）選考《春秋》專經進士登科錄							
1.	秦瑛 （浙江紹興）	4.	康汝芳 （安徽祁門）	7.	周觀 （江蘇長洲）	10.	秦觀 （四川銅梁）
2.	周瑄 （浙江淳安）	5.	劉鉞 （江西安福）	8.	劉福 （山東益都）	11.	龔理 （江蘇崑山）
3.	鄒冕 （河南光山）	6.	彭貫 （江西安福）	9.	方貴文 （安徽歙縣）		

正統四年（1439）選考《春秋》專經進士登科錄							
1.	錢溥 （江蘇華亭）	4.	劉玭 （江西安福）	7.	施盤 （江蘇吳縣）	10.	王儉 （四川銅梁）
2.	殷謙 （河北涿州）	5.	李榮 （福建福州）	8.	劉訓 （湖北麻城）	11.	尚褫 （河南羅山）
3.	王晏 （山西高平）	6.	王彰 （廣東潮州）	9.	鄭崇 （福建懷安）	12.	李鳳 （河南祥符）

正統七年（1442）選考《春秋》專經進士登科錄							
1.	姚夔 （浙江桐廬）	6.	曾昂 （四川銅梁）	11.	李正芳 （湖北麻城）	16.	郝璜 （河南光州）
2.	姚龍 （浙江桐廬）	7.	鄭敬 （廣東東莞）	12.	胡珉 （安徽舒城）	17.	沈訥 （江蘇崑山）
3.	盧祥 （廣西全州）	8.	陳汝言 （陝西西安）	13.	王庚 （湖北江夏）	18.	干璠 （河北霸州）
4.	熊璘 （河南羅山）	9.	岳高 （江西南城）	14.	常茂 （山西交城）		
5.	王理 （江西安福）	10.	張純 （浙江黃巖）	15.	路璧 （江西安福）		

正統十年（1445）選考《春秋》專經進士登科錄							
1.	周鑑（湖北麻城）	6.	趙訪（湖北麻城）	11.	鄭瑄（山東濟寧）	16.	張洪（江西安福）
2.	方杲（安徽合肥）	7.	錢博（江蘇華亭）	12.	童存德（浙江蘭谿）	17.	王敞（貴州永寧）
3.	林廷舉（廣東海陽）	8.	徐昌（河北大興）	13.	許仕達（安徽歙縣）	18.	李友聞（安徽祁門）
4.	林義（廣東海陽）	9.	汪回顯（安徽祁門）	14.	曹凱（山東益都）	19.	胡深（安徽祁門）
5.	楊禮和（四川江津）	10.	季駿（浙江會稽）	15.	陳淑紹（福建閩縣）	20.	齊讓（山西代州）

正統十三年（1448）選考《春秋》專經進士登科錄							
1.	彭時（江西安福）	6.	焦鈍（河南葉縣）	11.	汪回顯（安徽祁門）	16.	沈敬（江蘇錢塘）
2.	任孜（江蘇長洲）	7.	余複（浙江遂安）	12.	周瑚（江西安福）	17.	孟祥（山西遼州）
3.	朱永寧（安徽歙縣）	8.	黃裳（四川眉山）	13.	楊宜（安徽歙縣）	18.	彭廣（江西安福）
4.	唐濾（福建侯官）	9.	楊瓚（山東壽張）	14.	葉祿（江西貴溪）		
5.	黃紱（貴州平越）	10.	沈璘（江蘇華亭）	15.	白行順（陝西清潤）		

景泰二年（1451）選考《春秋》專經進士登科錄							
1.	吳福（浙江淳安）	7.	王佐（福建侯官）	13.	楊學（四川江津）	19.	嚴誠（湖北京山）
2.	劉宣（江西安福）	8.	劉彝（江西安福）	14.	張羿（安徽巢縣）	20.	牟奉（四川巴縣）
3.	莊歙（安徽歙縣）	9.	王獻（浙江仁和）	15.	張瑄（河北大興）	21.	王祥（河北武清）

景泰二年（1451）選考《春秋》專經進士登科錄						
4.	項傑 （河北大興）	10.	周必兆 （江西安福）	16.	鄭佑 （河北大興）	22.	李惠 （廣東海陽）
5.	歐陽熙 （江西泰和）	11.	朱鏞 （浙江仁和）	17.	江朝宗 （四川巴縣）	23.	徐廷章 （河南羅山）
6.	李瓛 （江西豐城）	12.	宋旻 （浙江淳安）	18.	王惟善 （雲南嵩明）	24.	邵思祥 （浙江常山）

景泰五年（1454）選考《春秋》專經進士登科錄						
1.	彭華 （江西安福）	11.	鄭瑞 （河北大興）	21.	孟淮 （河北博野）	31.	張岐 （河北興濟）
2.	高舉 （河北宛平）	12.	王重 （江西安福）	22.	李清 （江蘇上海）	32.	馮馘 （江西浮梁）
3.	鄭安 （廣東海陽）	13.	張繡 （江西新喻）	23.	魏瀚 （浙江餘姚）	33.	崔忠 （河北新城）
4.	彭盛 （江西清江）	14.	李益 （陝西長安）	24.	王上齡 （山西渾源）	34.	鄭同 （福建閩縣）
5.	王鉉 （浙江臨安）	15.	程泰 （安徽祁門）	25.	曾唯 （江西廬陵）	35.	何巳 （河南羅山）
6.	陳煒 （福建閩縣）	16.	劉謨 （江西安福）	26.	何琮 （浙江仁和）	36.	葉萱 （江蘇華亭）
7.	郁綸 （山東德州）	17.	楊懋 （河北宛平）	27.	李璵 （河南祥符）	37.	許闇 （浙江淳安）
8.	周琦 （浙江永康）	18.	方暕 （安徽歙縣）	28.	張賛 （四川遂寧）	38.	歐廉 （四川眉山）
9.	伍驥 （江西安福）	19.	李稷 （四川合州）	29.	謝綬 （江西樂安）	39.	劉釪 （江西安福）
10.	周瑛 （貴州興隆）	20.	蔣昂 （江蘇長洲）	30.	劉倫正 （江西安福）	40.	姚宗敬 （江西德興）

天順元年（1457）選考《春秋》專經進士登科錄						
1.	陳秉中 （浙江烏程）	10.	吳遠 （江西安福）	19.	姜清 （河南閿鄉）	28.	何禮 （浙江淳安）

天順元年（1457）選考《春秋》專經進士登科錄							
2.	彭彥充 （江西安福）	11.	孟顒 （浙江會稽）	20.	黎遜 （貴州宣慰）	29.	方中 （浙江淳安）
3.	左贊 （江西南城）	12.	鄭克和 （福建閩縣）	21.	孫芳 （河北大興）	30.	陶鎔 （河北順天）
4.	陳伯良 （湖南華容）	13.	樂章 （廣西橫州）	22.	徐貫 （浙江淳安）	31.	賴正 （河北順天）
5.	路璋 （江西安福）	14.	王道 （河南固始）	23.	徐源 （河北順天）	32.	程霓 （廣東高要）
6.	石澄 （安徽滁州）	15.	劉鐸 （河北永清）	24.	吳寧 （浙江永康）	33.	羅廣 （河南固始）
7.	龐勝 （河北薊州）	16.	李澄 （江蘇上海）	25.	左賢 （河北宛平）	34.	田瑄 （雲南前衛）
8.	門相 （四川內江）	17.	劉秩 （江西安福）	26.	張祥 （河北順天）		
9.	楊士倧 （福建建安）	18.	王克復 （福建福清）	27.	李炯然 （山東蒙陰）		

天順四年（1460）選考《春秋》專經進士登科錄							
1.	婁芳 （浙江會稽）	5.	常顯 （山西榆社）	9.	謝潤 （安徽祁門）	13.	李臨安 （四川內江）
2.	張倫 （四川遂寧）	6.	周正方 （江西安福）	10.	徐鑑 （浙江淳安）	14.	楊瑩 （山西蒲州）
3.	汪諧 （浙江仁和）	7.	張頤 （江蘇江都）	11.	胡澄 （山東堂邑）	15.	周宗智 （湖北大冶）
4.	祁順 （廣東東莞）	8.	阮文英 （交阯慈山）	12.	項文泰 （浙江淳安）	16.	汪寬 （河北大興）

天順八年（1464）選考《春秋》專經進士登科錄							
1.	伍希淵 （江西安福）	8.	程宏 （安徽祁門）	15.	阮巳 （江西安福）	22.	李鳴鳳 （河北定興）
2.	戴玉 （河北宛平）	9.	王琮 （浙江龍泉）	16.	葉琦 （安徽祁門）	23.	周重 （江西安福）

天順八年（1464）選考《春秋》專經進士登科錄							
3.	張敷華 （江西安福）	10.	錢鉞 （浙江錢塘）	17.	鄭恭 （山西曲沃）	24.	劉濬 （湖北上津）
4.	劉恒 （四川富順）	11.	劉懷經 （四川富順）	18.	王崇 （浙江臨海）	25.	柳彰 （廣東海陽）
5.	閔珪 （浙江烏程）	12.	盧璣 （浙江松陽）	19.	焦芳 （河南沁陽）	26.	黃澄 （安徽鳳陽）
6.	姚璧 （浙江桐廬）	13.	史芳 （河北易州）	20.	陳嘉言 （廣東東莞）	27.	何珣 （河南羅山）
7.	翟瑄 （河南洛陽）	14.	鄭觀 （福建福州）	21.	汪進 （江西婺源）		

成化二年（1466）選考《春秋》專經進士登科錄							
1.	王俊 （福建閩縣）	11.	李元 （江西安福）	21.	張蕙 （山西太原）	31.	張黻 （江西婺源）
2.	鍾蕃 （浙江崇德）	12.	劉鎡 （江西安福）	22.	包文 （福建晉江）	32.	王偉 （陝西寧州）
3.	林瀚 （福建閩縣）	13.	王賓 （浙江淳安）	23.	萬繡 （江西安福）	33.	余瓚 （江蘇丹徒）
4.	徐莊 （浙江壽昌）	14.	張淵 （江蘇江寧）	24.	翁晏 （福建侯官）	34.	張時警 （江西泰和）
5.	季琮 （浙江仁和）	15.	黃伯垓 （湖北黃岡）	25.	任英 （浙江錢塘）	35.	劉烜 （江西安仁）
6.	李錦 （陝西涇陽）	16.	翟瑛 （河南洛陽）	26.	王謙 （江西高安）	36.	李芳 （山東利津）
7.	彭善 （江西安福）	17.	黃寯 （福建閩縣）	27.	劉魁 （山東高唐）	37.	羅明 （福建南平）
8.	孫偉 （浙江秀水）	18.	汪直 （安徽祁門）	28.	王億 （四川銅梁）	38.	鄒襲 （江西永新）
9.	萬山 （湖北麻城）	19.	范珠 （四川富順）	29.	李瑢 （江西安福）	39.	江泝 （福建建安）

成化二年（1466）選考《春秋》專經進士登科錄							
10.	魏政（山西太原）	20.	張鈍（陝西長安）	30.	江孟綸（四川江津）		

成化五年（1469）選考《春秋》專經進士登科錄							
1.	徐與憲（河南光山）	8.	楊重（陝西靈臺）	15.	鄭諒（廣東海陽）	22.	徐謙（河南太康）
2.	楊遵（湖南衡山）	9.	劉福（四川巴縣）	16.	葉亨（安徽休寧）	23.	葉祚（江蘇吳縣）
3.	張晟（浙江仁和）	10.	林璞（廣東海陽）	17.	黃文琰（安徽祁門）	24.	李鷺（河南確山）
4.	勒璽（山東曹縣）	11.	邵猷（浙江淳安）	18.	俞祿（浙江遂安）	25.	彭朗（江西安福）
5.	謝恭（安徽休寧）	12.	汪正（安徽歙縣）	19.	鄒騏（湖北麻城）	26.	李靚（湖北麻城）
6.	劉憲（江西餘干）	13.	邵新（浙江淳安）	20.	戴瑤（河南汝陽）	27.	謝顯（浙江會稽）
7.	楊惇（安徽六安）	14.	劉規（四川巴縣）	21.	徐瑁（河北永年）	28.	吳祚（浙江淳安）

成化八年（1472）選考《春秋》專經進士登科錄							
1.	彭禮（江西安福）	8.	趙潤（山東濟寧）	15.	閻琮（山東蓬萊）	22.	俞璣（江蘇吳縣）
2.	洪廷臣（浙江淳安）	9.	顧純（江蘇華亭）	16.	汪箎（浙江仁和）	23.	董絨（湖北麻城）
3.	周季麟（江西寧縣）	10.	譚宗泗（四川蓬溪）	17.	王肅（江西新喻）	24.	強滿（福建侯官）
4.	吳文度（江蘇江寧）	11.	曾拱辰（福建南平）	18.	方顯（四川江津）	25.	董彝（江蘇常熟）
5.	張鳳騫（山東鄒平）	12.	陳軒（廣東海陽）	19.	朱賈（江西進賢）	26.	倪鏞（河南鎮平）

成化八年（1472）選考《春秋》專經進士登科錄							
6.	汪山 （安徽歙縣）	13.	任穀 （廣西橫州）	20.	吳郁 （安徽休寧）		
7.	吳憲 （安徽歙縣）	14.	孟瀛 （河北博野）	21.	劉鳳翔 （河南光山）		

成化十一年（1475）選考《春秋》專經進士登科錄							
1.	王沂 （江蘇武進）	8.	盧鴻 （浙江淳安）	15.	鄭克昭 （福建閩縣）	22.	王宬 （廣東海陽）
2.	楊仕偉 （福建建安）	9.	魯誠 （浙江山陰）	16.	史書 （陝西靈臺）	23.	胡棨 （浙江淳安）
3.	吳倬 （浙江淳安）	10.	姚昺 （江蘇吳縣）	17.	楊鈺 （四川江津）	24.	李德恢 （河北東安）
4.	伍希閔 （江西安福）	11.	趙明 （福建福州）	18.	王傅 （河北寶坻）	25.	雷以時 （河南西平）
5.	左悠 （江西南城）	12.	管達 （江西安福）	19.	胡瀛 （河南羅山）	26.	陳讓 （河南光山）
6.	吳誠 （浙江淳安）	13.	向狪 （四川通江）	20.	湯鼐 （江蘇句容）	27.	閻倫 （河南息縣）
7.	楊棨 （山東濟寧）	14.	曹英 （山東壽張）	21.	唐相 （安徽歙縣）	28.	張源潔 （福建閩縣）

成化十四年（1478）選考《春秋》專經進士登科錄							
1.	張潔 （廣西平南）	10.	吳湜 （安徽歙縣）	19.	王汶 （浙江義烏）	28.	尹陵 （湖北京山）
2.	劉紀 （四川綿竹）	11.	汪舜民 （江西婺源）	20.	趙寬 （河北清苑）	29.	鄭達 （安徽歙縣）
3.	張綱 （安徽來安）	12.	沈清 （河北撫寧）	21.	呂璋 （河南許州）	30.	汪貴 （安徽歙縣）
4.	徐佑 （河北肅寧）	13.	丁佑 （江西南昌）	22.	劉遜 （江西安福）	31.	王賓 （四川銅梁）
5.	周紘 （山西陽曲）	14.	高璩 （河北灤州）	23.	王鑑之 （浙江山陰）	32.	吳秀 （江西餘干）

成化十四年（1478）選考《春秋》專經進士登科錄							
6.	王向 （安徽祁門）	15.	鍾雅 （廣東歸善）	24.	周濬 （江西安福）	33.	鄭惟桓 （浙江常山）
7.	吳裕 （安徽休寧）	16.	陳烓 （福建閩縣）	25.	高綸 （山西蔚州）	34.	淩文獻 （浙江遂安）
8.	林昊 （福建閩縣）	17.	魯義 （湖北黃岡）	26.	馬琇 （河南羅山）		
9.	王本儉 （湖北麻城）	18.	李瓚 （山西臨汾）	27.	熊經 （湖北麻城）		

成化十七年（1481）選考《春秋》專經進士登科錄							
1.	歐陽旦 （江西安福）	8.	朱英 （河北博野）	15.	喻宗府 （湖北麻城）	22.	王恩 （江蘇華亭）
2.	李銳 （河南歸德）	9.	江澂 （江西南城）	16.	馮巳 （江蘇常熟）	23.	程文 （河南碻山）
3.	王鼎 （福建福州）	10.	汪堅 （江西婺源）	17.	郭文旭 （福建閩縣）	24.	郭文 （陝西泰州）
4.	張敏 （安徽祁門）	11.	王表 （河南西平）	18.	黃璉 （福建漳浦）	25.	胡積學 （四川巴縣）
5.	李文安 （四川內江）	12.	謝瑩 （安徽祁門）	19.	程愈 （浙江淳安）	26.	胡宗道 （陝西扶風）
6.	程文 （廣東高要）	13.	王宥 （浙江淳安）	20.	馬體元 （陝西泰州）	27.	陳憲 （福建閩縣）
7.	談詔 （江蘇上海）	14.	黃祥 （河南羅山）	21.	盧格 （浙江東陽）		

成化二十年（1484）選考《春秋》專經進士登科錄							
1.	倪綱 （江蘇句容）	8.	南鏜 （陝西商州）	15.	鄭朔 （廣東海陽）	22.	董朴 （湖北麻城）
2.	劉縝 （江西安福）	9.	鮑楠 （安徽歙縣）	16.	龔嵩 （四川富順）	23.	王琮 （山東堂邑）
3.	邢義 （山東濟陽）	10.	林謹夫 （福建閩縣）	17.	舒崑山 （湖北麻城）	24.	紀經綸 （河南蘭陽）

成化二十年（1484）選考《春秋》專經進士登科錄							
4.	吳瀚 （安徽歙縣）	11.	席勤學 （陝西邠州）	18.	于宣 （河南西平）	25.	王勤 （四川遂寧）
5.	黃珂 （四川遂寧）	12.	程玠 （安徽歙縣）	19.	淩山 （湖北麻城）	26.	盧淵 （廣東香山）
6.	歐陽皙 （江西安福）	13.	孫怡 （安徽祁門）	20.	孟準 （山西遼州）	27.	方榮 （安徽歙縣）
7.	賴世傳 （福建清流）	14.	張文佐 （河南西平）	21.	羅昕 （廣東番禺）		

成化二十三年（1487）選考《春秋》專經進士登科錄							
1.	彭敷 （江蘇華亭）	8.	吳應麒 （河南汝陽）	15.	汪侃 （安徽歙縣）	22.	劉孟 （江西安福）
2.	程昊 （安徽祁門）	9.	劉浩 （江西安福）	16.	牟道 （四川巴縣）	23.	俞琳 （浙江臨安）
3.	夏景和 （陝西泰州）	10.	秦澳 （浙江會稽）	17.	余本實 （四川遂寧）	24.	羅政 （江西新喻）
4.	伍符 （江西安福）	11.	周鉞 （四川梁山）	18.	徐文英 （河南西平）	25.	李文祥 （湖北麻城）
5.	孫儒 （安徽鳳陽）	12.	李璽 （江西南豐）	19.	錢鐸 （廣東東莞）	26.	吳必顯 （安徽石埭）
6.	翁理 （廣東饒平）	13.	王迪 （福建侯官）	20.	劉淮 （河南羅山）	27.	謝湖 （廣東海陽）
7.	王存忠 （浙江仙居）	14.	李隆 （山西榆社）	21.	唐弸 （安徽歙縣）	28.	國瑀 （山東賓州）

弘治三年（1490）選考《春秋》專經進士登科錄							
1.	胡儀 （浙江山陰）	7.	汪淵 （安徽歙縣）	13.	趙士元 （陝西河州）	19.	胡雍 （山西臨縣）
2.	趙瑞 （福建晉江）	8.	徐銳 （河北永年）	14.	路麟 （江西安福）	20.	葉永秀 （廣東東莞）
3.	趙璜 （江西安福）	9.	劉璲 （湖北麻城）	15.	董振 （湖北麻城）	21.	伍希齊 （江西安福）

弘治三年（1490）選考《春秋》專經進士登科錄							
4.	呂傑（江蘇泰州）	10.	王時中（山東黃縣）	16.	蕭淵（山東堂邑）	22.	何勝（安徽歙縣）
5.	王奎（江西安福）	11.	徐有（河南羅山）	17.	周爵（河南固始）	23.	秦銳（浙江會稽）
6.	許翱（福建莆田）	12.	彭惟方（江西安福）	18.	席書（四川遂寧）		

弘治六年（1493）選考《春秋》專經進士登科錄							
1.	張文（江西新喻）	7.	程忠顯（安徽歙縣）	13.	李希顏（江蘇華亭）	19.	程杲（安徽祁門）
2.	錢啟宏（江蘇華亭）	8.	熊希古（四川新寧）	14.	鮑韸（山東壽光）	20.	陳腆（福建晉江）
3.	周季鳳（江西寧縣）	9.	李夢龍（山東蒙陰）	15.	鄭汝美（福建閩縣）	21.	劉浙（山西遼州）
4.	鍾渤（廣東東莞）	10.	許莊（河北灤州）	16.	歐陽介（江西安福）	22.	張敳（浙江嘉興）
5.	郝海（河北祁州）	11.	吳雲（浙江餘杭）	17.	張彧（河北元氏）		
6.	姜閔（山東黃縣）	12.	董正（湖北麻城）	18.	高文達（福建閩縣）		

弘治九年（1496）選考《春秋》專經進士登科錄							
1.	劉祥（江西安福）	6.	汪循（安徽休寧）	11.	周季邦（江西寧縣）	16.	鄒賢（江西安福）
2.	程琯（安徽歙縣）	7.	楊鳳（湖北黃州）	12.	鄭陽（河北安肅）	17.	劉烈（江西安福）
3.	王子言（浙江淳安）	8.	徐忱（河北肅寧）	13.	陶諧（浙江會稽）	18.	王綸（陝西咸寧）
4.	彭羹（江西安福）	9.	翟銓（河南洛陽）	14.	戴冕（河北宛平）	19.	許蕃（河北灤州）
5.	劉台（四川巴縣）	10.	鄒魯（四川江津）	15.	張芝（安徽歙縣）		

弘治十二年（1499）選考《春秋》專經進士登科錄							
1.	林廷昂 （福建閩縣）	6.	高良弼 （陝西三原）	11.	李銳 （江西安福）	16.	馬昊 （江蘇江都）
2.	秦禮 （浙江臨海）	7.	劉子勵 （江西安福）	12.	劉克配 （江西安福）	17.	唐澤 （安徽歙縣）
3.	靳頤 （河南滑縣）	8.	喬瑛 （山東清源）	13.	趙璧 （廣東東莞）	18.	劉斐 （廣東海陽）
4.	劉才 （江西安福）	9.	汪標 （安徽祁門）	14.	宋鎧 （河北靜海）	19.	鄧相 （四川巴縣）
5.	梅吉 （湖北麻城）	10.	周道禾 （山東歷城）	15.	阮章 （湖北麻城）	20.	孟儒 （山西遼州）

弘治十五年（1502）選考《春秋》專經進士登科錄							
1.	畢濟川 （江西貴溪）	7.	蘇時秀 （廣西貴縣）	13.	姚欽 （河北順天）	19.	劉時望 （江西安福）
2.	張璉 （陝西耀州）	8.	周鑰 （廣東海陽）	14.	曹崐 （江蘇句容）	20.	祁敏 （廣東東莞）
3.	胡煜 （安徽歙縣）	9.	王宗 （山西猗氏）	15.	成文 （山西文水）	21.	方天雨 （浙江淳安）
4.	鍾紹 （廣東東莞）	10.	李春芳 （廣東海陽）	16.	黃閎古 （廣東東莞）		
5.	張賢 （河南睢州）	11.	張元春 （江西新建）	17.	歐陽恂 （江西安福）		
6.	汪鈜 （江西婺源）	12.	何紹正 （浙江淳安）	18.	李陽春 （四川渠縣）		

弘治十八年（1505）選考《春秋》專經進士登科錄							
1.	李汧 （安徽祁門）	7.	陳墀 （福建閩縣）	13.	安磐 （四川嘉定）	19.	劉孝 （山東高唐）
2.	牛魯 （河北寶坻）	8.	鄭行 （福建閩縣）	14.	余用 （河南羅山）	20.	顧瑄 （浙江平湖）
3.	曹琥 （安徽巢縣）	9.	葉溥 （浙江龍泉）	15.	王子謨 （浙江淳安）	21.	鄭善夫 （福建閩縣）

		弘治十八年（1505）選考《春秋》專經進士登科錄						
4.	蔡潮 （浙江臨海）	10.	陳達 （福建閩縣）	16.	殷雲霄 （山東壽張）			
5.	金洪恩 （湖北黃岡）	11.	劉藍 （江西安福）	17.	常在 （山西榆社）			
6.	袁擯 （山東德州）	12.	劉紘 （江西安福）	18.	周用 （廣東饒平）			

		正德六年（1511）選考《春秋》專經進士登科錄						
1.	鄒守益 （江西安福）	7.	沈霽 （江蘇華亭）	13.	劉欒 （雲南中屯）	19.	唐濂 （安徽歙縣）
2.	姚爵 （陝西靜寧）	8.	徐文溥 （浙江開化）	14.	劉禔 （江西安福）	20.	張狪 （四川潼川）
3.	王寧 （四川潼川）	9.	張學禮 （河北平鄉）	15.	龔守愚 （江西清江）	21.	穆世傑 （陝西涇陽）
4.	汪玄錫 （安徽休寧）	10.	李校 （江西安福）	16.	伍希儒 （江西安福）		
5.	伍箕 （江西安福）	11.	張潮 （四川內江）	17.	王璽 （江西安福）		
6.	劉廷簹 （江西安福）	12.	鄭雲翔 （湖北麻城）	18.	張鰲山 （江西安福）		

		正德九年（1514）選考《春秋》專經進士登科錄						
1.	唐臯 （安徽歙縣）	8.	劉淑相 （湖北麻城）	15.	陳力 （四川內江）	22.	陳大綱 （陝西慶陽）
2.	席彖 （四川遂寧）	9.	桑溥 （山東濮州）	16.	郭登庸 （山西山陰）	23.	周文熙 （湖北麻城）
3.	王學夔 （江西安福）	10.	張儉 （浙江仙居）	17.	高賁亨 （浙江臨海）	24.	張雲 （廣西臨桂）
4.	羅江 （浙江會稽）	11.	伍希周 （江西安福）	18.	張玩 （山東歷城）	25.	王澄 （湖北羅田）
5.	梁希鴻 （廣東東莞）	12.	李喬 （江西安福）	19.	詹瑩 （湖北麻城）	26.	郝世家 （陝西三原）

正德九年（1514）選考《春秋》專經進士登科錄						
6.	張濬 （山東黃縣）	13.	溫濡 （山東招遠）	20.	李經 （河南真陽）	
7.	虞守隨 （浙江義烏）	14.	林炫 （福建閩縣）	21.	鄭佐 （安徽歙縣）	

正德十二年（1517）選考《春秋》專經進士登科錄							
1.	王廷陳 （湖北黃岡）	8.	鄭建 （安徽祁門）	15.	汪思 （江西婺源）	22.	陳綬 （河北元城）
2.	歐陽必進 （江西安福）	9.	陳則清 （福建閩縣）	16.	李東 （陝西藍田）	23.	席春 （四川遂寧）
3.	葉應驄 （浙江鄞縣）	10.	許宗魯 （陝西咸寧）	17.	王瑄 （四川遂寧）	24.	王尚志 （河南淅川）
4.	胡宗明 （安徽績溪）	11.	張星 （廣西桂林）	18.	黃縉 （河南息縣）	25.	郭希愈 （山西壺關）
5.	宋沂 （河北靜海）	12.	彭文 （江西安福）	19.	王文 （江西安福）		
6.	祁敕 （廣東東莞）	13.	彭本用 （江西安福）	20.	胡廷祿 （安徽鳳陽）		
7.	季本 （浙江會稽）	14.	楊永祐 （山西遼州）	21.	秦武 （浙江臨海）		

正德十六年（1521）選考《春秋》專經進士登科錄							
1.	鄭一鵬 （福建莆田）	7.	周瑯 （湖北蘄水）	13.	陳由正 （江西寧州）	19.	張瑤 （河北滄州）
2.	張羿 （陝西渭南）	8.	杜璲 （陝西涇陽）	14.	譚闓 （四川蓬溪）	20.	鄭重 （河南固始）
3.	劉世龍 （浙江慈谿）	9.	嚴志迪 （湖北孝感）	15.	胡明善 （安徽霍丘）	21.	葉泰 （浙江仁和）
4.	徐顥 （浙江仁和）	10.	余鎁 （浙江遂安）	16.	周煦 （江西安福）	22.	王璜 （河南濬縣）
5.	謝霖 （安徽祁門）	11.	王朝用 （陝西隴西）	17.	鄭節 （山西沁州）	23.	仲選 （江蘇沐陽）

正德十六年（1521）選考《春秋》專經進士登科錄						
6.	劉可 （河南羅山）	12.	丘九仞 （江西貴溪）	18.	毛鳳韶 （湖北麻城）	

嘉靖二年（1523）選考《春秋》專經進士登科錄								
1.	戴時弁 （浙江臨海）	9.	李鳳翱 （四川成都）	17.	戴靜夫 （安徽休寧）	25.	張庭 （四川夾江）
2.	黃禎 （山東安丘）	10.	張景 （河南汝陽）	18.	李調元 （河南息縣）	26.	孫巨鯨 （陝西徽州）
3.	柯維騏 （福建莆田）	11.	喻希禮 （湖北麻城）	19.	劉汝輗 （江西安福）	27.	謝應龍 （安徽祁門）
4.	項錫 （浙江嘉興）	12.	豐坊 （浙江鄞縣）	20.	趙繼勳 （河南汝陽）	28.	龔治 （山東堂邑）
5.	商大節 （湖北安陸）	13.	陳守愚 （山東壽張）	21.	汪琯 （江西婺源）	29.	孟居仁 （山西遼州）
6.	陳箎 （福建莆田）	14.	馮冠 （江蘇常熟）	22.	秦金 （浙江慈谿）	30.	陽佐 （四川長壽）
7.	祝繼 （浙江海寧）	15.	張元孝 （河南汝陽）	23.	王三省 （陝西朝邑）		
8.	阮朝東 （湖北麻城）	16.	萬象 （江西餘干）	24.	傅鶚 （江西新喻）		

嘉靖八年（1529）選考《春秋》專經進士登科錄								
1.	王學益 （江西安福）	8.	徐瀅 （浙江淳安）	15.	戴銑 （廣東東莞）	22.	陳蕙 （福建晉江）
2.	劉采 （湖北麻城）	9.	陳念 （湖北麻城）	16.	鮑象賢 （安徽歙縣）	23.	張凫 （山東萊陽）
3.	程尚寧 （安徽歙縣）	10.	蔡雲程 （浙江臨海）	17.	白賁 （四川潼川）	24.	崔三畏 （河北蠡縣）
4.	謝紘 （浙江會稽）	11.	劉塾 （江西鄱陽）	18.	李棟 （山東壽張）	25.	危嶽 （湖南黔陽）
5.	楊名 （四川遂寧）	12.	蔣芝 （陝西咸寧）	19.	陳一貫 （福建福清）	26.	王紳 （河北滄州）

嘉靖八年（1529）選考《春秋》專經進士登科錄							
6.	閻倬 （陝西隴州）	13.	盧輔 （河南許州）	20.	黃福 （安徽休寧）		
7.	張鵬翼 （河南虞城）	14.	趙文華 （浙江慈谿）	21.	張濟 （陝西醴泉）		

嘉靖十一年（1532）選考《春秋》專經進士登科錄							
1.	黃華 （四川遂寧）	8.	吳嶽 （山東汶上）	15.	王釴 （福建侯官）	22.	王獻芝 （安徽歙縣）
2.	陳玒 （浙江鄞縣）	9.	劉漈 （湖北麻城）	16.	王惟賢 （四川中江）	23.	楊勉學 （山東茌平）
3.	徐禎 （江蘇長洲）	10.	鄭吉甫 （河南羅山）	17.	劉光文 （四川閬中）	24.	潘恕 （廣東海陽）
4.	陳仕賢 （福建福清）	11.	王京 （江蘇高郵）	18.	徐榮 （福建晉江）	25.	羅大用 （湖北雲夢）
5.	秦鳴夏 （浙江臨海）	12.	劉汝楠 （福建同安）	19.	郭鋆 （山西高平）	26.	方任 （湖北黃岡）
6.	于廷寅 （浙江餘姚）	13.	常應文 （山西榆社）	20.	劉九容 （陝西榆林）		
7.	曾大吉 （河南陳州）	14.	廖希顏 （湖南茶陵）	21.	陳讓 （福建晉江）		

嘉靖十四年（1535）選考《春秋》專經進士登科錄（僅存三甲）							
1.	毛槩 （山東掖縣）	6.	林庭機 （福建閩縣）	11.	謝鎰 （安徽祁門）	16.	陳暹 （福建閩縣）
2.	陳元珂 （福建閩清）	7.	趙大佑 （浙江太平）	12.	吳從義 （福建福清）	17.	張拱文 （雲南太和）
3.	劉佐 （山東德州）	8.	楊時秀 （安徽懷遠）	13.	李人龍 （江蘇華亭）	18.	方孟縉 （江西武寧）
4.	陳天資 （廣東饒平）	9.	郭盤 （山西高平）	14.	許貫之 （浙江錢塘）		
5.	李維藩 （山西遼州）	10.	高尌 （四川汶川）	15.	劉汀 （河北南宮）		

嘉靖十七年（1538）選考《春秋》專經進士登科錄							
1.	陸師道 （江蘇長洲）	8.	趙汴 （江蘇太倉）	15.	趙恒 （福建晉江）	22.	高謙 （陝西榆林）
2.	倫以訓 （廣東南海）	9.	林應箕 （福建莆田）	16.	胡經 （河南磁州）	23.	馮璋 （浙江慈谿）
3.	張鎬 （陝西涇陽）	10.	李廷松 （河北安肅）	17.	鮑道明 （安徽歙縣）	24.	阮朝策 （湖北麻城）
4.	徐楚 （浙江淳安）	11.	喻希學 （河南光山）	18.	倪瑗 （江蘇長洲）	25.	李寵 （湖北麻城）
5.	李時春 （河南光州）	12.	王炯 （浙江嵊縣）	19.	魏謙吉 （河北柏鄉）	26.	宋惟元 （浙江餘姚）
6.	陳淮 （福建閩縣）	13.	朱徵 （河南唐縣）	20.	吳世良 （浙江遂安）		
7.	王士翹 （江西安福）	14.	劉學易 （山東壽光）	21.	余善繼 （四川長壽）		

嘉靖二十年（1541）選考《春秋》專經進士登科錄							
1.	林樹聲 （江蘇華亭）	8.	張斗寅 （湖南常德）	15.	馮綬 （四川遂寧）	22.	吳俊 （江蘇常熟）
2.	方治 （湖北麻城）	9.	尚維持 （河南羅山）	16.	黃深 （廣東萬州）	23.	王崇儉 （山東曹縣）
3.	朱惟一 （河南光州）	10.	杜秉彝 （河北永年）	17.	金世龍 （江蘇長洲）	24.	唐志大 （江蘇上海）
4.	孫渭 （福建閩縣）	11.	陶大年 （浙江會稽）	18.	趙忻 （陝西盩厔）	25.	楊宗氣 （陝西延安）
5.	陳采 （浙江餘姚）	12.	王交 （浙江慈谿）	19.	王應鍾 （福建侯官）		
6.	李泂 （山東萊陽）	13.	洪朝選 （福建同安）	20.	林懋和 （福建閩縣）		
7.	彭謹 （山東沂州）	14.	彭世爵 （四川安岳）	21.	喻希立 （河南光山）		

嘉靖二十三年（1544）選考《春秋》專經進士登科錄							
1.	秦鳴雷 （浙江臨海）	8.	計士元 （江西鄱陽）	15.	席上珍 （四川遂寧）	22.	何尚賢 （山西猗氏）
2.	蔣賓 （浙江臨海）	9.	劉朝佐 （江西安福）	16.	張嵐 （山東歷城）	23.	張子順 （河南唐縣）
3.	王宗沐 （浙江臨海）	10.	畢鏘 （安徽石埭）	17.	李萬實 （江西南豐）	24.	何璋 （湖北夷陵）
4.	謝孟金 （河南陳州）	11.	李臨陽 （四川江津）	18.	劉檟 （浙江山陰）	25.	陳全之 （福建閩縣）
5.	方瑜 （安徽歙縣）	12.	吉來獻 （陝西興平）	19.	宋賢 （江蘇華亭）	26.	李逢時 （江西贛縣）
6.	陶大有 （浙江會稽）	13.	洪遇 （山東歷城）	20.	韓朝江 （陝西醴泉）		
7.	王詢 （四川成都）	14.	萬案 （江西豐城）	21.	趙彥章 （河北定州）		

嘉靖二十六年（1547）選考《春秋》專經進士登科錄							
1.	楊守魯 （湖南長沙）	8.	鄭東白 （福建莆田）	15.	林爛 （福建閩縣）	22.	唐時舉 （湖北咸寧）
2.	彭範 （河南靈寶）	9.	鄭銘 （福建閩縣）	16.	黃季瑞 （福建閩縣）	23.	張可述 （四川洪雅）
3.	章美中 （江蘇吳縣）	10.	莊蒞民 （河北東光）	17.	王惟善 （河南新蔡）	24.	郭民敬 （山西山陰）
4.	王一夔 （江西安福）	11.	張元諭 （浙江浦江）	18.	張雲路 （山西高平）	25.	蕭禹臣 （湖南長沙）
5.	何濬 （江蘇泰興）	12.	殷正茂 （安徽歙縣）	19.	賈天爵 （山西襄垣）	26.	彭登瀛 （廣西臨桂）
6.	張師載 （湖北潛江）	13.	李應時 （山西平定）	20.	李一元 （浙江建德）		
7.	王鈴 （浙江黃巖）	14.	蕭汝默 （河北靜海）	21.	高尚文 （安徽當塗）		

嘉靖二十九年（1550）選考《春秋》專經進士登科錄							
1.	王應時 （福建永福）	8.	王杰 （浙江烏程）	15.	陳元琰 （福建懷安）	22.	況叔祺 （江西高安）
2.	王興 （陝西涇陽）	9.	陸綸 （浙江歸安）	16.	李慎 （福建惠安）	23.	鄭逑 （福建閩縣）
3.	曹麟 （湖北黃梅）	10.	彭繼業 （山東膠州）	17.	包應麟 （浙江臨海）	24.	鄧棟 （浙江臨海）
4.	周汝器 （河南羅山）	11.	曹本 （安徽巢縣）	18.	王汝安 （河北雄縣）	25.	宋登 （河北定興）
5.	劉效祖 （河北順天）	12.	潘季馴 （浙江烏程）	19.	陳宗虞 （四川保寧）	26.	金立敬 （浙江臨海）
6.	詹璁 （浙江遂安）	13.	王用賢 （河北祁州）	20.	周良 （福建晉江）	27.	王言 （陝西隴西）
7.	金立愛 （浙江臨海）	14.	劉廷舉 （安徽休寧）	21.	蹇應祺 （陝西涇陽）	28.	趙周 （雲南太和）

嘉靖三十二年（1553）選考《春秋》專經進士登科錄							
1.	王汝正 （河北薊州）	9.	方良曙 （安徽歙縣）	17.	方萬有 （福建莆田）	25.	王宗舜 （山西聞喜）
2.	魏濟民 （河北定興）	10.	戚元輔 （浙江嘉興）	18.	孫鳴世 （湖北京山）	26.	何東序 （山西猗氏）
3.	沈維藩 （江西德化）	11.	金立相 （浙江臨海）	19.	趙教 （湖北麻城）	27.	馬自強 （陝西同州）
4.	張學顏 （河北肥鄉）	12.	吳時來 （浙江仙居）	20.	錢邦偊 （湖北蘄水）	28.	王業 （陝西高陵）
5.	徐大壯 （河南長垣）	13.	徐玭 （浙江蘭谿）	21.	劉涷 （湖北麻城）	29.	鄭東 （河南商丘）
6.	燕仲義 （江蘇吳縣）	14.	葉龍 （江西南昌）	22.	葛慈 （湖北江陵）	30.	李蓉 （河南內鄉）
7.	顧章志 （江蘇太倉）	15.	陳奎 （福建懷安）	23.	桂嘉孝 （四川成都）	31.	周時中 （廣西桂林）

嘉靖三十二年（1553）選考《春秋》專經進士登科錄							
8.	姜寶（江蘇丹陽）	16.	林命（福建建安）	24.	苟延庚（四川峨眉）	32.	周望（廣東東莞）

嘉靖三十五年（1556）選考《春秋》專經進士登科錄							
1.	李汝寬（山西聞喜）	7.	夏時（江蘇華亭）	13.	馮符（江蘇吳縣）	19.	項治元（浙江嘉興）
2.	賀賁（河南靈寶）	8.	劉行素（河北高陽）	14.	傅希摯（河北衡水）	20.	韓君恩（山西沁水）
3.	武令（江西安福）	9.	鄒善（江西安福）	15.	李遂（河北景州）	21.	張阜（福建閩縣）
4.	趙孟豪（廣西全州）	10.	王洮（河北平谷）	16.	謝宗明（浙江會稽）	22.	王道充（江蘇太倉）
5.	楊逢節（河南固始）	11.	陳錫（浙江臨海）	17.	常三省（安徽泗州）	23.	陶大臨（浙江會稽）
6.	葉宗春（安徽祁門）	12.	陳汲（江蘇泰州）	18.	耿定向（湖北麻城）	24.	馬出圖（山西遼州）

嘉靖三十八年（1559）選考《春秋》專經進士登科錄							
1.	毛惇元（浙江餘姚）	7.	李思桂（河北武邑）	13.	王天爵（江蘇吳縣）	19.	張庸（河南光山）
2.	錢順時（江蘇常熟）	8.	鄧楚望（湖北麻城）	14.	何起鳴（四川內江）	20.	張光漢（河南武安）
3.	沈郎甫（浙江烏程）	9.	徐維輯（安徽歙縣）	15.	何子壽（河北順天）	21.	趙熙靖（江蘇常州）
4.	周鳴塤（湖北蘄水）	10.	黃嘉賓（福建崇安）	16.	趙格（江西安福）	22.	盧修可（河南許州）
5.	周弘祖（湖北麻城）	11.	蔣三益（四川成都）	17.	程學博（湖北孝感）	23.	朱擢（陝西渭南）
6.	蔡一槐（福建晉江）	12.	沈桐（浙江歸安）	18.	郭天祿（河北順天）	24.	邢寶（山西洪洞）

嘉靖四十一年（1562）選考《春秋》專經進士登科錄							
1.	王錫爵 （江蘇太倉）	7.	徐廷綬 （浙江淳安）	13.	劉黌 （四川內江）	19.	張希召 （山東高苑）
2.	宗弘暹 （浙江嘉興）	8.	王乾章 （浙江東陽）	14.	艾杞 （陝西米脂）	20.	皮汝謙 （河南羅山）
3.	任春元 （浙江餘姚）	9.	王澤 （河北順天）	15.	蔚元康 （河南祥符）	21.	戚元佐 （浙江嘉興）
4.	馮敏功 （浙江平湖）	10.	黃學海 （江蘇無錫）	16.	林燫 （福建閩縣）	22.	劉淳 （河南陳州）
5.	張國彥 （河北邯鄲）	11.	唐鍊 （湖南常德）	17.	艾可久 （江蘇上海）	23.	陳謨 （湖北麻城）
6.	李材 （江西南昌）	12.	沈廷觀 （江蘇吳江）	18.	陳烈 （福建建安）	24.	張應福 （河北魏縣）

嘉靖四十四年（1565）選考《春秋》專經進士登科錄							
1.	韓楫 （山西蒲州）	9.	陶大順 （浙江會稽）	17.	蘇民牧 （山西高平）	25.	魏澧 （河南許州）
2.	麻永吉 （陝西慶陽）	10.	黃道充 （河南商丘）	18.	李之珍 （四川什邡）	26.	李日強 （山西曲沃）
3.	李栻 （江西豐城）	11.	錢順德 （江蘇蘇州）	19.	周良賓 （福建泉州）	27.	王貽德 （廣西全州）
4.	丘齊雲 （湖北麻城）	12.	施愛 （福建福州）	20.	盧明章 （浙江仙居）	28.	李思寅 （廣東海陽）
5.	羅名士 （河南光州）	13.	楊道東 （雲南姚安）	21.	呂若愚 （浙江新昌）	29.	閻漳 （山東蓬萊）
6.	戴記 （廣東東莞）	14.	宋多 （河北容城）	22.	李冲奎 （河北欒城）	30.	王家卿 （河南南陽）
7.	徐維楫 （河北順天）	15.	程文 （江西東鄉）	23.	王朝陽 （浙江慈谿）	31.	丁應賓 （湖南龍陽）
8.	陶允淳 （浙江會稽）	16.	徐汝翼 （江蘇上海）	24.	馮汝騏 （江蘇金壇）	32.	董石 （湖北麻城）

隆慶二年（1568）選考《春秋》專經進士登科錄							
1.	王鼎爵 （江蘇太倉）	9.	宋伯華 （山東益都）	17.	趙惟卿 （河北栢鄉）	25.	周思敬 （湖北麻城）
2.	聶良杞 （江西金谿）	10.	黃鳳翔 （福建晉江）	18.	劉翾 （四川內江）	26.	郭莊 （陝西徽州）
3.	毛圖南 （江蘇吳江）	11.	朱孟震 （江西新淦）	19.	湯聘尹 （江蘇蘇州）	27.	孫珮 （山東青州）
4.	陳嚴之 （福建閩縣）	12.	尚苪 （河南羅山）	20.	田子堅 （河南永寧）	28.	趙欽湯 （山西河東）
5.	陳文衡 （江西鄱陽）	13.	龔懋賢 （四川內江）	21.	高世雨 （河南原武）	29.	楊言 （雲南太和）
6.	江圻 （浙江仁和）	14.	劉鉉 （江西鄱陽）	22.	陳九仞 （福建漳平）		
7.	劉不息 （山東滋陽）	15.	魏雷 （湖北應山）	23.	張朝瑞 （江蘇海州）		
8.	周思稷 （湖北麻城）	16.	黃家棟 （河南息縣）	24.	蔡應科 （福建龍溪）		

隆慶五年（1571）選考《春秋》專經進士登科錄							
1.	吳秀 （浙江烏程）	9.	林一材 （福建同安）	17.	任仕 （陝西盩厔）	25.	劉守泰 （湖北麻城）
2.	劉臺 （江西安福）	10.	劉垓 （湖北潛江）	18.	張登雲 （山東寧陽）	26.	李選 （雲南太和）
3.	鄒德涵 （江西安福）	11.	姚學閔 （湖南武陵）	19.	張彝訓 （山東寧陽）	27.	趙世勛 （陝西綏德）
4.	劉諧 （湖北麻城）	12.	趙日新 （福建晉江）	20.	程正誼 （浙江永康）	28.	馮笋 （江蘇蘇州）
5.	劉虞夔 （山西高平）	13.	王致祥 （河北萬全）	21.	王嘉柔 （安徽潛山）	29.	鄭人達 （福建福州）
6.	周良寅 （福建晉江）	14.	趙鷺 （福建晉江）	22.	李貞 （河南潁川）	30.	熊敦朴 （四川富順）

隆慶五年（1571）選考《春秋》專經進士登科錄							
7.	耿定力 （湖北麻城）	15.	韓杲 （河南光山）	23.	周憲 （江西安福）		
8.	翟廷楠 （山西渾源）	16.	盛訥 （陝西潼關）	24.	王守誠 （河南嵩縣）		

萬曆二年（1574）選考《春秋》專經進士登科錄							
1.	陳與郊 （浙江海寧）	7.	王儒 （山西平定）	13.	顧爾行 （浙江歸安）	19.	陳揚產 （貴州銅仁）
2.	陶允宜 （浙江會稽）	8.	蔡國炳 （福建泉州）	14.	廖恒吉 （四川達州）	20.	馬愷 （陝西同州）
3.	周弘禴 （湖北麻城）	9.	黃雲龍 （安徽歙縣）	15.	褚順 （河南祥符）	21.	李杜 （河北廣平）
4.	胡桂芳 （江西金谿）	10.	蕭大才 （山東堂邑）	16.	卓世彥 （河南開封）	22.	陳應芳 （江蘇泰州）
5.	翁仲益 （福建閩縣）	11.	龔一清 （浙江義烏）	17.	江鐸 （浙江仁和）	23.	郭衢階 （四川富順）
6.	顧起淹 （江蘇吳縣）	12.	舒邦儒 （江西餘干）	18.	程有守 （安徽徽州）	24.	王毓陽 （陝西綏德）

萬曆五年（1577）選考《春秋》專經進士登科錄							
1.	馬象乾 （廣東連州）	7.	王亮 （浙江臨海）	13.	黃承讚 （浙江義烏）	19.	王再聘 （山東臨邑）
2.	甘雨 （江西永新）	8.	張志 （山東歷城）	14.	李先著 （山東蓬萊）	20.	趙楷 （四川犍為）
3.	丁此呂 （江西新建）	9.	袁萃 （江蘇長洲）	15.	張夢鯉 （山西絳縣）	21.	伍惟忠 （江西安福）
4.	陳與相 （浙江海寧）	10.	張文熙 （廣西臨桂）	16.	蔡斗移 （湖北蘄水）	22.	吳道行 （山東濱州）
5.	馬化龍 （河南新野）	11.	鄭璧 （四川內江）	17.	張養志 （河南陳州）		
6.	顧紹芳 （江蘇太倉）	12.	武可受 （福建清流）	18.	陳璨 （山西高平）		

萬曆八年（1580）選考《春秋》專經進士登科錄							
1.	蕭良有 （湖北漢陽）	7.	孟化鯉 （河南新安）	13.	李元吉 （陝西同州）	19.	閔一范 （浙江烏程）
2.	董嗣成 （浙江烏程）	8.	陸汴 （江蘇長洲）	14.	江有源 （安徽無為）	20.	許弘綱 （浙江東陽）
3.	王德新 （江西安福）	9.	高芳 （河南葉縣）	15.	杜糜 （河北永年）	21.	傅履禮 （福建南安）
4.	黃克纘 （福建晉江）	10.	江宗棐 （四川大竹）	16.	伍袁萃 （江蘇長洲）	22.	鹿久徵 （河北定興）
5.	姜士昌 （江蘇丹陽）	11.	謝時泰 （江西安福）	17.	劉順徵 （山西大同）	23.	孫光祖 （河北玉田）
6.	孫溫如 （山東濱州）	12.	邵以仁 （江蘇上元）	18.	張我續 （河北邯鄲）		

萬曆十一年（1583）選考《春秋》專經進士登科錄							
1.	林紹用 （福建閩縣）	8.	梅國禎 （湖北麻城）	15.	夏之臣 （安徽亳州）	22.	杜麔 （河北永年）
2.	鄒德溥 （江西安福）	9.	陳良軸 （江西新建）	16.	沈之金 （浙江烏程）	23.	劉宇 （陝西金州）
3.	王士崧 （浙江臨海）	10.	楊應聘 （安徽懷遠）	17.	鍾若休 （廣東南海）	24.	陳楚產 （湖北麻城）
4.	王士琦 （浙江臨海）	11.	程文 （安徽歙縣）	18.	趙世德 （陝西潼關）	25.	岳萬階 （山東朝城）
5.	王祺 （河北開州）	12.	劉文徵 （山西大同）	19.	樊養鳳 （浙江常山）		
6.	詹在泮 （浙江常山）	13.	郭實 （河北高邑）	20.	梅國樓 （湖北麻城）		
7.	馬猶龍 （河南固始）	14.	劉奕 （湖北麻城）	21.	李甲 （陝西寶雞）		

萬曆十四年（1586）選考《春秋》專經進士登科錄							
1.	吳應賓 （安徽桐城）	8.	馮養志 （山西高平）	15.	熊宇奇 （江西新建）	22.	倪思益 （福建建陽）
2.	彭遵古 （湖北黃安）	9.	鄒德泳 （江西安福）	16.	潘大復 （浙江烏程）	23.	陳鳴華 （福建晉江）
3.	李大武 （江蘇蘇州）	10.	趙世典 （福建晉江）	17.	李宗延 （河南汝陽）	24.	李楠 （河南永城）
4.	彭好谷 （湖北麻城）	11.	曹光祚 （河南內黃）	18.	王嘉謨 （山東鄒平）	25.	李修吉 （陝西同州）
5.	邵鑒 （江蘇常熟）	12.	許汝魁 （江西湖口）	19.	王士昌 （江西新建）	26.	韓范 （山西沁水）
6.	李承槐 （湖北麻城）	13.	鄒應祈 （四川內江）	20.	趙標 （山西解州）	27.	江鍾廉 （四川南充）
7.	閔遠慶 （浙江湖州）	14.	彭應捷 （河南光山）	21.	陳所見 （河北定興）		

萬曆十七年（1589）選考《春秋》專經進士登科錄							
1.	張居仁 （河北趙州）	8.	陳鸞生 （浙江餘姚）	15.	周應高 （？）	22.	劉啟先 （山東文登）
2.	李先芳 （安徽歙縣）	9.	應朝卿 （浙江仙居）	16.	喬胤 （河南寧陵）	23.	宋廷訓 （山東靖海）
3.	黃全初 （安徽歙縣）	10.	徐應簧 （浙江淳安）	17.	徐自省 （河南新安）	24.	喬廷棟 （山西蔚州）
4.	祝以庭 （浙江海寧）	11.	方學龍 （浙江淳安）	18.	胡孟清 （河南光山）	25.	蕭九成 （四川內江）
5.	朱國禎 （浙江烏程）	12.	劉曰寧 （江西南昌）	19.	徐僑 （河南光山）	26.	錢夢皋 （四川富順）
6.	張居敬 （浙江歸安）	13.	吳仁度 （江西金谿）	20.	黃杰 （河南息縣）		
7.	朱鳳翔 （浙江長興）	14.	周家棟 （湖北黃安）	21.	李百寶 （？）		

萬曆二十年（1592）選考《春秋》專經進士登科錄							
1.	林應元 （湖南東安）	7.	楊廷筠 （浙江仁和）	13.	蘇茂相 （福建晉江）	19.	韓爌 （江蘇泰州）
2.	顧天 （江蘇崑山）	8.	沈演 （浙江烏程）	14.	鄒希賢 （福建建安）	20.	曹于汴 （山西安邑）
3.	翁憲祥 （江蘇常熟）	9.	毛志尹 （江西南昌）	15.	關揚 （廣東海豐）	21.	薛芳 （陝西韓城）
4.	李名芳 （安徽歙縣）	10.	劉孔當 （江西安福）	16.	馬應龍 （山東安丘）	22.	廖如龍 （四川江津）
5.	馮應京 （安徽盱胎）	11.	胡大成 （浙江新昌）	17.	李景登 （山東益都）	23.	卞承憲 （四川江津）
6.	謝存仁 （安徽祁門）	12.	李叔元 （福建晉江）	18.	史學遷 （山西翼城）		

萬曆二十三年（1595）選考《春秋》專經進士登科錄							
1.	周應明 （湖北麻城）	7.	魏時應 （江西南昌）	13.	楊廷槐 （浙江錢塘）	19.	錢九思 （江蘇盱胎）
2.	葉維榮 （浙江慈谿）	8.	張繼桂 （福建漳州）	14.	高折枝 （河南固始）	20.	顏思忠 （山東濰縣）
3.	李長庚 （湖北麻城）	9.	劉餘澤 （山東濱州）	15.	方叔忠 （四川遂寧）	21.	張舜命 （河南商城）
4.	吳化 （湖北黃安）	10.	徐紹曾 （浙江海寧）	16.	趙世徵 （福建晉江）	22.	李□訓 （？）
5.	徐希孟 （江蘇金壇）	11.	董嗣昭 （浙江烏程）	17.	王道一 （山東黃縣）	23.	王時英 （山西陽曲）
6.	周應秋 （江蘇金壇）	12.	黎皋 （四川保寧）	18.	李璠 （河南歸德）		

萬曆二十六年（1598）選考《春秋》專經進士登科錄							
1.	陳圭 （福建建安）	7.	陳岱 （河南鄲城）	13.	李獻明 （陝西米脂）	19.	曾舜漁 （廣東博羅）
2.	徐良彥 （江西新建）	8.	徐九錫 （？）	14.	黃龍光 （江西浮梁）	20.	孟楠 （河南濬縣）

萬曆二十六年（1598）選考《春秋》專經進士登科錄							
3.	余士奇 （廣東東莞）	9.	劉時俊 （四川隆昌）	15.	鄭沛 （福建泉州）	21.	郭佳鎮 （河北邯鄲）
4.	閔夢得 （浙江烏程）	10.	王猷 （浙江慈谿）	16.	劉應奇 （河南中牟）	22.	曹文緯 （江西彭澤）
5.	劉光復 （安徽青陽）	11.	倪尚忠 （浙江金華）	17.	盛以弘 （安徽定遠）	23.	錢夢曾 （四川隆昌）
6.	張文炫 （山東安丘）	12.	梅一俞 （四川墊江）	18.	溫體仁 （浙江烏程）		

萬曆二十九年（1601）選考《春秋》專經進士登科錄							
1.	王衡 （江蘇太倉）	7.	張鳳翔 （山東堂邑）	13.	裴棟 （河北蔚州）	19.	趙建德 （山東即墨）
2.	蕭丁泰 （湖北漢陽）	8.	薛貞 （陝西韓城）	14.	劉廣生 （河南羅山）	20.	何其義 （廣東瓊山）
3.	門達 （四川內江）	9.	錢象坤 （浙江會稽）	15.	吳一栻 （浙江淳安）	21.	孫毓英 （山西遼州）
4.	傅淑訓 （湖北孝感）	10.	李守俊 （江蘇宜興）	16.	房楠 （河北順天）	22.	姚之蘭 （安徽桐城）
5.	康元積 （湖南衡山）	11.	王世德 （浙江永康）	17.	李一敬 （四川華陽）	23.	陳鎮 （廣東東莞）
6.	陳一元 （福建福州）	12.	顏欲章 （江西安福）	18.	姚鏞 （山西陽曲）		

萬曆三十二年（1604）選考《春秋》專經進士登科錄							
1.	梅之煥 （湖北麻城）	7.	田生金 （湖北麻城）	13.	陳謨 （浙江餘姚）	19.	馬人龍 （安徽太湖）
2.	沈士茂 （浙江烏程）	8.	錢春 （江蘇武進）	14.	林文熊 （福建閩縣）	20.	張修德 （河南太康）
3.	汪有功 （安徽歙縣）	9.	朱堦 （河南固始）	15.	王尊德 （貴州貴陽）	21.	張金榜 （河南太康）
4.	董遑 （湖北江夏）	10.	周廷侍 （江蘇金壇）	16.	林正茂 （浙江臨海）	22.	王以悟 （河南陝州）

萬曆三十二年（1604）選考《春秋》專經進士登科錄							
5.	姜學文 （陝西渭南）	11.	吳汝顯 （安徽歙縣）	17.	趙彥復 （河南杞縣）	23.	錢時俊 （江蘇常熟）
6.	戴耆顯 （安徽桐城）	12.	任正斗 （山西安邑）	18.	方應明 （河南光州）		

萬曆三十八年（1610）選考《春秋》專經進士登科錄							
1.	王湯孫 （江西安福）	6.	胡舜胤 （江西餘干）	11.	徐爾恒 （山東臨清）	16.	趙琦 （雲南寧州）
2.	李士高 （河北武安）	7.	鄒人昌 （湖北麻城）	12.	江桂 （四川中江）	17.	張翼明 （安徽宿州）
3.	劉宇曜 （陝西涇陽）	8.	朱國盛 （江蘇華亭）	13.	鄭元昭 （江西臨川）	18.	薛大中 （陝西三原）
4.	洪覲光 （福建同安）	9.	吳之甲 （江西臨川）	14.	盧瑛田 （廣東東莞）	19.	楊呈秀 （陝西華陰）
5.	任芳鑑 （陝西綏德）	10.	馬之騏 （河南新野）	15.	錢謙益 （江蘇常熟）	20.	汪元哲 （江蘇六合）

萬曆四十七年（1619）選考《春秋》專經進士登科錄							
1.	錢敬忠 （浙江鄞縣）	8.	戴東旻 （浙江建德）	15.	潘士胡 （江西宜春）	22.	朱光熙 （山東滋陽）
2.	陸之棋 （浙江平湖）	9.	王道英 （山西垣曲）	16.	李昌齡 （河北新樂）	23.	胡允恭 （貴州石阡）
3.	李際明 （山東安丘）	10.	曹欽程 （江西彭澤）	17.	曾倜 （四川井研）	24.	田景新 （貴州思南）
4.	周維持 （江蘇金壇）	11.	孔貞運 （江蘇句容）	18.	張輦 （山東沂州）	25.	金之俊 （浙江嘉興）
5.	蔡官治 （浙江湖州）	12.	周振 （湖北麻城）	19.	衛先範 （陝西韓城）	26.	丁乾學 （河北順天）
6.	吳炳 （江蘇宜興）	13.	李時馨 （陝西綏德）	20.	姚希孟 （江蘇長洲）	27.	康姬鼎 （陝西郃陽）

萬曆四十七年（1619）選考《春秋》專經進士登科錄							
7.	秦植 （湖北黃安）	14.	王琪 （湖北蘄州）	21.	喬若雯 （河北臨城）	28.	聶文麟 （江西金谿）

崇禎四年（1631）選考《春秋》專經進士登科錄							
1.	章正宸 （浙江會稽）	8.	劉士鏻 （浙江仁和）	15.	吳希哲 （浙江淳安）	22.	衛胤文 （陝西韓城）
2.	王圻 （河南蘭陽）	9.	程正揆 （湖北孝感）	16.	劉希伯 （四川內江）	23.	楊鼎和 （四川江安）
3.	劉鼎 （四川富順）	10.	何謙 （江蘇長洲）	17.	趙之英 （浙江臨安）	24.	楊觀吉 （福建詔安）
4.	周燦 （江蘇吳江）	11.	艾毓初 （陝西米脂）	18.	孫鵬 （陝西鳳翔）	25.	熊世懿 （湖北麻城）
5.	左懋第 （山東萊陽）	12.	史元調 （江蘇溧陽）	19.	項人龍 （浙江秀水）	26.	李春蓁 （河北永年）
6.	鮑之祥 （湖北黃州）	13.	丘茂華 （山西寧武）	20.	陳蓋 （河北魏縣）		
7.	王期昇 （江蘇武進）	14.	張師度 （河南汝陽）	21.	于穎 （江蘇金壇）		

崇禎七年（1634）選考《春秋》專經進士登科錄							
1.	陳素 （浙江桐廬）	7.	陶文彥 （雲南浪穹）	13.	陳豐頊 （福建晉江）	19.	張幼安 （山東堂邑）
2.	劉侗 （湖北麻城）	8.	王理 （山東諸城）	14.	嚴栻 （江蘇吳縣）	20.	李振聲 （陝西米脂）
3.	李皋 （山西翼城）	9.	孫必達 （陝西韓城）	15.	蘇瓊 （安徽石埭）	21.	向玉軒 （四川通江）
4.	沈元龍 （江蘇吳江）	10.	張星煒 （江蘇鎮江）	16.	田瑞龍 （河南信陽）	22.	彭元祚 （江西清江）
5.	鄭崑貞 （福建龍溪）	11.	張法 （河南羅山）	17.	劉夢謙 （河南羅山）	23.	鍾鼎臣 （廣東新會）
6.	張晉徵 （浙江秀水）	12.	汪國策 （江西婺源）	18.	朱國昌 （安徽合肥）		

崇禎十年（1637）選考《春秋》專經進士登科錄							
1.	趙士錦 （江蘇江陰）	7.	李世元 （江西吉水）	13.	李丕著 （山西曲沃）	19.	方大猷 （浙江德清）
2.	余士瑝 （湖北漢陽）	8.	張慎學 （山西夏縣）	14.	李覺先 （江西泰和）	20.	劉龍光 （山東益都）
3.	周銓 （江蘇金壇）	9.	蘇銓 （河北交河）	15.	閔度 （浙江烏程）	21.	侶鶴舉 （河北清豐）
4.	王爕 （湖北黃陂）	10.	倪仁禎 （浙江浦江）	16.	時敏 （江蘇興化）	22.	毛羽儀 （湖北麻城）
5.	吳繼善 （江蘇太倉）	11.	袁胤隆 （江西龍泉）	17.	張垣 （浙江嘉興）	23.	胡允敬 （四川內江）
6.	陳士瓚 （浙江餘姚）	12.	張世溶 （江西臨川）	18.	宋炳奎 （山西洪洞）		

崇禎十三年（1640）選考《春秋》專經進士登科錄							
1.	劉有瀾 （河北南宮）	7.	林時對 （浙江鄞縣）	13.	楊其廉 （河南涉縣）	19.	劉令尹 （河北滄州）
2.	姚孫棐 （安徽桐城）	8.	黃雲師 （江西德化）	14.	吳孳昌 （河南固始）	20.	李如璧 （四川華陽）
3.	馮士驊 （江蘇吳縣）	9.	郭貞一 （福建同安）	15.	許宸 （河南內鄉）	21.	劉以修 （四川閬中）
4.	路朝陽 （江蘇宜興）	10.	丁時魁 （江西高安）	16.	劉濬源 （山東曹州）	22.	劉大啟 （廣東新會）
5.	錢志驤 （江蘇丹徒）	11.	毛祈蕃 （湖北麻城）	17.	尹任 （山東臨清）		
6.	錢喜起 （浙江仁和）	12.	王臣緝 （湖北蘄州）	18.	楊暄 （山西高平）		

第四章　考證與漢學：明代《春秋》考據學的範圍內涵及意義

　　清儒向來以訓詁考據自詡，乾隆、嘉慶二朝更被視為漢學的巔峰時代，曾國藩（1811-1872）即云：「校讎之學，我朝獨為卓絕，乾、嘉閒巨儒輩出，講求音聲故訓，校勘疑誤，冰解的破，度越前世矣」[1]，張之洞（1837-1909）認為「經語惟漢人能解，漢儒語惟國朝通儒能徧解」，故讀書「宜讀國朝人經學書」，自詡有清「經學為千古之冠」[2]。而現今學術界的共識以為這個學風主要是奠基於清初大儒顧炎武（1613-1682）手中，之後才足漸分化出吳派惠棟（1697-1758），和皖派戴震（1724-1777）的兩個漢學系統出來，然而錢穆（1895-1990）先生認為「言漢學淵源者必溯諸晚明諸遺老」[3]，林慶彰（1948—）先生則以為清初的考據學風實際上應該推至明代中葉階段。筆者通過對《明代春秋著述考》的全面檢視後，認為考據學應從明代正德、嘉靖間就已然萌發，但考證之學作為經典治學的工具或技巧來說，它其實一直都存在傳統經學家的路數之中，無論從宋代，以至明初，甚至推到明中葉，考據學就像是一股伏流潛藏其中，今日學者會斷然認為清初或明中葉以前沒有考據學，實則當時之考據之學並沒有建立一套專門理論，它充其量僅是為訓詁經書字句或詮解

---

[1]　〔清〕曾國藩：〈經史百家簡編序〉，《曾文正公詩文集》（四部叢刊景印清同治本），文集卷1，頁18。

[2]　〔清〕張之洞：〈宜讀國朝人經學書〉，《輶軒語》，收錄嚴靈峰《書目類編》，第93冊（據清光緒元年刊本影印。臺北：成文出版社，1978年），頁41635。

[3]　錢穆：《中國近三百年學術史》第一章（北京：商務印書館，1997年），〈兩宋學術上〉，頁1。

義理而服務，故而無法稱之為「學」，如明初張以寧（1301-1370）《春秋春王正月考》、《春秋胡傳辨疑》，趙汸（1319-1369）《春秋集傳》、《春秋左氏傳補註》、《春秋金鎖匙》、《春秋屬辭》，蔣悌生（1370前後）《春秋蠡測》，史伯璿（洪武時期）《三正說》之類皆屬之。而明中葉以後考證之風漸長，對於形、音、義的研究也多有觸及，所以這雖然是一股伏流，但不能就因此說它不存在，也不能說明代沒有考據學，而盡將清初乾嘉考據學的成就統歸清儒。

綜合來說，明代春秋考據學的範圍主要在考證《春秋》原典，考證胡《傳》、《左傳》，以至諸《傳》，歷代注、疏之誤。而其具體的考證內涵又可概分為五：一者考證天文地理，二者考證書法義例，三者考證文字音義，四者考證制度沿革，五者稽考異文逸文，從這五大範圍與五大內涵的討論中，將可以明確看見明代《春秋》學是如何展現其考據、考證理路，對清初考據學的成熟發展，實有不可忽視抹滅的前導之功。以下第一節將對明末清初考據學風的興起成因作一檢討，並提出「對佛老二氏的抗衡」這一個新解釋以補充前說。第二、三節則討論明人於《春秋》學領域的考證範圍與內涵。第四節分析明代前中後期的學者對「漢宋」治經的不同意見，以見當時文人的治經、治學傾向。第五節討論明代正德以後官方屢屢刊刻《十三經註疏》的根本原因所在，其對於「漢學」的實際影響層面達到了何種助益之功。第六節論述明代考據學的整體時代意義，分述如下。

第一節　明代經典考據學的興起成因檢討

今人論及清代學術往往歸榮冕於乾嘉考據學，卻視明代心性之學為洪水猛獸，不只無法照見聖賢之心，更將經學帶入了污穢不堪的泥淖之中，殊不知清初考據學實淵源於明代，此論點四庫館臣及前輩學者已屢屢言

之，無須置辨，林慶彰先生亦云：「明人從事考據者固不多，然以實事求
是之態度，從事客觀之探討，而能發前人之所未發者，亦不乏其人」[4]，
可見明代確實有一批治學崇尚考證的學者存在，這是無法抹滅的事實。然
而明代的理學何以到了明中葉以後會漸漸轉入考據，至今仍眾說紛紜，影
響比較廣大的有梁啟超先生的「王學自身反動」說，余英時先生的「理學
內部要求」說，林慶彰先生的「復古運動」說，這三種說法是至今學界屢
屢引述，用來解釋明清之際學術轉變的原因所在[5]，然而筆者在進入明代
春秋學的研究中更注意一個現象，雖然當時儒學內部各有山頭，門戶緊
嚴，彼此攻訐不斷，但說到底這只是經學內部的鬥爭罷了，實則當時儒學
面臨了共同的威脅勢力與敵人，一是佛禪，一是老莊，此二家逐漸侵入儒
學的內部，爭奪經學的解釋權，甚至滲入到科舉考試中，故而傳統經學研
究者在面臨經學的固有勢力逐漸被二氏蠶食鯨吞的困境中，不得不搬出孔
子，這位使中國經學得以成立的宗師出來，因為用孔子的話來解釋經典，
來阻隔經典解釋權的喪失是最有效果且最具公信力的，此時探求經典字句
的原旨要義就成為考據學的成長利基，故而筆者認為無論是「王學自身反
動」說，「理學內部要求」說，或是「復古運動」說，當然都言之成理，
而且也文獻有據，然而不能忽略了當時佛老二氏對儒學內部所構成的威
脅，間接使明代考據學得到了發展的動力，以下就歷來說法作一簡要論
述，亦可對明清之際的學術轉折有一清楚而明確的概念。

4　林慶彰：《明代考據學研究‧序》（臺北：臺灣學生書局，1986年修訂再版），頁3。

5　姜廣輝：〈乾嘉考據學成因諸問題再探討〉一文中認為明代中葉以後理學的種種弊端已逐漸浮出檯
　　面，故而當時學者厭棄理學，「遂自覺地不自覺地回到漢唐訓詁考證之學的老路上來」，並將當時義
　　理之學轉向考證的深層原因和動力歸因於「文化積累的條理性和真確性的需求」，此說法從傳統儒
　　學的文化與心理層面來說亦有其道理，但此論點難以實際的文獻驗證其合理性與真實性，姑錄此
　　以備一說，詳見《義理與考據──思想史研究中的價值關懷與實證方法》（北京：中華書局，2010
　　年），頁280。

一、宋明理學的反動

較早對明代義理之學轉向考據的原因提出說明者以梁啟超先生為首，他將明末清初考證學的興起歸因於劉蕺山（1578-1645）一派對王學自身的反動，此論點著眼於學術發展時序上的盛極而衰現象。確實，當宋明理學發展到了陽明之學已達極盛之境，而接下來的百年間王學末流除了追尋陽明的腳步外，已無法在理論上有著顛覆或引領時代的風潮，理學漸漸走入衰微階段，到了劉蕺山，「舍空談而趨實踐，把王學中談玄的成分減了好些」[6]，這一說法證明當時理學產生了變異，是一種思潮轉變的現象，然若以此據論捨棄空談必然趨向實際，而此實際的內容即是考證，則似乎並無法合理地解釋在轉折過程中，其最後反動的結果為何就是考證？梁氏雖沒有做太多的說明，但他已經點出了當時士人逐漸厭棄理學的空談不根實際之風，這對於考據學的興起確實增加了外緣上的助力。若從《春秋》學的研究來看，這一反動思潮也反映在對「義例褒貶的反動」上，因為胡《傳》崇尚大義，信時月義例，重一字褒貶，側重復仇，標舉夷夏大防，然其論述多溢出經義之外，做了過度的自我詮解發揮，雖然胡《傳》在明代被規定為科舉範本，但從宋代朱熹（1130-1200）開始，一直到明末階段，均有不少學者對此感到不滿（詳第三章），質疑胡《傳》的義理解說穿鑿附會，故醞釀了一股「反胡」的言論勢力，而這一反動也進一步促進了《左傳》的發展，以歷史的實事作為解經的途徑，帶動了明末《左傳》史學的形成理路，所以對「義例褒貶的反動」這點來看，嚴格來說也是一種對「理學的反動」的類似模式。

二、理學內部的要求

梁啟超的說法在近代以來幾乎被當成瞭解釋乾嘉漢學興起的唯一解

6　梁啟超：《中國近三百年學術史‧反動與先驅》（臺北：里仁出版社，1995年），頁9。

答，到了余英時先生則另闢蹊徑，其〈從宋明儒學的發展論清代學術史〉一文中，將此問題的焦點轉向了儒學的「內在理路」說，著眼於朱、陸學術宗旨的根本差異，即「道問學」與「尊德行」的爭執，其言：

　　明中葉以後考證學的萌芽究竟可以說明甚麼問題？從思想史的角度看，他是明代儒學在反智識主義發展到最高峰時開始向智識主義轉變的一種表示。前面已說過，就儒學內在的發展說，「尊德行」之境至王學末流已窮，而「道問學」之流在明代則始終不暢。雙方爭持之際，雖是前者佔絕對上風，但「道問學」一派中人所提出「取證於經書」的主張卻是一個有利的挑戰，使對方無法完全置之不理。[7]

　　顯然，在「道問學」與「尊德行」兩派無法取決勝負之時，「取證於經書」的主張勢必成為解決問題的唯一途徑，所以「從思想史的觀點看，我們不能把明、清之際考證學的興起解釋為一種孤立的反法論的運動，他實與儒學之由尊德行轉入道問學，有著內在的相應性」[8]，這一論點可以說恰好補足了梁啟超「理學反動」說在實際層面上的理論不足之處，然而有一個問題，就像姜廣輝（1948—）所說明中葉以後的這些考據學者基本上都是「理學之外的邊緣學術人物」[9]，這些人既無心於解決理學上的議題，亦不打算處理朱、陸之爭，那麼明末由義理轉向考據之學，這一學術轉折期的人物問題，在代表性上似乎就對不上，也進不了余先生的理論架構之中，可見「內在理路」說這一論點似乎還有可以商榷，或是補充的地方，甚至還有一些原因是未被學者所關注到的。

7　余英時：〈從宋明儒學的發展論清代學術史〉，《中國思想傳統的現代詮釋》（南京：江蘇人民出版社，2003年），頁149。

8　同前註，頁153。

9　姜廣輝：《義理與考據──思想史研究中的價值關懷與實證方法》（北京：中華書局，2010年），頁283。

三、復古運動的影響

到了林慶彰先生，其《明代考據學研究》一書中討論到此學風興起之因，其中一點即為「復古運動之影響」，他認為「當時之復古運動，與理學家欲掙脫宋學而另開學風之動機，幾完全相同。復古之風於考證之學，實有相當之影響」[10]，並引朱希祖（1879-1944）之言曰：

竊謂清代考據之學，其淵源實在乎明弘治、嘉靖間前後七子文章之復古。當李夢陽、何景明輩之昌言復古也，規摹秦漢，使學者無讀唐以後書，非是，則詆為宋學。李攀龍、王世貞輩繼之，其風彌甚，然欲作秦漢之文，必先能讀古書，欲讀古書，必先能識古字，於是《說文》之學興焉。……然古書之難讀，不僅在字形，而尤在字音，於是音韻之學興焉。[11]

此一說法基本上對於姜廣輝論述明代的考據學者幾乎都是理學邊緣人物的疑問提供瞭解答，因為復古運動並不侷限於經學家、理學家、文學家，當代的所有人物皆在這一思潮的影響下，所以前後七子[12]在當時社會上所引發的復古風潮確實也間接帶動了經書以外的考證風氣，如對秦漢史書，諸子散文的校讀，對《說文》字形字音的的辨識上，然而「文必秦漢」之風所標舉的復古其實並不僅僅限定於文學領域，在經學領域中，當時文人也開始強調漢唐古注的重要，屢屢刊刻《十三經注疏》，這對於清初經學家一直強調直承漢儒的考據學來說，無異已透露出訓詁風氣之端，

---

10 林慶彰：《明代考據學研究》第二章（臺北：臺灣學生書局，1986年修訂再版），頁25。

11 朱希祖：〈清代通史初版序〉，收錄蕭一山《清代通史》（臺北：臺灣商務印書館，1963年），頁941。

12 前後七子：（前）李夢陽、何景明、徐禎卿、邊貢、王廷相、康海、王九思；（後）謝榛、李攀龍、王世貞、吳國倫、徐中行、梁有譽、宗臣，等等十四人標舉「文必秦漢，詩必盛唐」的復古運動。

故復古運動的影響可以說是一次很廣泛的學術連動。

四、佛老二氏的抗衡

　　儒學和佛禪與老莊之間的對抗，從隋唐以來一直到宋代，以迄明代始終沒有間斷過，唐代文豪韓愈（768-824）以儒家道統自命，認為「釋老之害，過於楊墨」，反對佛老，之後撰〈諫迎佛骨表〉幾乎罹禍。到了宋代，佛學老莊經過了隋唐階段的發展逐漸進入儒學領域，故儒學之士在經學道統參雜異端的危機感下亦奮起相抗，理學家石介（1005-1045）直言：「夫佛老者，夷狄之人也。而佛老以夷狄之教法亂儒者之教法；夷狄之衣服亂儒者之衣服；夷狄之言語亂儒者之言語，罪莫大焉」[13]，至張載（1020-1077），揭櫫理學大纛，認為「儒者窮理，故率性可以謂之道。浮圖不知窮理而自謂之性，故其說不可推而行」[14]，試圖建立儒家心性之學，通過理學的詮釋辯證抗衡二氏之說，可見當時佛老勢力的強勢。宋儒胡寅（1098-1156）云：「仲尼正則佛邪，佛邪則仲尼正，無兩立之勢」，認為佛教實為壞亂孔子名教的罪人邪說，故清儒李塨（1659-1733）以為「宋後，二氏學興，儒者浸淫其說，靜坐內視，論性談天，與夫子之言，一一乖反」[15]，二氏興起使儒家經典一變而成為朱子所謂的「禪者之經」[16]，經義的詮釋權已經不再全然屬於儒家體系。

　　然而這一風氣也蔓延到了明代，黃佐（1490-1566）則云：「後世學尚超異，凡經傳皆以為古人糟粕，一切屏之，惟讀佛老書，雖數千卷，則

13　〔宋〕石介：〈明四誅〉，《徂徠石先生全集》，《北京圖書館古籍珍本叢刊》集部，第85冊（據清康熙五十六年刻本影印。北京：書目文獻出版社，1988年），卷6，頁4。

14　〔宋〕張載：《張子全書·中正篇》第八，《景印文淵閣四庫全書》子部，第697冊，卷2，正蒙一，頁50。

15　〔清〕李塨：〈與方靈臯書〉，收錄戴望《顏氏學記》（據湖北省圖書館藏清同治十年冶城山館刻本影印），卷6，頁6。

16　〔清〕朱彝尊撰〔民國〕侯美珍、黃智明、陳恒嵩點校：《點校補正經義考》第8冊（臺北：中央研究院中國文哲研究所籌備處，1997-1999年），卷296，頁807。

未嘗厭」[17]，又云：「蓋去聖日遠，而內聖外王之學，老莊頗合吾儒，遂至此爾。近日《金剛》、《圓覺》及六祖《壇經》，為講道學者所宗，陽儒陰釋，自謂易簡，不涉支離」[18]，凡此皆可見明中葉以後佛老二氏之說對儒學的威脅日深，余繼登（1544-1600）亦言：「正、嘉間始有因養生悟二氏之說，竟如所謂改頭換面，說向儒家者……數年來始有直以釋老之說為孔子之說，又以禪老在孔子上」[19]，可知佛老二氏之學侵入儒家經典的時間始於正德、嘉靖間，而在萬曆時期更產生凌駕孔孟，以佛老詮釋經典的異常現象。然而佛老二氏也非憑空而起，無所依附，二氏當時實是順勢依附陽明之學而興起，陸隴其（1630-1692）云：「自陽明王氏倡為良知之說，以禪之實而託儒之名」[20]，邵廷采（1648-1711）云：「愚於《蕺山傳》端有『嘉靖中葉以後，禪學毒天下，大旨依託陽明』三語，謂是當時實錄」[21]，甚者「天下或以陽明為佛氏，或以佛氏為陽明」[22]，王學末流弟子們更透過書院的講學過程大量傳播，使得當時書院不只成為科舉的補習班，更成為傳播王學與佛老的溫床，崔述（1740-1816）即云：「降及有明，其學益雜，甚至立言必出入於禪門，架上必雜置以佛書，乃為高雅絕俗」[23]，李祖陶（1776-1858）云：「明乎學校為賢才之藪，教化之基，而學術事功之根柢也。今者庠序之教缺焉不講矣，師道不立，經訓不明，士子伏案呻吟，惟是揣摩舉業，以為弋科名掇富貴之具，絕不知

17　〔明〕黃佐：〈原學〉，《明儒學案》，《黃宗羲全集・諸儒學案中五・文裕黃泰泉先生佐》第8冊（沈善洪主編、吳光執行主編。杭州：浙江古籍出版社，2005年），卷51，頁542-543。

18　同前註，卷51，頁520。

19　〔明〕余繼登：〈覆楊止菴疏〉，《淡然軒集》，《景印文淵閣四庫全書》集部，第1291冊，卷2，頁14。

20　〔清〕陸隴其：〈學術辨上〉，《三魚堂集》（清康熙刻本），卷2，頁2。

21　〔清〕邵廷采：〈答蠡縣李恕谷書〉，《思復堂文集》（杭州：浙江古籍出版社，2010年），卷7，頁322。

22　〔清〕邵廷采：〈致友人書〉，《思復堂文集》，卷7，頁322。

23　〔清〕崔述：〈考信錄提要〉，《崔東壁遺書》，收錄《夏學叢書》（據民國25年刊本影印。臺北：河洛圖書出版社，1975年9月），卷上，頁34。

讀書講學求聖賢理道之歸，即號為高名有志者，又或汎濫於百家，沈淪於二氏，惑世誣民，充塞仁義，斯道之淪晦，未有甚於此時者矣」[24]，對於明代儒學教育一者敗壞於科舉，一者沉淪佛老二氏的現象深為痛心。更有甚者，佛老不僅侵入經學，更在書院的講學下，企圖佔據掄才大典的科舉考試，顧炎武即痛批當時「舉業至於抄佛書」[25]，以此為當代之一大變，其禍甚至不在王莽、安祿山、劉豫之下。而根據紀曉嵐（1724-1805）所言，明代「以佛書入經義，自萬曆丁丑會試始」[26]，萬曆丁丑為萬曆五年（1577），但是當時朝廷並沒有明令禁止，最後其風蔓延開來，其嚴重性甚至已經使得官員不得不上書皇帝，明令禁止，當時擔任禮部尚書的馮琦（1558-1604）在〈為重經術祛異說以正人心以勵人材疏〉一文中痛言云：

　　國家以經術取士，自五經、四書、性鑒、正史而外，不列於學官，不用以課士，而經書傳註，又以宋儒所訂者為準，蓋即古人罷黜百家，獨尊孔氏之旨，此所謂聖真，此所謂王制也。自人文向盛，士習寖漓，始而厭薄平常，稍趨纖靡，纖靡不已漸騖新奇，新奇不已漸趨詭僻，始猶附諸子以立幟，今且尊二氏以操戈，背棄孔孟，非毀程朱，惟南華、西竺之語是宗，是競以實為空，以空為實，以名教為桎梏，以紀綱為贅疣，以放言恣論為神奇，以蕩棄行檢，掃滅是非廉恥為廣大，取佛經言心言性，略相近者竄入於聖言，取聖言有空字無字者，強同於禪教。嗟乎！聖經果如此解乎？士子制義以聖人口氣傳聖人之神耳，聖人之世曾有此語意否乎？夫學官所列至要亦至詳，童而習之，白首未必能窮，世間寧有經史不能讀，而

24　〔清〕李祖陶：〈故東閣大學士吏部尚書熊文端事狀〉，《國朝文錄》（據清道光十九年瑞州府鳳儀書院刻本影印），二林居文錄，卷2，頁6。

25　〔清〕顧炎武：《原抄本日知錄‧鍾惺》（臺北：明倫出版社，1970年），卷20，頁542。

26　〔清〕紀昀：〈甲辰會試錄序〉，《紀曉嵐文集》第1冊（河北：河北教育出版社，1991年），卷8，頁147。

於經史之外博極群書之理？棄本業之精髓，拾遺教之殘膏，譬如以中華之
貫雜，尨結之語，語道既為蹐駁，論文又不成章，世道潰於狂瀾，經學幾
為榛莽。[27]

　　巧合的是馮琦正是萬曆五年會試的進士，可見他對當科佛老侵入科舉
制義的情況應該是有所知悉的，所以在萬曆三十年（1602）左右上疏萬
曆帝，洋洋灑灑數千言，剖析利害，其行文用字的語氣，當可使讀者瞭解
此一問題的嚴重性，佛老二氏已明目張膽地在科舉制義的八股文中現身，
考生行文至有「背棄孔孟，非毀程朱，惟南華、西竺之語是宗」，故上疏
朝廷，嚴禁國家科舉取士中參雜異說，論文務必申明經術，以「遵守宋儒
傳註為主」[28]，一切坊間新說異論皆擯斥勿取，如有「生員引用佛書一句
者，廩生停廩饍一月，增附不許幫補，三句以外酌量降黜考過」[29]，「士
子有引用佛書兩句以上者，停勒一科，不許會試，多者斥革」[30]，萬曆皇
帝閱畢後亦准其所奏，不許佛老之言「與儒術並進」[31]，以亂人心，以混
世教。但這樣藉由官方的科舉抑制似乎並沒有辦法有效達到良好的遏止效
果，甚至到了清初階段，佛老二氏對儒學的威脅依舊存在，邵廷采即言
「老、佛之黠，或反用吾之軍號旌斾，以逼吾之中壘。於是高明之士，爭
務於知而憚苦於由。始也以儒攻佛，既也以儒攻儒，而朱陸、朱王之辨，
嘵嘵以迄於今，不可解矣」[32]，對於當日佛老藉陽明之學侵入儒學的實況
深以為憂，而主張「自宋以後語錄諸書，一切且束勿觀，而惟從事於《六

27　〔明〕馮琦：〈為重經術祛異說以正人心以勵人材疏〉，《宗伯集》，《四庫禁燬書叢刊》集
　　部，第16冊（據明萬曆刻本影印。北京：北京出版社，2000年），卷57，頁1-2。

28　同前註，卷57，頁3。

29　同前註，卷57，頁4。

30　同前註，卷57，頁4。

31　同前註，卷57，頁6。

32　〔清〕邵廷采：〈學校論下〉，《思復堂文集》，卷8，頁341。

經》，孔、顏、曾、孟之教。行之二十年，而故習漸忘，士風龐厚」[33]，此舉雖有因噎廢食的疑慮，況且也絕對不可能藉由任何政治或學術的力量付諸實現，但我們從邵氏之言，足可見當時佛老二氏對士人的深切影響，已經到了無所不在的地步。

　　所以從上述所論，佛老二氏的威脅其實自宋代階段就已經如火如荼地展開，當時文人儒士多兼修佛禪老莊之言，這對於傳統經學者而言意味著勢必要尋求一套解決與回應的方式，以求鞏固儒學的正統性與純粹性，故而宋代理學家們面對當時佛老二氏的心性理論威脅所採取的方式是企圖透過「義理」詮解的方式正面迎戰，重新建構中國經典中的人文性命理論，不再瑣瑣屑屑，斤斤計較於漢唐訓詁之學，這個回應獲得了初步的效果，但佛老二氏的勢力並沒有就此消失，它依舊存在，其氣焰只是潛伏稍斂。到了明代，玄學和禪學重新尋求到契機，結合了陽明之學，以至王學末流的勢力，透過講學之風的盛行，深入人心，影響明中葉以後的文風、士風極大，以至顧炎武批評明代文人云：「昔之清談談老莊，今之清談談孔孟。未得其精而已遺其粗，未究其本而先辭其末，不習六藝之文，不考百王之典，不綜當代之務，舉夫子論學、論政之大端一切不問，而曰一貫，曰無言。以明心見性之空言，代修己治人之實學」[34]，足以說明佛老二氏之說侵入當時經典、科舉，以致文人日常言行中，造成明中葉以後士子思想參雜三教，文風怪誕，所以當時文學的復古運動其實並非僅發動於文學領域，於經學、史學、哲學皆概莫能外，當時質疑反對胡《傳》的穿鑿附會，經學著重漢唐注疏，屢屢刊刻《十三經註疏》，科舉嚴令禁止參雜老莊佛禪思想，甚至是尊德性漸轉入道問學，良知以致格物，這些明代至清初的文學史、學術史、思想史、經學史、制度史，其實都是一個有機的整體，既無法分別孰先孰後，何者為因，何者為果，但必是同時進行的文化

33　〔清〕邵廷采：〈學校論下〉，《思復堂文集》，卷8，頁341。

34　〔清〕顧炎武：〈夫子之言性與天道〉條，《原抄本日知錄》，卷9，頁196。

連動，而這其中的一個作用即是在對抗明中葉以後佛老之學的流行，也可以說儒家經典糾纏於義理之境時，面對道釋學說的流行竟無能為力，甚至侵入孔聖經典中詮釋孔子，這已經形成儒家和佛老兩派的競爭，當時士人往往「論道則出入二氏，從宗門之旨以達於孔、孟」[35]，所以明末時期的傳統經學家不再依循著宋儒搬出義理之學以相抗衡的理路，而是重新回歸原典的解釋，在經典詮釋上重新抬出孔、孟以抗衡，而訓詁考據之學正能符應探求聖人經書字句中之本旨的需求，故明中葉王源（1448-1524）云：「宋儒於六經不為無功，至所講性天，固知其淪於二氏，未嘗以為然也，然於傳註之謬誤，卻未深究，以淺陋之學，習而安之，多以為誠然」[36]，可見當時的學者確實已經感到一股佛老之學的沉重壓力，而有回歸經傳註疏的想法，所以明代考據學興起於明中葉至明末階段，大盛於清初，其原因不管是梁啟超、胡適之的理學反動說，或是余英時先生的內在理路說，甚至近人林慶彰所主張復古運動的影響，但絕無法忽略的是在學術的轉變過程中，儒學所面臨到既有價值體系受到挑戰、挑釁、甚至入侵的危機感，所以當時也才有官方甚至民間經學家的言論與上奏，朝廷下旨嚴禁的舉措出現，可見傳統經學當時確實面臨道、佛二氏思想的威脅，而宋明義理轉入訓詁考證也透露著儒學方法論正調適出一套不同於宋代理學的新理路，也是一套取法漢儒訓詁的新抗衡工具。所以許多文學史、史學史、制度史的動靜轉變，其實正是解決思想史、經學史的問題關鍵，學術流變與風潮絕不是當時孤立的事件，而是動一髮輒牽動全身的連動網絡，經學、理學、史學、思想、文學皆不可能脫離連動的時代風潮而獨立發展，絕對都是有跡象可依循，有脈落可追溯。

35　〔明〕劉宗周：〈福建布政使司右布政馬湖來公墓誌銘〉，《劉宗周全集》第4冊（浙江：浙江古籍出版社，2007年），文編七，頁181。

36　〔清〕王源：〈再與毛河右先生書〉，《居業堂文集》（據中國科學院圖書館藏清道光十一年讀雪山房刻本影印），卷8，頁20。

第二節　明代《春秋》考據學的考證範圍

　　明代雖然以胡《傳》當功令，然而明人卻不僅僅措意於此，僅以《春秋》一經來說，其考證的範圍約可概分為五大部份：一者考證《春秋》原典，二者考證胡《傳》之誤，三者考證《左傳》之誤，四者考證諸《傳》之誤，五者考證《注》《疏》之誤，等等皆是其明代學者對《春秋》考述論證的研究範圍，論述如下。

一、考證《春秋》原典

　　（一）童品（約1466-1518），字廷式，號慎齋，浙江蘭溪人，弘治九年（1496）進士，官至兵部員外郎，致仕居家十九年，讀書喪明而卒，撰著《春秋經傳辨疑》一卷，自云「嘗抱夫子之遺經，究時事之終始，雖於微詞奧義，未能有得。然於大經大法，頗窺其梗槩，既而求之諸傳，則多與經背馳者，先儒固嘗疑而辨之矣，乃因先儒之疑，每讀而每得，其疑以不敢蓄，故因而筆之」[37]，總計全書共計考證《春秋》經文九十三條，不主門戶之見，以為「《左氏》得本末之詳，不能無附會之誣，《公》、《穀》得義例之精，不能無穿鑿之弊」[38]，故於三《傳》引證，有取有捨，然大體以《左傳》史事本末為依據。而觀書中所論，亦往往藉以辯證胡《傳》之失誤，可見此書以一卷之數竟能入選《四庫全書》之列，除了治經尚考證的緣故外，批評針貶胡《傳》的因素恐怕也佔了大半的原因。

　　（二）高拱（1512-1578），字肅卿，號中玄，諡文襄，河南新鄭人，嘉靖二十年（1541）進士，官至吏部尚書、中極殿大學士，撰有

---

[37]　〔明〕童品：〈春秋經傳辨疑原序〉，《春秋經傳辨疑》，《景印文淵閣四庫全書》經部，第167冊，頁5。

[38]　同前註。

《春秋正旨》一書，自言：「予昔也讀諸家之說，憲有不能安於心者，既乃以吾心君臣之義而逆孟子稱述之旨，遂有以得其大意」[39]，該書認為宋代以來說《春秋》者穿鑿附會，故而不據宋儒義理說經之論，以訂諸儒之謬，不輕信三《傳》之說，尤其不信服胡《傳》，對於杜預、程頤亦有所批評，如申明《春秋》首重天子之義，孔子不改周正，託之魯史在存周禮，書王不稱天乃異文等等，「卷帙雖少，要其大義凜然，多得經意」[40]，故《總目》稱許其「足破說《春秋》者之痼疾」[41]。其書秉持孟子「以意逆志」之宗旨，推源《春秋》經義，著重在「正君臣之義，以明聖人之道」[42]，探求孔子於《春秋》之微言大義。

（三）王樵（1521-1599），字明逸，號方麓，諡恭簡，江蘇金壇人，嘉靖二十六年（1547）進士，歷任刑部主事，尚寶卿，鴻臚卿，南京右都御史致仕，平素簡默，至談經學，則娓娓無倦容，撰《春秋輯傳》一書，以為三《傳》「去聖門未遠，其間合義理，當人心者，必有所傳，擇而取之，十恆得五六」[43]，兼采漢代諸儒以下之說，以較異同，頗不主一家之言，然自云「善發明《春秋》，莫如朱子」，故因《通鑑綱目》而識《春秋》，其「大槩皆本朱子之意」[44]，觀書中所論，屬比推求，不涉穿鑿附會，如論「隱公九年冬，會防」，考證是時未有霸主也，又「公子友如陳葬原仲」，認為此乃夫子直書其事，不待貶而義自見，故《總目》雖譏其「失之冗」，然亦以為「差為篤實」、「大旨猶為醇正」，於當日

39　〔明〕高拱：〈春秋正旨序〉，《春秋正旨》，《北京圖書館古籍珍本叢刊》經部，第2冊（據明萬曆刻本影印。北京：書目文獻出版社，1988年），頁751。

40　〔清〕紀昀、陸錫熊、孫士毅等編纂：《四庫全書總目》（北京：中華書局，1965年初版，2008年8月重印），卷28，經部，春秋類三，「春秋正旨」條，頁231c。

41　同前註。

42　〔清〕周中孚：《鄭堂讀書記》，《續修四庫全書》史部，第924冊（據上海辭書出版社圖書館藏民國十年刻吳興叢書本影印。上海：上海古籍出版社，2002年），卷11，頁2。

43　〔明〕王樵：〈春秋私錄序〉，《方麓集》，《景印文淵閣四庫全書》集部，第1285冊，卷2，頁14。

44　同前註。

好持議論，巧詆深文者相較，可謂「不移於俗學者矣」[45]。

　　（四）郝敬（1558-1639），字仲輿，號楚望，湖北京山人，萬曆十七年（1589）進士，《五經》，《儀禮》、《周禮》、《論語》、《孟子》各為經解，疏通證明，發先儒所未發。其《春秋直解》一書，認為讀《春秋》以直心解之，「勿主諸《傳》，先入一字於胸中」[46]，如此可照見聖人之情明白簡易，只要平心觀理，則聖人之情自見，無須作過多的揣測附會，究考《春秋》一經，以為皆「無深刻隱語，無種種凡例，不以文字為褒貶，不以官爵、名氏為貴賤，未嘗可五霸，未嘗貴盟會，未嘗與齊、晉，未嘗黜秦、楚、吳、越」[47]，以為後儒論「褒貶」而「底本壞」；合「事例」而「格局壞」；視「深文隱語」而「宗旨壞」[48]，有此三壞，於是《春秋》不可讀矣，聖人之情明白易簡，後儒但以艱深隱僻之臆說研究《春秋》，實為不得聖經要領，不得孔子書法矣。另外他還有《談春秋》一卷，批評「《公》、《穀》襲《左》而加例，《胡氏》襲三《傳》而加鑿」[49]，皆不可據信，而《總目》雖評其「不免好為議論」[50]，臆斷者不少，亦肯定其說多有創闢之見，黃宗羲以其「疏通證明，一洗訓詁之氣，明代窮經之士，先生實為巨擘」[51]。

　　（五）高攀龍（1562-1626），字存之，號景逸，諡忠憲，江蘇無錫人，萬曆十七年（1589）進士，天啟初起光祿寺丞，累擢左都御史，學問本諸濂洛，宗旨主靜，涵養邃密。撰有《春秋孔義》一書，以《春秋》經文為依據準則，「凡經無傳有者，不敢信也；經有傳無者，不敢疑

45　〔清〕紀昀等編纂：《四庫全書總目》，卷28，經部，春秋類三，「春秋輯傳」條，頁231c。

46　〔明〕郝敬〈春秋直解序〉，《點校補正經義考》第6冊，卷205，頁446。

47　同前註。

48　同前註。

49　〔明〕郝敬：《談春秋》，收錄《談經》，《四庫全書存目叢書》經部，第150冊（據北京圖書館藏明萬曆崇禎間郝洪範刻山草堂集本影印。臺南：莊嚴文化，1997年），卷4，頁774。

50　〔清〕紀昀等編纂：《四庫全書總目》，卷30，經部，春秋類存目一，「春秋直解」條，頁248b。

51　〔清〕黃宗羲：〈給事郝楚望先生敬〉，《明儒學案》，《黃宗羲全集》第8冊，卷55，頁654。

也」[52]，參諸《左傳》、《公羊傳》、《穀梁傳》、胡《傳》，權衡其得失，以經解經而以《春秋》原典覆核，此為其「孔義」命名之由，蓋「悉稟尼山」[53]之意，考證雖少，而不為穿鑿臆說，《總目》猶許以明代「說經之謹嚴者」[54]。

二、考證胡《傳》之誤

胡《傳》的勢力在明代達到巔峰，官方在科舉考試中雖然四《傳》並列，但考試卻是以胡《傳》定去取，這樣藉由科舉功令所鞏固的學術核心，往往也容易遭致經學研究者的質疑，這股「反胡」的風氣從明初到明末，陸續有學者提出，故而當時學者考證的重點之一，即在證明胡《傳》的缺失部份。

（一）袁仁（1479-1546），字良貴，號蓑波，浙江嘉善人，深於天文、地理、曆律、書數、兵法、水利之屬，靡不熟貫，因憫世人沉溺胡《傳》，遂撰《春秋鍼胡編》一卷，又名《春秋胡傳考誤》，以為胡安國「志在匡時，多借經以申其說，其意則忠矣，於經未必盡合也，況自昭定而後，疏闕尤多」[55]，如《春秋》所載「公如晉」、「公如齊」、「公會吳于魯」等等，胡《傳》皆棄而不錄，何況書中所錄「多燕說，不可不闢發，以正學者之趨」[56]，又如：「周月非冠夏時；盟宿非宿君與盟；宰渠伯糾宰非冢宰，伯非伯爵；夏五非舊史闕文；齊仲孫來之非貶；召陵之役，齊桓不得為王德，管仲不得為王佐；首止序王世子於末非以示謙；晉卓子立已踰年，非獨里克奉之為君；季姬之遇鄫子非愛女使自擇婿；鼷鼠

---

52 〔明〕高世泰：〈春秋孔義序〉，《點校補正經義考》，第6冊，卷205，頁441。

53 同前註。

54 〔清〕紀昀等編纂：《四庫全書總目》，卷28，經部，春秋類三，「春秋孔義」條，頁233b。

55 〔明〕袁仁：〈鍼胡編序〉，《春秋鍼胡編》，收錄《袁氏叢書》（臺北傅斯年圖書館藏明萬曆刊本），卷首，頁1。

56 同前註，卷首，頁2。

食牛角非三桓之應；正月書襄公在楚非以存魯君之名；吳子使札非罪其讓國；《左傳》莒展輿事以攻當為已攻，齊豹非求名不得；歸鄆謹龜陰非聖人自書其功；獲麟而誇簫韶河洛為傳者之陋」[57]等等，專以考證、糾正、抉摘胡《傳》之缺失錯誤，以為時人之經術指迷，全書共計四十一則，書名「鍼胡」，亦可概見其攻駁胡《傳》之用意矣。

（二）楊于庭（1580前後），字道行，安徽全椒人，萬曆八年（1580）進士，任濮州守，升戶部員外郎，歷任兵部車駕職方郎中。撰有《春秋質疑》一書，認為胡《傳》一出，而三《傳》幾廢，士子「若之何華袞也，斧鍼也？一切尸祝胡氏，而亡敢置一吻也」[58]，對於當時過尊胡《傳》之風深為不滿，以為胡安國議論過當，深文過嚴，且「責人近苛，間有勦《公》、《穀》而失之者，以王子虎為叔服，公孫會自鄸出奔之類是也」[59]，亦有「自為之說而失之者，卒諸侯別于內而以為不與其為諸侯，滕自降稱而以為朝桓得貶之類是也」[60]，又如胡安國以「夏時冠周月」，楊于庭引《禮記》駁之之類，條舉而論辨胡《傳》之誤，四庫館臣稱其「議論多為精確，固非妄攻先儒，肆為異說者比也」[61]。

（三）陸粲（1494-1551），字子餘，一字浚明，號貞山，江蘇長洲人，嘉靖五年（1526）進士，官至工科給事中，因彈劾張璁、桂萼，謫都鎮驛丞，後遷永新知縣。其《春秋胡氏傳辨疑》一書以為胡安國解經，「失之過求，辭不厭繁，委而聖人之意愈晦矣」[62]，抉摘胡氏說經之弊，又不信胡《傳》或歷代諸儒所創之義例，以為「不以正大之情觀《春秋》，而曲生意義，將焉所不至矣」[63]，又以義例而言，「則有時而窮，

57　〔清〕紀昀等編纂：《四庫全書總目》，卷28，經部，春秋類三，「春秋胡傳考誤」條，頁232b。

58　〔明〕楊于庭：〈春秋質疑序〉，《景印文淵閣四庫全書》經部，第169冊，頁980。

59　同前註，頁980。

60　同前註，頁980。

61　〔清〕紀昀等編纂：《四庫全書總目》，卷28，經部，春秋類三，「春秋質疑」條，頁233a。

62　〔明〕陸粲：〈春秋胡氏傳辨疑原序〉，《景印文淵閣四庫全書》經部，第167冊，頁754。

63　〔清〕紀昀等編纂：《四庫全書總目》，卷28，經部，春秋類三，「春秋胡氏傳辨疑」條，頁

惟其有時而窮，故求其說而不得，從而為之辭」[64]，《總目》以為明代攻胡者，「惟粲及袁仁始顯攻其失」[65]，稱其「抉摘說經之弊，皆洞中癥結」[66]，且「大抵明白正大，足以破繁文曲說之弊」[67]，實有功《春秋》學者不少也。

（四）黃正憲，約活動於萬曆時期，字懋容，浙江秀水人，兄黃正色、黃洪憲皆當時《春秋》名家，撰有《春秋翼附》一書，以為胡安國解經，「排斥眾說，歸斷成獄，未免傷於刻覈，或失當世行事之實，與聖經不盡符合」[68]，認為胡《傳》解經深文刻覈，實非夫子當日撰經本旨矣，且《春秋》「據事，筆削褒貶自見，非拘拘于日月爵氏以為袞鉞也，拘拘于日月爵氏之間求所謂袞鉞者，而有合有不合，于是曲為正例、變例之說，至云『美惡不嫌同辭』，說愈繁而愈晦矣」[69]，穿鑿義例褒貶，四《傳》皆不能概其外，故不信時月義例之說，一字褒貶之論，而博採歷代諸說加以考證辨析，斷以己見，自「唐孔穎達以下，悉為折衷，於明世諸家，則多取山陰季本《私考》、金壇王樵《輯傳》二書」[70]，《總目》雖評以「間有考證，然核其大體，則未能悉精確」[71]，以當時學風而言，亦殊為不易矣。

（五）賀仲軾（1580-1644），字景瞻、敬養，河南獲嘉人，萬曆三十八年（1610）進士，平生嗜讀書，書牘無虛日，知禮泉、青浦縣，陞

231a。

64　〔清〕紀昀等編纂：《四庫全書總目》，卷28，經部，春秋類三，「春秋胡氏傳辨疑」條，頁231a。

65　同前註，頁231b。

66　同前註，頁231a。

67　同前註，頁231a。

68　〔明〕黃正憲：〈春秋翼附凡例〉第3則，《春秋翼附》，《四庫全書存目叢書》經部，第120冊（據北京大學圖書館藏明刻本影印），頁47。

69　〔明〕賀燦然：〈春秋翼附序〉，《春秋翼附》，頁42。

70　〔清〕紀昀等編纂：《四庫全書總目》，卷30，經部，春秋類存目一，「春秋翼附」條，頁247c。

71　同前註。

任刑部主事，陝西西寧道副使，後起武德兵備，厲兵秣馬。甲申國變，自云：「人臣大節難虧，讀書貴有實用」[72]，殉義而亡，真近代豪傑之士耳。生平學問，得《春秋》者為多，撰《春秋歸義》一書，其書集《左》、《公》、《穀》、《胡》四傳，酌以己意，糾歷代成說之謬見，雖非完全針對胡《傳》而發，然書中刺「詆胡氏為多，言孔子人臣也，無進退天子諸侯事」[73]，主旨在破除後世以義例解經之乖謬，如「辨夏時冠周月之疎謬」，「正創例說經之乖舛」[74]，黜周王魯、素王素臣、以天自處之謬說，議論多出於獨見，不依傍前人陳說，矯其非而辨其惑，通舊說之狐疑，悉破諸儒牽強遷就之例，嚴加考據，證訂詳核，辨駁明切，以求合於孔子筆削之微意。

（六）嚴啟隆（前1625-1661），字爾泰，號開止，自稱巔幹子，浙江烏程人，明末諸生，曾參與復社，甲申鼎革，儒衣幅巾，杜門謝客，不求仕進，讀書以終。著《春秋傳註》一書，開示後學胡《傳》深文謬說之處，其「深厭說《春秋》者之穿鑿，欲一掃而空之」[75]，全書之大旨「在乎據傳以通經，據經以訂傳」[76]，於胡《傳》傳文攻伐療治，洞見癥結，據《左傳》之事實以駁胡《傳》之穿鑿，四庫館臣以為有「矯枉過直，反自流於偏駁」[77]之病，然錢謙益（1582-1664）稱其「胡氏棄灰之璞法，一切平亭，而諸儒墨守之疑城，一往摧倒」[78]，朱彝尊（1629-1709）亦

72　〔清〕湯斌：〈賀景瞻先生〉，《洛學編》，《續修四庫全書》史部，第515冊（據南京圖書館藏清乾隆元年湯定祥刻本影印）卷4，頁85。

73　〔清〕何焯：〈賀副史傳〉，《晴江閣集》，《四庫未收書輯刊》第7輯，第30冊（據清康熙刻增修本影印），卷23，頁6。

74　〔明〕張縉彥：〈春秋歸義序〉，收錄賀仲軾《春秋歸義》，《續修四庫全書》經部，第136冊（據清道光八年見山堂刻本影印。上海：上海古籍出版社，2002年），頁180。

75　〔清〕紀昀等編纂：《四庫全書總目》，卷31，經部，春秋類存目二，「春秋傳註」條，頁252c。

76　〔清〕錢謙益：〈與嚴開止書〉，《錢牧齋全集·牧齋有學集》（錢曾箋注、錢仲聯標校。上海：上海古籍出版社，2003年），卷38，頁1317。

77　〔清〕紀昀等編纂：《四庫全書總目》，卷31，經部，春秋類存目二，「春秋傳註」條，頁252c。

78　同前註，卷38，頁1318。

以為「庶幾針膏肓，而起廢疾矣」[79]。

　　（七）張岐然（1600-1664），字秀初，號仁菴，浙江杭州人，崇禎時諸生，讀書詳覈異同，專意於名物象數，篤志經傳，時人目為馬、鄭之流。其《春秋四家五傳平文》一書自言當時《春秋》之弊，蓋起於士人不平心以參閱諸家，而過尊胡氏，久之而依從胡《傳》之穿鑿牽合，遂忘乎孔子，不知有《春秋》矣，此乃「亂之極也」[80]，故而「取四家、五傳之文而參和之，其相符者幾何也？相戾者幾何也？然後考諸儒之說而折衷焉」[81]，以此而「救胡《傳》之失」[82]，欲鍼砭後學，破除時人囿見。

　　若論以明末清初之《春秋》學者，如王介之（1606-1686）撰《春秋四傳質》，「援據古義，糾胡安國之失」[83]，王夫之（1619-1692）撰《春秋家說》，「攻駁胡《傳》之失，往往中理」[84]，毛奇齡（1623-1716）撰《春秋毛氏傳》，以為胡《傳》「固亂經之階，而亡經之本也」[85]，反對胡《傳》之深文解經，所駁事例「皆有徵據」[86]，其攻駁胡《傳》之風，亦其來有自矣。

三、考證《左傳》之誤

　　明代雖是胡《傳》的天下，但《左傳》並沒有完全被壓制，不僅僅是因為《左傳》也是科舉功令之一，其實胡安國詮解《春秋》，最大的依據

79　〔清〕朱彝尊：〈嚴氏春秋傳注跋〉，《曝書亭集》，《四部叢刊正編》第81冊（據上海涵芬樓原刊本景印），卷42，頁11。

80　〔明〕張岐然：〈春秋四家五傳平文序〉，《四庫全書存目叢書》經部，第128冊（據清華大學圖書館藏明崇禎十四年君山堂刻本影印），頁589。

81　同前註，頁591。

82　〔清〕紀昀等編纂：《四庫全書總目》，卷30，經部，春秋類存目一，「春秋五傳平文」條，頁251b。

83　〔清〕紀昀等編纂：《四庫全書總目》，卷28，經部，春秋類三，「春秋四傳質」條，頁234a。

84　〔清〕紀昀等編纂：《四庫全書總目》，卷31，經部，春秋類存目二，「春秋家說」條，頁252b。

85　〔明〕李塨：〈春秋毛氏傳序〉，《點校補正經義考》，第6冊，卷208，頁522。

86　〔清〕紀昀等編纂：《四庫全書總目》，卷29，經部，春秋類四，「春秋毛氏傳」條，頁237c。

還是《左傳》一書，這兩個內在的因素都使《左傳》並沒有像《公》、《穀》二傳般被士人學子漠視。再者，民間文壇持續有一股不追求議論解經、崇實黜虛的學風存在，這些學者多以《左傳》的史實去質疑胡《傳》的義理，所以《左傳》依舊能保有其生命力與創造力。

（一）熊過（1507-1529後），字叔仁，號南沙，四川富順人，嘉靖八年（1529）進士，官至禮部祠祭司郎中，為嘉靖八才子之一，文章簡古，研思經術，談經者尊尚之，撰有《春秋明志錄》一書，以為「三《傳》而下，庶言紛如，而聖人之經，由之明晦。因舉其說，本於良知，並加折衷」[87]，不信三《傳》諸儒之說，「多自出新意，辨駁前人。於《公羊》、《穀梁》及胡安國《傳》俱有所糾正，而攻《左傳》者尤甚，如以『刑遷于夷儀』，為邢自遷，非桓公遷之；以『城楚丘』為魯備戎而城，非桓公城以封衛；以『晉人執虞公』為存於其國，制之使不得他去，而非執以歸；以『寧母之會辭子華』為不實；以『洮盟謀王室』為誣說；以『用鄫子』為出自邾人，非宋公之命；以晉懷公為卓子之謚，文公未嘗殺子圉；以趙盾未使先蔑逆公子雍于秦；以衛石惡為孫氏黨，非寧氏黨；以楚殺慶封非以罪討，無負斧鑕徇軍事」[88]，《總目》雖評其「不免鑿空立說」，「多出於臆斷」[89]，而對其考證精詳處亦許以「平允者亦極其平允」[90]之譽，錢謙益則稱其「援據該博」，但亦有「好新說之過」也[91]，卓爾康則以其「頗出新裁，時多微中，亦《春秋》之警策者。然於《左氏》牴牾，實有未安」[92]，對於《左傳》史事多不信從，然亦多方考證，雖有深文穿鑿之病，亦瑕瑜互見耳。

87　〔明〕熊過：〈春秋明志錄自序〉，《南沙先生文集》，《四庫全書存目叢書》集部，第91冊（據天津圖書館藏明泰昌元年熊胤衛刻本影印），卷1，頁18。

88　〔清〕紀昀等編纂：《四庫全書總目》，卷28，經部，春秋類三，「春秋明志錄」條，頁231b。

89　同前註。

90　同前註。

91　〔清〕錢謙益：〈與嚴開止書〉，《錢牧齋全集‧牧齋有學集》，卷38，頁1317。

92　〔清〕朱彝尊撰〔民國〕張廣慶等點校：《點校補正經義考》第6冊，卷202，頁373。

　　（二）馮時可（1547-1617），字敏卿，號元成、文所、定菴，江蘇華亭人，隆慶五年（1571）進士，撰有《左氏釋》一書，「皆發明《左傳》訓詁」[93]，考證原委，如書中「昭公二十九年，『賦晉國一鼓鐵，以鑄刑鼎』，杜《注》、孔《疏》皆謂『冶石為鐵，用橐扇火謂之鼓，計會一鼓便足』，時可則引王肅《家語注》云：『三十斤為鈞，四鈞為石，四石為鼓。』蓋用四百八十斤鐵以鑄刑書，適給於用，則勝《注》、《疏》說多矣」[94]，顧炎武《左傳杜解補正》考證此條亦主此說[95]，惠棟《左傳補註》則附合其言[96]，雖然考據大家顧炎武、惠棟二氏皆沒有註明此說乃馮時可所創，但亦無須偏激的質疑兩人剽竊其說而不引出處，反倒藉此可見馮時可《左氏釋》一書多方引證，考據精詳，故「英雄所見略同」耳，《總目》雖以為「間有臆斷」之處，然「精核者多，固趙汸《補註》之亞也」[97]。

　　（三）陸粲（1494-1551）《左氏春秋鐫》一書云：「《左氏》之文，閎麗鉅衍，為百代取則，然其指意所存，乃往往卑淺，不中於道，或為奇言怪說，頗驚乎末流矣」[98]，認為書中充斥著許多奇言異論，甚不合於天理人情，故以為《左傳》先遭秦火，漢世又晚立學官，而劉歆定章句，故懷疑劉歆以己意附益之，故欲「糾正《左氏》議論之失」，「釋經

93　〔清〕紀昀等編纂：《四庫全書總目》，卷28，經部，春秋類三，「左氏釋」條，頁232c。

94　同前註。

95　〔清〕顧炎武云：「遂賦晉國一鼓鐵以鑄刑鼎。王肅《家語注》曰：三十斤為鈞，鈞四為石，石四為鼓，蓋用四百八十斤鐵」，參見《左傳杜解補正》（據嘉慶十三年昭文張海鵬本影印。臺北：廣文書局，1987年），卷下，頁20。

96　〔清〕惠棟云：「遂賦晉國一鼓鐵以鐵刑鼎。服虔曰：『鼓，量名也。』《曲禮》曰：『獻米者操量鼓。』取晉國一鼓鐵以鑄之。《禮記音義》隱義曰：『東海樂浪人呼容十二石者為鼓，以量米。』王肅曰：『三十斤謂之鈞，鈞四謂之石，石四謂之鼓』，與隱義合。顧氏云：『蓋用四百八十斤鐵』」，參見《春秋左傳補註》，《景印文淵閣四庫全書》經部，第181冊，卷6，頁11。

97　〔清〕紀昀等編纂：《四庫全書總目》，卷28，經部，春秋類三，「左氏釋」條，頁232c。

98　〔明〕陸粲：〈左氏春秋鐫題辭〉，《四庫全書存目叢書》經部，第119冊（據明嘉靖四十二年陸延枝刻本影印），頁1。

之謬」[99]，以曉諭始學者。以今日的研究成果來看，陸粲懷疑劉歆竄改《左傳》一事，錢穆（1895-1990）先生撰《劉向歆父子年譜》[100]一文，可以說已經對此節考證歷歷，指出劉歆絕無偽造竄改《左傳》之情事。但陸粲考證《左傳》書中之史事，雖不盡可信令人信服，但其由「疑古」進而「考古」，亦可謂開啟了《左傳》考據之風氣矣。

（四）劉績（1490前後），字用熙，號蘆泉，湖北武昌人，學者稱西江先生，弘治三年（1490）進士，任吏部員外郎，補鎮江知府，「凡所撰述，古雅沖淡，根極理要，負一時物望」[101]，撰有《春秋左傳類解》二十卷，全書不依《春秋》編年敘事之例，而以分國為體，首周後楚，總計二十七國，其言「欲通一國盛衰，盡一事首尾，以知是非所在，不至鑿空說經」[102]，故首以國別而分，諸國之中再依編年本末，以為「學者必先知《傳》事，然後能得《經》義」[103]，如此才能得「以《經》斷《傳》謬，《傳》補《經》闕」[104]，可見該書主要以《左傳》史事本末為根據，引證《公羊》、《穀梁》與外傳《國語》，旁及杜《注》、孔《疏》等箋註，並以歷代諸儒如胡《傳》等以為疏證，權衡互訂，「貫穿羣籍，尤精於考究」[105]，此書雖無太多考據之言，但其折衷先秦群籍，疏通名儒經解，以附《左傳》史事，本乎「理在人心，而事本紀載，得事之真，而是非自分。如不得桓公子糾兄弟實，故《經》乾時戰曲說；不得夏父叔逆讓

99　〔清〕紀昀等編纂：《四庫全書總目》，卷30，經部，春秋類存目一，「左氏春秋鐫」條，頁247a。

100　錢穆：《劉向歆父子年譜》，收錄賈貴榮、耿素麗編《名人年譜》第2冊，（據燕京學報1930年6月第7期影印。北京：國家圖書館出版社，2010年12月），頁631-760。

101　〔明〕過庭訓：《本朝分省人物考》，《續修四庫全書》史部（據北京大學圖書館藏明天啓刻本影印），卷76，頁17。

102　〔明〕劉績：〈春秋左傳類解凡例〉，《春秋左傳類解》，《續修四庫全書》經部，第119冊（據明嘉靖戊子刊本影印），頁5。

103　同前註。

104　同前註。

105　〔明〕過庭訓：《本朝分省人物考》，《續修四庫全書》史部，卷76，頁17。

國事，故《傳》通濫文妄解」[106]，如此則勝曲說深文，穿鑿空疏者多矣。

四、考證諸《傳》之誤

（一）湛若水（1466-1560），字元明，號甘泉，廣東增城人，弘治十八年（1505）進士，選庶吉士，授翰林院編修，嘉靖初講學經筵，遷南京國子監祭酒，拜禮部侍郎，歷任南京吏部、禮部、兵部三尚書。師承白沙陳獻章，與王陽明同時講學，「後各立宗旨，守仁以『致良知』為宗，若水以『隨處體驗天理』為宗」[107]，一時遂分王、湛之學，分庭抗禮。湛若水撰有《春秋正傳》一書，所謂「正傳」者，乃謂正諸傳之謬說，而歸之於正也，以為善讀《春秋》者，當「考之於事，求之於心，事得，而後聖人之心，《春秋》之義皆可得」[108]，主張屬辭以比事，事詳而理得，得聖人之心而微言大義正，故而不相信「事」外別有「義」，認為「《左氏》之傳事，實而未純，其餘皆多臆說耳。自三氏、百家，以及胡氏之《傳》，多相沿襲，于義例之蔽，而不知義例非聖人立也，《公》、《穀》穿鑿之厲階也。是故治《春秋》者，不必泥之於經而考之於事，不必鑿之於文而求之於心」[109]，可見他對三《傳》、胡《傳》的義例穿鑿皆不輕信，故而「取諸家之說而釐正焉，去其穿鑿而反諸渾淪，芟其繁蕪以不汩其本根，不泥夫經之舊文，而一証諸傳之實事」[110]，蓋不信一字褒貶，時月義例之說，認為「《春秋》者，魯史之文，而列國之報也。乃謂聖人拘拘焉，某字褒、某字貶，非聖人之心也」[111]，釐正諸《傳》之謬

106　〔明〕劉績：〈春秋左傳類解凡例〉，《春秋左傳類解》，頁5。

107　〔清〕張廷玉：《明史·湛若水傳》（北京：中華書局，2003年），卷283，頁7267。

108　〔清〕紀昀等編纂：《四庫全書總目》，卷28，經部，春秋類三，「春秋正傳」條，頁230b。

109　〔明〕湛若水：〈春秋正傳序〉，《春秋正傳》，《景印文淵閣四庫全書》經部，第167冊，頁40。

110　同前註，頁41。

111　同前註，頁39。

誤，據事蹟以斷經，而以己意折衷之，如其論「隱公不書即位，則謂：
『以不報故不書，乃史之文，非夫子之所削。』」；論『宋公、陳侯、蔡
人、衛人伐鄭』，則謂：『若以稱爵、稱人有褒貶，則人衛可矣。人蔡何
為？其不人宋又何為？決非聖人之義。』；其論『衛人立晉。』則謂：
『衛人者，他國稱之之詞，諸說皆不足泥。』；其論『滕侯卒』，則謂：
『諸侯宜薨而書卒，或葬或不葬，皆魯史之舊，聖人無所加損。』；論
『宋公衛侯遇于垂』，則謂：『史因報而書之，聖人因史而存之。』前後
議論，率本此意」[112]，故《總目》稱其「能舉向來穿鑿破碎之列，一掃空
之，而核諸實事，以求其旨，猶說經家之謹嚴不支者矣」[113]。

（二）朱睦㮮（1520-1587），字灌甫，號西亭，河南開封人，周藩
鎮平恭靖王四世孫，萬曆五年（1577）舉文行卓異，領周藩宗正。終身
偏謁名儒，遊心經術，悉通大義，「世儒箋註之外，于書無不窺，尤精于
《易》、《春秋》，即第建萬卷堂，訪購圖籍，讐校精細」[114]，寒暑不
輟，撰有《春秋諸傳辨疑》一書，大旨取以《春秋》「直書其事，美惡自
見」之義，「參訂諸家之說而折衷之」[115]，遍「取諸傳疏訓故」，有「訛
者正之，衍者去之，錯者理之」[116]，不主張以義例解經之謬說，「訂正秦
漢以來諸家經解」[117]，依經辨證，發明大義，多所創造，如謂「『春正
月』不書王，『王使榮叔來錫桓公命』不書天，『譚子』不書名，『柯之
盟』不書日，『祭叔來聘』不書使之類，以為傳寫脫誤，非孔子有意筆
削，旁引曲證，足破穿鑿附會之論。又謂『穀伯綏來朝』、『鄧侯吾離來

112 〔清〕紀昀等編纂：《四庫全書總目》，卷28，經部，春秋類三，「春秋正傳」條，頁230c。
113 同前註。
114 〔清〕田文鏡、王士俊等監修：《雍正河南通志》，《景印文淵閣四庫全書》史部，第537冊，卷62，頁7。
115 〔明〕朱睦㮮：〈五經稽疑序〉，《五經稽疑》，《景印文淵閣四庫全書》經部，第184冊，頁680，
116 〔明〕王世貞：〈六經稽疑序〉，《弇州四部稿·續稿》，《景印文淵閣四庫全書》集部，第1279-1284冊，卷51，頁22。
117 〔清〕王士俊：《雍正河南通志》，《景印文淵閣四庫全書》史部，第535-538冊，卷62，頁7。

朝』，二朝字當作奔。『鄭游速帥師滅許』，滅當作入。又辨《左氏》以城小穀為城穀之非，《公羊》謂晦不書事之誤，則精核者居多」[118]，訂正諸傳、諸儒謬說，不主一家故常，亦可謂破除門戶矣。

（三）朱朝瑛（1605-1670），字美之，號康流、罍庵，浙江海寧人，崇禎時進士，曾任旌德知縣，賦歸後專事窮經，師承黃道周，鑽研易象、天文之學，不拘於俗見，故多能破除前人陳說，撰有《讀春秋略記》一書，不肯依傍三《傳》以說經，上採自啖助、趙匡，下及王樵、季本、唐順之、郝敬之說，而大抵多自出己見，發明新義，所論多能催破前儒成說，「冥搜別解，不主故常。如謂『甫、父』二字，古文通用，為男子之美稱，孔父之字『嘉』，猶唐杜甫之字『美』，此與程子以『大』為紀侯之名，援『鸞大』為例者何異。又力斥《漢書‧五行志》穿鑿傅會之非，而於『恆星不見』一條，乃引何休之說，以為『法度廢絕，威信不行』之驗，與胡安國不談事應，而『星孛北斗大辰』仍採董仲舒、劉向義者亦同。至於論『隱公三年春，王二月己巳，日有食之』，乃三月非二月。夫人子氏為隱公之夫人，而非仲子，亦未嘗不考證分明」[119]，故《總目》稱許其「不失為讀書者之說經也」[120]。

（四）俞汝言（1614-1679），字右吉，號漸川遺民、大滌山人，浙江秀水人，明末諸生，邃於經學，甲申國變後，歷遊燕、趙、韓、魏、宋、衛、閩、粵、雲中、雁門之地，歸而閉門，專意著述，晚年撰《春秋四傳糾正》一書，兩目因以失明，猶口授使人筆記之，以為傳經之失不在淺論，而在深文，且「六經之不明，諸儒亂之也」[121]，而六經之中以《春秋》為甚，其中「公、穀、胡氏以名稱褒貶言《春秋》，而六經有名家、

118　〔清〕紀昀等編纂：《四庫全書總目》，卷33，經部，五經總義類，「五經稽疑」條，頁274c。
119　〔清〕紀昀等編纂：《四庫全書總目》，卷28，經部，春秋類三，「讀春秋略記」條，頁233c。
120　同前註。
121　〔明〕俞汝言：〈春秋四傳糾正原序〉，《春秋四傳糾正》，《景印文淵閣四庫全書》經部，第174冊，卷首，頁2。

法家矣」[122]，對於諸儒以義例褒貶穿鑿《春秋》，深為不滿，故而舉四《傳》以糾其誤，書中總六端以該之，「一曰尊聖而忘其僭，二曰執理而近於迂，三曰尚異而鄰於鑿，四曰臆測而涉於誣，五曰稱美而失情實，六曰摘瑕而傷鍥刻，六者之弊去而後可以讀《春秋》矣」[123]。書中摘取三《傳》及胡《傳》之失，隨事辨證，精審簡汰，多得經義，《總目》稱其「大抵皆立義正大，持論簡明」，可為「治《春秋》者之藥石，亦可謂深得經意者矣」[124]。

五、考證《注》《疏》之誤

明代中葉以後漸有一股探究漢唐注疏的風氣，此風一直延續到明末清初，至王夫之（1619-1692）《春秋稗疏》與顧炎武（1613-1682）《左傳杜解補正》二書出，可說是研究杜注之顛峰，《總目》稱王夫之考證「足以糾杜《注》之失」，「足以補杜《注》之闕」，又稱許「在近代說經之家，尚頗有根柢」[125]，《清史稿》稱其論學「以漢儒為門戶」[126]。而《總目》也稱顧炎武《左傳杜解補正》「推求文義，研究訓詁，亦多得《左氏》之意」，又云：「炎武甚重杜《解》，而又能彌縫其闕失。可謂掃除門戶，能持是非之平矣」[127]，可以說是讚譽有加，直謂其乃清初漢學的開創者，然顧氏自云：「吳之先達邵氏寶有《左觿》百五十餘條，又陸氏粲有《左傳附注》，傅氏遜本之為《辨誤》一書，今多取之，參以鄙見，名曰『補正』，凡三卷」[128]，可見《左傳杜解補正》取諸明代學者考

122　〔明〕俞汝言：〈春秋四傳糾正原序〉，《春秋四傳糾正》，卷首，頁2。

123　同前註。

124　〔清〕紀昀等編纂：《四庫全書總目》，卷29，經部，春秋類四，「春秋四傳糾正」條，頁236c。

125　〔清〕紀昀等編纂：《四庫全書總目》，卷29，經部，春秋類四，「春秋稗疏」條，頁236a。

126　〔清〕趙爾巽：《清史稿·王夫之傳》（北京：中華書局，1977年），卷480，頁13107。

127　〔清〕紀昀等編纂：《四庫全書總目》，卷29，經部，春秋類四，「左傳杜解補正」條，頁235c。

128　〔清〕顧炎武：〈左傳杜解補正自序〉，《左傳杜解補正》（據清嘉慶十三年昭文張海鵬輯刊本影印。臺北：廣文書局，1987年），卷首，頁1。

證成果者多矣，其成就非憑空而起，而四庫館臣亦云：「杜預注《左氏》，號為精密，雖隋劉炫已有所規，元趙汸、明邵寶、傅遜、陸粲，國朝顧炎武、惠棟又遞有所補正」[129]，顯然館臣已經承認這一學術事實。

（一）邵寶（1460-1527），字國賢，號泉齋、二泉，諡文莊，江蘇無錫人，成化二十年（1484）進士，歷任戶部員外郎，郎中，遷江西提學副使、戶部右侍郎、左侍郎，兼左僉都御史，拜南京禮部尚書。其「教以致知力行為本」，「學以洛、閩為的，嘗曰：吾願為真士大夫，不願為假道學」[130]，對於當時士人沉於陽明良知之學，學問日漸消亡，而漢唐注疏古學幾無人研治之弊，深為痛心，《總目》即云：「馬、鄭、孔、賈之學，至明殆絕，研思古義者，二百七十年內，稀若晨星，迨其中葉，狂禪瀾倒，異說飈騰，乃併宋儒義理之學亦失其本旨。寶所箚記，雖皆寥寥數言，而大旨要歸於醇正，亟錄存之」[131]，故其所學，強調篤實，「原本經術，粹然一出於正」[132]，晚年撰《左觿》一卷，所謂「觿解結之具也」[133]，此書乃其讀《左傳》時之筆記，有所自得則書之簡端，自云：「遇難解處則稽之疏義，而參諸他書，綜橫推度」[134]，蓋考證《左傳》書法、杜《注》、孔《疏》之類，之後擴充為《春秋簡端錄》三卷，館臣以為「其中精確者數條，顧炎武《左傳補注》已採之」[135]，然遍考全書，顧氏引用《左觿》竟多達五十一條之多，可見顧炎武多所采輯選錄，非僅僅是《總目》所云數條而已。

（二）陸粲（1494-1551），除了前面介紹的《春秋胡氏傳辨疑》、

---

129 〔清〕紀昀等編纂：《四庫全書總目》，卷28，經部，春秋類四，「左傳杜林合注」條，頁234a。
130 〔清〕張廷玉：《明史·邵寶傳》（北京：中華書局，2003年），卷282，頁7246。
131 〔清〕紀昀等編纂：《四庫全書總目》，卷33，經部，五經總義類，「簡端錄」條，頁274b。
132 〔清〕張廷玉：《明史·邵寶傳》（北京：中華書局，2003年），卷282，頁7246。
133 〔明〕邵寶：〈左觿序〉，《左觿》，《四庫全書存目叢書》經部，第117冊（北京大學圖書館藏明崇禎四年曹荃編刻邵文莊公經史全書五種本），頁193。
134 同前註。
135 〔清〕紀昀等編纂：《四庫全書總目》，卷30，經部，春秋類存目一，「左觿」條，頁246b。

《左氏春秋鐫》二書外，另撰有《左傳附注》一書，該書前三卷駁正杜預
《春秋經傳集解》注文，第四卷駁正孔穎達《春秋左傳正義》疏文，第五
卷駁正陸德明《經典釋文・左傳》之音義，書後附有《左傳附注後錄》一
卷，《總目》稱其「多旁采諸家之論，亦間斷以己意，於訓詁家頗為有
裨」[136]，顧炎武《左傳杜解補正》一書多所引證，遍考其書，達四十條之
多。邵寶《左觿》雖已對注疏之學有所關注，但考證簡略，至陸粲此書，
可以說開啟了明代學者對漢唐注、疏、音義之學的考證與研究。

　　（三）傅遜（1583前後），字士凱，江蘇太倉人，萬曆間歲薦為嵊
縣訓導，貢授建昌教諭，喜談當世之務，師承歸有光，其《春秋左傳註解
辨誤》一書自云：「雅愛杜《注》，舉筆錄之，既得吾郡先達陸貞山《附
注》，皆正杜誤，與鄙意多合，又會眾說而折衷之，創以己意而為之釐正
焉」[137]，傅遜偶得陸粲《左傳附注》一書見其中糾正杜《注》者皆合其
意，故亦參稽群儒之言，加以探討修訂，自謂能「革千載之譌」[138]，顧炎
武採錄其說頗繁，達八十六條之多，可見顧氏亦重此書矣。傅遜還有一部
著作名《春秋左傳屬事》，王世貞（1526-1590）稱此書對「杜氏之有舛
僻者亦捃而正之」[139]，潘志伊（1565前後）亦云：「將杜氏《集解》變其
體裁，而革其訛謬。余詳讀一二卷，及其辯誤精覈，必傳無疑」[140]，可見
也是以杜《注》為主要考證的對象，針對其未當之處，為之辨謬解訛。傅
氏自云其纂述動機乃因《左傳》「其文古，須註可讀，元凱好之，自謂成
癖，而其《集解》乃多紕繆踈略，或傳文未斷而裂其句以為之註，如防川
介山，失其奇勝，且意義亦難於會解，遜故竟其篇章，而總用訓詁於後，

136　〔清〕紀昀等編纂：《四庫全書總目》，卷28，經部，春秋類三，「左傳附註」條，頁230c。
137　〔明〕傅遜：〈春秋左傳注解辨誤自序〉，《點校補正經義考》第6冊，卷203，頁406。
138　〔明〕王錫爵：〈春秋左傳屬事序〉，《春秋左傳屬事》，《景印文淵閣四庫全書》經部，第169
　　　冊，頁496。
139　〔明〕王世貞：〈春秋左傳屬事序〉，《春秋左傳屬事》，頁499。
140　〔明〕潘志伊：〈春秋左傳屬事後敘〉，《春秋左傳屬事》，頁933。

并參眾說，酌鄙意，僭為之釐正焉」[141]，以期此編「有助於考古者之便」[142]，故而補其遺、正其誤，更加益焉，可見其治學宗旨專注在考索訂正杜預之註解，且傅氏亦甚不滿當時「學校科舉皆襲宋儒一人一時之見為著令，遜雖不敢輕議，而中耿耿者難自泯也，則此書之隙望於天下後世者誠殷矣」[143]，傅遜於萬曆乙酉（1585）撰此序，序文中表達了他不苟同胡《傳》義理之說，遂欲假借此編以啟後學博古、考古之志，故王錫爵（1534-1610）稱其「所自負者，尤在訓詁中」[144]，對照其考證杜《注》之博通謹細，誠不誣也。

（四）凌稚隆，約活動於嘉靖至萬曆間，字以棟，號磊泉，浙江烏程人，少習《春秋》，於《左傳》尤稱精詣，萬曆十五年（1587）撰成《春秋左傳註評測義》七十卷，囊括歷代研究《左傳》的名家經解，然該書雖是詮釋《左傳》之作，但實以杜《注》為主要討論對象，王世貞云：「盡采諸家之合者而薈蕞之，發杜預之所不合者而鍼砭之，諸評《左氏》而嫩者皆臚列之，《左氏》之所錯出而不易考者，或名、或子、或諡、或封號，咸實之編首，一開卷而得之，不唯《左氏》之精神血脈不至閼索，而吾夫子之意，十亦得八九矣」[145]，可說是《左傳》歷代注疏研究的集大成之作。雖然此書尊《左》右《杜》，但凌稚隆自言：「杜注《左傳》，多所錯誤」[146]，故而「參之眾說，酌有徵據，而後以己意折之衷，悉為釐正」[147]，可見此書亦是作者對杜《注》的研究成果，甚至杜《注》中的地名已不適用於今日，凌氏「詳考《山海經》、《水經一統志》、

141　〔明〕傅遜：〈春秋左傳屬事序〉，《春秋左傳屬事》，頁500。

142　〔明〕傅遜：〈春秋左傳屬事序〉，《春秋左傳屬事》，頁500。

143　〔明〕傅遜：〈春秋左傳屬事後序〉，《春秋左傳屬事》，頁935。

144　〔明〕王錫爵：〈春秋左傳屬事序〉，《春秋左傳屬事》，頁496。

145　〔明〕王世貞：〈春秋左傳注評測義序〉，《春秋左傳注評測義》，《四庫全書存目叢書》經部，第126冊（據湖北省圖書館藏明萬曆十六年刻本影印），頁563。

146　〔明〕凌稚隆：〈讀春秋左傳測言〉，《春秋左傳注評測義》，頁611。

147　同前註，頁612。

《廣輿志》，郡縣沿革所載，及《私考》、《事義》、《屬事》，諸已訂定今地者，核實配入註中」[148]，亦可謂杜《注》忠臣矣。

　　（五）惠有聲，約活動於崇禎時期，字律和，號樸庵，江蘇吳縣人，明末貢生，甲申後隱居不仕，以經學教授於鄉，尤精《左傳》，撰有《左傳補注》一書，據曾孫惠棟〈春秋左傳補注序〉云：「棟曾王父樸菴先生幼通《左氏春秋》，至耄不衰，常因杜氏之未備者，作《補註》一卷，傳序相授，於今四世矣。竊謂《春秋》三《傳》，《左氏》先著竹帛，名為古學，故所載古文為多。晉宋以來，鄭、賈之學漸微，而服、杜盛行，及孔穎達奉勅為《春秋正義》，又專為杜氏一家之學。值五代之亂，服氏遂亡。嘗見鄭康成之《周禮》，韋宏嗣之《國語》，純采先儒之說，末乃下以己意，令讀者可以考得失而審異同。自杜元凱為《春秋集解》，雖根本前修，而不著其說，又其持論間與諸儒相違，於是樂遜《序義》，劉炫《規過》之書出焉。棟少習是書，長聞庭訓，每謂杜氏解經，頗多違誤，因刺取經傳，附以先世遺聞，廣為《補註》六卷，用以博異說，袪俗議，宗韋、鄭之遺，前修不揜，效樂、劉之意，有失必規，其中於古今文之同異者尤悉焉，傳之子孫，俾知四世之業勿替引之云爾」[149]，惠有聲之子惠周惕、孫惠士奇、曾孫惠棟。惠棟後撰著《春秋左傳補注》六卷，此書可謂存家族四代研治《春秋》之大成，惠有聲亦可謂開明末吳派漢學之先矣。

第三節　明代《春秋》考據學的考證內涵

　　清人向來鄙視明人束書不觀，空疏無文，此觀點形成大多是從考據的

148　〔明〕凌稚隆：〈輯春秋左傳凡例〉，《春秋左傳注評測義》，頁613。
149　〔清〕惠棟：〈春秋左傳補注序〉，《春秋左傳補注》，《景印文淵閣四庫全書》經部，第181冊，卷1，頁1-2。

眼光出發，然而循著清人考據的思路進入明人著作中仔細觀察，即可發現事實並不全然如此，明代經書中不惟僅有義理，亦存在大量的經典考證，足可證明前人的觀點似乎有待商榷。僅以《春秋》一經而論，明人所考證之內涵可概分為五大部份：一者考證天文地理名物，二者考證書法義例，三者考證文字音義，四者考證制度沿革，五者稽考異文逸文。如此豐富之成績，又豈可驟然以「空疏」目之。

一、考證天文地理

明代《春秋》考證上特別關注「春王正月」的問題，原因在於胡《傳》以夏時冠周月，而朱熹等學者駁之，故而《春秋》使用周正、夏正，改月不改月的爭執勢必透過證明才能定論，明初的張以寧撰著《春秋春王正月考》基本上已經解決了這個千年疑案，但論理若要服人除非能提出明確鐵證，而困於當時天文曆法並沒有現代科學之精確，所以就算張以寧以「漢儒家法」考據之，而實際上多是以「義理過之」[150]的層面，最後學者還是充滿見仁見智的歧見，故明代以後大多是在張以寧的基礎上加以補充或重新考證。另外中國古今地理名稱屢經變易，春秋時之地名至秦漢已大不相同，或形變，或音變，或另起新名，無疑增加了研治《春秋》者的閱讀難度，故而考證地理川河，亦是當時考據的重點之一。

（一）邢雲路（1580前後），字士登，河北安肅人，萬曆時登進士第，官至陝西副使，博極羣書，尤究心於天文、星象之學，撰著《古今律歷考》七十二卷，其中兩卷《春秋考》即在探考春秋律歷的問題，《四庫全書總目》云：「其論周改正即改月，大抵本於張以寧《春王正月考》。惟於《書》惟元祀十有二月，則指為建丑之月，謂商雖以丑為正，而紀數之月，仍以寅為首，與《春王正月考》之說不同。然均之改正，而於周則

150　〔清〕朱彝尊撰〔民國〕侯美珍等點校：《點校補正經義考》第8冊，卷297，頁859。

云改月，於殷則云不改月，究不若張以寧說之為允也」[151]，雖非專門《春秋》考證著作，亦有其貢獻矣。

（二）周洪謨（1421-1492），字堯弼，謚文安，四川長寧人，正統十年（1445）進士，官至禮部尚書，撰有《周正辨》一卷，認為「漢仍秦正，未之有改。至武帝太初始改從夏正，若以為漢人作漢紀而追改之，則何故亦兼秦紀而改之乎？是秦、漢之不改月者，審矣。文穎、師古之言，皆謬妄者也，吳淵穎反取其說而詆蔡氏，以嬴秦視三代誤矣」[152]，又云：「九峯蔡氏謂不改時亦不改月，至於元儒吳仲迂、陳定宇、張敷言、史伯璿、吳淵穎、汪克寬輩，則又遠宗漢儒之謬，而力詆蔡氏之說。謂以言《書》則為可從，以言《春秋》則不可從，於乎！四時之序千萬，古不可易，而乃紛更錯亂，以冬為春，以春為夏，以夏為秋，以秋為冬，位隨序遷，名與實悖」[153]矣。

（三）李濂（1489-1587），字川父，河南祥符人，正德九年（1514）進士，歷仕山西按察司僉事，晚年杜門謝客，以著述自娛，撰有《夏周正辨疑會通》四卷，認為「《春秋》隱公元年首書曰『春王正月』，《左傳》曰『王周正月』，謂建子之月也。伊川程子乃為之說曰：『周正月非春也，假天時以立義耳！』夫以程子之賢，豈懵於此，蓋泥於《論語》『行夏之時』之一言。今夫《論語》者，聖門論道之書也；《春秋》者，魯國紀事之史也，其為書固不同，而可以例觀邪？胡文定作《春秋傳》，乃曰『以夏時冠周月。』龜山之在當時已不能無疑，答書辨駁，冀其改正，而文定卒未之從，此所以啟後儒紛紛之議也。自是而後，眾論鼉起，或以為改月不改時，或以為時月皆不改，或以為時月皆改，甲可乙

151　〔清〕紀昀等編纂：《四庫全書總目》，卷106，子部，天文算法類一，「古今律歷考」條，頁894b。

152　〔明〕周洪謨：《周正辨》，收錄唐順之《荊川稗編》，《景印文淵閣四庫全書》集部，第953冊，卷15，頁2。

153　〔明〕周洪謨：《周正辨》，收錄唐順之《荊川稗編》，卷15，頁2。

否，各持堅白不相下，於是『春王正月』之旨，遂為千古不決之疑矣」[154]，認為《左傳》「周正」為建子之月，而後儒深求過當，以致引起爭端也。

後起的學者如林懋和〈春秋春王正月周正考〉、章潢〈元年春王正月〉、王鏊〈春王正月辯〉、呂坤〈春王正月考〉、王守仁〈論元年春王正月〉、金瑤〈辯陽明先生元年春王正月論〉、吳繼仕〈春王正月辨〉[155]、楊慎〈周正改月〉〈古詩可考春秋改月之證〉、王廷相〈春秋周正辯〉、徐芳〈春王正月論〉、孫慎行〈春王正月辨〉、劉應秋〈春王正月辨〉、張溥〈元年解〉等等，亦陸續提出考證，甚至明人《春秋》專書中只要論到「春王正月」一條，作者往往有所辨正訂考，可見此問題在當時困擾學者已久，在明代依舊無法獲得一個圓滿的解決。

另外關於《春秋》日蝕考證的問題，明末吳繼仕（約1566-1636）撰有〈春秋多闕誤辨〉[156]，以《授時》西曆訂正《春秋》闕漏誤載之文，至清初黃宗羲（1610-1695）也對於曆法亦深有考證，撰有《春秋日食曆》一卷，此書在謝國楨〈黃梨州著述考〉或吳光〈黃宗羲著作存佚總表〉皆表示已經亡佚不見，實則保存於黃宗羲與弟子萬斯大的書信往來當中，其內容亦是以《授時》西曆考證衛樸所推論《春秋》日食有誤之作，此二人為當時以西方曆法知識考證《春秋》日食的明末學者。以上諸人為明代考證《春秋》天文曆法的學者，以下介紹當時著眼於《春秋》地理疆域考證的學者，首推季本、楊慎二人。

（一）季本（1485-1563），字明德，號彭山，浙江會稽人，弱冠舉於鄉，後師事王陽明，聞良知之說，悉悔舊學，一意經術。撰著《春秋地

---

154 〔明〕李濂：〈夏周正辨疑會通序〉，《嵩渚文集》，《四庫全書存目叢書》集部，第71冊（據杭州大學圖書館藏明嘉靖刻本影印），卷55，頁10。

155 〔明〕吳繼仕：〈春王正月辨〉，《六經始末原流》，《中央研究院中國文哲研究所古籍整理叢刊》，第13冊（據西德華裔學志社抄本及日本內閣文庫刻本影印排版），頁65-67。

156 〔明〕吳繼仕：〈春秋多闕誤辨〉，《六經始末原流》，頁62-65。

考》一書，此書不見諸書志、目錄記載，惟有臺北國家圖書館藏有舊抄本，為今日所僅存之孤本，此書考證《春秋》古代地名，並舉明代當時地名相互引證，為明代《春秋》地理考證第一人矣。

　　（二）楊慎（1488-1559），字用修，號升庵，別號博南山人、博南戍史，諡文憲，四川新都人，二十舉鄉試，正德六年（1511）登進士第，殿試第一，好學窮理，肆力古學，無所不覽，《明史》云：「明世記誦之博，著作之富，推慎為第一」[157]，撰有《春秋地名考》一卷，又名《春秋左傳地名考》，收錄《升菴雜刻》之中，臺北傅斯年圖書館藏有明萬曆間刊本，亦為善本孤帙。其考證之資非紙上談兵之類，而是強調親身經歷之重要，自云「山川經絡，苟非目睹身歷，而欲據文字定之，鮮有不失者矣」[158]，以自身走訪的實地體驗作為考證的基礎，書中歷引三《傳》、注疏、正義，經、史、子、集、百家之書等等前人成果，一一遍考。

　　此考據地理之風延至明末清初，諸如劉城《春秋左傳地名錄》、《左傳人名錄》，吳偉業《春秋地理志》，王夫之《春秋稗疏》等等，或多或少都對《春秋》地理、人名有所考訂證補，其風亦延襲至季本、楊慎諸人。值得一提的是明末清初考證地理的風氣甚為興盛，並非僅限於經書領域，如顧炎武《天下郡國利病書》、《肇域志》，徐宏祖《江源考》、《盤江考》，方以智《通雅》，朱謀㙔《水經注箋》等等，都是偏向實證的地理考察，而《左傳》中之地理疆域也適足以成為學者古今引證對照時的文獻取材來源，對於地理考證來說功用是多方面的。

二、考證書法義例

　　（一）石光霽（1368前後），字仲濂，江蘇泰州人，師從張以寧學

---

[157] 〔清〕張廷玉：《明史‧楊慎傳》（北京：中華書局，2003年），卷192，頁5083。

[158] 〔明〕楊慎：〈石熊峯漭沱河考〉，《升菴集》，《景印文淵閣四庫全書》經部，第1270冊，卷77，頁1。

《春秋》，洪武十三年（1380）薦舉為國子監學正，擢升《春秋》經博士，撰有《春秋書法鉤玄》四卷，其論《春秋》書法，認為「《春秋》一經，其文為至簡，其義為至明，然不屬辭以考之，比事以求之，則聖人所書之法豈易識哉」[159]，以為《春秋》書法大旨欲明，必求之屬辭比事之法，而「《春秋》一經，往往因失禮而書，以示褒貶，出乎禮則入乎《春秋》也」，故全書區分為「吉、凶、軍、賓、嘉」等五禮，以「《左傳》、《公》、《穀》、胡氏、張氏為主，義有未備者，亦間採啖、趙諸儒之說，而總以己意折衷之」[160]，可謂明代初期《春秋》學大家矣。

（二）徐學謨（1522-1593），字叔明，號太室，江蘇嘉定人，嘉靖二十九年（1550）進士，任職方主事。撰有《春秋億》一書，以為《春秋》書法義例，「若繼弒，一也；或書即位，或不書即位，紀元一也；或書王正月，或不書王正月，或單書春王而不書正月，伐國一也；或名或不名，或爵或不爵，專將帥師，一也；或去其公子，或不去其公子，弒君一也。或明其為弒，或不明其為弒」[161]，正變相錯，權衡互異，乃「重掇三氏併范、楊、何、孔諸家疏解，與胡氏之《傳》，猥加裒輯，稍略其正變之例」[162]，「大旨以《春秋》所書，皆據舊史，舊史所闕，聖人不能增益。如隱、莊、閔、僖不書即位；桓三年以後，不書王；衛人、陳人、從王伐鄭，不稱天；以及日、月之或有或無，皆非聖人所筆削」[163]，《總目》稱其能「一掃《公羊》、《穀梁》無字非例之說，與孫復、胡安國無事非譏之論」[164]。

（三）卓爾康（1570-1644），字去病，號農山，浙江仁和人，萬曆

159　〔明〕石光霽：〈春秋書法鉤元序〉，《春秋書法鉤元》，《景印文淵閣四庫全書》經部，第165冊，頁808。

160　〔清〕紀昀等編纂：《四庫全書總目》，卷28，經部，春秋類三，「春秋鉤元」條，頁229c。

161　〔明〕徐學謨：〈春秋億序〉，《春秋億》，《景印文淵閣四庫全書》經部，第169冊，頁2。

162　同前註，頁3-4。

163　〔清〕紀昀等編纂：《四庫全書總目》，卷28，經部，春秋類三，「春秋億」條，頁232a。

164　同前註。

四十年（1612）舉人，歷任工部員外郎，遷大同府推官，移兩淮運判。其學湛深經術，師事許孚遠，究心經濟，負經世之才，以天下事為己任，甲申聞國變，悲憤而亡。撰有《春秋辯義》一書，大旨分為六類：經義、傳義、書義、不書義、時義、地義，「雜取舊說，排比詮次，而斷以己意」[165]，四庫館臣稱其書「明白正大，足破諸說之拘牽，在明季說《春秋》家，猶為有所闡發焉」[166]，錢謙益則謂其足以「箴俗學之膏肓，而起其廢疾也」[167]，讚譽有加焉。

　　（四）邵弁（1567-1582後），字偉元，江蘇太倉人，窮心經學，學者多從問之，其《春秋通議略》一書，臺北傅斯年圖書館藏明萬曆刊本，孤帙僅存，該書上卷為《春秋或問》，下卷為《春秋凡例輯略》，其書大旨認為「《春秋》有是非而無褒貶。褒貶，一人之私也；是非，天下之公也」[168]，且《春秋》「史以正王法，經以明王道，史法立而大道行矣，何以褒貶為？」[169]故而《春秋》之教，不過二端，「同辭同事者，正例也；異事異辭者，變例也。例以通其凡，辭以體其變，而經教立矣」[170]，孔子何必取於褒貶予奪，此皆後世虛加矣。其上卷《春秋或問》計五十四條，以自問自答之體解說《春秋》書法，下卷《春秋凡例輯略》分兩類，一類為「大事必書之體」，計十六例，一類為「常事特書之體」，計四例，皆為解說《春秋》之義例者。

　　後之學者如：曹學佺《春秋例義大略》、《春秋傳刪》、《春秋義略》，王升《讀春秋左氏贅言》，毛奇齡《春秋屬辭比事記》、《春秋條貫篇》等等，皆為明末清初考述《春秋》書法、義例之作耳。

165　〔清〕紀昀等編纂：《四庫全書總目》，卷28，經部，春秋類三，「春秋辨義」條，頁233b。

166　同前註。

167　〔清〕錢謙益：〈與卓去病論經學書〉，《錢牧齋全集·牧齋初學集》，卷79，頁1707。

168　〔明〕邵弁：〈春秋通議略序〉，《春秋通議略》，《明婁江邵氏經學二書》（臺北傅斯年圖書館藏明萬曆刊本），卷首序文。

169　同前註，卷首序文。

170　〔明〕邵弁：〈春秋通議略序〉，《春秋通議略》，《明婁江邵氏經學二書》，卷首序文。

三、考證文字音義

　　明代考證《春秋》文字音韻者首推楊慎，其《升菴外集》卷三十為「春秋左傳附公穀」，卷三十一為「春秋左傳」，書中對於三《傳》字詞、方言、俗語的考證多有使用字形、字音、雙聲、疊韻、通轉、聯緜詞的現代文字與音韻學觀念，如論「左傳輕字多作去聲讀」[171]；「輕字義」[172]；「士會當做士會」[173]；「鞫字四聲轉入平音」[174]；「筮之遇艮之八」[175]；「於越」[176]；「旬乘同音」[177]；「三傳字異同」[178]……等等，當然這些只是他考據成就的極小一部份，詳細的介紹可以見林慶彰先生所撰《明代考據學研究》一書，其中對於楊慎遍考群書，在考據學上的成就、缺失與影響，皆有巨細靡遺的研究[179]。《續修四庫全書總目提要》許其為「明人經說之翹楚」[180]，實不為過。而不可諱言的，楊慎考據學的成果亦得失互見，然在當時義理席捲的時代，能以考證作為治學的方向，實屬不易，故林慶彰先生認為楊慎不僅「開創明代考據學風，並奠定明代博雜之考據規模，明代諸考據家不論糾楊或譽楊，無不受其影響。至清代考據之風，更直承用修而來」[181]，確確實實已為明末清初的考據研究風潮奠定了不少的基礎。另外明代涉及《春秋》文字音義之考證者，從楊慎之後，有

171　〔明〕楊慎：《升菴外集》，《雜著祕笈叢刊》第3冊（據明萬曆四四年顧起元校刊本影印。臺北：臺灣學生書局，1971年），卷30，頁977。

172　同前註，卷30，頁977。

173　同前註，卷31，頁994。

174　同前註，卷31，頁996。

175　同前註，卷31，頁998。

176　同前註，卷31，頁1017。

177　同前註，卷31，頁1020。

178　同前註，卷31，頁1022。

179　林慶彰：《明代考據學研究》第三章（臺北：臺灣學生書局，1986年修訂再版），頁39-130。

180　中國科學院圖書館整理：《續修四庫全書總目提要·經部》（北京：中華書局，1993年），群經總義類，「升菴經說」條，頁1325。（江瀚提要）

181　林慶彰：《明代考據學研究》第三章，頁128。

傅遜《左傳古字奇字音釋》，錢謙益《讀左傳札記》，傅山《春秋人名韻》等等，或多或少亦都有觸及音韻的問題。

四、考證制度沿革

　　季本除了有《春秋地考》一書以見其地理考據外，另外他還撰著有《春秋私考》三十六卷，遍及「地里古今之沿革、姓名氏族之流派、星曆之數度、禘郊嘗社、禮樂、兵賦之纖悉」[182]，辨析毫釐，務盡核實，為當時學問淵博之陽明授業弟子，其生平「未嘗一日釋卷，於書無所不讀，讀一書，必究其顛末乃己……一意六經，潛心體究。久之既浸溢，懼學者騖於空虛，則欲身挽其弊，著書數百萬言，大都精考索務」[183]，凡古今之聚訟疑義不決者，舉凡「《公》、《穀》之義例，《左氏》之事實，諸家紛紛之說，一切摧破」[184]，不輕信三《傳》，以「獨身處其地，以推見當時事情而定其是非。雖其千載之上不可億知，然以斯人直道而行之心準之」[185]，亦承陽明致良知之說，唐順之譽其「昔人所稱經師莫之及也」[186]。雖然錢謙益云：「近代之經學鑿空杜撰，紕繆不經，未有甚於季本者也」[187]，又云：「有志於經學者，見即當焚棄之，勿令繆種流傳，貽誤後生也」[188]；《總目》貶其「釋經處謬戾不可勝舉」[189]，認為「講學家

182　〔明〕唐順之：〈季彭山春秋私考序〉，《春秋私考》，《四庫全書存目叢書》經部，第117冊（據明嘉靖刻本影印），頁291。

183　〔明〕徐象梅：〈季明德先生〉，《兩浙名賢錄》，《北京圖書館古籍珍本叢刊》史部，第17冊（據明天啓徐氏光碧堂刻本縮印。北京：書目文獻出版社，1988年），卷4，理學，頁36。

184　〔明〕唐順之：〈季彭山春秋私考序〉，收錄《春秋私考》，《四庫全書存目叢書》經部，第117冊，頁291。

185　同前註。

186　同前註。

187　〔明〕錢謙益：〈跋季氏春秋私考〉，《錢牧齋全集·牧齋初學集》，卷83，頁1753。

188　同前註，卷83，頁1754。

189　〔清〕紀昀等編纂：《四庫全書總目》，卷30，經部，春秋類存目一，「春秋私考」條，頁246c。

之恣橫，至明代而極矣」[190]；張夏認為季本「大都逞臆見，喜翻案鑿空」[191]，盡都予以惡劣的負面評價，實則這些批評圍繞在季本不信三《傳》，以己意釋經，自立新說上頭，卻忽略此乃考據學者必須要有的懷疑精神，而且諸人評斷皆漠視其經典考據之功，實是以人廢言，以一廢百，以偏概全之論也。以今日所見後世大量引用其《春秋》考據成績的學者即有豐坊《春秋世學》、姜寶《春秋事義全考》、高攀龍《春秋孔義》、黃正憲《春秋翼附》、朱朝瑛《讀春秋略記》、卓爾康《春秋辯義》、熊過《春秋明志錄》、魏禧《左傳經世鈔》、朱鶴齡《左氏春秋集說》《讀左日鈔》、丁晏《左傳杜解集正》、俞汝言《春秋平義》、鍾文烝《春秋穀梁經傳補注》、方苞《春秋直解》、陸奎勳《春秋義存錄》、姚培謙《春秋左傳杜注》、高士奇《春秋地名考略》、顧棟高《春秋大事表》、江永《春秋地理考實》、梁履繩《左通補釋》等等，其中多是明清時期的考據專家，甚至連尊崇漢學考據的康熙皇帝，其《欽定春秋傳說彙纂》一書亦大量引用季本之說，如此驚人的影響力，又豈能視若無睹耶？

另外，今日學者論及古今經學傳承的沿革時，每以朱彝尊《經義考》為圭臬，實則明代中葉以後即有一類是專門考證經學師承源流的著作，以《春秋》學來說，即有朱睦㮮（1520-1587）《授經圖‧春秋》四卷[192]，睦㮮，字灌甫，號西亭，河南開封人，年輕時即遍謁名儒受經學，盡通大義。是書大旨在「病漢學之失傳，因溯其專門授受，欲儒者飲水思源」[193]，亦稍救漢儒學術之衰矣。卷首載義例，略論凡例、辨正。卷二：繪製三《傳》師承體系表。卷三：論三《傳》諸儒傳略，《左傳》由左丘明～陳元，《公羊傳》由公羊高～張楷，《穀梁傳》由穀梁赤～侯霸。卷

190　〔清〕紀昀等編纂：《四庫全書總目》，卷30，經部，春秋類存目一，「春秋私考」條，頁247a。

191　〔清〕張夏：《雒閩源流錄》，《續修四庫全書》史部，第536冊（據復旦大學圖書館藏清康熙二十一年黃昌衢彝敘堂刻本影印）卷15，頁14。

192　〔明〕朱睦㮮：《授經圖》（據清道光十九年李氏刻惜陰軒叢書本影印。臺北：廣文書局有限公司，1990年再版），卷1，頁157-229。

193　〔清〕紀昀等編纂：《四庫全書總目》，卷85，史部，目錄類一，「授經圖」條，頁731c。

四：考錄歷代諸儒著述，其中又細分為「石經、章句、傳、注、集注、義疏、論說、序解、類例、圖、譜、考正、音、讖緯、外傳」等十五類，收錄時間由先秦至明代，橫跨兩千年之久。如此看來，《經義考》之作實則沿襲至《授經圖》一書，清人周中孚（1768-1831）論《經義考》即云：「其書大都取材於馬氏書，及以朱西亭《授經圖》、《經序錄》」[194]，《總目》亦云：「朱彝尊《經義考》未出以前，能條析諸經之源流，此書實為之嚆矢」[195]，如此則不宜抹滅前人先導之功矣。而時代稍後則有吳繼仕（約1566-1636）《六經始末原流》一書出，其中存《麟經原流》[196]一篇，亦在考證《春秋》師承之源流，惟因以文論撰寫，故無體例可言，僅可視為單篇之論文，然流傳不廣，故亦鮮少人知悉，其影響不如朱睦㮮《授經圖》深遠，今則特表而介紹之。

五、稽考異文逸文

孫毂，約活動於崇禎時期，字子雙，江西進賢人，撰《古微書》三十六卷，自言「嘗讀歷代史、經籍、藝文志，空標其目，而書竟隱泯矣。閒有存者，亦復如裂錦碎璧，聲味不聯」[197]，故「雜採舊文，分為四部，名『微書』，一曰『樊微』，輯秦漢以前逸書；一曰『綫微』，輯漢晉間箋疏；一曰『闕微』，徵皇古七十二代之文；一曰『刪微』，採《尚書》十一種，《春秋》十一種，《易》八種，《禮》、《樂》、《詩》三種，《論語》四種，《孝經》九種，《河圖》十種，《洛書》五種，統謂之古微書」[198]，然前三書均已亡佚，僅存「刪微」存世，即今日所見之《古微

194　〔清〕周中孚：《鄭堂讀書記》，《續修四庫全書》史部，第924冊（據上海辭書出版社圖書館藏民國十年刻吳興叢書本影印），卷11，頁2。

195　〔清〕紀昀等編纂：《四庫全書總目》，卷85，史部，目錄類一，「授經圖」條，頁731c。

196　〔明〕吳繼仕：〈麟經原流〉，《六經始末原流》，頁65-67。

197　〔明〕孫毂：〈古微書序〉，《點校補正經義考》第8冊，卷267，頁68-69。

198　〔清〕陳田：《明詩紀事》，《續修四庫全書》集部，第1712冊（據天津圖書館藏清貴陽陳氏聽詩齋刻本影印），庚籤卷30下，頁10。

書》。

讖緯本起於西漢之世，王莽即藉讖語以登帝位，東漢光武帝更篤信之，當時號為「內學」或「古學」，與儒家經典半分天下，魏晉以後漸遭禁絕，於是不傳。元代陶宗儀《說郛》一書有選輯讖緯之文，然僅是隨手抄錄，毫無體例系統可言，至明代孫瑴輯亡補佚，分門別類，可謂集古代讖緯之大成也。其自云：「庶古人之奧帙逸文將湮不湮，而亦使海內窮古之儒，不至貧於學之，無從遡者賴是乎」[199]，可見其心好古，其意在存古，以保存古代文獻的動機出發。以《春秋緯》來說，全書分為十五類，計有《春秋元命包》、《春秋演孔圖》、《春秋合誠圖》、《春秋文耀鉤》、《春秋運斗樞》、《春秋感精符》、《春秋考異郵》、《春秋潛潭巴》、《春秋說題辭》、《春秋漢含孳》、《春秋佐助期》、《春秋保乾圖》、《春秋握成圖》、《春秋內事》、《春秋命歷序》等，保留了漢世儒者的讖緯經學觀，其功不可謂不大矣，故《總目》稱其：「採摭編綴，使學者生於千百年後，猶見東京以上之遺文，以資考證，其功亦不可沒」[200]，又曰：「瑴輯此編，於經義亦不無所稗，未可盡斥為好異」[201]，今朱彝尊《經義考》一書中《毖緯》一門，十之八九皆取材自此書，馬國翰《玉函山房輯佚書》有關讖緯的解題亦引自此，可以說開啟了清初輯佚讖緯之風，對於經書考證之學，助益頗大。

另外明代還有所謂考證異文之風，陳士元（1516-1597）即撰有《春秋異文》一卷，其自云：「暴秦焚書，漢興屢下購書之令，而經文竟多殘逸，所立博士各家師授轉錄不同，況漢初文字兼行篆、隸，後世易以今文，豈得盡同。又漢儒稱引經語，皆出自記憶，非有鏤本可校，且撰著各成一家言，其文自不能同。予讀《十三經注疏》及秦、漢、晉、唐書所載

199　〔明〕孫瑴：〈古微書原序〉，《古微書》，《景印文淵閣四庫全書》經部，第194冊，頁810。

200　〔清〕紀昀等編纂：《四庫全書總目》，卷33，經部，五經總義類，「古微書」條，頁280c-281a。

201　同前註。

經語，有與今文異者，輒私識之，輯十一卷，用示塾童，俾得擇取
焉」[202]，蓋「考訂五經文字異同，大抵以許慎《說文》、陸德明《經典釋
文》為主，而捃摭雜說附益之」[203]，亦是存古，表彰漢學，以資考證也。
其他如周應賓（1554-1626）《春秋考異》，閔光德（1594前後）《春秋
左傳異名考》、《春秋姓名辨異》，龔而安（1619前後）《春秋姓名辨
異》等等，皆導清人經書輯佚、考異之學風矣。

　　然而明人復古、好古，進而炫博、好奇之風，亦使明末的一些考據之
學走入了歧路，如同林慶彰先生所說：「視此種考據為畸形發展亦不為過
也」[204]，為了誇耀自身博古，遂有偽造經籍的現象產生，如王世貞
（1526-1590）《左逸》一書[205]，自云：「嶧陽之梧爨樵者窮其根，獲石
篋焉，以為伏藏物也，出之有竹簡漆書古文，即《左氏傳》，讀之中有小
牴牾者凡三十五則，余得而錄之，或曰其指正，正非《左氏》指也，或曰
秦漢人所傳而托也，余不能辨，聊以辭而已」[206]，其實此書乃王世貞自己
所造，並非真有甚麼文獻出土，故四庫館臣譏諷云：「漆書竹簡，豈能閱
二千年而不毀，其偽殊不足辨也」[207]，雖然館臣的譏諷於今日帛書竹簡相
繼出土之下已無甚公信力，但此書實是當日學者眾所皆知的偽書。

　　而明代造偽經書的極致，以豐坊（1494-1569）居首，坊字存禮、一
字人叔，後改名道生，字人翁，號南禺外史，浙江鄞縣人，其偽造《子貢
詩傳》、《申培師說》、《大學古本》等書，造成後世學者爭論不休，其

202　〔明〕陳士元：〈五經異文序〉，《五經異文》，《四庫全書存目叢書》經部，第149冊（據北京
　　　大學圖書館藏明萬曆刻歸雲別集本影印），頁195。

203　〔清〕紀昀等編纂：《四庫全書總目》，卷34，經部，五經總義類存目，「五經異文」條，頁
　　　282b。

204　林慶彰：《明代考據學研究》第二章，頁34。

205　收錄《弇州山人左逸短長》，臺北國家圖書館藏明刊本。《經義考》著錄此書。《四庫全書存目
　　　叢書》史部，第44冊收錄蔣節謹輯其父抄《左逸》一卷（三則），《四庫全書總目》云：「不知何
　　　人」所作，經筆者與此書對比，蓋節抄王世貞書矣。另外臺北國家圖書館藏黃禹金、邵闓生《蠭古
　　　介書》，書中有《左逸》一文，經過對比，亦是節抄王氏此書耳。

206　〔明〕王世貞：《弇州四部稿》，《景印文淵閣四庫全書》集部，第1279-1284冊，卷141，頁1。

207　〔清〕紀昀等編纂：《四庫全書總目》，卷52，史部，雜史類存目一，「左逸」條，頁468a。

影響沿至清初才稍稍止歇，錢謙益批評前明經學之荒謬，其第二即亂經之謬，所謂「《石經》托之賈逵，《詩傳》儗諸子貢，矯誣亂真，則四明豐氏坊為之魁」[208]，目豐氏為明代亂經之首惡。而今存《春秋世學》三十三卷亦是其偽造的經書其中一種，不僅補經、改經、刪經、移經，甚至造傳、改傳、刪傳，無所不用其極。書中也偽造《春秋》學的師承關係，如子夏《春秋傳》、樂正子《附記》、王羲之《略說》、豐稷《案斷》、章貢李氏等人，皆是作偽。又有偽石經、偽經書、偽先師、偽先人、偽先祖、偽先儒，而其高明之處就在於夾雜了大量真實的漢、魏晉、隋、唐、宋、元、明代學者的經說，以及運用了真正出土的鐘鼎銘文、漢碑，造就了真真假假，虛虛實實的偽經書，而不易使人識破，形成了不小的學術影響力，如明代學者何楷《詩經世本古義》、朱睦㮮《五經稽疑》、姜寶《春秋事義全考》、卓爾康《春秋辯義》、張次仲《待軒詩記》，清代學者郝懿行《春秋說略》、張尚瑗《三傳折諸》，甚至連康熙《欽定春秋傳說彙纂》一書亦引用之，足可見其仿古功力了得。然而豐坊其實也利用了明中葉以後士人好古尚奇的習氣，心術雖不正，但書中內容平心而論也確有他創見不易的地方，無須像皮錫瑞（1850-1908）所以為「季本、郝敬多憑臆說，楊慎作偽欺人，豐坊造《子貢詩傳》、《申培詩說》以行世，而世莫能辨，是明又不及元也」[209]的論調，將諸人盡視之為洪水猛獸，是又僅見其弊而不見其學矣，如黃宗羲本人雖明知為偽書，卻仍認為「其中驚駭創闢處，時有端確不可易者，乃概以狂易束之高閣，所以嘆世眼之如豆也」[210]，又說：「坊所著五經世學，其窮經誠有過人者」[211]，全祖望

208　〔清〕錢謙益：〈賴古堂文選序〉，《錢牧齋全集・牧齋有學集》，卷17，頁768。

209　〔清〕皮錫瑞撰〔民國〕周予同註：《增註經學歷史・經學積衰時代》（臺北：藝文印書館，2000年），頁310-311。

210　〔清〕黃宗羲：《明文授讀評語彙輯・世統本紀序・豐坊》，收錄《黃宗羲全集》第11冊，卷31，頁181。

211　〔清〕黃宗羲：〈豐南禺別傳〉，《黃宗羲全集》第10冊，頁605。

（1705-1755）亦云：「其中亦有可采者，不當以人廢之」[212]，兩位大學
者皆有肯定之語，可見豐氏雖造偽，然其中的經書考證亦有其學術成就之
處，似乎不宜因其人品而盡廢其所言，全盤否定其書矣。

第四節　明代學者對「漢宋」治經的歧異

　　宋代理學在二程、朱熹手中奠定了堅實的理論與學術規模，但理學獨
尊的巔峰時代卻要等到明代官方藉由《五經大全》定於一尊的時候，至此
從永樂時期一直到崇禎皇帝，理學始終佔居學術研究的前沿，但興盛了兩
百年的理學發展到了清初乾嘉階段卻轉變成漢學考據之學，這樣的學術轉
折絕對不是短時間能夠達成的，因為一代學術要過渡到另一時代的學術，
不可能憑空而生，事前卻沒有徵兆與陣痛的過程，更何況乾嘉時期已經是
漢學考據的顛峰全盛期，所以可以想見明清兩代的漢學與宋學的治經之
爭，必然是經過文人經生的一番激烈論戰，這個轉折的過程大約是介於明
代中葉至明末時期，而這兩大解經模式可說是各有各的擁護者，也各有各
的學術理論，有崇尚宋學鄙視漢學者，有尊奉漢儒輕視宋儒者，亦有持漢
宋之學皆有可議之處者，而更多層面是傾向支持漢宋皆有可用，皆可互補
的調和論者，這些趨向代表著當時治經模式已不是程朱理學獨尊的一言
堂，已經開始發生結構性的變化，以下分別論述之。

一、「宋儒義理」的尊崇

　　明代理學大體延續著宋元而來，故而在明初至明中葉階段的學者比較
傾向於尊崇宋儒經說，如胡翰（1307-1381）就認為學者治經大要，務在

212　〔清〕全祖望：〈題豐氏五經世學〉，《鮚埼亭集外編》（詹海雲校注。臺北：國立編譯館，2003
　　年），頁784。

「以身體之，以心會之，則聖人之道不在於書，而在吾身、吾心矣」，而前人治經「汨於漢，加之《傳》、《注》，日以滋蔓，故習於訓詁者，溺於專門」[213]，以為漢儒訓詁之學既無法闡述聖人之心，亦無實踐之功，徒碎碎瑣瑣於專門之學，實非治經之道。顧璘（1476-1545）更云：「宋儒泥章句，立主意，雖於文字之際有所發明，卒使六經之旨拘牽執滯，而無曲暢旁通之趣，實訓詁之學為之害也」[214]，言下之意雖貶抑宋儒執滯於經旨，無法達到曲暢旁通之效，實則陰損漢唐訓詁章句之學的拘牽危害。林爍（1528-1584）以為經學不明可歸咎於漢儒也，其云：「自漢以來，傳經者無慮數百家，其書學者多有之，然聖人之旨愈鬱而不章，則諸儒之過也」，而「漢儒之附會為已甚矣，蓋《傳》、《注》愈繁，則聖人之經愈晦，曰：盡廢《傳》、《注》可乎？曰：何可也，所以明經也，與其過而廢之，孰若過而存之。」[215]，雖然他也不認為《傳》、《注》可逕而廢之，但認為漢儒章句訓詁繁雜附會，實已使聖人經旨晦澀不明矣。像這類對漢儒訓詁有害經旨義理的意見一直存在，明末陸隴其（1630-1692）即云：「漢儒多求詳於器數，而滷略於義理，聖人之遺言雖賴之以傳，而聖人之精微亦由之而湮。至濂、洛、關、閩諸儒出，即器數而得義理，然後聖人之旨昭若白日，而六經之學於是為盛」[216]，但這樣貶抑漢學，尊崇義理的聲音畢竟過於極端，大部份的學者通常只是稱揚宋明義理學闡發聖人之心的效用，但並沒有過分地批評漢學考據的無用，畢竟章句訓詁之學本來就一直普遍存在傳統學者治經的方式之中，但明中葉以前這類「貶漢尊宋」的聲音確實也說明了當日理學的獨尊之勢。

213　〔明〕胡翰：〈芳潤齋記〉，《胡仲子集》，《景印文淵閣四庫全書》經部，第1229冊，卷6，頁24；頁26。

214　〔清〕朱彝尊撰〔民國〕侯美珍等點校：《點校補正經義考》第8冊，卷297，頁841。

215　同前註，頁848-849。

216　同前註，頁850。

二、「漢儒訓詁」的反溯

　　明代至中葉以後，程朱理學雖仍獨尊，但沉悶而缺乏新意，於是崇尚漢儒與訓詁考據之學的人漸起，《四庫全書總目》亦云：「明之中葉，以博洽著者稱楊慎，而陳耀文起而與爭」，「次則焦竑，亦喜考證」，雖然批評楊慎「好偽說」，陳耀文「好蔓引」，焦竑「牽綴佛書，傷於蕪雜」，但大體上承認他們專以考證為事的治學傾向，之後方以智「崛起崇禎中，考據精核，迥出其上」，以為一掃鑿揣之空談，稱其「窮源遡委，詞必有徵，在明代考證家中，可謂卓然獨立矣」，而此訓詁考證風氣一開，「顧炎武、閻若璩、朱彝尊等沿波而起」[217]，四庫館臣確實已經注意到明代中葉的這股考證之學實為清初諸儒考據學風的先導。而此時中葉的這群學者普遍已厭倦義理窮經的穿鑿空疏，故而在矯枉過正的心態下，每多「崇漢抑宋」，如楊慎（1488-1559）云：「宋儒說經，其失在廢漢儒而自用己見，夫六經作於孔子，漢世去孔子未遠，傳經之人雖劣其說，宜得其真；宋儒去孔子千五百年矣，雖其聰穎過人，安能一旦盡棄其舊而獨悟於心乎？然今之人安之不怪，則科舉之累，先入之說，膠固而不可解也」[218]，楊慎主張漢儒距離孔子時代較近故能得其真，宋儒棄注疏，三《傳》束之高閣，何能以自心而悟聖見，今人囿於科舉，以程朱之言為圭臬，幾不聞漢儒之說矣。劉曰寧（1589前後）則云：「今之談經者專主濂、洛諸儒，當秦火既燔，關、洛未起，微漢諸儒，彼宋人豈真能於夢想羹牆之間，遂彷彿其意而接其傳耶？不見夫越人之治絲乎，漢儒三緉拮据，尺櫛寸比，疏之引之，緒井井然理也，宋人則因之以收組織章甫之效，世徒見其為章為甫也，而遂忘拮据之為力，可乎哉？」[219]，以為宋儒乃因漢儒章句注疏之助，遂能成其義理之功，今人僅惟見程朱等人經解傳

217　〔清〕紀昀等編纂：《四庫全書總目》，卷119，子部，雜家類三，「通雅」條，頁1028a-b。
218　〔清〕朱彝尊撰〔民國〕侯美珍等點校：《點校補正經義考》第8冊，卷297，頁844。
219　同前註，頁853。

釋的博大精深，卻反而無見漢儒「疏之引之」以為宋儒後用之力的功勞，無異蔑視前人功績矣。陳懿典（1592前後）亦云：「自文中子之言出，而訓詁家絀矣。傳至宋儒，則詆訾漢儒愈力，甚且曰：『秦人焚書而書存，漢人窮經而經絕。』則又陰祖通之言，而益重漢人之罪也。嗟夫！貶漢所以尊宋也，不知秦灰方燼，孔壁乍起，自漢始除挾書律之歲以至于宋，其間千有餘載，六籍之文不至于澌滅殆盡，以俟後人之講明而表章者，伊誰之力也？設令遺經散逸，異端縱橫，即有宋諸儒，何所據以加論著之功，續不傳之祕哉？」[220]，隋末王通（584-617）批評漢儒傳經之失[221]，治學摒棄章句訓詁之學，宋代鄭樵（1104-1162）承其說而謂「秦人焚書而書存，諸儒窮經而經絕」[222]，宋明儒者遂屢屢以此言作為貶抑漢儒的口實，王安石（1021-1086）更目《春秋》為「斷爛朝報」，然陳懿典以為此皆特為尊宋而貶漢也，若無漢儒之學，則宋儒亦何所據。楊慎、劉曰寧與陳懿典三人皆主張宋儒的義理學是在漢儒考證的基礎上才得以發展茁壯，沒有了漢儒疏引之助，則宋明理學亦無由產生矣，所謂「宋儒似擷其精，若乃顓門名家，前人實剖其祕，雖忘筌於得兔，可遡流而迷源」[223]乎？陳繼儒（1558-1639）更痛言云：

　　漢儒網羅百家，收拾遺文，以為宋儒地，而宋之諸君，往往操戈而裏甲焉……然則經何以亡？蓋始於尊聖人之經而終於自尊，不知經者聖人之跡，跡存而人與骨蓋已朽矣，其不可得而朽者理也……即金溪、新安之

220　〔清〕朱彝尊撰〔民國〕侯美珍等點校：《點校補正經義考》第8冊，卷297，頁856。

221　〔隋〕王通：〈天地篇〉云：「《春秋》之失自歆、向始也，棄經而任傳。子曰：蓋九師興而《易》道微，三《傳》作而《春秋》散。賈瓊曰：何謂也？子曰：白黑相渝，能無微乎？是非相擾，能無散乎？故齊、韓、毛、鄭，《詩》之末也；大戴、小戴，《禮》之衰也；《書》殘於古今；《詩》失於齊魯」，參見《中說》，《景印文淵閣四庫全書》子部，第696冊，卷2，頁9-10。

222　〔宋〕鄭樵：〈秦不絕儒學論二篇〉，《通志》，《景印文淵閣四庫全書》史部，卷71，校讎略第一，頁1-2。

223　〔明〕葉向高：〈進十三經註疏疏〉，《蒼霞草》，《四庫禁燬書叢刊》集部，第124冊（據北京大學圖書館藏明萬曆刻本影印），卷12，頁291-292。

間，日紛紛矣。夫必關洛洙泗之為是，而諸子之為非，則拘執太堅；立門
戶、聚生徒，則張皇太過。執拗則人疑，張皇則人懼，此經之所以日亡而
終不能與諸氏角也……漢儒之所以死不服也。[224]

故屈大均（1630-1696）云：「六經自秦煨燼而後，非漢儒專門訓
詁，後即有濂洛大儒，亦無從得不傳之學於遺經，在當時各自名家，至今
日而存亡或異，然其淵流猶可取而考證」[225]，可以說這類崇尚考證的學者
多主張宋代理學的基礎與發揚概由漢儒章句之學中生出，若無漢儒訓詁經
典之功，則無由產生宋儒義理之學也。但也有部份學者傾向支持漢學，反
對理學的無根穿鑿之風，如錢謙益即云：

宋之學者自謂得不傳之學于遺經，掃除章句，而胥歸之于身心性命。
近代儒者遂以講道為能事，其言學愈精，其言知性知天愈眇，而窮究其指
歸，則或未必如章句之學有表可循，而有坊可止也。漢儒謂之講經，而今
世謂之講道，聖人之經即聖人之道也，離經而講道，賢者高自標目，務勝
于前人，而不肖者汪洋自恣，莫可窮詰。則亦宋之諸儒，掃除章句者，導
其先路也。[226]

錢謙益認為宋儒掃除漢儒章句，以為得「不傳之學于遺經」，實則穿
鑿無根據，甚至釐分為「章句之儒」的〈儒林傳〉，與「得不傳之學」的
〈道學傳〉二途，將使「古人傳注、箋解、義疏之學，轉相講述者，無復
遺種」，此皆為宋學之流弊貽害，而此風流衍至明代，更導致「經學之熄

224　〔明〕陳繼儒：〈十三經註疏〉，《白石樵真稿》，《四庫禁燬書叢刊》集部，第66冊（據北京大
　　學圖書館藏明崇禎刻本影印），卷10，頁201。
225　〔清〕屈大均：〈陳議郎集序〉，《翁山文外》，《續修四庫全書》集部，第1412冊（據上海圖書
　　館藏清康熙刻本影印），卷2，頁3。
226　〔清〕錢謙益：〈新刻十三經注疏序〉，《錢牧齋全集·牧齋初學集》，卷28，頁850-852。

也，降而為經義；道學之偷也，流而為俗學」，學子以八股為經學，士人以講學為道學，使天下學者「不知窮經學古，而冥行擿埴，以狂瞽相師」，甚至「輊材小儒，敢於嗤點六經，皆毀三《傳》，非聖無法」，以流俗為尚，轉相師法，一旦居廟堂之上，則「生心而害政，作政而害事」，如此一來，「學術蠹壞，世道偏頗，而夷狄寇盜之禍，亦相挺而起」[227]，錢氏將宋明理學之害聯繫於國家政治之衰，使學術和政治成為相連的因果關係，甚至揉為一生命共同體，雖然不能否定學術風氣的良窳對國家政治的清平可能帶有直接或間接的關係，但這樣過度地牽連攀附，盡歸罪於斯的作法畢竟太過極端，但卻也因此使我們得見當日堅實主張「崇漢抑宋」派的學術觀點，以及所持的反對理據為何了。

三、「漢宋二途」的調和

相較於「貶漢尊宋」或「崇漢抑宋」的聲音，大部份的學者還是比較不作這樣極端的處理，或有持漢宋之學皆有可議者，如劉玿簡（1400前後）云：「漢儒多分章句，有破碎五經之患；宋儒詳衍義說，有傅會五經之患」[228]，以為漢儒章句失之破碎繁瑣，宋儒義理失之穿鑿附會，其治經方式各有專長，亦各有其弊端。王鏊（1450-1524）則云：「漢初六經皆出秦火煨燼之末，孔壁剝蝕之餘，然去古未遠，尚遺孔門之舊」，至漢代群儒「掇拾補葺，專門名家，各守其師之說，其後鄭玄之徒，箋注訓釋，不遺餘力，雖未盡得聖經微旨，而其功不可誣也」，今日「宋儒性理之學行，漢儒之說盡廢，然其間有不可得而廢者」，故以為「好古者不可不考也」[229]，王鏊的意見則以為漢儒箋注秦火之殘，雖未能盡得聖經微旨，然其訓釋之功不可抹滅也，而今日宋儒之學行而漢儒廢，則古學亦何所考

---

227 〔清〕錢謙益：〈新刻十三經注疏序〉，《錢牧齋全集・牧齋初學集》，卷28，頁850-852。

228 〔清〕朱彝尊撰〔民國〕侯美珍等點校：《點校補正經義考》第8冊，卷297，頁830。

229 〔明〕王鏊：《震澤長語・經傳》，《景印文淵閣四庫全書》子部，第867冊，卷上，頁1。

耶？薛應旂（1500-1575）以為「先後聖哲，上下數千言，究其指歸，無非所以維持人心於不壞也，人乃任末棄本，各出意見，競為訓疏，支辭蔓說，炫博務奇，門戶爭高，相傾交毀，而彼此枘鑿，後先矛盾，遂使學者之耳目應接不暇，而本然之聰明反為所蔽焉。況乎不遵經而遵傳，今日之經已為世儒之經，非復古聖人之經矣，正猶讀方書而不知治病，反以庸醫之說而亂炎黃之真也，其害可勝言哉！」[230]，而漢之窮經者，「《春秋》如公羊、穀梁，以及劉氏、嚴氏。其諸若馬融、劉歆、鄭玄、孔穎達諸人，轉相授受，而注疏作焉，雖其人未必皆賢，所言未必皆當，然於秦火之後，而非此數人，則六經幾乎息矣。至宋鄭樵乃謂『秦人焚書而書存，漢儒窮經而經絕』，信斯言也，則是漢儒之罪，蓋又不止於秦火也。然自今觀之，漢去古未遠，而聖人之遺旨，猶或有得於面承口授之餘，故宋儒釋經遂多因之，而闕文疑義一以注疏為正」[231]，他進一步比較漢宋治學的長處，以為：

　　漢儒之學長於數，若儀文節度之煩，蟲魚草木之變，皆極其詳，其學也得聖人之博；宋儒之學長於理，若天地陰陽之奧，性命道德之微，皆究其極，其學也得聖人之約。合是二者而虛心體認，則天機相為感觸，當自默會於燕閒靜一之中，超然悟於意言象數之表，而吾心之全體大用可一以貫之，而不溺於先入之說，不蔽於淺陋之見矣，尚何有眾言之淆亂哉？[232]

　　薛應旂發此漢宋調合的觀點適與其篇名〈折衷〉同義，漢儒既長於數，得聖人之博；宋儒既長於理，得聖人之約，今人治經則應不分漢宋，折衷調合二途，盡數達理，綜博該約，主張取漢宋之長而棄其短，合其利

230　〔明〕薛應旂：〈原經〉，《方山先生文錄》，《四庫全書存目叢書》集部，第102冊（據蘇州市圖書館藏明嘉靖三十三年東吳書林刻本影印），卷16，頁6-7。

231　〔明〕薛應旂：〈折衷〉，《方山先生文錄》，卷16，頁8-9。

232　同前註，頁9。

而釋其弊。馮時可（1547-1617）亦云：「漢人之於經，臺史之測天也，不能盡天而觀象者莫能廢；宋人之於學，規矩之畫地也，不能盡地而經野者莫能違」[233]，陳懿典以為：

> 漢人世世守其師說，以轉相授受，故其義不詳於說理，而專於訓字，令讀者各自以意悟入，其弊使愚者拘而多畏，而明達者可自得於言語文字之外。宋儒家因漢人之舊解略去訓詁，而深求其義，故其說主於說理而略於訓字，令讀者一覽可盡其弊，使愚者大義易窺，而上智者反鄙上乘為無奇，而少實踐之功，故漢與宋其有功於經，均也。有漢而無宋，是結繩椎輪之無書契玉輅也；尊宋而抑漢，是忘八珍五齊之始於太羹玄酒也。[234]

有漢而無宋，尊宋而抑漢，是皆有所偏，漢學與宋學可說均有功於經典也。吳中行（1540-?）曰：「秦人坑燔之後，經術熄矣，漢儒傳經之義，而六經賴以不亡。叔世汨溺之餘，理學晦矣，宋儒窮經之理，而六經因之益顯」[235]，又以為漢儒註疏「詳于訓詁而略於旨義，功于考究而昧于會通耳，而烏可以盡泯其功也」[236]，鄧宗齡（1583前後）亦云：「欲傳其訓詁，令人以心而會聖人之心。毋持意見而悖宋，毋獨崇宋而黜漢，則經學大明」[237]，故而明末治經偏向考據者的看法還是比較支持漢宋並存，漢宋兼取的調和觀點，而非盡取一端。

明代初期至中葉階段，因永樂時《五經大全》的頒布，宋儒經說獲得

233　〔清〕紀昀等編纂：《四庫全書總目》，卷122，子部，雜家類六，「雨航雜錄」條，頁1054c。

234　〔明〕陳懿典：〈十三經註疏〉，《陳學士先生初集》，《四庫禁燬書叢刊》集部，第79冊（據北京大學圖書館藏明萬曆四十八年曹憲來刻本影印），卷25，頁465-467。

235　〔清〕朱彝尊撰〔民國〕侯美珍等點校：《點校補正經義考》第8冊，卷297，頁850。

236　〔明〕吳中行：〈重刊十三經註疏序〉，《賜餘堂集》，《四庫全書存目叢書》集部，第157冊（據陝西省圖書館藏明萬曆二十八年吳亮吳奕等刻本影印），卷4，頁27。

237　〔明〕鄧宗齡：〈重刻十三經註疏敘〉，《吹劍齋集》（臺北漢學研究中心據日本尊經閣文庫藏明刊本影印），卷2，頁3-4。

了官方科舉制度的保護，使得程朱理學對學者士人的思想控制力比較強
烈，雖然考據之學不曾中斷過，雖然學者治經無法完全撇開訓詁之用，但
在治經的心態上來說，絕大多數的學者是普遍支持宋學治經的義理發揮，
而對漢學的訓詁考據不甚關心，甚至可以說考據學僅僅具有為闡發義理而
服務的功能性作用，首要的主體位階依舊只能是義理。但到了明中葉末期
階段，強盛了兩百年的理學終究變得了無新意，在學風思變的影響下，經
學發展出多元化的面貌，其中一個變化就是漢學考據重新得到了新的契
機，藉著理學内部的爭論，復古運動的推波助瀾，外加佛老二氏的威脅，
考證經傳，回歸原典的治學途徑再次得到推動，而在矯枉過正的階段當然
也就會出現「崇漢抑宋」的聲音，但這樣的治經模式在當時畢竟只是極少
數的學者投身其中，宋明義理學依舊是官學，依舊強大，漢學考據雖有復
甦的跡象，但幾乎不能對它形成任何的威脅，造成任何的動搖。然而到了
嘉靖以後，官方屢屢刊刻《十三經註疏》，表彰漢唐經說，這一治經立場
的轉變確實顯示了漢學系統得到了政府的正式承認，這也是筆者下一節將
進行討論的部份，但要先行說明的是，這僅僅表明官方的學術立場不排斥
漢學治經一途，但如此並非就是在貶抑宋儒義理之學，因為在科舉制度的
保護下，明代至清初乾隆以前的宋學治經系統始終不曾讓出過主流獨尊的
學術地位。

第五節　刊刻《十三經註疏》對「漢學」的影響

　　《十三經註疏》的内容主要是以漢代至唐代學者的《注》、《疏》為
主，以《春秋》三《傳》來說，《左傳》有晉杜預《注》，唐孔穎達《正
義》；《公羊傳》有漢何休《注》，唐徐彥《疏》；《穀梁傳》有晉范寧
《注》，唐楊士勛《疏》。若要說《十三經註疏》和漢學有何關聯，張之
洞即云：「漢學者何？漢人注經、講經之說是也。經是漢人所傳，注是漢

人創作，義有師承，語有根據，去古最近，多見古書，能識古字、通古語……方今學官所頒《十三經注疏》，雖不皆為漢人所作，然《注疏》所言即漢學也」[238]，可見《十三經註疏》和漢學之間脫離不了關係，明清學者甚至已經將其和「漢學」劃上等號，所以若從漢宋之學的角度來看，永樂時頒佈的《五經大全》如果代表著宋儒經說的大成之作，那麼嘉靖間重新開雕的《十三經註疏》就是漢儒經解的圭臬之選，前者是宋學義理的巔峰，後者是漢學訓詁的菁華。

國家圖書館藏明李元陽刊刻十三經註疏本

而「十三經」之名最早出現於宋代，當時經傳與註疏是分別單獨刊刻，至宋末始有經傳與註疏合刻的情形出現，但並非《十三經》全部皆如此，集中刊刻《十三經註疏》始創於明代，根據張溥（1602-1641）所云：「明興推本聖教，獨用《五經》取士，而《十三經註疏》一書，亦復頒之學宮，俾師生考識焉。然而制科之設，唯尚專經，諸父兄子弟，屈手揣摹，不敢復論繩墨之外」[239]，顯見明代初期《十三經註疏》始終頒之學

238　〔清〕張之洞：〈宜講漢學〉，《輶軒語》，頁41634。

239　〔明〕張溥：〈十三經類語序〉，收錄羅萬藻《十三經類語》，《景印岫盧現藏罕傳善本叢刊》

宮，但永樂《五經大全》定制後，士尚專經，遂無人聞問矣，而刻板年久失修，鼠囓蟲朽，不堪再用，大約經過一百年後，才有御史陳鳳梧於正德六年（1511）重新開雕刊刻《十三經註疏》[240]，竣工後送入南京國子監，故又稱為「南監本」、「十行本」或「三朝本」，此版本是明清兩朝屢屢重新刊刻的主要依據底本，此後在正德十三年（1518）又有所增修。嘉靖年間李元陽於福建重刻《十三經註疏》即依據此版，後送入北京國子監，故稱為「北監本」、「閩本」或「九行本」，自此南北二監皆藏有《十三經註疏》，而明代也成為開雕《十三經註疏》最頻繁的時代，總計有正德六年南監本、正德十三年增修南監本、嘉靖間李元陽北監本、隆慶二年重修北監本、萬曆二十一年重雕北監本、崇禎五年重修北監本、崇禎間毛晉汲古閣北監刻本等等八種。[241]

　　筆者以為《十三經註疏》在明代正德以後的屢屢重刊，對漢學最大的意義在標識著傳統士人對於漢唐《注》、《疏》有了新的需求，學者治經的方式已經產生了一些變化，此時經書的解釋已不再完全是程朱或胡《傳》義理的一言堂狀態，如鄭曉（1499-1566）就云：「宋儒有功於吾道甚多，但開口便說漢儒駁雜，又譏訕訓詁，恐未足以服漢儒之心，宋儒所資於漢儒者十七八，只今諸經書傳注儘有不及漢儒者，宋儒議漢儒太過，近世又信宋儒太過，要之古《注》、《疏》終不可廢也」[242]，對於時人盡遵宋儒之風，不敢有所異議的作法已經有所不滿，認為宋儒得益於漢儒訓詁、注疏亦多，何以今人棄若蔽席而不自珍，唐文獻（1549-1605）亦曰：「經之存於世，若日星麗天，岳瀆互地，學者見作者之心於千載之上，賴有《注》、《疏》存焉。漢之諸儒磨礲以歲月，窮殫以心力，然後

（據明刊本影印。臺北：臺灣商務印書館，1973年），卷首序文，頁4-5。

240　當時僅刻十二經，因《儀禮註疏》缺少宋元刻版，陳鳳梧遂於山東重新開雕，嘉靖五年（1526）完工送入南京國子監，《十三經註疏》至此終於完成歷史上的首次總集結。

241　關於《十三經註疏》版本的刊刻情形可參閱屈萬里：〈十三經註疏板刻述略〉，《書傭論學集》，《屈萬里先生全集》第2輯，第14冊（臺北：聯經出版事業公司，1984年），頁216-236。

242　〔清〕朱彝尊撰〔民國〕侯美珍等點校：《點校補正經義考》第8冊，卷297，頁844-845。

成一家之言，其所持論皆師門所授，搢紳長老之所傳，聞要以發明聖學，澤於道德者多也。自談者謂『漢儒窮經而經絕』，至以訓詁支離，烈於燔燄，抉瑕摘釁，掩其弘美，往哲羽翼之功，幾不存於世矣」[243]，此二人雖都批評明代中葉階段的士人不讀漢唐古《注》、《疏》之弊，但反面來說，這些言論不也正好反映了當時確有一股不同於宋明義理、程朱理學的聲音開始出現，開始挑戰「官學」宰制的科舉系統嗎？因為明代洪武開國初期，科舉制度雖依然重視三《傳》與漢唐古《注》、《疏》，此時胡《傳》雖然已經聲勢浩大，但還未完全取代三《傳》與古《注》《疏》在學者士子們心中的經解地位，況且此時還有質疑胡《傳》的聲音存在，所以明初洪武時期的《春秋》經學大體還維持了漢宋共存，訓詁與義理並舉的局面，但到了洪武十七年（1384）頒布科舉定式後，三《傳》雖仍存，但隨後漢唐《注》、《疏》卻遭到了摒棄，顧起元（1565-1628）〈經義兼古注疏〉一文云：

> 洪武三年五月初一日，初設科舉條格……十七年三月初一日，命禮部頒行科舉成式……《春秋》主《左氏》、《公羊》、《穀梁》、《胡氏》、張洽《傳》……案此兼用古《注》、《疏》，及諸家《傳》。聖制彰明，後不知何緣遂斥古《注》、《疏》不用，《春秋》止用胡《傳》為主，《左氏》、《公》、《穀》第以備考，張洽《傳》經生家不復知其書與其人矣……古《注》、《疏》盡斥不講。[244]

這對漢學所標示的古《注》、《疏》之學來說是一項重大的警訊，而自永樂帝於十三年（1415）頒布《五經大全》後，科舉程式獨尊胡《傳》，惟「胡」是遵，這個政策的影響層面不僅是三《傳》被打入冷

---

243 〔清〕朱彝尊撰〔民國〕侯美珍等點校：《點校補正經義考》第8冊，卷297，頁852-853。
244 〔明〕顧起元：〈經義兼古注疏〉，《客座贅語》，《四庫全書存目叢書》子部，第243冊（據清華大學圖書館藏明萬曆四十六年自刻本影印），卷1，頁1-2。

宮，就連漢唐《注》、《疏》之學也無人聞問，此「官學」獨盛的局面一
直維持到正德以前，至嘉靖以後始有學者對漢唐《注》、《疏》重新加以
重視，如何良俊（1506-1573）就亟欲將「古註《十三經》刻行一部」，
以為此乃「大有功於聖學，而於聖朝政治不為無補，且亦可以嘉惠後
學」[245]，陳懿典（1592前後）則以為當時士人僅尊程朱之學，後期士風輕
佻，膚引百氏以亂孔孟，學子「未知有《六經》之外有《十三經》，又烏
從知有《十三經註疏》」[246]，故欲正人心勵風俗，贊成刊印古《十三經註
疏》以行世，而此時官方屢屢刊刻《十三經註疏》的舉動，也正好符應此
階段漢學需求漸興的聲音，焦竑（1541-1620）即云：「上念士敝於俗
學，閔焉以經術造之，命辟雍重訂《十三經注疏》」[247]，大司成劉應秋
（1583前後）以為「士所貴通經學古，維《十三經註疏》故未鑴於學
宮，士或不得考覽，非所以尊經右文，廣屬學官之業也」[248]，故上奏萬曆
帝校刻《十三經註疏》，其云：「自《十三經》之赤熾定，而僭擬亂經者
捫心却矣；自註疏之指南出，而棼紜稗說者批頰退矣……今諸子百家之書
充斥闤闠，瑰異之觀，不可縷指……余竊閔然不敏，而謬志是書，間為訂
其魚豕，付剞劂氏重梓之，以與好古者共焉」[249]，黃洪憲（1541-1600）
〈重刊十三經註疏序〉以為「學者載籍極博，必考信于六藝，而經義奧
微，則未有能開其扃鐍者，漢儒精通其旨，校讐同異，分為註疏，學者便
之」，甚且漢唐古註疏乃「翼經而覺天下之聾瞽也」[250]，可謂推崇而備至

245　〔明〕何良俊：《四友齋叢說》，《續修四庫全書》子部，第1125冊，卷3，〈經三〉，頁5。

246　〔明〕陳懿典：〈十三經註疏〉，《陳學士先生初集》，《四庫禁燬書叢刊》集部，第79冊（據北
　　京大學圖書館藏明萬曆四十八年曹憲來刻本影印），卷25，頁465-467。

247　〔明〕焦竑：〈國子監奉旨刊十三經注疏先進孝經跋語〉，《焦氏澹園集》，《四庫禁燬書叢
　　刊》集部，第61冊（據中國科學院圖書館藏明萬曆三十四年刻本影印），卷22，頁231。

248　〔明〕林承芳：〈重刻十三經註疏序〉，《廣東文選》，《四庫禁燬書叢刊》集部，第137冊（據
　　清康熙二十六年三閣書院刻本影印），卷8，頁26。

249　〔明〕劉應秋：〈重刻十三經註疏序〉，《劉大司成文集》，《四庫禁燬書叢刊補編》，第73冊
　　（據北京大學圖書館藏明萬曆刻本影印），卷5，頁90-91。

250　〔明〕黃洪憲：〈重刊十三經註疏序〉，《碧山學士集》，《四庫禁燬書叢刊》集部，第30冊
　　（據天津圖書館藏明萬曆刻本影印），卷21，頁12-14。

矣。陳懿典亦以為國子監重校《十三經註疏》,「正望學者由漢魏緒言尋殷周遺意,而勿徒守章句于宋儒耳」[251],馬世奇(1631前後)認為當日「士無通識,世囿顓門,讀書未見身心,即尊聞行,知亦贅,明經祇取青紫,并手繩口誦皆虛甚者,義涉拘牽,胡《傳》尊而三《傳》幾於處閣書」,故以崇禎帝刊刻《十三經註疏》之舉,將不使「說書者因宋儒以廢漢儒」[252]也,葉向高(1559-1627)則稱其為「聖學階梯,足備經文羽翼」[253],宜布在學宮,使士風習氣導正淳固。錢謙益對毛晉(1599-1659)於崇禎十二年刊刻《十三經註疏》多所期許褒獎,以為可「遡經傳之源流,訂俗學之舛駁」,實為「反經」、「正學」之要務,足以「表遺經」、「尊聖制」、「砥俗學」,其善有三焉,更使今世之學者「孫志博聞,先河後海,無離經而講道,無師今而非古」,堪為今日「救世之先務」[254]也,林承芳(1586前後)〈重刻十三經註疏序〉云:「漢之去聖人也未遠,其說猶或有所受,顧安得執宋之說以廢漢?」以為漢儒章句註疏「能樹俊偉之業」[255]也。再如吳中行(1540-?)〈重刊十三經註疏序〉,陶望齡(1562-1609)〈十三經註疏序〉[256],張維機(1625前後)〈擬刻

---

251 〔明〕陳懿典:〈尚書來青堂選義序〉,《陳學士先生初集》,《四庫禁燬書叢刊》集部,第79冊,卷2,頁36-37。

252 〔明〕馬世奇:〈擬奉旨恭進十三經註疏表〉,《澹寧居文集》,《四庫禁燬書叢刊》集部,第113冊(據北京大學圖書館藏清乾隆二十一年刻本影印),卷2,頁50-52。

253 〔明〕葉向高:〈進十三經註疏疏〉,《蒼霞草》,《四庫禁燬書叢刊》集部,第124冊(據北京大學圖書館藏明萬曆刻本影印),卷12,頁291。

254 〔清〕錢謙益:〈新刻十三經注疏序〉,《錢牧齋全集·牧齋初學集》,卷28,頁850-852。

255 〔明〕林承芳:〈重刻十三經註疏序〉云:「國家以宋儒傳註取士,今舍而取於漢者何也?夫宋固摭乎漢者也,博乎漢而後知宋之源也。自漢儒傳訓詁,宋儒因而釋其義。夫義主理。理,吾心所固有者也,即微宋儒,吾得而以心逆之也,訓詁非得焉,則譬之胡越之人聽中國之言語,徒瞠其目相視而不相通也,微漢儒為之譯,宋亦安所譯其義哉?且也儒者之不能盡窺聖人之奧義,將使人膠其說而不復深探聖人之旨,則不若第傳其訓詁,人人得自以心而逆聖人之意可也」,《廣東文選》,《四庫禁燬書叢刊》集部,第137冊(據清康熙二十六年三閣書院刻本影印),卷8,頁26-27。

256 〔明〕陶望齡:〈十三經註疏序〉云:「迨後世而經遂不泯滅者,誰之力哉?諸家訓詁不具見,見於唐孔氏所采輯《十三經註疏》多……說經之家,後常揜先,所從來久矣,自宋儒出而是編幾廢。嘻!又奚怪乎?」《歇庵集》,《續修四庫全書》集部,第1365冊(據華東師範大學圖書館藏

十三經註疏序〉[257]，鄧宗齡（1583前後）〈重刻十三經註疏敘〉[258]，段為
袞（萬曆時期）〈擬國子監儒臣奉敕校刊十三經註疏成進呈表〉[259]，徐𥱥
（崇禎時期）〈擬進十三經註疏表〉[260]，等等皆對刊刻《十三經註疏》予
以充份肯定，可見其對漢學的助益與影響實有舉足輕重的代表性意義存
在。甚至當時著名學者陳耀文（1550前後）撰《經典稽疑》一書，已不
再尊崇宋儒經解，而是盡取漢唐以來《註》、《疏》經說，存群經古訓，
輯採鄭玄、王肅、賈逵、孔穎達等人的說解，專意訓詁，以存古義。陳深
（前1549-1601）則撰《十三經解詁》，張溥亦撰《五經註疏大全合
纂》，並云：「近乃古學振興，恥以一義自益，無慮《春秋》弦誦，即
《十三經》而下，皆津津知所染指矣」[261]，都足以顯示此時漢學章句訓詁
之學有逐漸復甦的傾向，所以應該可以相信明代「義理與考據」，「漢學
與宋學」發生矛盾衝突的時間大約介於正德與嘉靖年間左右。

　　甚至這一現象和前文第一節所談到當時佛老二氏侵入儒家經典的現象
亦有所關聯，黃輝（1555-1612）〈重刻十三經註疏序〉一文就提到云：
「近復稍稍薄宋矣，乃意在百家二氏，獨奈何？大司成某曰：必求諸經，

明萬曆喬時敏等刻本影印），卷19，頁21-23。

257　〔明〕張維樞：〈擬刻十三經註疏序〉云：「末學推重濂、洛諸儒，反薄註疏為割裂支離，至謂
『秦焚經而經存，漢釋經而經亡。』噫！過矣！……即濂、洛、關、閩諸賢，亦未能於夢想羹牆間
鑽屬其奧府，而衰然窮源標宗矣……《註疏》者，洙泗功臣，宋儒淵源也」，《清署小草》（臺北
漢學研究中心據日本內閣文庫藏明崇禎四年刊本影印），卷2，頁1-3。

258　〔明〕鄧宗齡：〈重刻十三經註疏敘〉云：「矧以宋為功令者，奈何其獨廢之？夫《十三經》
者，吾之心學而於聖人無二理也。訓詁於漢而經始尊，繹義於宋而經始明。崇尚於今日而經愈尊
愈明，乃世儒猶有徇意見，自創其說，欲盡廢往訓而獨標其旨，恐無當於宋儒，而議論蝟起，余
竊懼焉，故欲傳其訓詁，令人以心而會聖人之心。毋持意見而悖宋，毋獨崇宋而黜漢，則經學大
明」，《吹劍齋集》（臺北漢學研究中心據日本尊經閣文庫藏明刊本影印），卷2，頁3-4。

259　〔明〕段為袞：〈擬國子監儒臣奉敕校刊十三經註疏成進呈表〉，《搶榆館集》（臺北漢學研究中
心據日本內閣文庫藏明萬曆四十七年序刊本影印），卷3，頁24-29。

260　〔明〕徐𥱥：〈擬進十三經註疏表〉云：「皇帝陛下性自天成……時于講筵經訪，俾遺經無病承
迷，使攻古窮經之士，聚炤如螢」，《亦史徐先生吾丘集》（臺北傅斯年圖書館據日本內閣文庫藏
清順治十八年刊本影印。東京都：高橋情報，1990年），頁1-4。

261　〔明〕張溥：〈十三經類語序〉，收錄羅萬藻《十三經類語》，《景印岫盧現藏罕傳善本叢刊》
（據明刊本影印。臺北：臺灣商務印書館，1973年），卷首序文，頁4-5。

近莫若《註疏》，即《註疏》不盡漢，然漢可導焉」[262]，文中的大司成某即刊刻《十三經註疏》於國子監的劉應秋，而其動機概對當時學子士人混雜三教百氏的習氣深以為憂，故而反求諸經，以孔孟之語解孔孟，而要以經解經，則莫若《十三經註疏》一書可資今人旁助，故上奏萬曆帝剖析利害，以官方身份鐫之太學，頒之學宮，可見此時漢學的復甦或《十三經註疏》的重獲重視，與當時儒學的危機是脫離不了關係的。

第六節　明代《春秋》考據學風的時代意義

　　針對以上五節的討論，本書最後應可作出一些總結性的回答，本章主要的討論焦點有五項：一者論述明代考據學的興起原因，二者說明《春秋》考據學的涵蓋範圍，三者探討實際的考證內涵為何，四者明瞭時人對漢宋治經的歧異意見，五者檢討當時刊刻《十三經註疏》對於漢學的意義與影響，以下就本書所討論出的觀點，簡要歸納說明如下：

　　一、明代《春秋》經傳考據學的主要興起成因有四：（一）宋明理學的反動：梁啟超先生認為當時學術的轉變實是明末士人對王學自身的反動，此論點著眼於學術發展時序上的盛極而衰現象，但反動的結果何以保證就是轉向考證之學？對此梁氏並無說明，但他已經看出當時士人厭棄理學的空談，這對於考證的興起確實增加了助力。（二）理學內部的要求：余英時先生從當時朱、陸「道問學」與「尊德行」的爭執著眼，在兩派相持不下時，取證於經書的主張似乎成為問題解決的唯一答案，故明末由義理轉入考證，和當時由尊德行轉入道問學，兩者之間其實是有著內在的相

262　〔明〕黃輝：〈重刻十三經註疏序〉云：「經六已耳，益而十三，演而註疏日滋，而曰：若不足。古有是乎哉？曰：古不能無今也，經不能無傳也，傳不能無訓詁也。吾得之《盤庚》，《盤庚》之書非舌人語也，然而不害舌人語也，將訓詁遠歟？訓詁之為今古也……世顧以訓詁薄漢儒……《春秋》、執《禮》，各裂為三，耳目統緒，自當有辨，然猶鼎立不廢，何者？存之不匿其瑕，而廢之並喪其瑜也。是以君子重之，非重《傳》也，重《經》也」，《黃太史怡春堂藏稿》（臺北漢學研究中心據日本尊經閣文庫藏明天啟年刊本影印），卷4，頁10-11。

應性關係。（三）復古運動的影響：林慶彰先生認為當時前後七子所主張的文學復古運動，和理學家想要擺脫宋學的動機是一樣的，這一風潮也帶動了經書甚至是群書的考證風氣。（四）佛老二氏的抗衡：筆者認為明中葉以後的儒士多兼修佛老之言，甚至以佛老解釋經書，最後更侵入到科舉殿堂，這對於傳統經學家來說是一種學術上的威脅，所以必須要找到足以抗衡的工具，來鞏固經學的正統性，於是轉化成「以經解經」，用孔孟回應孔孟，以經典詮釋經典，如此一來，如何正確地解讀五經文字就成了當務之急，此時取法漢儒訓詁考證之學成了唯一選項，故治學漸由義理轉入考證。其實一代學術的轉變絕非單純直線性的運動，一定摻雜許多學術與社會的因素，環環相扣，彼此產生連動、互動，舉如明代中期政治的安定帶動了經濟的熱絡，促使刻書業興起，文人取得書籍容易，對考證的便利性是絕對有其幫助。再如林慶彰所說楊慎的特起，也顯示學術精英份子對帶動時代風潮起了一定的作用。這些因素其實都是從不同角度觀察，在成因上亦不能忽略它所產生的效應。

　　二、以明代《春秋》考據學的範圍與作者來說，考證《春秋》原典的學者有童品、高拱、王樵、郝敬、高攀龍五人；考證胡《傳》之誤者有袁仁、楊于庭、陸粲、黃正憲、賀仲軾、嚴啟隆、張岐然等七人：考證《左傳》之誤者有熊過、馮時可、陸粲、劉績等四人；考證諸《傳》之誤者有湛若水、朱睦㮮、朱朝瑛、俞汝言等四人；考證注、疏之誤者有邵寶、陸粲、傅遜、凌稚隆、惠有聲等五人。這些考證涵蓋了《春秋》學的歷代重典，從孔子《春秋》，到《左傳》、《公羊傳》、《穀梁傳》，宋代胡安國《春秋傳》、晉杜預《注》、唐孔穎達《疏》，甚至是歷代學者的經解詮釋、注疏，都是明人關注的重點範圍所在。

　　三、明代《春秋》學者考證的內涵方向有五：其一為考證天文地理，學者有邢雲路、周洪謨、李濂等三人，而「春王正月」的夏正、周正，改月不改月的爭端並沒有在張以寧手上獲得解決，原因在於胡《傳》堅持「夏時冠周月」，故當時的《春秋》學者幾乎都對這一問題提出考證或看

法。《春秋》日蝕的問題則有吳繼仕以《授時曆》訂正《春秋》闕漏。地理方面則有季本、楊慎二人，時代稍後的劉城、吳偉業、王夫之等繼起。其二為考證書法義例，學者有石光霽、徐學謨、卓爾康、邵弁等四人，針對《春秋》一字褒貶、書法義例、正例變例等進行探討辨正。其三為考證文字音義，以楊慎為特出，嘗試以形、音、聲、韻等現代訓詁學觀念訓解經書，論證雖有不盡妥當之處，實已為明中葉考據學之先鋒，清初學者之先導矣。其四為考證制度沿革，以季本為首，舉凡流派、星曆、禮樂、兵賦、制度等多所考證。而對歷代經學沿革系統的考證上以朱睦楔《授經圖》最早，清初朱彝尊《經義考》的體例多承襲自此。其五為稽考異文逸文，以孫瑴的成就最大，其《古微書》將漢代讖緯中的經學思想，透過長期的輯佚加以保存下來，可說集古代讖緯之大成也。而在考證異文方面有陳士元、周應賓、閔光德、龔而安等人，對於清人經書輯佚、考異之學不可謂毫無影響矣。

　　四、明人復古、好古、癖古，進而衍生炫博、好奇、立異之風，其實和當時科舉制義墨守宋儒經說有關，物理乃盛極而衰，學術亦窮則思變，士子長期在經義立言皆不能踰越程朱解釋的禁錮中，已經疲勞麻痺於舊說，經學學術激盪不起新的學術高潮，等而下之竟以講章、時文為經學，這對於有識之士來說，深為痛心，於是「憤而有激，而立異之書出矣」[263]，所以在某一程度上來說，明人經說喜好奇立異，有部份原因可視作對程朱理學的反抗，但這樣的反抗與改變卻也使明末的一些考據之學出現了弊端，走入了林慶彰先生所謂的「畸形」歧路中，如王世貞偽造《左逸》，卻託之樵夫掘樹獲石篋所得。豐坊更大張旗鼓，精心設計，竭盡所能地偽造群經，引發了當時的研究熱潮，卻也掀起了後世不小的學術論戰，甚至到明末清初，竟也變相地成為經書辨偽的材料之一，影響所及，

263　〔清〕全祖望：〈題鄭仲與諸經解後〉，《鮚埼亭集外編》，《續修四庫全書》集部，第1429冊（據上海圖書館藏清嘉慶十六年刻本影印），卷27，題跋，頁19。

至為深遠。

　　五、明代正德以後屢屢刊刻《十三經註疏》，實與當時士人逐漸重視漢唐注疏有關，這對於漢學考據確實達到了正面的效益，而最大的意義也表明士人對於漢唐《注》、《疏》重新有了需求，這對於長期以來被宋儒程朱、胡安國義理盤據的儒家經典來說，經書的詮釋權已不再完全具有絕對性、單一性與封閉性，明代《春秋》學也不再是胡《傳》義理獨撐一片天的局面，而是必須面對漢學考據，杜《注》、孔《疏》的正面挑戰。而從相關文獻看來，這個漢學運動開始復甦的時間應始於正德、嘉靖階段，而到明末終成風潮。但值得提醒一點的是，漢學考據與《注》、《疏》之學雖有漸起的趨勢，甚至當時陽明學說的風行熾熱，佛老二氏的經典詮釋挑戰，但實際上在整個官方科舉與民間書院中，程朱系統與胡《傳》依然是絕對強勢的學說，且透過官方的政策維護，通往廟堂之階的壟斷權還是依舊掌握在宋儒手中，並沒有因此而產生位階的鬆動，這是必須釐清的一點。

　　六、明代中葉以後漢學雖有漸起的現象，但考證的重點往往並非全書的主軸，亦沒有一套嚴格有理路的考訂方法，所以這樣的興起純粹停留在治經觀念的轉變而已，實際上胡《傳》的義理解經思維還是處於主導地位，但官方於萬曆時期陸續重修刻印《十三經注疏》的舉動，也意味著漢唐注疏之學重新取得了學術的競爭性，這對於明末清初的漢學復甦也達到了正面積極的幫助，甚至反面來說，也正因為不滿宋儒理學經說的學者有增多的趨勢，打破既有的學術規範是乎也就變得理所當然，甚至是勢在必行，可以說清代對杜《注》的研究實際上在明中葉以後就已經發生，而顧炎武《左傳杜解補正》一書也只是延續著明儒邵寶、陸粲、傅遜等人的解經理路，適時地成為清初對漢唐注疏興起風潮下的代表著作而已。

　　最後，筆者認為「考證」或「考據」作為一種傳統經書治學的方法論來說，其發生時代實際上不限定於任何朝代，亦非清儒所專有專用，舉凡宋代大儒朱熹是建構儒家經典理學的巨擘，但其治經又何嘗摒棄考證訓

詁，而明代中葉以後雖然考證漸興，但明初張以寧、趙汸、蔣悌生等人又何嘗治經不用考證，所以錢穆先生以為「考據僅為從事學問之一方法，學問已入門，遇有疑難，必通考據」[264]，並非只有限定於文字聲韻之學才是考據學，如此是狹隘了考據的本質與內涵。但我們也必須承認考據學如果作為一種嚴格有系統的「學」術來加以討論，清初乾嘉時期確實是它理論形成的重要階段與巔峰時期，且清儒的考據「學」素養亦遠遠超過明代學者多矣，錢大昕、戴震、段玉裁、惠棟、王念孫、王引之父子等等乾嘉時期的經史考據專家，確實已為考據之學樹立了劃時代的里程碑，這毋庸諱言，而筆者亦無須因為本書探討明代春秋考據學，就無限上綱明代考據學者的諸多種種成就有何豐功偉蹟或驚世絕俗之見，但今日的學術研究者也應該能虛心接受清初考據學並非是天外飛來一筆的突然崛起狀態，而是經歷了明代學者長期對經書古籍的研究攻治，以各種不同考證型態的樣貌參與其中，為清儒自豪的考據學領域也著實付出了諸多嘗試性的努力與貢獻，這是無法抹滅或視而不見的。

264　錢穆：〈新亞學報發刊辭〉，收錄《新亞學報》，第一卷，第一期（香港：新亞書院圖書館，1955年8月），頁3。

第五章　經書與史書：《左傳》經學至史學的經史位移現象

　　《春秋》與《左傳》自古便具備了經學與史學的二重性質，這對於歷代的經學家、史學家而言，往往會因自己的學術立場而有所偏重，以目錄學而言，《春秋》或《左傳》的四部歸屬問題通常並不一致，亦往往見仁見智，如《四庫全書總目》史部以司馬遷《史記》居首，然而卷首前的〈史部總敘〉確是一篇完全針對《春秋》、《左傳》史學的提要，這樣的安排是很突兀的，其云：

> 史之為道，撰述欲其簡，考證則欲其詳。莫簡於《春秋》，莫詳於《左傳》。魯史所錄，具載一事之始末，聖人觀其始末，得其是非，而後能定以一字之褒貶，此作史之資考證也。丘明錄以為《傳》，後人觀其始末，得其是非，而後能知一字之所以褒貶，此讀史之資考證也。苟無事蹟，雖聖人不能作《春秋》。苟不知其事蹟，雖以聖人讀《春秋》，不知所以褒貶。[1]

　　以史部來看，《史記》為史書之首，這顯然是很難讓人信服的，故四庫館臣於〈史部總敘〉的討論重點都集中在《春秋》、《左傳》二書身上，顯然是默認《春秋》、《左傳》乃中國史書的源頭，這樣充滿模糊空

---

[1]　〔清〕紀昀、陸錫熊、孫士毅等編纂：《四庫全書總目》（北京：中華書局，1965年初版，2008年8月重印），卷45，史部，正史類一，「史部總敘」，頁397a。

間的安排，既保持了經學的神聖性，亦適度維持了史學的正確性，但之後
衍生的歷代著作，其分部情形就值得商榷，如宋代章沖《春秋左氏傳事類
始末》歸入史部紀事本末類，而明代傅遜《春秋左傳屬事》納入經部春秋
類，實則《左傳屬事》亦是紀事本末體。再若以宋、元、明、清等四朝的
通志、府志、縣志，及諸多地方志、經籍志來說，這類冠以「春秋」或
「左傳」的書名，編纂者幾乎一律放在經部春秋類書目，無論它的性質是
偏向史學或經學，可見此書如同經史的連體嬰，既難以強行分離，又必須
適應彼此的存在，合則兩可，分則兩傷，故歷來學者也接受了這樣的情
況，但無論情況如何改變，經學大義的位階始終高於史學實錄，這幾乎沒
有產生任何的動搖或質疑。但到了明清兩朝，經學的至高無上性產生了動
搖，王陽明（1472-1529）的「五經亦史」說、李贄（1527-1602）的
「經史一物」說，一直到清初章學誠（1738-1801）將「六經皆史」說進
一步理論化，且不管五經或六經，學者的討論核心其實始終在《春秋》一
書上，因為《詩》、《書》、《易》、《禮》四經充其量是先王政典的遺
存，是史料價值的問題，但是《春秋》、《左傳》就必須直接面對史書、
史體、史學、史法、史觀等等層次的討論，這樣驚天動地的經史轉變雖說
在章氏手中達到高峰[2]，但之前的明代階段顯然已經經過激烈的討論，甚
至是將這個觀點進一步實現，直接以創作的形式呈現出來，這也就是本文
所要探討的重點所在，藉由明代《春秋》、《左傳》史書的大量編纂創
作，應可為這個問題找到一個實際有效的例證。

　　本章第一節先討論歷代學者對於《春秋》與《左傳》在經史領域的意
見，並接續歷代五經、六經皆史的問題作一探討。第二節進入實際文獻的
研究，基本上明代學者已經將《春秋》或《左傳》視同史學書籍加以編
纂，其體例有紀事本末體、紀傳本末體、紀國本末體、事類本末體等四

2　筆者所謂的高峰僅是章氏的理論層面，其影響力在乾嘉時期不若考據學般受人重視，甚至有將其視
　　為異類怪物者，而其史學著述則屢遭非議，同道希，一直到清末民初階段，其史學理論始獲學者
　　青睞，賦予他近代思想啟蒙的代表人物之一，史學影響力終獲肯定重視。

種，可以說經學進入史學領域在明代已成為既定之事實。最後一節將檢討明代這些著作對當時的經學造成了甚麼樣的變化，以及對清代形成何種影響，並釐清學者對於此階段史學的一些意見。

第一節　「微言」與「歷史」的二重性

《春秋》一經本為魯國史書，孔子取之以授弟子，而子游、子夏尚不能贊一辭，戰國時孟子（372-289 B.C）說《春秋》一書，「其事則齊桓、晉文，其文則史。孔子曰：其義則丘竊取之矣」[3]，孟子發此議論，筆者以為乃最早經史合一觀念的起始，從孟子以後，《春秋》便有經史合流，經史不分的雙重特質。以經學來說，其中有孔子賦予的微言大義，班固（32-92）所謂「《春秋》以斷事，信之符也」[4]，即強調「經中之史」的地位；以史學來說，則記載了春秋霸王事蹟，亦即司馬遷（約145-86 B.C）引孔子之言所云：「我欲載之空言，不如見之於行事之深切著明也」[5]的史家論調，偏重「史中之經」的位階，可以說此書長久以來一直擺盪在經學與史學的模糊空間中生存，既無人敢正面質疑挑戰經學的大義微言真實性，亦無人反對它史學的歷史實錄特徵。

而《春秋》經史混一的問題更可以在《左傳》一經中得到放大的效果，因為《左傳》從漢代今古文之爭以來，便有解經與否的爭議，如不解經它便歸入《國語》、《戰國策》等史書一流，若解經則納入《公羊》、《穀梁》二傳的經解體系，唐代劉知幾（661-721）《史通》就特舉《左

3　〔宋〕朱熹：《四書章句集注·孟子集注》，《景印文淵閣四庫全書》經部，第197冊，卷4，頁22。

4　〔漢〕班固撰〔唐〕顏師古注：《前漢書·藝文志第十》，《景印文淵閣四庫全書》史部，第249冊，卷30，頁20。

5　〔漢〕司馬遷：〈太史公自序〉，《史記會注考證》（瀧川龜太郎考證。高雄：麗文文化事業股份有限公司，1997年），卷130，頁1337。

傳》為中國史書之祖，認為《春秋》蓋「魯國之遺文，夫子因而修之，亦存舊制而已，至於實錄，付之丘明，用使善惡必彰，真偽盡露，向使孔經獨用，《左傳》不作，則當代行事，安得而詳者哉？蓋語曰：仲尼修《春秋》，逆臣賊子懼。又曰：《春秋》之義也，欲蓋而彰，求名而亡，善人勸焉，淫人懼焉。尋《春秋》所書，實乖此義，而《左傳》所錄，無媿斯言。此則傳之與經，其猶一體，廢一不可，相須而成。如謂不然，則何者稱為勸戒者哉？」[6]，劉知幾以史學家觀點檢視《左傳》，標舉出「六家二體」之說，以《春秋》、《左傳》二家為古史源流所在，《春秋》編年記事為史體之始，而《左傳》則可直接視為史籍大成，稱其為「述者之冠冕也」[7]，歷代史籍「敘事之最」[8]，這一意見可以說是中古時期對《左傳》史學性質最明確的揭露，時代稍後的陸龜蒙（約834-881）則認為《春秋》乃記事之史書，「按經解則悉謂之經，區而別之，則《詩》、《易》為經，《書》與《春秋》實史耳，學者不當混而言之」[9]，以經解的角度皆可統言謂之經，而還其本質則《春秋》當然是史籍無疑，又言「苟以六籍謂之經，習而稱之可也，指司馬遷、班固之書謂之史，何不思之？甚乎六籍之內，有經有史，何必下及子長、孟堅，然後謂之史乎？」[10]，對於《史》、《漢》為「史」，而《春秋》卻為「經」的傳統觀念已出現反抗的聲音。到了宋代劉恕（1032-1078）揭示「歷代國史，其流出于《春秋》。劉歆叙《七略》，王儉撰《七志》，《史記》以下皆附《春秋》，荀勗分四部，史記舊事入丙部，阮孝緒《七錄》記傳錄記史

6　〔唐〕劉知幾撰〔清〕浦起龍釋：《史通通釋·申左》（臺北：里仁書局，1980年），卷14，頁421。

7　同前註，《史通通釋·六家》，卷1，頁11。

8　同前註，《史通通釋·模擬》，卷8，頁222。

9　〔唐〕陸龜蒙：〈復友生論文書〉，《笠澤叢書》，《景印文淵閣四庫全書》集部，第1083冊，卷2，頁6-7。

10　同前註。

傳，由是經與史分」[11]，可見魏晉以前學者仍然視《春秋》為史，從阮孝緒以後的目錄學，經史遂分道揚鑣，釐為二途。元代郝經（1223-1275）亦認為「古無經史之分」，《春秋》乃「史之斷也」，又曰：「古無史之完書，三變而訖于今，左氏始以傳《春秋》，錯諸國而合之。馬遷作《史記》，離歷代而分之。溫公作《通鑑》，復錯歷代而合之，三變而史之法盡矣」[12]，將史之源頭歸於《春秋》，史法則歸於《左傳》，可見明代以前的學者對《春秋》、《左傳》經史同流的觀念已有所論述。

　　到了明代，此議題也引發了學者的興趣，多所論述，如潘府（1453-1525）就首提「五經皆史也」說[13]，王守仁（1472-1529）也提出「《春秋》亦經，五經亦史」的說法[14]，王世貞（1526-1590）則云：「六經，史之言理者也」[15]，認為天地之間的著述皆是史籍範疇，六經只不過是史籍中專講義理的書籍罷了。李贄（1527-1602）則認為經史蓋相為表裏，所謂《春秋》，乃「春秋一時之史也」，故謂「六經皆史可也」[16]。胡應

11　〔宋〕劉恕：〈書資治通鑑外紀後〉，《資治通鑑外紀》，《景印文淵閣四庫全書》史部，第312冊，卷首序文，頁3。

12　〔元〕郝經：〈經史〉，《陵川集》，《景印文淵閣四庫全書》集部，第1192冊，卷19，頁11-13。

13　〔明〕潘府云：「五經皆史也。《易》之史奧，《書》之史實，《詩》之史婉，《禮》之史詳，《春秋》之史嚴，其義則一而已」，收錄黃宗羲《明儒學案・太常潘南山先生府》，《黃宗羲全集》第8冊（杭州：浙江古籍出版社，2005年），卷46，頁403。

14　徐愛曰：「先儒論六經，以《春秋》為史，史專記事，恐與五經事體終或稍異。」王守仁回答說：「以事言謂之史，以道言謂之經。事即道，道即事。《春秋》亦經，五經亦史。《易》是包犧氏之史，《書》是堯舜以下史，《禮》、《樂》是三代史，其事同，其道同，安有所謂異？」，又曰：「五經亦只是史，史以明善惡，示訓戒。善可為訓者，特存其迹以示法；惡可為戒者，存其戒而削其事以杜奸」，收錄《傳習錄》，《王文成公全書》，《四部叢刊正編》第75冊（據上海涵芬樓景印明隆慶刊本景印）卷1，語錄1，頁16-17。

15　〔明〕王世貞云：「天地間無非史而已。三皇之世，若泯若沒；五帝之世，若存若亡。噫！史其可以已耶！六經，史之言理者也」，收錄《增補藝苑巵言》，《續修四庫全書》集部，第1695冊（據上海圖書館藏明萬曆十七年武林樵雲書舍刻本影印），卷1，頁11。

16　〔明〕李贄：〈經史相為表裏〉一條云：「經史一物也。史而不經，則為穢史矣，何以垂戒鑑乎？經而不史，則為說白話矣，何以彰事實乎？故《春秋》一經，春秋一時之史也。《詩經》、《書經》，二帝三王以來之史也，而《易經》則又示人以經之所自出，史之所從來，為道屢遷，變易匪常，不可以一定執也，故謂六經皆史可也」，收錄《李溫陵集》，《四庫全書存目叢書》集部，第126冊（據北京大學圖書館藏明刻本影印），卷17，讀史，頁2。

麟（1551-1602）則以為：「夏商以前，經即史也，《尚書》、《春秋》
是已」，又曰：「《尚書》，經之史也；《春秋》，史之經也」[17]，茅元
儀（1594-1639）云：「夫六經半史也，而《春秋》為甚……《春秋》者
乃夫子之所續史也」[18]，明末顧炎武（1613-1682）云：「孟子曰：『其
文則史。』不獨《春秋》也，雖六經皆然」[19]，亦同「六經皆史」之論
也。到了清初乾嘉時期，章學誠（1738-1801）高擎「六經皆史」之說，
提出「史之大原，本乎《春秋》」[20]的意見，將古史之源上溯至《春秋》
一經，其說顯然承襲明代諸君無疑，至顧棟高（1679-1759）更有「二十
一史權輿」[21]之言，可見明代經史同源合流之說，已然是當時學術界的一
種普遍看法，經學的神聖性面臨了被史學稀釋的可能性危機，然而這種危
機也或許是經學的另一種轉機，如同董仲舒當年以災異感應解釋《春
秋》，使經學適應了時代，也主導了時代，所以明代經學屢屢拉扯史學靠
攏，意在充實本身的理論與內涵，以適應時代的風潮。

第二節　明代《春秋》史學四體

　　從上述可知明代學術界瀰漫著「經學即史學」的「六經皆史」論調，
傳統學者觀念認為史學乃是附庸於經學之下，而這一說法無疑提升了史學
的位階，使得經史達到平起平坐的位子，這對傳統《春秋》經學的研究勢

17　〔明〕胡應麟：《少室山房筆叢》（臺北國家圖書館藏明萬曆四十六年汪湛然金華刊本），甲
　　部，經籍會通二，頁1。
18　〔明〕茅元儀：〈春秋內外傳序〉，《石民四十集》，《四庫禁燬書叢刊》集部，第109冊（據北
　　京圖書館藏明崇禎刻本影印），卷10，頁92-93。
19　〔清〕顧炎武：〈魯頌商頌〉，《原抄本日知錄》（臺北：明倫出版社，1970年），卷3，頁80。
20　〔清〕章學誠撰、〔民國〕倉修良編注：《文史通義新編新注‧易教上》（杭州：浙江古籍出版
　　社，2008年），內篇一，頁1。
21　〔清〕顧棟高：〈春秋大事表總序〉，收錄王昶《湖海文傳》，《續修四庫全書》集部，第1668冊
　　（據清道光十七年經訓堂刻本影印）卷21，頁1。

必會構成影響，筆者在研究明代春秋學的過程中也確實感受到明代《春秋》經學有一股走向史學的聲音存在，可印證明代階段已經將此理論付諸實現。綜觀明人的《春秋》史學創作大體依循著《春秋》「原始要終」，「本末究竟」的原則，時間順序上皆可歸納在「本末體」的大範圍中，其特徵盡可以在史學體例上得到印證，明末黃宗羲（1610-1695）云：「史之體有三：年經而人與事緯之者編年也，以人經之者列傳也，以事經之者紀事也。其間自有次第：編年之法，《春秋》以來未之有改也；有編年而後有列傳，故本紀以為列傳之綱；有編年而後有紀事，故紀事為《通鑑》之目」[22]，對於史體源流言雖簡但意甚詳，點出編年、紀傳、紀事本末三大史體。據筆者觀察，明代《春秋》「本末體」之中實亦可區分為四類，一者為「紀事本末體」，以春秋時代的「事件」為敘事主軸；二者為「紀傳本末體」，以「人物」的行事言論為重點；三者為「紀國本末體」，以「國家」的興衰亂亡為線索；四者為「事類本末體」，以「同類」的性質作區分，以編年為時序，將春秋時代相類似的人物身分、善惡、言行、德行進行歸納比附，以下對此四體論述說明如下。

一、明代《左傳》紀事本末體

中國編年史之祖為《春秋》，其體乃「編年通紀，以見事之先後」[23]，其內容雖為「紀事」，然文字簡短且語焉不詳，至《左傳》解經則依循《春秋》編年之法，以事繫日，以日繫月，以月繫時，以時繫年，但變易「紀事」之法為「敘事」，而所謂「紀事本末」者，蓋以「年、時、月、日以相繫維也，易編年為敘事」[24]，使一年發生之大事皆詳盡委

22　〔清〕黃宗羲：〈談孺木墓表〉丁巳，《黃宗羲全集》第10冊（杭州：浙江古籍出版社，2005年），頁269。

23　〔宋〕朱熹：〈跋通鑑紀事本末〉，《晦庵集》，《景印文淵閣四庫全書》集部，第1146冊，卷81，頁11。

24　〔清〕馬驌：〈左傳事緯例略〉，《左傳事緯》（清乾隆四十九年刻本），書前卷首。

曲，謝諤（1121-1194）云：「《春秋》之法，年為主而事繫之，使君之法，事為主而年繫之，以事繫年而事為之碎，以年繫事而事為之全，二者不可一廢。紀年也，故以事繫而年全；紀事也，故以年繫而事全。事繫年而年全者，史法也；年繫事而事全者，考史法也，乃相為表裏歟」[25]，如此可知「編年體」的缺失在於一事之本末或拖延數年，無法直接看到事件發生的前後因果，本末究竟，故「紀事本末體」遂因應此閱讀要求而產生，其實在《左傳》中老早就已經有紀事本末體的痕跡，如魯僖公二十三年，記載了晉文公重耳流亡在外，又重返晉國主政的事件始末，此一節深受歷代學者所熟知，然而重耳流亡之初為僖公五年，至僖公二十三年返晉，其時間長達十九年，但《左傳》並不將重耳流亡列國的事件依序按年記錄，而是集中在僖公二十三年最後作出一個完整的事件陳述，以銜接二十四年秦穆公助其重返晉國，此事明顯已具備了史學「紀事本末體」的條件要求，陳其泰評論此事云：「《左傳》這種編撰方法，實際上是在編年體中有機地揉合了紀事本末體的因素。這一創造對後人是一個很大的啟發，影響深遠」[26]，顯見「紀事本末」早已存在《左傳》編年敘事中，而後代學者亦受其影響，終於在宋代階段，袁樞（1131-1205）創造了《通鑑紀事本末》，章沖創作了《春秋左氏傳事類始末》二書，清梁章鉅（1775-1849）云：

紀事、編年二體之外，又有所謂紀事本末者，實亦仿於《尚書》之每事為編，自袁樞作《通鑑紀事本末》，同時又有章沖之《春秋左氏傳事類始末》，二人孰先孰後，孰創孰因，不可考矣。此後如陳邦瞻之《宋史紀事本末》、《元史紀事本末》、谷應泰之《明史紀事本末》、高士奇之《左傳紀事本末》，踵事日增，遂成不可磨滅之一體。蓋紀傳或一事而複

25　〔清〕朱彝尊撰〔民國〕張廣慶等點校：《點校補正經義考》第6冊，卷188，頁69-70。

26　陳其泰：〈左傳的史學成就和民本思想〉，《史學與中國文化傳統》（北京：書目文獻出版社，1992年），頁57。

見數篇，賓主莫辨；編年或一事而隔越數卷，首尾難稽。此體出乃使經緯明晰，節目詳具，前後始末，一覽了然，雖史家之支流，實深有禪於學者也。[27]

　　兩人之書時代相近，據張素卿之考證，袁樞稍早於章沖之書[28]，雖說袁樞《通鑑紀事本末》並非是《左傳》著作，但他對後來《左傳》甚至是歷代史書中「紀事本末體」的影響實遠在章書之上，朱熹（1130-1200）〈跋通鑑紀事本末〉曰：「一事之首尾，或散出於數十百年之間，不相綴屬，讀者病之，今建安袁君機仲乃以暇日作為此書，以便學者，其部居門目，始終離合之間，又皆曲有微意，於以錯綜溫公之書，其亦《國語》之流矣。或乃病其於古無初而區別之外無發明者，顧第弗深考耳」[29]，並作《通鑑綱目》，從朱熹以後，此書成為紀事本末體之濫觴，四庫館臣論《春秋左氏傳事類始末》云：「自沖以後，編錄《左氏》書者，或以國分，或以人分，或以事分，凡數十家而未已，雖體例小殊，其源皆自沖發也」[30]，章沖《春秋左氏傳事類始末》可以說是第一部《左傳》紀事本末體的先聲，其纂述動機自云：「《左氏》傳事不傳義，每載一事，必先經以發其端，或後經以終其旨。有越二三君，數十年而後備，近者亦或十數年，有一人而數事所關，有一事而先後若異，君臣之名字，有數語之間而稱謂不同，間見錯出，常病其不屬」[31]，故而「掇其英精，會其離析，各備其事之本末」[32]，以便初學入門，學者觀覽尋緒，值得一提的是章沖

27　〔清〕梁章鉅：《退庵隨筆》，《續修四庫全書》子部，第1197冊（據山東省圖書館藏清道光刻本影印），卷16，頁26-27。

28　張素卿：〈章沖《春秋左氏傳事類始末》述略——《左傳》學的考察〉，《國家圖書館館刊》第1期（國家圖書館館刊編輯委員會編輯。民國85年6月），頁131-150。

29　〔宋〕朱熹：〈跋通鑑紀事本末〉，《晦庵集》，《景印文淵閣四庫全書》集部，第1146冊，卷81，頁11-12。

30　〔宋〕章沖：《春秋左傳事類始末》卷首提要，《景印文淵閣四庫全書》史部，第349冊（臺北：臺灣商務印書館，1983年），頁462。

31　〔清〕朱彝尊撰〔民國〕張廣慶等點校：《點校補正經義考》第6冊，卷188，頁68-69。

32　同前註。

《春秋左氏傳事類始末》一書雖題以「事類」，但並非是本文以人或事的性質來分類的「事類本末體」，它完完全全是一部依時間順序編次的《左傳》「紀事本末體」著作。而宋代除了章沖《春秋左氏傳事類始末》存世外，其餘有程公說《左氏始終》、劉伯証《左氏本末》、劉淵《左傳紀事本末》等三部，然皆亡佚，元代則有曹元博《左氏本末》，亦不見流傳[33]。據四庫館臣論述歷代《左傳》紀傳本末體著作云：「自宋以來，學者以《左傳》敘事隔涉年月，不得其統，往往為之詮次類編，其見於史志者有：楊均、葉清臣、宋敏修、黃穎、周武仲、勾龍傳、桂績、呂祖謙、陳持、章沖、徐得之、孫調、楊泰之、毛友、徐安道、孫范等諸家，今其書多亡佚不傳，中如呂祖謙之《左傳類編》，雖尚散見《永樂大典》中，而簡略失次，且多脫闕，未為善本，惟章沖《左氏事類始末》，全書尚存」[34]，館臣雖將紀事、紀傳、紀國、事類等體，皆納入紀事本末體統論，但也可見此類書籍存世者少之又少，明代惟有傅遜《春秋左傳屬事》一書存世。

（一）傅遜《春秋左傳屬事》

明代最著名的一部《左傳》紀事本末體為傅遜（1583前後）的《春秋左傳屬事》一書，遜字士凱，江蘇太倉人，師事歸有光，自謂「少好讀史，玆傳雖以釋經，而與後之言經者多牴牾，難合故經，不能強明而獨躭其文辭，視以古史，妄纂玆錄，名曰『春秋左傳屬事』，頗自謂得古人讀史之遺意，有助於考古者之便」[35]，傅遜創作此書的時間為，明萬曆十三年（1585），其目的以為《左傳》「體本編年，而紀載繁博，或一簡而幾事錯陳，或累卷而一事乃竟，或以片言而張本至巨，或以微事而古典攸

33 〔元〕楊維楨〈曹元博左氏本末序〉云：「雲間曹元博氏復按經以證傳，索傳以合經，為《左氏敘事本末》若干卷，類之精，訂之審，以惠學者之觀覽，其用心亦勤矣」，《東維子集》，《景印文淵閣四庫全書》集部，第1221冊，卷6，頁11-12。

34 〔清〕高士奇：《左傳紀事本末》書前提要，《景印文淵閣四庫全書》史部，第369冊，頁5。

35 〔明〕傅遜：〈春秋左傳屬事序〉，《春秋左傳屬事》，《景印文淵閣四庫全書》經部，第169冊，頁500。

徵，茲欲溯流窮委，尋要領而繹旨歸，蓋亦難矣」[36]，因為《左傳》篇帙浩繁，紀載繁雜，人事錯綜，分散全書，這對於閱讀者來說無疑是增加了閱讀上的障礙，不僅無法首尾兼顧，亦無法輕易領略書中大義，因有感於此，於是以「建安袁氏復因之，以纂紀事本末，使每事成敗始終之迹一覽而得，讀史者咸便而葆之」[37]，改變《左傳》編年敘事之體為屬事之例，仿照袁樞《通鑑記事本末》，以事為經，以時為緯，使《左傳》記載之事，不因分年、分公而斷裂，如此便可詳索傳文而融貫其義，「顛委頭緒，開卷瞭然」[38]，然其師歸有光認為此舉比袁樞撰《通鑑》難上數倍，甚難成功，而遜不畏獨任之，取其友王執禮發其端而未竟底稿續成之。

全書體例以國分事，比事而屬之，首王室（周），次霸主（齊桓公、宋襄公、晉文公、晉靈公、晉景公、晉悼公、晉平公、楚穆王、楚莊王、楚共王、楚康王、楚靈王），次列國（魯、晉、齊、宋、衛、鄭），次外夷（秦、楚、吳、越），而小國則附見全文之中，「傳文之後，各檃括大意而論之」[39]，如齊桓之霸業，首舉鮑叔牙薦管仲為事，復霸則歸於荀罃之歸，失霸究以范鞅之賄，體現了他對齊桓霸業興衰本末的見解。又如其論春秋霸業，則不限傳統春秋五霸或七霸之說，以齊、宋、晉、楚之霸主為論，而以晉、楚兩國爭霸為首要焦點，所採諸事皆關乎春秋時期之大勢，與王室、諸侯、列國之要者，其宗旨在推溯春秋理亂之大原，「事事必指要陳詞，昭為誠鑒，務思有益於世」[40]，故王錫爵盛讚其「有天下國家之責者，俯而讀之，其必會於衷而發其志」[41]。然觀全書內容「舍

36　〔明〕傅遜：〈春秋左傳屬事序〉，《春秋左傳屬事》，《景印文淵閣四庫全書》經部，第169冊，頁499。

37　同前註，頁500。

38　〔清〕馮桂芬：同治《蘇州府志》，《中國方志叢書》華中地方，第5號（據清光緒九年刊本影印），卷93，頁33。

39　〔清〕紀昀等編纂：《四庫全書總目》，卷28，經部，春秋類三，「左傳屬事」條，頁232c。

40　〔明〕王錫爵：〈春秋左傳屬事序〉，《春秋左傳屬事》，《景印文淵閣四庫全書》經部，第169冊，頁496-497。

41　同前註。

經而言史」⁴²，四庫館臣將之列入經部春秋類，而不納入史部紀事本末類，亦可見書中並非僅有史事，對於「杜氏《集解》之未安者，頗有更定」⁴³，但館臣此舉是乎和傅遜以史學眼光纂《左傳屬事》之初衷相違背，其經史分部的觀點值得商榷。

清初浦起龍（1679-1762）論「紀事本末」之源流云：「人言自袁機仲樞《紀事本末》出，史體參而三矣。余曰：亦從二體出，非別出也。且降史書為類書，法不參立，故其書不由史館，不奉勅亦編」⁴⁴，雖然浦氏反對「紀事本末」體的成立可與「編年」、「紀傳」二體並列，但唐宋一直發展到明清階段，「紀事本末」實已成為史家撰述的第三種選擇，故《四庫全書》於正史、編年之後，以紀事本末當第三矣。而明代亡佚的《春秋》紀事本末體著作尚有曹宗儒《春秋序事本末》、王鍾毅《左氏始末》二種，另外楊時秀（1535前後）〈春秋集傳序〉則云：「窮鄉下邑之士，讀胡《傳》矣，而鮮能復讀《左傳》，一或詰之，則茫然不知事之本末，謂之通經可乎哉？予錄是編，先之以經，繼之以《左傳》，俾欲通經者，得以見事之本末，然必與經相發明者錄之，否則不錄也」⁴⁵，則此《春秋集傳》亦紀事本末體之一書耳。如此就可以修正一些看法，今人惟以《左傳》此體出於馬驌《左傳事緯》與高士奇《左傳紀事本末》，然而通過考察宋、元、明代諸書，與明代傅遜《春秋左傳屬事》，以及明代亡佚之作來看，這兩本明末清初的《左傳》紀事本末體其實根本不是始創之作，早在宋代章沖已然創之，明代學者更屢有所作。

---

⁴² 〔明〕王世貞：〈春秋左傳屬事序〉，《春秋左傳屬事》，《景印文淵閣四庫全書》經部，第169冊，頁498-499。

⁴³ 〔清〕紀昀等編纂：《四庫全書總目》，卷28，經部，春秋類三，「左傳屬事」條，頁232c。

⁴⁴ 〔唐〕劉知幾撰〔清〕浦起龍釋：《史通通釋・二體》（臺北：里仁書局，1980年），卷2，頁30。

⁴⁵ 〔清〕朱彝尊撰〔民國〕張廣慶等點校：《點校補正經義考》，第6冊，卷202，頁376。

二、明代《左傳》紀傳本末體

　　《春秋》一經二百四十二年，其間王室、諸君、人臣之賢愚得失，《左傳》記載詳盡，盧植（約159-192）云：「丘明之傳《春秋》，博物盡變，囊括古今，表裏人事」[46]，點出了「人」的重要性，然核其體例，為事件依附紀年，故一人而前後互見，難於盡「知人論世」之用，而司馬遷撰《史記》，創為紀傳體，班固《漢書》因之，此二書出則紀錄人物生平本末之體例大備，劉勰《文心雕龍‧史傳》云：「夫《左氏》綴事，附經間出，于文為約，而氏族難明。及史遷各傳，人始區詳而易覽，述者宗焉」[47]，但《史記》所述春秋諸臣甚少，僅管仲、晏嬰、伍胥幾人，事蹟亦頗疏略也，至宋代鄭樵撰《通志》，在《史記》的基礎上又更為詳細，然其中亦多缺齊、宋等國諸傳，故搜羅亦未盡矣。之後宋代王當撰《春秋列國諸臣傳》三十卷，所列傳主一百九十一人[48]，春秋人物列傳始粗具規模。至明代，學者創作此類書籍甚多，如邵寶《春秋諸名臣傳》、劉節《春秋列傳》、吳國倫《春秋世譜》等，除後者亡佚外，前兩部均存世，亦皆《春秋》「紀傳體」之流，以下分別論述之。

（一）邵寶《春秋諸名臣傳》

　　邵寶（1460-1527），字國賢，號泉齋，江蘇無錫人，晚年作《春秋諸名臣傳》一書，然未竟其稿而逝世捐館，同邑姚咨（1495-1541後）接續邵寶之志而輯補之，故為此二人共同之創作。全書以《左傳》為依據，參以《國語》、《公羊》、《穀梁》諸傳，所列春秋傳主一百四十八人，始於周室辛伯，止於虞國宮之奇，傳末附以贊言簡論之，欲使其人之嘉言嘉行，顯隱之際，「善惡、賢不肖、得失、治亂，若將昭焉」[49]，故遠搜

46　〔清〕朱彝尊撰〔民國〕張廣慶等點校：《點校補正經義考》，第5冊，卷169，頁512。

47　〔梁〕劉勰：《文心雕龍‧史傳十六》，《景印文淵閣四庫全書》集部，第1478冊，卷4，頁2。

48　宋代尚有鄭昂撰《春秋臣傳》三十卷，計二百五十四人，惜此書已亡佚。

49　〔明〕皇甫汸：〈姚氏春秋諸名臣傳補序〉，收錄《春秋諸名臣傳》，《四庫全書存目叢書》史

遐討，以人為經，以年為緯，纂述生平之跡。此書與宋王當《春秋臣傳》相仿，然王當以《春秋》十二公當編年之順序，邵氏此書以列國為序，首周概尊王室，次魯重我也，次齊晉以昭霸業，《四庫全書總目》列入史部傳記類[50]，而不入經部春秋類。

（二）劉節《春秋列傳》

劉節（1476-1555），字介夫，號梅國、一曰雪臺，江西大庾人，弘治十四年（1501）江西解元，十八年（1505）登進士第，授兵部主事，陞廣德知州，累官四川提學僉事，福建浙江布政使，擢升副都御史，巡撫山東，總督江淮漕運，陞刑部侍郎。撰有《春秋列傳》一書，該書敘春秋列國群臣，「本之《左氏》，參之《國語》，兼采夫先秦、兩漢諸書，互相考訂，該括不遺」[51]，凡《左傳》中之人物的行事言語，「其善可師，其惡可鑒，與夫一言一行之微，苟可以風天下，示來世者」[52]，皆為之立傳，全書始於周祭公謀父，終於蔡國朝吳，計二百二人，以為學者鑑往事知來者之助，潘榛（1565-1632）云：「古者稱謂或以名、或以字、或以爵、或以封邑，讀者不悉心考之，茫然莫解，讀此《傳》而諸人履歷可不爽也，又諸人事錯見於傳，《左氏》每一事輒附以君子之評，褒貶未歸於一，讀此傳則生平畢備，以定褒貶可無失也。又諸國散亂無統，興亡之故漫焉難考，讀此《傳》則國之興以若而人，廢以若而人，其間政治得失，風俗好尚，可統觀也」[53]，今《四庫全書總目》列在史部傳記類，然館臣所見蓋非劉節原書，而是潘榛訓釋的《增釋春秋列傳》。

部，第98冊（據北京圖書館藏明隆慶五年安紹芳刻本影印），頁463。

50　〔清〕紀昀等編纂：《四庫全書總目》，卷62，史部，傳記類存目四，「春秋名臣傳」條，頁557c。

51　〔明〕丘九仞：〈春秋列傳序〉，收錄劉節《春秋列傳》，《四庫全書存目叢書》史部，第89冊（據北京大學圖書館藏明刻本影印），頁542。

52　同前註。

53　〔明〕潘榛：〈增釋春秋列傳序〉，收錄《增釋春秋列傳》（臺北國家圖書館藏明萬曆三十六年潘氏盧州刊本），卷首序文，頁2-3。

　　明代關於《左傳》紀傳本末體的著作僅有上述兩部，另外萬曆時福建人張事心撰有《春秋人物譜》一卷[54]，但這一部書並非是本末體之作，而是屬於工具用書一流，其中所載春秋人物，自隱公初至哀公末，共計二千五百三十九人，對於《左傳》人物的姓名、字號、世系、源流、食邑、官爵、諡號等多所考證纂補，分國而彙輯之，而特立孔子世系一目，用以尊聖也。全書大凡以「首世系，次中宮，次子姓。則世系莫考者，次先王、先后」[55]，其範圍上至周王、諸侯，下至列國功臣巨室，終之以群臣庶人，用「以明系表世若家乘焉，故曰譜也，讀《左》得此，庶不至誤名號而迷本原，或亦可以補世族之缺乎」[56]，則此書可補紀傳之不足，雖非史書一門，亦可羽翼之。

三、明代《左傳》紀國本末體

　　《國語》一書為國別史之祖，紀錄一國興衰之本末，故亦稱「紀國體」，然春秋時期大小幾十餘國，上至周王室，下至諸侯各國，邊鄙蠻夷，蕞爾小邦，其列國事蹟除了散入《國語》外，又保存在《左傳》一書中，可以說此二書是先秦以前紀錄春秋文獻資料最詳實豐富的古籍，也因如此，故《左傳》被稱作《春秋內傳》，《國語》被稱為《春秋外傳》，蓋導因於此。但讀者若欲詳究一國之歷史流變，各國彼此間的往來互動，閱讀《左傳》則因編年阻隔，資料散雜，學者每傷其淆亂，而《國語》以諸國分類，恰好彌補了這一部份的閱讀障礙，故《國語》所標識的「紀國本末體」於焉誕生。

　　歷代學者依循此史學體例，屢屢有所創作，如唐代文宗首撰有《御集春秋左氏列國經傳》，以帝王之尊而開風氣之先，至宋代此體大興，有宋

54　今有湖南省圖書館藏清初抄本，《經義考》作「春秋左氏人物譜」，又名「春秋人物纂」。
55　〔明〕張事心：〈春秋左氏人物譜序〉，《點校補正經義考》第6冊，卷204，頁418。
56　同前註。

敏修《春秋列國類纂》、陳持《左氏國類》、徐得之《春秋左氏國紀》、楊泰之《春秋列國事目》、句龍《春秋三傳分國紀事本末》等等，然而上述諸書皆無一部傳世，僅能其書名臆測之。到了明代亦延續此風，存世典籍計有劉績《春秋左傳類解》、嚴訥《春秋國華》、孫范《左傳分國紀事本末》、張溥《春秋列國論》、張問達《左傳分國紀事本末正》等五部，然而明代亡佚之作也不少，洪武時期大學士傅藻和孔克表就合撰有《春秋本末》三十卷[57]，區分列國而類聚之，上呈皇太子朱標覽閱，然因祕藏深宮，流傳不廣，最後遂亡佚。之後創作日多，計有沈越《春秋分國便覽》、孫和斗《三傳分國紀事》、陳裕《左傳分國彙編》、張次仲《左傳分國記事》二十一卷、盧元昌《春秋分國左傳》十六卷、沈龍震《分國左傳》、賀寬《左國史漢分國合鈔》、龔持憲《春秋列國世家》二十七卷、楊時偉《春秋編年舉要》不分卷等書，近人韓席籌（1884-1969）所撰《左傳分國集註》亦是此類。以下就存世諸作論述之。

（一）劉績《春秋左傳類解》

劉績（1490前後），字用熙，號蘆泉，學者稱西江先生，湖北武昌人，弘治三年（1490）進士，「幼聰敏不羈，貫穿羣籍，尤精於考究，凡所撰述，古雅冲淡，根極理要，負一時物望」[58]，撰有《春秋左傳類解》二十卷，全書不依《春秋》編年敘事之例，而以分國為體，首周後楚，總計二十七國，其言「欲通一國盛衰，盡一事首尾，以知是非所在，

57　〔明〕宋濂：〈春秋本末序〉云：「洪武十一年夏五月，皇太子御文華殿，命侍臣講讀《春秋左氏傳》，既而曰：『諸國之事雜見 二百四十二年之中，其本末未易見，曷若取春秋分記而類入之？』」；又《經義考》云：「《實錄》：洪武十一年五月癸酉，命東閣文學傅藻等編纂《春秋本末》。閏月乙酉，書成。上以《春秋》本諸《魯史》，而列國之事，錯見間出，欲究其終始，則艱於考索。乃命藻等纂錄，分列國而類聚之，附以《左氏傳》，首周王之世以尊正統，次魯公之年，以仍舊文，事之終始，秩然有序，賜名曰《春秋本末》」，參見《點校補正經義考》第6冊，卷199，頁314-315。

58　〔明〕過庭訓：《本朝分省人物考》，《續修四庫全書》史部，第535冊（據北京大學圖書館藏明天啟刻本影印），卷76，頁17。

不至鑿空說經」[59]，故而首以國分，諸國之中再依編年，以為「學者必先知《傳》事，然後能得《經》義」[60]，其纂述動機以為「舊傳編年，□（缺字）知次序，又牽他說，不便初學，因僭妄分國，仍書經編年於上，非敢破碎聖言，蓋欲通一國盛衰，書一事首尾，以知是非所在，不至鑿空說經，亦得以經斷傳謬，傳補經闕」[61]，可見劉績創作此書的動機與目的，在使學者不因《左傳》編年敘事之隔閡，而能便於考索列國事蹟，故纂輯列國本末，採輯三《傳》、「引證諸書，以《經》、《傳》、《國語》為權衡」[62]，以《左傳》史事本末為根據，引證《公羊》、《穀梁》與外傳《國語》，旁及杜《注》、孔《疏》等箋註，並以歷代諸儒如胡《傳》等以為疏證，權衡互訂，而歷代沿革地理準之《史》、《漢》，輔以杜《注》，首周次魯，末則吳、越、楚諸夷，共列春秋諸國二十四，藉國史以輔翼經傳，強調「理在人心，而事本紀載，得事之真，而是非自分」[63]的史學觀。

（二）嚴訥《春秋國華》

嚴訥（1511-1584），字敏卿，號養齋，諡文靖，江蘇常熟人，嘉靖二十年（1541）登進士第，任庶吉士，授官翰林院編修，生平服膺陽明良知之學，最好讀《左氏傳》，直以史籍目之，其云：「《尚書》、《春秋》乃經中之史，而《春秋》尤極世變」[64]，至老耄未嘗一日廢卷，認為《春秋》「顧列國之事而敘以編年，紛見互出，未易貫通，若國自為類，

59　〔明〕劉績：〈春秋左傳類解凡例〉，《春秋左傳類解》，《續修四庫全書》經部，第119冊（據浙江圖書館藏明嘉靖戊子刊本影印），頁5。
60　同前註。
61　同前註。
62　同前註，頁6。
63　同前註，頁5。
64　〔明〕嚴洽百：〈春秋國華跋〉，收錄《春秋國華》，《四庫全書存目叢書》經部，第119冊（據中山大學圖書館藏明萬曆三年活字印本影印），頁584。

當更辨覽」[65]，萬曆三年（1575）於史館教授之餘暇，撰成《春秋國華》一書，「以《春秋》所書周及列國之事，分隸其國，而仍以魯十二公之年編之」[66]，並且「輔以三《傳》，時採《家》、《國語》、《管》、《晏》、《史記》附之，條分縷屬，在王朝者隸王朝，在列國者隸列國」[67]，稽古準今，上下千年，旁搜博考，引證頗詳，所纂輯春秋諸國，依序為「周、魯、齊、晉、秦、楚、宋、鄭、衛、陳、曹、杞、邾、許、虢、虞、吳、越」，等等十八國，而所著重者，「特致審於五霸」[68]之事蹟耳。

（三）孫范《左傳分國紀事本末》

孫范，約活動於天啟崇禎時期，字匡儀，號廣霞居士，浙江錢塘人，天啟元年（1621）舉人，撰有《左傳分國紀事本末》二十一卷，孫氏以為《左傳》一書「足以匡王定國，保竟安民。至如大眾來臨，風雨不測，知勇俱困，用能於其間，窺審敵情，握施宏籌，定安危於呼吸」[69]，可說是安邦定國，談兵制敵之一助也，但其編排，「年經國緯，緒端紛出，雖部勒位置，首尾應接，各有條貫，然覽者未能一目便了」[70]，初學者讀是書，「曉其卒而忘其初，理之此而殽之彼，紊擾乖隔，不合不穿，章句誦習，所以不能無恨也」[71]，故而纂輯是書，「倣之史家，變編年為紀事，

---

65 〔明〕嚴治百：〈春秋國華跋〉，收錄《春秋國華》，《四庫全書存目叢書》經部，第119冊（據中山大學圖書館藏明萬曆三年活字印本影印），頁584。

66 〔清〕紀昀等編纂：《四庫全書總目》，卷30，經部，春秋類存目一，「春秋國華」條，頁247b。

67 〔明〕陳瓚：〈春秋國華序〉，收錄《春秋國華》，《四庫全書存目叢書》經部，第119冊（據中山大學圖書館藏明萬曆三年活字印本影印），頁234。

68 〔明〕嚴治百：〈春秋國華跋〉，收錄《春秋國華》，《四庫全書存目叢書》經部，第119冊，頁584。

69 〔明〕孫范：〈左傳分國紀事本末序略〉，《左傳分國紀事本末》（臺北國家圖書館藏明崇禎間原刊本），卷首序文。

70 同前註。

71 〔清〕雷士俊：〈左傳分國紀事本末序〉，《艾陵詩文鈔》，《四庫禁燬書叢刊》集部，第90冊（據清康熙莘樂草堂刻本影印。北京：北京出版社，2000年），卷4，頁18-19。

以事系國，以國系君，有一事而連綴三五國，上下數十年者，則原其事之
所始，與其所歸，還系所應屬之國，庶覽一事之本末，而即因事以知其國
勢之強弱、人才之盛衰，二百四十餘年之故，網羅胸中，出為濟世匡時之
用，是今日所為輯傳意也」[72]，孫范於崇禎十一年（1638）撰此書，此時
亦是明朝存亡危墜之際，可見其所謂「濟世匡時之用」，亦是以該書為經
世致用之旁助也，所謂使學者「疏觀往事而知來者之不愆，洞見古人而知
在我之有據，於以運之當事」[73]，此書今有臺北國家圖書館藏明崇禎間原
刊本，計二十一卷，全書所紀蓋十六國之始末，小國則以事蹟散入他國之
中，不另別紀一國。其書題「紀事本末」者，蓋以「事」為首重，然上以
「分國」類之，則其所謂「事」乃為列國編年事件之始末，故宜以「紀國
本末體」視之，可目之為春秋各國的編年國史，故各侯國皆以諸侯年號為
編年，如其述「周傳」，始於周平王「周鄭交質」，中經「桓、莊、惠、
襄、定、簡、靈、景」各王，要皆有大事，最後以周敬王「儋翩之亂」作
結。

（四）張溥《春秋列國論》

　　張溥（1602-1641），字天如，號西銘，江蘇太倉人，崇禎四年
（1631）進士，師事徐光啟，與張采同倡「復社」，學者以不及門為
恥，「聲氣交通，蔓延天下，為明季部黨之魁」[74]，力學砥行，表章經
術，撰有《春秋列國論》二十四卷，收錄於《春秋三書》中，所分列國共
計二十八，首周次魯，末錄戎狄，張采〈春秋三書序〉云：「一曰《列國
論》，天子畿內稱京師，序周即不得言列國，統名之者，畿內亦可稱王
國，故得當篇省文，其書取《春秋》紀載，分國綴事，終一君則為考經
傳，嚴褒譏，如列國各有史，列國君各有傳者，義指希通，是則張子分之

以明經」[75]，乃以國史羽翼經傳，據徐汧（1597-1645）所言，此書本之宋代句龍《春秋三傳分國紀事本末》而作，觀書中所列諸國，其序皆依諸侯國君編年，如魯國從「隱公論」至「哀公論」，十二公首尾俱足，故「列國君各有傳者」，其意亦在此。而各國篇首詳敘王位世襲傳承源流，各年則依序羅列事蹟，各公之後則附有史評加以總結，可見絕非四庫館臣所云「別無奧義」[76]，「掇拾補綴」[77]之作，徐汧稱其「綜覈事紀，倫次《詩序》，流連治忽，感發忠孝，洵金石良書也」[78]，可為平論矣。

（五）張問達《左傳分國紀事本末正》

張問達，約活動於崇禎至康熙時期，字天民，江蘇江都人，康熙五年（1666）舉人，官趙城知縣，私淑王守仁，撰有《左傳分國紀事本末正》十六卷，該書僅臺北傅斯年圖書館藏有烏絲欄舊鈔本一帙[79]，書中所列春秋諸國計十六，首周室，次魯國，以下依序為「鄭、衛、齊、宋、晉、秦、楚、吳、陳、邾、莒、許、曹」等國，首重魯傳與晉傳，各國卷末皆有評論其所以興衰得失之所在，非僅是單純編排蒐羅之功矣，如其論周室衰亡之由則曰：「按周室之亂，非盡皆諸侯之故也，大抵起於王后、匹嫡、亂人，乘之以為利，攜王奸位，王室東遷」[80]，又曰：「平王以降，敬王以上，亂靡有定，誰生厲階？若惠之復辟，鄭倡而虢和；襄之固位，桓始而文終。東西二王，龍戰五載，苟非晉師之出，孰返蒙塵之駕

75　〔明〕張采：〈春秋三書序〉，收錄張溥《春秋三書》，《四庫全書存目叢書》經部，第125冊（據中國科學院圖書館藏明末刻本影印），卷首序文，頁6-7。

76　〔清〕紀昀等編纂：《四庫全書總目》，卷30，經部，春秋類存目一，「春秋三書」條，頁250a。

77　同前註。

78　〔明〕徐汧：〈春秋三書序〉，收錄張溥《春秋三書》，《四庫全書存目叢書》經部，第125冊（據中國科學院圖書館藏明末刻本影印），頁5。

79　臺北傅斯年圖書館為「左傳分國紀事本末」，然觀書中所載題名，則應以「左傳分國紀事本末正」為確，且乾隆《江都縣志》亦作「左傳分國紀事本末正」。

80　〔明〕張問達：《左傳分國紀事本末正》（臺北傅斯年圖書館藏烏絲欄舊鈔本），卷1，卷末按語。

哉？」[81]對於周室之歷代興衰亂亡，雖可從其所摘列傳文事蹟，探悉本末一二，然卷末之評論按語更可展現作者對一國興亡之深刻體認。

四、明代《左傳》事類本末體

明代《春秋》史學的基本體例主要有「紀事」、「紀傳」、「紀國」三體，另外別有一體為「事類」，亦叫做「類事」，所謂「欲觀經之所斷，必求《傳》之所紀事之本末，而後是非見、褒貶白也。然考經者欲於寸晷之際，會其事之本末，不無繙閱之厭，於是《類編》者出焉」[82]，然此「類」非僅侷限於「事」，更可以是人物之身分德行、政治之舉措、戰爭之謀略等等，不一而足，凡可類而據之者皆稱之。唐代第五泰首撰《左傳事類》，至宋代則有葉清臣《春秋纂類》、黃穎《春秋左氏事類》、周武仲《春秋左傳編類》、桂績《類左傳》、孫調《左氏春秋事類》、胡維寧《左氏類編》、呂祖謙《左傳類編》，元代有徐安道《左傳事類》、魏德剛《春秋左氏傳類編》，然諸書皆亡佚不存，現今所傳世者惟明代著作，計有：唐順之《左氏始末》、施仁《左粹類纂》、樊王家《左氏春秋內外傳類選》，而亡佚者有包瑜《左傳事類》、陳可言《春秋經傳類事》、侯泓《左國類雋》等三書，以下分別就存世著作論述之。

（一）唐順之《左氏始末》

唐順之（1507-1560），字應德，號荊川，江蘇武進人，嘉靖八年（1529）進士，師事魏校，博學通達古今，己未（1559），以知兵官荐兵部主事，抵禦倭寇於浙海，事功文章皆為當世冠，不愧士林名儒。撰有《左氏始末》一書，認為《左傳》「事或錯出，文或別見，則執經以求其

斷案者，每病於條理之難尋，而屬辭比事之旨，因以不白於世」[83]，於是以始末次序以為一書，「取《左氏》所傳《春秋》二百四十二年行事，與夫《國語》、《史記》、《外傳》所錯出者，悉連屬而比」[84]，如此便可「事歸其類，人繫其事，首尾血脈，通貫若一，而聖人善善、惡惡之大法，所以榮黼黻而威斧鉞者，不待考之，義例之紛然，一開卷而瞭然如在目中矣」[85]，讀者「反覆參究，融會聯絡，以得乎所以見乎行事之實」[86]，全書分為十五門：曰后、曰宗、曰宦、曰倖、曰奸、曰弒、曰逐、曰亂、曰盜、曰鎮、曰戰、曰戎、曰名臣、曰禮樂、曰方技，釐為十二卷，凡人物之言行舉止，「善雖小不遺，言無微不采」[87]，張素卿將此書以「紀事本末體」視之[88]，然唐順之此書雖名「始末」，但全書十五門乃以人物的身分、德行、行為、職業分其大類，雖然事類本身就是一種紀事，但此書並非是強調以「事件始末」分類，故不可歸納此書於「紀事本末體」，也不宜歸在「紀傳體」之列，而是應歸以「事類體」著作才是。

（二）施仁《左粹類纂》

施仁（1528前後），字宏濟，江蘇長洲人，嘉靖七年（1528）舉人，敦行博古，潛心《左傳》有年，撰《左粹類纂》一書，「於古隱而難通者，務酌諸家而曲暢其義，使學者不勞披觀，可以因類而求，沿文以討，若八音殊奏，聽之者易入而領也」[89]，對於初學實有助益矣，以《左

83　〔明〕唐一麐：〈左氏始末序〉，收錄唐順之《唐荊川先生編纂左氏始末》（臺北國家圖書館藏明嘉靖四十一年唐氏家刊本），卷首序文，頁2-3。

84　〔明〕徐鑒：〈刻左氏始末序〉，收錄唐順之《左氏始末》（臺北國家圖書館藏明萬曆四十二年劍江徐氏刊本），卷首序文，頁1-7。

85　〔明〕唐一麐：〈左氏始末序〉，收錄唐順之《唐荊川先生編纂左氏始末》，卷首序文，頁2-3。

86　同前註。

87　〔明〕徐鑒：〈刻左氏始末序〉，收錄唐順之《左氏始末》，卷首序文，頁1-7。

88　張素卿：〈《左傳》研究：敘事與紀事本末〉（行政院國家科學委員會專題研究計畫成果報告。計畫編號：NSC 88-2411-H-002-032-），頁5。

89　〔明〕黃省曾：〈左粹類纂序〉，收錄施仁《左粹類纂》，《四庫全書存目叢書》子部，第178冊（據揚州市圖書館藏明嘉靖錫山安國弘仁堂刻本影印），卷首序文，頁655。

傳》所紀之事類，分為十五門，計有：制命、諫諍、誠諭、辯說、議論、賦詩、盟載、謠誦、謀略、政事、薦舉、節義、辭讓、逆科、夢卜，共纂輯七百七十六條，其用心亦可謂勤矣，而其體目區分亦有其特識，書中「析卷分類，繫之別目，別體要也；首紀王言，次表羣說，昭倫典也；弘經既朗，賤藝不忘，備國緒也；因類攄辭，稱貞辯慝，矢風戒也」[90]，制命所記錄皆周王之命旨，其餘分類則以國家作區分。黃省曾云此書：「善鑒惡戒，皆可訓也」[91]，強調此書史學上之歷史借鑑作用，四庫館臣卻以此書「變解經之書為類事之書，去《春秋》之義遠矣」[92]，實際上仍然是以經學的嚴格標準苛求之。

（三）樊王家《左氏春秋內外傳類選》

　　樊王家（1583前後），字忠虞，湖北潛江人，萬曆十一年（1583）進士，於三十六年（1608）撰《左氏春秋內外傳類選》，其自云：「紀傳議論，編年敘事，此『史法』也，《左氏》兼諸。《內傳》主於編年，《外傳》主於紀傳，此『左體』也；編年敘事而議論生，紀傳議論而敘事核，此『左用』也」[93]，認為《左傳》主編年敘事，則議論自然形成，《國語》主紀傳議論，而敘事自然核實，故而以此二書作為選輯的底本，「各標題目，分編二十三門」[94]，計有君道、臣道、政治、人才、禮節、刑讞、軍旅、財賦、祭祀、閨壼、胤族、教學、身體、飲食、衣服、宮室、器用、詩樂、夢卜、喪葬、天道、地利、鳥獸等分類。而其事類之內

90　〔明〕周山顗：〈左粹類纂序〉，收錄施仁《左粹類纂》，《四庫全書存目叢書》子部，第178冊，卷首序文，頁656。

91　〔明〕黃省曾：〈左粹類纂序〉，收錄施仁《左粹類纂》，卷首序文，頁655。

92　〔清〕紀昀等編纂：《四庫全書總目》，卷137，子部，類書類存目一，「左粹類纂」條，頁1167c。

93　〔明〕樊王家：〈鐫左氏春秋內外傳類選序〉，《左氏春秋內外傳類選》，《四庫全書存目叢書》子部，第199冊（據中山大學圖書館藏明萬曆三十六年刻本影印），頁2。

94　〔清〕紀昀等編纂：《四庫全書總目》，卷138，子部，類書類存目二，「春秋內外傳類選」條，頁1171b-c。

容又綜合了《左傳》編年與《國語》紀傳,合二而編之,以為「次類而不以年,併類而不以國,然類於一國有篇次,而編年固在也;類於二傳合國次,而紀傳自存也」[95],可以說分類中有編年之序,亦有分國之體,而其選類則「視其事為何類之?從而別之」[96],分國的標準,「則視其辭為何國之人而隸之」[97],遇有難解之字亦訓解音註,四庫館臣雖稱「與經學毫無所關」[98],樊王家亦謙稱此作主於學文之用,但實可備史書之用也。

　　從上述明代《春秋》史書四體來看,顯然明末士人已有將《左傳》視為史書的心理,甚至以工具性質編排之,崇禎時顧宗瑋撰有《春秋左傳事類年表》一卷,全書分為十格,一曰周,二曰魯,三曰列國,四曰災異,五曰郊祀,六曰朝聘,七曰會盟,八曰征伐,九曰城築,十曰土田,「以經文散書其內,而傳文為經所不載者亦附見焉」[99],以年為經,以事為緯,其體仿效《史記》、《漢書》年表,按表索冀倒也方便,雖有以事件分類的本末體觀念,惟此卷太過簡略,僅有數葉,學術價值甚少,或是其未竟之殘稿矣。當時這種類書幾乎各經皆有,明末羅萬藻(?-1647)撰《十三經類語》,以分類概念選取經文相關事例,雖有「使聖經不獲自全於天下,而予後生晚進以媮便不學之途」[100]的疑慮,但亦有「選言樹義,端以類從,區畫在胸,則揮毫絡繹,故昔孝標徵事,多至數十,斷以參伍,襍治得其要領,利於驅使」[101]之譽,可見割裂經文的衛道言論無時不在,但是在這批目《春秋》為史書、類書的學者眼中,其學術地位與實用

95　〔明〕樊王家:〈鐫左氏春秋內外傳類選序〉,《左氏春秋內外傳類選》,頁2。

96　同前註。

97　同前註。

98　〔清〕紀昀等編纂:《四庫全書總目》,卷138,子部,類書類存目二,「春秋內外傳類選」條,頁1171c。

99　〔清〕紀昀等編纂:《四庫全書總目》,卷31,經部,春秋類存目二,「春秋左傳事類年表」條,頁258c。

100　〔明〕張溥:〈十三經類語序〉,收錄羅萬藻《十三經類語》,《景印岫盧現藏罕傳善本叢刊》(據明刊本影印。臺北:臺灣商務印書館,1973年),卷首序文,頁7。

101　同前註,頁8-9。

價值甚至不下於傳統經學。

第三節　明代《春秋》史書化的學術意義

一、「六經皆史」觀雖非章學誠所獨創，今日學者往往追索字面意義以證此說，或有推之明代王陽明「五經亦史」說、李贄的「六經皆史」說，或推之元代郝經、劉因，唐代劉知幾，甚至是上溯至班固《漢書・藝文志》者，實則關於這一命題，幾乎歷代學者皆有論述發揮，並不是一個新命題、新題目，筆者以為戰國時孟子道出「其事則齊桓、晉文，其文則史。孔子曰：其義則丘竊取之矣」的觀點時，此命題已經產生，雖然孟子之言沒有正面點題，但其言語中的內涵實為歷代諸說之濫觴。

二、然而不管從王陽明「五經亦史」說，或是到李贄、章學誠的「六經皆史」說，歷代或今日學者們的討論層面往往侷限在史學理論的論述，其實本文所標示出的《春秋》、《左傳》「史學四體」，正是明清「五經亦史」、「六經皆史」說的理論實踐，這幾十部從經書跨入史書的《春秋》著作，說明了經學的神聖性已漸漸過渡到崇實的史學領域，而這股「經史合流」的理論與實踐，實際上在明代已經全部完成，清初僅是這股流風的餘緒而已。

三、《春秋》史學諸體，其實都可歸納在「紀事本末體」的範圍之中，只不過細分之下有所不同而已，然《春秋》一經，在明代史學中析分諸體，創作頻繁，確實是蔚為大觀，經學的角色已非絕對且唯一的體例，《左傳》史學的價值在明代獲得了諸多學者的青睞與肯定，胡安國所謂「《春秋》乃史外傳心之要典」，以「史中之經」目之，明代則強調其史學價值，視為「經中之史」，既突破了宋明以義理為重的經學規範，也開啟了清代「六經皆史」的先聲。

四、章學誠標舉「六經皆史」，批評戴震等人輕忽史學，囂爭於考

據，「其弊與空言制勝，華辯傷理者，相去不能以寸焉，而世之溺者不察也」[102]，章氏無法認同當時專於訓詁考據而侈言批評史學之風，因為史籍能呈現歷史事實而無須囂囂以爭，故漫談義理與瑣瑣考據，其弊病皆等同，更云：「六藝皆古史之遺，後人不盡得其淵源，故覺經異于史耳」[103]，已將經史的位階視為一體，經即史，史即經，經史既無須二分，當然也就無高下之判，此乃中國經學與史學觀念的一大轉變，至章太炎（1869-1936）時，直接以為「仲尼，良史也」[104]，「孔子即史家之宗」[105]，將孔子從經學宗師轉換成古之良史了，近代汪榮祖（1940—）云：「孔子乃中國傳統史觀之祖」，而「《春秋》一書，非僅編年之濫觴，亦史觀之淵泉也」[106]，這一系列的經史位階變化，溯其轉折實在明代一朝，明代至中葉以後，經學已經必須面臨其他學科的興起、競爭、挑戰，經學的神聖性已不再如宋代以前那般至高無上，甚至到了清末階段，蒙文通（1894-1968）就云：「自清末改制以來，昔學校之經學一科遂分裂而入於數科，以《易》入哲學，《詩》入文學，《尚書》、《春秋》、《禮》入史學，原本宏偉獨特之經學遂至若存若亡」[107]，《春秋》一經走到這一步，遂正式劃入了史學的範疇，連經史兩可的模糊空間也逐漸消失了，更遑論之後的文化大革命，經學的種子與生命幾乎消失於中國，而《春秋》、《左傳》這類著作亦僅能依附在先秦史的歷史研究範疇。

　　五、張素卿（1963—）先生云：「學者因襲四庫館臣之見，往往以為袁樞的《通鑑紀事本末》是此種體例的開山之作，此一見解值得商榷。經由考察得知：唐代已經出現《左傳事類》、《春秋纂要》、《御集春秋

---

102 〔清〕章學誠撰・〔民國〕倉修良編注：《文史通義新編新注・答客問上》（杭州：浙江古籍出版社，2008年），內篇四，頁253。

103 〔清〕章學誠：《丙辰箚記》，《聚學軒叢書本》第3集，第15冊，頁14。

104 章太炎：〈訂孔〉，《章太炎全集》第3冊（上海：上海人民出版社，1982年），頁423。

105 章太炎：《民國章太炎先生炳麟自訂年譜》（臺北：臺灣商務印書館，1980年），頁54。

106 〔美〕汪榮祖：《史傳通說・春秋第四》（北京：中華書局，2003年），頁30。

107 蒙文通：〈論經學遺稿丙篇〉，《經學抉原》（上海：上海人民出版社，2006年），頁209。

左氏列國經傳》一類的「《左傳》紀事本末」體文獻」……《四庫全書總
目》以袁氏書作為「紀事本末」體的創例之書，實屬偏失」[108]，此批評對
《總目》而言實可謂一針見血，張素卿雖從《經義考》見到唐順之《左氏
始末》、傅遜《春秋左傳屬事》、孫范《春秋左傳分國紀事》，但亦不見
此時《左傳》史書在本末體中尚可細分為「紀事」、「紀傳」、「紀
國」、「類纂」四體，雖然事、傳、國、類，皆可達到史學原始要終，本
末究竟的效果，但細分之下，諸體偏重的地方顯然是有所差異的，或以
「事件」為主，作「紀事本末」；或以「人物」為主，作「紀傳本末」；
或以「國家」為主，作「紀國本末」；或以「類別」區分，作「類纂本
末」，四體概有別矣。萬曆學者嚴治百論述當時所見《左傳》史學諸體時
云：「近代所見，或以人敘，而為列傳；或以類析，而為粹纂；或以事
鰲，而為始末。體人人殊，不可勝數，類能宗倣史家，蔚乎有章」[109]，而
李紀祥（1957—）先生則不見明代《左傳》紀事本末體史書，故直接由
宋代袁樞《通鑑紀事本末》、章沖《春秋左氏傳事類始末》，直接跳到清
初馬驌《左傳事緯》與高士奇《左傳紀事本末》二書，亦忽略了明代三百
年的史學成果矣。[110]

　　六、明代《春秋》史書化其實也隱含了另一個重要的訊息，它反映了
明代開始有了重史事反義例的聲音，在《左傳》史學的復興下，以史解經
已成為當時不滿胡《傳》鑿空說經的新解經模式，以《春秋》為斷，以
《左傳》為案，歷史的詳細性成為了判斷孔子褒貶的方式，成為了瞭解微
言大義的途徑，這也使得杜《注》重新獲得了重視。而這股崇實的史風也
相對使《左傳》逐漸偏向史學要典而非經學的聖典，故《左傳》在明末甚

108　張素卿：〈《左傳》研究：敘事與紀事本末〉（行政院國家科學委員會專題研究計畫成果報告。計
　　畫編號：NSC 88-2411-H-002-032-），頁7。

109　〔明〕嚴治百：〈春秋國華跋〉，收錄《春秋國華》，《四庫全書存目叢書》經部，第119冊（據
　　中山大學圖書館藏明萬曆三年活字印本影印），頁584。

110　李紀祥：〈袁樞《通鑑紀事本末》與「紀事本末體」〉，《時間‧歷史‧敘事——史學傳統與歷史
　　理論再思》（臺北：麥田出版社，2006年），頁239-293。

至成為史學領域而非經學，這在明代以前可以說是聞所未聞，將千餘年來的經典界線打破，使《左傳》脫離經學的束縛，轉入史學的發展道路。

第六章　經典與兵典：明代《左傳》兵書化的經世致用思潮

　　本章主要在探討明代《左傳》從儒家傳統經典，分化為子部「兵書」的現象與過程。以下先述說明代兵學思想的孕育背景。二論《左傳》與兵法的關係，論述明人為何要將《左傳》列為古代兵書之祖。三論明代《左傳》兵法著作，統整當時撰述者的編纂動機，背後的經世理念，與對後世經學、史學、兵學的多重價值與實際影響。最後則討論清初《四庫全書總目》為何要針對這類書籍斥以「不達時變」、「迂謬」的負面評價，其原因與理據為何。經由以上四方面的討論，可以探知《左傳》在明代所具有的多元化（diversification）和異質性（heterogeneity）發展並非僅僅侷限於經學領域，它儼然已經跨越傳統經學神聖不可移易的桎梏，滲入到子部兵家類的範疇，甚至試圖動搖兵學經典《孫子》十三篇的歷史地位與兵書之祖位階。因此本章的討論除了是明代春秋學的傳統經學研究層面外，其實也是歷代兵學研究者需要予以關注的學術課題。而經由本文的梳理廓清，當使這兩個殊途同歸，又未獲學者青睞的學術沙漠領域得到進一步的理解、認識與拓展。

　　明代《春秋》學歷來殊少研究者，更遑論《左傳》兵法一流，若按照現代學科分類來看，這類研究議題應該歸入古代軍事學的領域，或納入傳統經學的範疇，但現今學術分科的意識強烈，導致學者專業知識有餘，而跨學科的研究能力卻顯不足，使得這類具有雙重學科性質的書籍，乏人問津，也使得相關研究停滯不前，無法突破。以本議題來說，最早的研究應

該在1994年開始，以張高評先生《左傳之武略》[1]一書為首，其書主要依據明代陳禹謨《左氏兵略》一書加以歸納整理，進一步闡述《左傳》書中的兵學思想、戰爭謀略、兵法戰術、為將之道與領導統御五大層面，開啟了明代《左傳》兵法研究的風氣之先。之後其弟子陽平南先生撰〈明代左傳學兵家類著述初探〉[2]一文，對於明代《左傳》兵法類著作進行了初步性的研究觀察，具有闡幽發微之功效，本章亦是在其文的基礎上，進行相關議題的拓展與討論焦點的再深入。

根據《四庫全書總目》所錄，明代關於《左傳》兵法類的著作共有三部，曾益《左略》[3]、陳禹謨《左氏兵略》[4]、宋徵璧《左氏兵法測要》[5]，另外《四庫銷燬抽燬書目》則載有龔奭《左兵》[6]一書，此四種現今皆存世。而朱彝尊《經義考》除上面三書外，另收錄王世德《左氏兵法》、黎遂球《春秋兵法》。黃虞稷《千頃堂書目》則收錄吳從周《左傳兵法》，然以上三書皆已亡佚，惟存其目。從以上這些民國前的目錄來看，較為人知曉的大概就是以上幾部。另外近人劉申寧《中國兵書總目》[7]輯錄了古代所有兵學著作，其中明代《左傳》兵法類有五部，亦在上文著述介紹之

1　張高評：《左傳之武略》（高雄：麗文文化事業有限公司，1994年）。

2　陽平南：〈明代左傳學兵家類著述初探〉，該文主要針對陳禹謨、宋徵璧的兵學著作進行論敘，對於成書時間、編纂意圖、編纂體例有詳細介紹，另外對於《左傳》進入兵學的過程脈落亦有說明，收錄《經學論叢》第二輯（輔仁大學中國文學系等主編。臺北：洪葉文化事業有限公司，2006年3月），頁401-452。另外作者還撰有〈左傳與兵家兵法〉一文，對於《左傳》與兵法的關係有深入而淺出的解說，收錄《國文天地》第23卷，第6期（臺北：國文天地雜誌出版，2007年11月），頁38-44。

3　〔明〕曾益：《左略》，收錄《四庫全書存目叢書》子部，兵家類，第34冊（據廣州中山大學圖書館藏明天啓元年刻本影印。臺南：莊嚴文化，1995年）案：此本並非完書，但為現今僅存之殘本。

4　〔明〕陳禹謨：《左氏兵略》，今存版本有二，一為《四庫全書存目叢書》本，子部，兵家類，第32-33冊（據中國科學院圖書館藏明萬曆吳用先、彭端吾等四川刻本影印）。一為明代左光斗刪訂本（據明刊本影印。臺北：第一文化社，1962年）。

5　〔明〕宋徵璧：《左氏兵法測要》，收錄《四庫全書存目叢書》子部，兵家類，第34冊（據北京大學圖書館藏明崇禎十年劍閣齋刻本影印）。

6　〔明〕龔奭：《左兵》（中國科學院圖書館藏明崇禎七年兩麥堂刻本）。

7　劉申寧：《中國兵書總目》（北京：國防大學出版社，1990年6月）。

列，惟可注意者，其列入清人之林的魏禧《兵法》、《兵謀》[8]二種，其時代為明末清初之際，似乎在歸類上亦可納入明代討論。

　　然上述所列九種並非全璧，據筆者所纂輯的《明代春秋著述考》而言，尚有杜文煥《左氏兵傳》、李材《武春秋必讀》[9]、來斯行《左氏兵法》[10]、章夢易《左氏兵法》、茅元儀《春秋戰略考》[11]以及魏禧《春秋戰論》[12]等六種，總計明代有十五種之多，本章主要的論述重點即在這一批文獻基礎上進行。第一節討論儒家經典《左傳》長期以來與子部兵書間的灰色模糊現象，次論及「兵法之祖」的呼籲。第二、三節論述明代儒將與儒士系統下的十五種《左傳》兵法著作，針對作者生平、纂述動機、編寫體例、內容、特色、撰述旨要，等等層面進行脈絡梳理。第四節針對此類書籍被清初官方譏以不達時變的惡評進行整體觀察，分析其評價是否具有客觀性存在。第五節對明代《左傳》兵書化現象背後的學術史意義加以總括說明之。

第一節　經典《左傳》與子部兵書之爭

　　明代《左傳》兵法類著作，隨著明代經學長期被壓制的情況下，其所受到的忽視比經學更形嚴重，因為滿清以異族入主中原，這類兵法著作通常會在字裡行間，或序文，或跋文，透露出外患侵略的言語，這對於清朝來說是一種負面的訊息，對於統治上也會造成阻礙，所以這類著作在清初

8　〔清〕魏禧：《兵法》、《兵謀》，二書皆收錄《叢書集成續編》，第59冊（據昭代叢書世楷堂藏版本影印。臺北：新文豐公司，1989年）。案：此二書一名「左氏兵法」、「左氏兵謀」。

9　〔明〕李材：《武春秋必讀》（日本前田育德會尊經閣文庫藏明刊本）。

10　〔明〕來斯行：《左氏兵法》，收錄《槎庵小乘》卷二十、二十一，《四庫禁燬書叢刊》子部，第10冊（據明崇禎四年刻本影印。北京：北京出版社，1997年）。

11　〔明〕茅元儀：《春秋戰略考》，《武備志》卷十九，收錄《四庫禁燬書叢刊》子部，第23冊（據北京大學圖書館藏明天啟刻本影印）。

12　收錄〔清〕魏禧：《魏叔子文集》（北京：中華書局，2003年）。

都是具有高度敏感的書籍，可以說是一種禁書，甚至在民間也是幾乎禁絕流傳，而觀察《四庫全書》所收書籍，亦無收錄任何一部，並且被編入《四庫全書總目》中的《左傳》兵法著作，當然也無法逃過四庫館臣們全面否定的批評式語言。再者經學的地位在傳統儒學的位階上本就至高無上，神聖不可動搖，從先秦一直到明代中葉以前，其實並沒有真正發生任何鬆動的巨大改變，就連唐代的三《傳》束閣，棄《傳》從《經》，宋代的疑經、改經風潮，充其量不過是經學研究中的內部問題，關起門來討論可以是金戈鐵馬，操戈入室，對外則同聲一氣，經典依舊還是經典，其神聖地位並沒有因此而受到本質上挑戰。但明中葉以後，經學的本質出現渙散的傾向，這類經過孔子欽定，具有微言大義的典籍，逐漸向史學、文學、兵學靠攏，企圖尋找自身的學科領域，這一類的傾向在各朝各代都發生過，但幾乎無人敢否定掉經學這門學科的存在價值，所以就算《左傳》的本質是「歷史」，是「史學」，但「經學」永遠都不能排除在本質的討論範圍外，這樣的默契其實已存在傳統士人的心中許久，但長期的灰色地帶在明中葉以後慢慢地被打破，其原因當然是複雜且多樣的，陽明心學的顛覆，經典對人民的普及化，胡《傳》面臨質疑，士人對宋明義理的倦怠，考據漢學的萌芽，整體文化的通俗現象，實學思潮的興起，評點風氣打破注疏的傳統，這些種種原因都造成經學獨尊的式微現象，甚至在內憂外患下（北方滿清與西北隱憂，東南沿海的倭寇侵擾，陝北流寇的日漸壯大），經學本身經世致用的大旗受到挑戰，不得不面臨轉型，以致明中葉至末期，《左傳》漸漸析出兵學一流，亦是必然之勢。

一、「經典」抑或「兵書」？

《左傳》是傳統儒家經典之一，觀書中內容所述所記，對於春秋時期的戰爭描寫可謂委曲詳盡，其中五霸爭雄，諸侯攻伐，千年戰場，歷歷在目，鍾惺（1574-1624）云：「左氏蓋知兵者，每談兵，千古之下，曲折

如見」[13]，故歷代以來即有一些學者主張《左傳》的作者或曾經傳授《左傳》的人物之一[14]，極有可能是戰國時期的兵法學家吳起（440-381 B.C），然而不管《左傳》的作者是誰，書中瀰漫著大量的戰爭情節與攻伐謀略是事實，所以合情合理的推斷，此作者必定具備了豐富的軍事概念與兵法素養，如此才有能力將錯綜複雜的「攻伐侵襲」娓娓道來，所以《左傳》一書實可視之為春秋戰爭史，甚至是早於《孫子》十三篇的先秦兵書亦不為過。如果再把焦點集中，既然《左傳》和戰爭兵法有無法分割的關聯，甚至有轉入兵書的傾向，那為何長久以來不把《左傳》視為兵書呢？對於傳統經學家（如杜預）或一般士人來說，《左傳》的經學地位崇高，若真把《左傳》當作兵書閱讀，那也只能是閱讀角度的不同，理解的方向有異而已，絕大多數的傳統儒生其實是無法接受孔子《春秋》「微言大義」的經學式微，因為經學在傳統學術中一直居於學科之首，青雲之階，徐階（1503-1583）云：「經也者，聖人以扶人極，以開來學，其道甚大，羣籍不得並焉」[15]，因經典具有神聖性，所以對於研究《左傳》兵法的學者，又何必去做這類宣示動作，讓自己的學歷貶值呢？若真把《左傳》兵書類歸在子部，這無異使學術的位階下移，甚至對於目錄學上應該歸屬經、史、子哪一部也會形成判斷上的困難，故而在大量的藝文志或地方志，針對這類兵書絕大多數還是歸類在經部書籍之列，既掩人耳目，又不致造成困擾，一舉數得，何樂而不為。

其次，古文學家視《左傳》為文詞章法圭臬，究心藻翰，故宋徵璧《左氏兵法測要》云：「《左氏》同於六經，世所共珍，但徒耽玩文詞，

13　〔明〕鍾惺：《鍾評左傳》，《四庫全書存目叢書》經部，第126冊（據浙江圖書館藏明崇禎毛氏汲古閣刻四經六書讀本影印），卷25，頁452「眉批」。

14　相關說法可參見錢穆：〈吳起傳左氏春秋考〉，《先秦諸子繫年》（臺北：東大圖書股份有限公司，2008年二版一刷），頁216-220。

15　〔清〕朱彝尊撰〔民國〕侯美珍等點校：《點校補正經義考》（臺北：中央研究院中國文哲研究所籌備處，1997-1999年），第8冊，卷297，頁844。

意不在遠,遂使意因詞匿,事緣文掩」[16],經學的生命也因文學的的態勢而走向弱化,對這樣的現象,清代顧棟高(1679-1759)〈左傳兵謀表序〉就批評說:「甚哉!經術之足以戡亂也……臚而列之,俾知儒者胸中當具有武事,匪徒侈文雅章句之業而已」[17],稱譽《左傳》的經世、治世功能,非徒文雅章句可比,然而經學的價值對某些士人來說,有時只短暫出現在八股筆下,一經登科,遂不知微言為何事,大義為何物,長久下來,《左傳》被經學、文學所瓜分,而史學研究卻依然被兩者所壓制,更遑論史學附屬下的兵學研究,成基命〈刻左氏兵略序〉云:「義主說經,文成藻采,學士家往往目為珍藪,遂忘其與兵通也」[18],長期的經文二分,說經者探大義,采文者識章句,這也間接造成史學與兵學研究的限制。更有甚者,若把《經》文、《傳》文中的戰爭事件釐析抽出,又往往蒙上割裂經旨,冒犯聖經的罪名,遭到衛道人士的指責攻訐,這些學術勢力與壓力都迫使《左傳》兵學只能成為經學與文學茶餘飯後的討論課題,勉勉強強依靠上史學的附庸角色。

再者,若以國家科舉考試來說,文人重《五經》,武夫重《七書》[19],而《左傳》的性質中,「經學」、「兵學」並存,對於士人武夫來說,實難以橫跨領域而兼治,故而研讀《左傳》者,則純粹思考代聖人立言,攻治《七書》者,則思籌設計兵法謀略,所以《武經七書》在武舉中依舊是官方訂定的武學範本[20],是晉升帷幄之途,而《左傳》縱使有大

16　〔明〕宋徵璧:〈左氏兵法測要凡例〉,《左氏兵法測要》,頁373。

17　〔清〕顧棟高:〈左傳兵謀表序〉,《春秋大事表》,收錄《景印文淵閣四庫全書》經部,春秋類,第180冊,卷46,頁1-2。

18　〔明〕成基命:〈刻左氏兵略序〉,收錄〔明〕左光斗刪訂:《左氏兵略》(臺北:第一文化社據明刊本影印,1962年),頁1-2。

19　武經七書:《孫子》、《吳子》、《六韜》、《司馬法》、《黃石公三略》、《尉繚子》、《唐太宗李衛公問對》,總稱七書。

20　〔清〕張廷玉:《明史》云:「武學之設,自洪武時置大寧等衛儒學,教武官子弟。正統中,成國公朱勇奏選驍勇都指揮等官五十一員,熟嫻騎射幼官一百員,始命兩京建武學以訓誨之。尋命都司、衛所應襲子弟年十歲以上者,提學官選送武學讀書,無武學者送衛學或附近儒學。成化中,敕所司歲終考試入學武生。十年以上學無可取者,追廩還官,送營操練。弘治中,從兵部尚書馬文升

量豐富的戰爭史實，其事件散佈在全書，若沒有經過學者研究，薈萃全書精要，勢必難以形成戰爭史或兵學理論，故以實用性來說，對於一般將領在利用上是極為不便的，陳禹謨〈進左氏兵略疏〉云：「第其書列於史官，而不著于兵志，其詞散于全帙，而未別其指歸，介冑之夫于是知有孫、吳，竟不知有《左氏》」[21]，可見在現實的的流通性上，《左傳》既無法抗衡《七書》，也缺少了被武舉之士接受的可能性存在。

二、「兵法之祖」的正式提出

「國之大事，在祀與戎」，戰爭是古代各國間的首要大事，《左傳》一書記載了春秋時期諸侯列國間征伐攻守，爭盟稱霸的大量的戰爭紀錄，其大小戰役總計在五百場以上，是研究春秋戰爭史的最佳素材，甚至被認為是「相斫書」[22]，其兵學的實務價值在古代典籍中無人可以出其左右，然而「世稱《左氏》好談兵，非《左氏》之好談兵，而春秋之賢士大夫皆能為兵也」[23]，古代文事武備合一，不諳謀略的專職武將，往往難以在青史留名，故歷代名將尤好讀《左傳》，如關羽（約163-219）「好《左氏》，諷誦略皆上口」[24]，忠義無雙，遂成「武聖」；杜預（222-285）「身不跨馬，射不穿札」，癖好《左氏》，滅東吳，定天下，人稱「武庫」；岳飛（1103-1142）少負氣節，屢屢抗擊女真侵略，生平尤好讀《左傳》，卒後遂諡「武穆」，明末學者孫范（1621前後）言《左傳》「足以匡王定國，保竟安民。至如大眾來臨，風雨不測，知勇俱困，用能於其間，窺審敵情，握施宏籌，定安危於呼吸，夫非譚兵之助歟？古名將家獨好誦習

言，刊《武經七書》分散兩京武學及應襲舍人。」（北京：中華書局，2003年），卷69，頁1690。

21　〔明〕陳禹謨：〈進左氏兵略疏〉，《左氏兵略》，頁7-8。

22　〔晉〕陳壽：《三國志·魏志》，裴松之注引魚豢《魏略》所記隗禧之言，收錄《景印文淵閣四庫全書》第254冊，卷13，頁37。

23　〔明〕陳子龍：〈左氏兵法測要敘〉，《左氏兵法測要》，頁362。

24　〔晉〕陳壽：《三國志·蜀志》，裴松之注引《蜀記·江表傳》，收錄《景印文淵閣四庫全書》第254冊，卷6，頁5。

《左氏》有以也」[25]，若根據陳禹謨所統計，歷代名將好讀《左傳》者，就高達五十九位之多，在〈進左氏兵略疏〉中更云：「古今用兵家有不出其彀中，而能逸其域外者誰哉？嘗博稽古名將淵源《左氏》者，殆更僕未易數也……《左氏》有裨于兵家信矣」[26]，可以想見《左傳》之所以能獲諸多將帥們青睞，其中的戰爭敘述是最重要的關鍵因素，因為《左傳》不只是陳舊的歷史紀錄，它富含真實痛切的經驗教訓，更是臨兵設敵時可供殷鑑成敗的寶典。

《左傳》既然與兵法關係至為密切，互為表裡，但歷代卻鬱而不發，綜觀歷代史志、藝文志，將《左傳》視為兵法、兵書研究的學者，根據明代焦竑《國史經籍志》記載，唐代郭良輔撰有《兵春秋》一卷[27]，觀書名或記《左傳》兵事，然此書業已亡佚，無法確定是否為《左傳》兵法之書。另外宋晁公武《郡齋讀書志》記載宋代韓迪曾撰有《左氏要類》一部，其中所記「《左氏》兵事凡五十門」[28]，《國史經籍志》則云韓迪撰《左氏兵法》一卷[29]，此書雖已亡佚，然據前人簡介，可以確信此書為《左傳》兵法之首作，明朝以前的一千五百年間，惟僅此一部，遂消失殆盡，一直到明代中後期才湧現出研究熱潮，正式將《左傳》的兵學地位重新界定，展開了全新的研究視野與認識，明代吳桂森（1616前後）即云：「《春秋》兵法，處處皆妙」[30]，顏季亨（天啟時期）更言：「《春

25　〔明〕孫范：〈左傳分國紀事本末序略〉，《左傳分國紀事本末》（臺北國家圖書館藏明崇禎間原刊本），卷首序文。

26　〔明〕陳禹謨：〈進左氏兵略疏〉，《左氏兵略》，頁7。

27　〔明〕焦竑：《國史經籍志》，收錄《續修四庫全書》史部，目錄類，第916冊（據復旦大學圖書館藏明徐象樗刻本影印），卷4，子類〈兵家〉，頁19。

28　〔宋〕晁公武：《昭德先生郡齋讀書志》（據宋淳祐九年刊本影印。臺北：成文出版社，1978年），卷第3下，頁21。

29　〔明〕焦竑：《國史經籍志》，收錄《續修四庫全書》史部，目錄類，第916冊，卷4，子類〈兵家〉，頁20。

30　〔明〕吳桂森：《息齋筆記》，收錄《續修四庫全書》子部，雜家類，第1132冊（據北京圖書館藏明崇禎刻本影印），卷下，頁40。

秋》，兵法之聖也」[31]，堂而皇之地目《左傳》為兵法重典，稍後更有一批學者，主張《左傳》為歷代兵書之祖，如陳禹謨曰：

> 竊謂今談兵者，輒祖孫、吳，已乃孫、吳以前有《春秋左傳》一書，尤兵家祖也。……介冑之夫於是知有孫、吳，竟不知有《左氏》，不幾遡流而忘源乎？……《左氏》固兵家祖，獨奈何置不講耶？[32]

文中「孫、吳」就是《孫子》與《吳子》二書，即《武經七書》的前兩部，明代武舉以此為範本，陳禹謨認為此二書著成之前即有《左傳》一書，國家談兵講武而漠視《左傳》，這簡直是溯流忘源，數典忘祖之事，況且「孫、吳之法寄於言，《左氏》之法寄於事。徵言於事則虛，徵事於言則核，故舍《左氏》而言兵法，此夫不循其本者也」[33]，認為《孫子》、《吳子》重視兵法理論而無歷史實證，《左傳》則寄兵法於諸侯戰事實例中，若以《左傳》戰事印證《孫》、《吳》兵法理論，往往能核實有據，故屢言《左傳》實為「兵家祖」，但他的用意並非推翻《武經七書》的兵學地位，而是喚醒當朝正視理論與實務的相對重要性。宋徵璵〈左氏兵法測要序〉則云：「後世無代無治亂，則無代無戰事，史書所載未嘗不詳，而無以兵法名者，獨《左氏》有春秋兵法名」[34]，以為《左傳》在歷代史書中，戰爭事蹟記載尤詳，故能讓春秋古兵法傳世，直言「《左氏》為兵法之祖，自不可廢」[35]。

然以上這些見解並非只有明代人有，撇開四庫館臣充滿政治性考量的官方論點，清代人亦同樣有相同看法，如朱鶴齡（1606-1683）〈讀左日

31　〔明〕顏季亨：〈戰律春秋〉，《九十九籌》，收錄《四庫禁燬書叢刊》史部，第51冊（據民國三十年輯玄覽堂叢書影印明天啟刻本影印）卷10，頁18。

32　〔明〕陳禹謨：〈進左氏兵略疏〉，《左氏兵略》，頁7-9。

33　〔明〕陳禹謨：〈左氏兵略題辭〉，《左氏兵略》，頁1。

34　〔明〕宋徵璵：〈左氏兵法測要序〉，《左氏兵法測要》，頁370。

35　〔明〕宋徵璧：〈左氏兵法測要凡例〉，《左氏兵法測要》，頁373。

鈔序〉即云：「使學者知古今人材之盛，莫過於春秋，兵法之精，亦莫過於《春秋》」[36]，梁章鉅（1775-1849）言：「《左傳》誠可通於兵法，特須平時講習，而復能神明其意耳」[37]，肯定《左傳》與兵法的關係匪淺，時時講習必能有益軍事思維。大學士李光地（1642-1718）則引孫襄之言曰：「言兵之經，盡之於《易》、《詩》、《書》；言兵之權，盡之於《春秋內傳》。六經，兵法之祖也」[38]，擴大將六經皆視為兵法之祖，然尋其語意，當以《春秋內傳》的《左傳》為言。孫治（1618-1682）〈兵論序〉則更加明確地說：「《左氏》為兵法之祖，古今之言戰勝攻取者，未有能外之者也」[39]，對於《左傳》的兵學價值更加擁護，強調其兵法之祖的實際功用無人能概其外。而現今清代李元春《左氏兵法》一書甚至欲把《左傳》位階置於傳統《武經七書》之上，其〈序〉文云：

儒者不可以不知兵，固也。兵法之要，世謂《七書》盡之，予以為不然。七書中《太公》、《六韜》為先，而識者或以為偽書，次若《孫子》十三篇、《吳子》六篇，確有可據矣，乃皆在《左氏春秋傳》後，則《左氏》固「兵法之祖」也。[40]

李氏此觀點不只比同時之人大膽，而且比明代人更進一步，他認為以真實性來說，《武經七書》中的《太公》、《六韜》真偽莫辨，而《左

---

36 〔清〕朱鶴齡：〈讀左日鈔序〉，《愚菴小集》，收錄《景印文淵閣四庫全書》集部，第1319冊，卷7，頁21。

37 〔清〕梁章鉅：《退庵隨筆》，收錄《續修四庫全書》子部，雜家類，第1197冊（據山東省圖書館藏清道光十六年刻本影印。上海：上海古籍出版社，2002年），卷13〈知兵〉，頁14。

38 〔清〕李光地：《榕村語錄續集》，收錄《四庫未收書輯刊》，第4輯，第21冊（清光緒傳氏藏園刻本。北京：北京出版社，2000年），卷18，頁19。

39 〔清〕孫治：〈兵論序〉，《孫宇台集》，收錄《四庫禁燬書叢刊》集部，第149冊（清康熙二十三年孫孝楨刻本），卷7，頁12。

40 〔清〕李元春：〈左氏兵法序〉，《左氏兵法》，收錄《叢書集成續編》，第59冊（據青照堂叢書本影印），頁237。

傳》為實；以時間序列來說，《孫子》、《吳子》的出現更在《左傳》之後，如此而論，則「《左氏》固兵法之祖也」，可說是名正言順，當之無愧矣。由此可見，《左傳》由經典之尊，從明中葉以後漸漸轉入兵書類領域，其流風影響直至清代不見止息。

第二節　儒將系統下的《左傳》兵法著述

以下第二、三兩節將進入到文本的探討，介紹明代儒將與儒士系統下的《左傳》兵書研究。本節所定義的儒將系統並不侷限在專職武將範圍，只要本身具備領兵作戰經驗，有實際戰爭體驗的文臣武將，皆是本節討論的重點。其順序依照時間先後排列，計有李材、陳禹謨、來斯行、王世德、杜文煥、茅元儀、黎遂球等七人，其所撰《武春秋必讀》、《左氏兵略》、《左氏兵法》、《左氏兵法纂》、《左氏兵傳》、《春秋戰略考》、《春秋兵法》，皆是對《左傳》一書總結出的兵學理論著作，其特色在於這些人本身都經過戰爭的洗禮，故而內容上都比較貼近實際戰爭的運用層面，以下即針對每位作者的生平經歷、纂述動機、體例內容與撰述旨要，等等層面進行說明。

一、李材《武春秋必讀》

李材（1519-1595），字孟誠，號見羅，江西豐城人，早年曾在江北抵禦倭患，屢獲大捷。嘉靖四十一年（1562）殿試以《春秋》登二甲第十二名進士[41]，授刑部主事，自以學問未成，乞歸。與唐樞（1497-1574）、王畿（1498-1583）、錢德洪（1497-1574）、鄒守益（1491-

---

41　寧波市天一閣博物館整理：《嘉靖四十一年進士登科錄》，收錄《天一閣藏明代科舉錄選刊・登科錄》第8函，第2冊（據天一閣藏版影印。寧波：寧波出版社，2006年），頁12。錄中兼載江西鄉試第九名，會試第六十一名。

1562）等王門子弟交相問難[42]。隆慶三年（1569）還朝，任職兵部郎中，隨即轉遷廣東僉事。時粵中屢不靖，李材認為「倏來倏去為地方大憂者，則海寇與倭奴也。江防係兩粵喉襟，猺賊倚山為巢，濱江水出沒，桐槽疾棹如飛，阻劫官商，歲中戕殺無算」[43]。嶺西地區從明初以來就一直遭受山賊、海盜、倭寇的侵擾不斷，而海上之盜寇往往又依山中之賊為導，禍害地方官民，故李材到任後隨即提出大征羅旁的戰略構想，建議朝廷「調大兵征剿，庶一勞永逸，省江道募兵之費，復國家數萬之糧」[44]，然而作戰方案遭到兩廣總督殷正茂（1513-1592）擱置[45]，李材只能以絕少之兵勇，抗擊三面之強敵，先攻破羅旁山賊巢寨，斬級五百，再盡殲侵略電白城之倭寇五千，後招降海盜許恩。萬曆二年（1574）以戰勳卓著，擢昇兵備副使，但隨即因聚徒講學，創辦書院等非關教育的政治問題，被殷正茂排擠，乞休去職。[46]

其實張居正（1525-1582）在任首輔期間，就嚴禁官員講學，李材卻依然故我，每至一處，講學不倦，因患學者糾纏於朱、王兩家「格物致知」之說，故揭「修身為本」四字流布，欲以抗二家之說，其宗旨在「使學者皆知反求諸身，即吾彝倫日用，動靜出處之間，實修實踐，精神收斂，心志凝一，更無恍惚支離，則其道乃有補于天下國家」[47]，可見其思想偏向於踐履行道之路數。其著述頗多，《春秋》類者，就有《見羅經

---

[42] 參見〔清〕張廷玉：《明史・李材傳》（北京：中華書局，2003年），卷227，頁5955。

[43] 〔明〕李穎：〈李見羅先生行略〉，《中華歷史人物別傳集》，第22冊（北京：線裝書局，2003年），頁237。

[44] 〔明〕李材：〈議請大征羅旁累世劇賊以拯危急殘民狀〉，《兵政紀略》，收錄劉兆祐主編《中國史學叢書》3編，第2輯，第16冊（據中研院史語所藏明萬曆間刊本影印。臺北：臺灣學生書局，1986年），卷2，頁89。

[45] 此事本末原委與戰役始末，可參閱〔香港〕劉勇：〈李材與萬曆四年（1576）大征羅旁之役〉，《臺大歷史學報》第40期（臺北：臺灣大學歷史學系，2007年12月），頁57-91。

[46] 參見〔清〕張廷玉：《明史・李材傳》，卷227，頁5956。

[47] 〔清〕張夏：《雒閩源流錄》，收錄《四庫全書存目叢書》史部，傳記類，第123冊（據中國科學院圖書館藏清康熙二十一年黃昌衢彝敘堂刻本影印），卷17，姚江3，頁2。

旨》一卷[48]、《羲麟經旨》四卷[49]，二書皆已亡佚，另有一書存世，名
《武春秋必讀》九卷，日本前田育德會尊經閣文庫藏有明刊本一部（五
冊），其書載春秋戰爭兵鬥之事、行軍佈陣之要、兵法謀略之用，故而雍
正《雲南通志》稱其「尤喜談兵」[50]，今考其赫赫輝煌軍功與修身踐履宗
旨，可見李材的經世致用之志與殷殷講學之勤，兩者是不可分離的，其修
身為本以「立德」，擊賊破倭以「立功」，講學著述以「立言」，其生平
言行事功，亦符合他昭示的「實修實踐」之學矣。

二、陳禹謨《左氏兵略》

陳禹謨（1548-1618），字錫玄，號抱沖，江蘇常熟人，生於嘉靖二
十七年（1548），卒於萬曆四十六年（1618），萬曆十九年（1591）中
舉，二十九年（1601）任獲嘉縣教諭，修經閣，置學田，獎勵文教。三
十二年（1604）陞兵部郎中，再遷四川僉事，整軍防備川南。長珙群盜
蠭起，山夷亦煽動不已，禹謨戰守兼施，擒斬其賊豪，檄降涼山夷萬餘
人，以戰功遷貴州參議。時朝廷有意剿平諸苗，禹謨奉命監軍，誘斬其謀
首，遂分兵拔其巢寨，「寨凡二十一，其一曰馬蹄寨，有洞險阻，賊所窟
穴，用火攻殲焉」，鑱石紀功而還，振旅入賀，病卒於途。[51]

48　案：《千頃堂書目》、《明史》著錄。光緒《江西通志》作「春秋經指一卷」。

49　案：光緒《江西通志》著錄。同治《南昌府志》云：「羲麟徑旨四卷」，一作「見羅麟經旨」。

50　〔清〕鄂爾泰等監修、靖道謨等編纂：雍正《雲南通志》，收錄《景印文淵閣四庫全書》史部，地理類，第570冊（據國立故宮博物院藏本影印。臺北：臺灣商務印書館，1983年），卷19，頁30。

51　案：陽平南：〈明代左傳兵家類著述初探〉一文，誤將另一位陳禹謨事蹟載入，查兩人字號、籍貫、父親、登科、官職、經歷、贈官等等，皆無一相同，然因兩人活動時期相近，故誤植矣。本段事蹟引文參閱〔清〕李銘皖修，馮桂芬等：同治《蘇州府志》，收錄《中國方志叢書》華中地方，第5號（據清光緒九年刊本影印），卷99，頁35；〔清〕楊振藻纂修：康熙《常熟縣志》（清康熙二十六年刻本），卷18，頁25；〔清〕趙宏恩：乾隆《江南通志》，收錄《景印文淵閣四庫全書》史部，地理類，卷151，頁13-14。

陳禹謨，浙江圖書館中國歷代名人圖像數據庫

　　陳氏於四川署兵務時撰著《左氏兵略》三十二卷[52]，其纂述動機根據
書前彭端吾〈左氏兵略敘〉云：「余方與君有事於蜀，旄牛君長日煩兵
革，遂欲廣其書，使吏授而讀之」[53]，所謂的「旄牛君長」即當時騷擾四
川的山夷，陳禹謨當時鎮守川南，整軍備戰之際，撰著此書欲在軍中推
廣，甚者兩次薦承朝廷刊印天下，「俾九邊將領，人手一編，居長或可資
講武，儌急或可資運籌、庶戎務，未必無裨」[54]，陳氏認為兵或可百年不
試，而不可一日不講，此書刊行軍中，將領平居無事可供紙上談兵，校場
講武之用，戰事儌急之際，更可襄助運籌帷幄，觀謀定略之效，深有助益

52　臺北國家圖書館藏有明萬曆吳用先、彭端吾四川刻本，《四庫全書存目叢書》收錄有中國科學院圖
　　書館藏刻本，所據版本和臺北國家圖書館相同。另外本書尚有別版，為明末左光斗刪訂本，臺灣大
　　學圖書館藏有明天啓三年刻本一部，坊間影印本皆依據此版複印。

53　〔明〕彭端吾：〈左氏兵略敘〉，《左氏兵略》，頁5。

54　〔明〕陳禹謨：〈進左氏兵略疏〉，《左氏兵略》，頁9。

於裨戎務事。陳氏〈進左氏兵略疏〉因為是上承天子預覽，故而語帶保留，用字謹慎，其實國家當時早已內憂外患，戰事不斷，但朝廷屢屢受辱，無計可施，故如陳禹謨之類的有識之士，便欲強化國家武力，增進統兵將領素養，然而當時軍中拔擢人才，大多是透過《武經七書》這類理論性強烈的著作做拔擢依據，缺少實際戰爭的殷鑑範本，這對於實際指揮軍事的將領來說是很危險的，其云：

> 談兵者必曰兵法，夫斷木為棊，挽革為鞠，亦皆有法焉，況兵凶戰危何事也，……此可師心自用，而嘗試漫為哉？[55]

陳氏認為凡事皆有法，軍事當然也要講求兵法，但如果一昧相信理論，師心自用，往往將死生存亡之事視為兒戲，任性輕慢嘗試，這是不可取的作法，故其纂述的動機也在補足將領們對歷史上實際發生過的戰爭的基本常識，強調並非所有的兵法都可依樣畫葫蘆，仿效施行。

再進一步來看《左氏兵略》一書的體例與內容為何，〈凡例〉云：「今每句仍用杜氏《注》腳，間用林堯叟《注》參之，注或未悉，輒裁取孔《疏》以暢其義」[56]，全書對於《左傳》引文的注疏部份以杜預、林堯叟、孔穎達三人為主，陳禹謨〈進左氏兵略表〉云：

> 因盲史之編，聊抒管見之緒，據《傳》文以立目，而事有提綱；質《武經》以相形，而詞多印證。載蒐子、史，旁及稗官……上下數千餘載，分隸十二公。其間正正堂堂，師出以律者，大抵規摹于《左氏》，亦或飄飄忽忽，兵不厭詭者，疇不步趨於丘明，悉總彙以為書。[57]

55　〔明〕陳禹謨：〈進左氏兵略疏〉，《左氏兵略》，頁9。
56　〔明〕陳禹謨：〈凡例〉，《左氏兵略》，頁22。
57　〔明〕陳禹謨：〈進左氏兵略表〉，《左氏兵略》，頁4。

　　由〈表〉中所云可知本書取《左傳》中關乎兵事者，以次排纂，依從十二公之序，各篇標題依《傳》文內容擇立相印之名目，標綱屬事，再以《武經七書》中之兵法相印證，又雜引子書、史書、稗官等後世典籍證明之，其中合乎常識規律的兵法以《左傳》所記為主，而詭詐之術，則另參諸後世戰爭，故此書所論不惟春秋戰事，大抵明代以前千年間的戰爭都是取材的範圍，其體例大略如此，再論及內容特色，可分為下列四項。

　　（一）以類相從：《左氏兵略》的編輯順序本來是依照十二公的時序編次，但戰爭中有所多相類似事件如果放在一起比較，更能達到前後印證的效果，從中學習到歷史的經驗與借鑑，彭端吾〈左氏兵略敘〉即云：「陳子獨能遺其訓詁，抉其精奧，諳其制度，察其機權，以事從例，以例從人，縱橫說之」[58]，故這類情況相仿的條目，則以例外處理，不拘時代，類附於前事之下，以達屬辭比事之用。觀全書條目，共有七例十七事：一、隱公五年〈不備取敗〉下繫成公九年〈恃陋不備〉、成公十七年〈恃吳不備〉、昭公五年〈討魯不備〉；二、隱公九年〈三覆殪戎〉下繫哀公十三年〈三覆誘吳〉；三、隱公十一年〈息不量力〉下繫僖公十年〈隨不量力〉；四、莊公四年〈營軍臨隨〉下繫哀公六年〈潛師閉塗〉；五、僖公十一年〈艾獵城沂〉下繫襄公十四年〈遺言城郢〉、昭公二十三年〈子常城郢〉；六、襄公九年〈晉侯息民〉下繫昭公十四年〈楚子息民〉；七、襄公十一年〈魯作三軍〉下繫昭公五年〈魯舍中軍〉。

　　（二）兵法為註：〈凡例〉云：「《武經七書》，國朝用以課介胄，掄將材，兵家稱最要已，綜其指歸，寔不出《左氏》，就中義有相通者，輒援一二則證焉，否則闕之，不敢強為牽合。義取引證，或時采百家言，不必盡泥《七書》」[59]，可知此書以《左傳》戰爭為主（實際），《武經七書》為輔（理論），再採以後世兵家之言證之（印證），以戰史佐證兵

58　〔明〕彭端吾：〈左氏兵略敘〉，《左氏兵略》，頁1-4。
59　〔明〕陳禹謨：〈凡例〉，《左氏兵略》，頁22。

法，為兵法理論提供了重要的歷史事例。

（三）名將為證：〈凡例〉云：「古今名將諳習《左氏》者為多，故戰守攻圍之法，強半得之《左氏》，茲從史傳中揔取名將兵術，一一錄之，每則之後的的如璽印塗，如匙勘鑰，用作證《左》功，案蓋不欲觀者沿流而忘其源也」[60]，今觀其書中所列名將，計有：吳起、馮奉世、寇恂、馮異、鄭興、鄭眾、陳元父、馬嚴、梁統、賈逵、鍾繇、李典、賈洪、關羽、來敏、尹默、李宓、張昭、諸葛瑾、杜預、王恭、王敦、劉元海、劉和、劉宣、裴邃、羊侃、王僧辯、寶熾、楊汪、李魯、張耀、楊愔、趙文表、杜叔毗、沈重、樂遜、王鍔、高固、路泌、高霞寓、張仲武、張薦能、韓晉公滉、李存勗、敬翔、張希崇、烏震、史匡翰、廖偃、朱元、李繼隆、張耆、李謙溥、李好義、元晟、曹瑋、尹洙、岳飛，合計總共有五十九位習治《左傳》的歷代名將。

（四）挭蝨談曰：陳禹謨《左氏兵略》一書除了耗費大量的精力編纂《左傳》中的戰爭事例外，且佐附以後世兩千多年的戰爭經驗，另外在每則事例之末也提供他對此則戰爭的個人見解，錯以己議，仿效《左傳》「君子曰」、《史記》「太史公曰」之例，謂之「挭蝨談曰」，可以說最後的結語乃是其自身觀察後的評斷，發揮了陳氏的整體戰爭思維。

總結以上而論，陳禹謨《左氏兵略》一書，結合了理論與歷史，大大強化並豐富了歷代的兵學系統，進一步使《左傳》轉化為談兵之資，從經學之階邁入兵學之列。再者，甚至批評當代談兵者，惟讀《武經》之兵法，不閱《左傳》之戰事，實不可取，其云：

　　世之談兵家，類祖孫、吳，而軼《左氏》，詎知孫、吳之法寄於言，《左氏》之法寄於事。微言於事則虛，微事於言則核。故舍《左氏》而言兵法，此不循其本者也。……《春秋左傳》一書，尤兵家祖也……介冑之

60　〔明〕陳禹謨：〈凡例〉，《左氏兵略》，頁22。

夫於是知有孫、吳，竟不知有《左氏》，不幾溯流而忘源乎？[61]

不只將《左傳》的位階置於孫子、吳起之上，甚至揭櫫為「兵家祖」的歷史源流，這在《左傳》成書以來的兩千年間，尚無一人提出，難怪彭端吾要語重心長地說：「然未有以『兵略』訓者，訓之自陳子始」[62]，可知《左傳》一書長期以來一直被牢牢地規範限制在經學的系統之內，無法脫身，無法得到比較自由的研究空間，直到明代才蔚為一股潮流，納入子部兵家類一門。

三、來斯行《左氏兵法》

來斯行（1567-1634），字道之，號槎庵，別號馬湖，浙江蕭山西陵人，師事周汝登，生於隆慶元年（1567），卒於崇禎七年（1634），萬曆三十五年（1607）登進士第，生負異姿，「讀書不再過成誦，自少即淹貫經史百家言」，萬曆四十年（1612）典試廣西，後忤津要，坐罪調補永平府推官，而當時四方處多事之秋，「邊事日亟，備邊將帥多聚天下勁兵，而苦於轉餉」，斯行駐守天津，掌管南北二餉交通輸運，辛苦拮据其間，識略偉然，多所建樹，疏通河道以轉運江淮之粟，直達天津，劉宗周稱此計「在今日為救邊之急務，即一旦中原有事，漕渠為梗，可恃以無困，尤萬世定鼎之訏謨」。秩滿，擢升兵部主事，上疏備邊機要，屯兵海外要津，擢監軍僉事，整飭天津軍事。天啓二年（1622），山東白蓮教亂起，斯行提兵五千往援，過景州，殲滅首領于宏志於白家屯，隨即疾趨山東，當時山東白蓮教兩大勢力為「張東白據鄒縣，徐鴻儒據滕縣」，互相為犄角之勢，斯行遣子燕禧焚其輜重，與徐鴻儒戰於弋里，連戰連捷，徐鴻儒遁敗入鄒城據守，後城破，徐鴻儒被執解送，山東事平，以戰功陞

61　參閱〔清〕朱彝尊原著〔民國〕張廣慶等點校：《點校補正經義考》第6冊，卷206，頁461-462。

62　〔明〕彭端吾：〈左氏兵略敘〉，《左氏兵略》，頁1-4。

參議，仍備兵津門以守。時雲南土司安邦彥（？-1628）屢犯貴陽，各部落增附之，苗長田阿秧勢大，扼明軍糧道，斯行駐軍平越，晉升按察使，以反間計斬田阿秧首級以還。諸苗震懾。崇禎元年（1628），起補鬱林兵巡，恩威並用，剿撫並行，諸土司不復叛。後沿海警起，海寇出沒，移福建駐軍，尋擢福建右布政，而舊疾復發，隨乞骸致仕。鎮日編經摹史，與子弟論文講道以終。來斯行治軍風馳電掣，以戰功顯名當世，「其論道則出入二氏（佛老），從宗門之旨以達於孔、孟」，師事海門周汝登（1547-1629）先生，講明良知之學，漸入經濟實學之境，著有《經史典奧》、《四書問答》、《五經音詁》、《經史淵珠》、《槎庵小乘》、《燕語》等書傳於世，無愧為一代儒將。[63]

來斯行，擷取自《中國歷代人物圖像集》

　　其《左氏兵法》二卷，收錄《槎庵小乘》卷二十、二十一，《四庫禁燬書叢刊》子部，第十冊。此書乃其自閩歸居後「手不停抄，目不絕覽，

63　以上參閱〔清〕劉宗周：〈福建布政使司右布政馬湖來公墓誌銘〉，《劉宗周全集》第4冊（浙江：浙江古籍出版社，2007年），頁177-183；〔清〕嵇曾筠：《雍正浙江通志》，《景印文淵閣四庫全書》史部，第519-526冊，卷173，頁19；〔清〕劉儼：《康熙蕭山縣志》（清康熙十一年刊本），卷17，頁40-41；〔清〕李亨特：《乾隆紹興府志》（清乾隆五十七年刊本），卷49，頁42-43。

其所紀載，分門別部」[64]，上自天文地理，下自師旅刑獄，其中經史類存其所錄《左傳》兵法，共計五十二條，始於隱公四年「鄭人侵衛牧」，終於哀公十七年「楚子伐吳」，以年分次編列，並不冠題名篇旨，亦不載其評經論史，頗析戰局之見，純粹是將《左傳》中的戰役標舉出來，錄其戰爭本末，原始要終，以供後學利用，其纂述的動機則與其以儒生之姿轉戰沙場，半生戎馬的經歷有重要關聯，亦是明末儒士在亂世中的經世致用體現。

四、王世德《左氏兵法纂》

王世德（1569-1640），字長民，浙江永康人，生於隆慶三年（1569），卒於崇禎十三年（1640），以《春秋》一經登萬曆二十九年（1601）進士第[65]。初任同安閩縣，晉陞工部主事，轉任閩中，後典試山西，知黃州府。尋擢湖廣副使，備軍下江，因屢擒大盜，遷任右參政。尋監軍貴州。天啟二年（1622），雲南土司安邦彥（？-1628）屢犯省城，王世德駐軍以待，募敢死軍士抗擊之，大破敵營而歸。以戰功陞任貴州按察使，仍監軍蕩平苗寇。崇禎四年（1631），陞廣東左布政。五年（1632），弭平山寇鍾凌秀（？-1632）之亂。八年（1635），當時縱橫臺灣海峽的大海盜劉香（？-1635）儼然已經發展成為明末沿海勢力最龐大的一股力量，屢屢侵犯廣東沿海，並謀攻省城廣州，世德聞訊，急調鄭芝龍（1604-1661）共擊之，劉香兵敗自盡，東南沿海自此再無海警。以戰功擢升左副都御史，巡撫雲南，崇禎帝甚至直言：「豈有知兵恤民，如王世德者乎？」對其治軍撫民之功，褒獎有加。初抵雲南，「清慎自矢，除弊懲奸」，一切軍政民務，皆事必躬親，不假手他人。時已故阿迷州土司普名聲（？-1633）之妻萬彩聚黨造反，世德築堡建屯以衛，諸逆稍斂

64　〔清〕彭禧：〈槎庵小乘序〉，《槎庵小乘》，《四庫禁燬書叢刊》子部，第10冊，卷首，頁3。

65　寧波市天一閣博物館整理：《萬曆二十九年進士履歷便覽》，收錄《天一閣藏明代科舉錄選刊・登科錄》第8函，第2冊，頁13。

迹，方謀進討之際，因軍務勞瘁成疾，於崇禎十三年（1640）病卒於官。[66]

王世德卒後，家人發其書篋，見其自撰《左氏兵法纂》一書，四十年來官宦、軍旅生涯概不離身，遂付梓版行。此書書名據《千頃堂書目》、《明史》、《經義考》、光緒《江西通志》記載均作「左氏兵法」，然而光緒《永康縣志‧藝文書目》卷十二作「左氏兵法纂」，且於卷十四〈藝文序〉部份收錄有王世德自撰的〈左氏兵法纂序〉[67]一文，今書名即據此而正名之。

此書今時雖已亡佚，但從他的序文中尚可約略概見一二，其自言「十七始讀《春秋》，若《左氏傳》則手錄一過，然特取便於舉業耳，於大義則茫如也」，從其表白中或許可以見到胡《傳》的獨尊地位至明末已有削弱傾向，而《左傳》勢力稍有重新抬頭的趨勢。明代中葉以前，三《傳》與胡《傳》雖一體並用於科舉，然舉業士人的八股制義依舊不能逾越胡《傳》的義理之外。根據《萬曆二十九年進士履歷便覽》記載，王世德當年正是以是經登進士第，然而其動機目的，純粹只為舉業，並無追尋孔子「微言大義」的崇高理念，無論此言是否為謙遜之辭，甚至將其視為實錄亦可，至少他對《春秋》的熟稔程度與理解方面，已使他擊敗全國同年四千三百多位舉人，成為當科二十三位《春秋》進士之一[68]，單從科舉制度著眼，這本身就不是一件容易的事。

66　以上事蹟引文參閱〔清〕王崇炳：《金華徵獻略》，收錄《四庫全書存目叢書》史部，傳記類，第119冊（據首都師範大學圖書館藏清雍正金律刻本影印），卷9名臣傳，頁27-28；〔清〕阮元修：道光《廣東通志》，收錄《續修四庫全書》史部，地理類（據清道光二年刻本影印），卷243，宦績錄13；〔清〕鄂爾泰等監修、靖道謨等編纂：雍正《雲南通志》，收錄《景印文淵閣四庫全書》史部，地理類，第570冊，卷19，頁32。

67　〔明〕王世德：〈左氏兵法纂序〉，收錄〔清〕李汝為等修、潘樹棠等纂：光緒《永康縣志》（《中國方志叢書》華中地方，第68號，據民國二十一年重印本影印），卷14，頁13-14。案：本段以下引文大多根據此書此序，故行文不再標示出處，以免重複註釋，造成閱讀不便，亦收耳目之清。然若有援引他書者，則另註釋之，特此說明。

68　詳見本論文第三章附錄〈明代會試的解額與錄取狀況〉，以及〈萬曆二十九年（1601）選考《春秋》專經進士登科錄〉。

通籍後於閩、楚各地任官四十載，必隨身帶著《左傳》，也正是這一段剿賊除寇、安邦定遠的經歷，使其將畢身所學與實際的戰事交互印證，著成了《左氏兵法纂》一書。王世德在序中也透露出對當時國家用武制度的弊病與輕忽態度，當時雲南土司安邦彥的叛變，幾令全黔震動，餘波蕩及鄰省，故生感慨云：「試思國家平日屯養於衛所，廩食於州縣者幾千萬，而盡歸無用，何哉？蓋今天天下病全在狃於治平無事，祖宗所為防禦良法率蕩焉若掃。」其實明末兵禍屢起，亦不可稱「治平無事」，世德所言蓋點出明末軍事上的不振與武官習平之劣風，甚至選拔將才的武舉制度，亦只是「徒供文具」爾，武將根本缺乏實際的戰爭經驗，軍士平日又疏於訓練，故一變初起而數省震動，「一旦患生而失措」不已，反倒不如《左傳》所說「勇夫重閉」、「農隙以講事」所體現出的居安思危觀念。先秦時代中原諸侯各國通常實行春蒐、夏苗、秋獮、冬狩制度，有練兵於常的國防思維，故四時講武，三年大習，國家以安。甚至是身為將帥者，亦可藉由《左傳》一書獲得勝負之跡，所謂「一展卷閱，而善、敗燦如，其陣法、軍志雖之全篇，而可以錯綜互見，至出奇料敵，挫銳乘衰，雖後之知兵者，舉莫越其範圍」，可以說《左傳》書中的兵法陣法，歷史成敗，提供了用兵者最佳的殷鑑作用，故而「古之為將者，多好《左氏春秋》」。由此可見，《左傳》起先僅是王世德舉業青雲之書，仕宦後則有經世之用，故而於軍務之暇，「取其有合兵法者，手自錄之，凡一百十則，題曰『左氏兵法纂』，將以公之同志」，饗之同好，亦不負國家「經學取士之意，不徒為取功名之筌蹄也」，使朝廷取仕之經、用人之典，成為真正的經世之經、致用之典。進一步來看，明代中葉以後，《左傳》由傳統經典轉變為兵書，其中的重要成因和當時頻繁不止的內憂外患實有著不可分離的因果關聯性，故王崇炳《金華徵獻略》對王世德其人及其書評論云：「垂歿遺書，篋藏兵詮。夫國事倥傯，正臣子枕戈之秋。魚麗、鸛

鶖之陣，詳於《左氏》。觀其著撰，其有伏波馬革之志乎」[69]，對其撰著此書之由之時，亦以「國事倥傯」，「枕戈之秋」目之，可以說時局的動盪使其半生盡奔波於戎馬，但相對也成就了他的一生功業事蹟。

五、杜文煥《左氏兵傳》

　　杜文煥，字弢武，晚號元鶴子，甘肅榆中人，本籍江蘇崑山，後以武功起榆林，遂移居焉。生卒年不詳，約活動於萬曆末至崇禎時期（入清）。由廕敘官，歷延綏遊擊將軍、參將、副總兵。萬曆四十三年（1615），配征西、鎮西大將軍印，領總兵官，鎮守寧夏，屢屢敗寇安邊。當時最大的邊患是號稱「套寇」[70]的韃靼部落，從弘治年間起，便時時騷擾邊邑，將守殉職無算，嚴重威脅內陸安全。文煥到任後，申飭軍令，訓練嚴整，遇戰事則為士卒先，以戰勝之勢迫使外寇求合，「故虜中相戒慎，毋犯『彪將軍』，其懾服如此。」崇禎三年（1630），陝西闖賊蠭起，五鎮總兵勤王，令「文煥署延鎮事，兼督固原軍。數敗賊，賊亦日益多」[71]。自此，明朝已魚爛於內、寇蝕於外，孤臣雖欲回天，亦無力矣！甲申國變後（1644），歸崑山以終。

　　杜氏雖是一名武將，但頗知文，嘗自言：「口不輟誦，手不停披。傳同左癖，書類劉淫。大而三教九流，小而稗官雜說，無不涉獵」[72]，著有

69　〔清〕王崇炳：《金華徵獻略》，收錄《四庫全書存目叢書》史部，傳記類，第119冊（據首都師範大學圖書館藏清雍正金律刻本影印），卷9名臣傳，頁28。

70　套寇：土木堡之變後，蒙古瓦剌內部互相攻殺，頻頻易主，卻使得韃靼部落趁勢興起，景泰六年（1455）以後，韃靼諸部落王先後竄進佔領河套地區，屢屢侵犯明朝邊境，境內烽煙四起，而明廷內部戰和意見紛歧，或強硬抗擊，或賄賂乞和，但諸舉均不見實際成效。關於套寇興起與勢力衰落本末，可見楊國楨、陳支平：《明史新編·九邊危機與俺答封貢》（臺北：知書房出版社，2003年12月初版4刷），頁242-247。

71　以上引文事略，參閱〔清〕張廷玉：《明史·杜文煥傳》，卷239，頁6219-6221；〔明〕臧懋循：〈三教逸史傳〉，《負苞堂文選》，收錄《四庫全書存目叢書》集部，別集類，第168冊（據北京大學圖書館藏明天啟元年刻本影印），卷4，頁40-43。

72　〔明〕杜文煥：〈太霞洞集自序〉，《太霞洞集》（臺北國家圖書館藏明天啟間原刊本），頁1-2。案：「傳同左癖，書類劉淫」，蓋指晉朝杜預有《左傳》之癖，漢代劉峻有「書淫」之稱。

《太霞洞集》、《六朝文範》、《初唐詩則》等詩文集。並且對《左傳》中之名將、戰爭、兵法，深有所契合，練兵閒暇之時，「與友人評隲今古名將，慨然有意乎杜當陽、郭定襄之為人」[73]，杜當陽與郭定襄，即晉杜預[74]（222-284）與明郭登[75]（永樂-1472）二人，前者撰《春秋左氏經傳集解》，後者撰《春秋左氏直解》，兩人皆當世之名將，且都雅好《左傳》，杜文煥對此二人有勇有謀，文韜武略兼備，極為欣賞。其中尤欽慕杜預，嘗云：「吾家當陽之癖《左傳》，豈但猶賢而已。故後世好學攻文之士，善戰右武之輩，莫不艷而羨之，慕而效之」[76]，杜預素有《左傳》癖，文煥甚至以其後世子孫自居，以其學癖為家法自任。也因文煥生長在一個軍職世家，故對行軍作戰之事甚為熟稔，其父杜桐（萬曆時期）為明朝大將，官拜都督，任總兵官，所以杜氏自幼便有「家人家學」之助，耳濡目染之效，「惟掉鞅靮，旌之是好，故於兵事，得窺一斑」[77]的體驗。並且進一步認為身為一名武將，除了具備領導統御、戰術戰技、搏擊武功

73　〔明〕臧懋循：〈三教逸史傳〉，《負苞堂文選》，卷4，頁41。

74　〔唐〕房玄齡：《晉書·杜預傳》云：「杜預字元凱，京兆杜陵人也……博學多通，明於興廢之道，常言：『德不可以企及，立功立言可庶幾也』……預在內七年，損益萬機，不可勝數，朝野稱美，號曰『杜武庫』，言其無所不有也……預處分既定，乃啟請伐吳之期……太康元年正月，陳兵于江陵……吳之州郡皆望風歸命，奉送印綬，預仗節稱詔而綏撫之……孫晧既平，振旅凱入，以功進爵當陽縣侯……預以天下雖安，忘戰必危，勤於講武，修立泮宮，江漢懷德，化被萬里……南土歌之曰：『後世無叛由杜翁，孰識智名與勇功』……預身不跨馬，射不穿札，而每任大事，輒居將率之列。結交接物，恭而有禮，問無所隱，誨人不倦，敏於事而慎於言。既立功之後，從容無事，乃耽思經籍，為《春秋左氏經傳集解》……武帝聞之，謂預曰：『卿有何癖？』對曰：『臣有《左傳》癖』。」（北京：中華書局，2003年），卷34，頁1025-1034。

75　〔清〕吳坤修等修、何紹基等纂：光緒《重修安徽通志》云：「郭登，字元登，濠人。武定侯英孫也。正統中，從王驥征麓川有功，又從沐斌征騰衝，歷署都指揮僉事。十四年，扈從北征至大同，拜都督僉事，佐劉安鎮守朱勇等軍覆。登告曹鼐、張益曰：『車駕宜入紫荊關』，王振不從，遂及於敗。是時，人心洶洶，登慷慨登陴，誓與城共存亡。景帝監國，代安為總兵官。景泰元年，偵知寇自順聖川入，以八百人躡之，大破其眾，軍氣一振，封定襄伯。初，也先欲取大同為巢穴，故數來攻，及每至輒敗，始有還上皇意。二年，以疾召還。成化八年，卒，贈侯，諡忠武。登，事母孝，居喪秉禮，能詩，明世武臣無及者。」收錄《中國省志彙編》3（據清光緒三年重修本影印），卷232，頁18。

76　〔明〕杜文煥：〈左氏兵傳序〉，《太霞洞集》，卷25，頁10。

77　同前註。

外，更須披覽經書、廣閱史籍、知曉文藝，他對當代文武殊途、二分的現
象深為感慨地說：

奈何末世分鑣，士多自限。惟以弓刀為盡技，竟視翰墨為贅疣。不知
武而無文，必不能盡武之妙；文以飭武，斯可以致武之神。試觀古昔登金
壇而授玉鉞，圖雲臺而繪煙閣者，寧幾人不識一丁乎？是以一經一緯，為
才士之妙用；迺文迺武，斯將帥之全材。故於武備既經，即以文事為
緯。[78]

春秋時代，賢士、卿大夫均能出將入相，文武本不相分相離，近世卻
分文科、武舉，杜氏對這類「士多自限」，文人不能武；將不識丁，武人
罕能文的現象深為不滿，以為「文以飭武」，「迺文迺武」方為「將帥之
全材」，如此才能成為合格的文韜武略兼備的統帥，所以「捐棄中金，購
六經、歷代史及二氏諸書讀之」[79]，他的友人吳道南也稱其「寄身于疆
場，游心于藝苑。有萬里長驅之氣槩，欲盡犁乎虜庭；又有千古不磨之精
神，欲博極乎羣書」[80]，可知杜氏堪稱是一位允文允武，頗有人文素養的
大將軍，並非一般重武輕文的莽夫可比，曾言「深以絳、灌無文為
恥」[81]，頗為鄙視漢初的絳侯周勃（?-169 B.C）和太尉灌嬰（?-176
B.C）空有武力卻不知文。杜氏除了能詩屬文外，還結合了軍旅生涯實際
體驗到的戰地防務，註解了《孫子武經》，並撰有《左氏兵傳》，確是當
代一位兼通儒術的儒將代表，綜觀明季武臣，罕有匹敵者。

杜文煥《左氏兵傳》一書，諸史志、目錄均不見記載，而今存著述
《太霞洞集》中尚存有一篇〈左氏兵傳序〉，尚能稽考求索其著述動機、

78　〔明〕杜文煥：〈太霞洞集自序〉，《太霞洞集》，卷首，頁1。
79　〔明〕臧懋循：〈三教逸史傳〉，《負苞堂文選》，卷4，頁41。
80　〔明〕吳道南：〈元鶴子太霞集總序〉，《太霞洞集》，頁2。
81　〔明〕臧懋循：〈三教逸史傳〉，《負苞堂文選》，卷4，頁41。

體例、內容與本旨。其自言撰述動機乃「餘暇取《左氏》舊傳，伏而讀之，每憾其浩澣，艱於取裁。於是分輯諸國征伐、合戰之事，凡若干篇」[82]，可見杜氏閱讀《左傳》並非為了探尋微言大義，而是對於其中諸侯殺伐攻戰之事感興趣，但苦於卷帙浩繁，因而以國為別，分而輯之，「前綱以《經》，後目以《傳》，共釐為十五卷」之數。而其主要輯裁的軍事內容大體為「治兵振旅之容、飲至獻捷之狀、四軍兩拒之形、七札三登之技、交綏攝辭之整暇、賈勇執縶之英威，見可知難之美政、兼弱攻昧之善謀，與夫銘鍾築觀之雄、曳柴縱樵之詭」，這其中就包含了軍禮、軍容、軍勢，謀略、兵法、陣法，防守戰、攻城戰、外交戰，甚至連口水戰都是戰爭的一種型態，故而杜氏頗有自信此書於《左傳》戰事，「庶幾無遺事矣」，也因其皆「悉兵事也，故曰《左氏兵傳》」，所以此書並不侷限於兵法一類，但凡和戰爭具有一定關聯的人、事、時、地、物，皆可視作纂輯材料。杜氏將《左傳》視為臨兵鬥陣的軍事百科、武學圭臬，契言「使世之為將者，咸能以此為癖焉，則用兵之道思過半矣」，並沒有將二千年前歷史過往的戰爭形態，視作今朝不可施用之陳腔爛調，反而認為戰爭諸事與兵法謀略的「神化之妙，變通之宜，亦存乎其人而已」，這觀點確實比四庫館臣的「迂謬」思想通達先進許多。

六、茅元儀《春秋戰略考》

茅元儀（1594-1639），字（芷）止生，號石民，浙江歸安人，生於萬曆二十二年，卒於崇禎十二年。天啓元年（1621）以副將守邊事，孫承宗聘為幕僚，諸多軍策兵事皆出其手創擘畫。崇禎元年（1628），將撰寫十五年而成的軍事鉅著《武備志》上呈，「奏言邊事，及兵食富強大計」。二年（1629），白蓮教亂起，孫承宗復出掌兵，元儀再從其出

---

[82] 本段所有引文皆為同一書、同一序，故行文不再重複標示出處，以收耳目之清。參閱〔明〕杜文煥：〈左氏兵傳序〉，收錄《太霞洞集》，卷25，頁10-11。

征，收復數城，特授副總兵，提轄遼海，署大將軍印。後被誣下獄，會邊事急，願募死士勤王不獲，遂「早夜呼憤縱酒而卒」。元儀年少時即「自負經奇，恃氣凌人，詩文才氣蠭涌，搖筆千言立就」，然而其志之所在，在乎「籌進取，論匡復」，其精在「畫地聚米，決策制勝」之道，故其人亦非簡牘書生之流，同治《潮州府志》稱云：「元儀好談兵，通知古今用兵方略，及九邊阨塞，口陳手畫，歷歷如指掌。慕古人毀家紓難，慨然欲以有為」，可見其人不僅有實際軍事才能，亦有豐富的戰略思維，當入儒將之列。[83]

　　茅元儀所著《武備志》一書，堪稱中國有史以來第一部軍事百科全書，即在清代亦無他作堪可比擬，其書二百四十卷，分為：兵評訣、戰略考、陣練制、軍資乘、占度載五部份，對於歷代的兵法、謀略、陣形、後勤、天文、氣候、陰陽五行、奇門遁甲、方輿、鎮戍、海防、江防、四夷、航海等等都有詳盡且完備的介紹，孫承宗（1563-1638）就稱其「布置條畫，如能將十萬也」[84]，即在今日，此書亦是研究古代軍事的重要典籍。今現存版本有二，一為北京大學圖書館藏明天啓刻本，收錄《四庫禁燬書叢刊》，二為清道光元年重刊本，此版比天啓刻本多收錄了明代李維楨、顧起元、張師繹、郎文煥、傅汝舟、宋獻等人序文，另外日本亦有刻本，內容同於道光本。本文所論《春秋戰略考》即《武備志》其中一卷，全文收錄二十一則戰爭，他在〈答姚孟長庶常書二〉及〈武備志自序〉中說到纂輯此編原由曰：

　　今將不知兵，士不習戰，不教而殺，夫子所非。奈右文已久，韜鈐莫講，典籍散失，秘密無傳，弟私心憂之久矣，故廣搜陰構，求為兵家之大

83　以上事蹟引文參閱〔清〕周學濬等纂：同治《潮州府志》（清同治十三年刊本），卷75，頁19；〔清〕李昱修，陸心源等纂：光緒《歸安縣志》，收錄《中國方志叢書》華中地方，第83號（據清光緒8年刊本影印），卷36，頁23-24。

84　〔明〕孫承宗：〈明贊畫茅元儀事略考〉，《車營叩答合編》，收錄《續修四庫全書》子部，兵家類，第962冊（據北京大學圖書館藏清同治八年高陽孫氏師儉堂刻本影印），卷4，頁17。

成，如此者十五年，今感而遂成之，約可二百餘卷。[85]

古之戰略見於史傳，或彙之成書，而患於疎略，或署之以目，而患於瑣割。今循時而譜之，固有一事而備數法，亦有倚古而繹新心者，皆可得也。[86]

茅元儀認為國家崇文黜武，「將不知兵，士不習戰」已久，一旦有變，不啻國家「不教而殺」之乎？但古今戰爭的歷史記憶蓄見於龐大的史籍傳記之中，其戰事本末往往「疎略」、「瑣割」，利用極為不便，故而累年鉤索抉隱，依朝代先後順序為次，將歷代戰爭進行統整編排。他以為這些距今已遠的戰事雖然時過境遷，但往往同理可證，其中所昭示的戰爭經驗法則是足可成為後人殷鑑的資助，況且兵者無常形，略者為常法，戰爭之瞬，變幻莫測，有「一事而備數法，亦有倚古而繹新心者」，因而編纂此篇，「彙輯諸家，本之正、稗二史，以為戰略考」，故《戰略考》卷前序文云：

良工不能離規矩，哲士不能離往法。古今之事異形而同情，情同則法可通；古今之人異情而同事，事同則意可祖。故我列著之以為今之資。[87]

今觀全篇戰事皆取材《左傳》一書，其所謂「戰略」並不限定於兵法一門，更強調春秋時期國與國之間相互戰爭時的謀略而言，但凡決定勝敗關鍵的任何行為，皆是謀略的一種。但也不是所有的的戰爭都值得收錄，觀《左傳》二百四十二年間大小戰事約五百場，茅氏僅輯二十一，其言

---

[85] 〔明〕茅元儀：〈答姚孟長庶常書二〉，《石民四十集》，收錄《四庫禁燬書叢刊》集部，第109冊（據明崇禎刻本影印），卷80，頁10。

[86] 〔明〕茅元儀：〈武備志自序〉，《武備志》，《四庫禁燬書叢刊》子部，第23冊（據北京大學圖書館藏明天啟刻本影印），頁6-7。

[87] 本段以下引文出處皆同，故不再重複注釋。參閱〔明〕茅元儀：〈戰略考前序〉，《武備志》，卷19，頁1。

「略則非略弗錄也，略弗奇弗錄也，每舉一事，而足益人意志」，可見其收錄標準必須是有助於人智的奇謀異略，守一法而萬法可通，「試之萬變而不窮」。如其第二十則舉魯定公十四年越王勾踐與吳戰於檇李，因患吳軍列整，遂使罪人三行，按劍於頸，自殺於吳軍眼前，以驚憾對方軍心，動搖敵方意志，而越國趁其驚恐之際，大軍攻殺之。此則戰事被茅元儀評點為「奇策」，在現代戰爭中可歸類為心理戰術的一環，對茅氏來說，並非要後世將帥仿效其行，而是要從中學習句踐出「奇」不意的謀略思維，達到削弱敵人戰鬥意志的目的，這才是他所謂「古今之事異形而同情，情同則法可通」的纂述理念。

其實茅元儀撰著《武備志》一書亦有他經世致用的目的，他對當前時局動盪不安，國家武威不振，深為憂心，其自道云：

古者文武之途合，故仕者亦迭為之，迭為自不得不兼工其學，自本朝始判焉若水火，而洪、宣以來，文帥之權又日重，是以不知者制所知，限其學而責其效也，故東胡一日起，士大夫相顧惶駭，文士投袂而言者，武弁能介而馳者，即以為可將。上以此求下，以此應計，無所之則，靦顏而曰神而明之，存乎其人。嗟乎！一人之身，聰明無兩具也，使士大夫遊塾就傳，目未窺書之日，父不以教，師不以傳，而能握筆縱橫，屈伸如意乎？今日之縱橫屈伸者，未必皆所教、所傳也，而非教、傳又不得故。竊願朝野之士，及時而習之，猶可作三年之艾，無徒高其氣而自欺為也。[88]

茅氏以為古代良將之多，遠莫如春秋、戰國時期，其原因在於古代文武不分治，文臣習戰事，武將操翰墨，文武同攻，故不世名將頻出。反觀今之掌權將領，多為操筆取科第，圍城方寸間，不經戰事的儒臣，國防重文輕武，軍事以文治武，一旦事起，徒置國家於危難之境，故而撰著此書

88　〔明〕茅元儀：〈武備志自序〉，《武備志》，頁1-3。

以上承朝廷，冀欲救亡圖存，其經世之苦心，慨然可見。

七、黎遂球《春秋兵法》

　　黎遂球（1602-1646），字美周，廣東番禺人，天啓七年（1627）舉人，善古文詞，與徐汧、吳偉業、張溥、張采、金聲、陳際泰等輩交遊。時揚州有賦牡丹詩會，黎後至，援筆立成十首，錢謙益評為第一，人稱牡丹狀元。甲申年（1644），李自成陷京師，黎上書勤王。福王立，輸家財製三百鐵砲送南都助軍。唐王授兵部職方司主事。乙酉事變（1645），統帥兩廣水師四千人馳援贛州，與清兵晝夜苦戰數十日，目不交睫，城完則攻防，城破則率兵巷戰，後身中數矢墜馬，被亂刃砍殺，殉節粵中。桂王時贈太僕寺卿，諡忠愍。晉贈兵部尚書，乾隆時賜諡烈愍，著有《春秋兵法》、《蓮鬚閣集》、《周易爻物當名》、《易史》等書。[89]

黎遂球，浙江圖書館中國歷代名人圖像數據庫

　　《春秋兵法》一書，黎氏行狀、傳記皆未提及，然《經義考》、道光

---

[89]　參閱〔清〕阮元修：道光《廣東通志》，收錄《續修四庫全書》史部，地理類（據清道光二年刻本影印），卷285，列傳18；〔清〕溫睿臨：《南疆逸史》，收錄《續修四庫全書》史部，別史類，第332冊（據北京圖書館藏清傅氏長恩閣抄本影印），卷19，列傳第15，頁8。

《廣東通志》、同治《番禺縣志》、光緒《廣州府志》皆有著錄此書。今書業已亡佚不存，然後人版行其《蓮鬚閣集》，書中尚存〈春秋兵法序〉一文，尚可概見其書之撰述緣由，其云：

> 予小即受《左氏》于先高士，然其時海內平治，不過以為詞令之式。廿年來，四方多事，予以白面書生遨遊諸公間，羽檄飛至，間輒以意談兵，時多奇中，然不敢自信為能也。會以省母，從吳歸粵，舟中無事，因取《左氏》諸兵事，別為端委，手自寫記，時以已意附於其末。[90]

由序中可知黎氏所作《春秋兵法》，實以《左傳》為據，其治是經的本衷亦只為詞令之用。然天啟、崇禎時，東北滿清頻頻叩關，西北韃靼騷亂，東南沿海則有倭寇侵擾，國內更有闖賊、闖將橫行，整個國家可以說是四面受敵，八方不寧，時局動盪之際，黎氏當此之間，遂假藉《左傳》戰事印合當前時事，遂成談兵之資，可見明末天崩地解的時局，對黎氏創作本書有著重要且絕對的影響。然而明末《左傳》由「經書」進入「兵書」的轉變，雖非學術主流，倒也形成一股暗流，當黎氏撰完此書後，適見前人亦有此類著作，故而「自笑其勞」，然「頗覺其泛引無當，則又不容自廢，以精切而明著，蓋無如予本也」[91]，認為撰著訓解兵書，一以精切至當為要，不求廣徵博引，重在發揮自己的見解，可見黎氏對於自己所作的《春秋兵法》，還是深具信心的[92]。並且進一步批評當時普遍且興盛的講談兵法之風，認為弊端有二：

90　〔明〕黎遂球：〈春秋兵法序〉，《蓮鬚閣集》，收錄《四庫禁燬書叢刊》集部，第183冊（據清康熙黎延祖刻本影印），卷18，頁43。

91　同前註。

92　黎遂球在〈春秋兵法序〉中雖沒有明確說出此書為何，但言當時「偶有官蜀，舉所載書籍見貺者」，遂見此書。考明代《左傳》兵法共有作者12人，而陳禹謨《左氏兵略》正是完成於任職蜀地期間，其中徵引群書亦頗多，雖然黎氏認為「泛引無當」，但可以確信此書即是陳禹謨《左氏兵略》無疑。

今之談兵者，非不慷慨可聽，然而其弊也有二：一者「多而不精」。
不精斯匱，匱斯無恩，無恩斯不威，不威斯令不行。一者「戲而不怒」。
不怒斯玩，玩斯匱，匱斯渙。渙與不行，是猶病者之嘔吐而不受藥，即得
古方，烏乎療之？[93]

所謂「多而不精」，即對前言「泛引無當」的批評，黎氏認為引證精
確至當，讓人見事而能知義、見此而能知彼，精確故能服人心，則其兵書
可行，兵法可效，遠比那些泛引前人諸說、廣徵前代史事，卻令人無法取
捨，不知所云更加重要。而另一弊端在「戲而不怒」，此「戲」可解讀為
一種態度，黎氏認為撰著兵法在切乎時用，是經國濟民之大事，若不莊重嚴
肅看待，那麼也只是文人風雅之舉，視兵法為玩物，將戰爭看作遊戲罷了，
這樣的兵法只能是譁眾取寵，放肆不律，若欲臨陣施行，甚至導致軍隊渙
散，所以對黎氏來說，撰著兵法不僅目的性要明確，動機問題更是重要。

第三節　儒士系統下的《左傳》兵法著述

本節所定義的儒士系統相對於儒將系統立論，這些人多是傳統文人或
文官，計有吳從周《左傳兵法》、曾益《左略》、龔奭《左兵》、宋徵璧
《左氏兵法測要》、章夢易《左氏兵法》、魏禧《兵謀》、《兵法》，
《春秋戰論》等，其討論順序依照時間先後排列，因為相對儒將系統來
說，這些人本身皆不具備統兵作戰的經驗，缺乏實際戰爭的體驗，故而內
容上比較屬於兵學理論層次上的產物，具有全面性與理論性的特色，以下
即針對每位作者的生平經歷、纂述動機、體例內容與撰述旨要，等等層面
進行說明。

93　〔明〕黎遂球：〈春秋兵法序〉，《蓮鬚閣集》，卷18，頁43。

一、吳從周《左傳兵法》

　　吳從周，字宗文，福建邵武人，生卒年不詳，約活動於嘉靖時期，其「賦性剛直有雄才，喜讀古書，凡三教、九流、六韜、三略，無不攻習，于兵法尤精。」嘉靖中時以貢士授任慶元訓導，四十一年倭寇劉大眼欲犯城，「從周與把總桂汝攀合力制敵，連七日夜不懈，敵遁去」[94]，因有戰功，擢升為國子學正，著有《兵法彙編》、《左傳兵法》、《左傳纂》、《備倭議》、《綱目武覽》等書，皆亡佚不存。此人雖非專職武將，但其抵禦倭寇，立有功勳，其著作幾乎皆為軍事性書籍。若據現有資料來看，他可以說是明代首位以文臣身分，對《左傳》中之兵法進行討論的第一人，可謂具有學術開創性的意義存在。

二、曾益《左略》

　　曾益，字予謙、謙受、謙六，號鶴岡，浙江山陰人，約生於嘉靖四十三年左右（1564），卒於康熙元年（1662），壽近百歲。擅長書畫，工梅、蘭、竹。為人古道。[95]平生嗜書，多所著述，幾令蠹魚無所避處，撰有《左略》一卷，認為此為「探本窮源之論耳」，推求兵法本源，對《左傳》書中臨陣決勝之機要，輯節語釋。阮元亦云：「是書以兵法備於《左氏》，摘取事實，加以標題」[96]。今《四庫全書存目叢書》收錄有廣州中山大學圖書館藏明天啓元年刻本殘帙，為現今僅存之一部殘缺本。觀目錄所列條目，共分五十六類，分別為：潛勝、設覆、麾登、先犯、張敵、攻

94　〔明〕何喬遠：《閩書》，收錄《四庫全書存目叢書》史部，地理類，第204-207冊（據福建省圖書館藏明崇禎刻本影印），卷116，頁30。

95　參閱〔清〕徐沁：《明畫錄》，收錄《續修四庫全書》子部，藝術類，第1065冊（據華東師範大學圖書館藏清嘉慶四年刻讀畫齋叢書本影印），卷6，頁12；〔清〕馮金伯：《國朝畫識》，收錄《續修四庫全書》子部，藝術類，第1081冊（據上海圖書館藏清道光十一年刻本影印）卷2，頁18。

96　〔清〕阮元：《文選樓藏書記》，收錄《四庫未收書輯刊》第1輯，第30冊（據清越縵堂鈔本影印），卷1，頁9。

右、衡陳、宵加、餌取、乘竭、竊恐、假襲、懼老、示弱、寶信、伐救、
文教、兇入、嫁怒、偽遁、遠備、託警、交畫、議討、六舉、附勉、併
克、審間、逆敵、謀息、權固、易敗、要擊、眾攝、疾略、私誘、啟射、
虛嚇、崇卒、藉伏、縋陞、及勞、用少、詐羅、羃禽、剪異、躊滅、防
灌、亟罷、詭獲、周迫、截戰、憤逐、墮俟、眩奪、更進。今僅存「潛
勝」至「併克」等二十七門,「審間」一條殘缺不完,以下皆亡佚,僅存
其目。書前有友人陶崇道(1610前後)於天啓元年所撰〈左略輯解
序〉,序文中指出曾益撰述此書動機,乃當時盡是「淺夫攘臂時事,語語
遼左,人人借籌,故姑為此探本窮源之論耳」,蓋曾氏不齒時人面對國家
內憂外患的變局,既無實際作為,又喜高談闊論,似乎人人胸有兵書,腹
有運籌,紙上談兵就能決勝千里之外,故而推求兵法本源,對《左傳》書
中「行陣決勝之要,節剔而句釋之」[97],藉以曉諭時人之弊。

　　《四庫全書總目》將此書列入子部兵家類存目,對此書評價甚低,其
云:「但摘錄傳文,益無可採矣」[98],姑且撇開四庫館臣對明代經學本身
就具有的攻擊動機因素,單純以其語來印證此書就絕非事實。試舉一例以
明之,如〈設覆〉一條,曾益摘錄《左傳》隱公九年「北戎侵鄭」之傳
文,標題之下先對公子突敗北戎所用之兵法加以總結,所謂「誘以進之,
覆以敗之,用詭也」[99],以示公子突建議詐敗誘敵,趁北戎貪勝輕進,敗
不相救之際,一舉殲滅之,亦是對《孫子兵法》所云「兵者,詭道也」[100]
的最佳史實印證。而傳文後分兩段行文,前段即如陶崇道所言「節剔而句
釋之」,對傳文進行字訓句解,後段則是曾益對此戰役的心得詮釋,其
云:「勇者易進,可使嘗敵。無剛易退,可使誘敵」;「貪,故勝不相

97　〔明〕陶崇道:〈左略輯解序〉,《左略》,收錄《四庫全書存目叢書》子部,兵家類,第34冊
　　(據廣州中山大學圖書館藏明天啓元年刻本影印),頁151。

98　〔清〕紀昀、陸錫熊、孫士毅等編纂:《四庫全書總目》(北京:中華書局,1965年初版,2008年
　　8月重印),卷100,子部,兵家類存目,「左略」條,頁846a。

99　〔明〕曾益:《左略》,頁154。

100　〔周〕孫武:《孫子》,《景印文淵閣四庫全書》子部,兵家類,第726冊,始計第一,頁1-2。

讓。無親，故敗不相救」[101]，對於戰爭的表面行為，作出戰術性的詮釋。所以《總目》所言「但摘錄傳文，益無可採矣」，實為不確之言、大謬之論。今倘若不見其書，勢必被《總目》之言所誤導，讀者往往也只能依循《總目》所認定之評價，直接認定作者只有纂輯《左傳》傳文，而無其他任何實質貢獻，所以《總目》對明代經學書籍的相關評價，應審慎看待，親自核實，不宜盡信或輕信之。

三、龔奭《左兵》

龔奭（1603-1631後），字君路，號昔菴，江西南昌人，諸地方志或云湖廣景陵人，乃為其祖籍耳。其為人「英毅有為，臨事屹然山立。厖濬、敦朴、質直」[102]。平居「講書課士，別具鑪錘」[103]。天啓時中乙榜，任職豐縣。崇禎四年（1631）登進士第[104]，任吏部主事，後改桃源縣知縣。到任後，見民情窘困，「久荒糧欠，即具疏題，準停舊徵……課士撫民，多善政」[105]，且任上推崇教化，修葺縣學。崇禎七年（1634）二登進士第，著有《左兵》十二卷。清代姚覲元編《清代禁燬書目四種》記載云：「查《左兵》二本，係明龔爽（奭）輯。取《左傳》兵事，編輯成書，其章世純〈序〉一篇，語有狂謬，應請抽燬」[106]，可見亦難逃清廷查抄焚書之禍，今北京中國科學院圖書館藏有一部明崇禎七年，兩麥堂刻本

101　〔明〕曾益：《左略》，頁155。

102　〔清〕劉庠：同治《徐州府志》，收錄《中國方志叢書》華中地方，第4號（據清同治13年刊本影印），卷21，頁21。

103　〔清〕盧世昌：光緒《豐縣志》（清光緒二十年刊本），卷4，頁20。

104　寧波市天一閣博物館整理：《崇禎四年進士履歷便覽》，收錄《天一閣藏明代科舉錄選刊・登科錄》第8函，第3冊，頁17。錄中記載「龔奭……癸卯八月二十一日生，景陵籍，南昌人。……會試六十七，三甲一百五十四名」。

105　〔清〕吳昆田：光緒《淮安府志》，收錄《中國方志叢書》華中地方，第398號（清光緒十年刊本），卷27，頁58。

106　〔清〕姚覲元編：《清代禁燬書目四種》，收錄《續修四庫全書》史部，目錄類，第921冊（據上海辭書出版社圖書館藏清光緒十年刻咫進齋叢書本影印），頁419。

（四冊），為海內僅存之孤帙，既無複印本，亦無微捲、膠片，利用甚為困難，也因為是三百年以上的善本圖書，故而商借不易，所以今先淺論之，其餘尚待來日。

四、宋徵璧《左氏兵法測要》

宋徵璧（約1602-1672），原名存楠，字尚（上）木，江蘇華亭（今上海）人，崇禎十六年（1643）進士，授中書，充翰林院經筵展書官，尋督蘇、松四府，甲申國變後歸里，入清後薦授秘書院。舟山之役，徵璧從征有功，轉禮部祠祭司員外郎，擢升清膳司郎中。康熙元年（1662），任潮州知府以終。明末參與幾社，與陳子龍、徐孚遠、周立勳、彭賓、李雯、宋徵輿等砥礪學問，鴻才麗藻，與從弟徵輿有「大小宋」之稱。[107]

宋氏所撰《左氏兵法測要》二十二卷，今《四庫全書存目叢書》收錄有北京大學圖書館藏明崇禎十年劍閣齋刻本，為現今僅存之孤版。卷首有方岳貢、陳子龍、徐孚遠、周立勳、彭賓、李雯、蔡樅、宋徵輿等師友序之，其書取名「兵法測要」，乃「取列國兵事論斷之，任其蒙心，聊率管見，譬弋飛蟲，十不獲一，因名測要焉」[108]，其意蓋以己見論斷《左傳》兵事，以探其攻防節制之要旨。李雯〈左氏兵法測要序〉云：「尚木少為《左氏》之學，有當陽之僻，樂觀其治兵行師，攻謀伐交之術，因裒集其事，通其流略，至於晚近，皆較量而籌畫之」[109]，而宋氏撰著此書的始末，據其友人彭賓〈左氏兵法測要序〉云：

> 崇禎丙子，天子下明詔，頒郡國習《孫》、《吳》之書，嫻騎射之

107　〔清〕黎庶昌修，熊其英纂：光緒《青浦縣志》，收錄《中國方志叢書》華中地方，第16號（據清光緒五年刊本影印），卷19，頁18。

108　〔明〕宋徵璧：〈左氏兵法測要凡例〉，《左氏兵法測要》，頁373。

109　〔明〕李雯：〈左氏兵法測要序〉，《左氏兵法測要》，頁366。

事，蓋憒憒於天下之大而知兵者鮮也，予等數人遂做兵家言以應之維旨。宋子上木獨銳意學射，射成謂我輩無橫草之功，方恨恨耳。奈何以韜鈐之雄供書生家臆說乎？予輩強宋子至舟，宋子竟亦不應也。未幾，上木上公車，不第以歸，慨然無聊，因與闇公（徐孚遠）輩坐歎終日，互益智算，鏡古準今，援常度變，講求戰陣奇正之方，推原前制損益之用，取《左氏》論斷之，不三月而《測要》成，此《左測》所為作矣。[110]

崇禎丙子九年（1636）的明朝實已步入亡國之暮，內憂於陝亂，外患於邊寇，交相逼侵，崇禎帝下詔習武振國，愈挽頹勢，無奈亦無回天之力，明末的兵書研究湧現就是在這樣的時空背景下萌生起來。而宋徵璧科舉不第，遂與徐孚遠「互益智算，鏡古準今，援常度變，講求戰陣奇正之方，推原前制損益之用」，三月而書成，由此可見此書卷帙繁厚，成書之快，應當不是宋徵璧一人獨立完成，〈凡例〉云：

長夏郊居，余墨守丘明，家伯氏子建論斷《國策》，伸紙率筆，各抒所見，適眉公先生見之，過為推獎，友人闇公聖期，同棲隴畝，素譜天人，遂詳加評騭，闡明指要，事或切今，議皆獨發，得其意理，洵能益智矣。[111]

文中「眉公」即陳繼儒（1558-1639），字仲醇，「闇公」即徐孚遠（1599-1665），號復齋，全書經當時著名的評點大家陳繼儒鑒定審閱，而徐孚遠則施以點評，並與宋徵璧「討論潤色之」[112]，以細字置於本文字旁，故全書主要貢獻者實為宋徵璧與徐孚遠，陳繼儒或許對全書提供了一些建議，但主要作用還是藉由其名氣使人更加益重此書，產生移情

110　〔明〕彭賓：〈左氏兵法測要序〉，《左氏兵法測要》，頁373。

111　〔明〕宋徵璧：〈左氏兵法測要凡例〉，《左氏兵法測要》，頁374。

112　〔清〕朱彝尊原著〔民國〕張廣慶等點校：《點校補正經義考》第6冊，卷207，頁492-493。

（transference）的效果罷了。全書的編撰動機據友人徐孚遠說：

今天下蓋多事矣，然其時尚可為，失今不為，後且有什伯難於此者。
顧時之所急無甚於兵，尚木乃取《左氏》之言係兵事者，博以古驗，參以
今指。[113]

宋徵璧本人也說：

丁丑仲夏，同徐子、周子，泛舟虎溪，感念時艱，太息良久，因追論
往古名將，皆於《左氏》考究原流，惜《左氏》兵法，未睹善本，以予多
暇，屬予研討。[114]

丁丑年正是崇禎十年（1637），此時兵禍交迭，「天下蓋多事
矣」，而宋徵璧連年科舉不第，遂與同鄉友人徐孚遠、周立勳出遊，因感
念時局艱困，雖廟堂不濟，身不見用，亦有為國為民的經世之念，遂萌生
編撰此書的想法。陳子龍〈左氏兵法測要敘〉紀錄宋徵璧之言曰：

安敢侈然以為子大夫憂，非必親枹鼓、冒矢石也。進賢而退不肖，則
本端矣；奉公而執法，則威立矣；潔己而卹下，則民固矣；扶弱而救災，
則鄰懷矣；機敏而辭辨，則敵畏矣。今之兵弱而武弛者，非皆封疆之罪
也，數者之無一焉足恃也，故其為書，凡數者之得失，皆詳著焉，而一本
於兵事旨哉。[115]

認為今日國家處境艱難，「兵弱而武弛」，上位者其實應負最大責任，

113　〔明〕徐孚遠：〈左氏兵法測要序〉，《左氏兵法測要》，頁359。
114　〔明〕宋徵璧：〈左氏兵法測要凡例〉，《左氏兵法測要》，頁373。
115　〔明〕陳子龍：〈左氏兵法測要敘〉，《左氏兵法測要》，頁363-364。

而封疆大吏、邊防守將往往是聽決於中央的政策指令，故咎責推諉於其人亦
不公平，然而欲挽救當前之急，唯有透過「兵事」一途，厲兵秣馬，提升國
家整體戰爭思維，故此書內容著重在節略《左傳》中敘戰之事蹟本末，並在
每篇結尾「論得失，審形勢，觀世變，以窮兵械之本」[116]，可見此書對宋徵璧
而言是一部「引《經》立政之書，非特權謀之用也」[117]，具有立政救世的期
許，而非紙上談兵的權謀。另外〈凡例〉對其體例有簡要的說明云：

　　左圖右史，古人所重，故東周天王年表，列國諸侯年表，晉楚執政年
表，昔所未備，乃為補作。至於列國總圖，車步陣法，歲星雜說，俱為詳
核。圖書冠之卷首，又掊摭本傳義例，加以裁斷，為《左氏》大凡數則，
共為二卷，合《兵法測要》共二十二卷，若夫《春秋》因乎魯史，前後悉
遵編年，其無兵事者則闕焉。[118]

　　全書首一卷載有〈左氏大例〉十八則，附以周禮兵志圖記、諸侯列國
兵制圖記，次卷收錄春秋周天王年表，春秋列國諸侯年表，春秋晉楚執政
年表，歲星圖說、春秋列國圖，編年悉按十二公之例，釐為二十卷，對
《左傳》兵事並非全文收羅，而是「刪其繁縟，獨存猷略」[119]，並「援後
世之事以參之……復通之以《孫》、《吳》，參之以後代」[120]，參酌歷代
兵法、兵事以印證《左傳》，復「參以己見，取古事之合者、反者，縱橫
上下之，證古酌今，準成究敗」[121]，而《左傳》一書對於吳越戰事始末記
敘疏略，故從《國語》一書「節其大略，隨事附見」[122]，以彌補《左傳》

116　〔明〕陳子龍：〈左氏兵法測要敘〉，《左氏兵法測要》，頁361。
117　同前註。
118　〔明〕宋徵璧：〈左氏兵法測要凡例〉，《左氏兵法測要》，頁374。
119　同前註，頁373。
120　〔明〕宋徵輿：〈左氏兵法測要序〉，《左氏兵法測要》，頁370-371。
121　〔明〕宋存標：〈左氏兵法測要序〉，《左氏兵法測要》，頁371。
122　〔明〕宋徵璧：〈左氏兵法測要凡例〉，《左氏兵法測要》，頁373。

戰事之遺。雖然本書是完成於宋徵璧、徐孚遠之手，但其實也參考了當代
軍事政治家的著作，如「李見羅先生，當年用兵如神，因從友人處借觀，
披覽之餘，使人為之流連矣」[123]，李見羅即李材，著有《武春秋必讀》、
《將將紀》、《經武淵源》等軍事書籍，又如〈凡例〉云：「役將告竣，
西銘張太史惠寄《左氏兵略》，因復采取數則，補所不逮」[124]，張太史即
張鼐（前1604-1629），字世調，號侗初，松江華亭人，為宋徵璧的鄉前
輩，惠寄了陳禹謨《左氏兵略》一書供其參考，可見此書雖署名宋徵璧一
人，但實則結合了許多學者的研究成果。

　　此書在松江華亭一帶的幾社成員中十分有名，宋徵輿就說此書乃「救
時之良書」[125]，李雯也說「此真救時之書也」[126]，而後學方岳貢在〈左氏
兵法測要序〉中也記錄了一段觀書後與陳繼儒對談的內容：

　　上木宋子，博學潔修士也，著《左氏測要》一書，予從眉公先生處，
受而讀之，則間語陳先生曰：「古之立言者，或功成而後垂之為書，或著
書而未必能見其功，夫以宋子之才，即連舉不第，年齒僅踰立耳，未為不
遇也，要何途不可致，乃章章以談兵自處耶？」[127]

　　陳繼儒回答說：

　　宋子之為此也，非以自炫鬻也，夫躬耕讀書若徐、宋二子者，安往不
得貧賤，要以四郊多壘，士人與其工于肇悅為雕繪之學，孰若與同志之
朋，講求切要，援古證今，因勢立志，則空談何必非實事，宋子即未能見

123　〔明〕宋徵璧：〈左氏兵法測要凡例〉，《左氏兵法測要》，頁374。
124　同前註。
125　〔明〕宋徵輿：〈左氏兵法測要序〉，《左氏兵法測要》，頁370。
126　〔明〕李雯：〈左氏兵法測要序〉，《左氏兵法測要》，頁367。
127　〔明〕方岳貢：〈左氏兵法測要敘〉，《左氏兵法測要》，頁355-356。

諸施行乎，要以公其書于天下，自當有所裨益，此則宋子之志矣。¹²⁸

　　方岳貢所問大多是一般傳統讀書人的觀念，認為讀書以求取功名為主要目的，唯有在功成名就以後，著書方為人所重視，今功不成名不就，撰書往往只是徒勞無功，為人所輕罷了。況且宋徵璧雖連舉不第，年紀也才三十左右而已，並非是有志難伸，懷才不遇的境地，何必急於一時呢？而陳繼儒則從宋氏撰書之志立說，認為當前時局已經「四郊多壘」，士人與其從事「雕繪之學」，不若「講求切要」之術，讀書人因時勢而立其志，即使此書未能被朝廷推廣施行，但有識之士見其書，「自當有所裨益」矣，於此可見宋氏撰著此書實有其經世之志的抱負，有其憂國憂民之思的理念，非一般徒炫鬻學問者所可比擬也。

五、章夢易《左氏兵法》

　　章夢易，字宗立、一字兩生，號頤齋，江蘇吳江人，生卒年不詳，約活動於明末崇禎時期至清初康熙年間。早年攻讀舉子業，鄉里頗負盛名。甲申國變後（1644），棄去仕途，不事二姓，寧為明朝遺民終身，隱居松陵（今江蘇吳江），讀書著述以終。平生潛心經術，博物洽聞，著有《左氏兵法》、《易筌》、《詩源》、《楚辭補注》等書¹²⁹。《左氏兵法》一書，乾隆《吳江縣志》、光緒《蘇州府志》皆有著錄，今書已亡佚不存，然觀書名所載，亦是《左傳》兵法一流無疑。

六、魏禧《兵法》、《兵謀》

　　魏禧（1624-1681），字叔子、冰叔，一作凝叔，號裕齋，學者稱勺

---

128 〔明〕方岳貢：〈左氏兵法測要敘〉，《左氏兵法測要》，頁356。
129 〔明〕潘檉章：《松陵文獻》，收錄《北京圖書館古籍珍本叢刊》史部，傳記類，第19冊（據清康熙三十二年潘耒刻本影印。北京：書目文獻出版社，1988年），卷10，人物志10，頁12。

庭先生，江西寧都人，父兆鳳，諸生，明亡不食，隱居翠微峰，築居易堂，後旋卒。魏禧遂與兄魏際瑞、弟魏禮、及李騰蛟、丘維屏、彭任、曾燦、彭士望、林時益等九人隱居翠微峰，躬耕自食，切劘讀書，相互砥礪名節，講求經濟世務，氣節文章，聲揚海內，一時無兩。魏禧嗜古，以古人實學為歸，束身砥行，才學尤高，為「易堂九子」之首，論事每縱橫排奡，倒注不窮；遇事每思患豫防，見幾於蚤。喜讀史籍，尤好《左傳》，為文凌厲雄傑，遇忠孝節烈事蹟，則感激涕零，終身以明遺民自許，不事二姓。方以智嘗至翠微山中，歎曰：「易堂真氣，天下無兩矣！」康熙十八年，詔舉博學鴻儒，魏禧以疾力辭再三，乃放歸，後二年卒，年五十七。有《魏叔子文集》、《詩集》、《日錄》、《左傳經世鈔》等傳世。[130]

魏禧，擷取自《中國歷代人物圖像集》

　　魏禧對《左傳》情有獨鍾，不僅止於對古文的愛好，更重要的原因是認為「經世之務，莫備於史」[131]，而「《左傳》，史之太宗」也，「古今御天下之變，備於《左傳》」，認為後世萬端變化都可在史籍中找到已然

130　參閱〔清〕趙爾巽：《清史稿·魏禧傳》（北京：中華書局，1977年），列傳第271，頁13315-13316。〔清〕李元度：《國朝先正事略·魏叔子先生事略》，收錄《續修四庫全書》史部，傳記類，第539冊（據北京大學圖書館藏清同治八年循陔草堂刻本影印），卷37，頁3-4。

131　本段數則引文參見〔清〕魏禧：〈左傳經世自敘〉，《左傳經世鈔》，收錄《續修四庫全書》經部，春秋類，第120冊（據上海圖書館藏清乾隆刻本影印），頁287。

之迹，而《左傳》為史籍中之翹楚，天下之變皆備於《左傳》之中，將《左傳》對後人歷史殷鑑的作用提升至最大，後世已然、未然之事，皆可透過《左傳》核其是非成敗之所由，求其設心措置之委曲。魏禧曾云：「嘗觀後世賢者，當國家之任，執大事，決大疑，定大變，學術勳業，爛然天壤。然尋其端緒，求其要領，則《左傳》已先具之」，可見魏禧重視的是《左傳》「決大疑，定大變」的功用，並非徒好其古文辭令，他在翠微峰教授《左傳》古文並非就是以此為重，故自言「竊惟《左傳》自漢晉至今，歷二千餘年，發微闡幽，成一家言者，不可勝數。然多好其文辭篇格之工，相與議論而已」，強調古文篇格辭令之工，並非古人讀書的目的，他認為「讀書所以明理也，明理所以適用也。故讀書不足經世，則雖外極博綜，內析秋毫，與未嘗讀書同」，如果讀書只為論文求工，卻無關國計民生，無關經世致用，那麼和未嘗讀書相同，所以「善讀書者，在發古人所不言，而補其未備，持循而變通之，坐可言，起可行而有效，故足貴也」，不贊成持文議論之風，而是強調實際的經世之用，他在《左傳經世鈔‧凡例》中說道：「向來評《左傳》者，多不論事而論文，然論文者僅資學人之咀茹，何如論事者開拓萬古之心胸」[132]，所以魏禧論《左傳》專主論事而不論文，所取擇亦皆關乎世務者，擺脫《左傳》為古文糟粕之名，欲使學者知曉《左傳》經世之大猷，這也可以說是魏禧的古文經世觀或史學經世觀的思想核心所在。

現今魏禧傳世著作中有一類偏向於《左傳》兵法類，這一類書籍也是他經世理念的重要一環，雖不必然認定這些書籍的原創動機就是反清復明的標誌，但明亡的時代遽變，確實也深刻且無可避免地影響他的思想與創作。這類兵書著作有《左氏兵謀》、《左氏兵法》各一卷，臺灣國家圖書館藏有清道光十三年昭代叢書刊本，叢書集成續編本即據此版影印，另外續修四庫全書影印復旦大學圖書館藏清康熙易堂刻本《魏叔子文集外篇》，其中第二卷

132　〔清〕魏禧：〈左傳經世鈔凡例〉，《左傳經世鈔》，頁288。

亦收錄有《兵法》、《兵謀》，更有《春秋戰論》八篇，皆獨立成帙[133]，而《左傳經世鈔》中的評語亦有大量「兵法」之語彙，全書亦以推識成敗之迹，考鑒歷史得失為事。以下就針對魏禧這一類著作進行瞭解。[134]

　　魏禧的《兵謀》與《兵法》這兩部著作似乎在「謀、法」的定義上存在著交疊性與模糊性，然而兩者之間到底有何差異呢？魏禧以為「謀在兵之先、兵之後，慮遠而不可猝見者命之謀，謀在臨事者命之法」[135]，認為兵謀是在兵法之先，兵法之後，簡而言之，兵謀為戰事未發之前的謀略，和已發之後的處置，而兵法為戰爭進行時的制勝避敗之道，又說：「凡兵有可見，有不可見。可見曰法，不可見曰謀。法而弗謀，猶搏虎以挺刃而不設阱也。謀而弗法，猶察脈觀色而亡方劑也」[136]，這段文字很清楚地說明「不可見曰謀」，故「謀」為陰謀，有法而無謀，如同抄刃搏虎而不設陷阱，可見「謀」屬於智識心理層面的謀畫方略。而「可見曰法」，故「法」為陽法，有謀而無法，類同診脈觀色而缺少藥方，可見「法」屬於臨戰應敵的行為決策，這兩者的實際內容與執行層面在魏禧的理解中是屬於不可混淆的概念，而這兩者並非絕然兩判，甚至是相互依存，相輔相成的關係，面臨到戰爭的發生與執行，兩者皆缺一不可。

（一）《左氏兵謀》

　　魏禧所輯《左傳》兵謀有三十二條：「曰和、曰息、曰量、曰忍、曰

---

133 此書有點校本《魏叔子文集》（北京：中華書局，2003年），由胡守仁、姚品文、王能憲據《寧都三魏全集》康熙初刻本、道光重刻本、並參校康熙甲戌年《國朝三家文鈔》刊本、道光十七年《易堂九子文鈔》刊本、民國上海廣益書局《魏叔子文鈔》石印本、弘化丙午不朽閣木《魏叔子文鈔》活字本、江西省圖書館藏《魏叔子文鈔》手抄本，等各種善本核校，但原書欄間及天頭的評語具備刪落不錄，故本文亦斟酌採用之。

134 可參看陽平南：《魏禧左傳經世鈔研究》第六章〈戰爭與兵謀兵法〉，其中論述魏禧《兵謀》、《兵法》與《春秋戰論》介紹頗詳（臺北：輔仁大學中國文學系博士論文，2007年7月），頁265-293。

135 〔清〕沈棽德：〈兵法跋〉，《兵法》，收錄《叢書集成續編》第59冊（據清道光十三年昭代叢書刊本影印。臺北：新文豐出版社，1989年），頁233。

136 〔清〕魏禧：《兵謀》，收錄《叢書集成續編》第59冊，頁203。

弱、曰彊、曰致、曰畏、曰防、曰需、曰疾、曰久、曰激、曰斷、曰聽、
曰詭、曰信、曰謀、曰閒、曰內、曰釁、曰偪、曰與、曰脅、曰假、曰
名、曰辭、曰備、曰法、曰同、曰本、曰保」[137]，此三十二條的體例頗為
一致，魏禧首先對每條謀略做字義詮解，次則以《左傳》所有戰事作為實
例印證，再以細字標明十二公之年，這必須要對《左傳》下過深刻的苦
功，並且也要具備融會貫通的能力，才有可能如此。例如魏禧在這兵謀三
十二中最重視的是「本」，他先解釋「本」字曰：

何謂本？修其本以勝之是也。闔之樹，土厚根暢而柯葉茂，雖風雨不
搖。是故可以戰，可以無戰，不以戰設也，而戰已畢。[138]

對於戰爭行為的發生，魏禧認為通常取決於國家的強弱興盛狀態，所
謂強凌弱、眾暴寡，當一個自身衰敗不堪的國家，往往誘使其他強國攻伐
兼併，所以唯有鞏固整體實力，強化國本，才能讓國家面臨的威脅降至最
低，「故可以戰，可以無戰」，想要止戰，甚至無戰，這樣的設定前提都
決定在自己而非對方，這也就是《孫子兵法》所說：「無恃其不來，恃吾
有以待之；無恃其不攻，恃吾有所不可攻。」[139]的道理一樣，正是「不以
戰設也，而戰已畢」，可以說是一種最積極的防止戰爭發生的止戰行為。
接下來魏禧將《左傳》中能夠知本、守本的歷史實例加以排序羅列，以正
面強化「本」的積極重要性。

故季梁曰：「君姑修政而親兄弟之國。」（桓六）鄧曼曰：「君撫小
民以信，訓諸司以德，而告莫敖以天之不假易也。」（桓十三）長勺曰：
「分衣食，信玉帛，察小大之獄以情。」（莊十）士　曰：「禮、樂、

137　〔清〕魏禧：〈兵謀〉，《魏叔子文集·外編》（北京：中華書局，2003年），卷2，頁117。
138　同前註，頁139。
139　〔周〕孫武：《孫子》，《景印文淵閣四庫全書》子部，兵家類，第726冊，九變第八，頁12。

慈、愛，戰所畜也。夫民，讓事，樂和，愛親，哀喪，而後可用。」（莊廿七）申叔時曰：「德、刑、詳、義、禮、信，戰之器也。」（成十六）子魚曰：「君姑內省，德無闕而後動。」（僖十九）季札曰：「二君不務德而力爭諸侯。」（哀十）晉文公欲用其民，子犯曰：「民未知義、知禮、知信。」（僖廿七）韓之役，韓簡曰：「師少于我，士倍。」（僖十五）城濮之役，子犯曰：「師直為壯，曲為老。」（僖廿八）孟明德、修政、重施，趙成子曰：「不可敵也。」（文二）楚德、刑、政、事、典、禮不易，隨武子曰：「不可敵也。」（宣十二）吳師在陳，楚大夫皆懼，子西曰：「夫先自敗也已，安能敗我？」故曰：「闔廬在國，親巡孤寡而共其困乏。」（哀元）陳成子救鄭，屬孤寡而三日朝。（哀廿七）是以衛文公布衣、帛冠、訓農、通商、惠工、勸學、任能、致革車三百乘以伐邢。（閔二）楚子重已責，逮鰥、救乏、赦罪，悉師為陽橋之會而晉人畏。（成二）晉悼公任賢、授能、施舍、輸貸、修民事，田以時，三駕而楚不敢爭。（襄四、襄九）范宣子曰：「楚立子囊，必改行而疾討陳。」（襄五）子囊曰：「君明臣忠，上讓下競，晉不可敵。」（襄九）叔向曰：「在其君之德。」（襄十八）楚平王簡兵而撫其民，振窮養老，救災赦罪，任良物官。（昭十四）楚再敗，子西遷郢于鄀而改紀其政。（定六）白公請伐鄭，子西曰：「楚未節也。」（哀十六）季康子欲伐邾，子服景伯曰：「民保于城，城保于德。失二德者，危將焉保？」（哀七）此皆所謂知本者也。故仲孫湫告齊桓公曰：「親有禮，因重固，間攜貳，覆昏暴者，本也。」（閔元）是以衛懿公好鶴，受甲者不戰；（閔元）梁伯、（僖十九）廬咎如失民而潰，（成三）不知本也。曰和、曰忍、曰量、曰息、曰畏、曰信、曰同，本也。

　　以上魏禧舉了二十四個知「本」的例子來揭示何為「本」，並總結出七項原則，所謂「和、忍、量、息、畏、信、同」，皆是「本」的實質內涵。而在結尾處更以衛懿公好鶴，梁伯、廬咎如失民而潰三例，提醒不知

本的下場為何。然而對魏禧來說，不知本雖然導致自身「魚爛而亡」，實不可取，但失本的行為有時比不知本更為嚴重，這些國家本身並非衰弱甚至是強大，但也往往有所依恃而自大，不知是自取其禍而使國家人民面臨危亡的處境，其云：

　　曰恃，失本也。夫先釁于敵以取禍，皆不知本者也。是故戎伐凡伯于楚邱，凡伯不賓也；（隱七）魯伐杞，朝而不敬也；（桓二）曲沃武公伐翼，侵陘庭之田，而南鄙啟也。（桓二）楚伐鄾，鄾人奪楚幣也；（桓九）虢仲譖詹父，伐焉而奔虞；虞公求璧劍，伐焉而奔共池也；魯鄭交伐宋，宋無信也；（桓十、桓十二）又責賂無厭也；（桓十三）楚伐蔡，蔡侯止息媯，弗賓也；（莊十）齊滅譚，（莊十）楚伐鄭，（莊十六）侵陳，（襄四）魯入杞，（僖廿五）晉滅曹衛，（僖廿八）無禮也；諸侯伐鄭，鄭無故侵宋也；（莊十六）齊滅遂，諸侯會北杏而遂人不至也；（莊十三）伐宋，討不與盟于齊也；（僖三十三）蔡滅沈，沈人不會于召陵也；（定四）　國以晉師殺夷詭諸，免而弗報也；（莊十六）秦執夷吾于韓，倍賂也；（僖十五）公子友敗莒人于酈，求賂也；（僖元）鄭穆公曰：「晉不足與。」于是乎伐宋會扈，取賂也；（宣元）虞之滅，貪賂也；（僖五）蔡之潰，蔡姬未絕而嫁也；（僖三、僖四）諸侯伐鄭，逃首止之盟也；（僖六）楚再伐麋，逃厥貉之會也；（文十、十一）晉伐蔡，蔡人不與新城之盟也；（文十五）伐許，不與雞澤也；（襄三）狄滅溫，蘇子無信也；叛王即狄，又不能于狄；（僖十）秦入鄀，鄀叛楚即秦，又貳于楚也；楚滅六，六叛楚即東夷也；（俱文五）圍巢，（文十二）滅舒蓼，（宣八）叛也；伐黃，不歸楚貢也；（僖十一）宋伐曹，（僖十五）吳侵陳，（哀六）修舊怨也；楚伐陳，討貳于宋也；（僖廿三）晉敗秦于殽，貪而輕也；（僖三十三）晉伐衛取戚，不朝晉且侵鄭也；（文元）宋師圍曹，報武氏之亂也；（宣三）魯伐莒取向，莒人不肯平郯也；（宣四）潞之滅，恃其雋才而不茂德也；（宣十五）泓之傷宋公，強求諸侯，

且不阻隘，不鼓不成列也；（僖廿二）鞌之敗，婦人之笑辱也；（成二）
劉康公敗績于徐吾氏，平戎而徹戎也；（成元）諸侯伐郯，郯成于吳也；
（成八）楚敗于鄢陵，無信也；（成十六）楚滅舒庸，道吳伐楚也；（成
十七）鄭皇耳獲，無故侵衛也；（襄十）齊侯貳于晉而圍成，范宣子假羽
毛而弗歸也；（襄十、四十五）衛石買、孫蒯，執伐曹取重邱也；（襄十
七、十八）鄭子展、子產入陳，陳隧非墮木刊也；（襄廿五）楚滅舒鳩，
卒叛楚也；（襄廿五）楚未撫其民而城州來，以挑吳也；（昭十九）鼓之
滅，晉反鼓子而叛于鮮虞也；（昭廿二）巢、鍾離之亡，勞民速寇而無備
也；（昭廿四）魯侵鄆取匡，鄭伐周邑也；（定六）趙鞅圍衛，報夷儀
也；邯鄲午殺人于西門，報寒氏也；（俱定十）楚滅胡，胡子俘楚邑而不
事楚也；（定十五）圍蔡，報柏舉也；（哀元）夫差敗越于夫椒，報檇李
也；（哀元）趙鞅圍中牟，衛助范氏也；（哀五）晉師侵衛，衛不服也；
（哀七）吳伐魯武城，犯盟伐邾也；（哀八）伐齊南鄙，乞師辭師也；
（哀八、九、十）宋取鄭師，取邑于外也；（哀九）楚伐陳，陳即吳也；
（哀九）清之師齊，為鄆故也；（哀十一）知伯貪而愎，故趙襄子惎知
伯，韓、魏反而喪之也。（哀廿七）[140]

　　以上魏禧舉了五十七條「失本」的歷史實例，作為後人殷鑑，所謂
「曰恃，失本也」，提醒治國者不可自恃勇強、遠近、婚姻、仁義、才
眾、陋小而無知挑釁於敵或誘敵以自取其禍，如此皆是不知本的愚蠢行
為。最後魏禧在最後一條兵謀提出「保」本的建議，「何謂保？保其勝
也。未戰脩其本，既戰保其勝」[141]，這一條的思想重點依然在於「本」，
因為戰爭的發生有時癥結點不在己身，所以國家安定時要修本以待，等到
戰爭無法避免時，也要謹守成果，切不可追亡逐北，窮兵黷武，因為這往

140　〔清〕魏禧：〈兵謀〉，《魏叔子文集‧外編》，卷2，頁140-142。
141　同前註，頁142

往是國家衰敗甚至是滅亡的警訊前兆，故《司馬法》云：「國雖大，好戰必亡；天下雖安，忘戰必危」[142]，可以說一部《左傳》實已為後世諸多兵法思想理論提供了一面歷史的鏡子。

（二）《左氏兵法》

兵謀是廟算於戰爭先後的謀略，而兵法是決策戰爭的指導。在實際戰爭發生時，無論是防守或攻擊的兩方，都必須有一套戰略思想或戰術指導，用來應付當前的戰局，以適切有效的軍事決策為自己的國家爭取勝利，避免失敗，所以魏禧說「兵不法不立」，因為無法之兵，猶如一盤散沙，雖眾亦無用，他概括了《左傳》全書，提煉出二十二條兵法原則：「曰先、曰潛、曰覆、曰誘、曰乘、曰衷、曰誤、曰瑕、曰援、曰分、曰嘗、曰險、曰整、曰暇、曰眾、曰簡、曰一、曰勸、曰死、曰物、曰變、曰將」[143]，這二十二條的編纂方式和《兵謀》相仿，都是先對字義作出自己的解釋，再輔以眾多《左傳》戰事作為例證，並標明十二公之年以便索引。然而在這二十二條中，魏禧最重視最後一條的「將」，因為所有的兵法都需要執行者，而執行者的素養往往決定戰爭的成敗甚至國家的命運，明代何汝賓《兵錄》就強調說：「為將者不明義理，不通古今，雖能成功，不過粗材。故范仲淹曰：『將不知古今，匹夫勇耳。』是必博覽《左氏》群書，更于古今名將傳中，細玩其勝敗得失之機，人品心術之分，取其所長，棄其所短，以古為鑒，以賢為師。詩書禮樂，夙講于平昔；方略韜鈐，根究于閒暇。如此則胸中之甲兵素具，閫外之機宜熟審。一旦用之，必安詳閑雅，老成持重，不致倉皇失律，以誤人國矣」[144]，所以將帥所擁有的人格特質、德行修養、軍事常識與兵法修為，都成為左右戰局的

---

142 〔周〕司馬穰苴：《司馬法》，《景印文淵閣四庫全書》子部，兵家類，第726冊，仁本第一，頁1。

143 〔清〕魏禧：〈兵法〉，《魏叔子文集·外編》，卷2，頁146。

144 〔明〕何汝賓：〈論將總說〉，《兵錄》，收錄《四庫禁燬書叢刊》子部，第9冊（據明崇禎刻本影印），卷1，頁7。

至要關鍵，可以說「兵不法不立」，那麼「法無將則不行」也。

何謂將？將將是也。謀與法，待將而行；不得其將，闕之前艣、中檣、後舳，百丈修，五兩縣，萬斛之舟具，而使童子操焉，可必覆也。魏子曰：將將多術矣。將以智、以勇、以能、以功、以習、以名、以位、以齒、以世、以卜、以怒。[145]

「謀與法，待將而行」，兵謀三十二，兵法二十二，最後都必須總結到人身上，將帥領導統御的特質或「以智、以勇、以能、以功、以習、以名、以位、以齒、以世、以卜、以怒」，不同的面向也決定了不同的治術，魏禧並沒有說明哪些是將帥必須要有的條件，而是提供一個廣泛多元的層面，讓讀者自己去領受。

郤縠說禮樂而敦詩書（僖廿七）原軫尚德，（僖廿八）則非智勇也；孟明、荀林父（僖卅三、宣十二）敗，則非功能也；觀丁父、彭仲爽俘，則非名也；（哀十七）樊須弱而為右，（哀十一）則非齒也；荀偃將中軍，趙武將上軍，（襄十三）則非位也；冀缺之父有罪，（僖三十三）年則非世也；公孫寧以舊志帥，（哀十八）則非卜也；孫叔敖之邲，（宣十二）樂武子之桑隧，（成六）則非怒也。然而鬭廉、荀吳以智，（桓九、十一，昭元、十一）魏犫以勇，（僖廿八）趙盾以能，（文六）季札、（哀十年，帥師時九十餘）伯游以齒，士匄以習，（俱襄十三）寢尹、工尹以功，（哀十八）叔孫得臣以卜，（文十一）先且居、（僖三十三）狐射姑、（文六）公孫朝（哀十七）以世，郤克、（成二）子胥（定四）以怒。齊帥賤而苑羊牧之輕之，（昭廿二）褚師圍敗之，（定九）楚帥賤而

145　〔明〕何汝賓：〈論將總說〉，《兵錄》，收錄《四庫禁燬書叢刊》子部，第9冊（據明崇禎刻本影印），卷1，頁162。

公子光敗之，（昭廿三）不以名位也；晉從政者新而楚易之，（宣十二）不以習也；秦不用蹇叔而敗於郩，（僖三十三）楚不用申叔時而敗於鄢陵，（成十六）不以齒也；慶鄭吉不從而獲於韓，（僖十五）不以卜也；狼瞫黜而死於彭衙，（文二）不以勇也。然而高固之鞍以勇，（成二）子玉之城濮以能，（僖廿八）屈瑕之羅以巧，（桓十三）趙穿之河曲以怒，（文十二）艾陵之國子以世，東郭書以習，（哀十一）長狄僑如之鹹以齒。（文十一，侵魯時百餘歲）[146]

　　總結以上的資料，「智、勇、能、功、習、名、位、齒、世、卜、怒」等特質並不能保證戰爭的成功，就算將帥擁有相同的特質，也可能因為戰場上千頭萬緒的不確定因素，而導致戰役的失敗，所謂「兵無定勢，而謀無必行，要顧其敵何如耳」[147]，故而將帥必須考量諸多「人、事、時、地、物」等各種變數，再予以決策，有謀、有法、有權、有變，方為良將。魏禧既然認為統軍將領如此重要，那麼國君對於將領的選擇與對待有時就關乎一國之命運了。

　　魏子曰：「夫將者，三軍之司命，將不可不慎也。」是以子瑕卒而楚師熸，（昭廿三）向魋逃歸而鄭取宋師，（哀十三）高克之河上，以嫌將者也。（閔二）文公憂得臣而楚殺之，（僖廿八、宣十二）是自棄其將也。宋取鄭師，令曰：「有能者無死。」（哀九）叔向謂范宣子曰：「子為彼欒氏，是亦子之勇也。」（襄廿一）是以析公、雍子、苗賁皇謀晉，子靈謀吳，伯州犁謀楚：（成十六、襄廿六）皆遺敵以將者也。豫弗許而行，（隱元）翬弗許而固請，（隱四）慶父餘丘，（莊二）仲遂郲、（僖三十三）杞，（僖廿七，皆詳胡傳）權替於上，則兵專於下矣。晉之命將

146　〔清〕魏禧：〈兵法〉，《魏叔子文集·外編》，卷2，頁162-163。
147　〔清〕魏禧：〈春秋戰論·平陰〉，《魏叔子文集·外編》，卷2，頁115。

也，必於蒐，與眾共之也。眾人予之，而一人奪之，陽處父所以侵官，賈季所以作亂也。（文六）新軍無帥，難其人而攝於下軍，（襄十三）慎之至也。宦寺不可以與軍，故寺人貂漏師而齊亂；（僖二）夙沙衛以索馬牛還師，而君子知靈公之為靈也。（襄二）[148]

現今的三軍統帥是總統或首相職權，但從春秋戰國一直到民國以前的兩千多年間，統帥通常是由實際統軍的將軍元帥負責，而《孫子兵法》所謂「將在外，君令有所不受」的情形，在現代政治軍事體制中，已不大可能完全實現，古代是因為戰場資訊有其傳達上的侷限，故而賦予將帥臨機決斷的軍事全權，甚至否決朝廷用兵方略的模糊空間，而現代戰爭的資訊能力已拔掉了將領一意孤行的可能性，可見古代將領的權力在實際戰場上是遠遠高於皇帝命令的，故而魏禧特別把選擇將領一事提了出來，所謂「將者，三軍之司命，將不可不慎也」，作為整個兵謀與兵法的總結，亦是有其兵學理論上的著重點。

（三）《春秋戰論》

除了上述《兵謀》與《兵法》外，魏禧在文集中尚收錄有《春秋戰論》八篇，論述春秋時代七場著名大戰，分別為〈城濮〉、〈崤〉、〈邲〉、〈鞌〉、〈鄢陵〉、〈平陰〉、〈汋陵〉之戰，崤戰役析分二篇論述，故為八篇。〈春秋戰論序〉云：

《春秋左傳》載兵戰幾數百事，余取其大且著者，摭其成敗之跡而論次之。夫古人之兵，務以奇勝。然非必有惑忽悠闇，不可令後人之知，而後之人往往辭其所以成而就其敗。然則非知兵之難，知而不用之過也。語曰：「不見未然，當觀已往。」此事後成敗之論。後之人可以觀覽而慎其

148　〔清〕魏禧：〈兵法〉，《魏叔子文集・外編》，卷2，頁163。

故焉。[149]

　　從序中可知魏禧選取這幾場戰役加以討論的原因，在於「後之人往往辭其所以成而就其敗」，不知擷取歷史的教訓，師心自用，甚至「知而不用」，更遑論觀覽只為論文之徒，故魏禧揭示戰役中的「成敗之跡」，以使後人謹慎於用兵之道。如他在〈城濮〉之戰中認為「古之善制勝者，必履天下之險，攻天下之難攻，而勝其所不可勝。蓋不犯其至險，則不足享天下之至安；不出其至難，則不足收天下之至易，其勢然也。」在〈殽〉之戰中總結出「予人者驕人，受人者制于人，此以知因人者之必不能免于自禍也。」在〈邲〉之戰則提出「善戰者不敗。善敗者持其勢而制之，不至于大潰而不可止。」〈鞍〉之戰則云：「立威之道不在于多戰勝，在于善養其威，以時動而不詘。不善養其威，則最勝之後可以敗衄而不能振。」〈鄢陵〉之戰則論「古之善謀國者，必審其國之強弱而為之制，因其弊而矯之，及其未窮而變之，則寬而不弱，強而不至于折。」〈平陰〉之戰則曰「善用兵者，能使戰之權在我而不在敵。……兵無定勢，而謀無必行，要顧其敵何如耳。」最後的〈汋陵〉之戰則將前文「曰恃，失本也」的「恃」字加以總結，提出敗亡之恃，所謂「恃勇者敗」、「恃強者亡」，而且許多依恃關係更是不可相信，不可依靠，如：「恃長」、「恃陋」、「恃其小」、「恃其少」、「恃遠」、「恃城近」、「恃聚」、「恃戎無備」、「恃楚饑」、「恃楚」、「恃婚姻甥舅」、「恃楚喪不能師」、「恃吳不出不能師」、「恃才與眾」、「恃賂」、「恃仁義」[150]，等等諸多歷史中的慘劇，都可引為後世殷鑑之資，不至重蹈覆徹。而魏禧在〈答曾君有書〉中也對用兵之難有所體會，其自我剖析云：

149　〔清〕魏禧：〈春秋戰論序〉，《魏叔子文集·外編》，卷2，頁105。

150　以上引文參閱〔清〕魏禧：〈春秋戰論〉，《魏叔子文集·外編》，卷2，頁105-116。

禧生平好讀《左氏》，于其兵事稍有窺得失，曾著《春秋戰論》十篇，為天下士所賞識。然嘗自忖度，授禧以百夫之長，使攻萑苻之盜，則此百人者終不能部署，而小盜亦終不得盡。天下事，口言之與手習相去有若逕庭，有若南北萬里之背而馳者，而況于兵乎。[151]

魏禧也自知紙上談兵與實際戰爭，在實務上的處置是天差地遠，差距頗深的，能文者未必能武，武者也未必能執筆為文，故撰此書的目的亦只是讓有志之士能慎取而施行也，透過「成敗之迹」，使「後之人可以觀覽而慎其故」，這才是其用心之所在。

（四）必敗之情

另外魏禧有一篇文章名〈書左傳後〉，全文統整出《左傳》戰爭中的所有必敗因素，可以說此篇文章是《兵謀》、《兵法》、《春秋戰論》以外，對於戰爭成敗理論很重要的一篇論述，其特殊處在於魏禧不從正面論說戰爭必勝之法，而是從反面論證必敗之道，全文總結出三十五條必敗的原則，其云：

禮者，人之情，天理之節，天子逮匹夫弗能渝焉，故棄禮必敗。謙受益，知憂、知懼，免于難，故驕且肆必敗。敏則有功，勤則不匱，故惰必敗。決者，事之斷也，故需必敗。君子不以呴呴為仁，不以仡仡為勇，故植婦人之仁，衒匹夫之勇必敗。重則慎，輕則脫，慎固脫離，故輕必敗。人之有信，車之有輪輹也，故食其言必敗。止戈為武，故好戰必敗。弛武備者張戎心，故忘戰必敗。獸困則鬭，民困則畔，故亟作土木，急苛役必敗。厚味臘毒，多藏厚亡，故掊斂黷貨必敗。治國如治病，然而用小人，是飲酖酒以攻疾也，故退賢進不肖必敗。人有諫臣拂士，猶瞽者有相，故慁諫怙過必敗。萬物本天，人本祖，故蔑祖慢神必敗。人，神之主也，有

151　〔清〕魏禧：〈答曾君有書〉，《魏叔子文集·外編》，卷5，頁219。

德則祥降之，無德則妖興，故棄人道，賢鬼者必敗。剛不可惡，柔不可弱也，是謂一張一弛，故過剛必敗，過柔必敗。民者邦本，天地之心，故虐用其民必敗。《傳》曰：「女德無極，婦怨無終」，故謀及婦人，以男事女者必敗。立國家必正紀綱，綱紀不立，則其敗也，匐匐如崩土而不可維，故妻妾、嫡庶、長幼無紀必敗。始進善，善緣善，始進不善，不善緣不善，故不豫教必敗。四時之序，成功者退，故恬而不止必敗。蠱蠆有毒，《詩》曰：「民之失德，乾餱以愆」，故不勤小物惕近必敗。厝足之地不出扶，集於獨梁則顛矣，故不謀遠必敗。《書》曰：「惟事事乃其有備」，故有恃而無備必敗。機事不密則害成，故疎必敗。順天者存，逆天者亡，故翳賢德，蔑強大必敗。一人欲爭，則羣起，讓則伏，是以相讓則有餘，爭則不足，故爭必敗。君子瘠已以腴人，故削人自封殖者必敗。親親，天之合。披其枝者傷其心，故疏外骨肉，夷同姓必敗。天道福善禍淫，淫則亂，亂則禍生，故姦必敗。語曰：「一手獨拍，雖疾無聲」，自盤古以下無獨君，故自用，不用人必敗。魚不脫於淵，利器不可授人，故委柄不治者必敗。松柏之生，薄雲霓，立霜雪，震風凌雨不仆，菟蘿施其末，則秋風下之，故因人成事，不自立者必敗。出赤心，入人腹，則人樂死，故多疑必敗。人心之不同如面焉，立于劇驂，豪其過續之迹而識其面，不亦難哉！故輕信人必敗。凡此之敗，未有能一易此者，是故反其道則必興。[152]

　　全文洋洋灑灑討論國家必敗之道，卻在結尾處四兩撥千金，倒鉤一句「反其道則必興」，單純以文章論，確實不愧為當代古文大家，易堂九子之首，其文論的章法上已臻入妙境，溫伯芳評論曰：「包括一部《左傳》成敗之故，具變換于分門排戶之中，如武侯八門陣法，大陣之中包小陣，

---

[152] 〔清〕魏禧：〈書左傳後〉，《魏叔子文集・外編》，卷13，頁656-657。

此極奇極創之文，在古人所未見」[153]，這樣的評論當然是比較偏向文學性的理解，而且確確實實也是一篇論戰的千古奇文，然而魏禧重視的卻不在論文的層面，而是文章中的內涵是否具備經世致用的實用價值，是否能達到實學實用的廣泛影響，這才是他所關心措意的。而魏禧如此強調「經世」的學者，對於當時天崩地陷的時代變局，著實充滿了無奈之情，明亡的痛徹心扉，或許已在他的心理上刻印了一道難以抹滅的傷痕，本文必敗之情三十五，雖不用一定要和明朝滅亡掛鉤，但對於後人的殷鑑作用，卻是魏禧本人深刻且無法割捨的時代責任。

（五）兵法授徒

魏禧本人自言道：「兵為治學之一，于天下事最為難能，不可以輕談」[154]，明末清初的時代邅變是魏禧研究兵法的觸發點，既然兵法為魏禧治學的重點，那他是否只是孤芳自賞，亦或有傳授他人呢？根據現有資料來看，魏禧至少將《兵法》、《兵謀》傳授給四個人，魏禧〈左傳經世自敘〉云：

> 至於兵法奇正之節，自司馬穰苴、孫、吳以下，不能易也。禧少好《左氏》，及遭變亂，放廢山中者二十年，時時取而讀之，若於古人經世大用，《左氏》隱而未發之旨，薄有所會，隨筆評注，以示門人。[155]

魏禧在翠微峰鑽研《左傳》兵法二十餘年，期間亦開館授徒，其門人遍天下，流衍為易堂之學，於書中若有體會，徵見經世大用之秘，隱而未發之旨，則隨筆評注，昭示門人弟子。再根據其詩集中題名〈丁未三月，授徒新城，編《左氏兵法》却寄門人任安世、賴韋、吳正名〉[156]一詩來

<hr/>

153　〔清〕魏禧：〈書左傳後〉，《魏叔子文集·外編》，卷13，頁657。
154　〔清〕魏禧：〈答曾君有書〉，《魏叔子文集·外編》，卷5，頁218。
155　〔清〕魏禧：〈左傳經世自敘〉，《左傳經世鈔》，頁287。
156　〔清〕魏禧：〈丁未三月授徒新城編左氏兵法却寄門人任安世賴韋吳正名〉，《魏叔子文集·詩集》（北京：中華書局，2003年），卷4，頁1295。

看，魏禧此作或許完成於此年，即丁未年（康熙六年，1667），三月時
館於新城授徒期間，將新編《左氏兵法》寄給門人任安世（?-1678）、賴
韋（1613-?）與吳正名（1639-?），此三人皆是魏禧於翠微峰的通家子弟
與及門弟子，故得授《左氏兵法》。另外一人，據魏禧〈大鐵椎傳〉序文
云：

> 庚戌十一月，予自廣陵歸，與陳子燦同舟。子燦年二十八，好武事，
> 予授以《左氏兵謀》、《兵法》。因問數游南北，逢異人乎？子燦為述大
> 鐵椎，作〈大鐵椎傳〉。[157]

庚戌年正是康熙九年（1670），魏禧四十七歲，這一年十一月魏禧
從廣陵（今江蘇揚州）要返回寧都翠微峰時，與陳子燦同舟共乘，因此人
頗好武藝，故授予《左氏兵謀》、《左氏兵法》。閒聊之間，陳子燦述及
所見異人大鐵椎之事，魏禧聞後，深有所感，遂作名篇〈大鐵椎傳〉，以
誌所聞。陳子燦，北平人，生平皆不詳，魏禧與他只有一面之交，卻願意
授予他兵法，可見是對他是有所期盼的，魏禧在〈大鐵椎傳〉文末論述
曰：

> 子房得力士，椎秦皇帝博浪沙中，大鐵椎其人與？天生異人，必有所
> 用之。予讀陳同甫《中興遺傳》，豪俊、俠烈、魁奇之士，泯泯然不見功
> 名於世者，又何多也！豈天之生才不必為人用與？抑用之自有時與？子燦
> 遇大鐵椎為壬寅歲（1662），視其貌當年三十，然則大鐵椎今四十耳。
> 子燦又嘗見其寫市物帖子，甚工楷書也。[158]

157　〔清〕魏禧：〈大鐵椎傳〉，《魏叔子文集·外編》，卷17，頁789。
158　同前註，頁791。

秦滅六國，統一天下後，韓國遺族子弟張良（?-185 B.C，字子房，封留侯），欲為國復仇，得力士倉海君以大鐵椎伏擊秦始皇於博浪沙，《史記》記載他失敗後曾得黃石公傳授《太公兵法》，助劉邦運籌帷幄之中，決勝千里之外，消滅暴秦，開創漢朝偉業，人稱「謀聖」。魏禧聽完大鐵椎之事後，又讀陳亮（1143-1194，字同甫，號龍川）《中興遺傳》中的豪俊事蹟，其國破家亡之感，亦油然而生，故寄寓此文，將倉海君等同大鐵椎其人，讚許其俠義風骨，並期盼陳子燦能成為張良一類的人物，然而清初文字獄的熾烈，身為明遺民的魏禧，縱使在文章中有所隱射，也必然有所保留隱藏，尋緒其中的不在場訊息，則清朝其實就是當年的暴秦，而魏禧授陳子燦《兵謀》、《兵法》，亦如同當年黃石公授張良《太公兵法》一般，期盼他日後能有一番作為，可見魏禧自知兵法著作雖儼然如同紙上談兵，但亦期盼能成為他人日後經世致用的資助，也不枉刻苦二十餘年之功。

第四節　不達時變與經世致用的衝突對立

明代《左傳》兵法類著作的研究風潮有其學術普及性的內在轉變，亦有其內憂外患的時代背景影響，其經世致用的迫切需求性是明顯而無疑的，然而取代明朝而有天下的滿清政權，為了政治上的考量，於清初全面取締並詆毀這類兵學著作，使治下的明人們無法接觸到此類軍事書籍，其用意在阻絕防止反清復明的邪說流行，增加其統治上的方便性，於是代表清朝官方立場的《四庫全書總目》屢屢詆毀仇視之，全面否定明人經世致用的理念，其評價的客觀性與否，昭然若揭。

一、清人負面評價的商榷

《四庫全書總目》對於明人這類兵書幾乎都是負面評斷，隨時隨地都能在字裡行句間尋獲攻訐的文字，如四庫館臣就批評陳禹謨《左氏兵略》

說：「俾九邊將領人手一編。是與北向誦《孝經》何異？明季士大夫之迂謬，至於如是，欲不亡也，得乎？」[159]，嘲笑陳禹謨等明末知識分子迂謬不通，如同北向誦《孝經》以退敵一樣愚蠢，表明就是這些人間接使得國家走向滅亡，館臣種種話語不僅缺乏論證，更喪失了學術嚴謹性，一個國家滅亡自有許多因素造成，館臣以事後諸葛的角度反扣這樣的大帽子給陳禹謨，殊不知太過情緒性亦落人話柄。文中又引梁太祖問敬翔之語曰：「兵者，應變出奇以取勝，春秋古法，不可用於今」，藉由古人之言，論證陳氏撰《左氏兵略》的「迂謬」，然敬翔此語應前後對照來看，其意是說兵法應審時度勢以出奇制勝，不能一昧將春秋兵法照本宣科用於當代，結果館臣曲解其意以責求於人，卻無視陳禹謨自陳云：

　　竊惟《春秋左氏》一編，寔為古今兵家至要……誠用兵者所當隨方而取，則為將者所宜究心以淹通者也。[160]

　　陳氏撰著《左氏兵略》已經明確說道，將領在閱讀此書的同時亦要「隨方而取」，並不贊成一昧模仿舊時兵法，所以吳用先在〈左氏兵略敘〉就屢屢陳述說：「書不盡法，法不盡人，區區泥法之人，必不能雄九軍而名千古」[161]，特別強調將領不能泥古於有侷限的紙上兵法，又說：

　　法因時變，即《左氏》諸法類列，而事與事會，國與國謀，不過神其機以揆時，故軒轅時應有軒轅之法，春秋時應有春秋之法，戰國時應有戰國之法，至秦漢近代各應有法，機宜中則奇正伸屈自合，如必附仁義，黜詭詐，拘方尺牘，定風雲陣，驅介胄而經生，無未見能勝者。[162]

159　〔清〕紀昀等編纂：《四庫全書總目》，卷100，子部，兵家類存目，「左氏兵略」條，頁845b。

160　〔明〕陳禹謨：〈進左氏兵略表〉，《左氏兵略》，頁1-2。

161　〔明〕吳用先：〈左氏兵略敘〉，《左氏兵略》，頁2。

162　同前註，頁3-4。

　　一代自有一代之法，兵法亦當隨時間而有所變化發展，故古兵法不可盲目適用於今，然而古今兵法，「機宜中則奇正伸屈自合」，將領要學會的原則是活用兵法的內涵，而非兵法的表象，黎遂球〈春秋兵法序〉就說道：「抑聞之兵猶醫也，醫有以古方誤人者矣，而必不能廢方，故事猶方也，器仗猶藥也，其臨機應變則猶脈也」[163]，戰爭武器或許與時俱進，但戰術、戰略卻可橫跨千年而有異曲同工之效，故而此書並非讓將領們依樣畫葫蘆，而是藉由閱讀古代訴諸文字的有形兵法，提升統兵將領們無形的軍事修為，權衡在心，變化莫測，但其實陳禹謨還是希望將領們學習兵法，不要本末倒置，其云：

　　師出以律，兵安可無法也，顧法之用圓矣。古名將以法勝者什九，以非法勝者什一，則將取法乎？將取非法乎？[164]

　　綜觀中國歷史上不學兵法的名將，而能青史留名的可說少之又少，漢代驃騎將軍霍去病（140-117 B.C）大概是最著名的特例，然世間又有幾個霍去病呢，故而戰爭的成敗勝負，「以法勝者什九，以非法勝者什一」，那麼將領要不要學兵法可以說是顯而易見的問題了。杜文煥〈左氏兵傳序〉也說：

　　兵法近於局方，而運用艱於變幻乎。然此一書皆方略也，使世之為將者咸能以此為癖焉，則用兵之道思過半矣，豈必藉學古兵法，而後兵法在其中耶。雖然，神化之妙，變通之宜，亦存乎其人而已，非此編之所能盡也。君不見戰國之事乎，為兵書一也。奢用之而揚名，括用之而敗績。譬為不龜手亦一也，或以之洴澼洸，或以之受侯封。無他道也，則泥與不泥，變與不變之故哉！[165]

163　〔明〕黎遂球：〈春秋兵法序〉，《蓮鬚閣集》，卷18，頁43。

164　〔明〕陳禹謨：〈左氏兵略題辭〉，《左氏兵略》，頁1。

165　〔明〕杜文煥：〈左氏兵傳序〉，《太霞洞集》，卷25，頁10-11。

　　所謂「藉學古兵法，而後兵法在其中」，呼應了陳氏之說，兵法雖千
變萬化，但將領本身如果缺乏兵法知識，又如何期待他能臨機應變，決策
出適時適地的兵法決策呢，唯一可靠的原則就是熟讀兵書後能夠知所變
通，不泥所學，李元春〈左氏兵法序〉云：「善用兵者，閱古人兵書，運
籌決勝，不效古人之謀畫，而自能為奇兵。然使不讀古人文章，不閱古人
兵書，必不可也。惟得之古人者深，或不用古人，而古人自為我用。或用
古人，而使人不見古人之為我用，是正善用古人之至者」[166]，所以陳禹謨
自始至終就是反對泥古，而是要將領們活用兵法，不知四庫館臣們何以要
以子之矛，攻子之盾，這或許也說明了為何明代書籍卷首、卷尾的
〈序〉、〈跋〉文往往遭到刪落的原因，除了用語有禁忌違礙外，是否也
方便館臣撰寫〈提要〉時，不致遭到已故作者的抗議呢？

　　另外《四庫全書總目》也批評宋徵璧《左氏兵法測要》，認為所記
「春秋車戰事，與後世迥異」，給予他「殊不達時變也」[167]的惡評，然春
秋時期「十二國竝立，五霸迭興，鬥智角力，則於兵制不得不有所變。故
魯之丘甲、齊之參國、晉之六軍、楚之二廣、秦之三軍，凡此皆非古制
也，而各有善用之道」[168]，序文中早就明明白白剖析同時代諸侯各國間的
軍事建制差異，而所記車戰也只是當時的戰爭記事，難道此舉就表示是要
後世將領仿效嗎？四庫館臣做這樣的連結未免也太漠視作者的原意，徒為
批評而批評罷了。宋存標在〈序〉文中就說：

　　因古而用古，其法不爽，因古而變古，其智不窮，戰勝攻取，虛實變化
之間，豈能盡言哉！曳柴揚塵以形其眾，而又有減竈滅火以形其寡者；嘗敵
速去以形其退，而又有斥山沿澤以形其進者；油幕冠樹以形其強，而又有偃

166　〔清〕李元春：〈左氏兵法序〉，《左氏兵法》，收錄《叢書集成續編》，第59冊，頁237-238。
167　〔清〕紀昀等編纂：《四庫全書總目》，卷100，子部，兵家類存目，「左氏兵法測要」條，頁
　　846a。
168　〔明〕陳子龍：〈左氏兵法測要敘〉，《左氏兵法測要》，頁362-363。

旗臥鼓以形其弱者。惟是崔治讀《漢書》能決涼州之師，蘇秦發陰符乃成六國之從，皆為得書之助，況屈伸進退，機詳萬變如《左氏》者哉！[169]

　　可見兵法的精神在於靈活運用，而非「用古」或「變古」的問題，時有古今，兵法亦變化于心，衡量戰場的情況而作出正確的決策方為良將，所以宋徵璧也不諱言說到：「巧拙殊製，前後異宜，援古証今，疑非適用，但《左氏》為兵法之祖，自不可廢，如河流曲折，必溯崑崙，而變化則存乎人哉」[170]，自陳春秋兵法並非適用於今日，但兵法是死的，而人是活的，所以身為將領要去活用兵法，而不是讓兵法所限制，岳武穆所謂「陣而後戰，兵法之常，變化之妙，存乎一心」[171]，這個原則是萬古不移的準則。然以上所論這兩部書都遭致館臣以莫名奇妙的理由駁斥，其實清代姚覲元所輯《清代禁燬書目四種》就挑明說書中「語有違悖，應請抽燬」[172]，而明代另一部龔奭《左兵》亦是「語有狂謬，應請抽燬」[173]，可見《總目》對這類書籍貶斥之由，除了對明代經學已存有的負面觀感外，也在於這類書籍中往往帶有牽動清人敏感神經的文句，如茅元儀云：「東胡一日起，士大夫相顧惶駭」[174]，「夫夷禍起於東北，漸及西南」[175]；成基命〈刻左氏兵略序〉云：「感其時倭虜交訌，寧播搆亂」[176]；李雯〈左氏兵法測要序〉云：「自戊午用兵以來，二十餘年盜日益多，兵日益

169　〔明〕宋存標：〈左氏兵法測要序〉，《左氏兵法測要》，頁370。

170　〔明〕宋徵璧：〈左氏兵法測要凡例〉，《左氏兵法測要》，頁373。

171　〔元〕脫脫：〈宋史·岳飛列傳〉，收錄《景印文淵閣四庫全書》，卷365，列傳第124，頁2。

172　〔清〕姚覲元：《清代禁燬書目四種》，收錄《續修四庫全書總目》史部，目錄類，第921冊（據上海辭書出版社圖書館藏清光緒十年刻咫進齋叢書本影印），〈抽燬書目〉，頁414。

173　〔清〕姚覲元編：《清代禁燬書目四種》，收錄《續修四庫全書》史部，目錄類，第921冊（據上海辭書出版社圖書館藏清光緒十年刻咫進齋叢書本影印），頁419。

174　〔明〕茅元儀：〈武備志自序〉，《武備志》，頁1-3。

175　〔明〕茅元儀：〈與歐陽嶰谷南垣書二 壬戌〉，《石民四十集》，收錄《四庫禁燬書叢刊》集部，第110冊（據明崇禎刻本影印），卷87，頁10。

176　〔明〕成基命：〈刻左氏兵略序〉，收錄〔明〕左光斗刪訂：《左氏兵略》，頁1。

弱」[177]，其中或表現出對時局的批評，或對外患肆虐的痛恨，往往語帶譏刺，這些因素都是清人所忌諱的，就算作者無意，但觀者有心，如曾益《左略》中〈設覆〉一條云：「北戎，氐羌之別種，蓋雜處中國者」[178]，就可以讓館臣從雞蛋裡挑出無數的骨頭，也難怪明代許多書籍，如有夷狄、蠻夷字句者，不是被館臣主動刪改，就是被擁有者加以挖空，如明代制舉科令中的胡《傳》，但凡有夷狄蠻夷諸不敬用語，皆全部刪改替換，所以這類兵書著作，直讓館臣欲除之而後快。

再者還有一類學者批評的理由是以經學的角度加以否定，如清末學者皮錫瑞（1850-1908）就對魏禧的兵書著作十分不滿，認為其中「並無深義」，且竟以授學者，此皆是「買櫝還珠之見，非能深知《左氏》之善也」[179]，在《經學通論》中直接批評是「樂道陰謀詭計」[180]之書，與「春秋無義戰」之旨完全背離，皮錫瑞此種看法就是以傳統經學的標準來審視兵學，戰爭如果皆是光明正大，那天下又有哪部兵學著作能夠通過他的眼皮底下，其實皮氏要說的真正原意根本就是反對這樣的經術流別，由經學轉入兵學，經書變為兵書，孔子微言大義的追求被換成戰術兵法的謀略，可以說皮氏的論斷置於經學的領域可以被討論，如果放入兵學領域中絲毫沒有任何意義可言，因為根本就文不對題，沒有任何交集可言。

以上這些充滿政治需要與門戶之見的因素，實在是嚴重干擾學術正常發展的因子，另外再從四庫館臣的學術視野著眼，所謂的正統經學不外乎漢學考據與宋學義理二途，雖然《總目》的學術立場是欲「揚漢抑宋」，但否定宋學義理是一回事，承不承認它是治經的途徑又是另一回事，可以肯定的是館臣的思維絕對承認宋明義理的經解模式，只不過無法欣賞這樣

177　〔明〕李雯：〈左氏兵法測要序〉，《左氏兵法測要》，頁366。

178　〔明〕曾益：《左略》，頁155。

179　〔清〕皮錫瑞：《師伏堂春秋講義》，收錄《續修四庫全書總目》經部，春秋類，第148冊（據北京大學圖書館藏清宣統元鉛印本影印），卷上，頁24。

180　〔清〕皮錫瑞：《經學通論》，收錄《續修四庫全書總目》經部，群經總義類，第180冊（據清光緒三十三年思賢書局刻本影印），頁76。

的議論解經罷了。所以對館臣來說，經部類書籍凡是跳脫這兩類者，本身就不是經學，不追求孔子微言者，皆是背離孔聖經典的罪人，是叛教者，故而明末的這類《左傳》兵法著作在館臣眼中，根本就毋需納入經學討論，因為壓根就不承認它是經學的範疇，治經不尊漢宋，解經不求大義，徒論金戈鐵馬，故置於子部兵家類而非經部春秋類，其惡劣評價的根本原因亦有其傳統經學家的學術壁壘與門戶之見，但這個理由忽略了經術的本質在於經世致用，暫且不論它是經書或是兵書，館臣以經學的標準來否定兵學，這樣的評價標準本身就有問題，再者《總目》或清人如能從兵學觀點討論之，不參雜政治因素，至少能讓我相信還有一點客觀性存在，但這兩者顯然都喪失了學術客觀性的天平。

二、經世致用與終極關懷

明末時期出現許多《左傳》兵法類著作並非一種孤立的文化現象，它其實是當時兵書研究熱潮下的一個支流，其目的在解決國家當時內憂外患的困境，其動機除了有皇帝頒詔講武的大力推動外，亦是知識份子對時局危困自發性的自然反映，是經世理念的直接發揮，然而清朝取代亡明後，敵國明人的經世致用，在清人的立場看來就是一股反動言行，聽憑它任意發展恐怕會形成統治上的隱憂，故而清初文字獄大興，在本質上就是要控制士人反清的言論擴散，而四庫的開館，表面上是懷柔攏絡知識份子，實際上是另一種型態的政治控制，藉由全面體檢，將古今書籍鍊化成一體，其文獻保存之功自不必否定它，但四庫館為人詬病的地方，就是在明代書籍的處理態度上有其私心，大凡詆毀聖朝者就燒燬禁絕，字句牽涉夷狄者挖空竄改，序文稍嫌譏刺者抽燬，論及南明者以反動議處，可以說明代的大批文獻在此次文化盛典下也著喪失殆盡，清廷最初以武力獲得政治統治權，如今藉創建四庫為由，間接取得文化解釋權，政統、道統兩者都緊緊握在手中，無怪乎《總目》能如此肆無忌憚將明代的一切學術否定掉大

半，如四庫館臣在〈凡例〉第十四條說：

> 聖賢之學，主於明體以達用。凡不可見諸實事者，皆屬卮言。儒生著書，務為高論。……累牘連篇，斯不切人事矣。……又如明之曲士，人喜言兵。《二麓正議》欲掘坑藏錐以刺敵，《武備新書》欲雕木為虎以臨陣。陳禹謨至欲使九邊將士人人皆讀《左傳》。凡斯之類，並闢其異說，黜彼空言，庶讀者知致遠經方，務求為有用之學。[181]

　　所謂的「有用之學」，在狹義上來說就是指詳於考證，論辨明確的考據訓詁之學，而廣義的內涵或許如其所說要「明體以達用」、不可「務為高論」，「不切人事」，能夠「知致遠經方」的實用之學，撇開政治因素不談，這樣的內涵是否具有關乎國計民生的功用呢？清代學者在這樣的學術中能否體察出經世濟民的方法呢？以顧炎武（1613-1682）來說，雖然他是清初考據學風的開創者，反對宋明心性之學，但他的氣質其實比宋學家還宋學家，具有漢學家的嚴謹與宋學家的論辨，所撰《日知錄》的思維是義理的，治學是考證的，目的是為了經世以達致用，進一步矯正明末的空虛之學，但乾嘉學風的走向卻越走越偏，專取其治學方法中的論證考據，忽略其中所要表達的義理思想，遺失掉經世致用的本意宗旨，造就了一批經典專門學家，而非經世濟民的知識份子，這樣的結果或許也是顧氏所始料未及的，如時代稍後的惠棟（1697-1758）就走入「凡古必真，凡漢皆好」[182]，株守漢學的領域，也難怪王引之（1766-1834）要批評他「考古雖勤，而識不高、心不細，見異於今者則從之，大都不論是非」[183]，純粹只問漢不漢，不問真不真，這樣的學風又如何符應四庫館臣

---

181 〔清〕紀昀等編纂：《四庫全書總目》，卷首「凡例」，頁18b。
182 梁啟超：《清代學術概論（十）》，附錄《中國近三百年學術史》（臺北：里仁出版社，1995年），頁31。
183 〔清〕王引之：〈與焦理堂先生書〉，《王文簡公文集》，收錄《續修四庫全書》集部，別集

所宣稱「明體以達用」、「致遠經方」的有用之學呢？又如《說文》大家
段玉裁（1735-1815）研究半生的考證之學，晚年喟然嘆道：「喜言訓故
攷核，尋其枝葉，略其本根，老大無成，追悔已晚」[184]，又自剖析說：

> 今日大病，在棄洛、閩、關中之學不講，謂之庸腐，而立身苟簡，氣
> 節敗，政事蕪，天下皆君子而無真君子，未必非表率之過也。專言漢學，
> 不治宋學，乃真人心世道之憂，而況所謂漢學者，如同畫餅乎！[185]

阮元（1764-1849）聽完後回答說：「近之言漢學者，知宋人虛妄之
病，而於聖賢修身立行之大節，略而不談，以遂其不矜細行，乃害於其心
其事」[186]，漢學家雖以標榜考據嚴謹著稱，但其最終目的還是經世，如果
不以此為念，當然勢必蒙受畫餅之譏，焦循（1763-1820）則說：

> 蓋古學未興，道在存其學，古學大興，道在求其通。前之弊患乎不
> 學，後之弊患乎不思。證之以實而運之於虛，庶幾學經之道也？[187]

學經之道在證之以實而運用於民，如求其字句貫通而失其濟世之用，
不異乎本末倒置，如果說漢學的本質是欲矯正明末遊談無垠的風氣，藉由
考據訓詁提倡務實的學風，那麼一昧地考證文字典章制度，而失卻背離了
經學的原意，又何以能稱為經世之學呢？所以焦循認為明代學者之弊

類，第1490冊（據湖北省圖書館藏民國十四年羅氏鉛印高郵王氏遺書本影印），卷4，頁1。

[184] 〔清〕段玉裁：〈博陵尹師所賜朱子小學恭跋〉，《經韵樓集》，收錄《續修四庫全書》集部，別
集類，第1434冊（據清嘉慶十九年刻本影印）卷8，頁14。

[185] 〔清〕陳壽祺：〈孟氏八錄跋〉，《左海文集》，收錄《續修四庫全書》集部，別集類，第1496冊
（據華東師範大學圖書館藏清刻本影印）卷7，頁32。

[186] 同前註。

[187] 〔清〕焦循：〈與劉端臨教諭書〉，《雕菰集》，收錄《續修四庫全書》集部，別集類，第1489冊
（據中國科學院圖書館藏清道光四年阮福嶺南節署刻本影印）卷13，頁25。

（或）在「不學」，而清代學者之弊則在「不思」，兩者皆失卻了經學的本意。平心而論，漢學考據其實也並非無用，諸人所說自有其時空背景與學術轉變，但以上學者的說法也表明了四庫館臣的話根本只是一個畫餅罷了，甚至如梁啟超（1873-1929）所指出：「考證古典之學，半由『文網太密』所逼成」[188]，以政治干預學術，終究會讓學術產生畸形不正常的發展與走向，對於傳統經學「經世致用」的理念反倒形成一種障礙。

　　反觀四庫館臣刻意貶低明末這股經典兵學化的經世之風，認為這些儒生著書只求「務為高論」，完全是「不可見諸實事」的空虛厄言，連篇累牘，著述等身，完全「不切人事」，無關實際，所以《總目》不予收錄或棄入存目的理由，就是為了要「闢其異說，黜彼空言」，使後世「讀者知致遠經方，務求為有用之學」，殊不知今日來看，當年之語已成空中樓閣，〈凡例〉中所列舉湯光烈所撰《二麓正議》，舊傳戚繼光所撰《武備新書》與陳禹謨《左氏兵略》，三部皆是明代的兵書著作，四庫館臣摘錄片語以否定全書，視其為不可見諸實事的異說空言，不切人事的高論，卻用一個冠冕堂皇的「有用之學」加以包裝，使當時這些深切為時局擔憂，欲著書以經世，透過兵書以達致用的理念完全被掩蓋埋藏，徹底被定位為無用之書，而四庫館臣在乾隆的默許示意下，基於政治與統治的考量，其實才是否決掉這些兵書的真正原因。

　　檢視明末的這些兵書，書中往往反映出對時局的看法，以及對內憂外患的憂心，這些詞句其實都是犯清廷之忌的，如成基命就說：「蓋感其時倭虜交訌，寧播搆亂，承平既久，綢繆全疎。庶幾本經術，經世務，啟多士請纓之志，動當寧拊髀之思耳」[189]；宋徵輿云：「今天下苦兵矣，而用之者苦於無法，縉紳之家視介冑為危具，而武夫戰士復不為朝廷用」[190]；

188　梁啟超：〈清代學術變遷與政治的影響（下）〉，《中國近三百年學術史》（臺北：里仁出版社，1995年），頁35。

189　〔明〕成基命：〈刻左氏兵略序〉，收錄〔明〕左光斗刪訂：《左氏兵略》，頁1。

190　〔明〕宋徵輿：〈左氏兵法測要序〉，《左氏兵法測要》，頁371。

宋存標云:「今之人素不習兵,一旦有事,則循資充之拘牽成格而徼倖成功,曰是固有數焉。然則天下事,遂終不可為乎?」[191];陳子龍云:「今國家休德累葉,上繼周漢,而內訌外決,莫知所措,何哉?擁兵百萬而不能設法以治之,士大夫不能專將而屬於麤悍之人也」[192];徐孚遠云:「當今所急談者,以兵力不足為憂,議欲期月宿糧,聚十餘萬甲士,一鼓而殄羣寇,夫糧非可卒辦,甲士非可卒聚,此期月以前,能使吾民忍死以待天兵之來乎?」[193],這些文字中都直接或間接地反映出明朝國力的疲弱來自內憂外患的交相侵略,士人儒生透過撰著兵書體現實際的經世致用,希冀「本經術,經世務,啟多士請纓之志」,有些士人投身軍旅,埋骨沙場,部份儒生則藉由文章展現出對風雨飄搖時局的終極關懷,著述終身,埋骨青山,經學的首要任務與最終目的在於治世,清人顧棟高《左傳兵謀表》就稱譽說:「經術之足以戡亂也」,而這兩種實踐又何嘗不是一種經世致用的表現呢,然而卻招致四庫館臣無情的嘲諷,直以論斷明季兵書是「捃摭陳言,橫生鄙論」[194]之見,諷刺「明季談兵者如是,其亡國非不幸也」[195],將亡國責任推諉給這批憂國之士,又如何使人相信有所謂「昭去取之至公」的學術客觀性存在,至少在明代書籍部份看不到,而《總目》對明人的惡評劣價亦絕非僅僅是館臣私人的意見,它所代表的是清廷的官方看法,再再宣稱清朝取代明朝是理所當然,明亡非清朝所為,乃自亡耳,以此證明清朝在中原地區的政統與道統上的合法性,故長期以來經由《四庫全書總目》所塑造形成的「明代評價」,在現今學界確實有必要加以重新檢討、釐清與定位。

191　〔明〕宋存標:〈左氏兵法測要序〉,《左氏兵法測要》,頁369。
192　〔明〕陳子龍:〈左氏兵法測要敘〉,《左氏兵法測要》,頁363。
193　〔明〕徐孚遠:〈左氏兵法測要序〉,《左氏兵法測要》,頁359。
194　〔清〕紀昀等編纂:《四庫全書總目》,卷99,子部,兵家類,「陣紀」條,頁839c。
195　〔清〕紀昀等編纂:《四庫全書總目》,卷100,子部,兵家類存目,「武備新書」條,頁844c。

第五節　小結：明代《左傳》兵書化的學術意義

　　從中葉時期開始，明代的《左傳》之學，逐漸有一派從孔聖的經典之
列，轉化為臨陣設謀的兵法之書，這樣的演變自有其學術史上的重大意義，
至如李塨（1659-1733）所云：「當明季世，朝廟無一可倚之臣。坐大司馬堂
批點《左傳》，敵兵臨城，賦詩進講，覺建功立名，俱屬瑣屑，日夜喘息著
書，曰此傳世業也。卒至天下魚爛河決，生民塗炭。烏呼！是誰生厲階
哉？」[196]，李剛主所說亦為後車之鑑的情緒用語，上述諸人又何一如此？然
此類書籍在清廷文字獄的迫害下，闇而不彰，幾近絕跡，故往往為人所輕忽
之，甚至絲毫不察有此類書籍的存在，如此徹底的成果，亦不能不佩服清廷
動員全國力量加以禁絕的用心。若細而察之，重新界定這類書籍在學術上的
歷史定位，將其置於經學、史學、子學、兵學等相關學術層面進行討論，其
結果恐怕都是傳統思維中所沒有或失去的鏈結點，以下分幾點論述之。

　　一、明代《左傳》兵書類著作正式由經部春秋類過渡到子部兵書類，其
時間大約發生在明中葉至明末階段，這一時期是明朝內憂外患，步入衰敗走
入滅亡的暮年，但這一階段也是明代兵書研究最盛行，著作也是最豐富的時
期，明人大量研究兵法，撰兵書，談兵講武，而《左傳》中的戰爭殷鑑，也
適時轉化為文人儒士對經世需求的渴望，以時代背景來說，這是一種必然的
分化，而非經學位階的下移現象，自然而然《左傳》由經書變成兵書，從史
書變成戰爭史，從戰爭史昇華為兵學理論，這樣一個變化過程，時代的因素
是一個很重要的關鍵，如果缺少了內憂外患的外在刺激，這樣的轉變恐怕難
以發生。

　　二、除了外在因素觸發了《左傳》產生性質的轉變，當時經典獨尊的局
面其實也面臨了挑戰，透過經書大量的普及化，學術也進一步通俗化，身為

---

[196]　〔清〕李塨：〈與方靈皋書〉，收錄戴望《顏氏學記》（據湖北省圖書館藏清同治十年冶城山館刻
　　　本影印），卷6，頁6。

科令的胡氏《春秋傳》面臨越來越多的不同意見，此時古文學家開始把眼光放到了《左傳》身上，產生了一批擁護者，但這些古文經學家既然打著經世致用的招牌，勢必要結合自身學識，對日漸衰敗的政府提出建言，而五經之中唯有《左傳》的性質最適合當前的時代課題，不惟《春秋》尊王攘夷的口號適用於今，當時諸侯間相互傾軋的詭譎戰爭亦可為當世借鏡之用。再者，傳統經學家強調的經世致用，在面臨時代的變局上若無法提出解決之道，則來自儒學內部的壓力將迫使其立場出現調整，故而接受《左傳》轉為兵書而沒有提出反對聲音的原因，恐怕是傳統經學家理性思考後的結果，甚至認為此種轉變更符合經術的本質，也是符應經世致用最佳的精神體現。

三、傳統武舉制度皆是以《武經七書》作為科令範本，但這些兵書大多注重兵法理論，缺少實際的歷史實證，故科考時無法詳舉例證，這樣的武舉筆試往往成為一種形式，而有志投身軍旅者，亦往往著重於鞍馬射札，導致專職武將的軍事素養不足以應付實際戰爭。加上邊疆屢屢不靖，海寇騷擾，流寇肆虐，滿清逼境，套寇搶掠，文臣武將們屢屢喪權辱國，迫使朝廷下詔天下講武，這些都對知識份子與武將們都形成一種巨大壓力，亟欲予統軍的文臣武將在兵學素養上加以深化，而《左傳》正好符合此一需求，經過理論系統的研究，以《左傳》戰事印證《武經七書》的兵法理論，成為戰爭史的範本，並進一步精煉出屬於《左傳》自己的兵法理論，得到「兵家祖」、「兵法之祖」的讚譽，展現出凌駕《孫子兵法》的企圖心，這個呼聲持續到清代，但終究無法取代具有縝密兵學理論系統的《孫子兵法》，只能納入兵書的旁支。

四、明代的這股兵學風潮並沒有隨著明朝滅亡而終止，清代兵法著作也持續沿襲著明而來，然而因清初官方透過文字獄的雷厲風行，加以禁絕，使得這批《左傳》兵法類著作多數亡佚不存，但實際情況也非陽平南先生所說中止於李元春《左氏兵法》[197]，其實顧棟高《春秋大事表》中尚

---

[197] 〔清〕平步青：《霞外攟屑・韓汋山房睡記》云：「李元春字□□，號時齋，陝西朝邑人，學者稱

存有《左傳兵謀表》一卷[198]，胡林翼《讀史兵略》[199]卷首亦保存《左傳》兵法二卷。另外亡佚著作部份，經查清代各省通志、府志、縣志與地方志，計有戴清《左氏兵法集證》二卷[200]，汪份《左氏兵法》二卷[201]，郭鴻熙《左氏兵法正宗》二卷，趙映奎《左氏兵法綱目》，甯煥章《左氏兵法論要》[202]，徐經《左傳兵法》、《左傳兵訣》[203]，李秉陽《左氏兵

桐圍先生。嘉慶戊午，七十二名舉人，九上春官。道光丙申，截取知縣，改就大理寺評事。咸豐癸丑，以勸捐出力，賞加州同銜。甲寅十一月二十七日卒，年八十六。丙辰，祀鄉賢。著有……《左氏兵法》……共八十三種。」（民國六年刻香雪崦叢書本），卷1，〈國史儒林傳目〉，頁34。

198　〔清〕顧棟高：《左傳兵謀表》，收錄《春秋大事表》，《景印文淵閣四庫全書》經部，春秋類，第180冊，卷46。

199　〔清〕胡林翼：《讀史兵略》，《續修四庫全書》子部，第967冊（據天津圖書館藏清咸豐十一年武昌節署刻本影印），卷1上；卷1下。

200　〔清〕王檢心：《道光重修儀徵縣志》云：「戴清，字靜齋，其先世為休寧人，祖父始遷揚州。清天資穎異，自出就外傅，性耽典籍，凡有關實學者，勤加採錄，異同疑似，尤所究心，著《四書典故考辨》十二卷、《群經釋地》十卷、《雙柑草堂古今體詩》八卷、《古文》二卷、《駢體文》二卷、《經史管見》四卷、《史記》、《說苑》、《新序正誤》各一卷，《韻辨》二卷、《左氏兵法集證》二卷。」（清光緒十六年刻本），卷37，頁17-18。

201　〔清〕馮桂芬：《同治蘇州府志》云：「汪份，字武曹，明廣東布政起鳳曾孫，年十四隨大父汲沂州知州任，希沒以官逋繫獄，份侍側讀書，連日夜不輟，獄吏奇之。為文辭氣雄遒。康熙癸未成進士，選庶吉士……癸巳，授編修。甲午，典廣東鄉試。辛丑冬，督雲南學政，未之官，卒，年六十七。當丁卯、戊辰閒，吳中以文學知名者，份與常熟陶子師，同里何焯稱最，皆與桐城方苞遊，時同郡冠寇徐乾學、司成翁叔元方欲召後進，所善名立起舉甲乙科若操券，然三人素遊其門，並自矜重，不求親昵，士以此重之。份氣和而性伉直，遊太學時嘗與益都趙執信會廣坐中，趙年少負才名，傲睨一世，份憤發面數其過失，趙雖交訌，而氣為之奪。」《中國方志叢書》華中地方，第5號（據清光緒九年刊本影印。臺北：成文出版社，1970年），卷88，頁31。

202　〔清〕李榮和：《光緒永濟縣志》云：「甯煥章，字仲晦，道光時人。少穎悟，讀書過目成誦，老愈嗜學。性甘澹泊，每述先世，窮約時事，輒戒家人曰：『願汝曹恪守淡素風，勿忘先世家範。』後從邑人李春元遊，學問愈有根柢。前蒲府李公慶 器重之，李公防河輒與談兵，許為巨材，著有《首陽山人集》、《禮記集註》、《周易附錄》、《等韻正誤》、《四書日鈔》、《左氏兵法論要》、《兵法要訣》。」（清光緒十二年刻本），卷13，頁25-26。

203　〔民國〕趙模：《民國建陽縣志》云：「徐經，字芸圃，晚筮得井六四，自號甃坪居士，其先江陰青陽鎮清溪里人。祖應英，字子龍，號靉友，由廣西把總隨提帥，屢破寨有功，除福建延平遊擊，駐永安。父南鵬，字雲九，號萬齋，生於江左，隨任由河南歸德入閩，由福州城守千總渡台灣，守備笨港、斗六門，台匪平，遷四川越雟參將，兼松潘鎮，後戊前後藏，赴召加副將銜，晉武功將軍，卒於廣元，民立祠祀之，朝廷賜祭葬，廑一子，即居士也。居士生於永安官署，奉母遷建陽，母陳太夫人督之讀書，遂為陽邑增生，歲試見賞於大興朱石君、竹君兩學使，古學冠七邑，閩中傳其詠史、五古，以為抱負不凡。居士幼承懿訓，持躬端謹，十三遊學隴陵，讀書別有心得，解經論史，能決前人不能決之疑，上下古今，申千載之寃，闢眾說之謬。治古文詞，私淑建甯朱梅崖

法》²⁰⁴，吳泰《左氏兵言》二卷，史念祖《春秋兵法釋微》²⁰⁵，丁善慶《左氏兵論》²⁰⁶等等十一種之多，然皆亡佚不存，其現存與亡佚的數量多達十四種，不遜於明代，亦可見明中葉以後的這股學術風潮並非曇花一現的偶然，亦非經學研究中的特殊事件，而是持續百年以上，橫跨明清二朝的學術課題。

先生，嘗彙唐宋大家之論文，曰慎其實，曰誠其中，曰取道之內，曰道勝者不難自至，故名其集曰《慎道》，又留心世務，論積貯，議海防，去蒌民，正劣俗，赴蜀管省親者三，究心軍事，故於左氏兵法、孫吳兵訣，能綜其要，而約其精，遊歷十省，所至名山大川與名公卿遊，足跡所經，寄諸歌詠。先應鄉試，十次不售，因棄舉子業，壹意著述，成《慎道堂文鈔》前後二十二卷、《慎陟堂詩鈔》五卷、《雅歌堂詩話》二卷、《左傳兵法》、《左傳兵訣》、《孫吳兵訣》、《春秋禮經》、《春秋兵法凡例》，附《胡氏釋例》、《左傳歌謠》、《左傳精語》、《外傳精語》、《公穀精語》、《讀左存愚》、《詩說匯訂》、《朱子事彙纂言》、《朱梅崖文譜》。嘗築室城東，內有霽月居、書畫船屋、溪山第一樓、畫裏樓，一時文人如江雲嶼、虞樸園、蕭鏡巖相與商訂《建陽詩鈔》，而《建陽縣志》亦以其時重修，足為清代潭陽人才之最，卒年八十有奇，易簀時有神人投刺來請之語，鄉後進私謚正直先生。孫翠崖刻其全集行世，請於部，奉旨入祀鄉賢祠。」《中國方志叢書》南部地方，福建省，第237號（據民國十八年鉛印本影印），〈儒林傳〉，頁50。

204 〔民國〕馮煦：《民國金壇縣志》云：「李秉陽，字子燮，號暘谷，恩貢生。天性敦篤，好學不倦。家貧，日坐斗室，未嘗一日廢書，尤邃於《易》，著有《河洛闡奧》、《夏商二易拾遺》等十三種……又有《易學旁通》、《天文備要》、《地理精義》、《八陣圖纂要》、《風角舉隅》、《左氏兵法》、《太乙撮要》、《數學探原》、《四書臆說》、《臥迂齋文稿》《詩稿》，又嘗輯鄉先輩詩為一集，曰《董溪詩存》，卒年八十三。」《中國方志叢書》華中地方，江蘇省，第13號（據民國十年刊本影印），卷9之4，頁10。

205 〔民國〕錢祥保：《民國續修江都縣志》云：「史念祖，字繩之，祖致儼，父丙榮，並見前志。念祖年十七，值洪楊及捻匪之亂，因投筆從戎，轉戰安徽、河南數省，以雒河集一役，功為最著，所部揭黑旗，能死戰，敵人畏之，號為『小太歲。』年未三十，簡放山西按察使，歷官至廣西巡撫，被議落職，家居十年，復以道員起用，分發湖北，後隨東三省總督趙爾巽辦理奉天振撫事宜，兼清理財政，賞給副都統銜。念祖初至奉天，庫儲才八十萬，不二年積至六百數十萬，其理財之能，亦有足多者。奉旨以副都統記名簡放，未幾謝病歸，旋卒，年六十有八。詔復廣西巡撫原官，照副都統例，賜恤。念祖祖、父、兄皆名進士，雖起家軍功，而好學不倦，博通經史，所為詩文皆有奇氣，著有《四書補注》、《經史奧言》、《春秋兵法釋微》、《俞俞齋詩文集》、《弨園詞》諸書。」《中國方志叢書》華中地方，江蘇省，第162冊（據民國十五年刊本影印），卷22，頁9-10。

206 〔清〕曾國藩：〈翰林院侍讀學士丁君墓志銘〉云：「君諱善慶，字伊輔，號養齋……道光壬午科舉人，明年癸未成進士，選翰林院庶吉士，散館授編修……同治八年六月十五日卒於家，春秋八十其年十一月十六日……君之學詳於治經，尤嗜《易》、《春秋》，著有《左氏兵論》，主講嶽麓書院二十餘年，以洛、閩正軌，陶鑄羣弟子，亦頗參陰德感應之說，警發愚蒙，生徒翼翼無敢軼踰法度，庶幾以身教者。」《曾文正公詩文集》，收錄《四部叢刊正編》，第91冊（四部叢刊據上海涵芬樓原刊本影印。臺北：臺灣商務印書館，1979年），卷3，頁66-68。

　　明末階段國家處於天崩地解的危局，士人往往憑藉所學，轉變為經世之用。四書五經之學，於太平時是讀書人躋身廟堂，甚至修身、齊家的指導，而當天下大亂時，更能激發出經學的本質，欲憑藉以治國、平天下，故而《左傳》這部描述戰爭的圭臬之作，到了明末自然被儒生武將目為傳世兵書，這可以說是明末經學在經世致用理念下最明顯的實際表現之一。至此，明人對於《左傳》和兵法的關係，可以說展開了不同於歷史上任何一個時期的轉變，以全新的研究視野與認識，不再侷限於經學、史學、文學的糾纏壓迫，而是另闢蹊徑，跨入子部兵書類的領域，其實跳脫這些學術立場框架來審視《左傳》的學科分類，傳統上很多說法與論點根本從來就沒有交集點，若以孔子微言大義的角度看《左傳》，則問題的角度是從經學層面出發，若抽離孔子微言大義的觀點，則《左傳》的本質無庸置疑是史書，若在史籍中以諸侯征伐為關注焦點，則討論的立場更加限定，只能從戰爭史的範圍論述，如此若以傳統經學的立場責難史學，甚至是兵學，那論斷當然惟有失焦一途，也終究沒有獲得解決的一天。所以在就事論事的原則下，《左傳》並非只有在微言大義的經學領域具有價值，在兵學理論中它也能體現出經世致用的肯定，所謂「《左史》固素王權書之翼，而實韜鈐得失之林也」[207]，翼經權書、韜鈐兵典，其學術價值是多方面的，故彭端吾亦言「經學之所通乎兵術者，益宏衍矣！《春秋》為孔子權書，丘明氏禰之而私厥緒以羽翼為《傳》，其所紀述，多討於干戈，而以兵事載者半」又說：「孔子據事為經，《左氏》據經為傳，而又據傳為兵……以經讀之則經焉已也，以兵讀之則兵矣」[208]，每一個學術轉變都有其學術價值，若依四庫館臣經學至高無上的觀念，視此類書籍為離經叛道，或皮錫瑞等目之為背離孔子，「樂道陰謀詭計」之書，實際上才是淺陋侷限的看法。

207　〔明〕詹爾達：〈左氏兵略序〉，收錄〔明〕左光斗刪訂：《左氏兵略》，頁9。
208　〔明〕彭端吾：〈左氏兵略敘〉，《左氏兵略》，頁1-4。

第七章　評文與至文：經書評點、古文、小說化的典範再造

　　明代經學發展到中晚期階段，已經歷經兩百年政治、經濟的相對安定，但這樣的局面已經開始在學術層面產生微妙的變化，經學雖在明初藉由科舉制度定於一尊，但這樣過度保護下的程朱、胡《傳》系統，開始面臨到外部的質疑挑戰，其中陽明心學的崛起，佛老二氏的威脅，漢唐注疏的復興，甚至理學內部也有不同的聲音，這些種種都對官方學術形成了不小的壓力，雖然這樣的壓力實不足以動搖官方科舉體系，對八股制義內容也無法產生太大或任何的改變（崇禎時期將漢唐注疏之學納入科舉範圍，但實際上考生士人還是以宋元經解為經義舉業的依循方向）。而當時這些非主流學術雖無法取代程朱系統，但也並沒有因此而消失無蹤，反而在一般文人間持續發展壯大，可以說明代經學在官方體系和民間發展中基本上是呈現兩個不同的世界，蘊含兩種不同的學術內容，前者墨守成規，因循守舊，壓制質疑，不容挑戰；後者另闢蹊徑，標奇立異，自立新說，自成一格。除了前文討論過的經學有向考據、史學、兵書靠攏的現象外，經學自此也逐漸走出自視甚高的象牙塔，涉足發展鑿拓未經開發的文學領域，從神聖的經傳殿堂進入「評點」的文學欣賞，開展「古文」的章法矩步，創作「小說」的休閒閱讀，由嚴謹的治經範疇轉變為雅俗共賞的文學，而在這「典雅」與「通俗」，「經世」與「適世」之際的調適過程，正是明人的革新與貢獻所在，也是本章〈評文與至文〉所要討論的範圍與內容，其大要有三：一是儒家經書評點文學化風潮的流行，二是古文選本中所透露的《左傳》文統觀，三是經傳文本進入小說敘事的典範再造，以下分別

詳述之。

第一節　儒家經書評點文學化風潮的流行

「評點」在明代已經是一種文人普遍的讀書方式，但在宋代以前並不是
很常見，究其原因在於印刷術的改良尚未精進，故而書籍的取得較為困難，
價格也相對昂貴，所以文人不輕易施加評點於書籍之上，但進入到明代以
後，政治的長期穩定帶動了經濟的繁榮，人口大量成長，讀書已非絕少數人
的權利，而科舉制度的公平穩定性也替國家培育誘引了龐大的知識人口，故
而對書籍的需求度大增，相對也促使書坊改良印刷技術，以滿足閱讀市場的
需求，這一連串的變化使得書籍相對宋代以前更容易取得，價格更為便宜，
評點的行為因此大興，更因此形成了一種文藝體裁。但書籍施以評點在明清
兩代雖很普遍，卻仍然遭受到極大的批評，其原因就在於古人評點其實是一
種私密性的行為，是一種個人化的讀書方式，屬於不公開極具隱私性的非正
式文字，並沒有出版傳世的動機與販售牟利的意圖，但明代中葉以後卻將這
種隨手筆記形式的著作發行販賣，流通傳世，間接使得學術風潮竟被這些評
點家所左右，當時可說已經到了無書不「評」，無書不「點」的地步了[1]，不
僅史書、子書、文集、古文、戲曲、小說被施以評點，甚至也進一步侵入儒
家的神聖經典領域，率意對聖經賢書指手畫腳，品頭論足，這在傳統經學家
眼中簡直是大逆無道、不敬至極的無禮行為，對傳統學者來說，闡發書中的
微言大義是讀書人最重要的任務，而評點者卻把自身位階抬的比孔子還高，
不事闡發卻專營品藻，故而這些著作往往遭受衛道人士的非議排擠。然據筆
者觀察明代的經書評點著作，其實在學術態度上評點者並沒有對孔孟產生輕
忽蔑視的想法，只不過他們不追求衛道者眼中形式上的崇敬罷了，經書對他

---

[1] 據筆者所觀察，當時書籍評點的狀況，除佛經一類尚未發現外，幾乎遍及四部百家，稗官小說，詩
詞曲本，惟佛經所見數量不多，故不敢斷言所有佛經皆無此情形。

們而言和其他古代書籍並沒有甚麼不同，就算心態上有位階高低之分判，但為何經史就不能當作文學、文章看待，何以施加評點就是對孔子的不敬呢？況且如果將評點的實質內涵作一深入認識，可以發現許多評點者不僅僅只是單純作文學性的欣賞品評或科舉參考式的高頭講章，其中亦有論文、析理、注疏、訓釋，甚至闡發大義的意見呈現，所以絕不可輕易就將評點一類完全歸類為「文學賞析」或「高頭講章」之流，而據以論斷其性質，評點它所代表的僅是一種形式體裁，它的內容實際上是複雜多變的，所以本文就是在透過評點這種當時新興的形式，觀察經書評點中所具有的實際內涵為何？以及析論當時擁護與攻詰勢力的正反意見，藉此釐清「評點」形式對明代《春秋》經學領域所產生的作用與概略性的發展情況。

一、評點的起源、符號與功能

「評點」最初的來源據考證大約是興起於南宋時期，四庫館臣云：「宋人讀書，於切要處率以筆抹。故《朱子語類》論讀書法云：『先以某色筆抹出，再以某色筆抹出。』呂祖謙《古文關鍵》、樓昉《迂齋評註古文》亦皆用抹，其明例也。謝枋得《文章軌範》、方回《瀛奎律髓》、羅椅《放翁詩選》始稍稍具圈點，是盛於南宋末矣」[2]，葉德輝（1864-1927）則認為「刻本書之有圈點始於宋中葉以後，岳珂《九經三傳沿革例》有圈點必校之語，此其明證也」，將時間推至中葉階段，之後真德秀、謝枋得、呂祖謙、劉辰翁、方回等人沿波而起，大量評點諸書，「刻以射利，士林靡然向風」，但此時評點尚未涉足經典領域，一直到元代才進入經書史冊，如葉時《禮經會元》、程端禮《春秋本義》等等，故以為「句讀、圈點大抵此風濫觴於南宋，流極於元明」[3]，此說法大致是目前

2　〔清〕紀昀、陸錫熊、孫士毅等編纂：《四庫全書總目》（北京：中華書局，1965年初版，2008年8月重印），卷37，經部，四書類存目，「蘇評孟子」條，頁307c。

3　〔清〕葉德輝：〈刻書有圈點之始〉，《書林清話》（民國郋園先生全書本），卷2，頁4。

學界的共識。

　　嚴格來說，「評點」二字乃是指涉兩種形式：「評」即評論、批評，亦即讀者對書中文義字句有所意見，而於該段行起頭，或文句上頭、行間，或結尾處施以評論之語，且因書中位置的不同，又稱為「總評」、「眉批」、「行批」、「旁批」等等術語。而「點」即圈點，基本形式有圓圈「○」與逗點「、」兩種，主要是讀者遇書中緊要精采之處，在文句旁施以圈點，以作為提醒之用，另一種功用即類似今日標點符號的性質，顯示書中文句語氣的停頓處。這樣的評點符號歷經宋元時期的嘗試摸索，到了明代階段更蔚為大觀，由於明代政治、經濟條件的長期穩定，市場對書籍的需求加大，促使了印刷技術的進步，而書肆因同業競爭與銷售考量，勢必創造出便於讀者觀覽，又有助士子舉業的書籍，於是評點有很大的緣故是藉由科舉的幫助漸漸壯大，也因此使得學者與書坊對於評點符號的制定更加慎重，明代中葉以後，書籍中出現許多特殊符號，諸如：「●」、「◎」、「⊙」、「,,,,,,」、「……」、「○○○○○○」、「△」、「▲」、「□」、「▮」、「▬」等等，形式不一而足，一般來說這些評點符號具有一些使用共識，如文章精華或佳處，往往於其旁施以「,,,,,,」或「○○○○○○」符號，而遇全書綱領精神所在，則施以「▮」符號，若是字眼則以「◎」符號表示，所謂「為學者指其精華所在也」[4]，端看書坊與作者如何界定意義，如金甌《春秋正業經傳刪本》就標明「主腦併節穴處，旁加夾圈 ◎，埋伏照應斷事處，旁加黑圈 ●，提掇脫卸收繳處，旁加單圈 ○，至有文中須點染襯貼，或事蹟，或句義，不可遺漏者，旁加稀點 、、、　，接落轉摺煞尾等虛字，亙著眼而尋味者，旁加密點 ,,,,」[5]。又如馮李驊《左繡》標明「傳文於大段落用 ▬ ，小段落用 --- ，

4　〔清〕戴名世・程道儀輯：《四書朱子大全》，《四庫禁燬書叢刊》經部，第9冊（據清康熙四十七年程道儀刻本影印），卷首凡例。

5　〔清〕金甌：《春秋正業例言》第3則，《春秋正業經傳刪本》，《四庫全書存目叢書》經部，第132冊（據華東師範大學圖書館藏清康熙三十七年受中堂刻本影印），頁13。

斷而另起者用 ∟ ，略讀者用 ○ ，其于線索關鍵、詞意警妙處或 △ 或 ◎ 或 。。。。 或 、、、、 ，各就本篇照應，不拘一律」[6]，所以其實每間書坊，每個作者，對這些符號的使用規範往往都存在著一些認知差異。

　　另外到了明末階段，因印刷技術的日益翻新，書坊往往使用朱、墨、藍三種顏色套印書籍，而「套印」其實也是承襲古人以色筆批點圈抹書籍而來，如徐渭（1521-1593）以五色筆批點《四書》，「凡輕重緩急或相印之處，各有點抹圈鈎，既以色為號，復造形相別，色以應色，形以應形，形色所不能加，乃始隱括數語，脈穴之理，自謂庶幾燦然」[7]，所謂「形」即圈點鈎抹，再配合顏「色」作為重點區分，將可使閱讀者收耳目之清，一望燦然。到了明末，烏程凌氏書坊終於研發出五色套印本，以朱、墨、藍、黃、綠等五種顏色對引言、評語、圈點施以不同顏色，用以和本文的黑色字體顏色作出區別，既達到藝術美觀的效果，又能使讀者一經過眼，便能立即從顏色作出重點判斷，對閱讀者來講亦有其實用便利之處，甚至可以說「套印」其實就是另外一種形式的色彩評點。

6　〔清〕馮李驊：〈刻左例言〉第七條，《左繡》，《四庫全書存目叢書》經部，第141冊（據私藏清康熙五十九年刻本影印），頁137。

7　〔明〕徐渭：〈四書繪序〉，《徐文長文集》，《續修四庫全書》集部，第1355冊（據明刻本影印），卷20，頁5。

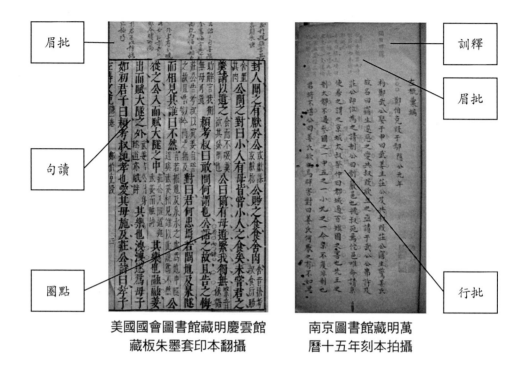

眉批

句讀

圈點

訓釋

眉批

行批

美國國會圖書館藏明慶雲館
藏板朱墨套印本翻攝

南京圖書館藏明萬
曆十五年刻本拍攝

二、明代春秋經傳評點學雙璧

　　根據筆者統計，明代春秋經傳評點的著作大略如下：穆文熙《春秋左傳評苑》[8]、《左傳鈔評》[9]，王錫爵《春秋左傳釋義評苑》[10]，歐陽東鳳《名公注釋左傳評林》[11]，郝敬《批點左氏新語》[12]，陳懿典《讀左漫筆》[13]，顧起元評註・葉向高參註・李廷機校閱《左傳奇珍纂註評

8　〔明〕穆文熙：《春秋左傳評苑》，《四庫全書存目叢書》子部，第163-164冊（據復旦大學圖書館、東北師範大學圖書館藏明萬曆二十年鄭以厚光裕堂刻本影印）。

9　〔明〕穆文熙：《左傳鈔評》（臺北國家圖書館藏清雍正二年朝鮮錦城刊本）。

10　〔明〕王錫爵：《春秋左傳釋義評苑》（陝西省圖書館藏明萬曆十八年嘉賓堂刻本）。

11　〔明〕歐陽東鳳：《名公注釋左傳評林》（日本前田育德會尊經閣文庫藏明刊本）。

12　〔明〕郝敬：《批點左氏新語》（臺灣傅斯年圖書館藏日本內閣文庫藏明崇禎三年跋刊本影印）。

13　〔明〕陳懿典：《讀左漫筆》，《四庫全書存目叢書》經部，第121冊（據北京圖書館藏清道光十一年六安晁氏木活字學海類編本影印）。

苑》[14]，張以誠《新刻大魁堂詳注春秋左傳選玉狐白評林精要錄》[15]，湯賓尹撰‧林世選增補《增補湯會元遴輯百家評林左傳狐白》[16]、《新鋟湯會元遴輯百家評林左傳秋型》[17]，汪道昆《春秋左傳節文》[18]，及周光鎬注《春秋左傳節文註略》[19]，鍾惺《鍾評左傳》[20]、《鍾伯敬評公羊穀梁二傳》[21]，鍾惺‧孫鑛‧韓范《春秋左傳杜林合註》[22]，鍾惺評‧鄧名揚評‧鍾天墀‧鍾越註《春秋四傳》[23]，張榜《春秋公羊穀梁傳合纂》[24]，張榜刪補‧錢謙益評《新刻張賓王刪補左傳神駒》[25]，周希令‧方尚恂會講‧徐有成裁定《春秋談虎講意》[26]，龔而安《春秋左傳分類旁注評選》[27]，鄭元勳‧王光魯《左國類函》[28]，金聖嘆《唱經堂左傳釋》[29]，魏

14　〔明〕顧起元評註‧葉向高參註‧李廷機校閱：《左傳奇珍纂註評苑》。

15　〔明〕張以誠：《新刻大魁堂詳注春秋左傳選玉狐白評林精要錄》（龍谷大學大宮圖書館藏萬曆刊本）。

16　〔明〕湯賓尹撰‧林世選增補：《增補湯會元遴輯百家評林左傳狐白》（華東師範大學圖書館藏萬曆三十八年余泰垣刻本）。

17　〔明〕湯賓尹撰‧林世選增補：《新鋟湯會元遴輯百家評林左傳秋型》（日本內閣文庫藏萬曆二十四年余良木自新齋刊本）。

18　〔明〕汪道昆：《春秋左傳節文》，《四庫全書存目叢書》經部，第116冊（據福建師範大學圖書館藏明刻本影印）。

19　〔明〕汪道昆撰‧周光鎬注：《春秋左傳節文註略》，《四庫未收書輯刊》第2輯，第10冊（據明萬曆十二年刻本影印）。

20　〔明〕鍾惺：《鍾評左傳》，《四庫全書存目叢書》經部，第126冊（據浙江圖書館藏明崇禎毛氏汲古閣刻四經六書讀本影印）。

21　〔明〕鍾惺：《鍾伯敬評公羊穀梁二傳》（臺北傅斯年圖書館藏明崇禎間刊本）。

22　〔明〕鍾惺‧孫鑛‧韓范：《春秋左傳杜林合註》（學海出版社據學源堂註本影印）。

23　〔明〕鍾惺評‧鄧名揚評‧鍾天墀‧鍾越註：《春秋四傳》（臺北國家圖書館藏明末刊本）。

24　〔明〕張榜：《春秋公羊穀梁傳合纂》，《故宮珍本叢刊》，第15冊（海南出版社據明刻本影印）。

25　〔明〕張榜刪補‧錢謙益評注：《新刻張賓王刪補左傳神駒》（前田育德會尊經閣文庫藏明刻本）。

26　〔明〕周希令‧方尚恂會講‧徐有成裁定：《春秋談虎講意》（臺北國家圖書館藏明天啟刊本）。

27　〔明〕龔而安：《春秋左傳分類旁注評選》（日本國立公文書館藏明萬曆三十六年刊本）。

28　〔明〕鄭元勳‧王光魯：《左國類函》（臺北國家圖書館藏明崇禎十五年刊本）。

29　〔明〕金聖嘆：《唱經堂左傳釋》（南京鳳凰出版社據康熙初年貫華堂才子書彙稿、宣統二年順德鄧氏風雨樓叢書等輯校排版）。

禧《左傳經世鈔》[30]，李廷機《新鋟李閣老評注左胡纂要》[31]、《春秋左傳評林選要》[32]、《春秋左傳綱目定註》[33]、《評釋東萊呂先生左氏博議》[34]，李廷機輯・焦竑批點《左國評苑》[35]，葉向高評・李廷機注《左傳三注旁訓評林》[36]，孫鑛《閔氏分次春秋左傳》[37]、《重訂批點春秋左傳狐白句解》[38]、《合諸名家評注左傳文定》[39]，《春秋繁露》[40]，孫鑛評・鍾惺註《左傳評苑》[41]，孫鑛・張榜《公羊傳》[42]，惺知主人《左藻》[43]，唐順之撰・徐鑒評《左氏始末》[44]，周拱辰著・陸時雍・張履祥評《公羊墨史》[45]等等。

　　以上這些著作或在書名，或在卷首標示「評」、「批」、「點」、「釋」，很明顯都是評點範疇的著作，但據筆者觀察，明代春秋著作中，幾乎每本書都存在有數量不一的評點，有些是刻書時即套印上去，是作者有意識的創作，如鍾惺、孫鑛等人；有些則是後人在書中的隨意評點，缺乏系統的批評，屬於即興式的點綴，如金聖嘆。

　　然而在大時代的長流中總會出現引領學術風潮的意見領袖，以評點來說，

30　〔明〕魏禧：《左傳經世鈔》，《續修四庫全書》經部，第120冊（據清乾隆刊本影印）。

31　〔明〕李廷機：《新鋟李閣老評注左胡纂要》（浙江圖書館藏明書林劉蓮臺刻本）。

32　〔明〕李廷機：《春秋左傳評林選要》（南京圖書館藏明萬曆林鄭以厚刻本）。

33　〔明〕李廷機：《春秋左傳綱目定註》（江蘇常州市圖書館藏明崇禎五年楊素卿刻本）。

34　〔明〕李廷機：《評釋東萊呂先生左氏博議》（日本九州大學圖書館藏明萬曆十一年刊本）。

35　〔明〕李廷機輯・焦竑批點：《左國評苑》（陝西西北大學圖書館藏明萬曆刻本）。

36　〔明〕葉向高評・李廷機注釋：《左傳三注旁訓評林》（吉林社科院圖書館藏明萬曆刻本）。

37　〔明〕孫鑛：《閔氏分次春秋左傳》（臺北國家圖書館藏明萬曆四十四年吳興閔氏刊本）。

38　〔明〕孫鑛：《重訂批點春秋左傳狐白句解》（河南省圖書館藏明末刻本）。

39　〔明〕孫鑛：《合諸名家評注左傳文定》（安徽省圖書館藏明刻本）。

40　〔明〕孫鑛：《春秋繁露》（臺北國家圖書館藏天啓五年沈氏刊本）。

41　〔明〕孫鑛評・鍾惺註：《左傳評苑》（北京清華大學圖書館藏明刻套印本）。

42　〔明〕孫鑛・張榜：《公羊傳》（北京故宮博物院圖書館藏明刻本）。

43　〔明〕惺知主人：《左藻》（海豐吳氏藏傳鈔本）。

44　〔明〕唐順之撰・徐鑒評：《左氏始末》（臺北國家圖書館藏明萬曆四十二年劍江徐氏刊本）。

45　〔明〕周拱辰著・陸時雍・張履祥評點：《公羊墨史》，《叢書集成三編》，第93冊（據清光緒元年刊本影印）。

明中葉以後名家輩出，涉及的領域更是無所不包，其中對儒家經傳施以評點，
最著名的當數孫鑛與鍾惺二人，以學術層面來說，鍾、孫的評點對於當時士子
的影響力是無遠弗屆的，甚至是自評之書亦要錄此二人，所謂「評宗伯敬（鍾
惺），標佐月峰（孫鑛），參諸名家，附愚管見。私，自條也；公，求正也。
至如圈點，悉本鍾、孫」[46]，故清初傳統學者在鄙視攻擊「評點」之學時，當然
勢必以此二人為主要標的，然影響層面越大，所招致的毀譽也勢必接踵而來，
這其實就是嚴懲首惡的心理，錢謙益（1582-1664）言明代經學有「三繆」，其
中之一即「侮經之繆」，「訶〈虞書〉為俳偶，摘〈雅〉、〈頌〉為重複，非
聖無法，則餘姚孫氏鑛為之魁」[47]，以為前輩學者視經史乃「敬之如神明，尊之
如師保，寶之如天球大訓」，豈敢「僭而加評騭焉」，又豈敢「妄而肆論議
焉」，但近代評騭論議之滋繁，其害「尤莫甚於越之孫氏，楚之鍾氏」，而士
子竟奉此二人為「金科玉律，遞相祖述」，以為孫鑛、鍾惺評經議史，將使
「學術日頗，而人心日壞」，此舉無異「非聖無法」，「侮聖人之言」[48]，所造
成的學術禍害不可勝言。之後顧炎武（1613-1682）《日知錄》亦引用錢謙益對
孫鑛、鍾惺的批評之言，並且針對鍾惺評點經史的行為，認為僅是「好行小
慧，自立新說」的異端，無疑是「敗壞天下之一人」[49]。這兩位明末清初的學術
菁英、意見領袖，連番抨擊孫鑛與鍾惺，足可見明末士習文風之趨勢走向，錢
氏所謂「金科玉律，遞相祖述」，顧氏以為「天下之士，靡然從之」[50]，亦可間
接證明兩人的評點經傳著作，在當時士子群體中的影響力是如何的巨大，以下
分別敘述之。

46　〔明〕陳深子纂輯：〈周文歸大凡・評點〉，《周文歸》，《四庫全書存目叢書》集部，第339冊
　　（據清華大學圖書館藏明崇禎刻本影印），頁431。

47　〔清〕錢謙益：〈賴古堂文選序〉，《牧齋有學集》，收錄《錢牧齋全集》（上海：上海古籍出版
　　社，2003年），卷17，頁768。

48　〔清〕錢謙益：〈葛端調編次諸家文集序〉，《牧齋初學集》，《四部叢刊正編》第78冊（據上海
　　涵芬樓崇禎癸未刊本景印），卷29，頁6-7。

49　〔清〕顧炎武：《原抄本日知錄・鍾惺》（臺北：明倫出版社，1970年），卷20，頁541-542。

50　同前註，頁541。

（一）孫鑛「法古周文」的古文評點學

孫鑛，1542-1613，字文融，號月峰，浙江餘姚人，萬曆二年（1574）會試第一，歷任刑部、兵部侍郎，經略薊遼，陞南京兵部尚書。善攻制舉，一生評點經史子集無算，其文章事業可謂卓然一時。以《春秋》一經來說，今傳世有《閔氏分次春秋左傳》、《重訂批點春秋左傳狐白句解》、《合諸名家評注左傳文定》、《左傳評苑》、《春秋繁露》、《公羊傳》、《春秋左傳杜林合註》等書，但這些書多是書坊摘錄其評語，用以和他人合刊，作為販賣保證的噱頭，故評語內容往往大同而小異，但也可見當時孫鑛評點著作的流傳之廣，非同一般。

孫鑛，擷取自《中國歷代人物圖像集》

孫鑛本人的文學觀主張法古，復古，比起當時前後七子的「文必秦漢」，他更往上追溯到「周文」，認為「文章之法，盡於經矣，皆千錘百

鍊而出者」[51]，將儒家經典納入學文的範疇，以為「三代乃有文人，惟六經乃有文法」[52]，又曰：「萬古文章，總之無過周者」[53]，尊崇周代的經傳古文，故中年以後自云：「今所最愛者，《書》、《詩》、《公》《穀》二傳，次則《周禮》，又則《禮記》」[54]，且以為「《論語》、《左氏》、《公》、《穀》、《禮記》最有法」[55]，這個「法」即所謂的古文章法、句法、篇法、鍊字、鍊句、修辭、語調、筆勢，等等學文、作文的理論層面，可說是一種文章鑑賞式的點評，這也是他在評點儒家經傳時的主要關注焦點，以下分別論析書中之評語。[56]

　　以「文章品第」來說，孫鑛在《唐詩品》中列有「神品」、「妙品」、「能品」、「具品」、「逸品」、「奇品」等類，所謂「神者，情也；妙者，趣也；能者，語也；具者，格也；逸者，思也；奇者，才也」[57]，這六種品第的解釋或嫌簡略，故又再細說云：「不知所自來者，神品也；可以意求者，妙品也；人巧極天工錯者，能品也；具體而未工者，具品也；備神之骨而肉不稱者，逸品也；不拘常格者，奇品也」[58]，這一用法也被他拿來品評經傳，然觀全書評語，僅列有「神品」、「妙品」之名，其中神品為諸品之首，最為孫鑛所推崇，略舉數例及孫鑛評語如下：

51　〔明〕孫鑛：〈與余君房論文書〉，《居業次編》，《四庫禁燬書叢刊》集部，第126冊（據明萬曆四十年呂胤筠刻本影印），卷3，頁6。

52　〔明〕孫鑛：〈與李于田論文書〉，《居業次編》，卷3，頁2。

53　同前註。

54　〔明〕孫鑛：〈與余君房論文書〉，《居業次編》，卷3，頁7。

55　〔明〕孫鑛：〈與李于田論文書〉，《居業次編》，卷3，頁2。

56　本段引用孫鑛評語皆使用下列此書，為避免重複注釋，採用隨文附註，如：卷1，頁14，即標為（1/14）。〔晉〕杜預注〔宋〕林堯叟注〔唐〕陸德明音義〔明〕鍾惺、孫鑛、韓范評點：《春秋左傳杜林合注》（臺北學海出版社據學源堂春秋左傳杜林合註本影印）。

57　吳文治主編：《明詩話全編》第5冊（南京：江蘇古籍出版社，1997年），〈孫鑛詩話〉，頁4700。

58　同前註。

1. 僖公十五年，「秦獲晉侯以歸。晉大夫反首拔舍從之。秦伯使辭焉」一事，孫評：「倉忙中卻如此調文，然語絕工，真可謂神品。」（10／15）

2. 僖公廿八年，「子玉使鬥勃請戰」一事，孫評：「工絕，此方是神品。」（13／10）

3. 成公三年，「晉人歸楚公子穀臣與連尹襄老之尸于楚，以求知罃」一事，孫評：「意精語鍊，卓為神品。」（21／19）

4. 成公十六年，「楚子登巢車，以望晉軍」一事，孫評：「千古奇事，亦是千古奇敘，真是神品。」（24／5）

5. 襄公廿五年，「晏子立於崔氏之門外」一事，孫評：「意、句、章俱工絕，而意亦超出，可謂神品。」（30／9）

6. 哀公十一年，「齊為鄎故，國書、高無丕帥師伐我」一事，孫評：「議論敘事相穿插，波瀾層出，與前戰吳章，俱為妙品。」（48／10）

7. 僖公十五年，「晉侯使郤乞告瑕呂飴甥」一事，孫評：「作文苦無奇，如此段事，節節生奇，而操觚者又句鏤字琢以闘奇，此等文字在古今真不多得。」（10／16）

8. 僖公十五年，「晉陰飴甥會秦伯，盟于王城」一事，孫評：「借不和以見奇，意謂奇盡矣，乃復又出此論，真可謂奇之又奇，一劫一誘，然總之皆曰『不憚征繕』。」（10／18）

在《左傳》全書中孫鑛使用「神品」頗多，其所以列之為「神」的評斷標準有下列數項：「工絕」、「意精語鍊」、「千古奇事，亦是千古奇敘」、「意、句、章俱工絕，而意亦超出」，並沒有特別著重哪些條件，也可以說必須在某方面有超乎常倫，神之又神之處，所謂「神者，情也」，「不知所自來者」方可為「神品」。而「妙品」在全書中僅兩例，所謂「議論敘事相穿插，波瀾層出」，且須有「趣也」，「可以意求

者」，令人拍案叫絕，方為「妙品」。另外雖沒有特別標明「奇品」之名，但觀評語所敘，所謂「作文苦無奇，如此段事，節節生奇」，「真可謂奇之又奇」，將其視作「不拘常格」的「奇品」亦無不可。

　　若以「語調筆勢」來說，孫鑛特別重視文章須有拔出之處，故評語中多見「陗」或「峭」字，即高峻聳拔之意，且文字最好要凝鍊簡潔，不可虛字連篇，略舉數例如下：

　　1. 隱公三年，「鄭武公、莊公為平王卿士」一事，孫評：「收句勁陗。」（1 / 14）

　　2. 僖公十五年，「穆姬聞晉侯將至，以太子罃、弘與女簡璧登臺而履薪」一事，孫評：「文絕陗勁。」（10 / 15）

　　3. 僖公廿二年，子魚對宋襄公論戰一事，孫評：「論得盡勁而淨。」（11 / 12）

　　4. 成公十七年，「晉厲公侈，多外嬖。反自鄢陵，欲盡去群大夫，而立其左右」一事，孫評：「情事委屈濃至。」又評：「疊疊語，見勢。」又評：「軟勢好。」（24 / 16.17）

　　5. 文公七年，「秦康公送公子雍于晉」一事，孫評：「奇而正，婉而深。」（16 / 2）

　　6. 襄公廿一年，「欒桓子娶於范宣子，生懷子」一事，孫評：「氣勁而辭憤。」（29 / 4）

　　7. 襄公廿一年，「初，叔向之母妒叔虎之母美而不使，其子皆諫其母」一事，孫評：「鑪錘刀到，色濃而調遠，兼插議論。」（29 / 6）

　　8. 襄公廿一年，「知起、中行喜、州綽、邢蒯出奔齊」一事，孫評：「簡而多陗，是短幅佳文字。」（29 / 7）

　　9. 襄公廿四年，「毋寧使人謂子『子實生我』，而謂『子浚我以生』乎？」，孫評：「兩鍊語絕勁陗，上句重子字，尤有態。」（30 / 3）

10. 襄公卅一年，「以敝邑之為盟主，繕完葺牆，以待賓客」一事，孫評：「是有力文字，氣骨古勁。」又評：「此雙開勢，亦頓挫有節奏。」（33／13）

11. 昭公五年，「吳子使其弟蹶由犒師，楚人執之，將以釁鼓」一事，孫評：「氣甚壯，意甚巧，細看亦儘精陗。」（36／8）

12. 昭公三十年，「晉頃公卒。秋，八月，葬。鄭游吉弔，且送葬」一事，孫評：「儘微婉有致，然較之子產諸辭命尚隔一層，何者語淺而力弱，此是少修飾潤色之功。」（43／6）

13. 昭公卅一年，「晉侯將以師納公」一事，孫評：「辭命勁鍊，妙妙。」（43／9）

14. 定公元年，「叔孫成子逆公之喪于乾侯」一事，孫評：「亦只是淨，雅趣婉致，皆從淨生。」（44／4）

15. 定公四年，「沈人不會于召陵，晉人使蔡伐之」一事，孫評：「敘戰事濃腴有態。」又評：「此處峭勁。」（44／13）

16. 哀公十六年，「葉公亦至，及北門，或遇之」一事，孫評：「此論比前更深，至更婉曲有態，又更遒勁又筆力，然非得前論相按發，亦何以見其神絕。」（49／15）

孫鑛評語中最常出現「陗」、「峭」等字，足見其特別欣賞這類文勢語調陡然驟起的篇章，而「陗」字也往往配合「簡」、「淨」、「鍊」、「古」、「濃」、「精」等字一起使用，這當然和各篇所具備的性質不同有關，但其實根本來說都可跟其「法古」、「復古」的主張聯繫在一起，故而特別標舉出文中甚少為今人使用之詞語，重視簡鍊精淨，奧古色濃的表現手法，孫鑛在評語中自陳云：「詳敘情由，自是《左氏》常調，第平述之節奏，便覺冗絮，所以文字貴鍊。」（46／9）顯然他認為一篇好文章應該經由鍊字、鍊詞、鍊句、鍊章，進而鍊文、鍊勢，這才是學文的進程，而這個文章的典範則可從經傳文字中取法。若以「篇法、章法」層面

來說，孫鑛強調為文須有變化，舉數例如下：

1. 僖公十五年，「晉侯之入也，秦穆姬屬賈君」一事，孫評：「綜括諸事以發因，左氏每多此法，而此段繁簡得中，錯落有態，尤為妙搆，西山獨取之。」（10／12）

2. 文公十八年，「莒紀公生太子僕，又生季佗，愛季佗而黜僕」一事，孫評：「兩兩開對，平鋪之文，少跌宕流走之趣。」（17／15）

3. 宣公十二年，「聞鄭既及楚平，桓子欲還」一事，孫評：「排敘六件，是《左氏》常調，然稍有節奏不甚板。」（19／9）

4. 文公十六年，「宋公子鮑禮於國人，宋饑，竭其粟而貸之」一事，孫評：「文法變化妙甚。」（17／10）

　　孫鑛以為文章佈局之法須有「節奏」、「變化」，且要「繁簡得中，錯落有態」，使其呈現一種「跌宕流走之趣」。甚至藉古以律今，轉而評論當世文風之失者，如襄公十年，「晉荀偃、士匄請伐偪陽，而封宋向戍焉」一事，孫評：「錯而鍊，色絕濃，味絕腴。大凡文字之整者雖見法，然其境易窮，錯則多變，其意不可窮。所以今世文體尚錯，然未盡鍊法，然後錯之，如出精鍊，愈有變，不則，草率散漫，又不欲整者，猶有矩。」（26／13），顯見孫鑛以為行文應富變化錯落，不宜平板單調，且注重「鍊」法，如此則蘊味無窮。而「鍊」的內容又有哪些呢？若以「字法、句法」來說，舉數例如下：

1. 莊公廿二年，「陳侯使筮之，遇觀■■之否■■」一事，孫評：「句甚巧有力。」（6／15）

2. 僖公廿七年，「晉侯始入而教其民，二年，欲用之。子犯曰：民未知義，未安其居。」一事，孫評：「方而潔。」（13／3）

3. 僖公三十年，「燭之武見秦君」一事，孫評：「造語精而指利

害，透短文之尾妙旨。」（14／4）

4. 宣公十二年，「楚子圍鄭」一事，孫評：「句句俱淨。」
（19／7）

5. 成公二年，「賓媚人致賂。晉人不可」一事，孫評：「對語工
絕，鍊而巧。」（21／10）

孫鑛既然強調「文字貴鍊」，所以他認為最好的字句應該要簡潔精
淨，短巧而有力，所謂「方而潔」，「巧有力」，「句句俱淨」，「造語
精而指利害」，「對語工絕，鍊而巧」，不作無用之字，不造無用之句，
文章中的一字一句應該都要有其實質作用，最好能舉一而反三，四兩可撥
千金，達到以簡馭繁的最佳功效與最大效果。再若以「敘事」來說，孫鑛
也認為要以最少文字即能達到描述最詳細的事件，使其首尾連貫，且不失
閱讀的滋味，略舉數例如下：

1. 桓公二年，「晉潘父弒昭侯」一事，孫評：「敘事簡核有力。」
（3／8）

2. 桓公六年，「楚武王侵隨」一事，孫評：「語簡淨鍊，法藏其
中。」（3／14）

3. 莊公八年，「齊侯使連稱、管至父戍葵丘」一事，孫評：「敘法
絕高妙，淨而色濃，簡而味腴。」（5／8）

4. 宣公三年，「冬，鄭穆公卒。初，鄭文公有賤妾曰燕姞」一事，
孫評：「敘事首尾，亦有綜括收拾。」（18／11）

5. 宣公四年，「初，楚司馬子良生子越椒」一事，孫評：「敘事詳
密有委。」又評：「層層加濃。」（18／13.14）

6. 成公十年，「晉侯夢大厲，被髮及地，搏膺而踊」一事，孫評：
「事近語怪，然卻敘得嚴核可玩，以細曲妙。」又評：「新妙。」又評：
「精奇。」（22／18）

7. 襄公廿八年，「齊慶封好田而耆酒」一事，孫評：「敘事深細，節節有情，最精而腴。」（32／5）

8. 襄公三十年，「鄭伯有耆酒為窟室，而夜飲酒擊鐘焉」一事，孫評：「平平敘去，字亦詳核，而不至濃腴。」（33／5）

9. 昭公廿二年，「晉之取鼓也，既獻而反鼓子焉」一事，孫評：「唯敘返、奔、伐、取等事，頭緒多，周折亦多，又不細敘，但略以字遞禍，而自覺熱鬧，讀之鏗然有音，其妙處只在文法變化，是《史記》平揚、絳侯世家之祖。」（41／3）

文章敘事當然首重「詳密有委」，且能「綜括收拾」全局，這是作文最基本的要求，但卻也是最難以完美達到的境地，因為一篇絕好的敘事文不僅只要交代故事首尾即可，而是要有諸多條件的襯托才行，對孫鑛來說，敘事應該要「簡核有力」、「語簡淨鍊」、「淨而色濃」、「簡而味腴」，充份讓閱讀者如同在享用一盤美食般有滋有味，甚至要「節節有情」，使人如處其地，如觀其面，如聽其言，如視其行，身歷其境，之後「更須日鍛日煉，必求盡美乃出，久之則自造精微矣」[59]，如此方為敘事之善者。

另外孫鑛亦有針對全篇進行評論鑑賞者，類似「總評」的性質，如成公十三年，「晉侯使呂相絕秦」一事，孫評：「通篇俱是造作出，語言最為工鍊，敘事婉曲有條理，其字法細，其句法古，其章法整，其篇法密，誦之數十過不厭，在辭命中又別是一種格調。」（23／7）；又如昭公三年，「齊侯使晏嬰請繼室於晉」一事，孫評：「造語絕工，如謠如誦，不說原因，祇舉見在。其骨奇，其力厚，其味深，其色古，又別見一種調法。」（35／6）經由這兩段評文的內容，亦可統整出孫鑛本人的欣賞標

59　吳文治主編：《明詩話全編》第5冊（南京：江蘇古籍出版社，1997年），〈孫鑛詩話〉，頁4712。

準在乎語言文字要「工鍊」、「骨奇」、「力厚」、「味深」、「色古」，敘事要「婉曲有條理」，且「字法細」、「句法古」、「章法整」、「篇法密」。

雖然孫鑛評點是一種文學鑑賞式的文字，但其中甚至有藉《左傳》之詩駁斥朱《傳》者，如襄公十五年，「《詩》云：『嗟我懷人，寘彼周行』，能官人也。王及公、侯、伯、子、男，甸、采、衛大夫，各居其列，所謂周行也」一事，孫評：「此時〈卷耳〉詩已如此解，必是師傳本說，今朱《傳》改為思文王，或未是。」（28／2）並且亦不乏「訓解釋意」的註疏，如：

1. 僖公四年，「東至于海，西至于河，南至于穆陵，北至于無棣」，孫云：「穆陵是極南地，無棣是極北地，蓋指征伐所得及言。」（9／7）

2. 僖公十五年，「千乘三去，三去之餘，獲其雄狐」，孫云：「去與驅同。」（10／13）

3. 襄公廿七年，「齊崔杼生成及強而寡」，孫云：「夫死稱寡。」（31／23）

4. 昭公六年，「季孫宿如晉，拜莒田也。晉侯享之，有加籩」，孫云：「加籩似是今之幫泉。」（36／11）

5. 哀公十六年，「葉公曰：『周仁之謂信，率義之謂勇。吾聞勝也好復言，而求死士，殆有私乎！復言，非信也；期死，非勇也』，孫云：「信字甚深，有子曰：『信近於義，言可復也。』以為此信字補一註腳。」（49／13）

孫鑛的評點自有其文學「法古」，文章「復古」的主張與要求，但他

本人評論的意見則主張「意欲不襲前人，直寫胸臆」[60]，直接擺脫傳統漢學「經、傳、註、疏、正義」的詮解系統，脫離宋儒程、朱與胡《傳》的主流解釋，直接透過本身的閱讀，反映心中所思、所見，當然這個所思、所見的內容並不需要任何的證據力的支持，完全取決於作者本人的鑑賞功力而定，雖然韓敬（1580-卒年不詳）稱其「千秋隻眼，到此獨開」[61]，然而這也相對成為錢謙益罵其「非聖無法」的根本原因所在。另外以閱讀者的角度來看，其實孫鑛的評點本並不適合甫入經傳的初學者使用，因為其中的評語往往太過簡短（精練），這對於剛修習《左傳》的人勢必形成一種摸不著頭緒的理解障礙，故閔齊伋在其書的卷首亦加以補充說明道：「其初學課業，無取批評」[62]，可見書籍發行者本人也知道孫鑛的批評文字並不適合一般初學士子閱讀（甚至可能有害），反而比較合用對《左傳》該書有基本學力素養的學者。

（二）鍾惺「深幽孤峭」的文學評點觀

鍾惺，1574-1625，字伯敬，一字景伯，號退谷，別號退庵，湖廣竟陵人（今湖北天門），萬曆三十八年（1610）進士，歷任工部主事，官至福建按察司提學僉事，天啓三年（1623）丁憂返鄉，五年卒逝。鍾惺詩文冠絕當代，與譚元春（1586-1637）開創明代竟陵派文風，宗主文壇一時，後人稱之為「鍾譚體」或「竟陵體」。其評點的著作橫跨經史子集四部，號稱「書淫詩癖」[63]。以《春秋》經傳來說，今傳世有《左傳評苑》、《鍾評左傳》、《鍾伯敬評公羊穀梁二傳》、《春秋繁露》、《春秋左傳杜林合註》、《春秋四傳》等書，然礙於筆者學力有限，故本節擬

60　〔明〕孫鑛：〈與余君房論文書〉，《居業次編》，卷3，頁11。

61　〔明〕韓敬：〈孫月峰先生左評分次經傳序〉，《閔氏分次春秋左傳》（臺北國家圖書館藏明萬曆四十四年吳興閔氏刊本），卷首序文。

62　〔明〕閔齊伋：〈閔氏家刻分次春秋左傳凡例〉，《閔氏分次春秋左傳》，卷首凡例，第8則。

63　〔明〕鍾惺：〈自題詩後〉，《隱秀軒集》，《四庫禁燬書叢刊》集部，第48冊（據明天啓二年沈春澤刻本影印），文餘集，題跋一，頁2。

以《左傳》為切入點，藉以瞭解鍾惺評點的實際內容與其文學主張的繼承
關係為何。

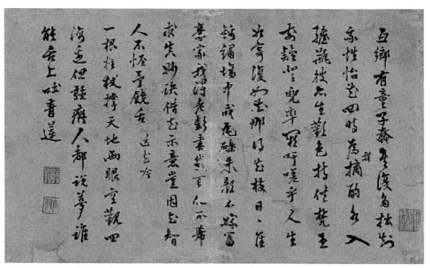

臺北故宮博物院書畫處典藏明代鍾惺行書詩詞二首[64]

　　上幅鍾惺行書第一首所云：「希求真妙訣」，而此「真」此「妙」之
訣除了可見其生命情懷的追求外，也是他在經傳文本中特別關注的焦點，
他認為文學本身的價值在透過展現自身獨有的「性靈」而得以呈現，所以
不欲苟同流俗矣，其本人的文學主張在反對前後七子的盲目擬古文風與糾
正公安派淺率俚俗之失，強調文學獨創性的重要，以為學詩學文在習得古
人創作的行文技巧與內在精神，所謂「引古人之精神，以接後人之心
目」[65]，重要的是發掘古人的真情真性，而非一昧地模擬仿效，雖然坊間

64　第一則：「互鄉有童子。蠢矣復多拙。知我性怡花。四時為我摘。酌水入膽瓶。彼亦生歡色。持供
梵王前。疑登兜率闕。吁嗟乎。人生如寄復如花。那得花枝日日佳。錦繡場中成瓦礫。朱顏不嫁富
豪家。我得老彭書幾百。□所希求真妙訣。借花示意堂因花。智人不怪子饒舌。送花吟。」第二
則：「一根柱杖撐天地。兩眼空觀四海邊。但聽癡人都說夢。誰能舌上吐青蓮。」（釋文採用自國
立故宮博物院辨讀）。

65　〔明〕鍾惺：〈詩歸序〉，《隱秀軒集》，文晷集，序一，頁6。

文學史都主張鍾惺有「反古」的思維，但這樣的講法其實太過粗淺與表面
化，實則鍾惺亦取法古人，甚至向先秦經傳借法，而此「法」當然不同於
七子的「擬古」，反倒更類似孫鑛的「不襲前人，直寫胸臆」的「復古」
主張，對於詩文以為要「別出手眼」，立「深幽孤峭」66的文風，以凌駕
古人之上，而這一主張反映在評點經傳中亦可見端倪，他在《左傳》中的
評語追求「以意逆志」，強調抉發作者本心本意，不使「古人奧意隱旨，
沉於庸蹊俗徑」67之中，使千年隱沒之事蹟躍然紙上，故而書中存有大量
的史事評論意見，例舉如下：

1. 僖公廿八年，「子玉使宛春告於晉師」一事，鍾評：「城濮之
謀，狐偃始之，先軫中之，又終之。皆是以我用人，使與國、敵國皆為我
用。」68（123）

2. 成公十六年，「子重問晉國之勇，臣對曰：好以眾整。曰：又何
如？臣對曰：好以暇」一事，鍾評：「整暇二字，治兵之道，無復易此，
因思春秋每有交戰，戎馬間從容，詞令有禮有言，無非示整示暇，正是威
敵之意。」（234）

3. 成公十八年，周子「朝于武宮。逐不臣者七人」一事，鍾評：
「廢立之際，巨室為政，嗣君處此，一毫軟媚不得，一毫躁率不得，數語
竦然，不臣者喪氣不待逐之矣，然已是逐不臣者，張本可為禦強定難之
法。」（241）

4. 襄公廿五年，「公問崔子，遂從姜氏。姜入于室，與崔子自側戶
出。公拊楹而歌」一事，鍾評：「崔杼妻棠姜，蓋啗莊公而行弒逆之謀

66　〔清〕錢謙益：〈鍾提學惺〉，《列朝詩集》，《續修四庫全書》集部，第1624冊（據清順治九年
　　毛氏汲古閣刻本影印），丁集，卷12，頁68。

67　〔明〕楊鼎熙：〈鍾評左傳序〉，《鍾評左傳》，《四庫全書存目叢書》經部，第126冊（據浙江
　　圖書館藏明崇禎毛氏汲古閣刻四經六書讀本影印），頁2。

68　以下引文皆使用隨文附註，僅標明頁碼。〔明〕鍾惺：《鍾評左傳》，《四庫全書存目叢書》經
　　部，第126冊。

也。觀此一段入室、出戶、拊楹光景，杼之謀，姜蓋知之且共之矣，東郭偃之諫，腐哉！」（308）

5. 昭公五年，「昭子即位，朝其家眾，曰：豎牛禍叔孫氏，使亂大從，殺適立庶；又披其邑，將以赦罪，罪莫大焉。必速殺之」一事，鍾評：「討豎牛即出昭子，假手甚妙，藏機若巧，若他人殺之，便尋常矣。此中理數，昭子蓋亦為天所用而不知，真可為千古賊奴之戒也。」（380）

6. 昭公十三年，「羊舌鮒攝司馬，遂合諸侯于平丘。子產、子大叔相鄭伯以會」一事，鍾評：「晉此舉蓋內有不足，以虛聲服人去力，服者已遠矣，況桓文而上者乎。然叔向此時亦自有一段苦心，即彌縫支吾，猶懼不足，而鮒以貪間之小人，不顧國之利害如此，謀國者值此亦苦矣。」（415）

7. 哀公元年，「吳王夫差敗越于夫椒，報檇李也。遂入越」一事，鍾評：「吳赦越，未為大失。但忘父之仇耳，又其意不出於哀矜，而出於驕盈，其致敗在此，不係於赦越也。若赦越之後而修備治國，桓文之業也，越其如吳何？」（514）

而且鍾惺在評論史事時，往往以古鑑古，以古鑑今，以小見大，或有所觸動感發以之作為立身處事的借鑑，如：

1. 莊公廿八年，「楚令尹子元欲蠱文夫人」一事，鍾評：「息媯有至性有高識，只歉息侯一死，死之難也。李陵之降虜也，揚雄之莽大夫也，息媯哉！」（70）

2. 閔公二年，太子帥師，先友、狐突、梁餘子養、罕夷、先丹木、羊舌大夫各自陳言，鍾評：「人申其說，正言危言，各自有心，各自有理，如聚哭一堂，千載之下有餘慟。」（78）

3. 宣公十五年，「魏武子有嬖妾，無子。武子疾，命顆曰：必嫁

是。疾病則曰：必以為殉。及卒，顆嫁之」一事，鍾評：「必嫁是，必以為殉，總是一情字。往來顛倒，致此魏顆用治亂二字分解，所謂發乎情，斷以義也。」（194）

4. 公年，「晉侯以樂之半賜魏絳，曰：子教寡人和諸戎狄以正諸華，八年之中，九合諸侯，如樂之和，無所不諧，請與子樂之」一事，鍾評：「魏絳和戎，以正諸華；孔明伐南，而後窺中原。先著後著，易地皆然。」（269）

5. 襄公十五年，宋人得玉獻子罕，子罕弗受曰：「我以不貪為寶，爾以玉為寶。若以與我，皆喪寶也，不若人有其寶」一事，鍾評：「末語才是有心作用，可見作好人好事，不只是一個不要錢便了得。」（281）

6. 襄公廿六年，「伊戾為太子內師而無寵」，告公曰：「太子將為亂，既與楚客盟矣」一事，鍾評：「狠極小人，不如此何以禍人國家，戒之戒之。」（319）

7. 昭公四年，公使杜洩葬叔孫，季孫不令其以路車陪葬，杜洩不可，曰：「夫子為司馬，與工正書服；孟孫為司空以書勳。今死而弗以，是棄君命也。書在公府而弗以，是廢三官也」一事，鍾評：「不可無此一个正人，不可無此一番正論，然亦可為棄正暱邪之戒。」（379）

8. 昭公十五年，「晉荀吳帥師伐鮮虞，圍鼓。鼓人或請以城叛，穆子弗許」一事，鍾評：「數服、數叛、數討，國之敝也。武侯服孟獲正用此法，蓋一勞永逸之計，細人不知。」（422）

9. 昭公廿三年，吳公子光曰：「七國同役而不同心，帥賤而不能整，無大威命，楚可敗也」一語，鍾評：「戰國合從不成，病亦坐此。」（491）

10. 定公四年，「蔡侯、吳子、唐侯伐楚」，史皇謂子常曰：「楚人惡子而好司馬。若司馬毀吳舟于淮，塞城口而入，是獨克吳也。子必速戰！不然，不免。」一語，鍾評：「古今妬功，而不恤國之敗，皆若此。」（491）

　　當然鍾惺這樣的說解經傳已脫離傳統訓解與注疏的範疇，不僅不依循胡《傳》立說，甚至連杜《注》也視若無物，自出手眼，另立新裁，斷以己意，所以他評點《左傳》完全是用冷眼照看歷史，不受傳統經解約束，欲「屏人牙慧，獨陳鼠獄」[69]，以此褒貶千百人物，淋漓盡致的笑罵由己，甚至顛覆傳統評價亦無不可，也在所不惜，楊鼎熙（1628前後）云：「其抹斥也，取塵套而直筆之，嚴不少諱，俾人如聽黃鸝音，足鍼去穢腸」[70]，如評語中以《左傳》君子為迂腐，以孔子為英雄手辣，以夫差為孝義好漢，以南子為小怪物，都可見其破舊立新，別出手眼之處，例舉如下：

　　1. 隱公元年，鄭伯克段一事，鍾評：「莊公之狠，叔段之癡，姜氏之愚，可謂三絕。」（15）又十一年，君子稱許「鄭莊公於是乎有禮」，鍾評：「迂甚，腐甚，被莊公瞞過。」（32）

　　2. 僖公三年，「齊侯與蔡姬乘舟于囿，蕩公」一事，鍾評：「公懼，懼得無膽；公怒，怒得無趣。敗千古風流之興，為姬人所笑，被左氏數語形容得盡。」（82）

　　3. 僖公十九年，「梁伯好土功，亟城而弗處。民罷而弗堪，則曰：『某寇將至，乃溝公宮。』」一事，鍾評：「寫出呆人。」（104）

　　4. 文公二年，「秦伯猶用孟明。孟明增修國政，重施於民」一事，鍾評：「不以成敗論英雄，古今惟秦穆公一人。」（138）

　　5. 文公十二年，「穿曰：『我不知謀，將獨出。』」一事，鍾評：「寫出粗人。」（154）

　　6. 文公十八年，「齊懿公之為公子也，與邴歜之父爭田」一事，鍾評：「□齊侯暴，而呆如見。」（164）

69　〔明〕鍾惺：《鍾評左傳》，《四庫全書存目叢書》經部，第126冊，頁3。
70　〔明〕楊鼎熙：〈鍾評左傳序〉，《鍾評左傳》，頁3。

7. 襄公廿一年，「欒桓子娶於范宣子，生懷子」一事，鍾評：「母
慇子怪甚，此所謂將亡之妖蘖也。」（294）

8. 襄公廿六年，「大夫逆於竟者，執其手而與之言；道逆者，自車
揖之；逆於門者，頷之而已」一事，鍾評：「淺得可笑，驕得可憐。」
（317）

9. 昭公七年，「楚子享公于新臺，使長鬣者相」一事，鍾評：「譑
得有趣，然楚君臣小人哉。」（390）

10.定公十年，「公子地有白馬四，公嬖向魋，魋欲之。公取而朱其
尾、鬣以與之」一事，鍾評：「一夥呆人」，又評：「寫得好笑。」
（506）

11.定公十二年，「仲由為季氏宰，將墮三都」一事，鍾評：「墮
成，誅少正卯，不可謂非英雄手辣。」（507）

12.定公十四年，「衛侯為夫人南子召宋朝」一事，鍾批衛侯為「古
今第一無行止人」，又行批云：「南子亦是小怪物。」（514）

13.定公十四年，吳越相爭一事，鍾評：「夫差亦是古今孝義好漢，
放越王亦不失帝王之度。觀吳越、劉項成敗，見古今無慈性王伯。」
（511）

14.襄公九年，「晉侯歸，謀所以息民。魏絳請施舍，輸積聚以貸。
自公以下，苟有積者，盡出之」一事，鍾評：「魏絳真是經國實際人，看
他和戎亦不是偷安，言言有主張，事事有本末。」（262）

15.襄公廿九年，「遂聘于齊，說晏平仲」一事，鍾評：「吳季札是
古今第一有交情人。季札歷聘所至必識其賢者，無一處一時不留心人物，
不肯草草，真天下有心人也。」（341）

16.昭公元年，「阜謂叔孫曰：可以出矣。叔孫指楹曰：雖惡是，其
可去乎？」一事，鍾評：「（叔孫）真心為國家人。」（359）

17.昭公十八年，宋、衛、陳、鄭皆火，「鄭人請用之，子產不可」
一事，鍾評：「子產舉動議論，所謂托孤寄命，臨大事而不可奪」，又
評：「鐵人。」（431）

　　鍾惺以為「今之大家如都門肆中，通套禮物，事事見成，事事不中用，賃來賃去，終非我有，秖見不情耳」[71]，對於今人模擬仿古，亦步亦趨，卻喪失了本身的精神，甚不認同，反倒不如古人寥寥數語而語真情切，字字簡潔精練卻可明白道出詳情，故而他在評文中甚為讚賞「簡鍊」的特質，例舉如下：

　　1. 隱公九年，公子突曰：「戎輕而不整，貪而無親；勝不相讓，敗不相救。先者見獲，必務進；進而遇覆，必速奔」一段，鍾評：「千古夷情，盡此數語」。（29）

　　2. 桓公元年，「宋華父督見孔父之妻于路，目逆而送之」一事，鍾評：「五字深情，為千古狹邪之祖。」（34）

　　3. 僖公卅一年，甯武子曰：「鬼神非其族類，不歆其祀。杞鄫何事？相之不享於此久矣」一語，鍾評：「四字折盡老手。」（130）

　　4. 昭公十三年，子產聞子皮卒，曰：「吾已！無為為善矣。唯夫子知我」一語，鍾評：「千古交道，不出五字。」（418）

　　5. 哀公元年，「楚子圍蔡，報柏舉也。里而栽，廣丈高倍。夫屯晝夜九日，如子西之素。蔡人男女以辨」，鍾評：「寥寥數語，簡鍊之極。」（513）

　　而鍾惺既以「深幽孤峭」為宗，所以他特別欣賞書中人物的「冷言」、「冷語」，以為別有一番風味，如僖公廿三年，重耳過齊，桓公妻之，重耳安之，姜氏曰：「行也」，鍾評：「二字冷甚。」（155）；襄公廿六年，「君淹恤在外十二年矣，而無憂色，亦無寬言，猶夫人也」之語，鍾評：「冷語，妙極，寫盡愚頑。」（316）；又昭公四年，「使豎

71　〔明〕鍾惺、譚元春輯：《唐詩歸》，《續修四庫全書》集部，第1589冊（據遼寧省圖書館藏明刻本影印），卷4，初唐4，「張說」條，頁6。

牛請曰」一事，鍾評：「以下畫出千古險人，妙在語冷，態亦冷，欲哭欲笑」又評：「冷語，妙妙。」（378、379）；昭公十二年，楚子求鼎，子革曰：「與君王哉」一事，鍾評：「四字冷得妙。」（422），甚至以「諢言可以代莊語」[72]，對於書中人物的戲謔之言、迂腐之行，他以為都將會使文字產生一種詼諧的趣味，進入文章之「妙」境，如：

1. 隱公五年，「公將如棠觀魚者」一事，鍾評：「此文之妙，妙在皮厚。」（23）

2. 僖公廿一年，公欲焚巫尪，臧文仲曰：「天欲殺之，則如勿生；若能為旱，焚之滋甚」一事，鍾評：「此句帶諢，妙。」（105）

3. 僖公廿三年，晉公子重耳謂季隗曰：「待我二十五年，不來而後嫁」，對曰：「我二十五年矣，又如是而嫁，則就木焉」一事，鍾評：「戲之也，妙妙。」（109）

4. 宣公十五年，「鄭人囚而獻諸楚。楚子厚賂之，使反其言。不許。三而許之」一事，鍾評：「不許，忠也；三而許之，知也。妙妙。」（192）

5. 襄公九年，「火所未至，徹小屋，塗大屋，陳畚挶；具綆缶，備水器；量輕重，蓄水潦，積土塗；巡丈城，繕守備，表火道」一事，鍾評：「妙在極細、極閒、極迂。」（258）

6. 昭公十三年，「叔魚見季孫曰：昔鮒也得罪於晉君，自歸於魯君，微武子之賜，不至於今」一事，鍾評：「感恩得妙，知己得妙。」（419）

7. 昭公十九年，「鄭大水，龍鬥于時門之外洧淵，國人請為禜焉。子產弗許」一事，鍾評：「微言解紛，滑稽妙境。無一字不是遊戲，妙。」（435）

---

72 〔明〕楊鼎熙：〈鍾評左傳序〉，《鍾評左傳》，頁4。

　　鍾惺既反模擬、重獨創，認為「寧生而奇，勿熟而庸」[73]，所以他取法經傳時也特別關注書中的「奇文」、「奇事」、「奇語」、「奇字」，甚至是異想天開的「奇思」，這些可奇可怪的奇文奧字，充分展現了語言文字的獨特情緒與個性，大凡「一切奇處，可喜可愕」[74]，也間接對其詩文創作提供養分，這與他主張「物有孤而為奇」[75]的看法可說是十分一致了，舉例如下：

　　1. 莊公廿二年，「不在此，其在異國；非此其身，在其子孫。光，遠而自他有耀者也」一事，鍾評：「奇文，變化之極。」又「山之材，而照之以天光」，鍾評：「奇語。」（66）

　　2. 僖公十五年，慶鄭曰：「亂氣狡憤，陰血周作，張脈僨興，外強中乾」一事，鍾評：「奇奧，似內經語。」（97）

　　3. 僖公廿四年，豎頭須求見晉文公，公辭以沐，豎頭須曰：「沐則心覆，心覆則圖反，宜吾不得見也。居者為社稷之守，行者為羈絏之僕，其亦可也」一語，鍾評：「奇想。」（112）

　　4. 僖公廿九年，「介葛盧聞牛鳴，曰：『是生三犧，皆用之矣。其音云。』問之而信」一事，鍾評：「奇。」（128）

　　5. 文公二年，「大事於太廟，躋僖公，逆祀也」，夏父弗忌曰：「吾見新鬼大故鬼小。先大後小，順也。躋聖賢，明也。」一語，鍾評：「奇語。」（138）

　　6. 文公十四年，「周公將與王孫蘇訟于晉，王叛王孫蘇」一事，鍾評：「此『叛』字下得奇。」（157）

　　7. 成公十年，「晉侯夢大厲，被髮及地，搏膺而踊」一事，鍾評：

73　〔明〕鍾惺：〈跋林和靖秦淮海毛澤氏李端叔范文穆姜白石王濟之釋參寥諸帖〉，《隱秀軒集》，文餘集，題跋二，頁9。

74　〔明〕鍾惺：〈二十一史撮奇序〉，《隱秀軒集》，文戊集，序一，頁21。

75　〔明〕鍾惺：〈問山亭詩序〉，《隱秀軒集》，文戊集，序二，頁9。

「奇事、奇語，怕人」，又評：「鬼言奇矣，病言尤奇。」（219）

8. 襄公十年，「主人縣布，菫父登之，及堞而絕之。隊則又縣之」一事，鍾評：「奇事，敘得法老。」（263）

9. 昭公九年，鄭裨灶曰：「陳，水屬也；火，水妃也」一語，鍾評：「字奇。」（398）

10.昭公十四年，「歸魯季孫，稱其詐也，以寬魯國，晉不為虐」一事，鍾評：「以歸魯季孫，事數惡之，一奇甚。」（421）

11.昭公二十年，晏子曰：「古而無死，則古之樂也，君何得焉？昔爽鳩氏始居此地」一語，鍾評：「奇想，破人貪癡。」（442）

12.定公十二年，「與其素厲，寧為無勇」一語，鍾評：「字奇。」（507）

　　鍾惺取法經傳既著重於「冷」、「妙」、「奇」之法，對於語言的特質亦不喜庸俗陳腐的詞句，如宣公四年，「伯棼射王，汏輈及鼓跗，著於丁寧。又射，汏輈，以貫笠轂」一事，鍾評：「數語，句字皆奧極。」（175）；又宣公十一年，「量功命日，分財用，平板榦，稱畚築，程土物，議遠邇，略基趾，具餱糧，度有司」一事，鍾評：「典甚、質甚、古甚。」（180），可見鍾惺不同流俗，好「奇」嗜「僻」，喜「奧」賞「古」的作風，以之有別於今人之俗陋，如此再搭配其「深幽孤峭」的文風，無怪錢謙益以為「鬼趣」，目為「詩妖」[76]了。再者，他以為文章之妙，妙在若隱若現，不直接說透道破之際，介於吞吐含蓄之間，充滿言外之意，進而產生一種含蓄蘊藉的美感，此最足以令人細細斟酌，慢慢玩味，比起那些平鋪直述的敘事描寫，這才是他所認為絕妙好文的必備條件，例舉如下：

76　〔清〕錢謙益：〈鍾提學惺〉，《列朝詩集》，丁集，卷12，頁68。

1. 隱公五年，「宋人使來告命。公聞其入郕也，將救之」一事，鍾評：「各有一段說不得光景，妙妙。」（25）

2. 昭公四年，「穆子去叔孫氏，及庚宗，遇婦人，使私為食而宿焉」一事，鍾評：「其妙處皆在於口頭囁嚅，吞吐若說不出，而光景一一可思。」（378）

3. 昭公廿五年，「臧昭伯如晉，臧會竊其寶龜僂句，以卜為信與僭，僭吉」一事，鍾評：「敘事歷歷如見，妙在含吐，若不說出。」（461）

4. 昭公廿六年，「師及齊師戰于炊鼻」一事，鍾評：「敘戰事往還如見，妙在簡奧含蓄，若不說透。」（463）

5. 昭公廿八年，「獻子辭梗陽人」一事，鍾評：「先轉入人，妙在不必說破。」（474）

6. 定公八年，「顏息射人中眉，退曰：我無勇，吾志其目也。」一事，鍾評：「妙在言外，使人可思而不可解。」（498）

而其論述文章風格，則以為「勢有窮而必變」[77]，故而強調行文要有正反奇變的要素，此「奇」此「變」正是深幽孤「峭」的核心所在，使人莫知端倪卻又亂中有序，敘事平穩卻又高潮迭起，章法看似散亂卻能收拾理順，句法看似呆板卻又帶有靈動，文隱法奧卻又事悉情動，如此文章再搭配含蓄蘊藉的言外之意，足可使人「深思」而「解頤」耳，稍舉數例如下：

1. 莊公八年，「齊侯使連稱、管至父戍葵丘」一事，鍾評：「碎事委曲湊泊而又極簡，司遷無處著手。」（55）

2. 僖公十五年，「晉陰飴甥會秦伯，盟于王城」一事，鍾評：「妙

77　〔明〕鍾惺：〈問山亭詩序〉，《隱秀軒集》，文晨集，序二，頁9。

在章法，整整中顛倒奇變，莫知端倪。」（100）

3.宣公十二年，「晉師救鄭」一事，鍾評：「歷歷敘事，議論看他，碎而能完，板而能靈，亂而能整，可悟作長篇之法。」（182）

4.昭公十七年，「郯子來朝，公與之宴。昭子問焉曰：少皞氏鳥名官，何故也？」一事，鍾評：「非惟詳核，語氣間整。每觀古人這一段學問，輒愧文士虛過一生。」（428）

5.定公十年，「二子及齊師復圍郈」，駟赤謂侯犯一事，鍾評：「文隱而事悉，法奧而情動，深思解頤，漫讀之蒞然，幾于不省此左氏敘事之妙。」（506）

明代楊鼎熙稱鍾惺評點經傳，其「字句間新抉己意，拈出來喝之棒，似冷泉浸背，令人陡驚」[78]，毛晉（1599-1659）則稱其為「點睛妙手」[79]，而明代卓爾康《春秋辯義》，清代魏禧《左傳經世鈔》、張尚瑗《三傳折諸》等專門經學研究之書，皆屢屢大量引證其文，可見鍾惺的《左傳》評點，後人亦不廢其言。然而鍾惺對儒家經傳的評點文字，今人看來或以為如同文學鑑賞之類，實則鍾惺本人認為自己的解釋亦是歷代訓解的一部份，古人以註疏為訓，今人以評點作解，又有何可奇、可怪、可議、可論之處？，故云：「六經有解乎？六經而無解，不名其為六經矣。六經有一定解乎？六經而有一定之解，不成其為六經矣」[80]，經典的解釋對鍾惺而言本就是一個「開放」的系統，今人又何必侷限在傳統經解的內容與形式上頭，這都是沒有必要，甚至這個經解詮釋更是「變動」的，所謂「諸儒學有深淺，然則解者皆是乎？曰：『仁者見仁、智者見智』，諸儒解者不皆是，

78 〔明〕楊鼎熙：〈鍾評左傳序〉，《鍾評左傳》，頁3。
79 〔明〕毛晉：〈左傳紀略〉，《鍾評左傳》，頁7。
80 〔明〕鍾惺：〈毛詩解敘〉，《古名儒毛詩解十六種》，《四庫全書存目叢書》經部，第65冊（據湖南圖書館藏明擁萬堂刻本影印），頁1。

則六經止為一人作矣。解者皆是，則古今解者眾矣」[81]，隨時代的遷移與個人領受的不同，「所見異辭，所聞異辭，所傳聞異辭，在當時已不可考」[82]，今人以歷代諸儒之解來繩己而求同，亦不可得矣。甚至孔子本人以六經設教，亦是經典文本與他者（the other）的關係，孔子所選只是取其適己罷了，故云：「精者精之，粗者粗之。則孔子取其義理與道通，而事與詞非其至之意見矣。苟得此意，解可也，不解可也，千百皆解而終無一解可也。匪《詩》也、《易》也、《春秋》也，可與讀六經也」[83]，雖然孔子擁有第一位階的神聖性，但鍾惺顯然已將孔子解釋權的崇高地位視同和歷代一般的詮釋者相同，所以為甚麼錢謙益要說他「非聖無法」，「侮聖人之言」，而顧炎武也要批評他「好行小慧，自立新說」，是「敗壞天下之一人」，其原因可以說十分清楚明白了。

孫鑛、鍾惺兩人評點經傳都可說是一種「別出手眼」的鑑賞觀，前者或出於對古文的寫作要求，後者自有其文學的評鑑賞析，但殊途而同歸都具有「獨抒心得」的特點，然而這種脫離經傳系統的說解似乎不容於當時，錢謙益、顧炎武就極力批判孫鑛、鍾惺兩人評點經傳的放肆無法，也開啟清初學壇對此二人的圍剿，如《四庫全書總目》以為「經本不可以文論」，而「（孫）鑛乃竟用評閱時文之式，一一標舉其字句之法，詞意纖仄。鍾、譚流派，此已兆其先聲矣」[84]，認為孫鑛以經為文，加以評點，實際上已經開啟了竟陵文風的先聲，而其論鍾惺評點則以為「惺撰《詩歸》，別開蹊徑，尚能成一家之言，至於詁經則非其所長也」[85]，又云：「以時文之法評點之，明

81　〔明〕鍾惺：〈毛詩解敘〉，《古名儒毛詩解十六種》，《四庫全書存目叢書》經部，第65冊，頁3-4。

82　同前註，頁2。

83　同前註，頁6-7。

84　〔清〕紀昀等編纂：《四庫全書總目》，卷34，經部，五經總義類存目，「孫月峰評經」條，頁283a。

85　〔清〕紀昀等編纂：《四庫全書總目》，卷30，經部，春秋類存目一，「鍾評左傳」條，頁250c。

末士習輕佻放誕，至敢於刊削聖經，亦可謂悍然不顧矣」[86]，完全是以經學本位的立場抨擊評點，然而容肇祖（1897-1994）對錢謙益、顧炎武等人批評孫鑛、鍾惺則以為：「我們姑勿論孫鑛鍾惺的批評，是否允當，有無錯誤。但是神聖的經傳他們竟能出脫崇拜古人的偶像而加以評衡。解經，證經，疑經，必有這一種評衡的心理而後可以進步或發明。雖然是『非聖無法』，亦可說是促進學問的先鋒。」[87]，張壽林（1907-?）論評點則以為「平心揣度，不無臆斷之私，然千慮一失，賢者不免。必謂批點之法，非詁經之體，遂併其書而廢之。是則未免門戶之見，非天下之公議也」[88]，所以如顧炎武因鍾惺人品不佳而主張廢棄其書，這也太因噎廢食，因人而廢其言，實無此必要，而後世更以批點之學侮辱經傳，實則落入門戶好惡之見，下文筆者將討論明清文人對評點所抱持的意見與看法為何。

三、對經書評點的攻訐與辯護

書籍施以評點在明代是甚為普遍的現象，幾乎到了「無書不受評，無人不評書」的地步，但並非所有人都贊成評點形式，綜觀明清兩朝學者的反應，其實反對的聲音還蠻巨大的，但當時學者攻訐的範圍並沒有涉及涵蓋所以書籍，重點還是圍繞在儒家經書與歷代史傳上頭，甚少遷怒於小說、詩詞、戲曲，這當然不是意味著這類書籍施加評點就獲得認可，而是這類書籍本就地位卑下，不足以登大雅之堂，所以攻擊這類不入品流的評點，意義上並不太大，反而降低了自己的品階，故而當時反對評點的範圍大多侷限在經書層級，而其原因當然和經典所具備的至高神聖性有關，認為施加評點於經傳上頭，此舉無異蔑視聖賢之書，且有變經為文，降低經

86　〔清〕紀昀等編纂：《四庫全書總目》，卷193，集部，總集類存目三，「周文歸」條，頁1759c。

87　容肇祖：《明代思想史·逃復社》，《民國叢書》第2編，第7冊（據開明書局1941年版影印。上海：上海書店，1990年），「復社在當日社會上的影響」，頁349。

88　中國科學院圖書館整理：《續修四庫全書總目提要·經部》上冊（北京：中華書局，1993年），詩類，「批點詩經」條，頁321。（張壽林提要）

典位階的疑慮，四庫館臣即云：「聖經雖文字之祖，而不可以後人篇法、句法求之」[89]，反對把講經當作論文，「變聖經為小品」[90]，此舉無異貶經為文，對儒家經典本質造成傷害，可謂放肆已極。張之洞（1837-1909）論斷評點，以為「後生俗士，管見俚語，公然標之簡端，大不可也」，認為「卷端止可著校勘考證語，若有討論文法處，止可別紙記之」[91]，反對評點家在經書上討論文章句法，以為其內容僅可限定在校勘考證的範圍之內，又批評明人以科舉「時文之法」評點經傳，此蓋「鄙陋侮經，莫此於甚，切宜痛戒」[92]，因而對明代陳繼儒、金聖嘆等經史評點名家，直以「俗陋人」視之。曾國藩（1811-1872）則認為評點將使「讀者囿於其中」，不能自拔，無法自立，以為明人，「一厄於試藝之繁多，再厄於俗本評點之書，此天下之公患也」[93]，道出了評點將使讀者侷限於評點者之文字心眼，故章學誠（1738-1801）云：「評點興，而學者心思耳目轉為評點所拘，宜大雅之所鄙也」[94]，可見評點之害往往拘牽後人心志，扼殺發明。再者，評點形式的出版品有時只保留評點所針對的經傳原文部份，其餘的經文傳文往往遭到捨棄，而傳統學者的治經觀念以為「讀書當讀全書，節抄者不可讀」[95]，張溥（1602-1641）以為節文「既滋割裂，更貽掛漏，將使聖經不獲自全於天下，而予後生晚進以　便不學之途也」[96]，認為刪節之書將使得學子不復有見全經之日，啟不學之途也，實

89　〔清〕紀昀等編纂：《四庫全書總目》，卷37，經部，四書類存目，「大學本文」條，頁317b。

90　同前註。

91　〔清〕張之洞：〈讀史忌批評文章〉，《輶軒語》，收錄嚴靈峰《書目類編》，第93冊（據清光緒元年刊本影印。臺北：成文出版社，1978年），頁41644。

92　〔清〕張之洞：〈戒自居才子名士〉，《輶軒語》，收錄嚴靈峰《書目類編》，第93冊，頁41628。

93　〔清〕曾國藩：〈謝子湘文集序〉，《曾文正公詩文集》，文集卷1，頁12。

94　〔清〕章學誠：〈吳澄野太史歷代詩鈔商語〉，《校讎通義》，《續修四庫全書》史部，第930冊，外篇卷13，頁3。

95　〔清〕馮班：《鈍吟雜錄‧家戒下》，《景印文淵閣四庫全書》子部，第886冊，卷2，頁6。

96　〔明〕張溥：〈十三經類語序〉，收錄羅萬藻《十三經類語》，《景印岫盧現藏罕傳善本叢刊》（據明刊本影印。臺北：臺灣商務印書館，1973年），卷首序文，頁6-7。

非傳統正規的治經、治學之道，故當時這些刪節經傳文本的行為，往往被目之為「割裂具文，破碎大衢」[97]的行為，或以「割截侮經」[98]敵視之，陳溟子（1612-卒年不詳）云：「割經裂傳，豈後學所安乎？摘句拈辭，亦士林所恥也」[99]，可見刪節割裂經傳，以之作為論文章法之用，在當時學者眼中仍有很大的爭議。而根據侯美珍〈明清士人對「評點」的批評〉[100]一文共總結出當時反對評點的十一種理由：一、評點為時文陋習。二、評點非古制。三、評點未能得作者之意。四、評點使作者無限之書，拘於評者有限之心手。五、文無定法，反對評點將法揭以示人。六、評點好論字句等末節。七、評點常是標榜的手段。八、評點者批書常流於率意、主觀。九、評點本常有改易、刪節之舉。十、評點將導致文本改變。十一、評者自居高明，蔑視作者。這些意見雖非完全針對儒家經傳立論，但可普遍看出學者反對評點的理由與觀點為何，而當中第三、四、八、十、十一點也可合併觀之，其問題焦點也就是「作者」與「評點者」，「經傳文本」與「評點文本」的兩造關係，對於作者來說，經傳文本歸屬孔子，而後世評點者卻以高明之姿橫加品評，不事闡發經義，卻一任於心，既無法深究經典原意，也往往厚誣古人矣，而當時士子閱讀此類評點文本，不僅被拘牽心志，甚至以訛傳訛，故楊伯珂（1586前後）即云：「取《左傳》讀之，見後人之評者，多不察其心，漫為之說，竊歎古人之負冤，亦有久而不白者」[101]，可見此類評本往往流於率意主觀，且多創新說異見，不以事實為根據，任意點評論說之，而影響大者如鍾惺評點三

97　〔明〕王應舉：〈十三經類語序〉，收錄羅萬藻《十三經類語》，《景印岫盧現藏罕傳善本叢刊》（據明刊本影印。臺北：臺灣商務印書館，1973年），卷首序文，頁2。

98　〔清〕張之洞：《書目答問‧別錄》集部（清光緒刻本），書目總九十三，羣書讀本，頁1。

99　〔明〕陳溟子：〈周文歸大凡‧選勝〉，《周文歸》，《四庫全書存目叢書》集部，第339冊（據清華大學圖書館藏明崇禎刻本影印），頁431。

100　侯美珍：〈明清士人對「評點」的批評〉，《晚明詩經評點之學研究》，《中國學術思想研究輯刊》4編，第14冊（臺北：花木蘭文化出版社，2009年），附錄一，頁250-263。

101　〔明〕楊伯珂：〈左傳摘議序〉，收錄〔清〕朱彝尊撰〔民國〕張廣慶等點校：《點校補正經義考》第6冊（臺北：中央研究院中國文哲研究所籌備處，1997年），卷205，頁440。

《傳》、孫鑛評點《左傳》，其說解風靡士子，左右了當時學術風氣與文風走向，進一步產生經義說解的壟斷，甚至影響到科舉制義的層面，而書坊在市場與利潤的考量下當然也就樂意屢屢翻刻此類用書，形成類似「高頭講章」功能的閱讀本。雖然「評點」為人所詬病，但一法之設，必有良莠，究其本原蓋為「啟牖蒙學設法」[102]，以「立法」精神來說，評點能使初學者能快速進入書中的章旨微義，故明清文人多肯定助益初學之功效，視為學文之指南，文章之杖指，以為「初學諷誦，可以開發性靈」[103]，而歷代學者也有從諸多方面肯定者，如黃汝亨（1558-1626）以「形式」論之云：「書之有註，猶食物之有本草；其有評，猶廷尉之覆駁，老吏之獄究；其為批點，猶畫家之點眼，堪輿家之點穴，皆的有所據」，不僅將註疏、評點放在同一位階審視，更認為評點可「引人之目，而興起其嗜學好古之念」[104]，黎庶昌（1837-1898）亦云：「余以後世之變，何所不有，自秦燔詩書，而漢儒有『章句之學』；自劉向校書，而後儒有『校讎之學』；宋元明以來品藻詩文，或加丹黃，判別高下，於是有『評點之學』；本朝以經藝試士，科場定例又有『點句句股之學』。皆因時適變，涂轍百出不窮，今悉采而用之，不得以古之所無非今之所有」[105]，將歷代章句、校讎、評點、句股之學放在同一天平審視，以為此皆各朝各代「因時適變」所發展出的特色。方東樹（1772-1851）云：「夫圈點評抹，古人所無，宋明以來始有之，去之以為大雅，明以前所無，國朝諸公始為此論，吾以為宇宙亦日新之物也，後起之義為古人所無，而必不可，蔑棄者亦多矣，荀卿所以『法後王』也，後人識卑學淺，不能追古人而又去其階

102　〔清〕章學誠：〈吳澄野太史歷代詩鈔商語〉，《校讎通義》，《續修四庫全書》史部，第930冊，外篇卷13，頁3。

103　〔清〕張之洞：《書目答問・別錄》集部，書目總九十三，羣書讀本，頁1。

104　〔明〕黃汝亨：〈批點前漢書序〉，《寓林集》，《續修四庫全書》集部，第1368冊（據湖北省圖書館藏明天啟四年吳敬吳芝等刻本影印），卷1，頁12-13。

105　〔清〕黎庶昌：〈續古文辭類纂敘〉，《拙尊園叢稿》，《續修四庫全書》集部，第1561冊（據浙江圖書館藏清光緒二十一年金陵狀元閣刻本影印），卷2，頁12。

梯，是絕之也」[106]，以為時人蔑視評點之學，直欲去之而後快，如此既不能上追古人，又無端去今人之學，此皆盲目尊古而棄今也。以「作用」來說，袁棟（1744前後）論評點則云：「庶使學者有所從入焉，不然恐其倀倀而無所之也」[107]，蕭穆（1835-1904）以為圈點可「獲知古人精神所在」，而批點更「可資啟發」[108]，故而主張全數保留姚鼐《古文辭類纂》中的評點符號文字，曾國藩撰《經史百家雜鈔》一書，則「稍以己意分別節次句絕，而章乙之閒亦釐正其謬誤，評騭其精華，雅與鄭竝奏，而得與失參見，將使一家昆弟子姪啟發證明」[109]，可見評點的積極作用不僅可使後學「有所從入」，亦可得到前人「精神所在」，並達到「啟發證明」之效用，所以並非是毫無用處的「屠龍之技」也。

第二節　古文選本中所透露的《左傳》文統觀

前一節討論了孫鑛與鍾惺的評點之學，其主張當然有其學文作文的理論，鑑賞欣賞的動機，或宗「法古」，或主「反古」，但一般士人若僅僅是要達到學文的目的即可，其實並不會拿這些經書評點文字學習，因為這些評語分散在龐大的經傳之中，一般學子難以集中焦點與注意力，所以明中葉以後古文選本大量出現，編纂者只需要將歷代精闢的文章選錄進去，既可方便閱讀者，又可較直接闡述自己的古文理論，而讀者也僅需要購買一部選本，即可達到學文的效益與目的，這看似簡單又雙贏互利的事情，

106　〔清〕方東樹：〈書歸震川史記圈點評例後〉，《攷槃集文錄》，《續修四庫全書》集部，第1497冊（據華東師範大學圖書館藏清光緒二十年刻本影印），卷5，頁40-41。

107　〔清〕袁棟：〈杜詩定本〉，《書隱叢說》，《四庫全書存目叢書》子部，第116冊（據北京圖書館藏清乾隆刻本影印），卷11，頁14。

108　〔清〕蕭穆：〈校刊古文辭類纂序〉（代），《敬孚類稿》，《續修四庫全書》集部，第1560冊（據清光緒三十三年刻本影印），卷2，頁21。

109　〔清〕曾國藩：〈經史百家簡編序〉，《曾文正公詩文集》（四部叢刊景印清同治本），文集卷1，頁18。

其實中間經歷了漫長而激烈的爭論過程，原因就在於傳統經學家無法接受儒家經典被當成一般文章看待，因為經典的最終任務在「內聖外王」，學文作文只是小道小術，何能擔負起經國濟世的理想信念，何能實現經世致用的現實關懷，所以傳統「經本不可以文論」的勢力一直在壓制經典溢出經學領域以外的所有發展，但到了明代階段，這個神聖的禁錮被徹底打破，以下據以討論之。

一、經典的「傳統」與「多變」

　　《左傳》身為儒家經典，對傳統經學家而言，它最重要的任務就是在詮解孔子賦予《春秋》中的「微言大義」，故桓譚（23-56）稱其與《春秋》經「猶衣之表裏」[110]，但歷代學者關注與研究的層面卻不僅僅侷限在「經學」的單一領域，所謂「辭義贍富，自是一家書，不主為經發」[111]，可見《左傳》傳文所蘊藏的學術內涵實是多元且豐厚的。以「史學」來說，它不僅記載了詳實有據的春秋史實，更是繼《春秋》之後最重要的編年史書，張本繼末地聯絡重大事件，被稱為「史之大宗」；若以「兵學」而言，它描繪了當時諸侯列國之間的詭譎戰爭，對各國軍事、外交的策劃謀略，戰術、戰法的運籌帷幄，都花了甚多篇幅來形容，而其戰爭紀錄與戰術謀略實是影響孫子、吳起最重要的依據，以致被後人尊為「兵法之祖」；以「文學」來論，賀循（260-319）稱其「文采若雲月，高深若山海」[112]，范寧（339-401）雖有「其失也巫」之譏，亦許以「豔而富」[113]之語，荀崧（263-329）則以「多膏腴美辭」[114]視之，甚至唐宋文人們也

110　〔清〕朱彝尊撰〔民國〕汪嘉玲等點校：《點校補正經義考》第5冊，卷169，頁512。

111　〔唐〕房玄齡：《晉書·王接列傳》（北京：中華書局，1974年），卷51，頁1435。

112　〔唐〕虞世南：《北堂書鈔》，《景印文淵閣四庫全書》子部，第889冊，卷95，頁10。

113　〔晉〕范寧：〈春秋穀梁傳註疏序〉，《春秋穀梁傳注疏》（清嘉慶阮元刻十三經注疏本。臺北：藝文印書館，1957年初版），卷首序文。

114　〔唐〕房玄齡等撰：《晉書·荀崧列傳》（臺北：鼎文書局，1980年），卷75，頁1978。

往往以《左傳》為行文作章的模擬仿效的古文典範，如韓愈、柳宗元、歐陽修等人尊之為「古文之祖」，近代梁啟超（1873-1929）先生更云：

> 《左傳》文章優美，其記事文對於極複雜之事項──如五大戰役等，綱領提挈得極嚴謹而分明，情節敘述得極委曲而簡潔，可謂極技術之能事。其記言文淵懿美茂，而生氣勃勃，後此亦殆未有其比。又其文雖時代甚古，然無佶屈聱牙之病，頗易誦習。故專以學文為目的，《左傳》亦應在精讀之列也。[115]

可見《左傳》的文采爛然，在文學的領域中早已成為古人的行文典範，但這僅僅限定於在閱讀經書的過程中，心領神會間接獲得作文之助，對傳統士人來說，經典依舊是經典，它所擁有的神聖性是不容動搖的，所以《左傳》除了經學的唯一價值以外，其他的任何領域僅是從屬的關係，是依附在經典之下的附加價值，甚至是淪為剩餘價值，而《左傳》史學的領域，從《史記》、《漢書》奠定史學地位以後，還算獲得學者們起碼的學術尊重，但其他領域往往被視為不足以登大雅之堂，或不入品流之列，所以就算《左傳》文章被學者視為撰寫行文的古文學習典範，但卻不能從經學中獨立出來，成為一門學術，因為這足以被衛道人士以「離經叛道」目之，甚至要承擔「背離孔孟」的攻訐，南朝劉勰（約465-532）即云：「唯文章之用，實經典枝條」[116]，足可代表這股以儒家「宗經」、「徵聖」的經典文統勢力，甚至蕭統（501-531）《文選》以「事出於沉思，義歸乎翰藻」[117]作為輯錄準則，但仍然不敢選錄儒家經傳，只能選錄三篇

115　梁啟超：《要籍解題及其讀法·讀左傳法之二》，收錄《清華周刊叢書》之一（北京：清華周刊叢書社，1925年初版，1930年再版），頁120。

116　〔南朝〕劉勰：《文心雕龍·序志第五十》，《景印文淵閣四庫全書》集部，第1478冊，卷10，頁12。

117　〔梁〕蕭統：《文選·文選原序》，《景印文淵閣四庫全書》集部，第1329冊，卷首，頁2。

經傳〈序〉文[118]，這其實在全書體例中是很突兀且奇怪的，但我們如果能夠理解，在漢代獨尊儒術以後，實際上可以說是儒家經典在統治著整個中國，上至君王，下至庶民，無一不在它的控制之下，那麼《文選》選錄〈序〉文，卻不錄經傳正文，此事也就不足為奇了。

二、選錄《左傳》古文的脈絡系統

將《左傳》事蹟作為論文的依據，最早應以南宋呂祖謙（1137-1181）《東萊左氏博議》一書為代表，此書已很明顯有將《左傳》篇題節錄出來作為文章加以發揮闡述的痕跡，其目的是作為士子們科舉行文時的參考，共選錄《左傳》一百六十八則事件，每則或徵以故實史事，或善用譬喻為佐證，繁引道理以附其文，並透過修辭與行文的技巧，使整篇文章產生說服力，故朱熹（1130-1200）稱其論文「極為詳博」，亦嗤其「遣詞命意亦頗傷巧」[119]，所以呂祖謙並非是以「義」的目的撰寫，而是以論「文」的角度出發，故其自云「凡《春秋》經旨，概不敢僭論，而枝辭贅喻，則舉子所以資課試者也」[120]，可以說開啟了《左傳》論文的先鋒，但總歸來說，他僅是據《左傳》而論其文，並沒有選錄傳文出來，如此一來也避免掉了以經為文或割裂聖經的疑慮。

而歷史上最早將《左傳》傳文選錄出來的是南宋理學家真德秀（1178-1235），其《文章正宗》一書開啟了儒家經傳以文章之體收錄於選本的開端，但傳統的衛道勢力仍然迫使他不得不為其行為辯護，故在〈綱目〉中堅持所選之文「以明義理、切世用為主，其體本乎古，其指近乎經者，然後取焉，否則辭雖工亦不錄」[121]，真氏依舊要強調選文的目的

---

118 收錄《文選》卷45，三篇分別為子夏〈毛詩序〉、孔安國〈尚書序〉、杜預〈春秋左氏傳序〉。

119 〔宋〕朱熹：《晦菴集‧答呂伯恭》，《景印文淵閣四庫全書》集部，第1144冊，卷33，頁9。

120 〔清〕朱彝尊撰〔民國〕張廣慶等點校：《點校補正經義考》第6冊，卷187，頁56。

121 〔宋〕真德秀：〈文章正宗綱目〉，《文章正宗》，《景印文淵閣四庫全書》集部，第1355冊，卷首，頁1。

並非是要脫離經典而論文章，反而是以文章闡明義理，達到羽翼經傳的功能，藉此說詞來避免被攻擊指責，所以從宋代以後將儒家經傳視為文章的觀念，也漸漸開始萌芽，宋李耆卿《文章精義》就說：「《易》、《詩》、《書》、《儀禮》、《春秋》、《論語》、《大學》、《中庸》、《孟子》，皆聖賢明道經世之書，雖非為作文設，而千萬世文章從是出焉」[122]，但「宗經」的勢力還是遠遠大過於「論文」，所以宋代謝枋得（1226-1289）撰《文章軌範》，依舊不敢選錄經典文字，僅能選錄唐宋文人的《春秋》、《左傳》文論而已。

然選錄《左傳》傳文於選本之中，雖早就萌發於宋代，但此後便不復再見，一直要到了明代中葉以後，此風才又復起，此時胡《傳》的獨尊地位出現弱化，其他學科趁勢而起，文人們逐漸接受經傳也可以以「文」視之的看法，鄧黻（1507前後）即云：「文莫粹於經，聖賢以其精蘊而形諸辭辭」[123]，焦竑（1540-1620）亦曰：「經者，性命之奧，政治之樞，文章之祖也」[124]，而前文敘述過評點名家孫鑛（1543-1613）認為學文的典範應該上溯至周文五經，以「萬古文章，總之無過周者」，「文章之法，盡於經矣，皆千錘百鍊而出者」，此古文上溯儒家經傳的文學「復古」論，在其評點著作風靡學子的同時，亦同樣達到了深入人心的效果。之後如李世熊（1602-1682）以「《左氏》探鉤奇賾，閎攬菁華」且「筆落麗奇，恢廓文士之疆」，而「《公》、《穀》矜飾語言，詭條襲步」[125]，宛然將《春秋》三《傳》等同文章視之。王鏊（1450-1524）則云：「遷得其奇，固得其雅，韓得其富，歐得其婉，而皆赫然名于後世，則《左氏》之于文，亦可知也」[126]，歷數前人得《左傳》文章之助益者，

122　〔宋〕李耆卿：《文章精義》，《景印文淵閣四庫全書》集部，第1481冊，頁1。
123　〔清〕朱彝尊撰〔民國〕侯美珍等點校：《點校補正經義考》第8冊，卷297，頁854。
124　同前註，頁854。
125　〔明〕李世熊：〈春秋存俟序〉，《寒支初集》，《四庫禁燬書叢刊》集部，第89冊（據清初檀河精舍刻本影印），卷3，頁47。
126　〔明〕王鏊：〈春秋左傳狐白解序〉，收錄〔清〕盧文弨《經籍考》（清鈔本），無卷數、頁

或奇、或雅、或富、或婉，個人領受，妙用不同，何喬新（1427-1502）則云：

> 觀《左氏》所述，則成周一代之文，亦可槩見已。予少讀昌黎、河東二家文，愛其敘事峻潔，擒詞豐潤，及讀《春秋左氏傳》，廼知二家之文，皆宗《左氏》，如韓之〈田弘正家廟碑〉、〈董晉行狀〉，柳之〈封建論〉、〈梓人傳〉，玩其詞而察其態度，宛然《左氏》之嫡孽也。予因慨然曰：「有志學古者，《左傳》不可廢。」[127]

道出韓愈、柳宗元兩位古文大家皆承襲效仿《左傳》之跡步，而陳繼儒（1558-1639）以為《左傳》文章典豔，故「《左氏》特以文章妙天下，為秦漢文人之祖」[128]，將文章典範更由唐宋推至秦漢之時，甚至以為「今天下之《春秋》，廢《左》而尊《胡》，胡《傳》既以復讎論聖經，而經生復以帖括求胡《傳》，支離破碎，去經彌遠，則不若反而求諸《左氏》之文章為可喜也」[129]，可見胡《傳》牢籠一代士子之心，至明代中葉以後已到了疲乏之時，此時大批文人學士逐漸將視角轉向《左傳》身上，把《左傳》「傳文」視同為「古文」的風氣已漸漸興起，甚至不惟以《左傳》當古文，《公羊》、《穀梁》二傳亦在此推闡之列，鄭鄤（1594-1639）撰《公穀合鈔》，即云：「《公》、《穀》，韓、柳之祖也。《公》之毅而舒，韓得之；《穀》之峭而幽，柳得之。自謂斯言百世不易，乃合而鈔之，亦猶之文章之見也」[130]，陸雲龍（1628前後）撰《公穀

數。

127　〔明〕何喬新：〈春秋左傳擷英序〉，《椒邱文集》，《景印文淵閣四庫全書》集部，第1249冊，卷9，頁3。

128　〔明〕陳繼儒：〈左氏春秋序〉，《晚香堂集》，《四庫禁燬書叢刊》集部，第66冊，（據北京大學圖書館藏明崇禎刻本影印）卷1，頁533。

129　同前註，頁534。

130　〔明〕鄭鄤：〈公穀合鈔序〉，《峚陽草堂詩文集》，《四庫禁燬書叢刊》集部，第126冊（據民

提奇》則云：「《公羊》則似明于訊鞫，委蛇曲折，刺入隱情，使人無從規。《穀梁》則似果于斷制，嚴厲迅猛，定人功罪，使人無可辨折，其間論議，不無合離。要為宣聖之功臣，史氏之鼻祖一也。顧其文，純用喚法，似複且套，不耐多讀，予特拔其句調靈雋，議論沉異，奇快可喜者，合為一峽，非敢云已摘其標夫，亦奇我所奇云爾」[131]，可見明中葉以後，《春秋》三《傳》儼然由探討經義微言的角色，轉變為士人學習古文的典範，入於文章之流。

　　至於在古文選本方面，明代中葉以後歸有光（1507-1571）《文章指南》一書首次在古文選本中選錄經傳文字，開始了選本收錄《左傳》傳文的風氣，如：仁集選錄「鄭伯克段於鄢」、「晉侯使呂相秦」；義集選錄「子產論重幣」；禮集選錄「臧哀伯諫納郜鼎」等等，使其成為一篇篇獨立於經傳之外的文學作品，在卷首〈看文字法〉以為《左傳》當學其「用字、用句妙處」[132]，又於「敘事典贍則」稱「學者作文，最難敘事，古今稱善敘事者，惟左氏、司馬而已」[133]，於「辭氣委婉則」稱其：「詞不迫切，而意亦獨至」[134]，儼然視《左傳》為學文的最古典範。而同時期的唐順之（1507-1560）《文編》也同樣收錄大量《左傳》古文，如卷三選錄「石碏諫寵州吁」，「臧僖伯諫觀魚」，「臧哀伯諫納郜鼎」，「宮之奇諫假道」，「富辰諫以狄伐鄭」，「屠蒯諫晉侯」，「晏子諫誅祝史」，「伍員諫吳王許越成」，「子胥諫伐齊」。卷四選錄「管仲論受鄭子華」，「季文子論出莒僕」，「司馬子魚論用人于社」，「晉伯宗論伐狄」，「師曠論衛人出君」，「晉司馬侯論三殆」，「蓬啟疆論辱晉」，「申無宇論城陳蔡不羹」，「晏子論梁丘據」。卷六選錄「魏絳請和

　　　　國二十一年活字本影印），文集卷3，頁7。
131　〔明〕陸雲龍：〈公穀提奇小序〉，《翠娛閣近言》，《續修四庫全書》集部，第1389冊（據上海圖書館藏明崇禎刻本影印），卷1文，頁1。
132　〔明〕歸有光：〈看歷代名家文法〉，《文章指南》（臺北：廣文書局，1972年），頁2。
133　同前註，頁4。
134　同前註，頁5。

戎」，「聲子請復椒舉」，等等《左傳》傳文二十篇。鍾惺《古文備體奇鈔》以為《左傳》為古文淵藪，「為羣言祖，實眾體之體也」[135]，大量選錄《左傳》古文，首選「鄭伯克段于鄢」，末錄「諫與越平」，共計選輯《左傳》古文三十二篇。其後陳洖子（1612-卒年不詳）於崇禎十三年（1640）纂輯《周文歸》[136]一書，以為「惟周兼承夏商以前渾淪之朴，醞釀秦漢以後彫鏤之朴，此周文所以郁郁稱最盛哉」[137]，故專收錄先秦古文，雖託名鍾惺所選，筆者以為實則陳洖子自選也，蓋借鍾惺之名以重其書，其卷七至卷十采錄《左傳》古文八十六則，始於「鄭伯克段於鄢」，終於「白公勝作亂」，卷十四收錄《公羊傳》古文四十一則，卷十五收錄《穀梁傳》四十四則，將文章上溯至「周文」，以為古文之「歸」也。

臺北國家圖書館藏《文章指南》舊鈔本

135　〔明〕黃道周〈古文備體奇鈔序〉，收錄鍾惺《古文備體奇鈔》（臺北國家圖書館藏明崇禎十五年閶門兼善堂刊本），序8。

136　〔明〕陳洖子纂輯：《周文歸》，《四庫全書存目叢書》集部，第339冊（據清華大學圖書館藏明崇禎刻本影印）。

137　〔明〕顧錫疇：〈周文歸序〉，《周文歸》，頁424-425。

　　金聖嘆（1608-1661）《才子必讀書》則不僅收錄《左傳》古文，且以之居卷首，林雲銘（1628-1697）編《古文析義》亦是如此，儼然以《左傳》為古文之源頭，可見明中葉以後的文人已經不認為古文應從韓愈說起，甚至《史記》、《漢書》也該讓位了，所以龔鵬程（1956—）先生認為歸有光代表了一股晚明文人對古文源流的新態度，雖然「古文八大家仍是他們所尊崇的典範，但古文宗傳卻不該由韓愈講起，而是由《左傳》講起，且又因講《左傳》而聯類及於《史記》」[138]，所以從歸有光、唐順之、金聖嘆、林雲銘之後，就有一派文人依循著這股路數，將《左傳》列入古文行列（包含《公》、《穀》），如徐乾學（1631-1694）《古文淵鑒》首四卷皆選錄《左傳》，卷七則收錄《公》、《穀》。吳楚材（1655-卒年不詳）《古文觀止》首二卷皆錄《左傳》，卷三收《公》、《穀》。之後方苞（1668-1749）《古文約選》，過商侯《古文評註》，余誠《古文釋義》，楊繩武（約1705-1790）《文章鼻祖》等人皆循歸有光至林雲銘的古文脈落，將《左傳》列為古文典範，至於到晚清階段，曾國藩撰《經史百家雜鈔》，那更是大選特選《左傳》古文了。

　　而在明代就算不是古文選本，《春秋》專著中亦有以經傳為古文的現象，如汪道昆（1525-1593）《春秋左傳節文註略》，穆文熙（1527-1591）《左傳鈔評》、《春秋左傳評苑》、《左傳鴻裁》，孫應鰲（1527-1586）《左粹題評》，郝敬（1558-1639）《批點左氏新語》，詹惟修（1585前後）《左氏摘豔》，張鼐（生年不詳-1629）《評選左傳文苑》，魏禧（1624-1681）《左傳經世鈔》，凌稚隆（嘉靖–萬曆）《春秋左傳評注測義》，陳懿典（1592前後）《讀左漫筆》，范鳳翼（1596前後）《左抄》，李事道（1600前後）《左概》等等。入清以後，傅山（1605-1684）《左錦》，金聖嘆（1608-1661）《左傳釋》，

138　龔鵬程：〈六經皆文：晚明對《春秋》三《傳》、《禮記》等書的文章典範化〉，《六經皆文：經學史／文學史》（臺北：臺灣學生書局，2008年），頁163。

周希令（1613前後）《新刻春秋談虎講意》，儲欣（1630-1690後）《左傳選》，方苞《左傳義法舉要》，馮李驊《左繡》，王源《或庵評春秋三傳》，李文淵《左傳評》，晚清林紓（1852-1924）《左傳擷華》等等專書，皆是將《左傳》（或《公》、《穀》）置入「文」類中加以討論評點。

由以上選文和專書這兩類來看，《左傳》或《公》、《穀》納入古文系統的意見，從明代中葉以後就已經蔚為風潮，此風蔓延至清初階段，朱軾（1665-1737）甚至標舉「《左氏》文章也，非經傳也」，稱其乃「文之至也」[139]，這一系列以《左傳》為首的經典古文觀，和以茅坤（1512-1601）為代表的唐宋古文觀，形成了兩種截然不同的古文理論，但這股以經傳為古文的暗流似乎在今日學術討論中被遺忘忽略了。

從以上討論可以確切知道明代《春秋》經學進入古文領域這一觀點儼然已經成為古文發展史不可或缺的重要一環，可以說是明代經學史、文學史中的頭等大事。而清初文風當然也是沿襲著明代中葉而來，至晚清曾國藩、林紓等人以《左傳》為古文典範亦是這股暗流的延續，所以到了民國階段，《左傳》「鄭伯克段於鄢」會納入中學古文經典教材，其真正的始末源流從以上說明可以說是非常清楚明確了，遠因可從宋代真德秀說起，近因則應以明中葉歸有光為首，今日或以為是受到吳楚材《古文觀止》的影響，其實這一觀念是有問題的，《古文觀止》一書或許在古典散文層面對近代文風影響頗大，但其實此書只是明代中葉以後《左傳》古文流派的一個環節，所以由一人一書得到的結論在今日看來往往只是置身時代潮流下的一顆小螺絲釘，雖不能輕視它所發揮的促進推廣之功，但亦不能無限放大它的影響力。

139　〔清〕朱軾：〈左繡序〉，收錄馮李驊《左繡》，《四庫全書存目叢書》經部，第141冊（據私藏清康熙五十九年刻本影印），頁132，134。

三、「經不可文論」與「古文之祖」的衝突

　　雖然以經傳為古文的觀念在明代取得了不少文人的支持，但傳統儒家「宗經」、「徵聖」的維護勢力其實一直在壓制這股「論文」的風氣，從真德秀在《文章正宗》中為自己辯護的口氣即可得知一二，甚至方以智（1611-1671）撰《文章薪火》一書論述文章源流，首即六經，次以《左傳》為論，但觀其所云：「道統且置，姑就文章論文章」[140]，此事先聲明之詞，其作用亦可謂不言自明矣。至徐乾學奉康熙御敕編輯《古文淵鑒》，雖將古文源流上溯至《左傳》，但亦託言「用真德秀《文章正宗》例」[141]，顯然維護經典的傳統勢力還是具有一定影響，而盡將責任推給真德秀，故侯美珍認為此舉「有讓始作俑者承擔毀譽之意」[142]，《四庫全書總目》則云：「經義文章，雖非兩事，三《傳》要以經義傳，不僅以文章傳也。置經義而論文章，末矣」[143]，朱軾雖標舉《左傳》「文章也，非經傳也」，但在文末亦要說明此是藉由「論文而進之以談經」，以達「卓犖不羣之識也」[144]。明末陳洖子纂輯《周文歸》一書，卷首即表明「割經裂傳，豈後學所安乎？摘句拈辭，亦士林所恥也」，表面上似乎支持「經不可以文論」的傳統觀點，但隨後以為古今文章「萬卷浩繁，固難周覽，或以一囊貧澀，又苦全收」[145]，故「惜一選，以擷諸英，諷誦用供，僭裁任罪」[146]，可以說對於他人可能指責該書的話，不煩他人代勞，自己就先在

140　〔清〕方以智：《文章薪火》（清道光十三年昭代叢書本），頁1。

141　〔清〕徐乾學編註・康熙御選：《古文淵鑒》，《景印文淵閣四庫全書》集部，第1417冊，提要，頁1。

142　侯美珍：〈晚明《詩經》評點之學餘論〉，《晚明詩經評點之學研究》，《中國學術思想研究輯刊》4編，第14冊（臺北：花木蘭文化出版社，2009年），頁225。

143　〔清〕紀昀等編纂：《四庫全書總目》，卷31，經部，春秋類存目二，「或庵評春秋三傳」條，頁256c。

144　〔清〕朱軾：〈左繡序〉，收錄馮李驊《左繡》，《四庫全書存目叢書》經部，第141冊，頁134。

145　〔明〕陳洖子：〈周文歸大凡・選勝〉，《周文歸》，《四庫全書存目叢書》集部，第339冊（據清華大學圖書館藏明崇禎刻本影印），頁431。

146　同前註。

書前先自我批判一番，再委婉說明解釋，其用心與苦心亦昭然矣。甚至到晚清曾國藩編《經史百家雜鈔》時，其尊經衛道的言論亦不見削減，其云：「村塾古文有選《左傳》者，識者或譏之。近世一二知文之士，纂錄古文，不復上及六經，以云尊經也」[147]，林紓亦有「置身在尊經之世，斷不敢貶經為文，使人指目其妄」之論[148]，可見經典神聖性的特質與「經本不可以文論」[149]的觀念，從宋代至晚清還一直根深蒂固地存在傳統經學家心中，不曾消失抹滅。

　　但相較於違背傳統「宗經」的看法，明代部份文人顯然不從這個思維出發，反而認為將古文依附於經典之下，這反而是一種「尊經」的行為，如王鏊（1450-1524）就說：「世謂六經無文法，不知萬古義理，萬古文字皆從經出也」[150]，顧璘（1476-1545）則曰：「六經者，禮義之統紀，文章之準繩也，學者不根六經，無以成學」[151]，都明顯將「文」章附著於「經」典羽翼之下。而另外一種看法是將古文的源流上溯至《左傳》，甚至五經，使其取代唐宋古文八大家，甚至是《史記》，成為真正的「古文之祖」，如陸雲龍就認為「天地固文章祖也，古人觀于天地而文生，五經為其正嫡」[152]，其將五經歸為文章之宗的用意已很明確，至於像歸有光、唐順之、金聖嘆等人的選本中雖沒有明指，但以《左傳》居首的用意亦昭然若揭，到了方苞則云：「古文所從來遠矣，六經、《語》、《孟》其根源也，得其枝流而義法最精者莫如《左傳》、《史記》」[153]，雖將六經、《論語》、《孟子》列為古文根源，但觀其《古文約選》與《左傳義法舉

147　〔清〕曾國藩：《經史百家雜鈔·序例》（臺北：中行書局，1963年），頁1。

148　〔清〕林紓：〈左傳擷華序〉，《左傳擷華》（臺北：文光圖書公司，1957年），頁2。

149　〔清〕紀昀等編纂：《四庫全書總目》，卷34，經部，五經總義類存目，「孫月峰評經」條，頁283a。

150　〔清〕朱彝尊撰〔民國〕侯美珍等點校：《點校補正經義考》第8冊，卷297，頁839。

151　同前註，頁841。

152　〔明〕陸雲龍：〈五經提奇小序〉，《翠娛閣近言》，《續修四庫全書》集部，第1389冊（據上海圖書館藏明崇禎刻本影印），卷1文，頁1。

153　〔清〕方苞：〈古文約選序〉，《古文約選》（臺北：臺灣中華書局，1969年），頁3。

要》，則《左傳》才是他所真正指涉的實體。乾隆以後，這樣的觀念更加明顯而準確，楊繩武就直言：「六經、《左》、《國》、《史》、《漢》……用以推明文章之道，千變萬化，皆從此出」[154]，明確提出「古文之原，當溯諸經」[155]，稱許「左邱明亦真千古文章之雄伯哉」[156]，至袁枚（1716-1797）則標舉「《六經》、三《傳》，古文之祖也」[157]，雖擴大將六經皆等同文章，但實亦專指《春秋》三《傳》，章學誠（1738-1801）則云：「古文，經世之業」[158]，大有以古文以達史學經世的用意，又云：

　　左丘明，「古文之祖」也。司馬因之而極其變，班、陳以降，真古文辭之大宗。至六朝古文中斷，韓子文起八代之衰，而古文失傳亦始韓子。蓋韓子之學，宗經而不宗史，經之流變必入於史，又韓子之所未喻也。近世文宗八家，以為正軌，而八家莫不步趨韓子，雖歐陽手修《唐書》與《五代史》，其實不脫學究《春秋》與《文選》。[159]

　　推翻唐宋古文八大家為古文之宗的傳統看法，並明確提出左丘明撰《左傳》為「古文之祖」，而司馬遷《史記》、班固《漢書》、陳壽《三國志》皆其支流，至晚清林紓（1852-1924）撰《左傳擷華》，稱「以行文論，《左氏》之文，萬世古文之祖也」[160]，章、林二人的意見雖可謂震

154　〔清〕楊繩武：《文章鼻祖·例言》，《四庫全書存目叢書》集部，第408冊（據中央民族大學圖書館藏清乾隆二十八年刻本影印），頁4。

155　〔清〕楊繩武：〈鍾山書院規約〉，收錄鄧洪波編《中國書院學規》（長沙：湖南大學出版社，2000年），頁26。

156　〔清〕楊繩武：《文章鼻祖》，《四庫全書存目叢書》集部，第408冊，卷2，頁13。

157　〔清〕袁枚：〈與程蕺園書〉，《小倉山房集》（清乾隆刻增修本），卷30，頁1。

158　〔清〕章學誠：〈古文十弊〉，《文史通義新編新注》（杭州：浙江古籍出版社，2008年重印），內篇二，頁153。

159　〔清〕章學誠：〈與汪龍莊書〉三月，《文史通義新編新注》，外篇三，頁693。

160　〔清〕林紓：〈左傳擷華序〉，《左傳擷華》（臺北：文光圖書公司，1957年），頁2。

聾發聵，但亦其來有至矣。

然而古文在明代中葉的勃興，實際上也可以說是科舉時文間接助益之功，因為時文主要在替「代聖人立言」，故而仿效經傳古文的語氣行文，追求其間的修辭、句法、章法、文字，這些對於舉業來說，可以說間接達到了舉一而反三，事半而功倍的目的，最後甚至有以時文為古文者，其關鍵點即在於此，所以明代中葉古文的勃興，和當時的科舉八股制度也是有所關聯的。明代中葉以後，經典的地位不如漢代「罷黜百家」式的唯我獨尊，儒家經學以外的學科研究呈現百花齊放的繁榮景象，其中一支變經傳為古文，以文體的角度審視經典，使《左傳》，甚至《公》、《穀》二傳脫離經學探求微言大義的範疇，另闢蹊徑，自立門戶，而這或許也可以視為學術生命面臨生存危機時的不得不然，當時傳統儒學面臨陽明末流的崛起，佛老二氏的威脅，甚至大量的通俗戲曲小說，都使得經學的地位面臨挑戰，傳統學者若不想方設法參與其中，若「不急急焉以文誘人，則孔、孟或幾乎息矣」[161]，所以學術有時也必須要適時轉換，審時度勢，要適應時代才能繼續生存，綜觀古今，又有那一門學科是靜止不動的呢？所以當時儒家經典會進入到古文選本之中，這一個外部的危機因素我想是不能不加以考慮的。

第三節　經傳文本進入小說敘事的典範再造

明代經學的多元化除了反映在經學、史學、兵法、古文等層面，連最為衛道人士攻訐的通俗小說領域，神聖的經傳最後也參與在其中，大家眾所皆知的明代通俗文學大家馮夢龍即是將《春秋》經典轉化為通俗典範的第一人，他的通俗作品中和《春秋》學最有關係的是《新列國志》一書，

161　〔清〕江有光：《標孟》，《續修四庫全書》經部，第157冊（據中國科學院圖書館藏清康熙刻本影印。上海：上海古籍出版社，2002年），卷首序文，頁2。

據傅承洲所考證，此書的創作時間約在明末天啟七年至崇禎三年間[162]，今以明金閶葉敬池刊本最為完整且通行，臺灣聯經出版事業有限公司曾據以影印排版，流傳頗廣。此書性質上屬於歷史演義小說，內容主要在敷衍春秋、戰國時期的歷史事件，但全文有五分之四的篇幅其實都圍繞在春秋階段，這也就是本文將其列入明代《春秋》學著作加以討論的原因之一。另外一個理由是筆者以為這類通俗小說在本質上實是儒家經典所衍化出來的副產品，明代以至清代的《列國志》系列小說流行的現象，實際上已很明顯地展現了儒家經典神聖性的弱化與衰微，昔日的聖經賢傳，在明中葉以後，逐漸褪下高不可攀的形象，除了進入史學、兵學、文學的研究外，它也邁進通俗小說的新領域，這是明代經學的一大變化與轉折，卻也不幸成為傳統經學家批評明代經學衰微不堪的理據之一，但不論這類理據是否站的住腳，是否真的具有前後的因果關係，甚至以此侈言明代經學毫無成果，但至少今日之學者在接受前人觀念時，自己要先知曉明末經學通俗化的實際內容才是，它的內涵和傳統經傳的繼承關係為何？甚至產生了何種後續影響？這些問題不是僅僅以一句「衰微」就可全盤解釋的。

一、馮夢龍的《春秋》經學與通俗文學

馮夢龍（1574-1646），江蘇長洲人，字猶龍、子猶，號姑蘇詞奴、顧曲散人、墨憨子、龍子猶、墨憨齋主人，生平嗜學，詩文藻麗，尤工於《春秋》，編撰有《別本春秋大全》、《春秋衡庫》、《麟經指月》、《春秋定旨參新》等四大本專書，為當時舉業家所宗，梅之煥（1575-1641）云：「敝邑之治《春秋》者，往往反問渡于馮生《指月》一編」[163]，其《春秋》經學

162　傅承洲：〈馮夢龍著作編年與考證〉，《烟台大學學報》（哲學社會科學版），1989年，第1期，頁61。

163　〔明〕梅之煥：〈敘麟經指月〉，《麟經指月》，《四庫未收書輯刊》第2輯，第10冊，（據明刻本影印），頁406。

的造詣之深，為當時「麟經藪」的麻城士子所推重[164]，但他自己在科場中卻屢屢不得意，終其一生僅得了一個秀才的功名，崇禎時才勉強補了一個壽寧知縣的缺，編了一部《壽寧縣志》，觀其一生，真可用「文章憎命達，魑魅喜人過」一語評價，杜甫此詩（天末懷李白）套在馮夢龍身上是再適合不過了，然而也因為科場的失意使他必須面對現實的生活，故而編纂並創作大量通俗戲曲、笑話、小說以供書坊印製販賣，然而這份無心插柳的編書匠工作，卻也因此使他成為當代最著名的通俗文學作家與編纂家，甚至今日的學術界，更視他為近現代的文學啟蒙者，享譽中外，這一點恐怕連馮氏自己也沒有料想到，但現今賦予馮夢龍的標誌，這完全是用現代人的學術眼光去評價，他自己一生學問所追求的理想實在經學，自言「不佞童年受經，逢人問道，四方之秘筴，盡得疏觀，廿載之苦心，亦多研悟」[165]，其弟馮夢熊亦云：「余兄猶龍，幼治《春秋》，胸中武庫，不減征南。居恒研，精覃思，曰：『吾志在《春秋》』，牆壁戶牖，皆置刀筆者，積二十餘年而始愜」[166]，萬曆四十年（1612）左右，更在湖北麻城與梅之煥、梅之熉、孔貞運、嚴自完、劉有綸、馮士驊、錢謙益、耿汝忞、張我城等[167]八十八位《春秋》名家結成文社，研治麟經，所以將其視為傳統經學家或《春秋》學家，或許更能符應其心志與學術宗旨所向，但也因為仕途的不順遂，轉而接觸通俗文學的領域，進而創造出《新列國志》一書，成為當時《左傳》經典通俗化的代表之作。

---

164 據本書第三章所統計，有明一朝，湖北麻城共計出了64名《春秋》進士，僅次於江西安福的101人，居全國第二也，故稱「麟經藪」，實不為過。

165 〔明〕馮夢龍：〈麟經新旨發凡〉第一則，《麟經指月》，《四庫未收書輯刊》第2輯，第10冊，頁411。

166 〔明〕馮夢熊：〈麟經指月序〉，《麟經指月》，《四庫未收書輯刊》第2輯，第10冊，頁408。

167 本文所舉諸人皆有《春秋》專著，如梅之煥《梅太史訂選左傳神駒》，梅之熉《春秋因是》，孔貞運《春秋直解》，嚴自完《春秋要解》，劉有綸《麟旨》，馮士驊與張我城合撰《春秋三發》，錢謙益《讀左傳札記》，耿汝忞《松麟軒新鍥春秋愍渡》，其餘諸人或為《春秋》舉人、進士，如孔貞時，或為當時名士如文震孟、姚希孟、董斯張。

美國哈佛大學燕京圖書館藏《春秋大全》

　　但若論及明清《列國志》小說的流衍情形，最初應以余邵魚（1606前後）《春秋五霸七雄列國志傳》一書作為起點，余邵魚自言此書乃「繼諸史而作」，其「編年取法麟經，記事一據實錄」[168]，大凡「五霸平生履歷，莫不謹按五經，并《左傳》、《十七史》、《綱目通鑑》、《戰國策》、《吳越春秋》等書」[169]，且懼百姓無法悉通經傳的微辭奧旨，故「改為演義，以便人觀覽」[170]，如此可達「善則知勸，惡則知戒」[171]之用，並以此作與那些「徒鑿為空言，以炫人聽聞」[172]之書實有天壤之別，但此書實際上也充滿許多移花接木之史實，向壁虛造之事蹟，怪力亂神之描寫，實不可當「循名稽實，亦足

168　〔明〕余邵魚：〈題全像列國志傳引〉，《春秋五霸七雄列國志傳》，收錄《古本小說叢刊》，第6輯，第1冊（北京中華書局據日本蓬左文庫本藏明萬曆三十四年三台館余象斗重刊本影印。一名春秋五霸七雄列國志傳。上海：古籍出版社，1994年），頁5。

169　《春秋五霸七雄列國志傳》，頁5-6。

170　同前註，頁6。

171　同前註，頁6-7。

172　同前註，頁7。

補經史之所未賅」[173]之名，更遑論「與經史並傳可也」[174]之過譽，但此書卻開啟了明清兩朝研讀《列國志》的風潮，產生許多衍生創作，如陳繼儒（1558-1639，字眉公）評點《春秋列國志傳》[175]，據原書而施以簡短評語，之後馮夢龍不滿余氏之書，重新創作《新列國志》一百單八回本，成為明代以後最風行的《列國志》版本，稍後出現題名為李贄（1527-1602，號卓吾）評點的《片璧列國志》[176]，乃書坊為牟利偽託，割裂拼貼余書與馮書而成[177]，之後清朝乾隆五十年楊庸（1766前後）編《列國志輯要》[178]與之後嘉慶元年刊印的《繡像春秋列國新增西周演義》[179]二書都是在馮夢龍的版本上加以減省新增，至蔡奡（1736前後，字元放）則對馮本略為修改增評，成為《東周列國志》一書，然整體章回架構幾乎沒有對《新列國志》做任何的更動，清代以後坊刻幾以此書為準，以至民國以後許多翻刻、重修、編排本會認為作者為蔡元放，實則應將作者歸屬於馮夢龍才是。再從這一系列的《列國志》諸作中可以很清楚的知道一項訊息，即書坊之所以願意屢屢翻刻，甚至不惜偽託，表明這類的列國小說具有一定的市場經濟規模，擁有為數不少的讀者群，所以在銷路無虞的考量下，願意推陳出新，以便吸引更多的人閱讀，可知列國演義小說在明清兩朝風行一時，而馮夢龍《新列國志》一書在這當中起了絕對性的作用，可以說馮書奠定了日後列國小說的方向與基礎，造就了當日閱讀

173　〔明〕陳繼儒：〈敘列國傳〉，《新鐫陳眉公先生評點春秋列國志傳》，收錄《明清善本小說叢刊初編》，第12輯，第1冊（據明萬曆末葉姑蘇龔紹山刊本影印。臺北：天一出版社，1985年），卷首序文。

174　同前註。

175　〔明〕陳繼儒評點：《新鐫陳眉公先生評點春秋列國志傳》，收錄《明清善本小說叢刊初編》第12輯，第1-8冊（據明萬曆末葉姑蘇龔紹山刊本影印）。

176　〔明〕李卓吾評點：《片璧列國志》，收錄《古本小說集成》，第260冊（據日本京都大學圖書館藏本影印。上海：上海古籍出版社，1994年）。

177　詳見龔敏：〈片璧列國志的來源及其成書時間考〉，《東華人文學報》第14期（2009年1月），頁115-130。

178　〔清〕楊庸：《列國志輯要》，收錄《古本小說集成》，第291冊（據日本京都大學文學部圖書館鈴本文庫所藏乾隆五十年四知堂本影印。上海：上海古籍出版社，1994年）。

179　〔清〕不知撰者：《繡像春秋列國新增西周演義》（Bibliothèque nationale de France, Département des manuscrits, Chinois 4159–4161法國巴黎國家圖書館藏清嘉慶元年刻本）。

浪潮的高峰。

二、「小說敘事」提供「歷史殷鑑」

　　馮夢龍《新列國志》最初的創作動機乃是不滿意余邵魚《春秋五霸七雄列國志傳》一書妄加穿鑿，不顧史實，列國之「事多疏漏，全不貫串，兼以率意杜撰，不顧是非」[180]，且「鋪敘之疏漏，人物之顛倒，制度之失考，詞句之惡劣」[181]，史實紕繆頗多，如伍子胥臨潼關與諸侯鬭寶，十八鎮諸侯各傾國寶以待，從秦國溫涼盞，到衛國鎮風石，許國截虹劍，而伍子胥法力高強，宛如一部《封神》，情節真直令人噴飯不已，實「未可為稍通文理者道也」[182]，故而將余邵魚「舊《志》胡說，一筆抹盡」[183]，重新輯演為一百單八回本，材料以《左傳》、《國語》、《史記》等正統的史書為主，輔以《孔子家語》、《公羊傳》、《穀梁傳》、《晉乘》、《楚檮杌》、《管子》、《晏子》、《韓非子》、《孫武子》、《燕丹子》、《越絕書》、《吳越春秋》、《呂氏春秋》、《韓詩外傳》、《新書》、《說苑》等經傳子史，大凡關於東周史實紀錄的先秦兩漢諸書都搜羅殆盡，可以說每敘一事必有所據，每引一言必有所根，不刻意捏造虛構的史實，不妄自添加過多怪力亂神的情節，以春秋歷史的真實性作為《新列國志》的編寫規範，故胡宗文（1740前後）云：「余謂志傳之作，自盤古以迄宋明，總不若《東周列國》為傳信而可徵也」[184]，如此閱讀者才能合情合理地融入在實際發生的歷史事件中，感受其中所給予後人的史實借鑑作用。

180　〔明〕馮夢龍：〈新列國志凡例〉，《新列國志》（據日本內閣文庫藏葉敬池刊本排版。臺北：聯經出版事業公司，1981年），第1條。

181　〔明〕馮夢龍：〈新列國志敘〉，《新列國志》，卷首，敘4-5。

182　《新列國志》，卷首，敘4。

183　〔明〕馮夢龍：〈新列國志凡例〉，《新列國志》，第6條。

184　〔清〕胡宗文：〈東周列國志序〉，《東周列國志》（上海：上海古籍出版社，1995年），頁1。

日本內閣文庫藏明金閶葉敬池刊本《新列國志》書影

　　雖然傳統經書史傳也能達到這樣的教化效果，也能提供給讀書人歷史的龜鑑作用，但馮夢龍認為能影響的層面過於狹隘，反倒不如通俗小說的影響廣泛，錢大昕（1728-1804）即云：「古有儒、釋、道三教，自明以來又多一教，曰『小說』。小說，演義之書，未嘗自以為教也，而士大夫、農、工、商賈，無不習聞之，以至兒童、婦女、不識字者，亦皆聞而如見之，是其教較之儒、釋、道而更廣也」[185]，可見小說的影響力真是無遠弗屆，馮夢龍《新列國志》一書即用百姓普遍理解的語言文字將經典口語化，進而使「往蹟種種，開卷瞭然，披而覽之，能令村夫俗子，與縉紳學問相參，若引為法誡，其利益亦與六經諸史相垺，寧為區區稗官野史，資人口吻而已哉？」[186]，馮夢龍不似傳統經學家般鄙視那不入流，難登大雅之堂的通俗文學，反而肯定其價值與經史相當，其顛覆傳統的思維確實突破了當代主流學術的思維規範。他撰著《新列國志》一書，即肯定地認為其中的歷史教訓必然可以給予後人歷史借鑑的作用，其云：

　　鑒於褒姒、驪姬，而知嬖不可以篡嫡；鑒於子頹、陽生，而知庶不可

185　〔清〕錢大昕：《潛研堂文集‧正俗》，《續修四庫全書》集部，第1438冊（據清嘉慶十一年刻本影印），卷17，頁14。

186　〔明〕馮夢龍：〈新列國志敘〉，《新列國志》，卷首，敘9-10。

以奸長；鑒於無疾、宰嚭，而知佞不可以參賢；鑒於囊瓦、郭開，而知貪夫之不可以與共國；鑒於楚平、屠岸賈、魏顆、豫讓，而知德怨之必反；鑒於秦野人、楚唐狡、晉里鳧須，而知襟量之不可以隘；鑒於二姜、崔慶，而知淫風之足以亡身而覆國；鑒於王僚、熊比，而知非據之不可幸處；鑒於商鞅、武安君，而知慘刻好殺之還以自中；鑒於晉屬、楚靈、欒黶、智伯，而知驕盈之無不覆；鑒於秦武王、南宮萬、養叔、慶忌，而知勇藝之無全恃；鑒於燭武、甘羅，而知老幼之未可量；鑒於越句踐、燕昭、孟明、蘇季子，而知困衡之玉汝於成；鑒於宋閔公、蕭同叔子，而知凡戲之無益；鑒於里克、茅焦，而知死生之不關於趨避。[187]

這些精采的歷史事件透過小說的描繪，反映了上至治國，下至修身的準則，又如「西門豹、尹鐸之吏治；鄭莊、先軫、二孫、二起、田單、信陵君、尉繚子之將略；孔父、仇牧、荀息、王蠋、肥義、屈原之忠義；專諸、要離、聶政、夷門侯生之勇俠；介子推、魯仲連之高尚；管夷吾、公孫僑之博洽；共姜、叔姬、杞梁妻、昭王夫人之志節」[188]，無一不給予帝王將相治國治軍的借鑑，人臣下屬事君奉主的典範，平民百姓治學修己的準繩，就算「不讀《春秋》、《左》、《國》、《史記》諸書，而得窺此編，其於春秋戰國間興衰治亂，善惡邪正，無不了然在目矣」[189]，可以說一部《新列國志》就囊括了春秋戰國五百多年間的國事興廢與人情世故，就算與「二十一史並列鄴架，亦復何媿？」[190]，馮夢龍此書實際上是以經學家之識見，握史家之筆，總結歷史的興亡盛衰，鋪敘人物的善惡忠奸，使世人知曉「得賢者勝，失賢者敗；自強者興，自怠者亡。勝敗興亡之分，不得不歸咎於人事也」[191]，

187　〔明〕馮夢龍：〈新列國志敘〉，《新列國志》，卷首，敘6-8。

188　〔明〕馮夢龍：〈新列國志敘〉，《新列國志》，卷首，敘8-9。

189　〔清〕胡宗文：〈東周列國志序〉，《東周列國志》，頁2。

190　〔明〕馮夢龍：〈新列國志敘〉，《新列國志》，卷首，敘10。

191　〔明〕馮夢龍：〈新列國志引首〉，《新列國志》，頁2。

其歷史觀中特別強調「人才」的作用，所謂「總觀千古興亡局，盡在朝中用
佞賢」[192]，而不歸於天道運勢的必然，故蔡元放云：「讀《列國志》全要把作
正史看，莫作小說一例看了」[193]，可見此書和一般漁色艷情、俠義盜殺或妖道
神魔的通俗小說讀本在本質與內容層面上有很大差異性。

三、「微言大義」轉為「道德規範」

馮夢龍撰寫《新列國志》一書不僅提供了大時代的歷史借鑑，更強調其中
所展現的「忠君忘身」、「公私義利」、「孝慈友恭」、「守信棄貪」、「善
惡終報」、「戒淫貞節」等等傳統儒家所強調的道德教化與倫理綱常思想，對
此花了許多章回進行情節編織與敘事描寫，甚至在眉批上的評點文字，或事件
結束的論斷，以及穿插其中的賦詩歌謠，皆能明顯感受到作者筆鋒上的好惡情
緒，這些都使得閱讀者在觀覽的過程中忘乎經傳的神聖性與嚴肅性，如此一來
更能夠自然而然，甚至是理所當然的接受吸收馮夢龍筆下的儒家傳統思想所要
求的倫理道德規範，這其中的線索都透露出馮夢龍依舊懷有身為一名《春秋》
經學家的自覺，以及儒家「經世致用」的理想層面，冀望藉由小說的通俗性格
來「實現」經典教化群眾的理想，甚至是「取代」經典的部份功能性，這可以
說是馮夢龍經典通俗化的最終理念。

（一）忠君忘身

馮夢龍於《新列國志》一書中特別強調「忠」字的重要，其實這也是
儒家傳統「忠君」思想高於其他道德的大義表現，如第四十四回，〈叔詹
據鼎抗晉侯〉一節，借叔詹之口點出「主憂則臣辱，主辱則臣死」，以臣
一人換一國之寧，「臣避死不忠」，後在面對晉侯時慷慨陳言「盡心謀
國，忠也；臨難不避，勇也；殺身救國，仁也」[194]，使晉文公感佩退兵。

192　〔明〕馮夢龍：《新列國志》，第108回，卷尾詩，頁1238。
193　〔清〕蔡元放：〈東周列國志讀法〉，《東周列國志》（臺北：文政出版社，1972年），頁1。
194　〔明〕馮夢龍：《新列國志》，第44回，「叔詹據鼎抗晉侯」，頁453-454。

又如。第五十六回，〈逢丑父易位免君〉一
節，齊頃公兵敗晉軍而逃，逢丑父假扮頃公，
「以身代君」[195]，使頃公得以逃脫。再如專諸
之母殺身以成全子志，馮夢龍賦詩讚云：「願
子成名不惜身，肯將孝子換忠臣。世間盡為貪
生誤，不及區區老婦人」[196]，對於其母寧願一
死以成就其子忠臣之名，給予高度的讚賞。其
他諸如「忠臣事君，有死無二」[197]；「子無二

「叔詹據鼎抗晉侯」插圖

父，臣無二君」[198]；「為子不孝，為臣不忠，
老臣之所懼也」[199]；「事君者不顧其身」[200]；「君臣無獄，父子無獄。若
臣與君訟，是無上下也」[201]，「仁不惡君，智不重困，勇不逃死」[202]；
「忠臣拚一死」[203]；「忠臣不懼死」[204]；「忠臣不憂身之死」[205]；「忠不
二心」[206]；「盡心事主曰忠」[207]；「忠臣殺身以事其君」[208]等等都是瀰漫
忠君忘身殺身的思維。又如「忠孝難兼局，彼哉私身家，何以食君
祿？」[209]，則顯示在忠孝難以兩全時，捨孝以盡忠的觀念。而「忠臣不事

195　《新列國志》，第56回，「逢丑父易位免君」，頁590-600。
196　《新列國志》，第73回，「專諸進炙刺王僚」，頁808。
197　《新列國志》，第35回，「秦懷嬴重婚公子」，頁364。
198　同前註。
199　同前註。
200　《新列國志》，第42回，「周襄王河陽受覲」，頁434。
201　《新列國志》，第42回，「衛元咺公館對獄」，頁441。
202　《新列國志》，第27回，「驪姬巧計殺申生」，頁279。
203　《新列國志》，第10回，「鄭祭足被脅立庶」，頁95。
204　《新列國志》，第55回，「華元登牀劫子反」，頁581。
205　《新列國志》，第84回，「豫讓擊衣報襄子」，頁956。
206　《新列國志》，第27回，「獻公臨終囑荀息」，頁283。
207　同前註。
208　《新列國志》，第31回，「介子推割股啖君」，頁319。
209　同前註。

二君，烈女不更二夫」[210]，更是形塑古今男女至高道德的貞節牌坊，甚至其中充斥著「臣以死殉國，分也」[211]的君臣綱常思維，可說這類傳統儒家「忠君」道德思維下的事例，在全書之中不勝枚舉，亦是馮夢龍評點時特別關注著墨的部份，反觀當時明朝亡於滿清之際，士大夫殉國人數根據清朝官方統計達三千八百多人，這個數目還未納入平民計算，若說士人是受到儒家經典教化的影響，那平民老百姓參與殉國之舉的觸動媒介，更多的可能性是這類教「忠」教「孝」的通俗讀本所引發。

（二）公私義利

第七十二回〈棠公尚捐軀奔父難〉一節，寫伍子胥父兄皆被楚平王殺害，伍子胥逃離楚國，遇昔日好友申包胥，告知必定復仇滅楚，鞭尸洩恨，申包胥云：「吾欲教子報楚，則為不忠；教子不報，又陷于子不孝。子勉之！行矣！朋友之誼，吾必不漏洩于人。然子能覆楚，吾必能存楚；子能危楚，吾必能安楚」[212]，馮夢龍於此關節批評云：「申包胥明知子胥必能危楚，且為友誼而不漏洩于人，失輕重之衡矣」[213]，認為申包胥既知伍子胥有覆楚之心，為了國家存亡則應捨棄私人情誼，不應以小節

「伍子胥微服過昭關」
插圖

害大義，其實也在暗諷伍員以私憤而欲滅故國楚都的行徑是如何地瘋狂，此節可見馮夢龍視「忠君」為大義的表現，並且凌駕一切的倫理道德。又如第六回〈衛石碏大義滅親〉一節，子厚助州吁弒君，石碏殺子以盡忠，馮夢龍借《左傳》言曰：「為大義而滅親，真純臣也」[214]，又有詩云：「公義私情

210　《新列國志》，第95回，「說四國樂毅滅齊」，頁1082。

211　《新列國志》，第55回，「華元登牀劫子反」，頁579。

212　《新列國志》，第72回，「棠公尚捐軀奔父難 伍子胥微服過昭關」，頁785。

213　《新列國志》，頁785，眉批。

214　《新列國志》，第6回，「衛石碏大義滅親」，頁56。

不兩全，甘心殺子報君冤。世人溺愛偏多昧，安得芳名壽萬年？」[215]可以說對石碏在公義與私情之間的抉擇取捨甚為讚揚，直以「一股正氣可泣鬼神」[216]高度評價之。其他如衛元咺為守護國家而放棄個人私怨，直言：「殺子，私怨也；守國，大事也，以私怨而廢大事，非人臣所以報國之義也」[217]，此皆儒家小節大義，公私明辨的大義與道理。再如第四十九回〈公子鮑厚施買國〉一節，晉趙盾聞宋有弒君之亂，乃命荀林父合衛、陳、鄭之師伐宋，宋華元至晉軍厚施賄賂，推公子鮑繼君位，荀林父貪受許之，鄭穆公以為「若許其和，亂賊將得志矣」[218]，荀林父不理，遂與華元盟誓而歸，馮夢龍於此事借鄭穆公之口嘆道：「晉惟賂是貪，有名無實，不能復伯諸侯矣。楚王新立，將有事於征伐，不如棄晉從楚，可以自安。乃遣人通款於楚」[219]，可以說晉國徇私利而棄大義，興王師而扶亂臣，已不復晉文公當年霸主之名，又使鄭國之心轉而趨附楚國，真可謂得不償失，故馮夢龍賦詩批評道：「仗義除殘是伯圖，興師翻把亂臣扶。商人無恙鮑安位，笑殺中原少丈夫」[220]，對於晉國貪利棄義的行為進行了批判與諷刺。

（三）孝慈友恭

第四回〈鄭莊公掘地見母〉[221]一節，此事即著名《左傳》「鄭伯克段於鄢」一段，共叔段因母親錯誤的溺愛支持，最終舉兵反叛，鄭莊公不得已而殺其弟，並與母親決裂，此節在書中算是負面教材，雖然如此，但「聖人之書，善惡并存，但取善足以為勸，惡足以為戒而已」[222]，也在提醒為人父母不要過於偏愛、溺愛，皆是親生骨肉，卻偏愛至此，馮夢龍以

---

215 《新列國志》，第6回，「衛石碏大義滅親」，頁56。

216 《新列國志》，頁55，眉批。

217 《新列國志》，第42回，「衛元咺公館對獄」，頁433。

218 《新列國志》，第49回，「公子鮑厚施買國」，頁513。

219 同前註。

220 同前註。

221 《新列國志》，第4回，「鄭莊公掘地見母」，頁35-41。

222 〔清〕蔡元放：〈東周列國志讀法〉第42則，《東周列國志》，頁6。

為「其愛段者，適足以殺段也」[223]，愛之適足以害之，但父母縱有過錯，子女也不應交絕，許下「不及黃泉，無相見」[224]的毒誓，幸潁考叔設掘地之計，才使母子相認。又如第二十七回〈驪姬巧計殺申生〉，晉太子申生被驪姬設計陷害，卻懼其父背殺子惡名，又怕沒了驪姬，父親寢食不安，遂自殺以盡孝道[225]，真可說是「孝子殺身以事其親」[226]的典範了。今日儒家傳統觀念仍然認為「天下無不是的父母」，溯其源亦可謂由來已久矣。

「鄭莊公掘地見母」插圖

（四）守信棄貪

第三十八回〈晉文公守信降原〉一節，周王因晉文公之功，賜予原城，文公恐原主伯貫不服，遂親征焉，定下三日之約，不得原城便退兵之誓，原民感其恩德欲接納之，然文公以「信，國之寶也，民之所憑也」[227]答覆，不欲毀其信誓，原城軍民深懼晉文公捨己退兵，遂大開城門以迎之，馮夢龍作詩詠曰：「口血猶含起戰戈，誰將片語作山河？去原畢竟原來服，譎詐何如信義多」[228]，讚揚晉文公之守「信」懷「義」，乃日後稱霸諸侯之資也。又

「莊王仗義討徵舒」插圖

第二十五回〈智荀息假途滅虢〉一節，即「唇亡齒寒」典故由來，馮夢龍詩

223　〔明〕馮夢龍：《新列國志》，第4回，「鄭莊公掘地見母」，頁36，眉批。
224　同前註，頁39。
225　《新列國志》，第27回，「驪姬巧計殺申生」，頁279。
226　《新列國志》，第31回，「介子推割股啖君」，頁319。
227　《新列國志》，第38回，「晉文公守信降原」，頁396。
228　同前註。

云：「不誇荀息多奇計，還笑虞公真是愚」[229]，顯示「貪」心足以蒙蔽理智，導致亡國滅種的下場。而第五十三回〈莊王仗義討徵舒　鄭伯牽羊逆楚軍〉一節，則是敘述夏徵舒弑殺陳君，楚莊王糾合諸侯以伐之，功成後欲收編陳國為楚之一縣，申叔時以「蹊田奪牛」之例勸其勿貪圖小利而廢大義，莊王納其言遂復立陳國。後鄭國反覆，楚莊王伐之，鄭襄公肉袒牽牛謝罪，嬰齊勸王滅之，莊王則以前時申公之勸諫自警，戒己勿貪，亦存鄭國而還[230]，故馮夢龍盛讚楚莊王云：「夫勝敵者，一時之功也；全信者，萬世之利也」[231]，亦在譏諷那些只會貪圖眼前蠅頭小利，目光短淺，世眼如豆的「肉食」者，其遠見視界實不如守信執義，得以鑄成萬世之功的英雄豪傑。

（五）善惡終報

第五十五回〈老人結草亢杜回〉一節，晉將魏顆之父臨終前遺言讓愛妾祖姬殉葬，但魏顆不願遵從父親臨終時昏亂的遺言囑託，而以平日清醒時所說的話為據，為其改嫁，之後秦晉鏖戰交兵，秦將杜回

「老人結草亢杜回」插圖　　「齊襄公出獵遇鬼」插圖

勇猛難當，後於青草坡一役失足顛躓被魏顆所擒拿，夜中魏顆夢一老人自言乃祖姬之父，因感其為女改嫁而不以殉葬之恩，遂結草以絆杜回，馮夢龍認為「有此陰德，所以老人有結草之報」[232]，語典「結草報恩」即出自此，馮夢龍賦詩云：

229　《新列國志》，第25回，「智荀息假途滅虢」，頁260。

230　《新列國志》，第53回，「莊王仗義討徵舒　鄭伯牽羊逆楚軍」，頁555-565。

231　《新列國志》，第42回，「周襄王河陽受覲」，頁434。

232　《新列國志》，第55回，「老人結草亢杜回」，頁588。

「勸人廣積陰功事，理順心安福自該」[233]，雖事涉神異，然全文俱載《左傳》宣公十五年，此亦儒家廣積陰德，善惡有報的傳統概念。又第十四回〈齊襄公出獵遇鬼〉一節，當時齊襄公淫行敗露，遂命公子彭生拉殺魯桓公，魯國懼齊，於是謹請襄公誅殺彭生。莊公八年，齊襄公游獵見大豕，從者云乃公子彭生也，公怒射之，「豕人立而啼。公懼，隊于車。傷足，喪屨」[234]，回宮後，連稱、管至父叛變，誅殺齊襄公，全事載桓公十八年與莊公八年，馮夢龍據原文加以改編，虛寫彭生為大豕所變，而遺失之屨亦被豕所銜去，連稱殺入宮中後苦尋不著，忽見戶檻之下露出鞋屨一隻，遂得以弒殺襄公，馮夢龍以為「大豕見形，非偶然也」，而此屨暴露襄公行蹤，「分明是冤鬼（彭生）所為，可不畏哉」[235]，巧妙地將史實賦予因果報應，故蔡元放以為「《列國志》之善惡施報皆一本於古經書」，「是一部勸懲之書」，「有益世道人心不小」[236]，而「他書亦講報應，亦欲勸懲。但他書勸懲多是寓言，惟《列國志》中件件都是實事，則其勸懲為更切也」[237]。

（六）戒淫貞節

古代禮法對男女之事極為注重，失卻了禮法，重則亡國，輕則亡身，如春秋時期齊僖公二女，長女宣姜嫁衛，卻演變成公媳通姦，導致奪嫡之爭、兄弟鬩牆，諸子爭位互相攻殺；次女嫁魯，結果卻兄妹亂倫，魯桓公被拉殺而亡，馮夢龍故下痛言云：「人倫天理，至此滅絕矣」[238]，此二事一載第十二回〈衛宣公築臺

「衛宣公新臺遺臭」插圖

233　《新列國志》，第55回，「老人結草亢杜回」，頁588。

234　參見楊伯峻：《春秋左傳注》（高雄：復文圖書出版社，1991年），莊公八年，頁175。

235　《新列國志》，第14回，「齊襄公出獵遇鬼」，頁136。

236　〔清〕蔡元放：〈東周列國志讀法〉第42則，《東周列國志》，頁6。

237　同前註。

238　《新列國志》，第12回，「衛宣公築臺納媳」，頁109。

納媳〉[239]，一載第十三回〈魯桓公夫婦如齊〉[240]，馮氏賦詩曰：「妖豔春秋首二姜，致令齊衛紊綱常。天生尤物殃人國，不及無鹽佐伯王」[241]，後如楚王納媳[242]、夏姬亂陳[243]、驪姬亂晉[244]、西施媚吳[245]等等都種下了日後美色誤國的歷史龜鑑，故馮夢龍於書中特別申戒之，並稱揚貞潔烈女的事蹟，如第十四回〈衛侯朔抗王入國〉一節，齊襄公滅紀，欲送紀叔姬歸魯，叔姬云：「婦人之義，既嫁從夫，生為嬴氏婦，死為嬴氏鬼，舍此安歸乎？」[246]，遂守節以終，馮夢龍賦詩云：「世衰俗敝，淫風相襲。齊公亂妹，新臺娶媳。禽行獸心，倫亡紀佚。小邦妾媵，矢節從一。寧守故廟，不歸宗國。卓哉叔姬，柏舟同式」[247]，批評齊襄公的禽獸淫行，頌揚紀叔姬的守節忠貞。再如衛共姜為夫守節，矢志不改嫁；杞梁妻為亡夫遣齊侯弔唁等等，以上這些事蹟在《左傳》中往往因編年體例的侷限而事不連貫，且語帶隱晦艱澀，故馮夢龍敘事本末，貫穿史實，編織情節，以為今人道德式範之鑑矣。

其實馮夢龍在編寫創作《新列國志》時已經傾注了半生追求而不可得的經學生命於其中，融通消化了對於《春秋》微言大義的理解，巧妙地將「虛構」與「歷史」編織貫串起來，將自身領受的「大義」編織成「故事」，納入敘事情節的活動中，可以說讀者接收到的訊息儼然是作者個人所理解的「微言大義」，經由作者重新建構春秋歷史的場景事件，寓道德教訓於天道昭昭，因果本末之中；寄善惡褒貶於綱常倫理，舉止言行之

239　《新列國志》，第12回，「衛宣公築臺納媳」，頁109。

240　《新列國志》，第13回，「魯桓公夫婦如齊」，頁119。

241　《新列國志》，第12回，「衛宣公築臺納媳」，頁109。

242　《新列國志》，第71回，「楚平王娶媳逐世子」，頁770。

243　《新列國志》，第52回，「陳靈公祖服戲朝」，頁548；及第53回，「莊王仗義討徵舒」，頁555。

244　《新列國志》，第27回，「驪姬巧計殺申生」，頁275。

245　《新列國志》，第81回，「美人計吳宮寵西施」，頁902。

246　《新列國志》，第14回，「衛侯朔抗王入國」，頁128。

247　同前註。

內。讀者無須再從詰屈聲牙，艱澀難識的《春秋》經傳中，一字一句地艱苦探求聖人於書中所賦予的「微言大義」，只須要接受作者在「小說」中所賦予的間接道德觀念，如此就足以掌握基本的儒家教條與規範，直接達到儒家經典所欲實現的教化功能，故馮夢龍云：「傳奇之袞鉞，何減《春秋》筆哉？世人勿但以故事閱傳奇，直把作一具青銅，朝夕炤自家面孔可矣」[248]，所指涉雖是戲曲，但亦可作如是觀，通俗小說對馮夢龍而言亦可作為指導人生倫理規範的一面鏡子，與個人道德標準的針貶，讀者惟時時攬鏡自照，時時反諸其身，則稗官小說所提供給閱讀者的教化功能性，又何減於傳統儒家的神聖經典哉。

四、明清文人對通俗小說的攻訐抑揚

馮夢龍《新列國志》一書的閱讀人口與群眾影響力絕不下於當時的「奇書」之林[249]，他把經學與小說鎔鑄一爐，強化了經典的「可讀性」與「可看性」，完美地結合歷史與虛構，以絕倫的敘事功力，昇華了小說的「文學性」與「藝術性」，這絕非逐字翻譯的白話小說可類比。然而當時一般的通俗小說在明清階段卻出現了許多非議責難的聲音，反對的理由大都是認為這類通俗小說的內容充滿太多驕奢淫逸，喪心滅理，漁色艷情，鬼神妖媚等等敗壞風俗，混亂世教的邪僻思想，康熙帝於五十三年（1714）就曾諭令禮部加以禁絕，勿使流傳，其云：

> 朕惟治天下以人心風俗為本，欲正人心、厚風俗，必崇尚經學，而嚴絕非聖之書，此不易之理也。近見坊肆間多賣小說淫辭，荒唐俚鄙，瀆亂正理，不但誘惑愚民，即縉紳子弟未免游目而蠱心焉，敗俗傷風，所繫非

248　〔明〕馮夢龍：〈酒家傭敘〉，《墨憨齋詳定酒家傭傳奇》，收錄《馮夢龍全集‧墨憨齋定本傳奇一》，第16冊（上海：上海古籍出版社，1993年），頁626-627。

249　馮夢龍認為當時的《水滸傳》、《三國演義》、《金瓶梅》、《西遊記》為明末四大「奇書」，此觀念從清初階段沿襲至今，始終處於主流共識。

細，應即道行嚴禁。[250]

　　故而下旨銷毀小說，嚴禁販賣，使這類「非聖之書」不得繼續流行傳播。劉廷璣也認為「小說至今日濫觴極矣，幾於六經史函相埒，但鄙穢不堪寓目者居多」，如「不善讀《水滸》者，狠戾悖逆之心生矣；不善讀《三國》者，權謀狙詐之心生矣；不善讀《西遊》者，詭怪幻妄之心生矣」，讀《金瓶梅》「而生效法心者，禽獸也」，並進一步認為「天下不善讀書者百倍于善讀書者。讀而不善，不如不讀。欲人不讀，不如不存」[251]，故亦主張銷毀，付之一炬以求一勞永逸。錢大昕則云：「小說專導人以惡、奸、邪、淫、盜之事，儒釋道書所不忍斥言者，彼必盡相窮形，津津樂道，以殺人為好漢，以漁色為風流，喪心病狂，無所忌憚。子弟之逸居無教者多矣，又有此等書以誘之，曷怪其近于禽獸乎」[252]，故而亦主張「焚而棄之，勿使流播」，以正風俗，以勵人心，以淳世教，如此「行之數十年，必有弭盜省刑之效」，錢氏所言雖說過於誇大小說之惡，但也確實代表了一部份學者的擔憂心理。雖然如此，但這些言論其實是比較針對《水滸傳》、《金瓶梅》一類「以殺人為好漢，以漁色為風流」的小說立言，而少有攻擊《新列國志》者，蔡元放即從正面肯定《新列國志》一書，他在談論到當時盛行的小說風潮時說：「他本小說於善惡之際，往往不甚分明，其下者則更鋪張淫媒，誇美奸豪，此則金生（金聖嘆）所謂其人可誅，其書可燒，斷斷不可使子弟得讀者也」[253]，獨獨對《列國志》一書甚為褒獎，以為有益世教，有益人心，甚者勸善懲惡，有裨教化之功。而馮夢龍創作通俗小說本就和當時的小說家十分不同，他在

250　〔清〕劉廷璣：《在園雜志》，《四庫全書存目叢書》子部，第115冊（據中山圖書館藏清康熙五十四年自刻本影印），卷2，頁45-46。

251　同前註，頁42。

252　〔清〕錢大昕：《潛研堂文集·正俗》，《續修四庫全書》集部，第1438冊，卷17，頁14。

253　〔清〕蔡元放：〈東周列國志讀法〉第42則，《東周列國志》，頁6。

意的是書中能否提供給世人一些道德的規勸，一些行為的準則，一些歷史的借鑑，所以他所認定的「通俗」是為了這個理想而服務，並非僅是販書牟利之用，這個理念對其將經典加以通俗化的整個過程十分重要，儼然有意圖打破神聖經傳與通俗小說的界線，故云：「其感人未必如是之捷且深也。噫！不通俗而能之乎？」[254]，十分肯定通俗小說的教化作用未必低於艱深的儒家經典。清末吳沃堯（1866-1910）以為「作小說難，作歷史小說尤難，作歷史小說而不欲失歷史之真相尤難，作歷史小說不失其真相而欲其有趣味，尤難之尤難」[255]，雖非指《新列國志》一書，但實可作為此書之一註腳耳。

當然馮夢龍創作《新列國志》一書，不管從嚴格或寬鬆的標準來看，它絕不能納入典正的經學著作之林，但無法否認的，它卻是從《左傳》，甚至是《公羊傳》、《穀梁傳》，外傳《國語》轉化而來的經典通俗歷史小說，馮夢龍曾自剖心跡說道：「吾懼吾之苦心土蝕而蠹殘也，吾其以《春秋》傳乎哉？」[256]，對於自己終其一生研治的《春秋》經學，所花費的心力可說最多、最勤、最久、最苦，但這些正經八百的《春秋》著作顯然沒有得到傳統經學家的認可，亦沒有獲得後世研究者的青睞，直以科舉小道摒斥之，反倒是他的《新列國志》一書，成為他對《春秋》學最大的貢獻之一，他透過口語化的文字，將經典包裝一層通俗的外衣，提供了儒家經典之外的另一條理解「微言大義」的途徑，從經學家的書肆中推行到一般平民家庭，使人人皆得以隨口齊桓、晉文，嘴上猶能歷數五霸事蹟，馮夢龍至死可能都沒有想過，最後能傳承其《春秋》學的竟然是這部通俗小說吧。而且此書比起他的《春秋》專著更能體現他的《春秋》學思維，

254　〔明〕馮夢龍：〈古今小說敘〉，《古今小說》，《續修四庫全書》集部，第1784冊（據明天許齋刻本影印），敘4。

255　〔清〕吳趼人：《兩晉演義》，《中國近代小說全集》第1輯，《晚清小說全集》第36冊（臺北：博遠出版社，1987年），第一回批語。

256　〔明〕馮夢龍：〈麟經指月序〉，《麟經指月》，《四庫未收書輯刊》第2輯，第10冊，頁409。

其自言：「諸儒議論盡有勝胡氏者，然業以宗胡，自難並收，以亂耳目」[257]，可見他的專書還是遷就在胡《傳》的經解範圍中，就算自己有所體認、領悟、發揮，儘管前人議論有更精確無誤者，亦不敢違背胡《傳》之解讀詮釋，只能壓抑自己的思維想法，而《新列國志》一書，因為不是傳統的正經書，所以可以肆無忌憚地放開手腳發揮他對《春秋》學的理解，用自身所領略的微言大義，褒貶千百人物，評價主君人臣的言行舉止，通過他對經傳的體認，編織貫串這段春秋大時代的歷史事件，故蔡元放〈讀法〉云：「我今所評《列國志》，若說是正經書，卻畢竟是小說樣子，子弟也喜去看，不至扞格不入。但要說他是小說，卻件件都從經傳上來。子弟讀了，便如將一部《春秋左傳》、《國語》、《國策》都讀熟了，豈非快事！」[258]，甚至在其中適時地夾雜穿插大量的《詩經》、《易經》、《禮記》的原文，可以說是一部鎔鑄儒家經典，而藉由小說體例，繹「演」春秋之大「義」，標榜儒家所強調的倫理綱常，使這些禮法教條，得以透過通俗的口語文字之便，達到深入人心的經世致用效果，故清代胡宗文譽其「不僅為稗野之史，而實為經世之書」[259]，所以就算不是《春秋》經學家，或《左傳》史學家，也能藉由《新列國志》的小說敘事，瞭解春秋列國發生的史事，可以說馮氏創造了另一種通俗化的《春秋》經學與史學。然而也因馮夢龍在撰寫策略上堅持採取維護經傳史實的立場，排除向壁虛造的情節，與過多怪力亂神的編制，使得此書在雅俗之間不至於淪落到庸俗，以其天才富有創造性的筆力妥善調適「典雅／通俗」，「經世／適世」的界線，這正是馮夢龍《春秋》學對今人最大的貢獻所在，雖然這類歷史小說在當時仍不被衛道者所認可，但也使得儒家經典邁向通俗化的過程不致遭遇過多的道德非議（甚至出現了蔡元放這類的擁護者），可

257　〔明〕馮夢龍：〈春秋衡庫發凡〉第3則，《春秋衡庫》，《四庫全書存目叢書》經部，第123冊（明天啓五年刻本），頁9。

258　〔清〕蔡元放：〈東周列國志讀法〉第41則，《東周列國志》，頁6。

259　〔清〕胡宗文：〈東周列國志序〉，《東周列國志》，頁2。

見書中廣博地引經據典與發揮的社會教化功能確實化解了部份學者的反對聲音，從這一點來說，馮夢龍在通俗文學的領域中確實樹立了一些新「奇書」典範所需要的原則與條件。

最後如果要探究明代經學在中葉階段到底發生了甚麼變化，可以說傳統的經典研究已經不再只是專注於經學的狹隘領域發展，透過對文本的再詮釋，發展出多元面向的成就，而更大的變動是跨越了經典神聖的鴻溝，進入到通俗淺顯的領域，從經學研究者的書架推廣至一般文人學士，甚至進入到普羅大眾的生活中，這一劇烈的變動雖被傳統經學家目之為「經典淪喪」，傾覆經典的行為，明人則將此視之為「典範再造」，調適雅俗的過程，這兩種相反的學術立場與視角正代表著「傳統」與「革新」勢力的相互拉鋸，最後的結果眾所皆知，傳統「經學本位」的勢力最終取得了學術解釋權，明代經學企圖改變經書本質的革新運動，在動機上被視為是一種「背離孔孟」、「非聖無法」的行為，其內容被界定為「荒陋鄙俗」、「覽異放肆」的生命，其時代評價被定義成「經學積衰」的表現，是經術不振，經學沉淪的一代，從此明代經學幾無人聞問，而其真實面貌也變得晦暗不明。

第八章　結論：明代春秋學的時代意義與歷史定位

　　本書經過前面七章的討論，應可對明代春秋學以及明代經學的相關議題達到了一些澄清與說明的實質作用，胡適（1891-1962）云：「每一個時代，還他那個時代的特長的文學，然後評判他們的文學的價值。不認明每一個時代的特殊文學，則多誣古人而多誤今人」[1]，這一段話雖是針對文學作品來說，然而放在國學、經學領域中，亦可同樣適用，但要「以明還明」，以任何主客觀因素來說，似乎都不是件容易完成的任務，且今時學者已經處於長達三百多年積累的負面評價圍繞氛圍中，要還給明代經學一個真實有據的時代面貌，可以說「談何容易」，所以首要工作就是必須實際地深入文本進行研究，如果不先弄清楚明代經學的本來面目，可以說一點發言的資格與權利都沒有，更何況是去評判一代學術的褒貶得失與是非功過，這應該是今日學者應有的共同認知。以下就本書所獲悉的一些研究所得，總結三項說明，其一為歷代學者與四庫館臣的評價問題，其二為明代春秋學的時代意義點題，其三為明代春秋學的歷史定位問題，論述說明如下。

---

[1]　胡適：〈國學季刊發刊宣言〉，《胡適文存二集》，收錄《民國叢書》第1編，第94冊（上海：上海書店，1989年），卷1，頁12-13。

第一節　歷代學者與四庫館臣的評價問題

　　經由本書第一、二章的討論，可以清楚明確的看到歷代學者對明代經學的批評意見為何，及負面評價的傳承積累情形，從而是如何形塑出今日學者對明代經學「積衰」、「極弊」、「空疏」、「穿鑿」、「臆斷」、「深文」、「荒陋」、「鄙俗」、「謬舛」、「繆盭」、「蕪雜」、「覽異」、「放肆」、「侮經」、「亂經」、「非聖」、「無法」等等苛之深，責之備的負面刻版印象，然而這些深文評價的理論依據，大多數都是陳陳相因，蹈襲前說，並加以發揮論述而已，實非經過深入研究後所下的論斷，今就本書之前所討論的觀點所得，檢討說明如下。

一、歷代學者的評價反思

　　明代經學是歷代經學研究中最乏人問津的朝代，也是最令人詬病的時代學術，對於多數經學研究者來說，其負面評價的論斷往往是依據明末以來學者的言論，錢謙益批評明代經學有「三謬」，黃宗羲認為明人束書遊談，「不以《六經》為根柢」，顧炎武認為「《大全》出而經說亡」，且以《春秋》為「繆盭」，清代以後歷經陸隴其、徐乾學、朱彝尊、張廷玉、紀昀、閻若璩、邵廷采、戴名世、方苞、全祖望、王鳴盛、戴震、錢大昕、翁方綱、章學誠、崔述、邵晉涵、江藩、焦循、阮元、胡培翬、龔自珍、陳澧、曾國藩、李慈銘、張之洞、王先謙、皮錫瑞等人的敷演深化，導致明代經學的惡評劣價更加被坐實其罪。民國以後，羅振玉、梁啟超、王國維、魯迅、呂思勉、錢基博、顧頡剛、馬宗霍、錢穆、鄭振鐸、周予同、謝國楨、蕭一山、錢仲聯、張舜徽、蔣伯潛、嚴耕望、陳登原、余英時、沈玉成等學者，其論斷亦多襲取清儒負面觀點，加上《續修四庫全書總目提要》仍然依循四庫館臣的角度撰寫，經此三百多年諸多學者的觀念凝聚，其負面評價的塑造已堅實無比，足夠讓任何學者對明代經學「積衰」、「極弊」的觀點深信不

疑，但再深入一點觀察，這些評價除了引用前人或相互引用外，絕大多數是人云亦云，沒有經過深入研究，缺乏實證，而驟下論斷的發言，大多不知道自己在批評的明代經學為何物，這樣輕率評價的結果，已經使得明代經學掃地蒙塵，註定塵封在學術殿堂的黑暗角落，甚至直到今日還一直深刻制約著學者的看法，視為理所當然的定論，從而造成中國經學發展史上的學術斷層，嚴重阻礙了經學史的分期研究，導致坊間諸多經學史、學術史忽略這一學術區塊，或略而不談，或三言兩語，或語焉不詳，可見這個負面評價的內容幾乎已成為討論明代經學的唯一標準答案。然而作為一代學術，自有它獨立不可取代的特色，今日學者應以一種嚴謹、客觀的角度對它在歷史上所做出的承繼、流變、影響作出一合乎理性且真實的認識，而非一昧地苛責貶抑，如此一來才有資格與權利對其在經學史的定位中給予它適切的評價。

二、四庫館臣的評價標準

根據本書第二章的討論，《總目》收錄歷代春秋學著作共計二百三十二部，著錄類為一百十四部，存目類一百十八部，而明代全部著作佔總數百分之二十八點八七，著錄類部份佔百分之十八點四二，存目類佔百分之三十八點九八，多出著錄類兩倍有餘，這個統計數量尚不及清初一百多年的著作，可見四庫館臣對選之書都有嚴格的限制條件，也只有符合清朝政治與學術立場的明儒著作才得以入選，以明代來說約略有以下幾種傾向：一者偏向漢學考證，二者駁斥胡《傳》，三者倡導「尊王」大義，四者表現明代學術之陋。這幾個方向都是有目的的區分明儒和清儒的優劣，以及鞏固政權的考量，如偏向漢學考證其實就是在貶抑宋明學者議論說經的傳統，壓制明末好發議論式的解經行為，無法認同明人於經解中或經書外之多元式的發展，認為一切價值如果脫離文本或經義，則毫無成績可言。駁斥胡《傳》除反對議論說經外，亦貶斥「復讎」、「攘夷」思想，而提倡「尊王」大義則有助清廷統治漢人，最後為了表現清儒之學遠遠優於明

儒，將為人垢病的《春秋大全》收錄其中，「使學者互相參證，益以見前代學術之陋，而聖朝經訓之明也」，以此揚頌清朝盛世文教。另外《春秋》「攘夷」的思想也為清初帝王所忌諱，故竄改刪削書中不利於清室統治的文字，使得《春秋》一經在清初所受到的壓抑，遠遠超過其他諸經，在這「政治」與「學術」的雙重打壓下，明代春秋學的研究可說幾無人過問，堙滅不彰了。而清代以後透過《四庫全書總目》的流行，對明代經學與春秋學的過甚過激之論，亦往往深入人心，形成今人理所當然以為明代學術惡劣的負面刻版印象。

第二節　明代春秋學的「時代意義」點題

本書對於明代春秋學的討論，可以提綱挈領總結出九項時代意義來，這些意義其實也可以說就是明代春秋學在有明三百年發展的實際情況，本質內容與風貌轉變，一者胡《傳》流衍與《左傳》崛起，二者科舉制度對經學的制約普及，三者明代考據學的內容與影響，四者《春秋》史書化的經史二途，五者《左傳》兵書化的經世致用，六者經傳評點學的應用與內涵，七者《左傳》古文理論的暗流，八者《列國志》小說的典範再造，九者明代《春秋》典籍的存佚，此九項之前已討論不少，今就本書研究成果加以點題，以利時代特色的焦點集中。

一、胡《傳》流衍與《左傳》崛起

明代科舉以胡《傳》當《春秋》，藉由《春秋大全》的支持，胡《傳》的地位達到了無以復加的尊崇，天下士子欲藉由科舉之途擠進廟堂之上，就必須研讀《春秋大全》，就不能踰越書中胡《傳》的解釋，這一政令指導把胡《傳》推向了學術高峰，使得明代三百年的官方科舉全部都籠罩在胡《傳》的影響之下，形成所謂的「胡氏門戶」，但這樣藉由科舉

功令所鞏固的學術核心，往往亦遭致經學研究者的質疑，明代湛若水、朱荃宰、黃綰、楊伯珂、袁仁、林尊賓、楊于庭、蔣悌生、張邦奇、陸粲、熊過、高拱、徐浦、王樵、黃正憲、賀仲軾、嚴啟隆、張岐然等人相繼起而攻之，但還不足以形成任何威脅胡《傳》的勢力，一直要到乾隆因紀昀所請，才將胡《傳》廢除。而《左傳》在明代的發展，相形之下比《公》、《穀》二傳更為順遂，原因就在於胡安國解釋《春秋》，最重要的根據還是《左傳》史事，所以《左傳》之「案」成為對胡《傳》事義之「斷」的依據。甚者在中葉的「反胡」之風中，許多學者多以《左傳》的史實去質疑胡《傳》的義理，以此攻擊胡《傳》，但這兩個因素都是因胡《傳》而得以存在，並沒有發揮它真正的生命力，《左傳》在明代最重要的貢獻就在於它撤除了科舉的影響，突破了經學的領域，解放了自身的本質內容，力求解放與轉型，不再執著於經學神聖的範疇，朝著史學、兵學、評點、古文、小說等多面向的發展前進鑿拓，所以今日學者若僅以胡《傳》就代表整個明代春秋學的實際情況，那就完全誤解了春秋學在明代的發展情形。只不過以四庫館臣為代表的傳統經學家們當然是絕對無法認同欣賞這類《左傳》衍生下的副產品，而義理又為其所惡，考據則視己為高，故明代經學被館臣批評的一無是處，也可以說十分正常了。

二、科舉制度對經學的制約普及

明代科舉制度以經義為主，以《四書》、《五經》作為考試範圍，以程、朱學派的註解作為理解經典的途徑，但這樣的舉才方式對於許多學者來說，限制了經學的正常發展，故明清以來的批評不少，綜合歷代學者的批評，可分為四大部份：一、內容層面：認為以胡《傳》做為錄取衡量的唯一標準，多數考生不盡全通五經，就連傳注也罕所究心，一切惟胡《傳》是依，這本身就是一件錯誤的教育政策。但若以國家得才與否來看，明代三百年全國鄉試舉人錄取總數共有80,698人，會試進士錄取總數

有24,862人，這個龐大的知識人口數量在明代以前從未有過，而明代撤除詩賦，專用經義取士，也直接造就了經書閱讀人口的快數成長，儘管科舉制度不盡完善，但若因此完全否定它，其實也未必是符合事實。二、形式層面：對於應考士人來說，只能用僵化的八股文形式答題，且限制在一定行文程式下，沒有真才實學的士子更容易鑽營取巧，冀望僥倖，反而通經博覽的學者被限制在這個八股框架中，限制了思想的創發與自由。其實八股只是一種制式化的文體，不必然不能反映個人的思維見識，更何況作者已死，所謂的代聖立言又何以真是聖賢之言，故學子皆是「以意逆志」，以己意揣摩探求聖賢之心，這些又何嘗不是個人觀書後的心得之見呢？三、用書層面：當時坊間出版了許多「節文」、「時文」、「講章」、「擬題」等等為應付科舉考試的參考用書，這種形式的科舉參考書長期下來或許有妨礙正常學術發展的負面作用，造成學子不讀經傳，鑽營捷徑的學術扭曲現象。然而這些書籍雖非專業的《春秋》學研究著作，但也不用像四庫館臣及顧炎武般全面否定，因為這類書籍的實際作用是在提供給學子們自修自學使用，性質如同現今的參考書，無須全然以經學家的角度詬責，所以若從經學教育推廣的角度著眼，這類科舉參考書確實也達到了經學催化與普及化的功用，間接達到教育的普及性與可能性，故不用全然以負面觀點視之。四、題目層面：《春秋》一經考官出題方式最為詭譎刁鑽，形式最為複雜多變，發展出所謂的單比、二比、三比、四比、經題、傳題、比題、合題、合比題、脫母題、無傳題、傳題換比，又須兼通書法、義例與屬辭比事等等，內容包含經搭經、經搭傳、傳搭傳、經搭四傳、經搭注疏、傳搭注疏，可說窮極光怪陸離之能事，這些因素都使士子卻步，學者望嘆，對於攻治《春秋》者無疑形成了一種阻礙，考生往往窮於應付考官變化莫測的考題，甚至出現考生記題應試的離譜現象，造成士人鑽牛角尖，徒勞心力。而究其原因也在於《春秋》是一《經》四《傳》並用，故題型可以任意搭配各《傳》所致，而且考官如果將題目出的太過簡單，不僅增加了閱卷的困難度，而且也喪失了鑑別度，所以這種現象在

《春秋》中難以根除。其實明清以來的學者肆意批評科舉制度，散發大量的負面訊息，但又有哪一個人能提出一套取代方案，並且若一昧將明代經學的衰微全部推責於科舉制度的影響，這也太把問題簡單化了，雖然無法否認制度層面的缺失會造成經學教育的非正常化發展，但並不是說一有缺陷，就可以全盤否定掉這個制度的諸多優點。

再者，明代以《四書》、《五經》取士，奠定了經學成為學科之首的地位，而在數量上也使得經學的普及性擴大至一般的平民百姓，這也和明代以來廣設學校、書院有著直接的關係，明初百年的經學傳播力量主要是集中在社學、縣學、州學、府學、國子監等官方辦理的「學校」手中，到了成化時期以後，因為官辦學校的教學功能喪失，腐化情況日漸嚴重，經學的傳播管道逐漸轉移到了師資更加優良，科舉競爭力更強的傳統地方「書院」上。今暫且不論明代有沒有培養出大經師、大學者，至少在經學知識水平上，明代藉由科舉制度，廣設學校，推廣書院的關係，可以說在經學教育上達到了前所未有的興盛，這一點是無法否認的。再進一步統計明代《春秋》進士的密度，以浙江、福建、江蘇、湖北、江西、河南、河北、安徽、四川等地最為密集，而東南地區的進士數量就有八百零五名，佔全國一千五百七十八人總數的百分之五十一，可見東南地區確實在科舉的競爭力上是比較強勢的，整體來說，南方勝於北方，東南強過西北，其科舉勢力的版圖大致維持如此。

三、明代考據學的內容與影響

明代考據學的主要興起成因有梁啟超先生的「宋明理學的反動」說，余英時先生的「理學內部的要求」說，林慶彰先生的「復古運動的影響」說，然筆者以為明中葉以後的儒士多兼修佛老之言，甚至以佛老解釋經書，最後更藉由陽明之學與末流侵入到科舉殿堂來，這對於傳統經學家來說是一種學術上的威脅，所以必須要找到足以抗衡的工具來鞏固經學的正

統性，於是儒學內部轉化成「以經解經」，用孔孟回應孔孟，以經典詮釋經典，如此一來，如何正確地解讀五經文字就成了當務之急，此時取法漢儒訓詁考證之學成了唯一選項，故治學漸由義理轉入考證，因此明代考據學的興起之因，筆者提出「佛老二氏的抗衡」的說法，以補充前面三說。

而清儒向來以漢學考據自許，乾、嘉二朝更被視為漢學之巔峰，但考據之學作為治學的途徑來說，它其實一直都存在傳統經學家的路數之中，以明代來說，正德、嘉靖年間，考據學就已然萌發，這雖然是一股伏流，但不能就因此說它不存在，也不能說明代沒有考據學。以考據範圍來說有五，一、考證《春秋》原典的學者有童品、高拱、王樵、郝敬、高攀龍五人；二、考證胡《傳》之誤者有袁仁、楊于庭、陸粲、黃正憲、賀仲軾、嚴啟隆、張岐然等七人：三、考證《左傳》之誤者有熊過、馮時可、陸粲、劉績等四人；四、考證諸《傳》之誤者有湛若水、朱睦㮮、朱朝瑛、俞汝言等四人；五、考證注、疏之誤者有邵寶、陸粲、傅遜、凌稚隆、惠有聲等五人。這些考證涵蓋了《春秋》學的歷代重典，從孔子《春秋》，到《左傳》、《公羊傳》、《穀梁傳》，宋代胡安國《春秋傳》、晉杜預《注》、唐孔穎達《疏》，甚至是歷代學者的經解詮釋、注疏，都是明人關注的重點範圍所在。再以考據內涵來說亦有五：一為考證天文地理，學者有張以寧、吳繼仕、邢雲路、周洪謨、李濂等人，地理方面則有季本、楊慎二人，時代稍後的劉城、吳偉業、王夫之等繼起。二為考證書法義例，學者有石光霽、徐學謨、卓爾康、邵弁等四人，針對《春秋》一字褒貶、書法義例、正例變例等進行探討辨正。三為考證文字音義，以楊慎為特出，嘗試以形、音、聲、韻等現代訓詁學觀念訓解經書，論證雖有不盡妥當之處，實已為明中葉考據學之先鋒，清初學者之先導矣。四為考證制度沿革，以季本為首，舉凡流派、星曆、禮樂、兵賦、制度等多所考證。而對歷代經學沿革系統的考證上以朱睦㮮《授經圖》最早，清初朱彝尊《經義考》的體例多承襲自此。五為稽考異文逸文，以孫瑴的成就最大，其《古微書》將漢代讖緯中的經學思想，透過長期的輯佚加以保存下來，

可說集古代讖緯之大成也。而在考證異文方面有陳士元、周應賓、閔光德、龔而安等人，對於清人經書輯佚、考異之學不可謂毫無影響矣。總的來說，清初考據學並非是突然崛起的狀態，而是經歷了明代學者長期的努力不間斷，以各種不同考證型態的樣貌參與其中，為清儒自豪的考據學領域也付出了諸多努力與貢獻。再者，明代正德以後屢屢刊刻《十三經註疏》，這也可以顯示當時士人逐漸重視漢唐注疏，而最大的意義也表明士人對於漢唐《注》、《疏》重新有了需求，這對於長期以來被宋儒程朱、胡安國義理盤據的儒家經典來說，經書的詮釋權已不再完全具有絕對性、單一性與封閉性，明代春秋學也不再是胡《傳》義理乾坤獨斷的局面，而是必須面對漢學考據，杜《注》、孔《疏》的正面挑戰。但值得提醒一點的是，漢學考據與《注》《疏》之學雖有漸起的趨勢，但實際上在整個官方科舉與民間書院中，程朱系統與胡《傳》依然是絕對強勢的學說，且透過官方的政策保護，科舉的壟斷權依舊掌握在宋儒手中，並沒有因此而產生任何經解詮釋的鬆動，這是必須釐清的一點。

四、《春秋》史書化的經史二途

在清代章學誠提出「六經皆史」的理論前，明代學術界早已瀰漫著「五經亦史」、「經學即史學」、「經史同源合流」之說的論調，對傳統學者來說，史學原本是附庸於經學之下，而這一說法無疑提升了史學的位階，使得「經」與「史」達到平起平坐的位子。而經學的神聖性面臨了被史學稀釋的可能性危機，這對傳統《春秋》經學的研究勢必會構成影響，然而這種危機也或許是另一種轉機，明代經學屢屢拉扯史學靠攏，充實本身的理論與內涵，以適應時代的風潮。據觀察，明代學者已經將《春秋》或《左傳》視同史學書籍加以編纂，其體例有「紀事本末體」，以「事件」為主；有「紀傳本末體」，以「人物」為主；有「紀國本末體」，以「國家」為主；有「事類本末體」，以「類別」區分，此諸體其實都可歸納在「本末體」原始要

終，本末究竟的範圍之中，只不過細分之下有所不同。總之，《左傳》在明代史學中析分諸體，創作頻繁，確實是蔚為大觀，經學的角色已非絕對唯一，史學的價值在明代獲得了諸多學者的青睞與肯定，漸漸使《左傳》逐漸走向史學要典，而非經學的聖典，故《左傳》在明末甚至成為史學領域而非經學，這在明代以前可以說是聞所未聞，將千餘年來的經史界線打破，使《左傳》脫離經學的束縛，突破了宋明以義理為重的經學規範，轉入史學的發展道路，可以說這股「經史合流」的理論與實踐，實際上在明代已經全部完成，清代「六經皆史」說僅是其流風餘緒的理論層面討論而已。

五、《左傳》兵書化的經世致用

明代《左傳》兵法類著作計有十五種，儒將系統有李材《武春秋必讀》、陳禹謨《左氏兵略》、來斯行《左氏兵法》、王世德《左氏兵法纂》、杜文煥《左氏兵傳》、茅元儀《春秋戰略考》、黎遂球《春秋兵法》等七種。儒士系統有吳從周《左傳兵法》、曾益《左略》、龔奭《左兵》、宋徵璧《左氏兵法測要》、章夢易《左氏兵法》、魏禧《兵謀》、《兵法》，《春秋戰論》等八種。這一批《左傳》兵學文獻隨著明代經學長期被壓制的情況下，其所受到的忽視比經學更形嚴重，原因就在於這類書籍中往往帶有牽動清人敏感神經的文句，表現出對時局的批評，或對外患肆虐的痛恨，語帶譏刺，所以這類兵書著作，在《總目》評價中無一善處。另外一類學者批評的理由是以經學的角度加以否定，如皮錫瑞就反對這樣的經術別流，由經學轉入兵學，經書變為兵書，孔子微言大義的追求被換成戰術兵法的謀略，反對將孔子經典變成兵典。而這類書籍也在清廷文字獄的迫害下，闇而不彰，幾近絕跡，故往往為人所輕忽之，甚至絲毫不察有此類書籍的存在，如此徹底的成果，亦不能不佩服清廷動員全國力量加以禁絕的用心。若細而察之，重新界定這類書籍在學術上的歷史定位，將其置於經學、史學、子學、兵學等相關學術層面進行討論，其結果

恐怕都是傳統思維中所沒有或失去的鏈結點，以下分數點論述之。一、此類兵書著作的產生時間大約集中在明中葉至明末階段，這一時期是明朝內憂外患，也是明代兵書研究最盛行的時期，以時代背景來說，這是一種必然的分化，因為經學家的理想既然是「內聖外王」、「經世致用」，故面對此亂世，學者勢必要提出解決之道，故《左傳》由經書變成兵書以適應時代，以為經世外王之用，可見這種學術轉變符合經術的本質，也符應經世致用的精神，而四庫館臣竟批評「明季士大夫之迂謬，至於如是，欲不亡也，得乎？」完全是以政治統治的角度加以詆毀，實不足以為學術之公論也。二、傳統武舉制度是以《武經七書》作為範本，多注重理論，缺少實證，導致專職武將的軍事素養不足以應付實際戰爭，迫使朝廷下詔天下講武，這對知識份子與武將們都形成一種壓力，而《左傳》正好符合史事實證的需求，以《左傳》戰事印證《武經七書》的兵法理論，成為戰爭史的範本，甚至當時有「兵家祖」、「兵法之祖」的讚譽，展現出凌駕《孫子兵法》的企圖，但因為這類《左傳》兵書在學科分類上處於模糊地帶，既無法納入經學的治經範疇，又無法取代理論縝密的《孫子兵法》，故清代學者多視此為經學的旁門左道之書，兵學家也僅納入兵書的旁支別流，故而甚少得到應有之關注，殊為可惜矣。三、明中葉的這股《左傳》兵學研究風潮並沒有隨著明朝滅亡而終止，清代兵法著作也持續沿襲著明代而來，然而因官方因政治因素加以禁絕，使得這批《左傳》兵法類著作幾亡佚不存，據筆者統計的結果，存世者尚有李元春《左氏兵法》、顧棟高《左傳兵謀表》，胡林翼《讀史兵略》卷首亦存《左傳》兵法二卷。而亡佚部份則有戴清《左氏兵法集證》，汪份《左氏兵法》，郭鴻熙《左氏兵法正宗》，趙映奎《左氏兵法綱目》，甯煥章《左氏兵法論要》，徐經《左傳兵法》、《左傳兵訣》，李秉陽《左氏兵法》，吳泰《左氏兵言》，史念祖《春秋兵法釋微》，丁善慶《左氏兵論》等等十四種之多，不遜色於明代，可見明中葉以後的這股《左傳》兵學研究風潮並非是特殊短暫的現象，而是橫跨明清百年以上的學術課題，而經典也並非只有在微言大義的經學領域中具有價值，在兵學理論中它也能體現出經世致用、內聖外王的

肯定，其學術價值是多方面的。

六、經傳評點學的應用與內涵

　　評點其實是一種文人普遍的讀書習慣，但在宋代以前並不是很常見，究其原因在於印刷術的改良尚未精進，故而書籍的取得較為困難，價格也相對昂貴，故而不輕易施加評點於書籍之中，但到了明代以後，政治的長期穩定帶動了經濟的繁榮，人口大量成長，讀書已非絕少數人的權力，而科舉制度的公平穩定性也替國家培育誘引了龐大的知識人口，故而對書籍的需求度大增，相對也促使書坊改良印刷技術，以滿足閱讀市場的需求，這一連串的變化使得書籍相對宋代以前更容易取得，價格更為便宜，讀書人更可較無顧忌直接在書籍上頭評點。但書籍施以評點在明清兩代仍然遭受到極大的批評，其原因就在於評點乃是古人一種私密性的個人讀書方式，並沒有出版傳世的動機與牟利的意圖，但明代卻將這種形式的著作發行販賣，間接使得學術風潮被這些評點者所左右，如孫鑛、鍾惺等人甚至也侵入儒家的經典領域，率意對神聖經書指手畫腳，品頭論足，這在傳統經學家眼中簡直是不敬無禮至極的行為，對傳統學者來說，闡發書中的微言大義是最重要的任務，而評點者卻把自身位階抬的比孔子高，不事闡發卻專營品藻，故而這些著作往往遭受衛道人士的非議。但在深入文本仔細觀察，孫鑛與鍾惺的評點自有其文學「復古」、「反古」的要求，他們欲擺脫傳統漢學「經、傳、註、疏、正義」的詮解系統，脫離宋儒程、朱與胡《傳》的正解，直接透過閱讀，反映心中所思所見，主張「不襲前人，直寫胸臆」，可說是一種閱讀經傳以後「獨抒心得」的鑑賞觀，縱然有不據事實，率意隨性的毛病，但也毋須全盤否定之，況且其中許多評點內容不僅僅只是單純作文學性的欣賞品評，亦有論文、析理，注疏、訓釋，甚至是闡發大義的意見呈現，這些似乎都是後人沒有深入瞭解，就輕易驟下斷言的過失。

七、《左傳》古文理論的暗流

　　明代中葉以後文人們逐漸接受經傳也可以以「文」視之的看法，此風萌發於宋代，至明代因儒家經典的地位出現鬆動，胡《傳》的獨尊地位出現弱化，《左傳》文風趁勢而起。當日主要的古文系統是以茅坤為代表的唐宋古文派，今日學界也幾乎視此路線為明代古文的主要系統，殊不知當時其實有一股暗流，即將《左傳》或《公》、《穀》三傳納入古文系統之中，並視《左傳》為古文之源頭，和唐宋古文派形成了兩種截然不同的古文理論，但這股以經傳為古文的暗流似乎在今日學術討論中被遺忘忽略了。以古文選本來說，明中葉歸有光《文章指南》視《左傳》為學文的最古典範，唐順之《文編》亦收錄了《左傳》傳文二十篇，時代稍後的金聖嘆《才子必讀書》則不僅收錄《左傳》古文，且以之居卷首，林雲銘編《古文析義》則以《左傳》為古文之源頭，可見當時有一學派認為古文不應該從韓愈說起，而是應該上溯至《左傳》。入清以後，徐乾學《古文淵鑒》、吳楚材《古文觀止》、方苞《古文約選》、過商侯《古文評註》、余誠《古文釋義》、楊繩武《文章鼻祖》等人皆循歸有光至林雲銘的古文脈絡，將《左傳》列為古文典範。至晚清曾國藩撰《經史百家雜鈔》、林紓《左傳擷華》，則亦是這股暗流的延續。雖然以《左傳》為古文的觀念在明清兩朝取得了不少文人的支持，直以「古文之祖」、「古文之原」視之，但傳統儒家「宗經」、「徵聖」、「經本不可以文論」的勢力其實一直在壓制這股「論文」的風氣，藉以維護經典的神聖性，但明代文人顯然不從這個思維出發，反而認為將古文依附於經典羽翼之下，這反而是一種「尊經」的行為，試圖推翻唐宋古文八大家為古文之宗的傳統看法。

八、《列國志》小說的典範再造

　　明代通俗文學大家馮夢龍是將經典《左傳》轉化為通俗典範的第一

人，他的《新列國志》一書是儒家經典所衍化出來的副產品，展現了儒家經典神聖性的弱化與衰微，轉而邁進通俗小說的新領域，這是明代經學的一大變化與轉折，使經典褪下了高不可攀的形象，進入了平民百姓以至販夫走卒的世界中，並將儒家傳統的道德思想規條，藉由小說的創作，達到教化群眾的目的，其顛覆傳統的作法確實突破了當代主流學術的規範，使通俗小說的地位和經史同流，肯定其價值與經史相當，意圖打破神聖經傳與通俗小說的界線，肯定通俗小說的教化作用未必低於艱深的儒家經典，故而清代蔡元放稱其「有益世道人心不小」，胡宗文許其「不僅為稗野之史，而實為經世之書」的美譽，然而不管從嚴格或寬鬆的標準來看，《新列國志》一書絕不可能納入正統的經學著作之林，但它所代表的時代意義在於傳統的經典研究已經不再只是專注於經學的狹隘領域發展，它更大的變動是跨越了經典神聖的鴻溝，進入到通俗的領域，就算不是《春秋》經學家，或《左傳》史學家，也能藉由《新列國志》的小說敘事，瞭解春秋列國發生的史事，可以說馮氏創造了另一種通俗化的《春秋》經學與史學，雖然這類歷史小說在當時仍不被衛道者所認可，甚至成為傳統經學家批評明代經學衰微不堪的根據之一，但也因馮夢龍在撰寫策略上堅持採取維護經傳史實的立場，排除向壁虛造的情節，與過多怪力亂神的編制，使得此書在雅俗之間不至於淪落到庸俗的地步，使儒家經典邁向通俗化的過程中不致遭遇到過多的道德非議，甚至能獲得像蔡元放、胡宗文等的學者支持，可見書中大量融經鑄典與發揮的社會教化功能，確實化解了部份學者的反對聲音，從這一點來說，馮夢龍在通俗文學的領域中確實樹立了一些新典範所需要的原則與條件。

九、明代《春秋》典籍的存佚

本書既名為「明代春秋學研究」，則最基本也是最首要的工作在於對明代之著作有一通盤的瞭解，掌握現今存世與亡佚的數量情形，對存世典

籍的作者、版本、館藏情形、書籍狀況能加以考索求證，以此瞭解筆者所
能寓目經眼的文獻資料有多少，再加以判斷是否能具有討論的可能性與研
究主題的代表性，這是進入本書前最重要，也絕無可避免的工作，如此一
來才能正確地建構出明代春秋學的整體面貌，掌握一個時代學術的大勢與
變化，可以說《明代春秋著述考》的編纂成果不僅是本書的核心所在，更
是支撐起全書架構的主要根據，實不可等閒視之，輕易放過。而據筆者目
前的統計結果，明代春秋著作總數約有一千一百五十七部，本人也相信真
正實際的數量應該不只這個數目，其中亡佚七百八十二部，存世三百七十
五部，經作者寓目之著作二百五十餘部，佔存世著作比例約為七成。這個
數量相較於《明史》一百三十一部，《經義考》二百七十一部，《四庫全
書總目》六十八部，可見數量差異頗大，而四庫館臣所見到的文獻比例，
更佔不到整個明代著作的百分之六，以如此懸殊的文獻據以評價整個明代
春秋學，則其論斷的可靠性似乎就有信度與效度的問題存在。而經由《明
代春秋著述考》的呈現，亦可知本書所討論的層面僅是整體時代學術的部
份，如滄海之一粟，其中實有更多學術議題可以再進一步深入研究探討。
然而本書的主要任務是在於將明代春秋學的整體面貌鉤勒出一個趨勢出
來，以「釐清」經學史的「陳說」為首要工作，以「瞭解」明代春秋學的
「轉變」為主要重點，所以自然對於個別學者的專家之學相對之下就無法
據以深入論述，此為全書架構設計之侷限所在，亦是未來筆者尚須持續努
力研討的方向，但也期待本書的完成與《明代春秋著述考》的編纂，能使
有志於《春秋》學術的先進後學多青睞一點明代經學，一起共同彌補這個
時代學術的歷史空白之處。

　　其實本書第一、二章的出發點並不在於推翻以往對明代經學的批評，
因為以傳統經學本位立場來說，這些「批評」自有其時空背景的因素，甚
至也不在於質疑這些「評價」的可靠性，因為評價本身就絕少具有客觀
性，往往牽制於當時的時空、地理、人物、學術環境與政治氛圍，這些干
擾的因子與主觀的因素對筆者來說當然是合情合理的條件，也是可以理解

的學術限制，然而本書之所以討論這些批評與評價的理由在於回顧經學歷史中的主流批評看法與陳述歷代學者評價的論斷意見，從中釐清一些值得今日學者斟酌或反思的議題與問題，這才是本書所關注的後續影響。而第三章至第七章對於明代春秋學的研究則是要呈現說明這一時代的學術內容為何，以及論述當時經學轉變的發展狀況，強調的是學術事實的展現，而非據此批判前說，或以此提升明代經學的位階，使之後的研究者能從人云亦云或不知所云的模糊批評中進行實質性的論述與探討，這樣對於明代經學的研究才能達到實質性的理解。

第三節　積衰／解放：明代經學的兩種學術視角與歷史解讀

　　明代春秋學的特色在於透過文本詮釋，發展出多元化的成就，不再執著於傳統經學本位的立場，擺脫以宋明義理為代表的胡《傳》系統，從史學、兵學、評點、古文、小說等多面向去理解《春秋》，不再糾纏於漢學、宋學的治經模式，就如同四庫館臣所云：「明人經解，真可謂無所不有矣」[2]，此話雖是貶抑用語，但卻是很貼切地形容出這一時代的學術性格。明人治經脫離漢宋，這在傳統經學家的眼中，或許是離經叛道的學術路數，或許沒有培養出他們所期待認可的《春秋》學大家，但如果跳脫既有經典至高無上的治經思維，這些勇於發揮自身與時代特色的非傳統《春秋》學家，其成就皆足以成為各自研究領域的代表與經典，無須如四庫館臣以偏狹帶有敵視的視角，懷有一概「置之不論可也」的態度，盡數將三百年的經學文獻一筆抹殺之。

　　最後若要針對全書作一整體性的研究總結，可以說明代中葉以前的《春秋》經學完完全全是胡《傳》的天下，它依靠著科舉制度的保護與鞏固，其地位甚至凌駕孔子之上，拋下《春秋》原典與三《傳》權威，成為

2　〔清〕紀昀等編纂：《四庫全書總目》，卷17，經部，詩類存目一，「言詩翼」條，頁142a。

《春秋》第四《傳》，但這樣過度保護的結果，卻使得此時期的經學呈現沉悶，了無新意的現象，而這股延續著宋元以來的義理之路，到了中葉以後卻出現了絕大變動，經學突破傳統禁錮，開始呈現百花齊放式的多元發展，橫跨經、史、子、集四部。以《春秋》學來說，明人不再侷限於經學義理、考據的傳統解經範疇，而是邁開腳步往史學、兵學、文學的領域鑿拓，對於傳統經學家而言，這或許是離經叛道，背離孔孟的行為，是「非聖無法」的蔑視，但換個角度思維，明中葉以後的學者其實已經不再將經典的神聖性侷限在「經」的範圍，換言之，其他的學術領域，明人亦認為能夠展現儒家經典的實際作用，甚至是文章、小說的學術小道，也有其「經世致用」的地方，故嵇文甫（1895-1963）評論晚明學術說道：「你盡可以說它『雜』，卻決不能說它『庸』；盡可以說它『囂張』，卻決不能說它『死板』；盡可以說它是『亂世之音』，卻決不能說它是『衰世之音』」[3]。所以平心而論，以今日學術平等的眼光來看待明代經學的變化，其實明代學者的學術觀念甚至更接近於現代學者的思維，捫心自問不是這樣嗎？反而清代統治後，以政治統治與學術考量，將經學推向漢學考據的道路，「尊經」又成為政治的統治工具，「程朱」又成為文化的唯一偶像，「考據」又成為解經的理想模式，儒家經典的至高無上性又再一次被重新加以強化鞏固，並藉由《四庫全書總目》的編纂工作得以付諸實行，無怪乎清儒要將明代定義為「經學積衰時代」。但對明人而言，中葉以後的經學多元化發展，不啻是一次經典擴散化的運動，所以我認為明代實際上是傳統儒家經典獲得徹底「解放」的時代，今日學術界大力倡言學術自由，學術多元，學術平等，其實這個理念在明中葉就已經萌芽、發展、茁壯，又何必等到西方思想進入中國後才有呢？所以用今日的研究視野來觀看明代經學，它在經學歷史中的定位，應該是一次儒家經典衝破傳統經學神聖性束縛的時代運動，清儒或近代學者視為「積衰」的角度，這

3　嵇文甫：〈從王陽明說起〉，《晚明思想史論》第1章（北京：東方出版社，1996年3月），頁1。

仍舊是以傳統經學本位的概念在約束並解釋它，以致最終的評價只能落入「多誣古人而多誤今人」的地步，所以筆者以為明代是一個經學解放的時代，而非積衰的時代。

再者，若比較「經學積衰」與「經學解放」的內容與定義，兩者雖說都是代表明代經學總結性與整體性評價的兩種詞彙，但「積衰」一詞賦予了明代過多的負面訊息，其論斷立場往往是以傳統經解層面中宋學義理與漢學考據二途作為評價標準，以此立場、視野、準則去判斷此時期為積衰之世，筆者當然可以理解與認同，但卻使後世學者強烈以為明代經學的內容已無進行研究的必要性，學術價值的可能性，以及任何可能需要被重新理解的迫切性，不僅阻礙了此階段經學研究與其他時代一起獲得公平性討論的機會，亦使學者輕易將前人評價之語，取代並充當作明代經學的實際內容，這樣的學術心態似乎在今日應該要有所轉換調整了。反觀「解放」用語則較為中性，也較符合明代經學的實際狀態與發展，因為明中葉以後儒家經典的本質、內容與性質，進一步從義理擴散至考據、史學、兵學、評點、古文、小說的多元層面，從經典神聖性、不可侵犯性的角度而言，這確實也可以說是儒家經典的沉淪積衰，但視角卻也相對狹隘，且造成的後續弊端不小，反而以「經學解放」更加能貼切地形容這時代的經學變動情況，當然「解放」一詞也可能意味著不遵守傳統經解規範和無序性的詮釋活動，這就取決於學者以何種學術視角與研究立場看待，但它至少同時保有了正、負面的兩種學術可能性，負面視之「經學積衰／經解無序／神聖沉淪」，而另一視角卻可視之「經典開放／多元發展／突破傳統」，而這兩者也正恰恰展現了明代學者看待自己時代經學研究的兩大思維壁壘與學術解讀，所以通過本書的研究結果顯示，有明一朝在中國經學史上的歷史評價內容，應該被定位或解讀為「經學解放時代／經典擴散運動／經學多元發展」等三種面貌，筆者以為這些概念更能貼切地形容這一時代的學術性格，更能充分的理解這一時代的經學變動情況，也是乎更切合本書所研究的學術事實與經學歷史發展的變化軌跡。

國家圖書館出版品預行編目(CIP) 資料

明代春秋學研究/林穎政著. -- 初版. -- 臺北市：
元華文創股份有限公司, 2024.07
面 ；　公分

ISBN 978-957-711-344-3 (平裝)

1.CST: 春秋(經書) 2.CST: 研究考訂 3.CST: 明代

621.7　　　　　　　　　　　　112017898

明代春秋學研究

林穎政　著

發 行 人：賴洋助
出 版 者：元華文創股份有限公司
聯絡地址：100 臺北市中正區重慶南路二段 51 號 5 樓
公司地址：新竹縣竹北市台元一街 8 號 5 樓之 7
電　　話：(02) 2351-1607　　傳　　真：(02) 2351-1549
網　　址：www.eculture.com.tw
E - m a i l：service@eculture.com.tw
主　　編：李欣芳
責任編輯：立欣
行銷業務：林宜葶
出版年月：2024 年 07 月 初版
定　　價：新臺幣 630 元

ISBN：978-957-711-344-3 (平裝)

總經銷：聯合發行股份有限公司
地　　址：231 新北市新店區寶橋路 235 巷 6 弄 6 號 4F
電　　話：(02)2917-8022　　傳　　真：(02)2915-6275